吕思勉全集

吕著中國通史
中國通史提綱五種

2

本 册 總 目

呂著中國通史

前　言

　　《吕著中國通史》是吕思勉先生撰寫的第二部通史著述，全書分上、下兩冊，上冊分門別類地敍述社會經濟制度、政治制度和文化學術的發展情況，内容包括婚姻、族制、政體、階級、財産、官制、選舉、賦稅、兵制、刑法、實業、貨幣、衣食、住行、教育、語文、學術、宗教等十八類；下冊按歷史順序敍述了政治歷史的變革。《吕著中國通史》上冊寫成於一九三九年，一九四〇年三月由上海開明書店初版；下册一九四一年完稿，一九四四年九月初版。其後，上冊至一九四八年五月重印到第七版，下冊至一九四八年五月重印到第六版。先生自謂此書是“予在大學所講，歷年增損，最後大致如是。此書下冊僅資聯結，上冊農工商、衣食住兩章，自問材料尚嫌貧薄，官制一章，措詞太簡，學生不易明瞭，餘尚足供參考。”①

　　自二十世紀五十年代以來，《吕著中國通史》在大陸、港臺有多種翻印、重印本；② 如臺灣臺北市開明書店版（一九五四年出版）、臺北市樂天出版社“樂天人文叢書”版（一九七一年出版）、華東師範大學出版社版（一九八二年八月出版，文字稍有改勳）；又收入中國經濟出版社“企業萬有文庫 · 文化科學卷”（一九九七年三月出版）、上海科學技術出版社“館藏拂塵叢書”（二〇〇八年四月出版）等。又改名爲《中國通史》，收入上海古籍出版社“吕思勉文集”（二〇〇九年四月出版）、陝西師範大學出版社“國學經典叢書”（二〇一〇年四月出版）、鳳凰出版社“插圖珍藏”版（二〇一一年五月出版）、武漢長江文藝出版社“中國史學經典叢書”（二〇一二年六月出版）、北京中國社會科學出版社“民國學術經典叢書”（二〇一三年一月出版）、長春吉林大學出版社“中外經典文庫”（二〇一四年一月出版）等。

---

　　①　吕思勉：《三反及思想改造學習總結》，參見《吕思勉全集》之《論學叢稿》下。
　　②　有關《吕著中國通史》在大陸、港臺的再版、重印情況，詳見《吕思勉全集》之《吕思勉先生編年事輯》附錄二《吕思勉先生著述繫年》的記錄。

　　《呂著中國通史》在二十世紀八十年代初，經楊寬、呂翼仁先生做過一次校訂。本次收入《呂思勉全集》重印出版，我們以上海開明書店的初版爲底本，原上册爲繁體直排文中注，下册爲繁體直排章節注，現均改爲繁體橫排文中注；編者的按語均作頁下注。爲了保存著作的原貌，除訂正原書的錯字、誤植之外，其他如行文遣句，概念術語等，均未作改動。

李永圻、張耕華
二〇一四年七月

目　　録

自　序

　　我在上海光華大學，講過十幾年的本國史。其初係講通史。後來文學院長錢子泉先生說：講通史易與中學以下的本國史重複，不如講文化史。於是改講文化史。民國二十七年，教育部頒行大學課程；其初以中國文化史爲各院系一年級必修科，後改爲通史，而注明須注重於文化。大約因政治方面，亦不可缺，怕定名爲文化史，則此方面太被忽略之故。用意誠甚周詳。然通史講授，共止一百二十小時，若編制仍與中學以下之書相同，恐終不免於犯複。所以我現在講授，把他分爲兩部分：上册以文化現象爲題目，下册乃依時代加以聯結，以便兩面兼顧。此意在本書緒論中，業經述及了。此册係居孤島上所編，參考書籍，十不備一；而時間甚爲匆促。其不能完善，自無待言。但就文化的各方面，加以探討，以說明其變遷之故，而推求現狀之所由來；此等書籍，現在似尚不多，或亦足供參考。故上册寫成，即付排印，以代鈔寫。不完不備之處，當於將來大加訂補。此書之意，欲求中國人於現狀之所由來，多所瞭解。故叙述力求扼要，行文亦力求淺顯。又多引各種社會科學成說，以資說明。亦頗可作一般讀物。單取上册，又可供文化史教科或參考之用。其淺陋誤繆之處，務望當代通人，加以教正。民國二十八年九月二十八日，呂思勉識。

緒　論

歷史，究竟是怎樣一種學問？研究了他，究竟有什麼用處呢？

這個問題，在略知學問的人，都會豪不遲疑地作答道：歷史是前車之鑒。什麼叫做前車之鑒呢？他們又會豪不遲疑地回答道：昔人所爲而得，我可以奉爲模範；如其失策，便當設法避免；這就是所謂"法戒"。這話驟聽似是，細想就知道不然。世界上那有真相同的事情？所謂相同，都是察之不精，誤以不同之事爲同罷了。遠者且勿論。歐人東來以後，我們應付他的方法，何嘗不本於歷史上的經驗？其結果卻是如何呢？然則歷史是無用了麼？而不知往事，一意孤行的人，又未嘗不敗。然則究竟如何是好呢？

歷史雖是記事之書，我們之所探求，則爲理而非事。理是該括衆事的，事則只是一事。天下事既沒有兩件真相同的，執應付此事的方法，以應付彼事，自然要失敗。根據於包含衆事之理，以應付事實，就不至於此了。然而理是因事而見的，舍事而求理，無有是處。所以我們求學，不能不顧事實，又不該死記事實。

要應付一件事情，必須明白他的性質。明白之後，應付之術，就不求而自得了。而要明白一件事情的性質，又非先知其既往不可。一個人，爲什麼會成爲這樣子的一個人？譬如久於官場的人，就有些官僚氣；世代經商的人，就有些市儈氣；向來讀書的人，就有些迂腐氣。難道他是生來如此了麼？無疑，是數十年的作官、經商、讀書養成的。然則一個國家，一個社會，亦是如此了。中國的社會，爲什麼不同於歐洲？歐洲的社會，爲什麼不同於日本？習焉不察，則不以爲意，細加推考，自然知其原因極爲深遠複雜了。然則往事如何好不研究呢？然而已往的事情多著呢，安能盡記？社會上每天所發生的事情，報紙所記載的，奚啻億兆京垓分之一。一天的報紙，業已不可遍覽，何況積而至於十年、百年、千年、萬年呢？然則如何是好？

須知我們要知道一個人，並不要把他已往的事情，通統都知道了，記牢了。我，爲什麼成爲這樣一個我？反躬自省，總是容易明白的，又何嘗能把自己已往的事，通統記牢呢？然則要明白社會的所以然，也正不必把已往的事，全數記得，只要知道"使現社會成爲現社會的事"就夠了。然而這又難了。

任何一事一物，要詢問他的起原，我們現在，不知所對的很多。其所能對答的，又十有八九靠不住。然則我們安能本於既往以説明現在呢。

這正是我們所以愚昧的原因，而史學之所求，亦即在此。史學之所求，不外乎：（一）搜求既往的事實；（二）加以解釋；（三）用以説明現社會；（四）因以推測未來，而指示我們以進行的途徑。

往昔的歷史，是否能肩起這種任務呢？觀於借鑒於歷史以應付事實失敗者之多，無疑地是不能的。其失敗的原因安在呢？列舉起來，也可以有多端，其中最重要的，自然是偏重於政治。翻開二十五史來一看，從前都説二十四史，這是清朝時候，功令上所定爲正史的。民國時代，柯劭忞所著的《新元史》，業經奉徐世昌總統令，加入正史之中，所以現在該稱二十五史了。所記的，全是些戰爭攻伐，在廟堂上的人所發的政令，以及這些人的傳記世系。昔人稱《左氏》爲相斫書；近代的人，稱二十四史爲帝王的家譜。説雖過當，也不能謂其全無理由了。單看了這些事，能明白社會的所以然麼？從前的歷史，爲什麼會有這種毛病呢？這是由於歷史是文明時代之物，而在文明時代，國家業已出見，成爲活動的中心，常人只從表面上看，就認爲政治可以該括一切，至少是社會現象中最重要的一項了。其實政治只是表面上的事情。政治的活動，全靠社會做根柢。社會，實在政治的背後，做了無數更廣大更根本的事情。不明白社會，是斷不能明白政治的。所以現在講歷史的人，都不但著重於政治，而要著重於文化。

何謂文化？向來狹義的解釋，只指學術技藝而言，其爲不當，自無待論。説得廣的，又把一切人爲的事，都包括於文化之中，然則動物何以沒有文化呢？須知文化，正是人之所以異於他動物的。其異點安在呢？凡動物，多能對外界的刺戟而起反應，亦多能與外界相調適。然其與外界相調適，大抵出於本能，其力量極有限，而且永遠不過如此。人則不然。所以人所處的世界，與動物所處的世界，大不相同。人之所以能如此：（一）由其有特異的腦筋，能想出種種法子；（二）而其手和足全然分開，能製造種種工具，以遂行其計畫；（三）又有語言以互相交通，而其擴大的即爲文字。此人之所知，所能，可以傳之於彼；前人之所知，所能，并可以傳之於後。因而人的工作，不是個個從頭做起的，乃是互相接續著做的。不像賽跑的人，從同一地點出發，卻像驛站上的驛夫，一個個連接著，向目的地進行。其所走的路綫自然長，而後人所達到的，自非前人所能知了。然則文化，是因人有特異的稟賦，良好的交通工具，所成就的控制環境的共業。動物也有進化的，但他的進化，除非改變其機體，以求與外界相適應，這是要靠遺傳上變異淘汰等作用，才能達到其目的的，自然非常遲慢。人則只須改變其所用的工具，和其對付事物的方法。我們身體的構造，絕無以異於野蠻人，而其控制環境的成績，卻大不相同，即由其一爲生物進化，一爲文化進化之故。人類學上，證明自冰期以後，人的體質，無大變化。埃及的尸體解剖，亦證明其身體構造，與現今的人相同。可見人類的進化，全是文化進化。恆人每以文化狀況，與民族能力，并爲一談，實在是一個重大的錯誤。遺傳學家，論社會的進化，過於重視分子的先天能力，也不免爲此等俗見所累。至於有意誇張種族能力的，那更不啻自承其所謂進化，將返於生物進化了。從理論上説，人的行爲，也有許多來自機體，和動物無以異的，然亦無不被上文化的色采。如飲食男女之事，即其最顯明之例。所以在理論上，雖不能將人類一切行爲，都稱爲文化行爲，在事實上，則人類一切行爲，幾無不與文化有關係，可見文化範圍的廣大。能瞭解文化，自然就能瞭解社會了。人類的行爲，原於機體的，只是能力。其如何發揮此能力，則全因文化而定其形式。

　　全世界的文化，到底是一元的？還是多元的？這個問題，還非今日所能解決。研究歷史的人，即暫把這問題置諸不論不議之列亦得。因爲目前分明放著多種不同的文化，有待於我們的各別研究。話雖如此説，研究一種文化的人，專埋頭於這一種文化，而於其餘的文化，概無所見，也是不對的。因爲（一）各別的文化，其中仍有共同的原理存，（二）而世界上各種文化，交流互織，彼此互有關係，也確是事實。文化本是人類控制環境的行爲，環境不同，文化自因之而異。及其興起以後，因其能改造環境之故，愈使環境不同。人類遂在更不相同的環境中進化。其文化，自然也更不相同了。文化有傳播的性質，這是豪無疑義的。此其原理，實因人類生而有求善之性，智。與相愛之情。仁。所以文化優的，常思推行其文化於文化相異之羣，以冀改良其生活，共謀人類的幸福。其中固有自以爲善而實不然的，强力推行，反致引起糾紛，甚或釀成大禍，宗教之傳布，即其一例。但此自誤於愚昧，不害其本意之善。而其劣的，亦恆欣然接受。其深閉固拒的，皆別有原因，當視爲例外。這是世界上的文化，所以交流互織的原因。而人類的本性，原是相同的。所以在相類的環境中，能有相類的文化。即使環境不同，亦只能改變其形式，而不能改變其原理。正因原理之同，形式不能不異，即因形式之異，可見原理之同，昔人夏葛冬裘之喻最妙。此又不同的文化，所以有共同原理的原因。以理言之如此。以事實言，則自塞趨通，殆爲進化無疑的軌轍。試觀我國，自古代林立的部族,進而爲較大的國家;再進而爲更大的國家;再進而臻於統一;更進而與域外交通,開疆拓土,同化異民族;無非受這原理的支配。轉觀外國的歷史,亦係如此。今者世界大通,前此各別的文化,當合流而生一新文化,更是毫無疑義的了。然則一提起文化,就該是世界的文化,而世界各國的歷史,亦將可融合爲一。爲什麼又有所謂國別史,以研究各別的文化呢?這是因爲研究的方法,要合之而見其大,必先分之而致其精。況且研究的人,各有其立場。居中國而言中國,欲策將來的進步,自必先瞭解既往的情形。即以迎受外來的文化而論,亦必有其豫備條件。不先明白自己的情形,是無從定其迎距的方鍼的。所以我們在今日,欲瞭解中國史,固非兼通外國史不行,而中國史亦自有其特殊研究的必要。

　　人類已往的社會,似乎是一動一靜的。我們試看,任何一個社會,在已往,大都有個突飛猛晉的時期。隔著一個時期,就停滯不進了。再閱若干時,又可以突飛猛晉起來。已而復歸於停滯。如此更互不已。這是什麼理由?解釋的人,說節奏是人生的定律。個人如此,社會亦然。只能在遇見困難時,奮起而圖功,到認爲滿足時,就要停滯下來了。社會在這時期,就會本身無所發明;對於外來的,亦非消極的不肯接受,即積極的加以抗拒。世界是無一息不變的。不論自然的和人爲的,都係如此。人,因其感覺遲鈍,或雖有感覺,而行爲濡滯之故,非到外界變動,積微成著,使其感覺困難時,不肯加以理會,設法應付。正和我們住的屋子,非到除夕,不肯加以掃除,以致塵埃堆積,掃除時不得不大費其力一樣。這是世界所以一治一亂的真原因。儻使當其漸變之時,隨時加以審察,加以修正,自然不至於此了。人之所以不能如此,昔時的人,都以爲這是限於一動一靜的定律,無可如何的。我則以爲不然。這種説法,是由於把機體所生的現象,和超機現象,并爲一談,致有此誤。須知就一個人而論,勞動之後,需要休息若干時;少年好動,老年好靜;都是無可如何之事。社會則不然。個體有老少之殊,而社會無之。個體活動之後,必繼之以休息,社會則可以這一部分動,那一部分靜。然則人因限於機體之故,對於外界,不能自強不息地爲不斷的應付,正可藉社會的協力,以彌補其缺憾。然則從前感覺的遲鈍,行爲的濡滯,只是社會的病態。如因教育制度不良,致社會中人,不知遠慮,不能豫燭禍祟;又如因階級對立尖鋭,致寄生階級,不顧大局的利害,不願改革等;都只可説是社會的病態。我們能矯正其病態,一治一亂的現象,自然可以不復存,而世界遂臻於郅治了。這是我們研究歷史的人最大的希望。

　　馬端臨的《文獻通考·序》,把歷史上的事實,分爲兩大類:一爲理亂興亡,一爲典章經制。這種説法,頗可代表從前史學家的見解。一部二十五史,拆開來,所謂紀傳,大部分是記載理亂興亡一類的事實的,志則以記載典章經制爲主。表二者都有。理亂興亡一類的事實,是隨時發生的,今天不能逆料明天。典章經制,則爲人豫設之以待將來的,其性質較爲永久。所以前者可稱爲動的史實,後者可稱爲靜的史實。史實確乎不外這兩類,但限其範圍於政治以内,則未免太狹了。須知文化的範圍,廣大無邊。兩間的現象,除(一)屬於自然的;(二)或雖出於生物,而純導原於機體的;一切都當包括在内。他綜合有形無形的事物,不但限制人的行爲,而且陶鑄人的思想。在一種文化中的人,其所作所爲,斷不能出於這個文化模式以外,所以要講文化史,非把昔時的史料,大加擴充不可。教育部所定大學課程草案,各學院共同必修科,本有文化史而無通史。後又改爲通史,而注明當注重於文化。大約因爲政治的現象,亦不可略,怕改爲文化史之後,講授的人,全忽略了政治事項之故,用意固甚周詳。然大學的中國通史,講授的時間,實在不多。若其編制仍與中學以下同,所講授者,勢必不免於重複。所以我現在,換一個體例。先就文化現象,分篇敍述,然後按時代加以綜合。我這一部書,取材頗經揀擇,説明亦力求顯豁。頗希望讀了的人,對於中國歷史上重要的文化現象,略有所知;因而略知現狀的所以然;對於前途,可以豫加推測;因而對於我們的行爲,可以有所啓示。以我之淺學,而所希望者如此,自不免操豚蹄而祝篝車之誚,但總是我的一個希望罷了。

第一章　婚　姻

　　《易經》的《序卦傳》説："有天地,然後有萬物;有萬物,然後有男女;有男女,然後有夫婦;有夫婦,然後有父子;有父子,然後有君臣。"這是古代哲學家所推想的社會起原。他們以爲隆古的社會,亦像後世一般,以一夫一婦爲基本,成立一個家庭,由此互相聯結,成爲更大的組織。此等推想,確乎和我們根據後世的制度,以推想古代的情形的脾胃相合。所以幾千年來,會奉爲不刊之典。然而事實是否如此,卻大是一個疑問了。

　　自有歷史以來,不過幾千年,社會的情形,卻已大有改變了。設使我們把歷史抹殺了,根據現在的情形,去臆測周、秦、漢、魏、唐、宋時的狀況,那給研究過歷史的人聽了,一定是一場大笑話,何況邃古之事,去今業已幾萬年幾十萬年呢? 不知古代的真相,而妄以己意推測,其結果,必將以爲自古至今,不過如此,實係因緣起滅的現象,都將認爲天經地義,不可變更。就將發生許多無謂的爭執,不必要的保守,而進化的前途,被其阻礙了。所以近幾十年來,史前史的發見,實在是學術上的一個大進步。而其在社會組織方面,影響尤大。

　　據近代社會學家所研究:人類男女之間,本來是沒有什麼禁例的。其後社會漸有組織,依年齡的長幼,分別輩行。當此之時,同輩行之男女,可以爲婚,異輩行則否。更進,乃於親族之間,加以限制。最初是施諸同母的兄弟姊妹的。後來漸次擴充,至凡同母系的兄弟姊妹,都不准爲婚,就成所謂氏族(Sib)了。此時異氏族之間,男女仍是成羣的,此一羣之男,人人爲彼一羣之女之夫;彼一羣之女,人人爲此一羣之男之妻;絶無所謂個別的夫婦。其後禁例愈繁,不許相婚之人愈多。於是一個男子,有一個正妻;一個女子,有一個正夫。然除此之外,尚非不許與其他的男女,發生關係。而夫妻亦不必同居;其關係尚極疏鬆。更進,則夫妻必須同居,_{一夫一妻,或一夫多妻}。關係更爲永久,遂漸成後世的家庭了。所以人類的婚姻,是以全無禁例始,逐漸發生加繁其禁

13

例,即縮小其通婚的範圍,而成爲今日的形態的。以一夫一妻的家庭,爲元始的男女關係,實屬錯誤。

主張一夫一妻的家庭,爲男女元始關係的形態的,不過説:人類是從猿猴進化而來的,猿猴已有家庭,何況人類?然謂猿猴均有家庭,其觀察本不正確。詳見李安宅譯《兩性社會學》附錄《近代人類學與階級心理》第四節,商務印書館本。即舍此勿論,猿猴也是人類祖先的旁支,而非其正系。據生物學家之説,動物的聚居,有兩種形式:一如貓虎等,雌雄同居,以傳種之時爲限;幼兒成長,即與父母分離;是爲家庭動物。一如犬馬等,其聚居除傳種外,兼以互相保衛爲目的;歷時可以甚久,爲數可以甚多;是爲社羣動物。人類無爪牙齒角以自衛,儻使其聚居亦以家庭爲限,在隆古之世,斷乎無以自存;而且語言也必不會發達。所以元始人類的狀況,我們雖不得而知,其爲社羣而非家庭,則殆無疑義。猿類的進化不如人類,以生物界的趨勢論,實漸走上衰亡之路,怕正以其羣居本能,不如人類之故。而反説人類的邃初,必與猿猴一樣,實未免武斷偏見了。何況人類的性質,如妒忌及性的羞恥等,均非先天所固有;此觀小孩便可知。動物兩性聚居,只有一夫一妻、一夫多妻兩種形式,人類獨有一妻多夫,尤妒忌非先天性質之明證。母愛亦非專施諸子女等,足以證明其非家庭動物的,還很多呢。

現代的家庭,與其説是原於人的本性,倒不如説是原於生活情形。道德不道德的觀念,根於習慣;習慣原於生活。據社會學家所考究:在先史時期,游獵的階段,極爲普遍。游獵之民,都是喜歡掠奪的,而其時可供掠奪之物極少,女子遂成爲掠奪的目的。其後慮遭報復,往往掠奪之後,遺留物件,以爲交換。此時的掠奪,實已漸成爲貿易。女子亦爲交換品之一。是爲掠奪的變相,亦開賣買的遠原。掠奪來的女子,是和部族中固有的女子,地位不同的。他是掠奪他的人的奴隸,須負擔一切勞役。此既足以鼓勵男子,使之從事於掠奪。又婚姻之禁例漸多,本部族中的女子,可以匹合者漸少,亦益迫令男子,從事於向外掠奪。所以家庭的起原,是由於女子的奴役;而其需要,則是立在兩性分工的經濟原因上的。與滿足性慾,實無多大關係。原始人除專屬於他的女子以外,滿足性慾的機會,正多著呢。游獵之民,漸進而爲畜牧,其人之好戰鬥,喜掠奪,亦與游獵之民同,凡畜牧之民,大抵兼事田獵。而其力且加強。因其食物充足,能合大羣;營養佳良,體格強壯之故。牧羣須人照管,其重勞力愈甚,而掠奪之風亦益烈。只有農業是原於蒐集的,最初本是女子之事。低級的農業,亦率由女子任其責。其後逐漸發達,成爲生活所必資。此時經濟的主權,操於女子之手。土田室屋及農具等,率爲女子所有。部族中人,固不願女子出嫁;女子勢亦無從出嫁；男子與女子結婚者，不得不入居女子族中，其地位遂成爲附屬品。此時女子有組織，男子則無，或雖有之而不關重要。所以社會上有許多公務，其權皆操於女子之手。如參與部族會議，選舉酋長等。此時之女子，亦未嘗不從事於後世家務一類的事務，然其性質，亦爲公務，與後世之家務，迥乎不同。實爲女子的黃金時代。所謂服務婚的制度，即出現於此時。因爲結婚不能徒手，而此時的男子，甚爲貧乏，除勞力之外，實無可以爲聘禮之物之故。其後農業更形重要，男子從事於此者益多。馴致以男子爲之主，而女子爲之輔。於是經濟的主權，再入男子之手。生活程度既高，財產漸有贏餘，職業日形分化。如工商等業，亦皆爲男子之事。個人私產漸興，有財富者即有權力，不樂再向女子的氏族中作苦，乃以財物償其部族的損失，而娶女以歸。於是服務婚漸變爲賣買婚，女子的地位，又形低落了。

　　以上所述，都是社會學家的成說。返觀我國的古事，也無乎不同。《白虎通義·三皇篇》説，古代的人，“知其母而不知其父”，這正是古代的婚姻，無所謂夫婦的證據。人類對於男女性交，豪無限制的時代，去今遠了，在書本上，不易找到證據。至於輩行婚的制度，則是很明白無疑的。《禮記·大傳》説宗子合族之禮道：“同姓從宗合族屬，異姓主名治際會。名著而男女有別。其夫屬乎父道者，妻皆母道也；其夫屬乎子道者，妻皆婦道也。謂弟之妻婦者，是嫂亦可謂之母乎？名者，人治之大者也，可無慎乎？”這正是古代婚姻，但論輩行一個絕好的遺迹。這所謂同姓，是指父系時代本氏族裏的人。用現在的話來説，就是老太爺、老爺、少爺們。異姓，鄭《注》説“謂來嫁者”，就是老太太、太太、少太太們。從宗，是要依着血系的枝分派別的，如先分爲老大房、老二房、老三房，再各統率其所屬的房分之類，參看下章自明。主名，鄭《注》説：“主於婦與母之名耳。”謂但分別其輩行，而不復分別其枝派。質而言之，就是但分爲老太太、太太、少太太，而不再問其孰爲某之妻，孰爲某之母。“謂弟之妻爲婦者，是嫂亦可謂之母乎？”翻做現在的話，就是：“把弟媳婦稱爲少太太，算做兒媳婦一輩，那嫂嫂難道可稱爲老太太，算做母親一輩麼？”如此分別，就可以稱爲男女有別，可見古代婚姻，確有一個專論輩行的時代，在周代的宗法中，其遺迹還未盡泯。夏威夷人，對於父、伯叔父、舅父，都用同一的稱呼。中國人對於舅，雖有分別，父與伯叔父，母與伯叔母、從母，也是沒有分別的。伯父只是大爺，叔父、季父，只是三爺、四爺罷了。再推而廣之，則上一輩的人，總稱爲父兄，亦稱父老。老與考爲轉注，《説文》。最初只是一語，而考爲已死之父之稱。下一輩則總稱子弟。《公羊》何《注》説：“宋魯之間，名結婚姻爲兄弟。"僖公二十五年。可見父母兄弟等,其初皆非專稱。資本主義的社會學家説:這不是野蠻人不知道父與伯叔父、舅父之別,乃是知道了而對於他們,仍用同一的稱呼。殊不知野蠻人的言語,總括的名詞,雖比我們少,各別的名詞,卻比我們多。略知訓詁的人皆知之。如古鳥稱雌雄,獸稱牝牡,今則總稱雌雄,即其一例。既知父與伯叔父、舅父之別,而仍用同一的稱呼,這在我們,實在想不出這個理由來。難者將説:父可以不知道,母總是可以知道的,爲什麼母字亦是通稱呢? 殊不知大同之世,"人不獨親其親,不獨子其子",生物學上的母,雖止一個,社會學上的母,在上一輩中,是很普遍的。父母之恩,不在生而在養,生物學上的母,實在是無甚關係的,又何必特立專名呢? 然則邃初所謂夫婦之制和家庭者安在?《爾雅・釋親》兄弟之妻,"長婦謂稚婦爲娣婦,娣婦謂長婦爲姒婦",這就是現在的妯娌。而女子同嫁一夫的,亦稱先生者爲姒,後生者爲娣。這也是輩行婚的一個遺迹。

社會之所以有組織,乃是用以應付環境的。其初,年齡間的區別,實在大於兩性間的區別。後來受文化的影響,此等區別,才漸漸轉變。《商君書・兵守篇》説軍隊的組織,以壯男爲一軍,壯女爲一軍,男女之老弱者爲一軍,其視年齡的區別,仍重於兩性的區別。所以組織之始,是按年齡分階層的。而婚姻的禁例,亦起於此。到後來,便漸漸依血統區別了。其禁例,大抵起於血緣親近之人之間。違犯此等禁例者,俗語謂之"亂倫",古語則謂之"鳥獸行",亦謂之"禽獸行"。懲罰大抵是很嚴重的。至於擴而充之,對母方或父方有血緣關係之人,概不許結婚,即成同姓不婚之制。中國古代的姓,相當於現在社會學上所謂氏族,參看下章。同姓不婚的理由,昔人説是:"男女同姓,其生不蕃。"《左氏》僖公二十三年鄭叔詹説。"美先盡矣,則相生疾。"同上昭公七年鄭子産説。又説是同姓同德,異姓異德。《國語・晉語》司空季子説。好像很知道遺傳及健康上的關係的。然(一)血族結婚,有害遺傳,本是俗説,科學上並無證據;(二)而氏族時代所謂同姓,亦和血緣遠近不符;(三)至謂其有害於健康,則更無此説。然則此等都是後來附會之説,並不是什麼真正的理由。以實際言,此項禁例,所以能維持久遠的,大概還是由於《禮記・郊特牲》所説的"所以附遠厚別"。因爲文化漸進,人和人之間,妒忌之心,漸次發達,爭風喫醋的事漸多,同族之中,必有因爭色而致鬭亂的,於是逐漸加繁其禁例,最後,遂至一切禁斷。而在古代,和親的交際,限於血緣上有關係的人。異姓間的婚姻,雖然始於掠奪,其後則漸變爲賣買,再變爲聘娶,彼此之間,無復敵意,而且可以互相聯絡了。試看春秋戰國之世,以結婚姻爲外交手段者之多,便可知《郊特牲》"附遠"二字之確。這是同姓不婚之制,所以逐漸普遍,益臻固定的理由。及其既經普遍固定之後，則制度的本身，就具有很大的威權，更不必要什麼理由了。

妒忌的感情，是何從而來的呢？前文不是説，妒忌不是人的本性麼？然兩性間的妒忌，雖非人之本性，而古人大率貧窮，物質上的缺乏，逼著他不能不生出產業上的嫉妒來。掠奪得來的女子，既是掠奪者的財產，自然不能不努力監視著他。其監視，固然是爲著經濟上的原因，然他男子設或與我的奴隸，發生性的關係，就很容易把他帶走，於是占有之慾，自物而擴及於人，而和此等女子發生性的關係，亦非得其主人許可，或給以某種利益，以爲交換不可了。如租賃、借貸、交換等。《左氏》襄公二十八年，慶封與盧蒲嫳易内；昭公二十八年，祁勝與鄔臧通室；現在有等地方，還有租妻之俗，就是這種制度的遺跡。再進，產業上的妒忌，漸變成兩性間的妒忌，而爭風喫醋之事遂多。内婚的禁忌，就不得不加嚴，不得不加密了。所以外婚的興起，和内婚的禁止，也是互爲因果的。

掠奪婚起於遊獵時代，在中國古書上，也是確有證據的。《禮記·月令》《疏》引《世本》説：大昊始制嫁娶以儷皮爲禮。託諸大昊，雖未必可信，而儷皮是兩鹿皮，見《公羊》莊公二十二年何《注》，這確是獵人之物。古婚禮必用雁，其理由，怕亦不過如此。又婚禮必行之昏時，亦當和掠奪有關係。

中國農業起於女子，捕魚在古代，亦爲女子之事，説見第十一章。農漁之民，都是食物饒足，且居有定地的，畋獵對於社會的貢獻比較少，男子在經濟上的權力不大，所以服務婚之制，亦發生於此時。贅壻即其遺跡。《戰國·秦策》説大公望是齊之逐夫，當即贅壻。古代此等婚姻，在東方，怕很爲普遍的。《漢書·地理志》説，齊襄公淫亂，姑姊妹不嫁。"於是下令國中：民家長女不得嫁，名曰巫兒，爲家主祠，嫁者不利其家。民至今以爲俗。"把此等風俗的原因，歸諸人君的一道命令，其不足信，顯而易見。其實齊襄公的姑姊妹不嫁，怕反係受這種風俗的影響罷？《公羊》桓公二年，有楚王妻媦之語。何《注》：媦，妹也。可見在東南的民族，内婚制維持較久。《禮記·大傳》説："四世而緦，服之窮也。五世祖免，殺同姓也。六世親屬竭矣，其庶姓別於上，庶姓見下章。而戚單於下，單同殫。昏姻可以通乎？繫之以姓而弗別，綴之以族而弗殊，雖百世而昏姻不通者，周道然也。"然則男系同族，永不通婚，只是周道。自殷以上，六世之後，婚姻就可以通的。殷也是東方之國。《漢書·地理志》又説燕國的風俗道："初大子丹賓養勇士，不愛後宮美女，民化以爲俗，至今猶然。賓客相過，以婦侍宿。嫁娶之夕，男女無別，反以爲榮。後稍頗止，然終未改。"不知燕丹的舉動，係受風俗的影響，反以爲風俗原於燕丹，亦與其論齊襄公同病。

而燕國對於性的共有制，維持較久，則於此可見。燕亦是濱海之地。然則自東南亙於東北，土性肥沃，水利豐饒，農漁二業興盛之地，內婚制及母系氏族，都是維持較久的。父系氏族，當起於獵牧之民。此可見一切社會制度，皆以經濟狀況爲其根本原因。

人類對於父母親族，總只能注意其一方，這是無可如何的。所以在母系氏族內，父方的親族，並不禁止結婚；在父系氏族內，母方的親族亦然；且有兩個氏族，世爲婚姻的。中國古代，似亦如此。所以夫之父與母之兄弟同稱，舅。夫之母與父之姊妹同稱。姑。可見母之兄弟，所娶者即父之姊妹。並非親姊妹，不過同氏族的姊妹行而已。而我之所嫁，亦即父之氏族中之男子，正和我之母與我之父結婚同。古代氏族，又有在氏族之中，再分支派的。如甲乙兩部族，各分爲一二兩組。甲一之女，必與乙二之男結婚，生子則屬於甲二。甲二之女，必與乙一之男結婚，生子則屬於甲一。乙組的女子亦然。此係最簡單之例，實際還可以更繁複。如此，則祖孫爲同族人，父子則否。中國古代，似亦如此。所以祭祀之禮："孫可以爲王父尸，子不可以爲父尸。"《禮記·曲禮》。殤與無後者，必從祖祔食，而不從父祔食。《禮記·曾子問》。

近親結婚，在法律上本有禁令的，並不限於父系。如《清律》"娶己之姑舅兩姨姊妹者，杖八十，並離異"即是。然因此等風俗，根深柢固，法律就成爲具文了。

古代所謂同姓，是自認爲出於同一始祖的。在父系氏族，則爲男子。在母系氏族，則爲女子。雖未必確實，他們固自以爲如此。同姓與否，和血緣的遠近，可謂實無關係。然他們認爲同姓則同德，不可結婚，異姓則異德，可以結婚，理由雖不確實，辦法尚覺一致。至後世所謂同姓，則並非同出於一原；而同出於一原的，卻又不必同姓。如王莽，以姚、嬀、陳、田，皆黃虞後，與己同姓，令元城王氏，勿得與四姓相嫁娶。《漢書·莽傳》。而王訢孫咸，以得姓不同，其女轉嫁爲莽妻。《漢書·訢傳》。此等關係，後世都置諸不論了。所謂同姓異姓，只是以父系的姓，字面上的同異爲據，在理論上，可謂並無理由，實屬進退失據。此因同姓不婚之制，已無靈魂，僅賸軀殼之故。總而言之，現在的所謂姓氏，從各方面而論，都已毫無用處，不過是社會組織上的老廢物罷了。參看下章自明。

婚禮中的聘禮，即係賣買婚的遺迹，古禮稱爲"納徵"。《禮記·內則》説："聘則爲妻，奔則爲妾"；《曲禮》説："買妾不知其姓則卜之。"則買妾是真給身價的，聘妻雖具禮物，不過僅存形式，其意已不在於利益了。

古代婚禮，傳於後世的，爲《儀禮》中的《士昏禮》。其節目有六：即（一）納采，男氏遣使到女氏去求婚。（二）問名，女氏許婚之後，再請問許婚的是那一位姑娘？因爲納采時只申明向女氏的氏族求婚，並未指明那一個人之故。（三）納吉，女氏説明許婚的係那一位姑娘之後，男氏歸卜之於廟。卜而得吉，再使告女氏。（四）納徵，亦謂之納幣。所納者係玄纁束帛及儷皮。（五）請期，定吉日。吉日係男氏所定，三請於女氏，女氏不肯定，然後告之。（六）親迎，新郎親到女氏。執雁而入，揖讓升堂，再拜奠雁。女父帶着新娘出來，交給他。新郎帶著新娘出門。新娘升車，新郎親爲之御。車輪三轉之後，新郎下車，由御者代御。新郎先歸，在門首等待。新娘車至，新郎揖之而入。如不親迎的，則新郎三月後往見舅姑。親迎之禮，儒家贊成，墨家是反對的，見《禮記・哀公問》《墨子・非儒篇》。是爲六禮。親迎之夕，共牢而食，合巹而酳。古人的宴會，猪牛羊等，都是每人一分的。夫妻則兩個人合一分，是謂同牢。把一個瓢破而爲兩，各用其半，以爲酒器，是爲合巹。這表示“合體，同尊卑”的意思。其明天，“贊婦見於舅姑”。又明天，“舅姑共饗婦”。禮成之後，“舅姑先降自西階，賓階。婦降自阼階”。東階，主人所行。古人説地道尊右，故讓客人走西階。表明把家事傳給他，自己變做客人的意思。此禮是限於適婦的，謂之“著代”，亦謂之“授室”。若舅姑不在，則三月而後廟見。《禮記・曾子問》説：“女未廟見而死，歸葬於女氏之黨，示未成婦。”諸侯嫁女，亦有致女之禮，於三月之後，遣大夫操禮而往，見《公羊》成公九年。何《注》説：“必三月者，取一時，足以別貞信。”然則古代的婚禮，是要在結婚三個月之後，才算真正成立的。若在三個月之內分離，照禮意，還只算婚姻未完全成立，算不得離婚。這也可見得婚姻制度初期的疏鬆。

禮經所説的婚禮，是家族制度全盛時的風俗，所以其立意，全是爲家族打算的。《禮記・内則》説：“子甚宜其妻，父母不説，出。子不宜其妻，父母曰：是善事我，子行夫婦之禮焉，沒身不衰。”可見家長權力之大。《昏義》説：“成婦禮，明婦順，又申之以著代，所以重責婦順焉也。婦順也者，順於舅姑，和於室人，而後當於夫；以成絲麻布帛之事；以審守委積蓋藏。是故婦順備而後内和理，内和理而後家可長久也，故聖王重之。”尤可見娶婦全爲家族打算的情形。《曾子問》説：“嫁女之家，三夜不息燭，思相離也。”這是我們容易瞭解的。又説：“取婦之家，三日不舉樂，思嗣親也。”此意我們就不易瞭解了。原來現代的人，把結婚看作個人的事情，認爲是結婚者的幸福，所以多有歡樂的意思。古人則把結婚看做爲家族而舉行的事情。兒子到長大能娶妻，父母就近於凋謝了，所以反有感傷的意思。《曲禮》説：“昏禮不賀，人之序也。”也是這個道理。此亦可見當時家族主義的昌盛，個人價值，全被埋没的一斑。

當這時代，女子遂成爲家族的奴隸，奴隸是需要忠實的，所以貞操就漸漸的被看重。“貞婦”二字，昉見於《禮記・喪服四制》。春秋時，魯君的女兒，有一個嫁給宋國的，稱爲宋伯姬。一天晚上，宋國失火，伯姬説："婦人夜出，必待傅姆。"傅姆是老年的男女侍從。必待傅姆，是不獨身夜行、以避嫌疑的意思。傅姆不至，不肯下堂，遂被火燒而死。《春秋》特書之，以示獎厲。《公羊》襄公三十年。此外儒家獎厲貞節之説，還有許多，看劉向的《列女傳》可知。劉向是治魯詩的，《列女傳》中，有許多是儒家相傳的詩説。秦始皇會稽刻石説："飾省宣義，有子而嫁，倍死不貞。防隔内外，禁止淫佚，男女絜誠。夫爲寄豭，殺之無罪，男秉義程。妻爲逃嫁，子不得母，咸化廉清。"按《管子·八觀篇》説："閭閈無闔，外内交通，則男女無別矣。"又説："食谷水，巷鑿井；場圃接，樹木茂；宫墙毁壞，門户不閉，外内交通；則男女之别，無自正矣。"《漢書·地理志》説：鄭國土陿而險，山居谷汲，男女亟聚會，故其俗淫。這即是秦始皇所謂防隔内外，乃是把士大夫之家"深宫固門，閽寺守之，男不入，女不出"的制度，見《禮記·内則》。推廣到民間去。再嫁未必能有什麽禁令，不過宣布其是倍死不貞，以示恥辱，正和獎厲貞節用意相同。寄豭是因奸通而寄居於女子之家的，殺之無罪；妻爲逃嫁，則子不得母；其制裁卻可謂嚴厲極了。壓迫階級所組織的國家，其政令，自然總是助壓迫階級張目的。

雖然如此，羅馬非一日之羅馬，古代疏鬆的婚姻制度，到底非短期間所能使其十分嚴緊的。所以表顯於古書上的婚姻，要比後世自由得多。《左氏》昭公元年載鄭國徐吾犯之妹美，子南業經聘定了他，子晳又要强行納聘。子晳是個强宗，國法奈何不得他。徐吾犯乃請使女自擇，以資決定。這雖别有用意，然亦可見古代的婚姻，男女本可自擇。不過"男不親求，女不親許"，見《公羊》僖公十四年。必須要有個媒妁居間；又必須要"爲酒食以召鄉黨僚友"，《禮記·曲禮》。以資證明罷了。婚約的解除，也頗容易。前述三月成婦之制，在結婚三個月之後，兩造的意見，覺得不合，仍可隨意解除，這在今日，無論那一國，實都無此自由。至於尚未同居，則自然更爲容易。《禮記·曾子問》説："昏禮：既納幣，有吉日，女之父母死，則如之何？孔子曰：壻使人弔。如壻之父母死，則女之家亦使人弔。壻已葬，壻之伯父，致命女氏曰：某之子有父母之喪，不得嗣爲兄弟，使某致命。女氏許諾，而弗敢嫁，禮也。壻免喪，女之父母使人請，壻弗取而後嫁之，禮也。女之父母死，壻亦如之。"一方等待三年，一方反可隨意解約，實屬不近情理。迂儒因生種種曲説。其實這只是《禮記》文字的疏忽。孔子此等説法，自爲一方遭喪而一方無意解約者言之。若其意欲解約，自然毫無限制。此乃當然之理，在當日恐亦爲常行之事，其事無待論列，故孔子不之及。記者貿然下了"而弗敢嫁禮也"六字，一似非等待不可的，就引起後人的誤會了。離婚的條件，有所謂七出，亦謂之七棄，(一)無子，(二)淫佚，(三)不事舅姑，(四)口舌，(五)盜竊，(六)嫉妒，(七)惡疾。又有所謂三不去，(一)嘗更三年喪不去，(二)賤取貴不去，(三)有所受無所歸不去。與五不娶並列，(一)喪婦長女，(二)世有惡疾，(三)世有刑人，(四)亂家女，(五)逆家女。見於《大戴禮記·本命篇》，和《公羊》莊公二十七年何《注》，皆從男子方面立說。此乃儒家斟酌習俗，認爲義所當然，未必與當時的法律習慣密合。女子求去，自然也有種種條件，爲法律習慣所認許的，不過無傳於後罷了。觀漢世婦人求去者尚甚多，如朱買臣之妻等。則知古人之於離婚，初不重視。夫死再嫁，則尤爲恆事。這是到宋以後，理學盛行，士大夫之家，更看重名節，上流社會的女子，才少有再嫁的，前代並不如此。《禮記·郊特牲》說：“一與之齊，終身不改，故夫死不嫁。”這是現在講究舊禮教的迂儒所樂道的。然一與之齊，終身不改，乃是說不得以妻爲妾，並非說夫死不嫁。《白虎通義·嫁娶篇》引《郊特牲》，並無“故夫死不嫁”五字；鄭《注》亦不及此義；可見此五字爲後人所增。鄭《注》又說：“齊或爲醮”，這字也是後人所改的。不過鄭氏所據之本，尚作齊字，即其所見改爲醮字之本，亦尚未竄入“故夫死不嫁”五字罷了。此可見古書逐漸竄改之迹。

後世男子的權利，愈行伸張，則其壓迫女子愈甚。此可於其重視爲女時的貞操，及其賤視再醮婦見之。女子的守貞，實爲對於其夫之一種義務。以契約論，固然只在婚姻成立後，持續時爲有效，以事實論，亦只須如此。所以野蠻社會的風俗，無不是如此的，而所謂文明社會，卻有超過這限度的要求。此無他，不過壓迫階級的要求，更進一步而已。女子的離婚，在後世本較古代爲難，因爲古代的財產，帶家族共有的意思多，一家中人，當然都有享受之分。所以除所謂有所受無所歸者外，離婚的女子，都不怕窮無所歸。後世的財產，漸益視爲個人所有，對於已嫁大歸之女，大都不願加以扶養；而世俗又賤視再醮之婦，肯娶者少；棄婦的境遇，就更覺悽慘可憐了。法律上對於女子，亦未嘗加以保護。如《清律》：“凡妻無應出及義絶之狀而出之者，杖八十。雖犯七出有三不去而出之者，減二等，追還完聚。”似乎是爲無所歸的女子，特設保護的條文的。然追還完聚之後，當如何設法保障，使其不爲夫及夫之家族中人所虐待，則絶無辦法。又說：“若夫妻不相和諧而兩願離者不坐。”不相和諧，即可離異，似極自由。然夫之虐待其妻者，大都搾取其妻之勞力以自利，安能得其願離？離婚而必以兩願爲條件，直使被虐待者永無脫離苦海之日。而背夫私逃之罪，則係“杖一百，從夫嫁賣”。被虐待的女子，又何以自全呢？徹底言之：現在所謂夫婦制度，本無維持之價值。然進化非一蹴所可幾，即制度非旦夕所能改。以現在的立法論,當定在原則上:(一)離婚之訴,自妻提出者無不許。(二)其生有子女者,撫養歸其母,費用則由其父負擔。(三)夫之財產中,其一部分,應視爲其妻所應得,離婚後當給與其妻。(四)夫妻異財者勿論。其同財者,嫁資應視爲妻之私財,離婚時給還其妻;其業經銷用者應賠償。這固不是根本解決的辦法,然在今日,立法上亦只得如此了。而在今日,立法上亦正該如此。

古書中所載的禮,大抵是父系家庭時代的習慣風俗。後世社會組織,迄未改變,所以奉其說爲天經地義。而因此等說法,被視爲天經地義之故,亦有助於此制度之維持。天下事原總是互爲因果的。但古書中的事實,足以表示家族主義成立前的制度的亦不少,此亦不可不注意。《禮記・禮運》:"合男女,頒爵位,必當年德。"《管子・幼官篇》,亦有"合男女"之文。合男女,即《周官》媒氏及《管子・入國篇》的合獨之政。《周官》媒氏:"凡男女自成名以上,皆書年月日名焉。令男三十而娶,女二十而嫁。中春之月,令會男女。於是時也,奔者不禁。謂不備聘娶之禮,説見下。司男女之無夫家者而會之。"合獨爲九惠之政之一。其文云:"取鰥寡而和合之,與田宅而家室之,三年然後事之。"此實男女妃合,不由家族主持,而由部族主持之遺迹。其初蓋普遍如此。到家族發達之後,部族於通常之結婚,才置諸不管,而只干涉其違法者,而救濟其不能婚嫁者了。當男女婚配由部族主持之世,結婚的年齡,和每年中結婚的季節,都是有一定的。婚年:儒家的主張,是男三十而娶,女二十而嫁。《禮記・曲禮》、《内則》等篇,都是如此。《大戴禮記・本命篇》説,這是中古之禮。大古五十而室,三十而嫁。《墨子》、《節用》。《韓非子》、《外儲説右下》。則説男二十而娶,女十五而嫁。結婚的年齡,當然不能斠若畫一。王肅説:男十六而精通,女十四而能化,自此以往,便可結婚;所謂三十、二十等,乃係爲之極限,使不可過。又所謂男三十,女二十,不過大致如此,並非必以三十之男,配二十之女。其説自通。見《詩・摽有梅疏》。《大戴禮》説:三十而室,二十而嫁,天子庶人同禮。《左氏》説:天子十五而生子;三十而室,乃庶人之禮。《五經異義》。貴族生計,較庶人爲寬裕,結婚年齡,可以提早,説亦可通。至《墨子》、《韓非子》之説,則係求蕃育人民之意,古代此等政令甚多,亦不足怪。所可怪者,人類生理,今古相同,婚配的要求,少壯之時,最爲急切,大古時何以能遲至五十、三十?案羅維(Robert H. Lowie)所著的《初民社會》,吕叔湘譯,商務印書館本。説巴西的波洛洛人(Bororo)男女性交和結婚,並非一事。當其少年時,男女之間,早已發生性的關係,然常是過著浪漫的生活,並不專於一人。倒是年事較長,性慾較淡,彼此皆欲安居時,才擇定配偶,相與同居。案人類的性質,本是多婚的。男女同居,乃爲兩性間的分工互助,實與性慾無甚關係。巴洛洛人的制度,實在是較爲合理的。社會制度,往往早期的較後期的爲合理。這是因已往的文化,多有病態,時期愈晚,病態愈深之故。中國大古之世,婚年較晚的理由,也可以借鑑而明了。人類性慾的開始,實在二七、二八之年。自此以往,更閱數年,遂臻極盛。此係中國古說,見《素問·上古天真論》。《大戴禮記》、《韓詩外傳》、《孔子家語》等說皆同。根於生理的慾念,宜宣洩不宜抑壓。抑壓之,往往爲精神病的根原。然後世將經濟上的自立,責之於既結婚的夫婦,則非十餘齡的男女所及;又教養子女之責,專由父母任之,亦非十餘齡的男女所能;遂不得不將結婚的年齡展緩。在近代,並有因生計艱難,而抱獨身主義的。性慾受抑壓而橫溢,個人及社會兩方面,均易招致不幸的結果。這亦是社會制度與人性不能調和的一端。儻使將經濟及兒童教養的問題,和兩性問題分開,就不至有此患了。所以目前的辦法,在以節育及兒童公育、救濟遲婚及獨身問題。結婚的季節,《春秋繁露》說:“霜降逆女,冰泮殺止。”《循天之道篇》。《荀子》同。《大略篇》。王肅說:自九月至正月。見《詩·綢繆疏》。其說良是。古人冬則居邑,春則居野,參看第六、第十四章。結婚的月分,實在是和其聚居的時期相應的。仲春則婚時已過,至此而猶不克婚,則其貧不能備禮可知,所以奔者不禁了。

多妻之原,起於男子的淫侈。生物界的事實,兩性的數目,常大略相等。婚姻而無禁例,或雖有禁例而不嚴密則已,若既限定對於法定的配偶以外,不許發生性的關係,而又有若干人欲多占異性爲己有,則有多占的人,即有無偶的人。所以古今中外,有夫婦之制的社會,必皆以一夫一妻爲原則。但亦總有若干例外。古代貴族,妻以外發生性的關係的人有兩種:一種是妻家帶來的,謂之媵。一種是自己家裏所固有的,謂之妾。後世媵之實消滅,故其名稱亦消滅,但以妾爲配偶以外發生性的關係之人之總稱。媵之義爲送,即妻家送女的人,並不限於女子,如伊尹爲有莘氏媵臣是。與壻家跟著新郎去迎接新娘的御相同。媵御的原始,實猶今日結婚時之男女儐相,本無可發生性的關係的理由。後來有特權的男子,不止娶於一家,正妻以外的旁妻,無以名之,亦名之曰媵,媵遂有正妻以外之配偶之義。古代的婚姻,最致謹於輩行,而此規則,亦爲有特權者所破壞。娶一妻者,不但兼及其娣,而且兼及其姪,於是有諸侯一娶九女之制。取一國則二國往媵,各以姪娣從。一娶九女之制,據《白虎通義·嫁娶篇》說,天子與諸侯同。亦有以爲天子娶十二女的,如《春秋繁露·爵國篇》是。此恐係以天子與諸侯同禮爲不安而改之。其實在古代,天子諸侯,在實際上,未必有多大的區別。《禮記·昏義》末節説：天子有一后、三夫人、九嬪、二十七世婦、八十一御妻。案《昏義》爲《儀禮·士昏禮》之傳，傳文皆以釋經，獨《昏義》此節，與經無涉；文亦不類傳體；其説在他處又無所見；而適與王莽立后，備和、嬪、美、御，和人三，嬪人九，美人二十七，御人八十一之制相合；見《漢書·莽傳》。其爲後人竄入，自無可疑。《冠義》説："無大夫冠禮而有其昏禮？古者五十而後爵，何大夫冠禮之有？"五十而後娶，其爲再娶可知。諸侯以一娶九女之故，不得再娶，《公羊》莊公十九年。大夫若亦有媵，安得再娶？管氏有三歸，孔子譏其不儉，《論語·八佾》：包咸云：三歸，娶三姓女。即係譏其僭人君之禮。所以除人君以外，是決無媵的。至於妾，則爲家中的女子，得與家主相接之義。家族主義發達的時代，門以内的事情，國法本不甚干涉。家主在家庭中的地位，亦無人可以制裁他。家中苟有女奴，家主要破壞她的貞操，自無從加以制裁。所以有妾與否，是個事實問題，在法律上，或者並無制限。然古代依身分而立别的習慣，是非常之多的，或有制限，亦未可知。後世等級漸平，依身分而立區別的習慣，大半消滅，娶妾遂成爲男子普遍的權利了。雖然如此，法律上仍有依身分之貴賤，而定妾之有無多寡的。如《唐書·百官志》"親王有孺人二人，媵十人；二品媵八人；國公及三品媵六人；四品媵四人；五品媵三人"，《明律》"民年四十以上無子者，方聽娶妾，違者笞四十"是。但此等法律，多成具文，而在事實上，則多妻之權利，爲富者所享受。適庶之別，古代頗嚴。因爲古代等級，本來嚴峻，妻和妾一出於貴族，一出於賤族，其在社會上的身分，本相懸殊之故。後世等級既平，妻妾之身分，本來的相差，不如前代之甚，所以事實上貴賤之相差亦較微。僅在法律上，風俗上，因要維持家庭間的秩序，不得不略存區別而已。

《顏氏家訓》説："江左不諱庶孽，喪室之後，多以妾媵終家事。河北鄙於側室，不預人流，是以必須重娶，至於三四。"這是江左猶沿古代有媵不再娶的舊風，河北就蕩然了。但以妾媵終家事，必本有妾媵而後能然。如其無之，自不能不再娶。再娶自不能視之爲妾。《唐書·儒學傳》説："鄭餘慶廟有二妣，疑於祔祭，請於有司。博士韋公肅議曰：'古諸侯一娶九女，故廟無二適。自秦以來有再娶，前娶後繼皆適也，兩祔無嫌。'"自秦以來有再娶，即因封建破壞，無復一娶九女及三歸等制度之故。韋公肅之議，爲前娶後繼，皆爲適室禮文上的明據。但從禮意上説，同時不能有二嫡的，所以世俗所謂兼祧雙娶，爲法律所不許。大理院解釋，以後娶者爲妾。

人類的性質，本來是多婚的。男女皆然。雖由社會的勢力，加以壓迫，終不能改變其本性。所以壓迫之力一弛，本性隨即呈露。在現社會制度之下，最普遍而易見的，是爲奸通與賣淫。奸通，因其爲祕密之事，無從統計其多少。然就現社會和歷史記載上觀察，實可信其極爲普遍。賣淫亦然。社會學家說："凡是法律和習慣限制男女性交之處，即有賣淫之事，隨之出現。"史家推原賣淫之始，多以爲起於宗教賣淫。王書奴著《中國倡伎史》，生活書店本。亦力主此說。然原始宗教界中淫亂的現象，實未可稱爲賣淫。因爲男女的交際，其初本極自由。後來强橫的男子，雖把一部分女子占爲己有，然只限於平時。至於衆人集會之時，則仍須回復其故態。所以各個民族，往往大集會之時，即爲男女混雜之際。如鄭國之俗，三月上巳之日，於溱、洧兩水之上，招魂續魄，拂除不祥，士女往觀而相謔。《韓詩》說，據陳喬樅《三家詩遺說考》。《史記·滑稽列傳》載淳于髠說："州閭之會，男女雜坐。行酒稽留，六博投壺，相引爲曹。握手無罰，目眙不禁。前有墮珥，後有遺簪。""日暮酒闌，合尊促坐。男女同席，履舄交錯。杯盤狼籍。堂上燭滅，主人留髠而送客。羅襦襟解，微聞薌澤。"又如前文所引的燕國"嫁娶之夕，男女無別"都是。宗教上的寺院等，也是大衆集會之地，而且是聖地，其地的習慣，是不易破壞的。《漢書·禮樂志》說：漢武帝立樂府，"采詩夜誦"。顏師古《注》說："其言辭或祕，不可宣露，故於夜中歌誦。"案《後漢書·高句驪傳》說：其俗淫。暮夜輒男女羣聚爲倡樂。高句驪是好祠鬼神的，而樂府之立，亦和祭禮有關。然則采詩夜誦，怕不僅因其言辭或祕罷？男女混雜之事，後世所謂邪教中，亦恆有之，正和邪有何標準？不過古代之俗，漸與後世不合，則被目爲邪而已。然則宗教中初期的淫亂，實不可謂之賣淫。不過限制男女交際的自由，往往與私有財產制度，伴隨而起。既有私有財產，自有所謂賣買；既有所謂賣買，淫亦自可爲賣買的標的。在此情形之下，本非賣買之事，變爲賣買的多了，亦不僅淫之一端。

　　賣淫的根原，舊說以爲起於齊之女閭。其事見於《戰國策》的《東周策》。《東周策》載一個辯士的話道："國必有誹譽。忠臣令誹在己，譽在上。齊桓公宮中七市，女閭七百，國人非之，管仲故爲三歸之家，以掩桓公非，自傷於民也。"則市與女閭，確爲淫樂之地。《商君書·墾令篇》說："令軍市無有女子。"又說："輕惰之民，不游軍市，則農民不淫。"亦市爲淫樂之地之一證。女閭則他處無文。案《太平御覽》引《吳越春秋》說："句踐輸有過寡婦於山上，使士之憂思者游之，以娛其意"，今本無。亦即女閭之類。女閭，蓋後世所謂女户者所聚居。女户以女爲户主，可見其家中是没有壯男的。《周官·內宰》："凡建國，佐后立市。"《左氏》昭公二十年，晏嬰說："內寵之妾，肆奪於市。"則古代的市，本由女子管理。所以到後來，聚居市中的女子還很多。市和女間，都不過因其爲女子聚居之所，遂成爲縱淫之地罷了。其初，也未必是賣淫的。

賣淫的又一來源，是爲女樂。女樂是貴族家裏的婢妾，擅長歌舞等事的，令其"執技以事上"。婢妾的貞操，本來没有保障的，自不因其爲音樂隊員而有異。封建制度破壞，貴族的特權，爲平民所僭者甚多，自將流布於民間。《史記·貨殖列傳》說：趙國的女子，"鼓鳴瑟，跕屣，現在的拖鞋，在古時爲舞履。游媚貴富，入後宮，徧諸侯"，"鄭、衛俗與趙相類"。又說："今夫趙女鄭姬，設形容，揳鳴琴，揄長袂，躡利屣，目挑心招，出不遠千里，不擇老少者，奔富厚也"，即其事。倡伎本來是有技藝的人的稱謂，並非專指女子。所以女子有此等技藝的，還特稱爲女伎。然其實是性的誘惑的成分多，欣賞其技藝的成分少。於是倡伎轉變爲女子賣淫者的稱謂，其字也改從女旁了。娼妓。男子之有技藝者，不復稱倡伎。爲倡伎之女子，本係婢妾之流，故自古即可賣買。《戰國·韓策》說："韓賣美人，秦買之三千金"其證。後世當娼妓的，也都是經濟上落伍的人，自然始終是可以買賣的了。資本的勢力愈盛，遂並有買得女子，使操淫業以謀利。古代的女伎，係婢妾所爲，後世政治上還沿襲其遺制，是爲樂户。係以罪人家屬没入者爲之。唐時，其籍屬於大常。其額設的樂員，屬於教坊司。此係國家的女樂隊員，但因其本爲賤族，貞操亦無保障，官員等皆可使之執技薦寢以自娛，是爲官妓。軍營中有時亦有隨營的女子，則謂之營妓。民間女子賣淫的，謂之私娼。在本地的稱土娼，在異鄉的稱流娼。清世祖順治十六年，停止教坊女樂，改用內監。世宗雍正七年，改教坊司爲和聲署。是時各地方的樂户，亦皆除籍爲民。於是在法律上除去一種賤族，亦無所謂官妓。但私娼則是無從禁止的。律例雖有"舉、貢、生員，宿娼者斥革"的條文，亦不過爲管束舉、貢、生員起見而已，並非禁娼。

古代掠奪婚的習慣，仍有存於後世的。趙翼《陔餘叢考》說："村俗有以婚姻議財不諧，而糾衆劫女成婚者，謂之搶親。《北史·高昂傳》：'昂兄乾，求博陵崔聖念女爲婚，崔不許。昂與兄往劫之。置女村外，謂兄曰：何不行禮？於是野合而歸。'是劫婚之事，古亦有之。然今俗劫婚，皆已經許字者，昂所劫則未字，固不同也。"案《清律》："凡豪勢之人，強奪良家妻女，姦占爲妻妾者，絞。配與子孫、弟姪、家人者，罪亦如之。"此指無婚姻契約而強搶的。又說："應爲婚者，雖已納聘財，期未至，而男家強娶者，笞五十。"指主婚人。"女家悔盟，男家不告官司強搶者，照強娶律減二等。"此即趙氏所謂已經許字之女，照法律亦有罪，但爲習俗所囿，法律多不能實行。又有男女兩家，因不能負擔結婚時的費用，私相協議，令男家以强搶的形式出之的。則其表面爲武力的，内容實爲經濟的了。搶媚等事，亦自古即有。《潜夫論・斷訟篇》云："貞潔寡婦，遭直不仁世叔，無義兄弟，或利其聘幣，或貪其財賄，或私其兒子，則迫脅遣送，有自縊房中，飲藥車上，絶命喪軀，孤捐童孩者。"又有"後夫多設人客，威力脅載者"。這其中，亦含有武力的經濟的兩種成分。

賣買婚姻，則無其名而有其實。《斷訟篇》又説："諸女一許數家，雖生十子，更百赦，勿令得蒙一還私家，則此姦絶矣。不則髡其夫妻，徙千里外劇縣，乃可以毒其心，而絶其後。"《抱朴子・弭訟篇》，述其姑子劉士由之論説："末世舉不修義，許而弗與。訟閱穢縟，煩塞官曹。今可使諸爭婚者，未及同牢，皆聽義絶，而倍還酒禮，歸其幣帛。其嘗已再離，一倍裨聘。裨即現在賠償的賠字。其三絶者，再倍裨聘。如此，離者不生訟心，貪者無利重受。"葛洪又申説自己的意見道："責裨聘倍，貧者所憚，豐於財者，則適其願矣。後所許者，或能富殖，助其裨聘，必所甘心。然則先家拱默，不得有言，原情論之，能無怨歎乎？"葛洪之意，要令"女氏受聘，禮無豐約，謂不論聘財多少。皆以即日報版。又使時人署姓名於別版，必十人以上，以備遠行及死亡。又令女之父兄若伯叔，答壻家書，必手書一紙。若有變悔而證據明者，女氏父母兄弟，皆加刑罰罪"。可見漢晉之世賣買婚姻之盛。後世契約效力較强，此等事無人敢做，但嫁女計較聘禮，娶妻覬覦妝奩，其内容還是一樣的，此非經濟制度改變，無法可以改良了。

後世的婚姻，多全由父母做主，本人概不與聞，甚至有指腹爲婚等惡習，見《南史・韋放傳》。案《清律》，指腹爲婚有禁。這誠然是很壞的。然論者遂以夫婦之道苦，概歸咎於婚姻的不自由，則亦未必其然。人之性，本是多婚的，男女皆然，所以愛情很難持之永久。即使結婚之時，純出兩情愛慕，絶無別種作用攙雜其間，尚難保其永久，何況現在的婚姻，有別種作用攙雜的，且居多數呢？欲救夫婦道苦之弊，與其審慎於結婚之時，不如寬大於離婚之際，因爲愛情本有變動，結婚時無論如何審慎，也控制不住後來的變化的。習俗所以重視離婚，法律也盡力禁阻，不過是要維持家庭。然家庭制度，實不是怎麽值得維持的東西，參看下章可明。

統觀兩性關係，自氏族時代以後，即已漸失其正常。其理由：因女子在產育上，所負的責任，較男子爲多。因而其鬥爭的力量，較男子爲弱。不論在人類憑恃武力相鬥爭，或憑恃財力相鬥爭的時代，女子均漸淪於被保護的地位，失其獨立，而附屬於男子。社會的組織，宜於寬平坦蕩，個個人與總體直接。

若多設等級,使這一部分人,隸屬於那一部分人,那就不公平的制度要逐漸發生,積久而其弊愈深了。近代女權的漸漸伸張,實因工業革命以來,女子漸加入社會的機構,非如昔日蟄居家庭之中,專做輔助男子的事情之故。女子在產育上多盡了責任,男子就該在別一方面多盡些義務,這是公道。乘此機會,壓迫女子,多占權利,是很不正當的。而欲實行公道,則必自劃除等級始。所以有人說:社羣制度是女子之友,家庭制度是女子之敵。然則"女子回到家庭去"這口號,當然只有開倒車的人,才會去高呼了。人家都說現在的女學生壞了,不如從前舊式的女子,因其對於家政生疏了,且不耐煩。殊不知這正是現代女子進步之徵。因爲對於家政生疏,對於參與社會的工作,卻熟練了。這正是小的、自私的、自利的組織,將逐漸破壞;大的、公平的、博愛的制度,將逐漸形成的徵兆。賢母良妻,只是賢奴良隸。此等教育,亦只好落伍的國家去提倡。我們該教一切男女以天下爲公的志願,廣大無邊的組織。

第二章　族　　制

　　人是非團結不能生存的。當用何法團結呢？過去的事情，已非我們所能盡知；將來的事情，又非我們所能豫料。我們現在，只能就我們所知道的，略加說述而已。

　　在有史時期，血緣是人類團結的一個重要因素。人恆狃於其所見聞，遂以此爲人類團結惟一的因素，在過去都是如此，在將來也非如此不可了。其實人類的團結，並非是專恃血緣的。極遠之事且勿論，即上章所說的以年齡分階層之世，亦大率是分爲老、壯、幼三輩，間有分爲四輩的，但以分做三輩爲最普通。《禮記・禮運》說："使老有所終，壯有所用，幼有所長"；《論語・雍也篇》說："老者安之，朋友信之，少者懷之"；亦都是分爲三輩。而不再問其人與人間的關係的。當此之時，那有所謂夫婦、父子、兄弟之倫呢？《禮記・禮運》說：大同之世，"人不獨親其親，不獨子其子"，《左氏》載富辰的話，也說："大上以德撫民，其次親親，以相及也。"僖公二十四年。可見親族關係，是後起的情形了。

　　人類愈進步，則其分化愈甚，而其組織的方法亦愈多。於是有所謂血族團體。血族團體，其初必以女子爲中心。因爲夫婦之倫未立，父不可知；即使可知，而父子的關係，亦不如母子之密之故。如上章所述，人類實在是社羣動物，而非家庭動物。所以其聚居，並不限於兩代。母及同母之人以外，又有母的母，母的同母等。自己而下推，亦是如此。遂漸成爲母系氏族。每一個母系氏族，都有一個名稱，是即所謂姓。一姓總有一個始祖母的，如殷之簡狄、周之姜嫄即是。簡狄之子契，姜嫄之子稷，都是無父而生的。因爲在傳說中，此等始祖母，本來無夫之故。記載上又說他倆都是帝嚳之妃，一定是後來附會的。契、稷皆無父而生，見《詩・玄鳥》、《生民》。《史記・殷》、《周本紀》所載，即是《詩》說。據陳喬樅《三家詩遺說考》所考證，大史公是用魯詩說的。姜嫄、簡狄，皆帝嚳之妃，見《大戴禮記・帝繫篇》。《史記・五帝本紀》，亦用其說。

　　女系氏族的權力，亦有時在男子手中。參看下章。此即所謂舅權制。此等權力，大抵兄弟相傳，而不父子相繼。因爲兄弟是同氏族人，父子則異氏族之故。我國商朝和春秋時的魯國、吳國，都有兄弟相及的遺迹。魯自莊公以前，都一代傳子，一代傳弟，見《史記·魯世家》。這是由於東南一帶，母系氏族消滅較晚之故。已見上章。

由於生業的轉變，財産和權力，都轉入男子手中，婚姻非復男子入居女子的氏族，而爲女子入居男子的氏族，見上章。於是組織亦以男爲主，而母系氏族遂變爲父系氏族。商、周自契、稷以後，即奉契、稷爲始祖，便是這種轉變的一件史實。

族之組織，是根據於血緣的。血緣之制既興，人類自將據親等的遠近，以別親疏。一姓的人口漸繁，又行外婚之制，則同姓的人，血緣不必親，異姓的人，血緣或轉相接近。所謂族與姓，遂不得不分化爲兩種組織。族制，我們所知道的，是周代的九族：(一)父姓五服以內。(二)姑母和他的兒子。(三)姊妹和他的兒子。(四)女兒和他的兒子。是爲父族四。(五)母的父姓，即現在所謂外家。(六)母的母姓，即母親的外家。(七)母的姊妹和他們的兒子。是爲母族三。(八)妻之父姓。(九)妻之母姓。是爲妻族二。這是漢代今文家之説，見於《五經異義》。《詩·葛藟疏》引。《白虎通·宗族篇》同。古文家説，以上自高祖，下至玄孫爲九族，此乃秦漢時制，其事較晚，不如今文家所説之古了。然《白虎通義》又載或説，謂堯時父母妻之族各三，周貶妻族以附父族，則今文家所説，亦已非極古之制。《白虎通義》此段，文有脱誤，堯時之九族，無從知其詳。然觀下文引《詩》“邢侯之姨”，則其中該有妻之姊妹。總而言之，族制是隨時改變的，然總是血緣上相近的人，和後世稱父之同姓爲族人，混同姓與同族爲一不同，則是周以前所同的。九族中人，都是有服的。其無服的，則謂之黨。《禮記·奔喪》鄭《注》。是爲父黨，母黨，妻黨。

同姓的人，因人口衆多，血緣漸見疏遠，其團結，是否因此就鬆懈了呢？不。所謂九族者，除父姓外，血緣上雖然親近，卻不是同居的。同姓則雖疏遠而仍同居，所以生活共同，利害亦共同。在同居之時，固有其緊密的組織；即到人口多了，不能不分居，而彼此之間，仍有一定的聯結，此即所謂宗法。宗法和古代的社會組織，有極大的關係。今略述其制如下：

(一)凡同宗的人，都同奉一個始祖。均係此始祖之後。

(二)始祖的嫡長子，爲大宗宗子。自此以後，嫡長子代代承襲，爲大宗宗子。凡始祖的後人，都要尊奉他，受他的治理。窮困的卻亦可以受他的救濟。大宗宗子和族人的關係，是不論親疏遠近，永遠如此的，是謂大宗“百世不遷”。

(三)始祖之衆子，嫡長子以外之子。皆別爲小宗宗子。其嫡長子爲繼禰小宗。繼禰小宗的嫡長子爲繼祖小宗。繼祖小宗的嫡長子爲繼曾祖小宗。繼曾祖小宗的嫡長子爲繼高祖小宗。繼禰小宗，親兄弟宗事他。受他治理，亦受他救濟。繼祖小宗，從兄弟宗事他。繼曾祖小宗，再從兄弟宗事他。繼高祖小宗，三從兄弟宗事他。至四從兄弟，則與繼六世之小宗宗子，親盡無服，不再宗事他。是爲小宗"五世則遷"。以一人之身論，當宗事與我同高、曾、祖、考四代的小宗宗子及大宗宗子。故曰："小宗四，與大宗凡五。"

(四)如此，則或有無宗可歸的人。但大宗宗子，還是要管理他，救濟他的。而同出於一始祖之人，設或殤與無後，大宗的宗子，亦都得祭祀他。所以有一大宗宗子，則活人的治理、救濟，死人的祭祀問題，都解決了。所以小宗可絕，大宗不可絕。大宗宗子無後，族人都當絕後以後大宗。

以上是周代宗法的大略，見於《禮記·大傳》的。《大傳》所說大宗的始祖，是國君的衆子。因爲古者諸侯不敢祖天子，大夫不敢祖諸侯，《禮記·郊特牲》謂不敢立其廟而祭之。其實大宗的始祖，非大宗宗子，亦不敢祭。所以諸侯和天子，大夫和諸侯，大宗宗子和小宗宗子，小宗宗子和非宗子，其關係是一樣的。所以國君的衆子，要別立一宗。鄭《注》又推而廣之，及於始適異國的大夫。據此，宗法之立，實緣同出一祖的人太多了，一個承襲始祖的地位的人，管理有所不及，乃不得不隨其支派，立此節級的組織，以便管理。遷居異地的人，舊時的族長，事實上無從管理他。此等組織，自然更爲必要了。觀此，即知宗法與封建，大有關係。因爲封建是要將本族的人，分一部分出去的。有宗法的組織，則封之者和所封者之間，就可保持著一種聯結了。然則宗法確能把同姓中親盡情疏的人，聯結在一起。他在九族之中，雖只聯結得父姓一族。然在父姓之中，所聯結者，卻遠較九族之制爲廣。怕合九族的總數，還不足以敵他。而且都是同居的人，又有嚴密的組織。母系氏族中，不知是否有與此相類的制度。即使有之，其功用，怕亦不如父系氏族的顯著。因爲氏族從母系轉變到父系，本是和鬥爭有關係的。父系氏族而有此廣大嚴密的組織，自然更能發揮其鬥爭的力量。我們所知，宗法之制，以周代爲最完備，周這個氏族，在鬥爭上，是得到勝利的。宗法的組織，或者也是其中的一個原因。

有族制以團結血緣相近的人，又有宗法以團結同出一祖的人，人類因血族而來的團結，可謂臻於極盛了。然而當其極盛之時，即其將衰之候。這是什麼原因呢？社會組織的變化，經濟實爲其中最重要的原因。當進化尚淺之時，人類的互助，幾於有合作而無分工。其後雖有分工，亦不甚繁複。大家所做的事，既然大致相同，又何必把過多的人聯結在一起？所以人類聯結的廣大，是隨著分工的精密而進展的。分工既密之後，自能將豪不相干的人，聯結在一起。此等互相倚賴的人，雖然彼此未必相知，然總必直接間接，互相接觸。接觸既繁，前此因不相瞭解而互相猜忌的感情，就因之消滅了。所以商業的興起，實能消滅異部族間敵對的感情。分工又是使個性顯著的。有特殊才能的人，容易發揮其所長，獲得致富的機會。氏族中有私財的人逐漸多，賣買婚即於此時成立。說見上章。於是父權家庭成立了。《孟子》說當時農夫之家，是五口和八口。說者以爲一夫上父母下妻子；農民有弟，則爲餘夫，要另行授田。《梁惠王》及《滕文公上篇》。可見其家庭，已和現在普通的家庭一樣了。士大夫之家，《儀禮·喪服傳》說大功同財，似乎比農民的家庭要大些。然又說當時兄弟之間的情形道："有東宮，有西宮，有南宮，有北宮，異居而同財。有餘則歸之宗，不足則資之宗。"則業已各住一所屋子，各有各的財産，不過幾房之中，還保有一筆公款而已。其聯結，實在是很薄弱的，和農夫的家庭，也相去無幾了。在當時，只有有廣大封土的人，其家庭要大些。這因爲（一）他的元始，是以一氏族征服異氏族，而食其租稅以自養的，所以宜於聚族而居，常作戰鬥的戒備。只要看《禮記》的《文王世子》，就知道古代所謂公族者，是怎樣一個組織了。後來時異勢殊，這種組織，實已無存在的必要。然既已習爲故常，就難於猝然改革。這是一切制度，都有這惰性的。（二）又其收入既多，生活日趨淫侈，家庭中管事服役的奴僕，以及技術人員，非常衆多，其家庭遂特別大。這只要看《周官》的《天官》，就可以知道其情形。然此等家庭，隨著封建的消滅，而亦漸趨消滅了。雖不乏新興階級的富豪，其自奉養，亦與素封之家無異，畢竟是少數。於是氏族崩潰，家庭代之而興。家庭的組織，是經濟上的一個單位，所以盡相生相養之道的。相生相養之道，是老者需人奉養，幼者需人撫育。這些事，自氏族崩潰後，既已無人負責，而專爲中間一輩所謂一夫一婦者的責任。自然家庭的組織，不能不以一夫上父母下妻子爲範圍了。幾千年以來，社會的生活情形，未曾大變，所以此種組織，迄亦未曾改變。

看以上所述，可見族制的變遷，實以生活爲其背景；而生活的變遷，則以經濟爲其最重要的原因。因爲經濟是最廣汎，和社會上個個人都有關係，而且其關係，是永遠持續，無時間斷的。自然對於人的影響，異常深刻，各種上層組織，都不得不隨其變遷而變遷；而精神現象，亦受其左右而不自知了。在氏族時代，分工未密，一個氏族，在經濟上，就是一個自給自足的團體。生活既互相倚賴，感情自然容易密切。不但對於同時的人如此，即對於已往的人亦然。因爲我所賴以生存的團體，是由前人留詒下來的。一切知識技術等，亦自前輩遞傳給後輩。這時候的人，其生活，實與時間上已經過去的人關係深，而與空間上並時存在的人關係淺。尊祖、崇古等觀念，自會油然而生。此等觀念，實在是生活情形所造成的。後人不知此理，以爲這是倫理道德上的當然，而要據之以制定人的生活，那就和社會進化的趨勢，背道而馳了。大家族、小家庭等字樣，現在的人用來，意義頗爲混淆。西洋人學術上的用語，稱一夫一婦，包括未婚子女的爲小家庭；超過於此的爲大家庭。中國社會，(一)小家庭和(二)一夫上父母下妻子的家庭，同樣普遍。(三)兄弟同居的，亦自不乏。(四)至於五世同居，九世同居，宗族百口等，則爲罕有的現象了。趙翼《陔餘叢考》，嘗統計此等極大的家庭，第四種。見於正史孝義、孝友傳的：《南史》三人，《北史》十二人，《唐書》三十八人，《五代史》二人，《宋史》五十人，《元史》五人，《明史》二十六人。自然有(一)不在孝義、孝友傳，而散見於他篇的；(二)又有正史不載，而見於他書；(三)或竟未見記載的。然以中國之大，歷史上時間之長，此等極大的家庭，總之是極少數，則理有可信。此等雖或由於倫理道德的提倡，顧炎武《華陰王氏宗祠記》："程朱諸子，卓然有見於遺經。金元之代，有志者多求其說於南方，以授學者。及乎有明之初，風俗淳厚，而愛親敬長之道，達諸天下。其能以宗法訓其家人，或累世同居，稱爲義門者，往往而有。"可見同居之盛，由於理學家的提倡者不少。恐仍以別有原因者居多。《日知錄》："杜氏《通典》言：'北齊之代，瀛、冀諸劉，清河張、宋，并州王氏，濮陽侯族，諸如此輩，將近萬室。'《北史·薛胤傳》：爲河北大守，有韓、馬兩姓，各二千餘家。今日中原北方，雖號甲族，無有至千丁者。户口之寡，族姓之衰，與江南相去復絕。"陳宏謀《與楊樸園書》："今直省惟閩中、江西、湖南皆聚族而居，族各有祠。"則聚居之風，古代北盛於南，近世南盛於北，似由北齊之世，喪亂頻仍，民皆合族以自衛；而南方多山嶺崎嶇之地進化較遲，土著者既與合族而居之時，相去未遠；流移者亦須合族而居，互相保衛之故。似可認爲古代氏族的遺迹，或後世家族的變態。然氏族所以崩潰，正由家族潛滋暗長於其中。此等所謂義門，縱或有古代之遺，亦必衰頹已甚。況又有因環境的特別，而把分立的家庭，硬行聯結起來的。形式是而精神非，其不能持久，自然無待於言了。《後漢書·樊宏傳》說他先代三世共財，有田三百餘頃。自己的田地裏，就有陂渠，可以互相灌注。又有池魚，牧畜，有求必給。"營理產業，物無所棄。這是因其生產的種類較多之故。課役童隸，各得其宜。"分工之法。要造器物，則先種梓漆。簡直是一個大規模的生產自給自足的團體。歷代類乎氏族的大家族，多有此意。此豈不問環境所可強爲？然社會的廣大，到底非此等大家族所能與之相敵，所以愈到後世，愈到開化的地方，其數愈少。這是類乎氏族的大家族，所以崩潰的真原因，畢竟還在經濟上。但在政治上，亦自有其原因。因爲所謂氏族，不但盡相生相養之責,亦有治理其族衆之權。在國家興起以後,此項權力,實與國權相衝突。所以國家在倫理上,對於此等大家族,雖或加以褒揚,而在政治上,又不得不加以摧折。所謂强宗巨家,遂多因國家的干涉,而益趨於崩潰了。略大於小家庭的家庭,第二、第三種。表面上似爲倫理道德的見解所維持,歷代屢有禁民父母在別籍異財等詔令,可參看《日知錄》卷十三《分居》條。實則亦爲經濟狀況所限制。因爲在經濟上,合則力强,分則力弱,以昔時的生活程度論,一夫一婦,在生產和消費方面,實多不能自立的。儒者以此等家庭之多,誇獎某地方風俗之厚,或且自詡其教化之功,就大謬不然了。然經濟上雖有此需要,而私產制度,業已深入人心,父子兄弟之間,亦不能無分彼此。於是一方面牽於舊見解,迫於經濟情形,不能不合;另一方面,則受私有財產風氣的影響,而要求分;暗鬪明爭,家庭遂成爲苦海。試看舊時倫理道德上的教訓,戒人好貨財、私妻子而薄父母兄弟之說之多,便知此項家庭制度之岌岌可危。制度果然自己站得住,何須如此扶持呢?所以到近代,除極迂腐的人外,亦都不主張維持大家庭。如李紱有《別籍異財議》,即其一證。至西洋文化輸入,論者更其提倡小家庭,而排斥大家庭了。然小家庭又是值得提倡的麽?

不論何等組織,總得和實際的生活相應,才能持久。小家庭制度,是否和現代人的生活相應呢?歷來有句俗話,叫做"養兒防老,積穀防飢"。可見所謂家庭,實以扶養老者,撫育兒童,爲其天職。然在今日,此等責任,不但苦於知識之不足,如看護病人、撫養、教育兒童,均須專門智識。實亦爲其力量所不及。兼日力財力言之。如一主婦不易看顧多數兒童,兼操家政。又如醫藥、教育的費用,不易負擔。在古代,勞力重於資本,丁多即可致富,而在今日,則適成爲窮困的原因。因爲生產的機鍵,自家庭而移於社會了,多丁不能增加生產,反要增加消費。如紡織事業。兒童的教育,年限加長了,不但不能如從前,稍長大即爲家庭掙錢,反須支出教育費。而一切家務,合之則省力,分之則多費的,如烹調、浣濯。又因家庭範圍太小,而浪費物質及勞力。男子終歲勞動,所入尚不足以贍其家。女子忙得和奴隸一般,家事還不能措置得妥帖。於是獨身、晚婚等現象,相繼發生。這些都是舶來品,和中國舊俗,大相徑庭,然不久,其思想即已普遍於中流社會了。凡事切於生活的,總是容易風行的,從今已後,窮鄉僻壤的兒女,也未必死心塌地,甘做家庭的奴隸了。固然,個人是很難打破舊制度,自定辦法的。而性欲出於天然,自能把許多可憐的兒女,牽入此陳舊組織之中。然亦不過使老者不得其養,幼者不遂其長,而仍以生子不舉等人爲淘汰之法爲救濟罷了。這種現象,固已持續數千年,然在今日,業經覺悟之後,又何能坐視其如此呢？況且家庭的成立，本是以婦女的奴役爲其原因的。在今日，個人主義擡頭，人格要受尊重的時代，婦女又何能長此被壓制呢？資本主義的學者，每說動物有雌雄兩性，共同鞠育其幼兒，而其同居期限，亦因以延長的，以爲家庭的組織，實根於人類的天性，而無可改變。姑無論其所說動物界的情形，並不確實。即使退一步，承認其確實，而人是人，動物是動物；人雖然亦是動物之一，到底是動物中的人；人類的現象，安能以動物界的現象爲限？他姑弗論，動物雌雄協力求食，即足以哺育其幼兒，人，爲什麼有夫婦協力，尚不能養活其子女的呢？或種動物，愛情限於家庭，而人類的愛情，超出於此以外，這正是人之所以爲人，人之所以異於動物。論者不知人之愛家，乃因社會先有家庭的組織，使人之愛，以此形式而出現，正猶水之因方而爲圭，遇圓而成璧；而反以爲人類先有愛家之心，然後造成家庭制度；若將家庭破壞，便要“疾病不養，老幼孤獨，不得其所”，《禮記·樂記》：“强者脅弱，衆者暴寡；知者詐愚，勇者苦怯；疾病不養，老幼孤獨，不得其所，此大亂之道也。”這真是倒果爲因。殊不知家庭之制，把人分爲五口八口的小團體，明明是互相倚賴的，偏使之此疆彼界，處於半敵對的地位，這正是疾病之所以不養，老幼孤獨之所以不得其所。無後是中國人所引爲大戚的，論者每說這是拘於“不孝有三，無後爲大”之義；《孟子·離婁上篇》。而其以無後爲不孝，則是迷信“鬼猶求食”，見《左氏》宣公四年。深慮祭祀之絶。殊不知此乃古人的迷信，今人誰還迷信鬼猶求食來？其所以深慮無後，不過不願其家之絶，所以不願其家之絶，則由於人總有盡力經營的一件事，不忍坐視其滅亡，而家是中國人所盡力經營的，所以如此。家族之制，固然使人各分畛域，造成互相敵對的情形，然此自制度之咎。以愛家者之心論：則不但（一）夫婦、父子、兄弟之間，互盡扶養之責。（二）且推及於凡與家族有關係的人。如宗族姻親等。（三）並且懸念已死的祖宗。（四）以及未來不知誰何的子孫。前人傳給我的基業，我必不肯毀壞，必要保持之，光大之，以傳給後人，這正是極端利他心的表現。利他心是無一定形式的，在何種制度之下，即表現爲何種形式。然而我們爲什麼要拘制着他，一定只許他在這種制度中表現呢？

以上論族制的變遷，大略已具。請再略論繼承之法。一個團體，總有一個領袖。在血緣團體之內，所謂父或母，自然很容易處於領袖地位的。父母死後，亦當然有一個繼承其地位的人。女系氏族，在中國歷史上，可考的有兩種繼承之法：（一）是以女子承襲財産，掌管祭祀。前章所述齊國的巫兒，即其遺迹。這大約是平時的族長。（二）至於戰時及帶有政治性質的領袖，則大約由男子尸其責，而由弟兄相及。殷代繼承之法，是其遺迹。男系氏族，則由父子相繼。其法又有多端：（一）如《左氏》文公元年所説："楚國之舉，恆在少者。"這大約因幼子恆與父母同居，所以承襲其遺産。蒙古人之遺産，即歸幼子承襲。其幼子稱斡赤斤，譯言守竈。（二）至於承襲其父之威權地位，則自以長子爲宜，而事實上亦以長子爲易。（三）又古代妻妾，在社會上之地位亦大異。妻多出於貴族。妾則出於賤族，或竟是無母家的。古重婚姻，强大的外家及妻家，對於個人，是强有力的外援；如鄭莊公的大子忽，不婚於齊，後來以無外援失位。對於部族，亦是一個强有力的與國，所以立子又以嫡爲宜。周人即係如此。以嫡爲第一條件，長爲第二條件。後來周代的文化，普行於全國，此項繼承之法，遂爲法律和習慣所共認了。然這只是承襲家長的地位，至於財産，則總是衆子均分的。《清律》：分析家財、田産，不問妻、妾、婢生，但以子數均分。姦生之子，依子量與半分。無子立繼者，與私生子均分。所以中國的財産，不因遺産承襲，而生不均的問題。這是衆子襲産，優於一子襲産之點。

　　無後是人所不能免的，於是發生立後的問題。宗法盛行之世，有一大宗宗子，即生者的扶養，死者的祭祀，都可以不成問題，所以立後問題，容易解決。宗法既廢，勢非人人有後不可，就難了。在此情形之下，解決之法有三：（一）以女爲後。（二）任立一人爲後，不問其爲同異姓。（三）在同姓中擇立一人爲後。（一）於情理最近，但宗祧繼承，非徒承襲財産，亦兼掌管祭祀。以女爲後，是和習慣相反的。春秋時，鄫國以外孫爲後，其外孫是莒國的兒子，《春秋》遂書"莒人滅鄫"，見《公羊》襄公五、六年。案此實在是論國君承襲的，乃公法上的關係，然後世把經義普遍推行之於各方面，亦不管其爲公法私法了。既和習慣相反，則覬覦財産的人，勢必羣起而攻，官廳格於習俗，勢必不能切實保護。本欲保其家的，或反因此而發生糾紛，所以勢不能行。（二）即所謂養子，與家族主義的重視血統，而欲保其純潔的趨勢不合。於是只剩得第（三）的一途。法律欲維持傳統觀念，禁立異姓爲後，在同姓中並禁亂昭穆之序，謂必輩行相當，如不得以弟爲子等。其實此爲古人所不禁，所謂"爲人後者爲之子"，見《公羊》成公十五年。於是欲人人有後益難，清高宗時，乃立兼祧之法，以濟其窮。一人可承數房之祀。生子多者，仍依次序，分承各房之後。依律例：大宗子兼祧小宗，小宗子兼祧大宗，皆以大宗爲重，爲大宗父母服三年，爲小宗父母服期。小宗子兼祧小宗，以本生爲重，爲本生父母服三年，爲兼祧父母服期。此所謂大宗，指長房，所謂小宗，指次房以下，與古所謂大宗小宗者異義。世俗有爲本生父母及所兼祧之父母均服三年的，與律例不合。宗祧繼承之法，進化至此，可謂無遺憾了。然其間卻有一難題。私有財産之世，法律理應保護個人的産權。他要給誰就給誰，要不給誰就不給誰。爲後之子，既兼有承襲財産之權利，而法律上替他規定了種種條件，就不啻干涉其財産的傳授了。

於是傳統的倫理觀念,和私有財產制度,發生了衝突。到底傳統的倫理觀念,是個陳舊不切實際的東西。表面上雖然像煞有介事,很有威權,實際上已和現代人的觀念不合了。私有財產制度,乃現社會的秩序的根柢,誰能加以搖動?於是衝突之下,倫理觀念,乃不得不敗北而讓步。法律上乃不得不承認所謂立愛,而且多方保護其產權。《清律例》:繼子不得於所後之親,聽其告官別立。其或擇立賢能,及所親愛者,不許宗族以次序告爭,並官司受理。至於養子,法律雖禁其爲嗣,實際上仍有之。亦不得不聽其存在,且不得不聽其酌給財產。亦見《清律例》。因爲國家到底是全國人民的國家,在可能範圍內,必須兼顧全國人民各方面的要求,不能專代表家族排外自私之念。在現制度之下,既不能無流離失所之人;家族主義者流,既勇於爭襲遺產,而怯於收養同宗;有異姓的人肯收養他,國家其勢説不出要禁止。不但説不出要禁止,在代表人道主義和維持治安的立場上説,無寧還是國家所希望的。既承認養子的存在,在事實上,自不得不聽其酌給遺產了。這也是偏私的家族觀念,對於公平的人道主義的讓步。也可説是倫理觀念的進步。

假使宗祧繼承的意思,而真是專於宗祧繼承,則擁護同姓之男,排斥親生之女,倒也還使人心服。因爲立嗣之意,無非欲保其家,而家族的存在,是帶着幾分鬥爭性質的。在現制度之下,使男子從事於鬥爭,確較女子爲適宜,這並非從個人的身心能力上言,乃是從社會關係上言。這也是事實。無如世俗爭繼的,口在宗祧,心存財產,都是前人所謂"其言藹如,其心不可問"的。如此而霸占無子者的財產,排斥其親生女,就未免使人不服了。所以有國民政府以來,廢止宗祧繼承,男女均分遺產的立法。這件事於理固當,而在短時間內,能否推行盡利,卻是問題。舊律遺產,本是無男歸女,無女入官的。近人筆記云:"宋初新定《刑統》,户絶資産下引《喪葬令》:諸身喪户絶者,所有部曲、客女、奴婢、店宅、資財,並令近親轉易貨賣,將營葬事,及量營功德之外,餘財並與女。無女均入以次近親。無親戚者,官爲檢校。若亡人在日,自有遺囑處分,證驗分明者,不用此令。此《喪葬令》乃《唐令》,知唐時所謂户絶,不必無近親。雖有近親,爲營喪葬,不必立近親爲嗣子,而遠親不能爭嗣,更無論矣。雖有近親,爲之處分,所餘財産,仍傳之親女,而遠親不能爭産,更無論矣。此蓋先世相傳之法,不始於唐。"案部曲、客女,見第四章。入官非人情所願,強力推行,必多流弊,或至窒礙難行。如隱匿遺產,或近親不易查明,以致事懸不決,其間更生他弊等等。歸之親女,最協人情。然從前的立嗣,除祭祀外,尚有一年老奉養的問題。而家族主義,是自私的。男系家族,尤其以男子爲本位,而蔑視女子的人格。女子出嫁之後,更欲奉養其父母,勢實有所爲難。所以舊時論立嗣問題的人,都説最好是聽其擇立一人爲嗣,主其奉養,喪葬,祭祀,而承襲其遺產。這不啻以本人的遺產，換得一個垂老的扶養，和死後的喪葬祭祀。今欲破除迷信，祭祀固無問題，對於奉養及喪葬，似亦不可無善法解決。不有遺產以爲交易，在私有制度之下，誰肯顧及他人的生養死葬呢？所以有子者遺產男女均分，倒無問題，無子者財產全歸於女，倒是有問題的。所以變法貴全變，革命要徹底。枝枝節節而爲之，總只是頭痛醫頭、脚痛醫脚的對證療法。

　　姓氏的變遷，今亦須更一陳論。姓的起原，是氏族的稱號，由女系易而爲男系，說已見前。後來姓之外又有所謂氏。什麽叫做氏呢？氏是所以表一姓之中的枝派的。如后稷之後都姓姬，周公封於周，則以周爲氏；其子伯禽封於魯，則以魯爲氏，國君即以國爲氏。魯桓公的三子，又分爲孟孫、叔孫、季孫三氏是。始祖之姓，謂之正姓，氏亦謂之庶姓。正姓是永遠不改的，庶姓則隨時可改。因爲同出於一祖的人太多了，其枝分派別，亦不可無專名以表之，而專名沿襲太久，則共此一名的人太多，所以又不得不改。改氏的原因甚多，此只舉其要改的根本原理。此外如因避難故而改氏以示別族等，亦是改氏的一種原因。《後漢書·羌傳》說：羌人種姓中，出了一個豪健的人，便要改用他的名字做種姓。如爰劍之後，五世至研，豪健，其子孫改稱研種；十三世至燒當，復豪健，其子孫又改稱燒當種是。這正和我國古代的改氏，原理相同。假如我們在魯國，遇見一個人，問他尊姓，他說姓姬。這固然足以表示他和魯君是一家。然而魯君一家的人太多了，魯君未必能個個照顧到，這個人，就未必一定有勢力，我們聽了，也未必肅然起敬。假若問他貴氏，他說是季孫，我們就知道他是赫赫有名的正卿的一家。正卿的同族，較之國君的同姓，人數要少些，其和正卿的關係，必較密切，我們聞言之下，就覺得炙手可熱，不敢輕慢於他了。這是舉其一端，其餘可以類推。如以技爲官，以官爲氏，問其氏，即既可知其官，又可知其技。所以古人的氏，確是有用的。至於正姓，雖不若庶姓的親切，然婚姻之可通與否，全論正姓的異同。所以也是有用的。顧炎武《原姓篇》說春秋以前，男子稱氏，女子稱姓，在室冠之以序，如叔隗、季隗之類。出嫁，更冠以其夫之氏族，如宋伯姬、趙姬、盧蒲姜之類。在其所適之族，不必舉出自己的氏族來，則亦以其父之氏族冠之，如驪姬、梁嬴之類。又有冠之以謚的，如成風、敬姜之類。這不是男子不論姓，不過舉氏則姓可知罷了。女子和社會上無甚關係，所以但稱姓而不稱其氏，這又可以見得氏的作用。

　　貴族的世系，在古代是有史官爲之記載的。此即《周官》小史之職。記載天子的世系的，謂之帝繫；記載諸侯卿大夫的世系的，謂之世本。這不過是後來的異名，其初原是一物。又瞽矇之職，"諷誦詩，世奠繫"。疑當作奠世繫。《注》

引杜子春説謂瞽矇"主誦詩，并誦世繋"。世繋而可誦，似乎除統緒之外，還有其性行事迹等。頗疑《大戴禮記》的《帝繋姓》，原出於小史所記；《五帝德》則是原出於瞽矇所誦的。自然不是完全的。這是説貴族。至於平民，既無人代他記載，而他自己又不能記載，遂有昧於其所自出的。《禮記·曲禮》謂買妾不知其姓，即由於此。然而後世的士大夫，亦多不知其姓氏之所由來的。這因爲譜牒掌於史官，封建政體的崩潰，國破家亡，譜牒散失，自然不能知其姓氏之所由來了。婚姻的可通與否，既不復論古代的姓，新造姓氏之事亦甚少。即有之，亦歷久不改。閲一時焉，即不復能表示其切近的關係，而爲大多數人之所共，與古之正姓同。姓遂成爲無用的長物，不過以其爲人人之所有，囿於習慣，不能廢除罷了。然各地方的强宗巨家，姓氏之所由來，雖不可知，而其在實際上的勢力自在。各地方的人，也還尊奉他。在秦漢之世，習爲固然，不受衆人的注意。漢末大亂，各地方的强宗巨家，開始播遷，到了一個新地方，還要表明其本係某地方的某姓；而此時的選舉制度，又重視門閥；於是又看重家世，而有魏晉以來的譜學了。見第四章。

第三章　政　　體

　　社會發達到一定的程度，國家就出現了。在國家出現之前，人類團結的方法，只靠血緣，其時重要的組織，就是氏族，對內的治理，對外的防禦，都靠着他。世運漸進，血緣相異的人，接觸漸多，人類的組織，遂不復以血統相同爲限，聚居一地方的，亦不限於血統相同的人。於是氏族進而爲部落。統治者的資格，非復族長而爲酋長。其統治亦兼論地域，開國家領土的先河了。

　　從氏族變爲部落，大概經過這樣的情形。在氏族的内部，因職業的分化，家族漸漸興起。氏族的本身，遂至崩潰。各家族，非如其在氏族時代，絕對平等，而有貧富之分。財富即是權力，氏族平和的情形，遂漸漸破壞，貧者和富者之間，發生矛盾，不得不用權力統治。其在異氏族之間，則戰鬥甚烈。勝者以敗者爲俘虜，使服勞役，是爲奴隸。其但徵收其貢賦的，則爲農奴。農奴、奴隸和主人之間，自然有更大的矛盾，需要強力鎮壓。因此故，益促成征服氏族的本身發生變化。征服氏族的全體，是爲平民。其中掌握事權的若干人，形成貴族。貴族中如有一個最高的首領，即爲君主的前身。其初是貴族與平民相去近，平民和農奴、奴隸相去遠。其後血統相同的作用漸微，掌握政權與否之關係漸大，則平民與農奴、奴隸相去轉近，而其與貴族相去轉遠。參看下章。但平民總仍略有參政之權，農奴和奴隸則否。政權的決定，在名義上最後屬於一人的，是爲君主政體；屬於較少數人的，是爲貴族政體；屬於較多數人的，是爲民主政體。這種分類之法，是出於亞里斯多德（Aristotle）的。雖與今日情形不同，然以論古代的政體，則仍覺其適合。

　　氏族與部落，在實際上，是不易嚴密區分的。因爲進化到部落時代，其内部，總還保有若干氏族時代的意味。從理論上言，則其團結，由於血統相同，雖實際未必相同，然苟被收容於其團體之内，即亦和血統相同的人一律看待。而其統治，亦全本於親族關係的，則爲氏族。其不然的，則爲部落。因其二者雜糅，不易區別，我們亦可借用《遼史》上的名詞，稱之爲部族。見《營衞志》。至於古代所謂國家，其意義，全和現在不同。古所謂國，是指諸侯的私産言之。包括（一）其住居之所，（二）及其有收益的土地。大夫之所謂家者亦然。古書上所謂國，多指諸侯的都城言。都城的起原，即爲諸侯的住所。諸侯的封域以内，以財産意義言，並非全屬諸侯所私有。其一部分，還是要用以分封的。對於此等地方，諸侯僅能收其貢而不能收其稅賦。其能直接收其稅賦，以爲財產上的收入的，亦限於諸侯的采地。《尚書大傳》説：“古者諸侯始受封，必有采地。其後子孫雖有罪黜，其采地不黜，使子孫賢者守之，世世，以祠其始受封之人，此之謂興滅國，繼絶世。”即指此。采地從財産上論，是應該包括於國字之内的。《禮記·禮運》説：“天子有田以處其子孫，諸侯有國以處其子孫。”乃所謂互言以相備。説天子有田，即見得諸侯亦有田；説諸侯有國，即見得天子亦有國；在此等用法之下，田字的意義，亦包括國，國字的意義，亦包括田。乃古人語法如此。今之所謂國家，古無此語。必欲求其相近的，則爲社稷二字或邦字。社是土神，稷是穀神，是住居於同一地方的人，所共同崇奉的。故説社稷淪亡，即有整個團體覆滅之意。邦和封是一語。封之義爲累土。兩個部族交界之處，把土堆高些，以爲標識，則謂之封。引伸起來，任用何種方法，以表示疆界，都可以謂之封。如掘土爲溝，以示疆界，亦可謂之封。故今遼寧省内，有地名溝幫子。幫字即邦字，亦即封字。上海洋涇浜之浜字，亦當作封。疆界所至之地，即謂之邦。古邦字和國字，意義本各不同。漢高祖名邦，漢人諱邦字，都改作國。於是國字和邦字的意義混淆了。現在古書中有若干國字，本來是當作邦字的。如《詩經》裏的“日闢國百里”、“日蹙國百里”便是。封域可以時有贏縮，城郭是不能時時改造的。國與域同從或聲，其初當亦係一語，則國亦有界域之意。然久已分化爲兩語了。古書中用國字、域字，十之九，意義是不同的。

　　貴族政體和民主政體，在古書上，亦未嘗無相類的制度。然以大體言之，則君權之在中國，極爲發達。君主的第（一）個資格，是從氏族時代的族長，沿襲而來的，所以古書上總説君是民之父母。其（二）則爲政治或軍事上之首領。其（三）則兼爲宗教上之首領。所以天子祭天地，諸侯祭社稷等，《禮記·王制》。均有代表其羣下而爲祭司之權，而《書經》上説：“天降下民，作之君，作之師。”《孟子·梁惠王下篇》引。君主又操有最高的教育之權。

　　君主前身，既然是氏族的族長，所以他的繼承法，亦即是氏族族長的繼承法。在母系社會，則爲兄終弟及，在父系社會，則爲父死子繼。已見前章。當其爲氏族族長時，無甚權利可爭，而其關係亦小，所以立法並不十分精密。《左氏》昭公二十六年，王子朝告諸侯，説周朝的繼承法，適庶相同則論年，“年鈞以德，德鈞則卜”。兩個人同年，是很容易的事情，同月、同日、同時則甚難，何至辨不出長幼來，而要用德卜等漫無標準的條件？可見舊法並不甚密。《公羊》隱公元年何《注》説：“禮：適夫人無子，立右媵。右媵無子，立左媵。左媵無子，立適姪娣。適姪娣無子，立右媵姪娣。右媵姪娣無子，立左媵姪娣。質家親親先立娣。文家尊尊先立姪。《春秋》以殷爲質家，周爲文家。適子有孫而死，質家親親先立弟，文家尊尊先立孫。其雙生，質家據見立先生，文家據本意立後生。"定得非常嚴密。這是後人因國君的繼承，關係重大，而爲之補充的，乃係學說而非事實。

　　周厲王被逐，宣王未立，周、召二公，共和行政，凡十四年。主權不屬於一人，和歐洲的貴族政體，最爲相像。案《左氏》襄公十四年，衛獻公出奔，衛人立公孫剽，孫林父、甯殖相之，以聽命於諸侯，此雖有君，實權皆在二相，和周、召的共和，實際也有些相像。但形式上還是有君的。至於魯昭公出奔，則魯國亦並未立君，季氏對於國政，決不能一人專斷，和共和之治，相像更甚了。可見貴族政體，古代亦有其端倪，不過未曾發達而成爲一種制度。

　　至於民主政治，則其遺迹更多了。我們簡直可以說：古代是確有這種制度，而後來才破壞掉的。《周官》有大詢於衆庶之法，鄉大夫"各帥其鄉之衆寡而致於朝"，小司寇"擯以序進而問焉"。其事項：爲詢國危，詢國遷，詢立君。案《左氏》定公八年，衛侯欲叛晉，朝國人，使王孫賈問焉。哀公元年，吳召陳懷公，懷公亦朝國人而問，此即所謂詢國危。盤庚要遷都於殷，人民不肯，盤庚"命衆悉造於庭"，反覆曉諭。其言，即今《書經》裏的《盤庚篇》。周大王要遷居於岐，"屬其父老而告之"。《孟子·梁惠王下篇》。此即所謂詢國遷。《左氏》昭公二十四年，周朝的王子朝和敬王爭立，晉侯使士景伯往問。士伯立於乾祭，城門名。而問於介衆。介衆，大衆。哀公二十六年，越人納衛侯，衛人亦致衆而問。此即所謂詢立君。可見《周官》之言，係根據古代政治上的習慣，並非理想之談。《書經·洪範》："汝則有大疑，謀及乃心，謀及卿士，謀及庶人，謀及卜筮。汝則從，龜從，筮從，卿士從，庶民從，是之謂大同。身其康彊，子孫其逢，吉。汝則從，龜從，筮從，卿士逆，庶民逆，吉。卿士從，龜從，筮從，汝則逆，庶民逆，吉。庶民從，龜從，筮從，汝則逆，卿士逆，吉。汝則從，龜從，筮逆，卿士逆，庶民逆，作內吉，作外凶。龜筮共違於人，用靜吉，用作凶。"此以（一）君主，（二）卿士，（三）庶人，（四）龜，（五）筮，各占一權，而以其多少數定吉凶，亦必係一種會議之法。並非隨意詢問。至於隨意詢問之事，如《孟子》所謂"國人皆曰賢，然後察之，見賢焉，然後用之"；"國人皆曰不可，然後察之，見不可焉，然後去之"；"國人皆曰可殺，然後察之，見可殺焉，然後殺之"。《梁惠王下》。以及《管子》所謂嘖室之議等，見《桓公問篇》。似乎不過是周諮博采，並無必從的義務。然其初怕亦不然。野蠻部落，內部和同，無甚矛盾，輿論自極忠實。有大事及疑難之事，會議時竟有須全體通過，然後能行，並無所謂多數決的。然則輿論到後來，雖然效力漸薄，竟有如鄭人遊於鄉校，以議執政，而然明欲毀鄉校之事。見《左氏》襄公三十年。然在古初，必能影響行政，使當局者不能不從，又理有可信了。元始的制度，總是民主的。到後來，各方面的利害衝突既深；政治的性質，亦益複雜；才變而由少數人專斷。這是普遍的現象，無足懷疑的。有人說：中國自古就是專制，國人的政治能力，實在不及西人，固然抹殺史實；有人舉此等民權遺迹以自豪，也是可以不必的。

以上所述，是各部族內部的情形。至於合全國而觀之，則是時正在部族林立之世。從前的史家，率稱統一以前爲封建時代，此語頗須斟酌。學術上的用語，不該太拘於文字的初詁。封建二字，原不妨擴而充之，兼包列國並立的事實，不必泥定字面，要有一個封他的人。然列國本來並立，和有一個封他的人，二者之間，究應立一區別。我以爲昔人所謂封建時代，應再分爲（一）部族時代，或稱先封建時代；（二）封建時代較妥。所謂封建，應指（甲）懾服異部族，使其表示服從；（乙）打破異部族，改立自己的人爲酋長；（丙）使本部族移殖於外言之。

中國以統一之早，聞於世界。然秦始皇的滅六國，事在民國紀元前二千一百三十二年，自此上溯至有史之初，似尚不止此數，若更加以先史時期，則自秦至今的年代，幾乎微末不足道了。所以歷史上像中國這樣的大國，實在是到很晚的時期才出現的。

從部族時代，進而至於封建時代，是從無關係進到有關係，這是統一的第一步。更進而開拓荒地，互相兼并，這是統一的第二步。這其間的進展，全是文化上的關係。因爲必先（一）國力充實，然後可以征服他國。（二）亦必先開拓疆土，人口漸多，經濟漸有進步，國力方能充實。（三）又必開拓漸廣，各國間壤地相接，然後有劇烈的鬥爭。（四）而交通便利，風俗漸次相同，便於統治等，尤爲統一必要的條件。所以從分立而至於統一，全是一個文化上的進展。向來讀史的人，都只注意於政治方面，實在是掛一漏萬的。

要知道封建各國的漸趨於統一，只要看其封土的擴大，便可知道。今文家說列國的封土：是天子之地方千里，公、侯皆方百里，伯七十里，子、男五十里，不滿五十里的爲附庸。《孟子·萬章下篇》《禮記·王制》。古文家說：則公方五百里，侯四百里，伯三百里，子二百里，男百里。《周官·大司徒》。這固然是虛擬之辭，不是事實，不論今古文和諸子書，所說的制度，都是著書的人，以爲該怎樣辦所擬的一個草案，並不全是古代的事實。然亦必以當時的情勢爲根據。《穀梁》說："古者天子封諸侯，其地足以容其民，其民足以滿城而自守也。"襄公二十九年。這是古代封土，必須有一個制限，而不容任意擴大的原因。今古文異説，今文所代表的，常爲早一時期的制度，古文所代表的則較晚。秦漢時的縣，大率方百里，見《漢書·百官公卿表》。可見方百里實爲古代的一個政治區域，此今文家大國之封所由來。其超過於此的，如《禮記·明堂位》説："成王封周公於曲阜，地方七百里。"《史記·漢興以來諸侯年表》説："周封伯禽，康叔於魯、衛，地各四百里；大公於齊，兼五侯地。"這都是後來開拓的結果，而説者誤以爲初封時的事實的。列國既開拓至此，談封建制度的人，自然不能斷而小之，亦不必斷而小之，就有如古文家所説的制度了。以事實言之：今文家所説的大國，在東周時代，已是小國。古文家所説的大國，則爲其時的次等國。至其時的所謂大國，則子產稱其"地方數圻"；圻同畿，即方數千里，見《左氏》襄公三十五年。《孟子》説："海内之國，方千里者九，齊集有其一"，《梁惠王上篇》。惟晉、楚、齊、秦等足以當之。此等大國，從無受封於人的；即古文家心目中，以爲當封建之國，亦不能如此其大；所以談封建制度的不之及。

　　此等大國，其實際，實即當時談封建制度者之所謂王。《禮記》説："天無二日，民無二王。"《曾子問》。這只是古人的一個希望，事實上並不能如此。事實上，當時的中國，是分爲若干區域，每區域之中，各自有王的。所以春秋時吳、楚皆稱王，戰國時七國亦皆稱王。公、侯、伯、子、男等，均係美稱。論其實，則在一國之内，有最高主權的，皆稱爲君。《禮記·曲禮》："九州之伯，入天子之國曰牧，於外曰侯，於其國曰君。"其爲一方所歸往的，即爲此一區域中的王。《管子·霸言》説："强國衆，則合强攻弱以圖霸；强國少，則合小攻大以圖王。"此爲春秋時吳、楚等國均稱王，而齊、晉等國僅稱霸的原因。因爲南方草昧初開，聲明文物之國少，肯承認吳、楚等國爲王；北方魯、衛、宋、鄭等國，就未必肯承認齊、晉爲王了。倒是周朝，雖然弱小，然其稱王，是自古相沿下來的，未必有人定要反對他；而當時較大之國，其初大抵是他所封建，有同姓或親戚的關係，提起他來，還多少有點好感；而在國際的秩序上，亦一時不好否認他；於是齊桓、晉文等，就有挾天子以令諸侯之舉了。霸爲伯的假借字。伯的本義爲長。《禮記·王制》説："千里之外設方伯。五國以爲屬，屬有長。十國以爲連，連有帥。三十國以爲卒，卒有正。二百一十國以爲州，州有伯。八州，八伯，五十六正，百六十八帥，三百三十六長。八伯各以其屬，屬於天子之老二人。分天下以爲左右，曰二伯。"這又是虛擬的制度。然亦有事實做根據的。凡古書所説朝貢、巡守等制度，大抵是邦畿千里之内的規模。或者還小於此。如《孟子·梁惠王下篇》説天子巡守的制度，是"春省耕而補不足，秋省斂而助不給"，這只是後世知縣的勸農。後人擴而充之，以爲行之於如《禹貢》等書所説的九州之地，於理就不可通了。春天跑到泰山，夏天跑到衡山，秋天跑到華山，冬天跑到恆山，無論其爲回了京城再出去，或者從東跑到南，從南跑到西，從西跑到北，總之來不及。然其説自有所本。《公羊》隱公五年説："自陝以東，周公主之；自陝以西，召公主之。"此即二伯之説所由來。分《王制》的九州爲左右，各立一伯，古無此事；就周初的封域，分而爲二，使周公、召公，各主其一，則不能謂無此事的。然則所謂八州八伯，恐亦不過就王畿之內，再分爲九，天子自治其一，而再命八個諸侯，各主一區而已。此項制度，擴而大之，則如《左氏》僖公四年，管仲對楚使所説："昔召康公命我先君大公曰：五侯九伯，女實征之，以夾輔周室。賜我先君履，東至於海，西至於河，南至於穆陵，北至於無棣。"等於《王制》中所説的一州之伯了。此自非周初的事實，然管仲之説，亦非憑空造作，亦仍以小規模的伯爲根據。然則齊桓、晉文等，會盟征伐，所牽連而及的，要達於《王制》所説的數州之廣，其規模雖又較大，而其霸主之稱，還是根據於此等一州之伯的，又可推而知了。春秋時晉、楚、齊、秦等國，其封土，實大於殷、周之初。其會盟征伐的規模，亦必較殷、周之初，有過之無不及。特以強國較多，地醜德齊，莫能相尚，不能稱王。吳、楚等雖稱王，只是在一定區域之內，得其小國的承認。至於戰國時，就老實不客氣，各自在其區域之中，建立王號了。然此時的局勢，卻又演進到諸王之上，要有一個共主，而更高於王的稱號，從來是沒有的。乃借用天神之名，而稱之爲帝。齊湣王和秦昭王，曾一度並稱東西帝；其後秦圍邯鄲，魏王又使辛垣衍勸趙尊秦爲帝；即其事。此時研究歷史的人，就把三代以前的酋長，揀了五個人，稱之爲五帝。所以大昊、炎帝、黃帝、少昊、顓頊之稱，是人神相同的。後來又再推上去，在五帝以前，揀了三個酋長，以説明社會開化的次序。更欲立一專名以名之，這卻真窮於辭了。乃據"始王天下"之義，加自字於王字之上，造成一個皇字，而有所謂三皇。見《説文》。皇王二字，形異音同，可知其實爲一語。至秦王政并天下，遂合此二字，以爲自己的稱號，自漢以後，相沿不改。

　　列國漸相吞并，在大國之中，就建立起郡縣制度來。《王制》説："天子之縣內諸侯，禄也；外諸侯，嗣也。"又説："諸侯之大夫，不世爵禄。"可見內諸侯和大夫，法律上本來不該世襲的。事實上雖不能盡然，而亦不必盡不然，尤其是在君主權力擴張的時候。儻使天子在其畿的，大國的諸侯，在其國內，能切實將此制推行；而於其所吞滅之國，亦能推行此制；封建就漸變爲郡縣了。（一）春秋戰國時，滅國而以爲縣的很多，如楚之於陳、蔡即是。有些滅亡不見記載，然秦漢時的縣名，和古國名相同的甚多，亦可推見其本爲一國，没入大國之中，而爲其一縣。(二)還有卿大夫之地，發達而成爲縣的。如《左氏》昭公二年，晉分祁氏之田以爲七縣，羊舌氏之田以爲三縣是。(三)又有因便於戰守起見，有意設立起來的，如商君治秦，并小都、鄉、邑、聚以爲縣是。見《史記·商君列傳》。至於郡，則其區域本較縣爲小，且爲縣所統屬。《周書·作雒篇》:"千里百縣，縣有四郡。"其與縣分立的，則較縣爲荒陋。《左氏》哀公二年，趙簡子誓師之辭，說"克敵者上大夫受縣，下大夫受郡"。然此等與縣分立之郡，因其在邊地之故，其兵力反較縣爲充足，所以後來在軍事上須要控扼之地，轉多設立。甘茂謂秦王曰:"宜陽大縣也，上黨、南陽，積之久矣，名曰縣，其實郡也。"春申君言於楚王曰:"淮北地邊齊，其事急，請以爲郡便。"皆見《史記》本傳。事實上以郡統制縣，保護縣，亦覺便利，而縣遂轉屬於郡。戰國時，列國的設郡，還是在沿邊新開闢之地的。如楚之巫、黔中，趙之雲中、雁門、代郡，燕之上谷、漁陽、右北平、遼西、遼東郡等。到秦始皇滅六國後，覺得到處都有駐兵鎮壓的必要，就要分天下爲三十六郡了。

封建政體，沿襲了幾千年，斷無沒有反動之力之理。所以秦滅六國未幾，而反動即起。秦、漢之間以及漢初的封建，是和後世不同的。在後世，像晉朝、明朝的封建，不過出於帝王自私之心。天下的人，大都不以爲然。即封建之之人，對於此制，亦未必敢有何等奢望，不過舍此別無他法，還想借此牽制異姓，使其不敢輕於篡奪而已。受封者亦知其與時勢不宜，惴惴然不敢自安。所以唐太宗要封功臣，功臣竟不敢受。見《唐書·長孫無忌傳》。至於秦漢間人，則其見解大異。當時的人，蓋實以封建爲當然，視統一轉爲變局。所以皆視秦之滅六國爲無道之舉，稱之爲暴秦，爲强虎狼之秦。然則前此爲六國所滅之國如何呢? 秦滅六國，當恢復元狀，爲六國所滅之國，豈不當一一興滅繼絕嗎? 儻使以此爲難，論者自將無辭可對。然大多數人的見解，是不能以邏輯論，而其欲望之所在，亦是不可以口舌爭的。所以秦亡之後，在戲下的諸侯，立即決定分封的方法。當時所封建的是:(一)六國之後，(二)亡秦有功之人。此時的封建，因漢高祖藉口於項王背約，奪其關中之地而起兵，漢代史家所記述，遂像煞是由項王一個人作主，其實至少是以會議的形式決定的。所以在《大史公自序》裏，還無意間透露出一句真消息來，謂之"諸侯之相王"。當時的封爵，分爲二等:大者王，小者侯，這是沿襲戰國時代的故事的。戰國時，列國封其臣者，或稱侯，或稱君，如穰侯、文信侯、孟嘗君、望諸君等是。侯之爵較君爲高，其地亦較君爲大。此時所封的國，大小無和戰國之君相當的，故亦無君之稱。諸侯之大者皆稱王，項羽以霸王爲之長，而義帝以空名加於其上，也是取法於東周以後，實權皆在霸主，而天王僅存虛名的。以大體言，實不可謂之不愜當。然人的見解，常較時勢爲落後。人心雖以爲允洽，而事勢已不容許，總是不能維持的。所以不過五年，而天下復歸於統一了。然而當時的人心，仍未覺悟，韓信始終不肯背漢，至後來死於呂后之手，讀史者多以爲至愚。其實韓信再老實些，也不會以漢高祖爲可信。韓信當時的見解，必以爲舉天下而統屬於一人，乃事理所必無。韓信非自信功高，以爲漢終不奪其王，乃漢奪其王之事，爲信當時所不能想像。此恐非獨韓信如此，漢初的功臣，莫不如此。若使當時，韓信等豫料奉漢王以皇帝的空名，漢王即能利用之把自己誅滅，又豈肯如此做？確實，漢高祖翦滅所封的異姓，也是一半靠陰謀，一半靠實力的，並非靠皇帝的虛名。若就法理而論，就自古相傳列國間的習慣，當時的人心認爲正義者論，皇帝對於當時的王，可否如此任意誅滅呢？也還是一個疑問。所以漢高祖的盡滅異姓之國，楚王韓信、梁王彭越、韓王信、淮南王英布、燕王臧荼、盧綰。惟長沙王吳芮僅存。雖然不動干戈，實在和其盡滅戲下所封諸國，是同樣的一個奇迹。不但如此，漢高祖所封同姓諸國，後來醞釀成吳、楚七國這樣的一個大亂，竟會在短期間戡定；戡定之後，景帝摧抑諸侯，不得自治民補吏；武帝又用主父偃之策，令諸侯各以國邑，分封子弟；而漢初的封建，居然就名存而實亡；怕也是漢初的人所不能豫料的。

　　封建的元素，本有兩個：一爲爵祿，受封者與凡官吏同。一君國子民，子孫世襲，則其爲部落酋長時固有的權利，爲受封者所獨。後者有害於統一，前者則不然。漢世關內侯，有虛名而無土地。後來列侯亦有如此的。《文獻通考·封建考》云："秦、漢以來，所謂列侯者，非但食其邑入而已，可以臣吏民，可以布政令，若關內侯，則惟以虛名受爵祿而已。西都景、武而後，始令諸侯王不得治民，漢置內史治之。自是以後，雖諸侯王，亦無君國子民之實，不過食其所封之邑入，況列侯乎？然所謂侯者，尚裂土以封之也。至東都，始有未與國邑，先賜美名之例，如靈壽王、征羌侯之類是也。至明帝時，有四姓小侯，乃樊氏、郭氏、陰氏、馬氏諸外戚子弟，以少年獲封者。又肅宗賜東平王蒼列侯印十九枚，令王子五歲以上能趨拜者，皆令帶之。此二者，皆是未有土地，先佩印，受俸廩。蓋至此，則列侯有同於關內侯者矣。"然尚須給以廩祿。唐宋以後，必食實封的，才給以祿，則并物質之耗費而亦除去之，封建至此，遂全然無礙於政治了。

　　後世在中國境內，仍有封建之實的，爲西南的土官。土官有兩種：一是文的，如土知府、土知州、土知縣之類；一是武的，凡以司名的，如宣撫司、招討司、長官司之類皆是。聽其名目，全與流官相同。其實所用的都是部族酋長，依其固有之法承襲。外夷歸化中國，中國給以名號，或官或爵。本是各方面之所同，不但西南如此。但其距中國遠的，實力不及，一至政教衰微之世，即行離叛而去，這正和三代以前的遠國一樣。惟西南諸土司，本在封域之內，歷代對此的權力，漸形充足，其管理之法，亦即隨之而加嚴。在平時，也有出貢賦，聽征調的。這亦和古代諸侯對王朝、小國對大國的朝貢及從征役一樣。至其(一)對中國犯順;(二)或其部族之中,自相爭鬩;(三)諸部族之間,互相攻擊;(四)又或暴虐其民等;中國往往加以討伐。有機會,即廢其酋長,改由中國政府派官治理,是謂"改土歸流",亦即古代之變封建爲郡縣。自秦至今,近二千二百年,此等土官,仍未盡絕,可見封建政體的劃除,是要隨著社會文化的進步,不是政治一方面的事情了。

封建之世,所謂朝代的興亡,都是以諸侯革天子之命。此即以一强國,奪一强國的地位,或竟滅之而已。至統一之世,則朝代的革易,其形式有四:(一)爲舊政權的遞嬗。又分爲(甲)中央權臣的篡竊,(乙)地方政權的入據。前者如王莽之於漢,後者如朱溫之於唐。(二)爲新政權的崛起,如漢之於秦。(三)爲異族的入據,如前趙之於晉,金之於北宋,元之於南宋,清之於明。(四)爲本族的恢復,如明之於元。而從全局觀之,則(一)有仍爲統一的,(二)有暫行分裂的。後者如三國、南北朝、五代都是。然這只是政權的分裂,社會文化,久經統一,所以政權的分立,總是不能持久的。從前讀史的人,每分政情爲(一)内重,(二)外重,(三)内外俱輕三種。内重之世,每有權臣篡竊之變。外重之世,易招强藩割據之憂。内外俱輕之世,則草澤英雄,乘機崛起;或外夷乘機入犯。惟秦以過剛而折,爲一個例外。

政權當歸諸一人,而大多數人,可以不必過問,甚或以爲不當過問,此乃事勢積重所致,斷非論理之當然。所以不論那一國,其元始的政治,必爲民主。後來雖因事勢的變遷,專制政治,逐漸興起,然民主政治,仍必久之而後消滅。觀前文所述,可以見之。大抵民主政治的廢墜:(一)由於地大人衆,並代表會議而不能召集。(二)大衆所議,總限於特殊的事務,其通常的事務,總是由少數主持常務的人執行的。久之,此少數人日形專擅,對於該問大衆的特殊事務,亦復獨斷獨行。(三)而大衆因情勢渙散,無從起而加以糾正。專制政治,就漸漸形成了。這是形式上的變遷。若探求其所以然,則國家大了,政情隨之複雜,大的、複雜的事情,普通人對之,不感興趣,亦不能措置。實爲制度轉變的原因。

然民主的制度,可以廢墜,民主的原理,則終無滅絕之理。所以先秦諸子,持此議論的即很多。因後世儒術專行,儒家之書,傳者獨多,故其説見於儒家書中的亦獨多,尤以《孟子》一書,爲深入人心。其實孟子所誦述的,乃係孔門的書説,觀其論堯舜禪讓之語,與伏生之《尚書大傳》,互相出入可知。司馬遷《五帝本紀》亦採儒家書説。兩漢之世,此義仍極昌明。漢文帝元年,有司請立大子。文帝詔云："朕既不德，上帝神明未歆享；天下人民，未有慊志；今縱不能博求天下賢聖有德之人而禪天下焉，而曰豫建大子，是重吾不德也，謂天下何？"此雖係空言，然天下非一人一家所私有之義，則詔旨中也明白承認了。後來眭孟上書，請漢帝誰差天下，誰差，訪求、簡擇之義。求索賢人，禪以帝位，而退自封百里，尤爲歷代所無。效忠一姓，漢代的儒家，實不視爲天經地義。劉歆係極博通的人，且係漢朝的宗室，而反助王莽以篡漢；揚雄亦不反對王莽；即由於此。但此等高義，懂得的只有少數人，所以不久即湮晦，而君臣之義，反日益昌盛了。

王與君，在古代是有分別的，說已見前。臣與民亦然。臣乃受君豢養的人，效忠於其一身，及其子嗣，盡力保衞其家族、財產，以及榮譽、地位的。蓋起於（一）好戰的酋長所豢養的武士，（二）及其特加寵任的僕役。其初，專以效忠於一人一家爲主。後來（一）人道主義，漸形發達。（二）又從利害經驗上，知道要保一人一家的安全，或求其昌盛，亦非不顧萬民所能。於是其所行者，漸須顧及一國的公益。有時雖違反君主一人一家的利益，而亦有所不能顧。是即大臣與小臣，社稷之臣與私暱嬖倖的區別。然其道，畢竟是從效忠於一人一家，進化而來的，終不能全免此項色采。至民則絕無效忠於君的義務。二者區別，在古代本極明白，然至後世，卻漸漸湮晦了。無官職的平民，亦竟有效忠一姓的，如不仕新朝之類。這在古人看起來，真要莫名其妙了。異民族當別論。民族興亡之際，是全民族都有效忠的義務的。顧炎武《日知録·正始》條，分別亡國亡天下，所謂亡天下，即指民族興亡言，古人早見及此了。至於國君失政，應該誅殺改立之義，自更無人提及。

剝極則復，到晚明之世，湮晦的古義，纔再露一線的曙光。君主之制，其弊全在於世襲。以遺傳論，一姓合法繼承的人，本無代代皆賢之理。以教育論，繼嗣之君，生來就居於優越的地位，志得意滿；又和外間隔絕了；尤其易於不賢。此本顯明之理，昔人斷非不知，然既無可如何，則亦只好置諸不論不議之列了。君主的昏愚、淫亂、暴虐，無過於明朝之多。而時勢危急，內之則流寇縱橫，民生憔悴；外之則眼看異族侵入，好容易從胡元手裏恢復過來的江山，又要淪於建夷之手。仁人君子，蒿目時艱，深求致禍之原，圖窮而匕首見，自然要歸結到政體上了。於是有黃宗羲的《明夷待訪錄》出現，其《原君》、《原臣》兩篇，於"天下者天下之天下"之義，發揮得極爲深切，正是晴空一個霹靂。但亦只是晴空一個霹靂而已。別種條件，未曾完具，當然不會見之於行動的。於是旁薄鬱積的民主思想，遂仍潛伏著，以待時勢的變化。

近百年來的時勢，四夷交侵，國家民族，都有絕續存亡的關係，可謂危急極了。這當然不是一個單純的政治問題。但社會文化和政治的分野，政治力量的界限，昔人是不甚明白的。眼看著時勢的危急，國事的敗壞，當然要把其大部分的原因，都歸到政治上去；當然要發動了政治上的力量來救濟他；當然要擬議及於政體。於是從戊戌變法急轉直下，而成爲辛亥革命。中國的民主政治，雖然自己久有根基，而親切的觀感，則得之於現代的東西列强。代議政體，自然要繼君主專制而起。但代議政體，在西洋自有其歷史的條件，中國卻無有。於是再急轉直下，而成爲現在的黨治。

中國古代，還有一個極高的理想。那便是孔子所謂大同，老子所謂邳治，許行所謂賢者與民並耕而食，饔飱而治。這是超出於政治範圍之外的，因爲國家總必有階級，然後能成立，而孔、老、許行所想望的境界，則是沒有階級的。參看下兩篇自明。

第四章　階　　級

古代部族之間，互相爭鬥；勝者把敗者作爲俘虜，使之從事於勞役，是爲奴隸；其但收取其賦稅的，則爲農奴；已見上章。古代奴婢之數，似乎並不甚多，見下。最嚴重的問題，倒在征服者和農奴之間。國人和野人，這兩個名詞，我們在古書上遇見時，似不覺其間有何嚴重的區別。其實兩者之間，是有征服和被征服的關係的。不過其時代較早，古書上的遺迹，不甚顯著，所以我們看起來，不覺得其嚴重罷了。所謂國人，其初當係征服之族，擇中央山險之地，築城而居。野人則係被征服之族，在四面平夷之地，從事於耕耘。所以（一）古代的都城，都在山險之處。國內行畦田，國外行井田。（二）國人充任正式軍隊，野人則否。參看第八、第九、第十四三章自明。上章所講大詢於衆庶之法，限於鄉大夫之屬。鄉是王城以外之地，鄉人即所謂國人。厲王的被逐，《國語》説："國人莫敢言，道路以目。"然則參與國政，和起而爲反抗舉動的，都是國人。若野人，則有行仁政之君，即歌功頌德，襁負而歸之；有行暴政之君，則"逝將去汝，適彼樂土"，在可能範圍之內逃亡而已。所以一個國家，其初立國的基本，實在是靠國人的，即征服部族的本族。國人和野人之間，其初當有一個很嚴的界限；彼此之間，還當有很深的仇恨。後來此等界限，如何消滅？此等仇恨，如何淡忘呢？依我推想，大約因：（一）距離戰爭的年代遠了，舊事漸被遺忘。（二）國人移居於野，野人亦有移居於國的，居地既近，婚姻互通。（三）征服部族，是要朘削被征服的部族以自肥的，在經濟上，國人富裕而野人貧窮；又都邑多爲工商及往來之人所聚會，在交通上，國人頻繁而野人閉塞；所以國人的性質較文，野人的性質較質。然到後來，各地方逐漸發達，其性質，亦變而相近了。再到後來，（四）選舉的權利，（五）兵役的義務，亦漸擴充推廣，而及於野人，則國人和野人，在法律上亦無甚區別，其畛域就全化除了。參看第七、第九兩章自明。

征服之族和被征服之族的區別，可説全是政治上的原因。至於職業上的區別,則已帶着經濟上的原因了。古代職業的區別,是爲士、農、工、商。士是戰士的意思,又是政治上任事而未有爵者之稱,可見古代的用人,專在戰士中拔擢。至於工商,則專從事於生業。充當戰士的人,雖不能全不務農,有種專務耕種的農民,卻是不服兵役的。所以《管子》上有士之鄉和工商之鄉。見《小匡篇》。《左氏》宣公十二年說:楚國之法,"荊尸而舉,荊尸,該是一種組織軍隊的法令。商、農、工、賈,不敗其業"。有些人誤以爲古代是全國皆兵,實在是錯誤的。參看第九章自明。士和卿大夫,本來該沒有多大的區別,因爲同是征服之族,服兵役,古代政權和軍權,本是混合不分的。但在古代,不論什麼職業,多是守之以世。所以《管子》又說:"士之子恆爲士,農之子恆爲農,工之子恆爲工,商之子恆爲商。"《小匡》。政治上的地位,當然不是例外,世官之制既行,士和大夫之間,自然生出嚴重的區別來,農、工、商更不必說了。此等階級,如何破壞呢?其在經濟上,要維持此等階級,必須能維持嚴密的職業組織。如欲使農之子恆爲農,則井田制度,必須維持。欲使工之子恆爲工,商之子恆爲商,則工官和公家對於商業的管理規則,亦必須維持。然到後來,這種制度,都破壞了。農人要種田,你沒有田給他種,豈能不許他從事別種職業?工官制度破壞了,所造之器,不足以給民用,民間有從事製造的人,你豈能禁止他?尤其是經濟進步,交換之事日多,因而有居間買賣的人,又豈能加以禁止?私產制度既興,獲利的機會無限,人之趨利,如水就下,舊制度都成爲新發展的障礙了,古代由社會制定的職業組織,如何能不破壞呢?在政治上:則因(一)貴族的驕淫矜夸,自趨滅亡,而不得不任用游士。參看第七章。(二)又因有土者之間,互相爭奪,敗國亡家之事,史不絕書。一國敗,則與此諸侯有關之人,都夷爲平民。一家亡,則與此大夫有關的人,都失其地位。(三)又古代階級,並未像喀斯德(caste)這樣的嚴峻,彼此不許通婚。譬如《左氏》定公九年,載齊侯攻晉夷儀,有一個戰士,喚做敝無存,他的父親,要替他娶親,他就辭謝,說:"此役也,不死,反,必娶於高、國。"齊國的兩個世卿之家。可見貴族與平民通婚,是容易的。婚姻互通,社會地位的變動,自然也容易了。這都是古代階級所以漸次破壞的原因。

　　奴隸的起原,由於以異族爲俘虜。《周官》五隸:曰罪隸,曰蠻隸,曰閩隸,曰夷隸,曰貉隸。似乎後四者爲異族,前一者爲罪人。然罪人是後起的。當初本只以異族爲奴隸,後來本族有罪的人,亦將他貶入異族羣內,當他異族看待,才有以罪人爲奴隸的事。參看第十章自明。經學中,今文家言,是"公家不畜刑人,大夫弗養;屏諸四夷,不及以政"。謂不使之當徭役。見《禮記·王制》。古文家言，則"墨者使守門，劓者使守關，宮者使守内，刖者使守囿"。《周官》秋官掌戮。固然，因刑人多了，不能盡棄而不用，亦因今文所説的制度較早，初期的奴隸，多數是異族，仇恨未忘，所以不敢使用他了。《穀梁》襄公二十九年："禮，君不使無恥，不近刑人，不狎敵，不邇怨。"不但如此，社會學家言：氏族時代的人，不慣和同族爭鬥，鎮壓本部族之職，有時不肯做，寧願讓異族人做的。《周官》：蠻、閩、夷、貉四隸，各服其邦之服，執其邦之兵，以守王宮及野之屬禁，正是這個道理。這亦足以證明奴隸的原出於異族。女子爲奴隸的謂之婢。《文選·司馬子長報任安書》李《注》引韋昭云："善人以婢爲妻生子曰獲，奴以善人爲妻生子曰臧。齊之北鄙，燕之北郊，凡人男而歸婢謂之臧，女而歸奴謂之獲。"可見奴婢有自相嫁娶，亦有和平民婚配的。所以良賤的界限，實亦不甚嚴峻。但一方面有脱離奴籍的奴隸，一方面又有淪爲奴隸的平民，所以奴婢終不能盡絶。這是關係整個社會制度的了。奴隸的免除，有兩種方法：一種是用法令。《左氏》襄公三十二年，晉國的大夫欒盈造反。欒氏有力臣曰督戎，國人懼之。有一個奴隸，喚做斐豹的，和執政范宣子説道："苟焚丹書，我殺督戎。"宣子喜歡道：你殺掉他，"所不請於君焚丹書者，有如日"。斐豹，大約是因犯罪而爲奴隸，丹書就是寫他的罪狀的。一種是以財贖。《吕氏春秋·察微篇》説：魯國之法，"魯人有爲臣妾於諸侯者，贖之者取金於府"。這大約是俘虜一類。後世奴隸的免除，也不外乎這兩種方法。

以上是封建時代的事。封建社會的根柢，是"以力相君"。所以在政治上占優勢的人，在社會上的地位，亦占優勝。到資本主義時代，就大不然了。《漢書·貨殖列傳》説："昔先王之制：自天子、公、侯、卿、大夫、士，至於皂隸，抱關擊柝者，其爵禄、奉養、宫室、車服、棺槨、祭祀、死生之制，各有差品，小不得僭大，賤不得踰貴。"又説：後來自諸侯大夫至於士庶人，"莫不離制而棄本。稼穡之民少，商旅之民多；穀不足而貨有餘"。穀貨，猶言食貨。穀、食，本意指食物，引伸起來，則包括一切直接供給消費之物。貨和化是一語。把這樣東西，變成那樣，就是交換的行爲。所以貨是指一切商品。於是"富者木土被文錦，犬馬餘肉粟，而貧者短褐不完，啥粟飲水。其爲編户齊民同列，而以財力相君，雖爲僕隸，猶無慍色"。這幾句話，最可代表從封建時代到資本主義時代的變遷。封建社會的根原，是以武力互相掠奪。人人都靠武力互相掠奪，則人人的生命財產，俱不可保。這未免太危險。所以社會逐漸進步，武力掠奪之事，總不能不懸爲屬禁。到這時代，有錢的人，拿出錢來，就要看他願否。於是有錢就是有權力。豪爽的武士，不能不俯首於狡猾慳吝的守財虜之前了。這是封建社會和資本主義社會轉變的根原。平心而論：資本主義的慘酷，乃是積重以後的事。當其初興之時，較之武力主義，公平多了，溫和多了，自然是人所歡迎的。資本主義所以能取武力主義而代之，其根原即在於此。然前此社會的規則，都是根據武力優勝主義制定的，不是根據富力優勝主義制定的。武力優勝主義，固然也是階級的偏私，且較富力優勝主義爲更惡。然而人們，（一）誰肯放棄其階級的偏私？（二）即有少數大公無我的人，亦不免爲偏見所蔽，視其階級之利益，即爲社會全體的利益；以其階級的主張，即爲社會全體的公道；這是無可如何的事。所以資本主義的新秩序，用封建社會的舊眼光看起來，是很不入眼的；總想盡力打倒他，把舊秩序回復。商鞅相秦，"明尊卑爵秩等級。各以差次名田宅臣妾。衣服以家次。有功者顯榮，無功者雖富無所紛華"。《史記》本傳。就是代表這種見解，想把富與貴不一致的情形，逆挽之，使其回復到富與貴相一致的時代的。然而這如何辦得到呢？封建時代，治者階級的精神，最緊要的有兩種：一是武勇，一是不好利。惟不好利，故富貴不能淫，貧賤不能移；惟能武勇，故威武不能屈。這是其所以能高居民上，維持其治者階級的地位的原因。在當時原非倖致。然而這種精神，也不是從天降，從地出，或者如觀念論者所說，在上者教化好，就可以致之的。人，總是隨著環境變遷的。假使人而不能隨著環境變遷，則亦不能制馭環境，而爲萬物之靈了。在封建主義全盛時，治者階級，因其靠武力得來的地位的優勝，不但衣食無憂，且其生活，總較被治的人爲優裕，自然可以不言利。講到武勇，則因前此及其當時，他們的生命，是靠腕力維持的，取之於自然界者如田獵；取之於人者，則爲戰爭和掠奪。自能養成其不怕死不怕苦痛的精神。到武力掠奪，懸爲厲禁，被治者的生活，反較治者爲優裕；人類維持生活最好的方法，不是靠腕力取之於自然界，或奪之於團體之外，而反是靠智力以剝削團體以內的人；則環境大變了。治者階級的精神，如何能不隨之轉變呢？於是滔滔不可挽了。在當時，中堅階級的人，因其性之所近，分爲兩派：近乎文者則爲儒，近乎武者則爲俠。古書多以儒俠並稱，亦以儒墨並稱，可見墨即是俠。儒和俠，不是孔、墨所創造的兩種團體，倒是孔、墨就社會上固有的兩種階級，加以教化，加以改良的。在孔、墨當日，何嘗不想把這兩個階級，振興起來，使之成爲國家社會的中堅。然而滔滔者終於不可挽了。儒者只成爲"貪飲食，惰作務"之徒。見《墨子·非儒篇》。俠者則成爲"盜跖之居民間者"。《史記·游俠列傳》。質而言之，儒者都是現在志在衣食，大些則志在富貴的讀書人。俠者則成爲現在上海所謂白相人了。我們不否認，有少數不是這樣的人，然而少數總只是少數。這其原理，因爲在生物學上，人，大多數總是中庸的，而特別的好，和特別的壞，同爲反常的現象。所以我們贊成改良制度，使大多數的中人，都可以做好人；不贊成認現社會的制度爲天經地義，責成人在現制度之下做好人，陳義雖高，終成夢想。直到漢代，想維持此等階級精神，以爲國家社會的中堅的，還不乏其人。試看賈誼《陳政事疏》所說聖人有金城之義，董仲舒對策說食禄之家不該與民爭利一段，均見《漢書》本傳。便可見其大概。確實，漢朝亦還有此種人。如蓋寬饒，"剛直高節，志在奉公"。兒子步行戍邊，專務舉發在位者的弊竇，又好犯顏直諫，這確是文臣的好模範。又如李廣，終身除射箭外無他嗜好，絶不言利，而於封侯之賞，卻看得很重。廣爲衛青所陷害而死，他的兒子敢，因此射傷衛青，又給霍去病殺掉，漢武帝都因其爲外戚之故而爲之諱，然李廣的孫子陵，仍願爲武帝效忠。他敢以步卒五千，深入匈奴。而且"事親孝，與士信，臨財廉，取與義，分別有讓，恭儉下人"。見《漢書·司馬遷傳》還報任安書。這真是一個武士的好模範。還有那奮不顧身、立功絶域的傅介子、常惠、陳湯、班超等，亦都是這一種人。然而滔滔者終於不可挽了。在漢代，此等人已如鳳毛麟角，魏晉以後，遂絶迹不可復見。豈無好人？然更不以封建時代忠臣和武士的性質出現了。過去者已去，如死灰之不可復燃。後人談起這種封建時代的精神來，總覺得不勝惋惜。然而無足惜也。這實在不是什麼好東西。當時文臣的見解，已不免於偏狹。武人則更其要不得。譬如李廣，因閒居之時，灞陵尉得罪了他，如灞陵尉之意，真在於奉公守法，而不是有意與他爲難，還不能算得罪他，而且是個好尉。到再起時，就請尉與俱，至軍而斬之，這算什麼行爲？他做隴西大守時，詐殺降羌八百餘人，豈非武士的恥辱？至於一班出使外國之徒，利於所帶的物品，可以乾没，還好帶私貨推消，因此爭求奉使。到出使之後，又有許多粗魯的行爲，訛詐的舉動，以致爲國生事，引起兵端，見《史記·大宛列傳》。這真是所謂浪人，真是要不得的東西。中國幸而這種人少，要是多，所引起的外患，怕還不止五胡之亂。

　　封建時代的精神過去了。社會階級，遂全依貧富而分。當時所謂富者，是（一）大地主，（二）大工商家，詳見下章。鼂錯《貴粟疏》說："今法律賤商人，商人已富貴矣；尊農夫，農夫已貧賤矣。俗之所貴，主之所賤；吏之所卑，法之所尊；上下相反，好惡乖迕，而欲國富法立，不可得也。"可見法律全然退處於無權了。

　　因資本的跋扈，奴婢之數，遂大爲增加。中國古代，雖有奴婢，似乎並不靠他做生產的主力。因爲這時候，土地尚未私有，舊有的土地，都屬於農民。君大夫有封地的，至多只能苛取其租稅，強徵其勞力，即役。至於奪農民的土地爲己有，而使奴隸從事於耕種，那是不會有這件事的。因爲如此，於經濟只有不利。所以雖有淫暴之君，亦只會棄田以爲苑囿。到暴力一過去，苑囿就又變做田了。大規模的墾荒，或使奴隸從事於別種生產事業，那時候也不會有。其時的奴隸，只是在家庭中，以給使令，或從事於消費品的製造。如使女奴舂米、釀酒等。爲經濟的力量所限，其勢自不能甚多。到資本主義興起後，就不然了。（一）土地既已私有，向來的農奴，都隨著土地，變成地主的奴隸。王莽行王田之制，稱奴隸爲“私屬”，和田地都不得賣買。若非向來可以賣買，何必有此法令呢？這該是秦漢之世，奴婢增多的一大原因。所以奴婢是由俘虜、罪人兩政治上的原因造成的少，由經濟上的原因造成的多。（二）農奴既變爲奴隸，從事於大規模的墾荒的，自然可以購買奴隸，使其從事耕作。（三）還可以使之從事於別種事業。如《史記·貨殖列傳》說：刀閒收取桀黠奴，使之逐漁鹽商賈之利。所以又說僮手指千，比千乘之家。如此，奴婢越多越富，其數就無制限了。此時的奴婢，大抵是因貧窮而鬻賣的。因貧窮而賣身，自古久有其事。所以《孟子·萬章上篇》，就有人說：百里奚自鬻於秦養牲者之家。然在古代，此等要不能甚多。至漢代，則賈誼說當時之民，歲惡不入，就要“請爵賣子”，成爲經常的現象了。此等奴婢，徒以貧窮之故而賣身，和古代出於俘虜或犯罪的，大不相同，國家理應施以制止及救濟。然當時的國家，非但不能如此，反亦因之以爲利。如漢武帝，令民入奴婢，得以終身復；爲郎的增秩。其時行算緡之法，遣使就郡國治隱匿不報的人的罪，没收其奴婢甚多，都把他分配到各苑和各機關，使之從事於生產事業。見《史記·平準書》。像漢武帝這種舉動，固然是少有的，然使奴婢從事於生產事業者，必不限於漢武帝之世，則可推想而知，奴隸遂成爲此時官私生產的要角了。漢末大亂，奴婢之數，更行增多。後漢光武一朝，用法令強迫釋放奴婢很多。都見《後漢書》本紀。然亦不過救一時之弊，終不能絕其根株。歷代救濟奴隸之法：（一）對於官奴婢，大抵以法令赦免。（二）對於私奴婢：則（甲）以法令強迫釋放。（乙）官出資財，替他贖身。（丙）勒令以買直爲傭資，計算做工的時期，足滿工資之數，便把他放免。雖有此法，亦不過去其太甚而已。用外國人作奴婢，後世還是有的。但非如古代的出於俘虜，而亦出於鬻賣。《漢書·西南夷列傳》和《貨殖列傳》，都有所謂“僰僮”，就是當時的商人，把他當作商品販賣的。《北史·四裔傳》亦說：當時的人，多買獠人作奴僕。因此，又引起政治上的侵略。梁武帝時，梁、益二州，歲歲伐獠以自利。周武帝平梁、益，亦命隨近州鎮，年年出兵伐獠，取其生口，以充賤隸。這在後世，卻是少有的事，只有南北分立之世，財力困窘，政治又毫無規模，才會有之。至於販賣，卻是通常現象。如唐武后大足元年，敕北方緣邊諸郡，不得畜突厥奴婢；穆宗長慶元年，詔禁登、萊州及緣海諸道，縱容海賊，掠賣新羅人為奴婢；就可見海陸兩道，都有販賣外國人口的了。南方的黑色人種，中國謂之崑崙。唐代小說中，多有崑崙奴的記載，更和歐洲人的販賣黑奴相像。然中國人亦有自賣或被賣做外國人的奴隸的。宋太宗淳化二年，詔陝西緣邊諸郡：先因歲饑，貧民以男女賣與戎人，官遣使者，與本道轉運使，分以官財物贖，還其父母；真宗天禧三年，詔自今掠賣人口入契丹界者，首領並處死。誘至者同罪，未過界者，決杖黥配，均見《文獻通考》。就是其事。

後漢末年，天下大亂，又發生所謂部曲的一個階級。部曲二字，本是軍隊中一個組織的名稱。《續漢書·百官志》：大將軍營五部，部下有曲，曲下有屯。喪亂之際，人民無家可歸，屬於將帥的兵士，沒有戰事的時候，還是跟著他生活。或者受他豢養，或者替他工作。事實上遂發生隸屬的狀態。用其力以生產，在經濟上是有利的，所以在不招兵的時候，將帥也要招人以為部曲了。《三國志·李典傳》說：典有宗族部曲三千餘家，就是戰時的部曲，平時仍屬於將帥之證。《衛覬傳》說：覬鎮關中時，四方流移之民，多有回關中的，諸將多引為部曲，就是雖不招兵之時，將帥亦招人為部曲之證。平民因沒有資本，或者需要保護，一時應他的招。久之，此等依賴關係，已成過去，而其身分，被人歧視，一時不能回復，遂成為另一階級。部曲的女子，謂之客女。歷代法律上，奴婢傷害良人，罪較平民互相傷害為重。良人傷害奴婢，則罪較平民互相傷害為輕。其部曲、客女，傷害平民的罪，較平民加重，較奴婢減輕；平民傷害部曲、客女的，亦較傷害奴婢加重，較其互相傷害減輕。所以部曲的地位，是介於良賤之間的。歷魏、晉、南北朝至唐、宋，都有這一階級。

使平民在或程度以內，隸屬於他人，亦由來甚久。《商君書·竟內篇》說："有爵者乞無爵者以為庶子，級乞一人。其無役事也，有爵者不當差徭，在自己家裏的時候。庶子役其大夫，月六日。其役事也，隨而養之。"有爵者替公家當差徭時，庶子亦跟著他出去。這即是《荀子·議兵篇》所說秦人五甲首而隸五家之制。秦爵二十級，見《漢書·百官公卿表》。級級都可乞人為役，則人民之互相隸屬者甚多，所以魯仲連要說秦人"虜使其民"了。晉武帝平吳以後，王公以下，都得蔭人為衣食客及佃客。其租調及力役等，均入私家。此即漢世封君食邑戶的遺法，其身分仍為良民。遼時有所謂二稅戶，把良民賜給僧寺，其稅一半輸官，一半輸寺。金世宗時免之。亦是為此。此等使人對人直接徵收，法律上雖限於某程度以下的物質或勞力，然久之，總易發生廣泛的隸屬關係，不如由國家徵收，再行給與之為得。

　　封建時代的階級，亦是相沿很久的，豈有一廢除即剗滅淨盡之理？所以魏晉以後，又有所謂門閥的階級。魏晉以後的門閥，舊時的議論，都把九品中正制度，見第七章。看作他很重要的原因，這是錯誤的。世界上那有這種短時間的政治制度，能造成如此深根固柢的社會風尚之理？又有說：這是由於五胡亂華，衣冠之族，以血統與異族混淆爲恥，所以有這風尚的。這也不對。當時的區別，明明注重於本族士庶之間。況且五胡亂華，至少在西晉的末年，聲勢才浩大的，而劉毅在晉初，已經說當時中正的品評，上品無寒門，下品無世族了。可見門閥之制，並非起原於魏晉之世。然則其緣起安在呢？論門閥制度的話，要算唐朝的柳芳，說得最爲明白。見《唐書·柳沖傳》。據他的說法：則七國以前，封建時代的貴族，在秦漢之世，仍爲强家。因爲漢高祖起於徒步，用人不論家世，所以終兩漢之世，他們在政治上，不占特別的勢力。然其在社會上，勢力仍在。到魏晉以後，政治上的勢力，和社會上的勢力合流，門閥制度，就漸漸固定了。這話是對的。當時政治上扶植門閥制度的，就是所謂九品中正，見第七章。至於在社會上，則因漢末大亂，中原衣冠之族，開始播遷。一個世家大族，在本地方，是人人知其爲世家大族的，用不著自行表暴。遷徙到別的地方，就不然了。琅邪王氏是世族，別地方的王氏則不然。博陵崔氏是世族，別地方的崔氏則不然。一處地方，就遷來一家姓王的，姓崔的，誰知道他是那裏的王？那裏的崔呢？如此，就不得不鄭重聲明，我是琅邪王而非別的王氏；是博陵崔而非別的崔氏了。這是講門閥的所以要重視郡望的原因。到現在，我們舊式婚姻的簡帖上，還殘留著這個老廢物。這時候，所謂門第的高下，大概是根據於：（一）本來門第的高下。這是相沿的事實，爲本地方人所共認，未必有譜牒等物爲據。因爲古代譜牒，都是史官所記。隨著封建的崩壞，久已散佚無存了。（二）秦漢以來，世家大族，似乎漸漸的都有譜牒。《隋書》著錄，有家譜、家傳兩門。《世說新語》注，亦多引人家的家譜。而其事較近，各家族中，有何等人物，事迹，亦多爲衆人所能知，所能記，在這時期以內，一個家族中，要多有名位顯著的人，而切忌有叛逆等大惡的事。如此，歷時稍久，即能受人承認，爲其地之世家。歷時不久的，雖有名位顯著的人，人家還只認爲暴發戶，不大看得起他。至於歷時究要多久，那自然沒有明確的界限。（三）譜牒切忌佚亡，事迹切忌湮沒。儻使譜牒已亡；可以做世家的條件的事迹，又無人能記憶；或雖能記憶，而不能證明其出於我之家族中；換言之，即不能證明我爲某世家大族或有名位之人之後；我的世族的資格，就要發生動搖了。要之，不要證據的事，要沒人懷疑；要有證據的事，則人證物證，至少要有一件存在；這是當時判定世族資格的條件。譜牒等物，全由私家掌管，自然不免有散佚、僞造等事。政治總是跟著社會走的。爲要維持此等門閥制度，官家就亦設立譜局，與私家的譜牒互相鉤考；"有司選舉，必稽譜籍而考其真僞"了。亦柳芳語。

當這時代，寒門世族，在仕途上優劣懸殊；甚至婚姻不通，在社交上的禮節，亦不容相並。可參看《陔餘叢考·六朝重氏族》條。此等界限，直至唐代猶存。《唐書·高士廉傳》及《李義府傳》說：太宗命士廉等修《氏族志》，分爲九等，崔氏猶爲第一，太宗列居第三。又說：魏大和中，定望族七姓，子孫迭爲婚姻。唐初作《氏族志》，一切降之。後房玄齡、魏徵、李勣等，仍與爲婚，故其望不減。義府爲子求婚不得，乃奏禁焉。其後轉益自貴，稱禁婚家，男女潛相聘娶，天子不能禁。《杜羔傳》說：文宗欲以公主降士族，曰："民間婚姻，不計官品，而尚閥閱。我家二百年天子，反不若崔、盧邪？"可見唐朝中葉以後，此風尚未剗除。然此時的門閥，已只賸得一個空殼，經不起雨打風吹，所以一到五代時，就成"取士不問家世，婚姻不問閥閱"之局了。《通志·氏族略》。這時候的門閥，爲什麼只賸一個空殼呢？（一）因自六朝以來，所謂世族，作事太無實力。這只要看《廿二史劄記·江左諸帝皆出庶族》、《江左世族無功臣》、《南朝多以寒人掌機要》各條可見。（二）則世族多貪庶族之富，與之通婚；又有和他通譜，及把自己的家譜出賣的。看《廿二史劄記·財昏》、《日知錄·通譜》兩條可見。（三）加以隋廢九品中正，唐以後科舉制度盛行，世族在選舉上，亦復不占便宜。此時的門閥，就只靠相沿已久，有一種惰力性維持，一受到（四）唐末大亂，譜牒淪亡的打擊，自然無以自存了。門閥制度，雖盛於魏晉以後，然其根原，實尚遠在周秦以前，到門閥制度廢除，自古相傳的階級，就蕩焉以盡了。指由封建勢力所造成的階級。

然本族的階級雖平，而本族和異族之間，階級復起。這就不能不歎息於我族自晉以後武力的衰微了。中國自漢武帝以後，民兵漸廢。此時的兵役，多以罪人和奴隸充之，亦頗用異族人爲兵。東漢以後，雜用異族之風更盛。至五胡亂華之世，遂習爲故常。別見第九章。此時的漢人，和異族之間，自然不能不發生階級。史稱北齊神武帝，善於調和漢人和鮮卑。他對漢人則說："鮮卑人是汝作客，猶今言僱工。得汝一斛粟、一匹絹，爲汝擊賊，令汝安寧，汝何爲陵之？"對鮮卑人則說："漢人是汝奴。夫爲汝耕，婦爲汝織，輸汝粟帛，令汝溫飽，汝何爲疾之？"就儼然一爲農奴，一爲戰士了。但此時期的異族，和自女真以後的異族，有一個大異點。自遼以前，契丹爲鮮卑宇文氏別部，實仍係五胡的分支。外夷率以漢族爲高貴而攀援之，並極仰慕其文化，不恤犧牲其民族性，而自願同化於漢族。至金以後則不然。這只要看：五胡除羯以外，無不冒託神明之胄，如拓跋氏自稱黃帝之後，宇文氏自稱炎帝之後是。金以後則無此事；北魏孝文帝，自願消滅鮮卑語，獎厲鮮卑人與漢人通婚，自然是一個極端的例，然除此以外，亦未有拒絕漢族文化的，金世宗卻極力保存女真舊風，及其語言文字，可見。這大約由於自遼以前的異族，附塞較久，濡染漢人文化較深，金、元、清則正相反之故。渤海與金、清同族，而極仰慕漢人的文化，似由其先本與契丹雜居營州，有以致之，即其一證。對於漢族的壓制剝削，亦是從金朝以後，才深刻起來的。五胡雖占據中原，只是一部分政權，入於其手。其人民久與漢族雜居，並未聞至此時，在社會上，享有何等特別的權利。至少在法律上大致如此。契丹是和漢人不雜居的。其國家的組織，分爲部族和州縣兩部分，彼此各不相干。設官分南北面，北面以治部族，南面以治州縣。財賦之官，雖然多在南面，這是因漢族的經濟，較其部族爲發達之故，還不能算有意剝削漢人。到金朝，則把猛安謀克戶遷入中原。用集團之制，與漢族雜居，以便鎮壓。因此故，其所耕之地，不得不連成片段。於是或藉口官地，強奪漢人的土地；如據梁王莊、太子務等名目，硬説其地是官地之類。或口稱與漢人互換，而實係強奪。使多數人民，流離失所。初遷入時，業已如此。元兵占據河北後，盡將軍戶即猛安謀克戶遷於河南，又是這麼一次。遂至和漢人結成骨髓血怨，釀成滅亡以後大屠戮的慘禍了。見《廿二史劄記・金末種人被害之慘》條。元朝則更爲野蠻。太宗時，其將別迭，要把漢人殺盡，空其地爲牧場，賴耶律楚材力爭始止。見《元史・耶律楚材傳》。元朝分人爲蒙古、色目、猶言諸色人等，包括蒙古及漢族以外的人。其種姓詳見《輟耕録》。漢人、滅金所得的中國人。南人滅宋所得的中國人。四種，一切權利，都不平等。如各官署的長官，必用蒙古人。又如學校及科舉，漢人南人的考試較難，而出身反劣。漢人入奴籍的甚多。見《廿二史劄記・元初諸將多掠人爲私户》條。明代奴僕之數驟增，見《日知録・奴僕》條。怕和此很有關係。清朝初入關時，亦圈地以給旗民。其官缺，則滿、漢平分。又有蒙古、漢軍、包衣滿洲人的奴僕。的專缺。刑法，則宗室、覺羅顯祖之後稱宗室，自此以外稱覺羅。宗室俗稱黃帶子，覺羅俗稱紅帶子，因其常繫紅黃色的帶子爲飾。凡漢人殺傷紅黃帶子者，罪加一等。惟在茶坊酒肆中則否，以其自褻身分也。及旗人，審訊的機關都不同。宗室、覺羅，由宗人府審訊。與人民訟者，會同户、刑部。包衣由内務府慎刑司審訊。與人民訟者，會同地方官。旗人由將軍、都統、副都統審訊。且都有換刑。宗室以罰養贍銀代笞、杖，以板責、圈禁代徒、流、充軍。雍正十二年，並推及覺羅。其死罪則多賜自盡。旗人以鞭責代笞、杖，枷號代徒、流、充軍。死刑以斬立決爲斬監候，斬監候爲絞。都是顯然的階級制度。民族愈開化，則其自覺心愈顯著，其鬥爭即愈尖銳。處於現在生存競爭的世界，一失足成千古恨，再回頭是百年身，誠不可以不凛然了。近來有一派議論，以爲滿、蒙等族，現在既已與漢族合爲一個國族了，從前互相爭鬥的事，就不該再提及，怕的是挑起惡感。甚至有人以爲用漢族二字，是不甚妥當的。說這是外國人分化我們的手段，我們不該盲從。殊不知歷史是歷史，現局是現局。不論何國、何族，在已往，誰沒有經過鬥爭來？現在誰還在這裏算陳帳？若慮挑起惡感，而於已往之事，多所顧忌而不敢談，則全部歷史，都只好拉雜摧燒了。漢族兩字不宜用，試問在清朝時代的滿、漢兩字，民國初年的漢、滿、蒙、回、藏五族共和等語，當改作何字？歷史是一種學術，凡學術都貴真實。只要忠實從事，他自然會告訴你所以然的道理，指示你當遵循的途徑。現在當和親的道理，正可從從前的曾經鬥爭裏看出來，正不必私智穿鑿，多所顧慮。總而言之：凡階級的所以形成，其根原只有兩種：一種是武力的，一種是經濟的。至於種族之間，則其矛盾，倒是較淺的。近代的人，還有一種繆見，以爲種族是一個很大的界限，同種間的鬥爭，只是一時的現象，事過之後，關係總要比較親切些。殊不知爲人類和親的障礙的，乃是民族而非種族。種族的同異在體質上，民族的同異在文化上。體質上的同異，有形狀可見，文化上的同異，僅迹象可求。在尋常人想起來，總以爲種族的同異，更難泯滅，這就是流俗之見，需要學術矯正之處。從古以來，和我們體質相異的人，如西域深目高鼻之民，南方拳髮黑身之族，爲什麼彼我之間，沒有造成嚴重的階級呢？總而言之：社會的組織，未能盡善，則集團與集團之間，利害不能無衝突。“利惟近者爲可爭，害惟近者爲尤切”，這是事實。至於體質異而利害無衝突，倒不會有什麼劇烈的鬥爭的。這是古今中外的歷史，都有很明白的證據的。所以把種族看做嚴重的問題，只是一個俗見。

近代有一種賤民。其起原，或因民族的異同，或因政治上的措置，或則社會上積習相沿，驟難改易。遂至造成一種特別階級。這在清朝時，法律上都曾予以解放。如雍正元年，於山、陝的樂戶，紹興的惰民；五年於徽州的伴檔，寧國的世僕；八年於常熟、昭文的丐戶；都令其解放同於平民。乾隆三十六年，又命廣東的蜑戶，浙江的九姓漁戶，及各省有似此者，均查照雍正元年成案辦理。這自然是一件好事情。但社會上的歧視，往往非政治之力所能轉移。所以此等階級，現在仍未能完全消滅。這是有待於視壓迫爲恥辱的人，繼續努力的了。

階級制度，在古昔是多少爲法律所維持的。及文化進步，覺得人視人爲不平等，不合於理，此等法律，遂逐漸取消。然社會上的區別，則不能驟泯。社會階級的區別，顯而易見的，是生活的不同。有形的如宮室、衣服等等，無形的如語言、舉動等等。其間的界限，爲社會所公認。彼此交際之間，上層階級，會自視爲優越，而對方亦承認其優越；下層階級，會被認爲低微，而其人亦自視爲低微。此等階級的區別，全由習慣相沿。而人之養成其某階級的氣質,則由於教育;_{廣義的}。維持其某階級的地位,則由於職業。舊時社會所視爲最高階級的,乃讀書做官的人,即所謂士。此種人,其物質的享受,亦無以逾於農、工、商。但所得的榮譽要多些。所以農、工、商還多希望改而爲士,而士亦不肯輕棄其地位。_{舊時所謂書香之家,雖甚貧窮,不肯輕易改業,即由於此。}這還是封建殘餘的勢力。此外則惟視其財力的厚薄,以判其地位的高低。所謂貧富,應以維持其所處的階級的生活爲標準。有餘的謂之富,僅足的謂之中人,不足的謂之貧。此自非指一時的狀況言,而當看其地位是否穩固。所謂穩固,包含三條件:即(一)財産收入,較勞力收入爲穩固。(二)有保障的職業,較無保障的爲穩固。(三)獨立經營的職業,較待人雇用的爲穩固。階級的升降,全然視其財力。財力足以上升,即可升入上層階級。財力不能維持,即將落入下層階級。宮室、衣服等,固然如此,即教育、職業亦然。如農、工、商要改做士,則必須有力量能從師讀書;又必須有力量能與士大夫交際,久之,其士大夫的氣質,乃得養成。此係舉其一端,其他可以類推。總之,除特別幸運的降臨,凡社會上平流而進的,均必以經濟上的地位爲其基礎。下級社會中人,總想升入上級的;上級社會中人,則想保持其地位。舊時的教育,如所謂奮勉以求上進,如所謂努力勿墜其家聲等等,無論其用意如何,其内容總不外乎此。至於(一)剷除階級;(二)組織同階級中人,以與異階級相鬥爭;則昔時無此思想。此因(一)階級間之相去,並不甚遠;(二)而升降也還容易之故。新式産業興起以後,情形就與從前不同。從前所謂富、中人、貧,相去實不甚遠的,今則相去甚遠。_{所謂中産階級,當分新舊兩種:舊的,如舊式的小企業等,勢將逐漸爲大企業所吞并。新的,如技術、管理人員等,則皆依附大資本家以自存。其生活形式,雖與上層階級爲儕,其經濟地位的危險,實與勞工無異。既無上升之望,則終不免於墜落。所以所謂中間者,實不能成爲階級。}從下級升至上級,亦非徒恃才能,所能有濟。_{昔時的小富,個人的能力及際遇,足以致之,今之大富豪則不然。現在文明之國,所謂實業領袖,多係富豪階級中人,由別階級升入的很少。}於是雖無世襲之名,而有世襲之實。上級的地位,既不易變動,下級的惡劣境遇,自然不易脱離。環境逼迫著人改變思想,階級鬥爭之説,就要風靡一時了。剷除階級,自是美事。但盲動則不免危險;且亦非專用激烈手段,所能有濟;所以舉措不可不極審慎。

第五章　財　　産

　　要講中國的經濟制度，我們得把中國的歷史，分爲三大時期：有史以前爲第一期。有史以後，訖於新室之末，爲第二期。自新室亡後至現在，爲第三期。自今以後，則將爲第四期的開始。

　　孔子作《春秋》，把二百四十二年，分爲三世：第一期爲亂世，第二期爲升平世，第三期爲大平世。這無疑，是想把世運逆挽而上，自亂世進入升平，再進入大平的。然則所謂升平、大平，是否全是孔子的理想呢？我們試看，凡先秦諸子，無不認爲邃古之世，有一個黄金時代，其後乃愈降而愈劣，即可知孔子之言，非盡理想，而必有其歷史的背景。《禮記・禮運》所説的大同、小康，大約就是這個思想的背景罷？大同是孔子認爲最古的時代，最好的，小康則漸降而劣，再降就入於亂世了。所謂升平，是想把亂世逆挽到小康，再進而達於大同，就是所謂大平了，這是無可疑的。然則所謂大同、小康，究竟是何時代呢？

　　人是非勞動不能生存的，而非聯合，則其勞動將歸於無效，且亦無從勞動起，所以《荀子》説人不羣則不能勝物。見《王制篇》。勝字讀平聲，作堪當字解，即擔當得起的意思。物字和事字通訓。能勝物，即能擔當得事情的意思，並非謂與物爭鬥而勝之。當這時代，人是"只有合力以對物，斷無因物而相爭"的，許多社會學家，都證明原始時代的人，沒有個人觀念。我且無有，尚何有於我之物？所以這時代，一切物都是公有的。有種東西，我們看起來，似乎他是私有，如衣服及個人所用的器具之類。其實並不是私有，不過不屬於這個人，則無用，所以常常附屬於他罷了。以財産之承襲論，亦是如此。氏族時代，男子的遺物，多傳於男子，女子的遺物，多傳於女子，即由於此。當這時代，人與人之間，既豪無間隔，如何不和親康樂呢？人，是這樣的，經過原始共産時代，氏族共産時代，以入於家族集産時代。在氏族、家族時代，似已不免有此疆彼界之分，然其所含的公共性質還很多。孔子所想望的大同，無疑的，是在這一個時代以前。今試根據古書，想像其時的情形如下。

這時代，無疑是個農業時代。耕作的方法，其初該是不分疆界的，其後則依家族之數，而將土地分配，所以孔子說："男有分，女有歸。"此即所謂井田制度。井田的制度，是把一方里之地，分爲九區。每區一百畝。中間的一區爲公田，其外八區爲私田。一方里住八家，各受私田百畝。中間的公田，除去二十畝，以爲八家的廬舍，一家得二畝半。還有八十畝，由八家公共耕作。其收入，是全歸公家的。私田的所入，亦即全歸私家。此即所謂助法。如其田不分公私，每畝田上的收穫，都酌提若干成歸公，則謂之徹法。土田雖有分配，並不是私人所有的，所以有"還受"和"換主易居"之法。受，謂達到種田的年齡，則受田於公家。還，謂老了，達到無庸種田的年齡，則把田還給公家。因田非私人所有，故公家時時可重行分配，此即所謂"再分配"。三年一換主易居，即再分配法之一種。在所種之田以外，大家另有一個聚居之所，是之謂邑。合九方里的居民，共營一邑，故一里七十二家。見《禮記·雜記》《注》引《王度記》。《公羊》何《注》舉成數，故云八十家。邑中宅地，亦家得二畝半，合田間廬舍言之，則曰"五畝之宅"。八家共一巷。中間有一所公共的建築，是爲"校室"。春、夏、秋三季，百姓都在外種田，冬天則住在邑內。一邑之中，有兩個老年的人做領袖。這兩個領袖，後世的人，用當時的名字稱呼他，謂之父老、里正。古代的建築，在街的兩頭都有門，謂之閭。閭的旁邊，有兩間屋子，謂之塾。當大家要出去種田的時候，天亮透了，父老和里正，開了閭門，一個坐在左塾裏，一個坐在右塾裏，監督著出去的人。出去得太晚了；或者晚上回來時，不帶著薪樵以預備做晚飯；都是要被詰責的。出入的時候，該大家互相照應。所帶的東西輕了，該幫人家分拿些。帶的東西重了，可以分給人家代攜，不必客氣。有年紀、頭髮花白的人，該讓他安逸些，空手走回來。到冬天，則父老在校室裏，教訓邑中的小孩子，里正則催促人家"緝績"。住在一條巷裏的娘們，聚在一間屋子裏織布，要織到半夜方休。以上所說的，是根據《公羊》宣公十五年何《注》，《漢書·食貨志》，撮敍其大略。這雖是後來人傳述的話，不全是古代的情形，然還可根據著他，想像一個古代農村社會的輪廓。

農田以外的土地，古人總稱爲山澤。農田雖按戶口分配，山澤是全然公有的。只要依據一定的規則，大家都可使用。如《孟子》所說的"數罟不入汙池"，"斧斤以時入山林"等。田獵的規則，見《禮記·王制》。《周官》有山虞、林衡、川衡、澤虞、迹人、廾人等官，還是管理此等地方，監督使用的人，必須遵守規則，而且指導他使用的方法的，並不封禁。

這時候，是無所謂工業的。簡單的器具，人人會造，較繁複的，則有專司其事的人。但這等人，絕不是借此以營利的。這等人的生活資料，是由大家無條件供給他的，而他所製造的器具，也無條件供給大家用。這是後來工官之本。

在本部族之内，因係公産，絕無所謂交易。交易只行於異部族之間。不過以賸餘之品，互相交換，絕無新奇可喜之物。所以許行所主張的貿易會簡單到論量不論質。見《孟子·滕文公上篇》。而《禮記·郊特牲》説："四方年不順成，八蜡不通。"言舉行蜡祭之時，不許因之舉行定期貿易。蜡祭是在農功畢後舉行的，年不順成，就沒有賸餘之品，可供交易了。此等交易，可想見其對於社會經濟，影響甚淺。

儻在特別情形之下，一部族中，缺少了甚麼必要的東西，那就老實不客氣，可以向人家討，不必要有什麼東西交換。後來國際間的乞糴，即原於此。如其遇見天災人禍，一個部族的損失，實在太大了，自己無力回復，則諸部族會聚集起來，自動替他填補的。《春秋》襄公三十年，宋國遇見火災，諸侯會於澶淵，以更宋所喪之財，更爲繼續之意，即現在的賡字。亦必是自古相沿的成法。幫助人家工作，也不算得什麼事的。《孟子》説："湯居亳，與葛爲鄰。葛伯放而不祀。湯使人問之曰：何爲不祀？曰：無以供犧牲也。湯使遺之牛羊。葛伯食之，又不以祀。湯又使人問之曰：何爲不祀？曰無以供粢盛也。湯使亳衆往爲之耕。"《滕文公下》。這件事，用後世人的眼光看起來，未免不近情理。然如齊桓公合諸侯而城杞，《春秋》僖公十四年。豈不亦是替人家白效勞麼？然則古代必有代耕的習慣，才會有這傳説。古代國際間有道義的舉動還很多，據此推想，可以説：都是更古的部族之間留傳下來的。此即孔子所謂"講信修睦"。

雖然部族和部族之間，有此好意，然在古代，部族乞助於人的事，總是很少。因爲他們的生活，是很有軌範的，除非真有不可抗力的災禍，決不會淪於窮困。他們生活的軌範，是怎樣呢？《禮記·王制》説：冢宰"以三十年之通制國用，量入以爲出"，"三年耕，必有一年之食。九年耕，必有三年之食。以三十年之通，雖有凶旱水溢，民無菜色"。這在後來，雖然成爲冢宰的職責，然其根原，則必是農村固有的軌範。不幸而遇到凶年饑饉，是要合全部族的人，共謀節省的。此即所謂凶荒札喪的變禮。在古代，禮是人人需要遵守的。其所謂禮，都是切於生活的實際規則，並不是什麼虛文。所以《禮記·禮器》説："年雖大殺，衆不恇懼，則上之制禮也節矣。"

一團體之中，如有老弱殘廢的人，衆人即無條件養活他。《禮記·王制》説：孤、獨、矜、寡，"皆有常餼"。又説："瘖、聾、跛、躃、斷者、骨節斷的人、侏儒，體格不及標準。該包括一切發育不完全的人。百工各以其器食之。"舊說：看他會做什麼工，就叫他做什麼工。這解釋怕是錯的。這一句和上句，乃是互言以相備。說孤、獨、鰥、寡，供給食料，可見此等殘廢的人，亦供給食料；說此等殘廢的人，供給器用，可見孤、獨、鰥、寡，亦供給器用。乃古人語法如此。《荀子·王制篇》作"五疾上收而養之"可證。

此等規則，都實行了，確可使匹夫、匹婦，無不得其所的；而在古代，社會內部無甚矛盾之世，我們亦可以相信其曾經實行過的。如此，又何怪後人視其時爲黃金時代呢？視古代爲黃金時代，不但中國，希臘人也有這樣思想的。物質文明和社會組織，根本是兩件事。講物質文明，後世確是進步了。以社會組織論，斷不能不承認是退步的。

有許多遺迹，的確可使我們相信，在古代財產是公有的。《書經·酒誥篇》說："羣飲，汝勿佚，盡執拘以歸於周，予其殺。"這是周朝在殷朝的舊土，施行酒禁時嚴厲的誥誡。施行酒禁不足怪，所可怪的，是當此酒禁嚴厲之時，何不在家獨酌？何得還有羣飲觸犯禁令的人，致煩在上者之誥誡？然則其所好者，在於飲呢？還是在於羣呢？不論什麼事，根深柢固，就難於驟變了。漢時的賜酺，不也是許民羣飲麼？儻使人之所好，只在於飲而不在於羣，賜酺還算得什麼恩典？可見古人好羣飲之習甚深。因其好羣飲之習甚深，即可想見其在邃古時，曾有一個共食的習慣。家家做飯自己喫，已經是我們的恥辱了。《孟子》又引晏子說："師行而糧食。"糧同量，謂留其自喫的部分，其餘盡數充公。這在晏子時，變成虐政了，然推想其起原，則亦因儲藏在人家的米，本非其所私有，不過借他的房屋儲藏，_{更古則房屋亦非私有。}所以公家仍可隨意取去。

以上所說，都是我們根據古籍所推想的大同時代的情形。雖然在古籍中，已經不是正式記載，而只是遺迹，然有迹則必有迹所自出之履，這是理無可疑的。然則到後來，此等制度，是如何破壞掉的呢？

曠觀大勢，人類全部歷史，不外自塞而趨於通。人是非不斷和自然爭鬥，不能生存的。所聯合的人愈多，則其對自然爭鬥的力愈强。所以文明的進步，無非是人類聯合範圍的擴大。然人類控制自然的力量進步了，控制自己的力量，卻不能與之並進。於是天災雖澹，而人禍復興。

人類的聯合，有兩種方法：一種是無分彼此，通力合作，一種則分出彼此的界限來。既分出彼此的界限，而又要享受他人勞動的結果，那就非於（甲）交易、（乙）掠奪之中，擇行其一不可了。而在古代，掠奪的方法，且較交易爲通行。在古代各種社會中，論文化，自以農業社會爲最高；論富力，亦以農業社會爲較厚；然卻很容易被人征服。因爲(一)農業社會，性質和平，不喜戰鬥。(二)資產笨重，難於遷移。(三)而獵牧社會，居無定所，去來飄忽，農業社會，即幸而戰爭獲勝，亦很難犁庭掃穴，永絕後患。(四)他們既習於戰鬥，(五)又是以侵略爲衣食飯椀的，得隙即來。農業社會，遂不得不於可以忍受的條件之下，承認納貢而言和，久之，遂夷爲農奴；再進一步，征服者與被征服者，關係愈益密切，遂合爲一個社會，一爲治人者，食於人者，一爲治於人者，食人者了。封建時代階級制度的成立，即緣於此。參看上章。

依情理推想，在此種階級之下，治者對於被治者，似乎很容易爲極端之剝削的。然(一)剝削者對於被剝削者，亦必須留有餘地，乃能長保其剝削的資源。(二)剝削的宗旨，是在於享樂的，因而是懶惰的，能毅達到剝削的目的就毅了，何必干涉人家內部的事情？(三)而剝削者的權力，事實上亦或有所制限，被剝削者內部的事情，未必容其任意干涉。(四)況且兩個社會相遇，武力或以進化較淺的社會爲優強，組織必以進化較深的社會爲堅凝。所以在軍事上，或者進化較深的社會，反爲進化較淺的社會所征服，在文化上，則總是進化較淺的社會，爲進化較深的社會所同化的。職是故，被征服的社會，內部良好的組織，得以保存。一再傳後，征服者或且爲其所同化，而加入於其組織之中。古語說君者善羣，這羣字是動詞，即組織之義。而其所以能羣，則由於其能明分。見《荀子·王制》、《富國》兩篇。據此義，則征服之羣之酋長，業已完全接受被征服之羣之文化，依據其規則，負起組織的責任來了。當這時代，只有所謂君大夫，元來是征服之族者，擁有廣大的封土，收入甚多，與平民相懸絕。此外，社會各方面的情形，還無甚變更。士，不過禄以代耕，其生活程度，與農夫相彷彿。農則井田之制仍存。工、商亦仍無大利可牟。征服之族，要與被征服之族在經濟上爭利益者，亦有種種禁例，如“仕則不稼，田則不漁”之類。見《禮記·坊記》。《大學》：孟獻子曰：“畜馬乘，不察於鷄豚，伐冰之家，不畜牛羊。”董仲舒對策，說公儀子相魯，之其家，見織帛，怒而出其妻；食於舍而茹葵，慍而拔其葵；曰：“吾已食禄，又奪園夫紅女利乎？”此等，在後來爲道德上的教條，在當初，疑有一種禁令。然則社會的內部，還是和親康樂的，不過在其上層，多養著一個寄生者罷了。雖然和寄生蟲並存，還不至危及生命健康，總還算一個準健康體，夫是之謂小康。

小康時代，又成過去，亂世就要來了。此其根原：(一)由初期的征服者，雖然憑恃武力，然其出身多在瘠苦之地，其生活本來是簡陋的。凡人之習慣，大抵不易驟變，儉者之不易遽奢，猶奢者之不能復儉。所以開國之主，總是比較勤儉的。數傳之後，嗣世之君，就都變成生於深宮之中，長於阿保之手的紈袴子弟了。其淫侈日甚，則其對於人民之剥削日深，社會上的良好規制，遂不免受其影響。如因政治不善，而人民對於公田耕作不熱心，因此發生履畝而稅的制度，使井田制度受其影響之類。（二）則商業發達了，向來自行生產之物，可以不生產而求之於人；不甚生產之物，或反可多生產以與人交易。於是舊組織不復合理，而成爲獲利的障礙，就不免墮壞於無形了。舊的組織破壞了，新的組織，再不能受理性的支配，而一任事勢的推遷。人就控制不住環境，而要受環境的支配了。

當這時代，經濟上的變遷，可以述其犖犖大端如下：

（一）因人口增加，土地漸感不足，而地代因之發生。在這情形之下，土地荒廢了，覺得可惜，於是把向來田間的空地，留作道路和備蓄洩之用的，都加以墾闢，此即所謂“開阡陌”。開阡陌之開，即開墾之開。田間的陸地，總稱阡陌。低地留作蓄水洩水之用的，總稱溝洫。開阡陌時，自然把溝洫也填没了。參看朱子《開阡陌辨》。這樣一來，分地的標記没有了，自然可隨意侵占，有土之君，利於租稅之增加，自然也不加以禁止，或且加以倡導，此即孟子所謂“暴君汙吏，必慢其經界”。《滕文公上篇》。一方面靠暴力侵占，一方面靠財力收買、兼并的現象，就陸續發生了。

（二）山澤之地，向來作爲公有的，先被有權力的封君封禁起來，後又逐漸入於私人之手。《史記·平準書》説：漢初山川、園池，自天子至於封君，皆各爲私奉養。此即前代山澤之地。把向來公有的山澤，一旦作爲私有，在漢初，决不會，也决不敢有這無理的措置，可見自秦以前，早已普遍加以封禁了。管子官山府海之論，雖然意在擴張國家的收入，非以供私人之用，然其將公有之地，加以封禁則同。《史記·貨殖列傳》所載諸大企業家，有從事於畜牧的，有從事於種樹的，有從事於開礦的，都非占有山澤之地不行。這大約是從人君手裏，以賞賜、租、買等方法取得的。

（三）工業進化了，器用較昔時爲進步，而工官的製造，未必隨之進步。或且以人口增加，而工官本身，未嘗擴張，量的方面，亦發生問題。舊係家家自製之物，至此求之於市者，亦必逐漸增加。於是漸有從事於工業的人，其獲利亦頗厚。

（四）商人，更爲是時活躍的階級。交換的事情多了，居間的商人，隨之而增多，這是勢所必至的。商業的性質，是最自利的。依據他的原理，必須以最低的價格只要你肯賣。買進，最高的價格只要你肯買。賣出。於是生產者、消費者同受剥削，而居間的階級獨肥。

（五）盈天地之間者皆物，本説不出什麽是我的，什麽是你的。所以分爲我的、你的，乃因知道勞力的可貴，我花了勞力在上面的東西，就不肯白送給你。於是東西和東西，東西和勞力，勞力和勞力，都可以交換。於是發生了工資，發生了利息。在封建制度的初期，封君雖然霸占了許多財產，還頗能盡救濟的責任，到後來，便要借此以博取利息了。孟子述晏子的話，說古代的巡狩，"春省耕而補不足，秋省斂而助不給"，《梁惠王下篇》。而《戰國策》載馮煖爲孟嘗君收債，盡焚其券以市義，就顯示著這一個轉變。較早的時代，只有封君是有錢的，所以也只有封君放債。後來私人有錢的漸多，困窮的亦漸衆，自然放債取利的行爲，漸漸的普遍了。

（六）在這時代，又有促進交易和放債的工具發生，是爲貨幣的進步。別見《貨幣篇》。貨幣愈進步，則其爲用愈普遍，於是交易活潑，儲蓄便利，就更增進人的貪欲。物過多則無用，所以在實物經濟時代，往往有肯以之施濟的。貨幣既興，此物可以轉變爲他物，儲蓄的亦只要儲蓄其價值，就不容易覺得其過剩了。

在這種情形之下，就發生下列三種人：

（一）大地主。其中又分爲（甲）田連阡陌，（乙）及擅山澤之利兩種。

（二）大工商家。古代的工業家，大抵自行販賣，所以古人統稱爲商人。然從理論上剖析之，實包括工業家在內，如漢時所稱之"鹽鐵"，謂製鹽和鼓鑄鐵器的人。其營業，即是側重在製造方面的。

（三）子錢家。這是專以放債取息爲營業的。

要知道這時代的經濟情形，最好是看《史記》的《貨殖列傳》。然《貨殖列傳》所載的，只是當時的大富豪。至於富力較遜，而性質相同的，小地主、小工商及小的高利貸者。那就書不勝書了。

精神現象，總是隨著生活環境而變遷的。人，是獨力很難自立的，所以能殼生存，無非是靠著互助。家族制度盛行，業已把人分成五口八口的一個個的小單位。交易制度，普遍的代替了分配，互助之道，必以互相剝削之方法行之，遂更使人們的對立尖銳。人，在這種情形之下，要獲得一個立足之地甚難，而要墜落下去則甚易。即使獲得了一個立足之地，亦是非用強力，不易保持的。人們遂都汲汲皇皇，不可終日。董仲舒說："天下攘攘，皆爲利往；天下熙熙，皆爲利來。"《史記·貨殖列傳》有一段，剖析當時所謂賢士、隱士、廉吏、廉賈、壯士、游俠、妓女、政客、打獵、賭博、方技，犯法的吏士、農、工、商賈，各種人的用心，斷言他的內容，無一而非爲利。而又總結之曰："此有智盡能索耳，終不餘力而讓財矣。"《韓非子》說：無豐年旁入之利，而獨以完給者，非力則儉。無饑寒疾病禍罪之殃，而獨以貧窮者，非侈則惰。微斂於富人，以布施於貧家，是奪力儉而與侈惰。《顯學篇》。話似近情，然不知無豐年旁入之利，無饑寒疾病禍罪之殃的條件，成立甚難；而且侈惰亦是社會環境養成的。誰之罪？而獨嚴切的責備不幸的人，這和"不獨親其親，不獨子其子"，"貨惡其棄於地也,不必藏於己;力惡其不出於身也,不必爲己"的精神,竟不像是同一種動物發出來的了。人心大變。此即所謂亂世。

孔子所謂小康之世,大約從有史時代就開始的。因爲我們有確實的歷史,始於炎黄之際,已經是一個干戈擾攘的世界了。至於亂世,其機緘,亦是早就潛伏的,而其大盛,則當在東周之後。因爲封建制度,是自此以後,才大崩潰的。封建制度的崩潰,不是什麼單純的政治作用,實在是社會文化進步,而後政治作用隨之的,已見第三章。新文化的進步,就是舊組織的崩潰。然在東周以後,社會的舊組織,雖已崩潰,而人們心上,還都覺得這新成立的秩序爲不安;認爲他是變態,當有以矯正之。於是有兩漢時代不斷的社會改革運動。醖釀久之,到底有新室的大改革。這大改革失敗了,人們才承認社會組織的不良,爲與生俱來,無可如何之事,把病態認爲常態了。所以我説小康的一期,當終於新室之末。

漢代人的議論,我們要是肯細看,便可覺得他和後世的議論,絶不相同。後世的議論,都是把社會組織的缺陷,認爲無可如何的事,至多只能去其太甚。漢代人的議論,則總是想徹底改革的。這個,只要看最著名的賈誼、董仲舒的議論,便可見得。若能細讀《漢書》的《王貢兩龔鮑》和《眭兩夏侯京翼李傳》,就更可明白了。但他們有一個通蔽,就是不知道治者和被治者,根本上是兩個對立的階級。不知領導被壓迫階級,以圖革命,而專想借壓迫階級之力,以爲人民謀解放。他們誤以爲治者階級,便是代表全社會的正義的。而不知道這只是治者階級中的最少數。實際,政治上的治者階級,便是經濟上的壓迫階級,總是想榨取被治階級,即經濟上的被壓迫階級以牟利的。治者階級中最上層的少數人,只是立於二者之間,使此兩階級,得以保持一個均衡,而實際上還是偏於治者一方面些。要想以他爲發力機,鼓動了多數治者,爲被治者謀幸福,真是緣木求魚,在理論上決不容有這回事。理所可有,而不能實現之事多矣,理所必無,而能僥倖成功之事,未之前聞。這種錯誤,固然是時代爲之,怪不得古人。然而不能有成之事,總是不能有成,則社會科學上的定律,和自然科學上的定律,一樣堅强,決不會有例外。

在東周之世,社會上即已發生兩種思潮:一是儒家,主張平均地權,他的具體辦法,是恢復井田制度。一是法家,主張節制資本,他的具體辦法,是(甲)大事業官營;(乙)大商業和民間的借貸,亦由公家加以干涉。見《管子·輕重》各篇。漢代還是如此。漢代儒家的宗旨,也是要恢復井田的。因爲事不易行,所以讓步到"限民名田"。其議發於董仲舒。哀帝時,師丹輔政,業已定有辦法,因爲權戚所阻撓,未能實行。法家的主張,桑弘羊曾行之。其最重要的政策,是鹽鐵官賣及均輸。均輸是官營商業。令各地方,把商人所販的出口貨做貢賦,官販賣之於別地方。弘羊的理論,略見《鹽鐵論》中。著《鹽鐵論》的桓寬,是反對桑弘羊的,《鹽鐵論》乃昭帝時弘羊和賢良文學辯論的話,桓寬把他整理記錄下來的。賢良文學,都是治儒家之學的。弘羊則是法家,桓寬亦信儒家之學。其記錄,未必會有利於弘羊,然而我們看其所記弘羊的話,仍覺得光燄萬丈,可知歷來以弘羊爲言利之臣,專趨承武帝之意,替他搜括,實在是錯誤的。但弘羊雖有此種抱負,其籌款的目的,是達到了,矯正社會經濟的目的,則並未達到。漢朝所實行的政策,如減輕田租、重農抑商等,更其無實效可見了。直到漢末,王莽出來,才綜合儒法兩家的主張,行一斷然的大改革。

在中國經學史中,有一重公案,便是所謂今古文之爭。今古文之爭,固然自有其學術上的理由,然和政治的關係亦絶大。提唱古文學的劉歆、王莽,都是和政治很有關係的人。我們向來不大明白他們的理由,現在卻全明白了。王莽是主張改革經濟制度的人。他的改革,且要兼及於平均地權和節制資本兩方面。今文經是只有平均地權的學說,而無節制資本的學說的。這時候,社會崇古的風氣正盛。欲有所作爲,不得不求其根據於古書。王莽要兼行節制資本的政策,自不得不有取於古文經了。這是旁文,我們現在,且看王莽所行的政策:

(一)他把天下的田,都名爲王田;猶今言國有。奴婢名爲私屬;都不得賣買,男口不盈八,而田過一井的,分餘田與九族鄉黨。

(二)設立六筦之制:(甲)鹽,(乙)酒,(丙)鐵,(丁)山澤,(戊)五均賒貸,(己)鐵布銅冶。其中五均賒貸一項,是控制商業及借貸的。餘五項,係將廣義的農業和工業,收歸官營。

(三)五均,《漢書·食貨志》《注》引鄧展,謂其出於河間獻王所傳的《樂語》、《樂元語》。臣瓚引其文云:"天子取諸侯之土,以立五均,則市無二賈,四民常均;彊者不得困弱,富者不得要貧;則公家有餘,恩及小民矣。"這是古代的官營商業。其爲事實或法家的學說未可知,而要爲王莽的政策所本。王莽的制度:是改長安東西市令,又於洛陽、邯鄲、臨淄、宛、成都五處,都設司市師。師是長官之意。各以四時仲月,二、五、八、十一月。定該區中貨物的平價。貨物實係有用而滯銷的,照他的本錢買進。物價騰貴,超過平價一錢時,漢時錢價貴,故超過一錢,即爲騰貴。則照平價出賣。又在司市師之下,設泉府丞。丞是副官的意思。經營各種事業的人,都要收稅,名之爲貢。其額按純利十分之一。泉府收了這一筆貢,用以借給困乏的人。因喪祭等事而借的,只還本,不取息,借以營利的,取年息十分之一。

王莽的變法,成功的希望,是不會有的,其理由已述於前。固然,王莽的行政手段很拙劣,但這只是枝節。即使手段很高強,亦不會有成功的希望。因爲根本上鑄定要失敗的事,決不是靠手段補救得來的。但是王莽的失敗,不是王莽一個人的失敗,乃是先秦以來言社會改革者公共的失敗。因爲王莽所行,並不是王莽一個人的意見,乃是先秦以來言社會改革者公共的意見。王莽只是此等意見的集大成。經過這一次改革失敗之後,人遂羣認根本改革爲不可能,想把亂世逆挽之而至於小康的思想,從此告終了。中國的社會改革運動,至此遂告長期的停頓。

雖然在停頓時期,枝節的改革,總還不能沒有的。今亦略述其事如下:

當這時代,最可紀念的,是平和的、不徹底的平均地權運動。激烈的井田政策,既經絕望,平和的限民名田政策,還不能行,於是又有一種議論,説平均地權之策,當行之於大亂之後,地廣人稀、土田無主之日。於是有晉朝的户調式,北魏的均田令,唐朝的租庸調法。這三法的要點:是(一)因年齡、屬性之別,以定受田的多少。(二)在北魏的均田令中,有露田和桑田的區別。唐朝則名爲口分田和世業田。桑田和世業田,是可以傳世的,露田和口分田,則受之於官,仍要還之於官。(三)唐制又有寬、狹鄉之別。田畝之數,足以照法令授與的爲寬鄉,不足的爲狹鄉。狹鄉授田,減寬鄉之半。(四)有餘田的鄉,是要以給比連之鄉的。州縣亦是如此。(五)徙鄉和貧無以葬的人,得賣世業田。自狹鄉徙寬鄉的,得并賣口分田。口分田非其所有,無可賣之理。這該是獎勵人民從狹鄉遷到寬鄉去的意思。法律上的解釋,等於官收其田而賣卻之,而將賣田所得之款,發給爲獎勵費。許其自賣,只是手續簡便些罷了。(六)雖然如此,世業田仍有其一定制限,買進的不得超過此限度,在最小限度以內,亦不得再賣卻。統觀三法,立法之意,是不奪其私有之田,無田者則由官給,希冀減少反抗,以漸平均地權,其立法之意誠甚善。然其實行至何程度,則殊可疑。晉法定後,天下旋亂,曾否實行,論者甚至有懷疑的。北魏及唐,曾實行至何程度,歷史上亦無明確的記載。即使實行了,而人總是有緩急的,緩急的時候,不能不希望通融,在私產制度之下,誰肯白借給你來? 救濟的事業,無論如何,是不能普遍的。救濟事業之量,決不能等於社會上需要救濟之量,這是有其理論上的根據。因爲救濟人者,必先自覺有餘,然後能斥其所餘以救濟人。然救濟人者的生活程度,必高於所救濟的人,因而他所拿出來的,均攤在衆人頭上,必不能使被救濟者之生活程度,與救濟之者相等。而人之覺得足不足,並不是物質上真有什麼界限,而往往是和他人的生活狀況相比較的。如此,故被救濟者在心理上永無滿足之時。又在現在的社會組織之下,一個人的財富,往往是從剝削他人得來的,而他的自覺有餘必在先,斥其餘以救濟他人必在後。自剝削至於救濟,其中必經過相當的時間。在此時間之中,被剝削者,必已負有很大的創傷,再把所剝削去的全數都還了他,亦已不毅回復,何況還不能全數還他呢? 於是不得不有抵賣之品。而貧民是除田地之外,無物可以抵賣的。如此,地權即使一度平均,亦很難維持永久。何況并一度之平均而不可得呢? 再者:要調劑土滿和人滿,總不能沒有移民,而在現在的文化狀況之下,移民又是很難實行的。所以此等平均地權的方法,不論事實,在理論上已是很難收效的了。據記載,唐朝當開元時,其法業已大壞。至德宗建中元年,民國紀元前一千一百三十二年。楊炎爲相,改租庸調法爲兩稅,人民的有田無田,田多田少,就無人過問了。自晉武帝太康元年民國紀元前一千六百三十二年。平吳行户調法至此,前後適五百年。自此以後,國家遂無復平均地權的政策。間或丈量,不過爲平均賦稅起見,而亦多不能徹底澄清。兼并現象,依然如故。其中最利害的,爲南宋時浙西一帶的兼并。因爲這時候,建都在臨安,浙西一帶,闊人多了,競以兼并爲事。收租奇重。宋末,賈似道要籌款,就用低價硬買做官田。田主固然破産了。佃户自此要向官家交租,又非向私家交租時"額重納輕"之比,人民已受了一次大害。到明初平張士誠,太祖惡其民爲士誠守,對於蘇、松、嘉、湖之田,又定以私租爲官稅。後來雖屢經減免,直到現在,這一帶田賦之重,還甲於全國。兼并的影響,亦可謂深了。

物價的高低,東漢以後,更無人能加以干涉。只有食糧,關係人民的利害太切了,國家還不能全然放任。安定穀價的理論,始於李悝。李悝説糶穀價。甚賤傷農,甚貴傷民。此民字指穀之消費者,與農爲穀之生産者立於對待的地位。主張當新穀登場時,國家收買其一部分,至青黄不接時賣出,以保持穀的平價。漢宣帝時,穀價大賤,大司農耿壽昌,於若干地方行其法,名其倉爲常平倉。此法雖不爲牟利起見,然賣出之價,必比買進之價略高,國家並無所費,而人民實受其益,實可稱法良意美。然在古代,穀物賣買未盛則有效。至後世,穀物的市場日廣,而官家的資本甚微,則即使實力奉行,亦難收控制市場之效;何況奉行者又多有名無實;甚或并其名而無之呢? 所以常平倉在歷代法令上,雖然是有的時候多,實際上並無效力。隋文帝時,工部尚書長孫平創義倉之法,令人民於收成之日,隨意勸課,即於當社立倉存貯。荒歉之時,用以救濟。後周時有惠民倉。將雜配錢一種雜稅的名目。的幾分之幾,折收穀物,以供凶年平糶之用。宋時又有廣惠倉。募人耕没入和户絶田,收其租以給郭内窮苦的人民。這都是救濟性質。直到王安石出來,行青苗法,才推廣之,以供借貸之用。青苗法是起於李參的。李參在陝西做官時,命百姓自度耕種的贏餘,告貸於官。官貸之以錢。及秋,隨賦稅交還。王安石推行其法於諸路。以常平、廣惠倉所儲的錢穀爲貸本。倉本所以貯穀，後世因穀之儲藏不便，亦且不能必得，遂有兼儲錢的。需用時再以錢買穀，或竟發錢的。當時反對者甚多，然其本意是好的，不過官不是推行此法的機關，不免有弊罷了。反對青苗的人，有的説他取息二分太重，這是胡説，當時民間利率，實遠重於此。青苗之弊：在於（一）人民不敢與官交涉。（二）官亦不能與民直接，勢必假手於吏胥，吏胥多數是要作弊的，人民更不敢與之交涉。（三）於是聽其自然，即不能推行。（四）强要推行，即不免抑配。（五）借出之款，或不能償還，勢必引起追呼。（六）又有勒令鄰保均賠的。（七）甚有無賴子弟，謾昧尊長，錢不入家。或他人冒名詐請，莫知爲誰的。總而言之，是由於辦理的機關的不適宜。南宋孝宗乾道四年，建州大饑。朱子請於府，得常平倉粟六百石，以爲貸本。人民夏天來借的，到冬加二歸還。以後逐年如此。小荒則免其半息，大荒則全免其息。如此十四年，除將元本六百石還官外，並將餘利，造成倉廠，得粟三千一百石，以爲社倉。自此借貸就不再收息了。朱子此法，其以社爲範圍，與長孫平的義倉同。不但充平糴及救濟，而兼供借貸，與王安石的青苗法同。以社爲範圍，則易於管理，易於監察，人民可以自司其事。如此，則有將死藏的倉穀出貸，化爲有用的資本之利，而無青苗法與官交涉之弊。所以歷來論者，都以爲此法最善；有與其提倡常平、義倉，不如提倡社倉的傾向。義倉不如社倉，誠然無可爭辯，這是後起者自然的進步。常平和社倉，則根本不是一件事。常平是官辦的，是和糧食商人鬥爭的。義倉和社倉，都是農民互助的事。固然，農民真正充足了，商人將無所施其剥削，然使把現在社會上一切剥削農民之事，都剗除了，農民又何至於不足呢？固然，當時的常平倉，並沒有控制市場之力；至多當饑荒之際，開辦平糴，惠及城市之人。然此乃常平辦理之不得其法，力量的不彀，並不是其本質不好。依正義及經濟政策論，國家扶助農民和消費者，剗除居間者的剥削，還是有這義務，而在政策上也是必要的。所以常平和社倉，至少該並行不廢。再者，青苗法以官主其事，固然不好，社倉以人民主其事，也未必一定會好的。因爲土豪劣紳，和貪官污吏，是同樣要吮人膏血的，並無彼此之分。主張社倉的，説社倉範圍小，十目所視，十手所指，管理的人，難於作弊。然而從來土豪劣紳，都是明中把持、攘奪，並不是暗中攫取的。義倉創辦未幾，即或因人民不能管理，而移之於縣。社倉，據《文獻通考》説：亦是“事久而弊，或主之者倚公以行私，或官司移用而無可給，或拘納息米而未嘗除，甚者拘催無異正賦”，以爲非有“仁人君子，以公心推而行之”不爲功。可見防止貪污土劣的侵漁，仍不能無藉於人民的自衛了。平抑糧食以外他種物價之事，東漢以後無之。只有宋神宗熙寧五年，曾立市易司，想平抑京師的物價，然其後事未能行。

借貸，亦始終是剝削的一種方法。最初只有封君之類是有錢的人，所以也只有他們能營高利貸的事業。後來事實雖然變換了，還有借他們出面的。如《漢書·谷永傳》說：當時的掖庭獄，“爲人起債，代人放債。分利受謝”是。亦有官自放債的。如隋初嘗給內官以公廨錢，令其回易生利，這種公廨錢，就是可以放債的。其類乎封建財產的，則南北朝以後，僧寺頗多殷富，亦常爲放債的機關。私人放債取利，較大的，多爲商賈所兼營，如《後漢書·桓譚傳》：譚上疏陳時政，說：“今富商大賈，多放錢貨，中家子弟，爲之保役。”則并有代他奔走的人了。《元史·耶律楚材傳》說：當時的回鶻，多放羊羔利。利上起利。回鶻也是從西域到中國來經商的。這是因商人手中，多有流動資本，所以兼營此業最便。至於土豪劣紳之類，即在本地方營高利貸業的，其規模自然較此爲小，然其數則甚多，而其手段亦極酷辣。《宋史·食貨志》載司馬光疏，說當時的農民，“幸而收成，公私之債，交爭互奪，穀未離場，帛未下機，已非己有”；《陳舜俞傳》說：當時放債的人，雖“約償緡錢，而穀粟、布縷、魚鹽、薪蒸、耰鋤、斧錡之屬，皆雜取之”；便可見其一斑。大抵借貸有對人信用和對物信用兩種。對物信用，須能鑒別其物，知其時價；對人信用，則須調查其人之財產及行爲；亦有一番事情，且須有相當知識。這在放債者方面，亦須有一種組織。所以逐漸發達，而成爲近代的錢莊及當鋪。

中國歷代，社會上的思想，都是主張均貧富的，這是其在近代所以易於接受社會主義的一個原因。然其宗旨雖善，而其所主張的方法，則有未善。這因歷代學者，受傳統思想的影響大深，而對於現實的觀察太淺之故。在中國，思想界的權威，無疑是儒家。儒家對於社會經濟的發達，認識本不如法家的深刻，所以只主張平均地權，而忽略了資本的作用。這在當時，還無怪其然，古代學問的發達，不能不爲地域所限。儒學盛於魯。法家之學，託諸管子，疑其初盛於齊。《史記·貨殖列傳》說：大公封於齊，地潟鹵，人民寡，大公勸女工，極技巧，通魚鹽，人物歸之，襁至而輻湊，齊冠帶衣履天下。這或者出於附會。然齊魚鹽工商之業皆盛，則是不誣的。齊國在當時，資本必較發達，所以節制資本的思想，就起於其地了。然至後世，學者的眼光，仍限於這一個圈子裏，就可怪了。如前述漢代儒家的議論，即其一證。宋學興起，在中國思想界，是最有特色的。宋儒亦很留心於政治和社會問題。而純粹的宋學家，亦只重視復井田爲致大平之策，那又是其一證。然此猶其小者。至其大者，則未審國家的性質。不知國家是階級時代的產物，治者階級，總是要剝削被治者以牟利的。其中雖有少數大公無我的人，然而總只是少數。其力量，較諸大多數的通常人，遠覺縣薄。即使這少數人而得位乘時，使其監督大多數人，不敢放手虐民,即所謂去其泰甚,已覺得異常喫力。至於根本上改變其性質,則其事必不可能。如此,所以歷代所謂治世的政治,往往是趨於放任的;而一行干涉的政策,則往往召亂。然則但靠國家之力,如何能均平貧富呢?新莽以此失敗了,而後世的人,還是這種思想。我們試看王安石的《度支副使廳壁題名記》,他說:"合天下之衆者財,理天下之財者法,守天下之法者吏也。吏不良,則有法而莫守;法不善,則有財而莫理;有財而莫理,則阡陌閭巷之賤人,皆能私取予之勢,擅萬物之利,以與人主爭黔首,而放其無窮之欲;非必貴强桀大而後能如是;而天子猶爲不失其民者,蓋特號而已耳。雖欲食蔬衣敝,憔悴其身,愁思其心,以幸天下之給足而安吾政,吾知其猶不得也。然則善吾法而擇吏以守之,以理天下之財,雖上古堯舜,猶不能毋以此爲急務,而況於後世之紛紛乎?"他看得天下之物,是天下人所公有;當由一個代表正義的人,爲之公平分配,而不當由自私自利的人,擅其利而私其取予,以役使衆人;其意昭然若揭。然欲以此重任,責之於後世的所謂天子,云胡可得呢?中國讀書人所以有這思想,是因爲其受傳統思想的影響大深,在傳統思想上,説這本是君之責任故。然在極古的時代,君權大而其所治之國小;而且大同時代的規則,尚未盡廢;或者可以做到幾分。在後世,則雖甚神聖,亦苦無下手之處了。而中國講改革的人,都希望著他,如何能不失敗呢?龔自珍是近代最有思想的人。他的文集裏,有一篇文章,標題爲《平均篇》,暢發一切亂原,根本都在經濟上分配的不平。最高的治法,是能使之平均。就其現象,與之相安,則不足道。其觀察,亦可謂極深刻。然問其方法,則仍是希望握政權者,審察各方面的情形,而有以措置之,則仍是一條不通的路而已。龔氏是距離現在不過百年的人,而其思想如此,可見舊日的學者,其思想,全然局限於這一個範圍之中。這是時代爲之,自然怪不得古人。然在今日,卻亦不可不知道昔人所走的路,是一條不通的路,而再奉其思想爲金科玉律。

現代的經濟情形,和從前又大不相同了。自從西力東侵以來,我們的經濟,已非復閉關獨立之世,而與世界息息相通。在工業革命以前,最活躍的是商人階級。所以歷代的議論,都主張重農抑商。自工業革命以後,則商人反成爲工業家的附屬,不過略沾其餘潤,所以中國推銷洋貨的人,即世所稱爲買辦階級者,在中國社會裏,雖儼然是個富豪,而以世界眼光觀之,則仍不免在小貧之列。在現代的經濟狀況之下,斷不容我們故步自封。世界的經濟情形,自從工業發達了,積集的資本遂多,而金融資本,又極跋扈。工業品是要尋求銷路的,而且還要霸占資原,就是固定和流動的資本,也要輸出國外,皆不得不以武力保其安全。於是資本主義發展而成爲帝國主義。歷代的勞資對立，資本家是在國内的，現在則資本家在國外。於是民生問題，和民族問題，并爲一談，再不能分離解決了。我們現在，該如何審慎、勇敢、强毅，以應付這一個目前的大問題呢？

第六章　官　　制

　　官制是政治制度中最繁複的一門。(一)歷代設官既多,(二)而又時有變遷,(三)他的變遷,又不是審察事實和制度不合,條理系統地改正的,而是聽其遷流之所至。於是有有其名而無其實的,亦有有其實而無其名的。名實既不相符,循其名遂不能知其實。而各官的分職,亦多無理論可循。求明白其真相,就很不容易了。然官制畢竟是政治的綱領。因爲國家要達其目的,必須有人以行之。這行之之人,就是所謂官。所以明於一時代所設之官,即能知其時所行之政。對於歷代的官制,若能知其變遷,即亦能知其政治的變遷了。

　　人的見解,總是較時代落後一些的。時代只有新的,而人之所知,卻限於舊。對付未來的方法,總是根據既往的情形,斟酌而出之的。所以無論如何,不能全合。制度纔定出來,即已不適於用。制度是拗不過事實的,(一)非格不能行,(二)即名存實亡,這是一切制度,都如此的,而官制亦不能例外。我國的官制,大略可分爲六期:(一)自周以前,爲列國時代的制度。(二)而秦及漢初統一時代的制度,即孕育於其末期。(三)因其大體自列國時代蛻化而來,和統一時代不甚適合,不久即生變遷。各方面變遷的結果,極其錯雜不整。直至唐朝,才整理之,成爲一種有系統的制度。(四)然整理甫經就緒,又和事實不符。唐中葉以後,又生變遷,而宋朝沿襲之。(五)元以異族,入主中原,其設施自有特別之處。明朝卻沿襲著他。清朝的制度,又大略沿襲明朝。然因實際情形的不同,三朝的制度,又自有其大相違異之處。(六)清朝末葉,因爲政體改變,官制亦隨之改變。然行之未久,成效不著。直至今日,仍在動盪不定之中。以上略舉其變遷的大概,以下再略加說明。因爲時間所限,亦只能揭舉其大綱而已。

　　官有內外之分。內官即中央政府之官,是分事而治的。全國的政務,都彙集於此,依其性質而分類,一官管理一類的事。又有綜合全般狀況,以決定施政的方鍼的,是即所謂宰相。外官則分地而治。在其地界以內,原則上各事都要管的。出於地界以外,則各事一概不管。地方區畫,又依等級而分大小。上級大的區畫,包含若干下級小的區畫。在行政上,下級須聽上級的指揮。這是歷代官制的通則。

列國並立之世,到春秋戰國時代,已和統一時代的制度相近了。因爲此時期,大國之中,業已包含若干郡縣。但其本身,仍只等於後世一個最大的政治區域。列國官制:今文家常說三公、九卿、二十七大夫、八十一元士。但這只是爵,沒有說出他的職守來。三公依今文家說,是司馬、司徒、司空。九卿無明文。古文家說,以太師、太傅、太保爲三公。少師、少傅、少保爲三孤。冢宰、天官。司徒、地官。宗伯、春官。司馬、夏官。司寇、秋官。司空冬官。爲六卿。許慎《五經異義》。案今文說的三公,以配天、地、人。司馬主天,司徒主人,司空主地。古文說的六卿,以配天、地、四時。此外還有以五官配五行等說法。見《左氏》昭公十七年、二十九年,《春秋繁露·五行相勝篇》。這不過取古代的官,隨意揀幾個,編排起來,以合於學說的條理而已。和古代的事實,未必盡合。古代重要的官,不盡於此;並非這幾個官特別重要;不過這幾個官,亦是重要的罷了。司馬是管軍事的。司徒是統轄人民的。司空是管建設事務的。古代穴居,是就地面上鑿一個窟籠,所以謂之司空。空即現在所用的孔字。《周官》冬官亡佚,後人以《考工記》補之。其實這句話也靠不住。性質既不相同,安可相補?不過《考工記》也是講官制的。和《周官》性質相類,昔人視爲同類之書,合編在一起,後人遂誤以爲補罷了。《周官》說實未嘗謂司空掌工事,後世摹仿《周官》而設六部,卻以工部擬司空,這是後人之誤,不可以說古事的。冢宰總統百官,兼管宮內的事務,其初該是羣僕的領袖。所以大夫之家亦有宰。至於天子諸侯,則實際本來差不多的。天子和諸侯,大國和小國制度上的差異,不過著書的人,說得如此整齊,和實際亦未必盡合。宗伯掌典禮,和政治關係最少,然在古代迷信較深之世,祭祀等典禮,是看得頗爲隆重的。司寇掌刑法,其初當是軍事裁判。說詳第十章。三公坐而論道,三孤爲之副,均無職事。案《禮記·曾子問篇》說:"古者男子,內有傅,外有慈母。"《內則》說:國君世子生,"擇於諸母與可者,必求其寬裕慈惠、温良恭儉、慎而寡言者,使爲子師,其次爲慈母,其次爲保母"。太師、太傅、太保,正和師、慈、保三母相當。古夫亦訓傅,兩字蓋本係一語,不可以稱婦人,故變文言慈。然則古文的三公,其初乃係天子私人的侍從,本與政事無關係,所以無職事可言。《周官》說坐而論道之文,乃采諸《考工記》,然《考工記》此語,"坐而論道,謂之王公"。是指人君言,不是指大臣言的,說《周官》者實誤采。總而言之:今文古文,都係春秋戰國時的學説,未必和古代的事實密合。然後世釐定制度的人,多以經説爲藍本。所以雖非古代的事實,卻是後世制度的淵源。

列國時代的地方區畫,其大的,不過是後世的鄉鎮。亦有兩種説法:《尚書大傳》説:"古八家而爲鄰,三鄰而爲朋,三朋而爲里,七十二家,參看上章。五里而爲邑,十邑而爲都,十都而爲師,州十有二師焉。"這是今文説。《周官》則鄉以五家爲比,比有長。五比爲閭,閭有胥。四閭爲族,族有師。五族爲黨,黨有正。五黨爲州,州有長。五州爲鄉,鄉有大夫。遂以五家爲鄰,鄰有長。五鄰爲里,里有宰。四里爲酇,酇有長。五酇爲鄙,鄙有師。五鄙爲縣,縣有正。五縣爲遂,遂有大夫。這是古文説。這兩種説法,前者和井田之制相合,後者和軍隊編制相合,在古代該都是有的。後來井田之制破壞,所以什伍之制猶存,今文家所説的組織,就不可見了。

漢初的官制,是沿襲秦朝的。秦制則沿自列國時代。中央最高的官爲丞相。秦有左右,漢通常只設一丞相。丞相之副爲御史大夫。中央之官,都是分事而治的。只有御史是皇帝的祕書,於事亦無所不預,所以在事實上成爲丞相的副手。漢時丞相出缺,往往以御史大夫升補。武官通稱爲尉。中央最高的武官,謂之太尉。這是秦及漢初的制度。今文經説行後,改太尉爲司馬,丞相爲司徒,御史大夫爲司空,謂之三公,並稱相職。又以大常、本名奉常,掌宗廟禮儀。光禄勳、本名郎中令,掌宮、殿、掖門户。衞尉、掌宮門衞屯兵。太僕、掌輿馬。廷尉、掌刑辟,嘗改爲大理。大鴻臚、本名典客,掌歸義蠻夷。宗正、掌親屬。大司農、本名治粟内史,掌穀貨。少府掌山海池澤之税。爲九卿。這不過取應經説而已,並無他種意義。三公分部九卿,大常、光禄勳、衞尉屬司馬。太僕、廷尉、大鴻臚屬司徒。宗正、大司農、少府屬司空。亦無理論根據。有大事仍合議。後漢司馬仍稱太尉。司徒、司空,均去大字,餘皆如故。

外官:秦時以郡統縣。又於各郡都設監御史。漢不遣監御史,丞相遣使分察州。案州字並非當時的區域名稱,後人無以名之,乃名之爲州。所以截至成帝改置州牧以前,州字只是口中的稱呼,並非法律上的名詞。武帝時,置部刺史十三人,奉詔書六條,分察諸郡。(一)條察彊宗巨家;(二)條察大守侵漁聚斂,(三)條失刑,(四)條選舉不平,(五)條子弟不法,都是專屬大守的;(六)條察大守阿附豪强。成帝時,以何武之言,改爲州牧。哀帝時復爲刺史。後又改爲州牧。後漢仍爲刺史,而止十二州,一州屬司隸校尉。武帝置,以治巫蠱的,後遂命其分察一部分郡國。案《禮記·王制》説:"天子使其大夫爲三監,監於方伯之國,國三人。"這或者傅會周初的三監,説未必確,然天子遣使監視諸侯,實即大國之君,遣使監視其所封或所屬的小國。則事所可有。大夫之爵,固較方伯爲低。秦代御史之長,爵不過大夫。漢刺史秩僅六百石,大守則二千石。

以卑臨尊，必非特創之制，必然有所受之。以事實論，監察官宜用年少新進的人，任事的官，則宜用有閱歷有資望之士，其措置亦很適宜的。何武説："古之爲治者，以尊臨卑，不以卑臨尊。"不但不合事宜，亦且不明經義。舊制恢復，由於朱博，其議論具載《漢書》，較之何武，通達多了。大守，秦朝本單稱守，漢景帝改名。秦又於各郡置尉，景帝亦改爲都尉。京師之地，秦時爲内史所治。漢武帝改稱京兆尹，又分其地置左馮翊、右扶風，謂之三輔。諸王之國，設官本和漢朝略同。亦有内史以治民。七國亂後，景帝乃令諸侯王不得自治民，改其丞相之名爲相，使之治民，和郡守一樣。縣的長官，其秩是以户數多少分高下的。民滿萬户以上稱令，不滿萬户稱長。這由於古代的政治，是屬人主義，而非屬地主義之故。侯國的等級，與縣相同。皇大后、公主所食的縣稱爲邑。縣中兼有蠻夷的謂之道。這亦是封建制度和屬人主義的色采。

秦漢時的縣，就是古代的國，讀第三章可見。縣令就是古代的國君，只能總握政治的樞機，發蹤指示，監督其下。要他直接辦事，是做不到的。所以真正的民政，非靠地方自治不可。後世地方自治之制，日以廢墜，所以百事俱廢。秦漢時則還不然。據《漢書・百官公卿表》和《續漢書・百官志》：其時的制度：係以十家爲什，五家爲伍，一里百家，有里魁。檢察善惡，以告監官。十里一亭，亭有長。十亭一鄉，鄉有三老，有秩嗇夫、遊徼。三老管教化，體制最尊。嗇夫職聽訟，收賦税，其權尤重。人民竟有知嗇夫而不知有郡縣的。見《後漢書・爰延傳》。和後世絶不相同。

以上所述，是秦及漢初的制度。行之未幾，就起變遷了。漢代的丞相，體制頗尊，權限亦廣。所謂尚書，乃係替天子管文書的，猶之管衣服的謂之尚衣，管食物的謂之尚食，不過是現在的管卷之流。其初本用士人，漢武帝遊宴後庭，才改用宦官，謂之中書謁者令。武帝死後，此官本可廢去，然自武帝以來，大將軍成爲武官中的高職。昭宣之世，霍光以大將軍掌握政權。其時的丞相，都是無用或年老的人，政事悉從中出。沿襲未改。成帝時，才罷中書宦官，然尚書仍爲政本，分曹漸廣。後漢光武，要行督責之術。因爲宰相都是位高望重的人，不便督責他，於是崇以虛名，而政事悉責成尚書。尚書之權遂更大。魏武帝握權，廢三公，恢復丞相和御史大夫之職。此時相府復有大權，然只曇花一現。魏文帝篡漢後，丞相之官，遂廢而不設。自魏晉至南北朝，大抵人臣將篡位時則一爲之，已篡則又取消。此時的尚書，爲政務所萃，然其親近又不敵中書。中書是魏武帝爲魏王時所設的祕書監，文帝篡位後改名的，常和天子面議機密。所以晉初荀勗從中書監遷尚書令，人家賀他，他就發怒道：

"奪我鳳皇池，諸君何賀焉"了。侍中是加官，在宮禁之中，伺候皇帝的。漢初多以名儒爲之。後來貴戚子弟，多濫居其職。宋文帝自荆州入立，信任王府舊僚，都使之爲侍中，與之謀誅徐羨之等，於是侍中亦參機要。至唐代，遂以中書、門下、尚書三省爲相職。中書主取旨，門下主封駁，尚書承而行之。尚書諸曹，魏晉後增置愈廣，皆以郎以辦事。尚書亦有兼曹的。隋時，始以吏、户、禮、兵、刑、工六曹分統諸司。六曹皆置侍郎，諸司則但置郎。是爲後世以六部分理全國政務之始。三公一類的官，魏晉後亦時有設置，都不與政事，然仍開府分曹，設置僚屬。隋唐始仿《周官》，以太師、太傅、太保爲三公，少師、少傅、少保爲三孤，都不設官屬。則真成一個虛名，於財政亦無所耗費了。九卿一類的官，以性質論，實在和六部重複的。然歷代都相沿，未曾并廢。御史大夫改爲司空後，御史的機關仍在。其官且有增置。唐時分爲三院：曰臺院，侍御史屬之；曰殿院，殿中侍御史屬之；曰監院，監察御史屬之。御史爲天子耳目，歷代專制君主，都要防臣下的壅蔽，所以其權日重。

　　前漢的改刺史爲州牧，爲時甚暫。至後漢末年，情形就大不同了。後漢的改刺史爲州牧，事在靈帝中平五年，因四方叛亂頻仍，劉焉説由刺史望輕而起。普通的議論，都説自此以後，外權就重了。其實亦不盡然。在當時，並未將刺史盡行改作州牧。大抵資深者爲牧，資淺者仍爲刺史，亦有由刺史而升爲牧的。然無論其爲刺史，爲州牧，實際上都變成了郡的上級官，而非復監察之職。而且都有兵權，如此，自然要尾大不掉了。三國分離，刺史握兵之制，迄未嘗改。其爲亂源，在當時是人人知道的。所以晉武帝平吳後，立即罷州牧，省刺史的兵，去其行政之權，復還監察之職。這真是久安長治之規。惜乎"雖有其言，不卒其事"。《續漢書·百官志》《注》語。而後世論者，轉以晉武帝的罷州郡兵備，爲召亂的根源，真是徇名而不察其實了。東晉以後，五胡擾亂，人民到處流離播遷，這時候的政治，還是帶有屬人主義的。於是隨處僑置州郡，州的疆域，遂愈縮愈小，寖至與郡無異了。漢朝只有十三州，梁朝的疆域，遠小於漢，倒有一百零七州。此時外權之重，則有所謂都督軍事，有以一人而督數州的，亦有以一人而督十數州的。甚至有稱都督中外諸軍的。晉、南北朝，都是如此。後周則稱爲總管。隋時，并州郡爲一級，文帝開皇三年，罷郡以州統縣，職同郡守。煬帝改州爲郡。并罷都督府。唐初，又有大總管、總管，後改稱大都督、都督，後又罷之，分天下爲若干道，設觀察使等官，還於監察之舊。

　　唐代的官制，乃係就東漢、魏、晉、南北朝的制度，整理而成的。其實未必盡合當時的時勢。所以定制未幾，變遷又起。三省長官，都不除人。但就他官加一同中書門下平章事等名目，就視爲相職了。而此三省的長官，實亦仍合議於政事堂，並非事後審查封駁。都督雖經廢去，然中葉以後，又有所謂節度使，參看第九章。所駐紮的地方，刺史多由其兼領，支郡的刺史，亦都被其壓迫而失職，其專橫，反較前代的刺史更甚。這兩端，是變遷最大的。而中葉以後，立檢校、試、攝、判、知等名目，用人多不依資格，又爲宋朝以差遣治事的根源。

宋朝設中書省於禁中。宰相稱同平章事，次相稱參知政事。自唐中葉以後，戶部不能盡總天下的財賦，分屬於度支、鹽鐵二使。宋朝即合戶部、度支、鹽鐵爲三司，各設使副，分案辦事。又設三司使副以總之，號爲計相。樞密使，唐時以宦官爲之，本主傳達詔命。後因宦官握兵，遂變爲參與兵謀之官。宋朝亦以樞密院主兵謀。指揮使，本藩鎮手下的軍官。梁太祖篡位後，未加改革，遂成天子親軍。宋朝的禁軍，都隸屬殿前司、侍衞馬軍親軍司、侍衞步軍親軍司，各設指揮使，謂之三衙。宋初的官，僅以寓祿秩，即借以表明其官有多大，所食的俸祿有多少。而別以差遣治事。名爲某官的人，該官的職守，都是與他無涉的。從表面上看來，可謂錯亂已極。但差遣的存廢、離合，都較官缺爲自由，可以密合事情。所以康有爲所著《官制議》，有《宋官制最善》一篇，極稱道其制。宋朝的改革官制，事在神宗元豐中，以《唐六典》爲模範。然卒不能盡行。以三省長官爲相職之制，屢經變遷，卒仍復於一個同平章事，一個參知政事之舊；樞密主兵之制，本來未能革除；三衙之制，亦未能改；便可見其一斑。

宋初懲藩鎮的跋扈，悉召諸節鎮入朝，賜第留之京師，而命朝臣出守列郡，謂之權知軍州事。特設通判，以分其權。縣令亦命京朝官出知，以削藩鎮之權，而重親民之選。特設的使官最多。其重要的，如轉運使，總一路的財賦；發運使，漕淮、浙、江、湖六路之粟。他如常平、茶鹽、茶馬、坑冶、市舶亦都設立提舉司，以集事權於中央。太宗命諸路轉運使，各命常參官一人，糾察州軍刑獄。真宗時，遂獨立爲一司，稱爲提點刑獄，簡稱提刑。是爲司法事務，設司監察之始。南渡後，四川有總領財賦。三宣撫司罷後，見第九章。亦設總領以籌其饟，仍帶專一報發御前軍馬文字銜，則參預并及於軍政了。

元朝以中書省爲相職，樞密使主兵謀，御史臺司糾察。尚書省之設，專以位置言利之臣。言利之臣敗，省亦旋廢。而六部仍存，爲明清兩朝制度所本。設宣政院於中央，以轄吐蕃之境，亦爲清代理藩院之制所本。元代制度，關係最大的是行省。前代的尚書行臺等，都是暫設的，以應付臨時之事，事定即撤。元朝卻於中原之地，設行中書省十，行御史臺二，以統轄路、府、州、縣。

明朝雖廢之而設布政、按察兩司，區域則仍元之舊。清朝又仍明之舊。雖然略有分析，還是龐大無倫，遂開施政粗疏，尾大不掉之漸了。唐初，惟京兆、河南，稱府設尹，後來梁州以爲德宗所巡幸，亦升爲興元府。宋朝則大州皆升爲府，幾有無州不府之勢。其監司所轄的區域則稱爲路。元於各路設宣慰司，以領府、州、縣而上屬於省。然府亦有不隸路而直隸於省的。州有隸於府的，亦有不隸於府，而直隸於路的。其制度殊爲錯雜。

明清兩朝的制度，大體相沿。其中關係最大的，在內爲宰相的廢罷，在外爲省制的形成。明初本亦設中書省，以爲相職。後因胡惟庸謀反，太祖遂廢其官，並諭後世子孫，不得議設宰相。臣下有請設宰相的，處以極刑。於是由天子親領六部。此非嗣世之主所能，其權遂漸入殿閣學士之手。清世宗時，又設立軍機處。機要之事，均由軍機處逕行，事後繳下內閣，內閣就漸漸的疏闊了。六部：歷代皆以尚書爲主，侍郎爲副。清代尚侍皆滿漢並置。吏、戶、兵三部，又有管部大臣，以至權責不一。明廢宰相後，政務本由六部直接處理。後雖見壓於內閣，究竟權力還在。吏、兵二部，尤真有用人及指揮軍事之權，清朝則內官五品，外官道府以上，全由內閣主持。籌邊之權，全在軍機。又明朝六部用人，多取少年新進，清朝則一循資格，內官遷轉極難，非六七十不得至尚侍。管部又係兼差，不能負責。於是事事照例敷衍，行政全無生氣了。

御史一官，至明代而其權益重，改名爲都察院。都御史、副都御史、僉都御史，均分置左右。又有分道的監察御史。在外則巡按清軍、提督學校、巡漕、巡鹽等事，一以委之，而巡按御史，代天子巡狩，其權尤重。這即是漢朝刺史之職。既有巡按，本可不必再行遣使。即或有特別事務，非遣使不可，亦以少爲佳。然後來所謂巡撫者，愈遣而愈頻繁。因其與巡按御史不相統屬，權限不免衝突，乃派都御史爲之。其兼軍務的加提督銜，轄多事重的，則稱總督。清代總督均兼兵部尚書、右都御史，巡撫均兼兵部侍郎、右副都御史，又均有提督軍務、兼理糧餉之銜，成爲常設的官了。給事中一官，前代都隸門下省。明廢門下省，而仍存給事中，獨立爲一官，分吏、戶、禮、兵、刑、工六科，以司審查封駁。其所駁正，謂之科參，在明代是很有權威的，清世宗將給事中隸屬於都察院，就將審查和糾察混爲一談了。翰林在唐朝，爲藝能之士如書、畫、弈棋等。待詔之所，稱爲雜流，與學士資望懸絕，玄宗時，命文學之士居翰林中，稱爲供奉，與集賢殿學士，分掌制誥，後改稱爲學士，別立學士院，即以翰林名之。中葉後頗參機密，王叔文要除宦官，即居翰林中，可見其地位的重要。宋代專以居文學之士，其望愈清。至明中葉後，則非進士不入翰林，非翰林不入內閣，六部長官，亦多自此而出，其重要，更非前代所及了。

外官：明廢行省，於府州之上，設布政、按察兩司，分理民政及刑事，實仍爲監司之官。監司之官，侵奪地方官權限，本來在所不免。清代督撫既成爲常設之官，又明代布政司的參政參議，分守各道，按察司的副使僉事，分巡各道的，至清朝，亦失其本來的性質，而在司府之間，儼若別成爲一級。以府、州領縣，爲唐、宋相沿之制。元時，令知州兼理附郭縣事，明時遂省縣入州，於是州無附郭縣。又有不領縣而隸屬於府的，遂有直隸州與散州之別。清時，同知、通判有駐地的謂之廳，亦或屬於府，或直達布政司，稱爲散廳及直隸廳。地方制度，既極錯雜。而（一）督撫，（二）司，（三）道，（四）府、直隸州、廳，（五）縣、散州、廳，實際成爲五級。上級的威權愈大，下級的展布愈難。積弊之深，和末造中央威權的不振，雖有別種原因，官制的不善，是不能不尸其咎的。

藩屬之地，歷代都不設官治理其民，而只設官監督其酋長，清朝還是如此的。奉天、吉林、黑龍江三省，清朝稱爲發祥之地。其實真屬於滿洲部落的，不過興京一隅。此外奉天全省，即前代的遼東、西，本係中國之地。吉、黑兩省，亦是分屬許多部落的，並非滿洲所有。此等人民，尚在部落時代，自不能治以郡縣制度。清朝又立意封鎖東三省，不許漢人移殖。所以其治理之法，不但不能進步，而反有趨於退步之勢。奉天一省，只有奉天和錦州兩府，其餘均治以將軍、副都統等軍職。蒙古、新疆、西藏，亦都治以駐防之官。這個固然歷代都是如此，然清朝適當西力東侵之時，就要情見勢絀了。末年回亂平後，改新疆爲行省。日俄戰後，改東三省爲行省。蒙古、西藏，亦圖改省，而未能成功。藩屬之地，驟圖改省，是不易辦到的。不但該地方的人民，感覺不安。即使徼幸成功，中國亦無治理其地的人才。蒙、藏的情形，和新疆、東三省是不同的。東三省漢人已占多數，新疆漢人亦較多，蒙、藏則異於是。自清末至民國初年，最好是將聯邦之法，推行之於蒙、藏，中央操外交、軍事、交通、幣制之權，餘則聽其自治。清季既不審外藩情勢，和內地的不同，操之過急，以致激而生變。民國初年，又不能改絃易轍，許其自治，以生其迴面內向之心，杜絕強鄰的覬覦。因循既久，收拾愈難，這真是賈生所説，可爲痛哭、流涕，長太息的了。

以上是中國的舊官制，中西交通以來，自然不能沒有變動。其首先設立的，是總理各國事務衙門。實因咸豐八年，中英《天津條約》，規定要就大學士、尚書中簡定一員，和英國使臣接洽而起，不過迫於無可如何，並非有意改革。内亂平後，意欲振興海軍，乃設立海軍衙門。後來卻將其經費，移以修理頤和園，於是中日戰後，海軍衙門，反而裁撤了。庚子以後，又因條約，改總理衙門爲外務部，班列六部之前。其時舉辦新政，隨事設立了許多部處。立憲議起，改革舊官制，增設新機關，共成外務、吏、民政、新設的巡警部改。度支、户部改。新設的財政處、稅務處并入。禮、大常、光禄、鴻臚三寺并入。學、新設的學務處改，國子監并入。陸軍、兵部改，太僕寺和新設的練兵處并入。農工商、工部改，新設的商部并入。郵傳、理藩、理藩院改。法刑部改。十一部，除外務部有管理事務大臣，會辦大臣各一人外，餘均設尚書一人，侍郎二人，不分滿、漢。都察院亦改設都御史一人，副都御史二人。前此左都御史，滿漢各一。左副都御史各二。右都御史副都御史，但爲督撫兼銜。大理寺改爲院，以司最高審判。宣統二年，立責任内閣。設總、協理大臣。裁軍機處及新設的政務處及吏、禮二部，其事務并入内閣。而增設海軍部及軍諮府。今之參謀部。改尚書爲大臣，與總、協理負連帶責任。外官則仍以督撫爲長官。於其下設布政、提法、按察司改。提學、鹽運、交涉五司，勸業、巡警二道，而裁分巡、分守道。此等制度，行之爲日甚淺，初無功過可言。若從理論上評論：内官增設新官，將舊官删除歸并，在行政系統上，自然較爲分明，於事實亦較適切。若論外官，則清末之所以尾大不掉，行政粗疏，其癥結實在於省制。當時論者，亦多加以攻擊。然竟未能改革，相沿以迄於今，這一點不改革，就全部官制，都没有更新的精神了。

民國成立，《臨時政府組織大綱》定行政分五部，爲外交、内務、財政、軍務、交通。這是根據理論規定的，後修改此條，設陸軍、海軍、外交、司法、財政、内務、教育、實業、交通九部。其時采美國制，不設總理。孫文遜位後，袁世凱就職北京，《臨時政府組織大綱》改爲《臨時約法》，設總理，分實業爲農林、工商兩部。三年，袁世凱召開約法會議，修改《臨時約法》爲《中華民國約法》。即所謂《新約法》。復廢總理，設國務卿。并農林、工商兩部爲農商部。袁世凱死後，黎元洪爲總統，復設總理。外官：民軍起義時，掌握一省軍權的稱都督。管理民政的稱民政長。廢司、道、府、直隸州、廳、及散州、廳的名稱，但存縣。袁世凱改都督爲將軍，民政長爲巡按使。於其下設道尹。護國軍起，掌軍權的人，復稱都督。黎元洪爲總統，改將軍、都督，都稱督軍，巡按使稱省長。其兼握幾省兵權，或所管之地，跨及數省的，則稱巡閲使。裁兵議起，又改稱督理或督辦軍務善後事宜，然其尾大不掉如故。國民黨秉政，在訓政時期内，以黨代人民行使政權，而以國民政府行使治權。其根本精神，和歷代的官制，大不相同，其事又當別論。

無官之名，而許多行政事務，實在倚以辦理的爲吏。凡行政，必須依照一定的手續。因此職司行政的人，必須有一定的技術。這種技術，高級官員，往往不甚嫻習，甚或不能徹底通曉，非有受過教育，經過實習的專門人員以輔助之不可。此等責任，從前即落在胥吏肩上。所以行政之權，亦有一部分操於其手。失去了他，事情即將無從進行的。

吏之弊，在於只知照例。照例就是依舊，於是凡事都無革新的精神。照例的意思，在於但求無過，於是凡事都只重形式，而不問實際。甚至利用其專門智識以舞弊。所以歷來論政的人，無不深惡痛絶於吏，尤以前清時代爲甚，然其論亦有所蔽。因爲非常之事，固然緊要，尋常政務，實更爲緊要而不可一日停滯。專重形式，誠然不好，然設形式上的統一，不能保持，政治必將大亂。此前清末年，所以詔裁胥吏，而卒不能行。其實從前所謂吏，即現在所謂公務員，其職實極重要。而其人亦實不能缺。從前制度的不善，在於（一）視其人太低，於是其人不思進取，亦不求名譽，而惟利是圖。（二）又其人太無學識，所以只能辦極呆板的事。公務員固以技術爲要，然學識亦不可全無，必有相當的學識，然後對於所行之政，能縠通知其原理，不至因過於呆板而反失原意。又行政的人，能通知政治的原理，則成法的缺點，必能被其發見。於立法的裨益，實非淺鮮。昔時之胥吏，是斷不足以語此的。（三）其尤大的，則在於無任用之法，聽其私相傳授，交結把持。自民國以來，因爲政治之革新，法律的亟變，已非復舊時的胥吏所能通曉，所以其人漸歸自然淘汰，然現在公務員的任用、考核，亦尚未盡合法，這是行政的基礎部分，斷不可不力求改良的。

古代官職的大小，是以朝位和命數來決定的。所謂命數，就是車服之類的殊異。古人所以看得此等區別，甚爲嚴重。然因封建制度的破壞，此等區別，終於不能維持了。朝位和俸祿的多少，雖可分別高低，終嫌其不甚明顯。於是有官品之別。官品起於南北朝以來。南朝陳分九品。北朝魏則九品之中，復分正從；四品以下，且有上、中、下階；較爲複雜。宋以後乃專以九品分正從。官品之外，封爵仍在。又有勳官、散官等，以處閒散無事的官員。此等乃國家酬庸之典，和官品的作用，各不相同的。

官俸，歷代雖厚薄不同，而要以近代之薄爲最甚。古代大夫以上，各有封地。家之貧富，視其封地之大小、善惡，與官職的高下無關。無封地的，給之祿以代耕，是即所謂官俸。古代官俸，多用穀物，貨幣盛行以後，則錢穀並給。又有實物之給，又有給以公田的。明初尚有此制，不知何時廢墜，專以銀爲官俸。而銀價折合甚高。清朝又沿襲其制。於是官吏多苦貧窮。內官如部曹等,靠印結等費以自活,外官則靠火耗及陋規。上級官不親民的,則誅求於下屬。京官又靠外官的餽贈。總而言之,都是非法。然以近代官俸之薄,非此斷無以自給的。而有等機關,收取此等非法的款項,實亦以其一部分支給行政費用,並非全入私囊。所以官俸的問題,極爲複雜。清世宗時,曾因官俸之薄,加給養廉銀,然仍不足支持。現代的官俸,較之清代,已稍覺其厚。然究尚失之於薄。而下級的公務員尤甚。又司法界的俸祿,較之行政界,不免相形見絀。這亦是亟須加以注意的。

第七章　選　舉

國家，因爲要達其目的，設立許多機關，這許多機關，都是要有人主持的。主持這些機關的人，用何法取得呢？這便是選舉問題。

選舉是和世襲對待的。世襲之法，一個位置出缺，便有一個合法繼承的人，不容加以選擇。選舉之法則不然，他是豪無限制，可以任有選舉權者，選舉最適宜的人去擔任的。這是就純粹的選舉和世襲説，亦有從兩方面説，都不很純粹的，如雖可選擇，仍限於某一些人之内之類是。但即使是不純粹的選舉，也總比純粹的世襲好些。西洋某史家，曾把中國兩漢時代的歷史，和羅馬相比較，他説：凡羅馬衰亡的原因，中國都有的。卻有一件事，爲中國所有，羅馬所無，那便是選舉。觀此，便知選舉制度關係之重大了。

選舉制度，在三代以前，是與世襲並行的。俞正燮《癸巳類稿》，有一篇《鄉興賢能論》，説得最好，他説：古代的選舉，是限於士以下的，大夫以上是世官。這是什麼理由呢？第四章已經説過：元始的政治，總是民主的，到後來，專制政治，才漸漸興起，如其一個國家，是以征服之族，和被征服之族組成的，高級的位置，自然不容被征服之族染指。即使元是一族，而專制政治既興，掌握政權的人，也就漸漸的和羣衆離開了。所以選舉僅限於士以下。

士以下的選舉，乃係古代部族，專制政治尚未興起時的制度，留遺下來的。其遺迹略見於《周官》。據《周官》所載，凡是鄉大夫的屬官，都有考察其民德行道藝之責。三年大比，則舉出其賢者能者，"獻賢能之書於王"。《周官》説："此之謂使民興賢，入使治之；使民興能，出使長之。"俞正燮説：入使治之，是用爲鄉吏；即比閭族黨之長，見上章。出使長之，是用爲伍長；這是不錯的。比閭族黨等，當係民主部族固有的組織，其首領，都是由大衆公舉的。專制政體興起後，只是把一個强有力的組織，加於其上，而於此等團體固有的組織，並未加以破壞，所以其首領還是出於公舉的，不過專制的政府，也要加以相當的參預干涉罷了。如雖由地方公舉，然仍須獻賢能之書於王。

在封建政體的初期，上級的君大夫等，其品性，或者比較優良，但到後來，就漸漸的腐化了。由於上級的腐化，和下級的進步，參看第四章。主持國政者，爲求政治整飭起見，不得不逐漸引用下級分子，鄉間的賢能，漸有升用於朝廷的機會，那便是《禮記·王制》所説的制度。據《王制》説：是鄉論秀士，升諸司徒，曰選士。司徒論選士之秀者，而升諸學，曰俊士。既升於學，則稱造士。大樂正論造士之秀者，以告於王，而升諸司馬，曰進士。司馬辨論官材，官指各種機關，謂分別其材能，適宜於在何種機關中辦事。論進士之賢者，以告於王。然後因其材而用之。案《周官》：司士，掌羣臣之版，名籍。以治其政令，歲登下其損益之數，也是司馬的屬官。《禮記·射義》説：古者“諸侯貢士於天子，天子試之於射宫。其容體比於禮，其節比於樂，而中多者，得與於祭。其容體不比於禮，其節不比於樂，而中少者，不得與於祭”。以中之多少，定得與於祭與否，可見射宫即在太廟之中。古代規制簡陋，全國之中，只有一所講究的屋子，謂之明堂。也就是宗廟，就是朝廷，就是君主所居的宫殿，而亦即是其講學的學校，到後來，這許多機關，才逐漸分離，而成爲各別的建築。詳見第十五章。合觀《周官》、《王制》、《射義》之文，可知在古代，各地方的貢士，是專講武藝的。到後來，文治漸漸興起，於是所取的人才，才不限於一途。所以司馬要辨論官材，此時的司馬，乃以武職兼司選舉，並非以武事做選舉的標準了。此爲選舉之逐漸擴大，亦即世襲之漸被侵蝕。

到戰國之世，世變益亟，腐敗的貴族，再也支持不了此刻的政治。而且古代的貴族，其地位，是與君主相逼的，起於孤寒之士則不然，君主要整頓政治，擴充自己的權力，都不得不用遊士。而士人，也有懷抱利器，欲奮志於功名的。又有蒿目時艱，欲有所藉手，以救生民於塗炭的。於是君主和遊士相合，以打擊貴族，貴族中較有爲的，亦不得不引用遊士。選舉之局益盛，世襲之制愈微。然這時候，遊士還是要靠上級的人引用的。到秦末，豪傑起而亡秦，則政權全入下級社會之手，更無所謂貴族和遊士的對立了。此爲漢初布衣將相之局。《廿二史劄記》有此一條，可參看。在此情勢之下，用人自然不拘門第，世襲之局，乃於此告終。

漢以後，選舉之途，重要的，大概如下所述：

（一）徵召：這是天子仰慕某人的才德，特地指名，請他到京的。往往有聘禮等很恭敬的手續。

（二）辟舉：漢世相府等機關，僚屬多由自用，謂之辟。所辟的人，並無一定的資格，做過高官的人，以至布衣均可。

（三）薦舉：其途甚廣。做官的人，對於自己手下的屬員，或雖未試用，而深知其可用的人，都可以薦舉。就是不做官的布衣，深知什麼人好，也未始不可以上書薦舉的，並可上書求自試。此等在法律上都豪無制限，不過事實上甚少罷了。

（四）吏員：此係先在各機關中服務，或因法律的規定，或由長官的保薦，由吏而變做官的。各機關中的吏，照法律上講，都可以有出路。但其出路的好壞，是各時代不同的。大體古代優而後世劣。

（五）任子：做到某級官吏，或由在上者的特恩，可以保薦他的兒子，得一個出身，在漢世謂之任子。亦可推及孫、弟、兄弟之子孫等。任的本義爲保，但其實，不過是一種恩典罷了，被保者設或犯罪，保之者，未必負何等責任的。任在後世謂之蔭。明以後，又有蔭子入監之例。即使其入國子監讀書。國家既可施恩，又不令不學無術的人，濫竽充選，立法之意，是很好的。惜乎入監讀書，徒有其名罷了。

（六）專門技術人員：此等人員，其遷轉，是限於一途的。其技術，或由自習而國家擢用，或即在本機關中養成。如天文、曆法、醫學等官是。此制起原甚古。《王制》：“凡執技以事上者，不貳事，不移官。”即是。

（七）捐納：這即是出錢買官做。古書中或稱此爲貲選，其實是不對的。貲選見《漢書·景帝本紀》後二年，乃因怕吏的貪贓，假定有錢的人，總要少貪些，於是限定有家貲若干，乃得爲吏。這只是爲吏的一個條件，與出錢買官做，全然無涉。又爵只是一個空名，所以賣爵也不能算做賣官的。暗中的賣官鬻爵，只是腐敗的政治，並非法律所許，亦不能算做選舉的一途。歷代賣官之事見後。

以上都是入官之途。但就歷代立法者的意思看起來，這些都只能得通常之材，其希望得非常之材的，則還在：

（八）學校

（九）科舉

兩途。學校別於第十五章中詳之。科舉又可分爲（甲）鄉貢，（乙）制科。鄉貢是導原於漢代的郡國選舉的。以人口爲比例，由守相歲舉若干人。制科，則漢代往往下詔，標出一個科名，如賢良方正、直言極諫等類，令內外官吏薦舉。何等官吏，有選舉之權，亦無一定，由詔書臨時指定。其科目並無限制。舉行與否，亦無一定。到唐代，才特立制科之名。

漢代的用人，是沒有什麼階級之見的。唐柳芳論氏族，所謂“先王公卿之胄，才則用，不才棄之”。見《唐書·柳沖傳》。但是（一）貴族的勢力，本來潛伏著；（二）而是時的選舉，弊竇又甚多；遂至激成九品中正之制，使貴族在選舉上，氣燄復張。這時候選舉上的弊竇如何呢？自其表面言之，則（甲）如貴人的請託。如《後漢書·种暠傳》説：河南尹田歆，外甥王諶名知人。歆謂之曰：“今當舉六孝廉，多得貴戚書令，不宜相違。欲自用一名士，以報國家，爾助我求之。”便可見當時風紀之壞。然（乙）貴人的請託，實緣於士人的奔走。看《潛夫論》、《務本》、《論榮》、《賢難》、《考績》、《本政》、《潛歎》、《實貢》、《交際》等篇。《申鑒》、《時事》。《中論》、《考僞》、《譴交》。《抱朴子》《審舉》、《交際》、《名實》、《漢過》。諸書可知。漢代士人的出路，是或被徵辟，或被郡縣署用，或由公卿郡國舉薦，但此等安坐不易得之。於是或矯激以立名；或則結爲徒黨，互相標榜，奔走運動。因其徒黨衆多，亦自成爲一種勢力，做官的人，也有些懼怕他；在積極方面，又結交之以謀進取。於是有荒廢了政事，去酬應他們的；又有豐其飲食居處，厚其送迎，以敷衍他們的，官方因之大壞。究之人多缺少，奔走運動的人，還是有得有不得。有些人，因爲白首無成，反把家資耗廢了，無顏回家，遂至客死於外。這實在不成事體，實有制止他們在外浮游的必要。又因當時的選舉，是注重品行的，而品行必須在本鄉才看的出，於是舉士必由鄉里，而九品中正之制以生。

　　九品中正之制，起於曹魏的吏部尚書陳羣。於各州置大中正，各郡置中正。依據品行，將所管人物，分爲上上、上中、上下、中上、中中、中下、下上、下中、下下九等。這是因歷來論人，重視鄉評，所以政治上有此措置。但（一）鄉評的所謂好人，乃社會上的好人，只須有德，政治上所用的人，則兼須有才。所以做中正的人，即使個個都能秉公，他所以爲好的人，也未必宜於政治。（二）何況做中正的人，未必都能公正，（甲）徇愛憎、（乙）快恩仇、（丙）懾勢、（丁）畏禍等弊，不免繼之而起呢？其結果，就釀成晉初劉毅所説的，“惟能知其閥閱，非復辨其賢愚”，以致“上品無寒門，下品無世族”了。因爲世族是地方上有勢力之家，不好得罪他，至於寒門，則是自安於卑賤的，得罪了他，亦不要緊。這是以本地人公開批評本地的人物，勢必如此而後已的。九品中正，大家都知道是一種壞的制度。然直至隋文帝開皇年間才罷。前後歷三百四五十年。這制度，是門閥階級造成的，而其維持門閥階級之力亦極大，因爲有此制度後，無論在中央政府和地方政府，世族和寒門的進用，都絕對不同了。如後魏之制，士人品第有九，九品以外，小人之官，復有七等。又如蔡興宗守會稽郡，舉孔仲智子爲望計，買原平子爲望孝，仲智高門，原平一邦至行，遂與相敵，當時亦以爲異數。

　　九品中正之制既廢，科舉就漸漸的興起了。科舉之制，在取士上，是比較公平的、切實的，這是人人所承認的，爲什麼興起如此之晚呢？用人的條件，第一是德，第二是才，第三才數到學識。這是理論上當然的結果，事實上也無人懷疑的。考試之所覘，只是學識。這不是説才德可以不論，不過明知才德無從考校，與其因才德之無從考校，并其學識的試驗而豁免之，尚不如就其學識而試驗之，到底還有幾分把握罷了。這種見解，是要積相當經驗，才會有的。所以考試之制，必至唐宋之世，才會興盛。考試之制，其起原是頗遠的。西漢以前，本無所謂考試。晁錯、董仲舒等的對策，乃係以其人爲有學問而請教之，並非疑其意存冒濫，加以考試。所以策否並無一定；一策意有未盡，可以至於再策三策，説見《文獻通考》。直至東漢順帝之世，郡國所舉的人，實在太不成話了。左雄爲尚書令，乃建議"諸生試家法，文吏試牋奏"。家法，指所習的經學言。史稱自是牧守莫敢輕舉，察選清平，就可見得考試的效驗了。但是自此以後，其法未曾認真推行。歷魏、晉、南北朝至隋，仍以不試爲原則。科舉之制興於唐。其科目甚多，秀才係最高科目，高宗永徽二年後停止。此外尚有俊士、明法、明字、明算、一史、三史、開元禮、道舉、童子等科，均見《唐書·選舉志》。常行的爲明經和進士。進士科是始於隋的，其起原，歷史記載，不甚清楚。據楊綰説：其初尚係試策，不知什麼時候，改試了詩賦。到唐朝，此科的聲光大好。這是社會上崇尚文辭的風氣所造成的。唐時，進士科雖亦兼試經義及策，然所重的是詩賦。明經所重的是帖經、墨義。詩賦固然與政治無涉，經學在政治上，有用與否，自今日觀之，亦成疑問。這話對從前的人，自然是無從説起，但像帖經墨義，所考的只是記誦。帖經、墨義之式，略見《文獻通考》。其意，帖經是責人默寫經文，墨義則責人默寫傳注，和今學校中專責背誦教科書的考試法一般。其無用，即在當日，亦是顯而易見的。爲什麼會有這種奇異的考試法呢？這是因爲：把科舉看做掄才大典，換言之，即在官吏登庸法上，看做惟一拔取人才之途，怕還是宋以後的事，在唐以前，至多只是取才的一途罷了。所以當時的進士，雖受俗人看重，然在政治上，則所取的人並不多，而其用之亦不重。唐時所取進士，不過二三十人，仍須應吏部釋褐試，或被人薦舉，方得入官；授官亦不過丞尉；見《日知錄·中式額數》、《出身授官》兩條。可見科舉初興，不過沿前代之法而漸變，並非有什麼隆重的意思、深厚的期望，存乎其間了。所以所試的不過是試賦和帖經墨義。帖經墨義所試，大約是當時治經的成法，詩賦疑沿自隋朝。隋煬帝本好辭華，所設的進士科，或者不過是後漢靈帝的鴻都門學之類。聚集一班會做辭賦和寫字的人，其中並有流品極雜的，見《後漢書·本紀》及《蔡邕傳》。進士的進化而爲掄才之路，正和翰林的始居雜流，後來變成清要一樣。這是制度本身的變化，不能執後事以論其初制的。科舉所試之物，雖不足取，然其取士之法，則確是進步而可紀念的。唐制，願應舉者，皆"懷牒自列於州縣"。州縣先試之，而後送省。尚書省。初由戶部"集閱"，考功員外郎試之。玄宗開元時，因考功員外郎望輕，士子不服，乃移其事於禮部。宋太祖時，知貢舉的人，有以不公被訴的，太祖乃在殿廷上自行覆試。自此省試之外，又有殿試。前此的郡國選舉，其權全操於選舉之人。明明有被選舉之才，而選舉不之及，其人固無如之何。到投牒自列之制興，則凡來投牒者，即使都爲州縣所不喜，亦不得不加以考試，而於其中取出若干人；而州縣所私愛的人，苟無應試的能力，即雖欲舉之而不得。操選舉之權者，大受限制，被選舉之權，即因此而擴大。此後白屋之士，可以平步青雲；有權的人，不能把持地位；都是受此制度之賜。所以説其制度是大可紀念的。考試的規則，逐漸加嚴，亦是助成選舉制度的公平的。唐時，考官和士子交通，還在所不禁。考官采取聲譽，士子託人遊揚，或竟自懷所作文字投謁，都不算犯法的事。晚唐以後，規則逐漸加嚴，禁懷挾和糊名易書等制度，逐漸興起。明清繼之，考試關防，日益嚴密。此似於人格有損，但利祿之途，應試者和試之者，都要作弊，事實上亦是不得不然的。

　　以上所説的，均係鄉貢之制。至於制科，則由天子親策，其科目係隨時標出。舉行與否，亦無一定。唐代故事，詳見《文獻通考·選舉考》中。

　　對於科舉的重視，宋甚於唐，所以改革之聲，亦至宋而後起。科舉之弊有二：(一)學非所用，(二)所試者係一日之短長。從經驗上證明：無學者亦可弋獲，真有學問者，或反見遺。對於第一弊，只須改變其所試之物即可。對於第二弊，則非兼重學校不行。不然，一個來應試的人，究曾從事於學問與否，是無從調查的。仁宗時范仲淹的改革，便針對著這兩種弊竇：(一)罷帖經、墨義，而將詩賦策論通考爲去取。唐朝的進士，亦兼試帖經及策，明經亦兼試策，但人之才力有限，總只能專精一門，所以閱卷者亦只注重一種，其餘的都不過敷衍了事。明清時代，應科舉的人，只會做四書文，亦由於此。(二)限定應試的人，必須在學三百日，曾經應試的人一百日。他的辦法，很受時人反對，罷相未幾其法即廢。到神宗熙寧時，王安石爲相，才大加以改革。安石之法：(一)罷諸科，獨存進士。這是因社會上的風氣，重進士而輕諸科起的。(二)進士罷試詩賦，改試論、策。其帖經、墨義，則改試大義。帖經專責記誦，大義是要説明義理，可以發抒意見的。(三)別立新科明法，以待不能改業的士子。(四)安石是主張學校養士的，所以整頓太學，立三舍之法，以次遞升。升至上舍生，則可免發解及禮部試，特賜之第。熙寧貢舉法，亦爲舊黨所反對。他們的理由是：(一)詩賦聲病易曉，策論汗漫難知，因此看卷子難了。這本不成理由。詩賦既是無用之學，即使去取公平，又有何益呢？

（二）但他們又有如蘇軾之説：謂以學問論，經義、策、論，似乎較詩賦爲有用。以實際論，則詩賦與策、論、經義，同爲無用。得人與否，全看君相有無知人之明。取士之法，如科舉等，根本無甚關係，不過不能不有此一法罷了。這話也是不對的。科舉誠不能皆得人，然立法之意，本不過説這是取士的一法，並没有説有此一法之後，任用時之衡鑒，任用後之考課，都可置諸不論。況且國家取士之途，別種都是注重經驗的；或雖注重學識，而非常行之法；只有學校、科舉，是培養、拔擢有學識的人的常法。有學識的人，固然未必就能辦事，然辦事需用學識的地方，究竟很多。大概應付人事，單靠學識無用，決定政策等，則全靠學識。"人必先知其所事者爲何事，然後有欲善其事之心"，所以學識和道德，亦有相當的關係。衡鑒之明，固然端賴君相，然君相決不能向全國人中，漫無標準，像淘沙般去覓取。終必先有一法，就全體之中，取出一部分人來，再於其中施以簡擇。此就全體之中取出其一部分人之法，惟有科舉是注重學識的，如何能視之過輕？ 經義、策、論，固亦不過紙上空談，然其與做官所需要的學識關係的疏密，豈能視之與詩賦同等？ 所以舊黨的議論，其實是不通的。然在當時，既成爲一種勢力，即不能禁其不擡頭。於是至元祐之世，而熙寧之法復廢。熙寧貢舉之法雖廢，舊法卻亦不能回復了。因爲考試是從前讀書人的出身之路，所試非其所習，習科舉之業的人，是要反對的。熙寧變法時，反對者之多，其理由實亦在此。到元祐要回復舊法時，又有一班只習於新法的人，要加以反對了。於是折衷其間，分進士爲詩賦、經義兩科。南宋以後，遂成定制。連遼、金的制度，也受其影響。金詩賦、經義之外，又有律科。詩賦、經義稱進士，律科稱舉人。又有女真進士科，則但試策論，係金世宗所立。遼、金科目，均須經過鄉、府、省三試。省試由禮部主持，即明清的會試。元、明、清三代，都只有會試和本省的鄉試。

　　近代科舉之法，起於元而成於明。元代的科舉，分蒙古、色目人和漢人、南人爲兩榜。蒙古、色目人考兩場：首場經義，次場策論。漢人、南人考三場：首場經義，次場古賦和詔、誥、表，三場策論。這是（一）把經義、詩賦，并做一科了。（二）而諸經皆以宋人之説爲主，以及（三）鄉會試所試相同，亦皆爲明清所沿襲。明制：首場試四書五經義，次場試論判，又於詔、誥、表內科一道，三場試策。清制：首場試四書義及詩一首，次場試五經義，三場亦試策。明清所試經義，其體裁是有一定的。（一）要代聖賢立言。（二）其文體係逐段相對，謂之八股。八股文體的性質，盡於此二語：（一）即文中的話不算自己所説，而算代聖賢説一篇較詳盡的話。（二）則歷來所謂對偶文字，係逐句相對，而此則係逐段相對，所以其體裁係特別的。又八股文長短亦有定限。在清代，是長不能過七百字，短不能不滿三百字。此等規則，雖亦小有出入，但原則上是始終遵守的。因有(一)之條件,所以文中不能用後世事,這是清代學者,疏於史事的一個原因。其式爲明太祖及劉基所定,故亦謂之制義。其用意,大概是以防士子之競鶩新奇的。科舉名額有定,而應試者多。如清末,江南鄉試,連副貢取不滿二百人,而應試者數逾二萬。限於一定的題目,在幾篇文字内,有學問者亦無所見其長。於是有將文字做得奇奇怪怪,以期動試官之目的,此弊在宋代已頗有。明清時代科舉之弊,在於士子只會做幾篇四書義,其餘全是敷衍了事,等於不試。士子遂至一物不知。此其弊,由於立法的未善。因爲人之能力,總是有限的,一個人不過懂得一門兩門。所以歷代考試之法,無不分科,就其所習而試之。經義、詩賦的分科,就等於唐朝的明經、進士。這二者,本來不易兼通。而自元以來,并二者爲一。三場所試的策,尤其絶無範圍。所以元、明、清三朝的科舉,若要實事求是,可説是無人能應。天下事,責人以其所不能爲者,人將并其所能爲者而亦不爲,這是無可如何的事。明清科舉致弊之原,即在於此。宋代改革科舉之意,是廢詩賦而存經義、策論,這個辦法,被元、明、清三代的制度推翻了。其學校及科舉並用之意,到明朝,卻在形式上辦到。明制,是非國子監生和府州縣學生,不能應科舉的。府州縣學生應科舉,是先須經過督學使者的試驗的,謂之科考。科考録取的人,才得應鄉試。但後來,除文字違式者外,大抵是無不録取的。非學生,明間間取一二,謂之"充場儒士",其數極少。所以《明史》謂其"學校儲材,以待科舉"。按科舉所試,僅係一日之短長,故在事實上,並無學問,而年少氣盛,善於作應試文字者,往往反易弋獲,真有學問者反難。學校所授,無論如何淺近,苟使認真教學,學生終必在校肄習幾年,必不能如科舉之一時弋取。但課試等事,極易徒有其名,學問之事,亦即有名無實。畢業實畢年限之弊,實自古有之,並不自今日始。使二者相輔而行,確係一良好的制度。但制度是拗不過事實的。入學校應科舉的人,其意既在於利禄,則學問僅係工具,所以從前應舉的人,稱應舉所作文字爲敲門磚。利禄才是目的。目的的達到,是愈速愈好的。(一)假使科舉與學校並行,年少氣盛的人,亦必願應科舉而不願入學校。(二)況且應試所費,并來往程途計之,遠者亦不過數月,平時仍可自謀生活。學校則不能然。所以士之貧者,亦能應科舉而不能入學校。(三)何況學校出身,尚往往不及科舉之美呢,職是故,明朝行學校儲才以待科舉之制後,就釀成這樣的狀況。(一)國子監是自有出身的,但其出身不如科舉之美,則士之衰老無大志者都歸之。(二)府州縣學,既並無出身;住在學校裹,又學不到什麽;人家又何苦而來"坐學"?作教官的人,亦是以得禄爲目的的。志既在於得禄,照經濟學的原理講,是要以最少的勞費,得最大的效果的。不教亦無礙於利禄,何苦而定要教人?於是府州縣學,就全然有名無實了。明初對於國子監，看得極爲隆重。所以後來雖然腐敗，總還維持着一個不能全不到校的局面，到清朝，便幾乎和府州縣學一樣了。

制科在唐朝，名義上是極爲隆重的。但因其非常行之典，所以對於社會的影響，不如鄉貢的深刻。自宋以後，大抵用以拔取鄉貢以外的人才，但所取者，亦不過長於辭章，或學問較博之士。設科本意，雖非如此，然事實上不過如此，看《宋史・選舉志》可知。清聖祖康熙十八年，高宗乾隆元年，曾兩次舉行博學鴻詞科，其意還不過如此。德宗光緒二十五年，詔開經濟特科，時值變法維新之際，頗有登用人才之意。政變以後，朝廷無復此意，直到二十九年，才就所舉的人，加以考試，不過敷衍了事而已。

科舉在從前，實在是一種文官考試。所試的科目，理應切於做官之用。然而歷代所試，都不是如此的。這真是一件極奇怪的事。要明白此弊之由來，則非略知歷史上此制度的發展不可。古代的用人，本來是只有做官的智識技能，此智識二字，指循例辦公的智識言，等於後世的幕友胥吏，不該括廣泛的智識。別無所謂學問的。後來社會進化了，知道政治上的措置，必須通知原理，並非循例辦理而已足。於是學問開始影響於政治，講學問的人，亦即攙入政治界中。秦朝的禁"以古非今"，只許學習"當代法令"，"欲學法令，以吏爲師"，是和此趨勢相反的。漢朝的任用儒生，則順此趨勢而行。這自然是一種進步。但既知此，則宜令做官的人，兼通學問，不應將做官的人，與學問之士，分爲兩途，同時並用。然漢朝卻始終如此。只要看當時的議論，總是以儒生文吏並舉，便可知道。《續漢書・百官志》《注》引應劭《漢官儀》，載後漢光武帝的詔書，説："丞相故事，四科取士：(一)曰德行高妙，志節清白。(二)曰學通行修，經中博士。(三)曰明達法令，足以決疑，能案章覆問，文中御史。(四)曰剛毅多略，遭事不惑，明足以決，才任三輔令。"第一種是德行，第四種是才能，都是無從以文字考試的。第二種即係儒生，第三種即係文吏。左雄考試之法，所試的亦係這兩科。以後學者的議論，如《抱朴子》的《審舉篇》，極力主張考試制度，亦説律令可用試經之法試之。國家的制度，則唐時明法仍與明經並行，所沿襲的還係漢制。歷千年而不知改變，已足驚奇。其後因流俗輕視諸科，把諸科概行廢去，明法一科，亦隨之而廢，當官所需用的智識技能，在文官考試中，遂至全然不占地位。(一)政治上的制度，既難於改變；(二)而迂儒又有一種見解，以爲只要經學通了，便一切事情，都可對付，法令等實用不著肄習；遂益使此制度固定了。歷史上有許多制度，憑空揣度，是無從明白其所以然的。非考其事實，觀其變遷不可。科舉制度，只是其一端罷了。

　　近代的科舉制度，實成於明太祖之手。然太祖並非重視科舉的人。太祖所最重的是薦舉，次之則是學校。當時曾令內外大小臣工，皆得薦舉，被薦而至的，又令其轉薦，由布衣至大僚的，不可勝數。國子監中，優禮名師，規則極嚴，待諸生亦極厚，曾於一日之中，擢六十四人爲布、按兩司官。科舉初設於洪武三年，旋復停辦，至十五年乃復設。當時所謂三途並用，係指（一）薦舉，（二）進士貢監，（三）吏員。見《日知錄·通經爲吏》條。一再傳後，薦舉遂廢，學校寖輕，而科舉獨重。此由薦舉用人，近於破格，非中主所能行。學校辦理不能認真，近於今所謂畢業即畢年限。科舉（一）者爲習慣所重，（二）則究尚有一日之短長可憑，所以爲社會所重視。此亦不能謂絶無理由。然凡事偏重即有弊，何況科舉之本身，本無足取呢？明制：進士分爲三甲。一甲三人，賜進士及第。二甲若干人，賜進士出身。三甲若干人，賜同進士出身。一甲第一人，授翰林院修撰。第二、第三人授編修。二三甲均得選庶吉士。庶吉士本係進士觀政在翰林院、承敕監等衙門者之稱。明初，國子監學生，派至各衙門實習的，謂之歷事；進士派至各衙門實習的，謂之觀政。使其於學理之外，再經驗實事，意本甚善。然後亦成爲具文。庶吉士初本不專屬翰林。成祖時，命於進士二甲以下，擇取文理優者，爲翰林院庶吉士，自此纔爲翰林所專。後復命就學文淵閣，選翰_{翰林院}。詹_{詹事府}。官教習。三年學成，考試授官，謂之散館。出身特爲優異。清制：二三甲進士，亦得考選庶吉士。其肄業之地，謂之庶常館。選滿、漢學士各一人教習，視爲儲才之地。然其所習者，不過詩賦小楷而已。鄉舉在宋朝，還不過是會試之階，並不能直接入官。明世始亦爲入仕之途。舉貢既特異於雜流，進士又特異於舉貢。所謂三途並用者，遂成（一）進士，（二）舉貢，（三）吏員。見《明史·選舉志》。在仕途中，舉貢亦備遭輕視排擠，雜流更不必論了。清制以科目、貢監、蔭生爲正途，薦舉、捐納、吏員爲異途，異途之受歧視亦殊甚。然及末造，捐納大行，仕途擁擠，亦雖欲歧視而不可得了。

　　賣官之制，起於漢武帝。《史記·平準書》所謂"入羊爲郎"，"入財者得補郎"，"吏得入穀補官"，買武功爵者試補吏皆是。後世雖有秕政，然不爲法令。明有納粟入監之例，亦仍須入監讀書。清則僅存虛名。實官捐，順、康時已屢開，嘉、道後尤數，內官自郎中，外官自道府而下，皆可報捐。直至光緒二十七年才停，從學校、科舉、吏員等出身之士，雖不必有學識，究不容一物不知，捐納則更無制限，而其數又特多。既係出資買來，自然視同營業。清季仕途人員的擁塞，流品的冗雜，貪污的特盛，實在和捐納之制，是大有關係的。

　　元代各機關長官，多用蒙古人。清朝則官缺分爲滿、漢、包衣、漢軍、蒙古,這實在是一種階級制度。已見第四章。滿缺有一部分是專屬於宗室的,其選舉權在宗人府;包衣屬內務府;均不屬吏部。

以上所説,大略都是取士之制,即從許多人民中,拔擢出一部分人來,算他有做官的資格。其就已有做官資格的人,再加選試,而授之以官,則普通稱爲"銓選"。其事於古當屬司馬,説已見前。漢朝,凡有做官的資格,而還未授官的,皆拜爲郎,屬於光禄勳,分屬五官中郎將、左中郎將、右中郎將,謂之三署郎。光禄勳歲於其中舉茂材四行。其選授之權,初屬三公府,東西曹主其事。後來尚書的吏曹,漸起而攘奪其權。靈帝時,吕强上言:"舊典選舉,委任三府。""今但任尚書,或復敕用。"可見到後漢末,三公已不大能參預選舉了。曹魏已後,既不設宰相,三公等官,亦不復參與政事,選權遂專歸尚書。唐制:文選屬於吏部,武選屬於兵部。吏部選官,自六品以下,都先試其書、判,觀其身、言。五品以上則不試,上其名於中書門下。宋初,選權分屬中書、樞密及審官院,吏部惟注擬州縣官。熙寧改制,才將選權還之吏部。神宗説古者文武不分途,不以文選屬吏,武選屬兵爲然。於是文武選皆屬吏部,由尚書、侍郎,分主其事。明清仍文選屬吏,武選屬兵。明代吏部頗有大權,高官及邊任等,雖或由廷推,或由保舉,然實多由吏部主其事。清代則内分於軍機、内閣,外分於督、撫,吏部所司,真不過一吏之任而已。外官所用僚屬,自南北朝以前,均由郡縣長官,自行選用,其權屬於功曹。所用多係本地人。隋文帝始廢之,佐官皆由吏部選授。此與選法之重資格而輕衡鑒,同爲一大變遷,而其原理是相同的,即不求有功,但求防弊。士大夫蔽於階級意識,多以此等防弊之法爲不然。然事實上,所謂官僚階級,總是以自利爲先,國事爲後的。無以防之,勢必至於泛濫不可收拾。所以防弊之法,論者雖不以爲然,然事實上卒不能廢,且只有日益嚴密。

用人由用之者察度其才不才,謂之衡鑒。鑒是取譬於鏡子,所以照見其好壞;衡則取喻於度量衡,所以定其程度的。用人若在某範圍之中,用之者得以自由決定其取舍,不受何等法律的限制,則謂之有衡鑒之權。若事事須依成法辦理,絲毫不能自由,即謂之依據資格。二者是正相反對的。資格用人,起於後魏崔亮的停年格,專以停解先後爲斷,是因胡靈后秉政,許武人入選,仕途擁擠,用此爲手段,以資對付的。崔亮自己亦不以爲然。北齊文襄帝做尚書,就把他廢掉。唐開元時,裴光庭又創循資格。然自中葉以後,檢校、試、攝、判、知之法大行,皆以資格不相當之人任事,遂開宋朝以差遣治事之端。明孫丕揚創掣籤法。資格相同者,納籤於筒,在吏部堂上,由候選者親掣。不到者由吏部堂官代擘。當時亦係用以對付中人請託的。見于慎行《筆麈》。然其後卒不能廢。大抵官吏可分爲政務官和事務官。政務官以才識爲重,自不能專論資格。事務官不過承上官之命,依據法律,執行政務。其事較少變化。用法能得法外意,雖是極好的事,然其事太無憑據,若都藉口學識,破棄資格,一定得才的希望少,徇私的弊竇多。所以破格用人,只可視爲偶然之事,在常時必不能行,歷來詆諆資格之論,都是憑臆爲説,不察實際情形的。

迴避之法,亦是防弊的一端。此事古代亦無之。因爲迴避之法,不外兩端:(一)係防止人與人間的關係。(二)則防止人與其所治的地方的關係。在世官制度之下,世家大族,左右總是姻親;而地不過百里,東西南北,亦總係父母之邦;何從講起迴避? 地方既小,政治之監察既易,輿論之指摘亦嚴,要防止弊竇,亦正無藉乎迴避。所以迴避之法,在封建制度下,是無從發生的。郡縣制度的初期,還豪無形迹,如嚴助、朱買臣,均以吳人而爲會稽守,即其明證。東漢以後此制漸漸發生。《後漢書·蔡邕傳》説:時制婚姻之家,及兩州人士,不得對相監臨,因此有三互之法。《注》:三互,謂婚姻之家,及兩州人不得交互爲官也。是爲迴避之法之始。然其法尚不甚嚴。至近世乃大爲嚴密。在清代,惟教職止避本府,餘皆須兼避原籍、寄籍、及鄰省五百里以內。京官父子、祖孫,不得同在一署。外官則五服之內,母、妻之父及兄弟、女壻、外甥、兒女姻親、師生,均不得互相統屬。皆以卑避尊。此等既以防弊,亦使其人免得爲難,在事實上亦不得不然。惟近代省區太大,服官的離本籍太遠,以致不悉民情風俗,甚至言語不通,無從爲治。以私計論,來往川資,所費大鉅,到任時已不易籌措,罷官後竟有不能歸家的,未免迫人使入於貪污,亦是立法未善之處。

選舉之法,無論如何嚴密,總不過慎之於任用之初。(一)人之究有德行才識與否,有時非試之以事不能知;(二)亦且不能保其終不變節。(三)又監督嚴密,小人亦可爲善,監督鬆弛,中人不免爲非;所以考課之法,實較選舉更爲重要。然其事亦倍難。因爲(一)考試之法,可將考者與被考者隔離;(二)且因其時間短,可用種種方法防弊;(三)不幸有弊,所試以文字爲憑,亦易於覆試磨勘;在考課則辦不到。考課之法,最早見於書傳的,是《書經》的三載考績,三考黜陟。《堯典》,今本《舜典》。《周官》太宰,以八柄詔王馭羣臣,一曰爵,二曰禄,三曰予,四曰置,五曰生,六曰奪,七曰廢,八曰誅。亦係此法。漢朝京房欲作考功課吏法,因此爲石顯所排。王符著《潛夫論》極稱之,謂爲致太平之基。見《考績篇》。魏世劉劭,亦曾受命作都官考課及説略。今其所著《人物志》具存,論觀人之法極精,蓋遠承《文王官人》之緒。《大戴禮記》篇名。《周書》亦有此篇,但稱《官人》。

案京房嘗受學焦延壽，延壽稱：“得我道以亡身者，京生也。”京房《易》學，雖涉荒怪，然漢世如此者甚多，何致有亡身之懼？疑《漢書》文不完具。京房課吏之法，實受諸延壽，得我道以亡身之説，實指課吏之法言之。如此，則考課之法，在古代亦係專門之業，而至後來乃漸失其傳者了。後世無能講究此學的。其權，則初屬於相府，後移於尚書，而專屬於吏部。雖有種種成法，皆不過奉行故事而已。吏部係總考課的大成的。各機關的屬官，由其長官考察；下級機關，由上級機關考察；爲歷代所同。考課有一定年限。如明代，京官六年一考察，謂之京察。外官三年一考察，謂之外察，亦謂之大計，武職謂之軍政。清朝均三年一行。考察有一定的項目，如清朝文官，以守、才、政、年爲四格。武官又別有字樣，按格分爲三等。又文武官均以不謹、罷軟、浮躁、才力不及、年老、有疾爲六法。犯此者照例各有處分。然多不核其實，而人事的關係卻頗多。高級的官，不由吏、兵部決定的，明有自陳，清有由部開列事實請旨之法，餘皆由吏、兵部處理。

第八章　賦　　稅

　　中國的賦稅，合幾千年的歷史觀之，可以分爲兩大類：其(一)以最大多數的農民所負擔的田稅、軍賦、力役爲基本，隨時代變化，而成爲種種形式。自亡清以前，始終看做最重要的賦稅。其(二)自此以外的稅，最初無有，後來逐漸發生，逐漸擴張，直至最近，才成爲重要部分。

　　租、稅、賦等字樣，在後世看起來，意義無甚區別，古代則不然。漢代的田租，古人稱之爲稅，亦即後世所謂田賦。其收取，據孟子説，有貢、助、徹三法。夏后氏五十而貢，殷人七十而助，周人百畝而徹。五十七十當係夏殷頃畝，較周爲小，不然，孟子所説井田之制，就不可通了。又引龍子的話，説"貢者，校數歲之中以爲常"，即是取幾年的平均額，以定一年的稅額。樂歲不能多，凶年不能減。所以龍子詆爲惡稅。助法，據孟子説：是將一方里之地，分爲九百畝。中百畝爲公田，外八百畝爲私田。一方里之地，住居八家。各受私田百畝。共耕公田。公田所入，全歸公家；私田所入，亦全歸私家，不再收稅。徹則田不分公私，而按畝取其幾分之幾。案貢法當是施之被征服之族的。此時征服之族，與被征服之族，尚未合并爲一，截然是兩個團體。征服之族，只責令被征服之族，每年交納農作品若干。其餘一切，概非所問。此時納稅的實係被征服之族之團體，而非其個人。所以有此奇異的制度。至於助、徹，該是平和部族中自有的制度，在田畝自氏族分配於家族時代發生的。參看第二、第五兩章自明。三者的稅額，孟子説："其實皆十一也。"這亦不過以大略言之。助法，照孟子所説，明明是九一，後儒説：公田之中，以二十畝爲廬舍，八家各耕公田十畝，則又是十一分之一。古人言語粗略，計數更不精確，這是不足以爲懷疑孟子的話而加以責難的根據。古代的田制有兩種：一種是平正之地，可用正方形式分畫，是爲井田。一種是崎嶇之地，面積大小，要用算法扯算的，是爲畦田。即圭田。古代征服之族，居於山險之地，其地是不能行井田的，所以孟子替滕文公規畫，還説"請野九一而助，國中什一使自賦"。既説周朝行徹法，又説雖周亦助，也是這個道理。參看第四章自明。

　　賦所出的，是人徒、車、輦、牛、馬等，以供軍用。今文家說：十井出兵車一乘。《公羊》宣公十年、昭公元年何《注》。古文家據《司馬法》，而《司馬法》又有兩說：一說以井十爲通，通爲匹馬，三十家，出士一人，徒二人。通十爲成，成十爲終，終十爲同，遞加十倍。《周官·小司徒》鄭《注》引。又一說以四井爲邑，四邑爲丘，有戎馬一匹，牛三頭。四丘爲甸，出戎馬四匹，兵車一乘，牛十二頭，甲士三人，步卒七十二人。鄭注《論語·學而篇》“道千乘之國”引之，見《小司徒疏》。今文家所說的制度，常較古文家早一時期，說已見前。古文家所說的軍賦，較今文家爲輕，理亦由此。《司馬法》實戰國時書。戰國時國大了，所以分擔的軍賦也輕。

　　役法，《禮記·王制》說：“用民之力，歲不過三日。”《周官·均人》說：豐年三日，中年二日，無年一日。《小司徒》說：“上地家七人，可任也者家三人。中地家六人，可任也者二家五人。下地家五人，可任也者家二人。凡起徒役，毋過家一人，以其餘之羨。惟田與追胥竭作。”案田與追胥，是地方上固有的事，起徒役則是國家所要求於人民的。地方上固有的事，總是與人民利害相關的，國家所要求於人民的，則利害未必能一致，或且相反。所以法律上不得不分出輕重。然到後來，用兵多而差徭繁，能否盡守此規則，就不可知了。古代當兵亦是役的一種。《王制》說：“五十不從力政，政同征，即兵役外的力役。六十不與服戎。”《周官·鄉大夫》說：“國中自七尺以及六十，野自六尺以及六十有五皆征之。”《疏》說七尺是二十歲，六尺是十五歲。六尺是未成年之稱，其說大約是對的。然則後期的徭役，也比前期加重了。

　　以上是古代普遍的賦稅。至於山林川澤之地，則古代是公有的。工業，簡易的人人會做，艱難的由公家設官經營。商業亦是代表部族做的。說已見第五章。既無私有的性質，自然無所謂稅。然到後來，也漸漸的有稅了。《禮記·曲禮》：“問國君之富，數地以對，山澤之所出。”古田地字通用，田之外兼數山澤，可見漢世自天子至封君，將山川、園池、市井租稅之入，皆作爲私奉養，由來已久。參看第五章。市井租稅，即係商稅。古代工商業的分別，不甚清楚，其中亦必包含工稅。案《孟子》、《王制》，都說“市廛而不稅，關譏而不征。”廛是民居區域之稱。古代土地公有，什麼地方可以造屋，什麼地方可以開店，都要得公家允許的，不能亂做。所以《孟子·滕文公上篇》記：“許行自楚之滕，踵門而告文公曰：聞君行仁政，願受一廛而爲氓。文公與之處。”然則市廛而不稅，即係給與開店的地方，而不收其稅，這是指後世所謂“住稅”而言，在都邑之內。關譏而不征，自然是指後世所謂“過稅”而言。然則今文住稅、過稅俱無。而《周官·司市》，必"凶荒札喪"才"市無征而作布"；造貨幣。《司關》，必凶荒才"無關、門之征"；門謂城門。則住稅過稅都有了。又《孟子·公孫丑下篇》說：古之爲市者，"有司者治之耳。有賤丈夫焉，必求龍斷而登之，以左右望而罔市利。人皆以爲賤，故從而征之。"龍即隴字，龍斷，謂隴之斷者。一個人占據了，第二個人，再不能走上去與之並處。罔即今網字。因爲所居者高，所見者遠，遙見主顧來了，可以設法招徠；而人家也容易望見他；自可把市利一網打盡了。這是在鄉趕集的，而亦有稅，可見商稅的無孔不入了。此等山川、園池、市肆租稅，都是由封建時代各地方的有土之君，各自徵收的，所以很缺乏統一性。

　　賦稅的漸增，固由有土者的淫侈，戰爭的不息，然社會進化，政務因之擴張，支出隨之巨大，亦是不可諱的。所以白圭說："吾欲二十而取一。"孟子即說："子之道貉道也。"貉"無城郭、宮室、宗廟祭祀之禮。無諸侯幣帛饔飧，無百官有司，故二十取一而足"。然則賦稅的漸增，確亦出於事不獲已。儻使當時的諸侯大夫，能審察情勢，開闢利源。或增設新稅，或就舊稅之無害於人民者而增加其稅額，原亦不足爲病。無如當時的諸侯大夫，多數是不察情勢，不顧人民的能否負擔，而一味橫徵暴斂。於是田租則超過什一之額，而且有如魯國的履畝而稅，見《春秋》宣公十五年。此因人民不盡力於公田，所以稅其私田。井田制度破壞盡了。力役亦加多日數，且不依時令，致妨害人民的生業。此等證據，更其舉不勝舉。無怪乎當時的仁人君子，都要痛心疾首了。然這還不算最惡的稅。最惡的稅，是一種無名的賦。古書中賦字有兩義：一是上文所述的軍賦，這是正當的。還有一種則是不論什麼東西，都隨時責之於民。所以《管子》說："歲有凶穰，故穀有貴賤。令有緩急，故物有輕重。"《國蓄篇》。輕就是價賤，重就是價貴。在上者需用某物，不管人民的有無，下令責其交納，人民只得求之於市，其物的價格就騰貴，商人就要因此剝削平民了。《管子》又說：以室廩籍，以六畜籍，以田畝籍，以正人籍，以正戶籍，籍即是取之之意。以室廩籍，當謂按戶攤派。以田畝籍，則按田攤派。正人、正戶，當係別於窮困疲羸的人戶而言。六畜，謂畜有六畜之家，當較不養者爲富。《山權數》云："若歲凶旱水泆，民失本，則修宮室臺榭，以前無狗後無彘者爲庸。"此以家無孳畜爲貧窮的證據。所以以之爲攤派的標準。其苛細可謂已甚了。古代的封君，就是後世鄉曲的地主。後世鄉曲的地主，還有需要什麼東西，都取之於佃戶的，何況古代的封君，兼有政治上的權力呢？無定時、無定物、無定數，這是最惡的稅。

　　秦漢之世，去古未遠，所以古代租稅的系統，還覺分明。漢代的田租，就是古代的稅，其取之甚輕。高祖時，十五稅一。文帝從鼂錯之說，令民入粟拜爵，十三年，遂全除田租。至景帝十年，乃令民半出租，爲三十而稅一。後漢初年，嘗行十一之稅。天下已定，仍三十而稅一。除靈帝曾按畝斂修宮錢外，始終無他橫斂。修宮錢只是橫斂，實不能算增加田租。可謂輕極了。但古代的田，是沒有私租的，漢世則正稅之外，還有私租，所以國家之所取雖薄，農民的負擔，仍未見減輕，還只有加重。王莽行王田之制時，詔書說漢時的私租，"厥名三十，實十稅五"，則合三十稅一的官租，是三十分之十六了。漢代的口錢，亦稱算賦。民年十五至五十六，出錢百二十，以食天子。武帝又加三錢，以補車騎馬。見《漢書·高帝紀》四年、《昭帝紀》元鳳四年《注》引如淳說引《漢儀注》。案《周官》太宰九賦，鄭《注》說賦是"口率出泉"。又說："今之算泉，民或謂之賦，此其舊名與？"泉錢一字。觀此，知漢代的算賦，所謂人出百二十錢以食天子者，乃古代橫斂的賦所變。蓋因其取之無定時，無定物，無定數，實在太暴虐了，乃變爲總取錢若干，而其餘一切豁免。這正和五代時的雜征斂，宋世變爲沿納；明時的加派，變爲一條鞭一樣。見下。至於正當的賦，則本是供軍用的，所以武帝又加三錢以補車騎馬。漢代的錢價，遠較後世爲貴，人民對於口錢的負擔，很覺其重。武帝令民生子三歲出口錢，民至於生子不舉。元帝時，貢禹力言之。帝乃令民七歲乃出口錢。見《漢書·禹傳》。役法：《高帝紀》二年《注》引如淳說：《律》：年二十三，傅之疇官，各從其父疇學之。疇之義爲類。古行世業之法，子弟的職業，恆與父兄相同；所謂士之子恆爲士，農之子恆爲農，工之子恆爲工，商之子恆爲商。參看階級章。而每一類的人，都有其官長，《國語·周語》：說宣王要料民於太原，仲山父諫，說"古者不料民而知其多少。司民協孤終，司商協民姓，司徒協旅，司寇協姦，牧協職，工協革，場協入，廩協出，是則少多死生，出入往來，皆可知也。"這即是各官各知其所管的民數的證據。此即所謂疇官。傅之疇官，就是官有名籍，要負這一類中人所應負的義務了。這該是古制，漢代的人民，分類未必如古代之繁，因爲世業之制破壞了。但法律條文，是陳舊的東西，事實雖變，條文未必隨之而變。如淳所引的律文，只看作民年二十三，就役籍有名，該當一切差徭就轂了。景帝二年，令民年二十始傅。又將其提早了三年。役法是徵收人民的勞力的，有役法，則公家舉辦事業，不必要出錢雇工，所以在財政上，也是一筆很大的收入。

財政的規模，既經擴張，自當創設新稅。創設新稅，自當用間接之法，避免直接取之於農民。此義在先秦時，只有法家最明白。《管子·海王篇》說：要直接向人民加賦，是人人要反對的。然鹽是無人不喫的；鐵器亦不論男女，人人要用，如鍼、釜、耒、耜之類；在鹽鐵上加些微之價，國家所得，已不少了。

這是鹽鐵官賣或收稅最古的理論。此等稅或官賣,古代亦必有行之者。漢代郡國,有的有鹽官、鐵官、工官、收工物稅。都水官,收漁稅。有的又沒有,即由於此。當此之時,自應由中央統籌全局,定立稅法;或由中央直接徵收,或則歸之於地方。但當時的人,不知出此。桑弘羊是治法家之學的,王莽實亦兼采法家之説,見第五章。所以弘羊柄用時,便筦鹽鐵、榷酒酤,并行均輸、算緡之法;千錢爲緡,估計資本所值之數,按之抽稅。王莽亦行六筦之制。見第五章。然行之既未盡善;當時的人,又大多數不懂得此種理論。汲黯説:天子只該“食租衣稅”。晉初定律,把關於酒稅等的法令,都另編爲令,出之於律之外,爲的律文不可時改,而此等稅法,在當時,是認爲不正當,天下太平之後,就要廢去的。見《晉書·刑法志》。看這兩端,便知當時的人,對於間接稅法,如何的不瞭解。因有此等陳舊的見解,遂令中國的稅法,久之不能改良。

田租口賦兩種項目,是從晉定《户調式》以後,才合并爲一的。户調之法,實起原於後漢之末。魏武帝平河北,曾下令:田租之外,只許每户取縣絹若干,不准多收。見《三國·魏志·武帝紀》建安九年《注》。大約這時候,(一)人民流離,田畝荒廢,有能從事開墾的,方招徠之不暇,不便從田租上誅求。(二)又人民的得錢,是比較艱難的,這個歷史情形都如此。所以租稅徵收穀帛,在前代,是有益於農民的。必欲收錢,在徵收租稅時,錢價就昂貴,穀帛的價,就相對下落了。漢世錢價貴,喪亂之際,賣買停滯,又不能誅求其口錢。所以不如按户責令交納布帛之類。這原是權宜之法。但到晉武帝平吳,制爲定式之後,就成爲定法了。户調之法,是與官授田並行的。當時男子一人,占田七十畝;女子三十畝。其外,丁男課田五十畝,丁女二十畝;次丁男半之,女則不課。丁男之户,歲輸絹三匹,縣三斤;女及次丁男爲户者半。北魏孝文帝均田令,亦有授田之法。已見第五章。唐時,丁男給田一頃,以二十畝爲永業,餘爲口分。每年輸粟三石,謂之租。看地方的出産,輸縣及絲麻織品,謂之調。力役每年二十日,遇閏加二日,不役的納絹三尺,謂之庸。立法之意,本是很好的。但到後來,田不能授,而賦稅卻是按户徵收了。你實際沒有田,人家説官話不承認。兼并的人,都是有勢力的,也無人來整頓他。於是無田的人,反代有田的人出稅。人皆託於宦、學、釋、老,或詐稱客户以自免。其弊遂至不可收拾,當這時代,要想整頓,(一)除非普加清釐,責令兼并的人,將多餘的田退還,由官分給無田者。(二)次則置兼并者於不問,而以在官的閒田,補給無田的人。其事都不能行。(三)於是德宗時,楊炎爲相,犧牲了社會政策的立法,專就財政上整頓,就有財産之人而收其稅,令於夏秋兩季交納,夏輸毋過六月,秋輸毋過十一月。是爲兩稅。兩稅法的精意，全在"戶無主客，以見居爲簿；人無丁中，以貧富爲差"十八個字。社會立法之意，雖然犧牲了，以財政政策而論，是不能不稱爲良法的。

"兩稅以資產爲宗"，儻使就此加以研究改良，使有産者依其財產的多少，分別等第，負擔賦稅，而於無産者則加以豁免，則雖不能平均負賦，而在財政上，還不失公平之道，倒也是值得稱許的。然後此的苛稅，仍是向大多數農民剝削。據《宋史·食貨志》所載，宋時的賦稅：有田畝之賦和城郭之賦，這是把田和宅地分別徵收的，頗可稱爲合理。又有丁口之賦，則仍是身稅。又有雜變之賦，亦稱爲沿納，是兩稅以外，苛取於民，而後遂變爲常稅的，在理論上就不可容恕了。但各地方的稅率，本來輕重不一。苛捐雜稅，到整理之時，還能定爲常賦，可見在理論上雖說不過去，在事實上爲害還是不很大的。其自晚唐以來，厲民最甚，直至明立一條鞭之法，爲害才稍除的，則是役法。

力役是徵收人民的氣力的。人民所最缺乏的是錢，次之是物品。至於勞力，則農家本有餘閒，但使用之不失其時，亦不過於苛重，即於私人無害，而於公家有益。所以役法行之得當，亦不失爲一種良好的賦稅。所以現行徵工之法，限定可以徵工的事項，在立法上是對的。但是晚唐以後的役法，其厲民卻是最甚的。其原因：由於此時之所以役民者，並非古代的力役之征，而是庶人在官之事。古代的力役之征，如築城郭、宮室，修溝渠、道路等，都是人人所能爲的；而且其事可以分割，一人只要應役幾日；自然不慮其苛重了。至於在官的庶人，則可分爲府、史、胥、徒四種。府是看守財物的。史是記事的。胥是才智之稱，所做的，當係較高的雜務。"徒，衆也"，是不須才智，而只要用衆力之時所使用的，大概用以供奔走。古代事務簡單，無甚技術關係，即府史亦是多數人所能做，胥徒更不必論了。但此等事務，是不能朝更暮改的。從事其間的，必須視爲長久的職業，不能再從事於私人的事業，所以必須給之祿以代耕。後世社會進步了，凡事都有技術的關係，築城郭、宮室，修溝渠、道路等事，亦有時非人人所能爲，何況府史胥徒呢？如徒，似乎是最易爲的，然在後世，有追捕盜賊等事，亦非人人所能。然晚唐以後，卻漸根據"丁"、"資"，以定戶等而役之。（一）所謂丁、資，計算已難平允；（二）而其所以役之之事，又本非其所能爲；（三）而官又不免加以虐使；於是有等職務，至於破產而不能給。人民遂有因此而不敢同居，不敢從事生產，甚至有自殺以免子孫之役的。真可謂之殘酷無倫了。欲救此弊，莫如分別役的性質。可以役使人民的，依舊簽差。不能役使人民的，則由公家出錢雇人充任。這本不過恢復古代力役之征，庶人在官，各不相涉的辦法，無甚稀奇，然宋朝主張改革役法的王安石，亦未計及此。王安石所行的法，謂之免役。案宋代役法，原有簽差雇募之分。雇役之法：（一）者成爲有給職，其人不至因荒廢私計而無以爲生。（二）者有等事情，是有人會做，有人不會做的，不會做的人要賠累，會做的人則未必然。官出資雇募，應募的自然都是會做這事情的人，決不至於受累，所以雇役之法，遠較差役爲良。但當時行之，甚不普遍。安石行免役之法：使向來應役的人，出免役錢；不役的人，出助役錢；官以其錢募人充役。此法從我們看來，所失者，即在於未曾分別役的性質，將可以簽差之事，仍留爲力役之征，而一概出錢雇募。使（一）農民本可以勞力代實物或貨幣的，亦概須以實物或貨幣納税。（二）而公家本可徵收人民勞力的事，亦因力役的習慣亡失，動須出錢雇募。於是有許多事情，尤其是建設事務，因此廢而不舉。這亦是公家的一筆損失。但就雇役和差役兩法而論，則雇役之法，勝於差役多了。而當時的舊黨，固執成見。元祐時，司馬光爲相，竟廢雇役而仍行差役。此後雖亦差雇並行，總是以差爲主，民受其害者又數百年。

田租、口賦、力役以外的賦税，昔人總稱爲雜税。看這名目，便有輕視他、不列爲財政上重要收入的意思。這是前人見解的陳舊，説已見前。然歷代當衰亂之際，此等賦税，還總是有的。如《隋書·食貨志》説：晉過江後，貨賣奴婢、馬牛、田宅、價值萬錢者，輸錢四百，買者一百，賣者三百，謂之"散估"，此即今日的契税。又説：都東方山津、都西石頭津，都有津主，以收荻、炭、魚、薪之税，十取其一；淮北大市百餘，小市十餘，都置官司收税；此即商税中之過税及住税。北朝則北齊後主之世，有關、市、邸、店之税。北周宣帝時，有入市税。又酒坊、鹽池、鹽井，北周亦皆有禁。到隋文帝時，卻把這些全數豁免，《文獻通考·國用考》盛稱之。然以現代財政學的眼光評論，則還是陳舊的見解。到唐中葉以後，藩鎮擅土，有許多地方，賦税不入於中央；而此時税法又大壞；中央收入減少，乃不得不從雜税上設法。宋有天下以後，因養兵特多，此等賦税，不能裁撤，南渡以後，國用更窘，更要加意整頓。於是此等雜税，遂漸漸的附庸蔚爲大國了。不論在政治上、社會上，制度的改變，總是由事實逼迫出來的多，在理論指導之下發明的少。這亦是政治家的一種恥辱。

雜税之中，最重要的是鹽税。其法，始於唐之第五琦，而備於劉晏。籍民制鹽，免其役。謂之竈户，亦謂之亭户。製成之鹽，賣之商人，聽其所之，不復過問。後人稱之爲就場徵税。宋朝則有（一）官鬻，（二）通商兩法。而通商之中，又分爲二：（甲）逕糶之於商人，（乙）則稱爲入邊、入中，入邊是"入邊芻粟"的略稱，入中則"入中錢帛"的略稱。其事，還和茶法及官賣香藥、寶貨有關係。茶稅，起於唐德宗時，其初是和漆與竹木並稅的。後曾裁撤，旋又恢復，且屢增其額。其法亦係籍民製造，謂之園戶。園戶製成的茶，由官收買，再行賣給商人。官買茶的錢，是豫給園戶的，謂之"本錢"。在江陵、眞州、海州、漢陽軍、無爲軍、蘄州的蘄口，設立六個榷貨務。除淮南十三場所出的茶以外，都送到這六個榷貨務出賣。惟川峽、廣南，聽其自賣，而禁出境。京城亦有榷貨務，則是只收錢帛而不給貨的。宋初，以河東的鹽，供給河北的邊備。其賣鹽之法：是令商人入芻粟於國家指定之處，由該地方的官吏點收，給與收據，估計其價若干，由商人持此據至國家賣鹽之處，照價給之以鹽，是爲入邊芻粟；其六榷貨務出賣的茶，茶是在各榷貨務取，錢帛是在京師榷貨務付出的，是爲入中錢帛，這是所以省運輸之費，把漕運和官賣，合爲一事辦理的，實在是個良法。至於香藥、寶貨，則是當時對外貿易的進口貨，有半官賣性質的。有時亦以補充入邊入中的不足，謂之三説。此即今兑換之兑字。兑換之兑無義，乃脱換之省寫，脱説古通用。有時并益以緡錢，謂之四説。以鹽供入邊入中之用，其弊在於虛估。點收的官吏和商人串通了，將其所入之物，高擡價格，官物便變成賤價出賣，公家大受損失了。有一個時期，曾廢除估價，官以實物賣出，再將所得的錢，輦至出芻粟之處買入。這不啻入邊之法已廢，僅以官賣某物之價，指定供給某處的邊費而已。但虛估之事，是商人和官吏，都有利益的，利之所在，自然政策易於搖動，不久其法復廢。到蔡京出來，其辦法卻聰明了。他對於商人要販賣官鹽的，給之以引。引分爲長短。有若干引，則准做若干鹽的賣買，而這引是要賣錢的。這不是賣鹽，只是出賣販鹽的許可證了。茶，先已計算官給本錢所得的息，均攤之於園戶，作爲租稅，而許其與商人直接賣買。至此亦行引法，謂之茶引。蔡京是個貪污奸佞的人，然其所立鹽茶之法，是頗爲簡易的，所以其後遂遵行不變。但行之既久，弊竇又生。因爲國家既把鹽賣給大商人，不能不保證其銷路。於是藉國家的權力，指定某處地方，爲某處所産之鹽行銷之地，是爲"引地"。其事起於元朝，至清代而其禁極嚴。鹽的引額，是看消費量而定的，其引地則看水陸運道而定，兩者都不能無變更，而鹽法未必隨之而變，商人恃有法律保護，高擡鹽價，於是私鹽盛行。因私鹽盛行之故，不得不舉辦緝私，其費用亦極大，鹽遂成爲徵收費極鉅的賦稅。宋朝入邊入中之法，明朝還仿其意而行之。明初，取一部分的鹽，專與商人輸糧於邊的相交易，謂之中鹽。運糧至邊方，國家固然困難，商人也是困難的。計算收買糧食，運至邊方，還不如在邊方開墾之有利，商人遂有自出資本，雇人到邊上開墾的，謂之商屯。當時的開平衞，就是現在的多倫縣一帶，土地墾闢了許多。後來因戶部改令商人交納銀兩,作爲庫儲,商屯纔漸次撤廢。案移民實邊,是一件最難的事。有移殖能力的人,未必有移殖的財力。國家出資移民,又往往不能得有移殖能力的人,空耗財力,毫無成績。商人重利,其經營,一定比官吏切實些。國家專賣之物,如能畫出一部分,專和商人出資移民的相交易,一定能獎屬私人出資移民的。國家祇須設官管理,規定若干條法律,使資本家不至剝削農民就彀了。這是前朝的成法,可以師其意而行之的。又明初用茶易西番之馬,含有振興中國馬政,及制馭西番兩種用意。因爲内地無廣大的牧場,亦且天時地利等,養馬都不如西番的適宜,而西番馬少,則不能爲患。其用意,亦是很深遠的。當時成績極佳。後因官吏不良,多與西番私行交易,把好馬自私,駑馬入官,而其法纔壞。現在各民族都是一家,雖不必再存什麽制馭之意,然藉此以振興邊方的畜牧,亦未嘗不是善策。這又是前朝的成法,可以師其意而變通之的。

　　酒,歷代有禁時多,征榷時少。因爲昔人認酒爲糜穀,而其物人人能製,要收稅或官賣,是極難的。歷代收酒稅認真的,莫如宋朝。其事亦起於唐中葉以後。宋時,諸州多置"務"自釀。縣和鎮鄉,則有許民釀而收其稅的。其收稅,多用投標之法,認稅最多的人,許其釀造,謂之"撲買"。承釀有一定年限。不及年限,而虧本停止,謂之"敗闕"。官吏爲維持稅收起見,往往不許其停業。於是有勒令婚喪之家,買酒若干的;甚有均攤之於民戶的;這變成强迫買酒了,如何可行? 但酒稅在北宋,只用爲地方經費,如"酬獎役人"之類。_{當重}難差徭的,以此調劑他。到南宋,就列爲中央經費了。官吏要維持收入,也是不得不然的。收酒稅之法,最精明的,是趙開的"隔釀",亦稱爲"隔槽",行之於四川,由官闢釀酒的場所,備釀酒的器具,使凡要釀酒的,都自備原料,到這裏來釀。出此範圍之外,便一概是私酒。這是爲便於緝私起見,其立法是較簡易的,不過取民未免太苛罷了。

　　阮冶,在唐朝,或屬州郡,或隸鹽鐵使。宋朝,或官置監、冶、場、務,或由民承買,而以分數中賣於官,皆屬轉運使。元朝礦稅稱爲稅課,年有定額。此外還有許多無定額的,總稱爲額外課。_{額外課中,通行全國的,爲契稅及曆本兩項。}

　　商稅是起於唐朝的藩鎮的,宋朝相沿未廢。分爲住稅和過稅。住稅千分之三十,過稅千分之二十。州縣多置"監"、"務"收取,關鎮亦有設置的。其所稅之物,隨地不同。照法律都應揭示明白,但實際能否如此,就不可知了。唐宋時的商稅,實際上是無甚關係的。關係重要的,倒要推對外的市舶司。

　　市舶司起於唐朝。《文獻通考》說:唐有市舶使,以右威衛中郎將周慶立爲之。代宗廣德元年,有廣州市舶使呂太一。案慶立事見《新唐書·柳澤傳》,呂太一事見《舊唐書·代宗本紀》。又《新書·盧懷慎傳》説懷慎之子奐,"天寶初爲南海大守,污吏斂手,中人之市舶者,亦不敢干其法"。合此數事觀之,似乎唐時的市舶使,多用中人。關係還不甚重要。到宋朝就不然了。宋朝在杭州、明州、秀州、温州、泉州及密州的板橋鎮,就是現在的青島。均曾設立市舶司。海舶至,先十榷其一。其香藥、寶貨,又須先儘官買,官買足了,纔得和人民交易。香藥、寶貨,爲三説之一,已見前。南宋時又用以稱提關會,關子、會子,係南宋時紙幣之名。提高其價格,謂之稱提。可見其和財政大有關係了。元明亦有市舶司。明朝的市舶司,意不在於收稅,而在於管理外商。因爲明初沿海已有倭寇之故。中葉以後,廢司不設。中外互市,無人管理。奸商及各地方的勢家,因而欺侮夷人,欠其貨款不還,爲激成倭寇肆擾原因之一。

賦役之法,至近代又有變遷。《元史·食貨志》説:元代的租稅,取於内郡的,丁稅、地稅分爲兩,是法唐之租庸調的;取於江南的合爲一,是法唐朝的兩稅的。這不過是名目上的異同,實際都是分兩次徵收,和兩稅之法無異。總而言之,從楊炎創兩稅以後,徵收的時期,就都沒有改變了。元朝又有所謂絲料、包銀。絲料之中,又分二户絲和五户絲。二户絲入官,五户絲輸於本位。后妃、公主、宗王、功臣的分地。包銀每户四兩,二兩收銀,二兩折收絲絹顏色。這該是所以代户役的,然他役仍不能免。案户役變成賦稅,而仍責令人民應役;雜稅變成正稅,而後來需用雜物,又隨時斂取於民;這是歷代的通病,正不獨元朝爲然。明初的賦役,就立法言之,頗爲整飭。其制度的根本,是黄册和魚鱗册兩種册籍。黄册以户爲主,記各户所有的丁、糧,糧指所有的田。根據之以定賦役。魚鱗册以田爲主,記其地形、地味及所在,而注明其屬於何人。黄册由里長管理,照例應有兩本。一本存縣官處,一本存里長處,半年一換。各户丁糧增減,里長應隨時記入册内,半年交官,將存在官處的一本,收回改正。其立法是很精明的。但此等責任,是否里長所能盡? 先是一個問題。況且賦役是弊竇很多的。一切惡勢力,是否里長所能抗拒? 里長是否即係此等黑幕中的一個人? 亦是很難説的。所以後來,兩册都失實了。明代的役法,分爲力差和銀差。力差還是徵收其勞力的,銀差則取其實物及貨幣。田稅是有定額的,役法則向係量出爲入。後來凡有需要,即取之於民,謂之加派。無定時,無定額,人民大困。役法向來是按人户的等第,以定其輕重、免否的。人户的等第,則根據丁口資産的多寡推定,是謂"人户物力"。其推定,是很難公平的。因爲有些財産,不能隱匿,而所值轉微;如牛及農具、桑樹等。有些財産,易於隱匿，而所值轉鉅。_{如金帛等。}況且人户的規避，吏胥的任意出入，以及索詐、受賄等，都在所不免。歷代訖無善策，以除其弊。於是發生專論丁糧，和兼論一切資產的問題。論道理，自以兼論一切資產爲公平。論手續，卻以專論丁糧爲簡便。到底因爲調查的手續太繁了，弊竇太多了，斟酌於二者之間，還是以犧牲理論的公平，而求手續的簡便爲有利，於是漸趨於專論丁糧之途。加派之弊，不但在其所取之多，尤在於其無定額，無定時，使百姓無從豫計。於是有一條鞭之法。總算一州縣每一年所需用之數，按闔境的丁糧均攤。自此以外，不得再有徵收。而其所謂丁者，並非實際的丁口，乃係通計一州縣所有的丁額，攤派之於有田之家，謂之"丁隨糧行"。明朝五年一均役，清朝三年一編審，後亦改爲五年，所做的都係此項工作。質而言之，乃因每隔幾年，貧富的情形變換了，於是將丁額改派一次，和調查丁口，全不相干。役法變遷至此，可謂已行免役之法，亦可謂實已加重田賦而免其役了。加賦偏於田畝，是不合理的。因爲没有專令農民負擔的理由。然加農民之田賦而免其役，較之唐宋後之役法，猶爲此善於彼。因爲役事無法分割，負擔難得公平，改爲徵其錢而免其役，就不然了。況且有丁負擔賦稅的能力小，有產負擔賦稅的能力大，將向來有丁的負擔，轉移於有糧之家，也是比較合理的。這是稅法上自然的進化。一條鞭之法，起源於江西，後漸遍行於全國，其事在明神宗之世。從晚唐役法大壞至此，約歷八百年左右，亦可謂之長久了。這是人類不能以理智支配事實，而聽其自然遷流之弊。職是故，從前每州縣的丁額，略有定數，不會增加。因爲增丁就是增賦，當時推行，已覺困難；後來徵收，更覺麻煩；做州縣官的人，何苦無事討事做？清聖祖明知其然，所以落得慷慨，下詔說：康熙五十年以後新生的人丁，永不加賦。到雍正時，就將丁銀攤入地糧了。這是事勢的自然，不論什麼人，生在這時候，都會做的，並算不得什麼仁政。從前的人，卻一味歌功頌德。不但在清朝時候如此，民國時代，有些以遺老自居的人，也還是這樣，這不是没有歷史知識，就是別有用心了。

　　清朝因有聖祖之詔，所以始終避免加賦之名。但後來田賦的附加很多，實在亦與加賦無異。又古代的賦稅，所稅者何物，所取者即係何物。及貨幣通行以後，漸有（一）逕收貨幣，（二）或本收貨物之稅，亦改收貨幣的。（三）又因歷代（甲）幣制紊亂，（乙）或數量不足，（丙）又或官吏利於上下其手，有本收此物，而改收他物的。總之收稅並非全收貨幣。明初，收本物的謂之"本色"，收貨幣的謂之"折色"。宣宗以後，紙幣廢而不行，銅錢又缺乏，賦稅漸改徵銀。田賦在收本色時，本來有所謂耗。係因（子）改裝、搬運時，不免有所損失；（丑）又收藏之後，或有腐敗及蟲蛀、鼠竊等；乃於收税之時，酌加若干。積少成多，於官吏頗有裨益。改收銀兩以後，因將碎銀鎔成整鋌，經火亦有耗損，乃亦於收銀時增加若干，謂之"火耗"。後來制錢充足，收賦時改而收錢，則因銀錢的比價，並無一定，官吏亦可將銀價擡高，其名目則仍謂之火耗，此亦爲農民法外的負擔。但從前州縣官的行政經費，是不毂的，非藉此等彌補不可，所以在幣制改革以後，亦仍許徵税的人，於税收中提取若干成，作爲徵收之費。

　　近代田賦而外，税收發達的，當推關、鹽兩税。鹽税自南宋以後，收入即逐漸增加。元明清三朝，均爲次於田賦的重要賦税。關税起於明宣宗時。當時因紙幣跌價，增設若干新税，並增加舊税税額，以收回鈔票。後來此等新增的税目和税額，有仍復其舊的，有相沿未廢的。關税亦爲相沿未廢者之一，故稱爲鈔關。清朝稱爲常關。常關爲數有限，然各關都有分關，合計之數亦不少。太平軍興之後，又有所謂釐金，屬於布政司而不屬於中央。於水陸要路設卡，以多爲貴，全不顧交通上自然的形勢。以致一種貨物的運輸，有重複收税，至於數次的。所税的貨物，及其税額，亦無一定。實爲最惡的税法。新海關設於五口通商以後，當時未知關税的重要，貿然許外人以協定税率。庚子戰後，因賠款的負擔重了，《辛丑和約》，我國要求增税，外人乃以裁釐爲交換條件。釐不能裁，增税至百分之一二‧五之議，亦不能行。民國時代，我國參加歐戰，事後在美國所開太平洋會議中，提出關税自主案。外人仍只許我開關税會議，實行《辛丑條約》。十四年開會時，我國又提出關税自主案。許於十八年與裁釐同時並行，同時擬定七級税則，實際上得各國的承認。國民政府宣布關税自主，與各友邦或訂關税條約，或於通商條約中訂有關涉關税的條款。十八年，先將七級税實施。至二十年，將釐金裁撤後，乃將七級税廢去，另訂税則頒布。主權一經受損，其恢復之難如此，亦可爲前車之鑒了。關、鹽兩税之外，清代較爲重要的，是契税、當税、牙税。此等税意亦在於加以管理，不盡在增加收入。其到晚近才發達的，則有菸酒税、印花税、鑛税、所得税。其重要的貨物，如捲菸、麥粉、棉紗、火柴、水泥、薰煙、啤酒、洋酒等，則征收統税。國民政府將此等税和關税、鹽税、牙税、當税，均列爲中央收入。田賦畫歸地方，和契税、營業税，同爲地方收入大宗。軍興以來，各地方有許多苛捐雜税，則下令努力加以廢除。在理論上，賦税已漸上軌道，但在事實上，則還待逐漸加以整頓罷了。

第九章　兵　　制

中國的兵制，約可分爲八期。

第（一）期，在古代，有征服之族和被征服之族的區別。征服之族，全體當兵，被征服之族則否，是爲部分民兵制。

第（二）期，後來戰爭劇烈了，動員的軍隊多，向來不服兵役的人民，亦都加入兵役，是爲全體皆兵制。

第（三）期，天下統一了，不但用不著全體皆兵，即一部分人當兵，亦覺其過剩。偶爾用兵，爲顧恤民力起見，多用罪人及降服的異族。因此，人民疏於軍事，遂招致降服的異族的叛亂，是即所謂五胡亂華。而中國在這時代，因亂事時起，地方政府擅權，中央政府不能駕馭，遂發生所謂州郡之兵。

第（四）期，五胡亂華的末期，漸次和中國同化了，人數減少，而戰鬥顧甚劇烈，不得已，乃用漢人爲兵。又因財政艱窘，不得不令其耕以自養。於是又發生一種部分民兵制，是爲周、隋、唐的府兵。

第（五）期，承平之世，兵力是不能不腐敗的。府兵之制，因此廢壞。而其時適值邊方多事，遂發生所謂藩鎮之兵。因此，引起內亂。內亂之後，藩鎮遍於內地，唐室卒因之分裂。

第（六）期，宋承唐、五代之後，竭力集權於中央。中央要有強大的常備軍。又覷破兵民分業，在經濟上的利益。於是有極端的募兵制。

第（七）期，元以異族，入主中原，在軍事上，自然另有一番措置。明朝卻東施傚顰。其結果，到底因淤滯而敗。

第（八）期，清亦以異族入主，然不久兵力即腐敗。中葉曾因內亂，一度發生較強大的陸軍。然值時局大變，此項軍隊，應付舊局面則有餘，追隨新時代則不足。對外屢次敗北。而國內的軍紀，卻又久壞。遂釀成晚清以來的內亂。直至最近，始因外力的壓迫，走上一條曠古未有的新途徑。

以上用鳥瞰之法，揭示一個大綱。以下再逐段加以說明。

　　第(一)期的階級制度,看第四、第八兩章,已可明白。從前的人,都説古代是寓兵於農的,寓兵於農,便是兵農合一,井田既廢,兵農始分,這是一個重大的誤解。寓兵於農,乃謂以農器爲兵器,説見《六韜‧農器篇》。古代兵器是銅做的,農器是鐵做的。兵器都藏在公家,臨戰才發給,所謂授甲、授兵。也只能供給正式軍隊用,鄉下保衛團一類的兵,是不能給與的。然敵兵打來,不能真個制梃以自衛。所以有如《六韜》之説,教其以某種農器,當某種兵器。古無稱當兵的人爲兵的,寓兵於農,如何能釋爲兵農合一呢? 江永《羣經補義》中有一段,駁正此説。他舉《管子》的參國伍鄙,參國,即所謂制國以爲二十一鄉,工商之鄉六,士鄉十五,公和高子、國子,各帥五鄉。伍鄙,即三十家爲邑,十邑爲卒,十卒爲鄉,三鄉爲縣,十縣爲屬,乃所以處農人。案所引《管子》,見《小匡篇》。又引陽虎欲作亂,壬辰戒都車,令癸巳至。案見《左氏》定公八年。以證兵常近國都。其説可謂甚精。案《周官‧夏官‧序官》:王六軍,大國三軍,次國二軍,小國一軍。《大司徒》:五家爲比,五比爲閭,四閭爲族,五族爲黨,五黨爲州,五州爲鄉;《小司徒》:五人爲伍,五伍爲兩,四兩爲卒,五卒爲旅,五旅爲師,五師爲軍;則六軍適出六鄉。六鄉之外有六遂,鄭《注》説:遂之軍法如六鄉。其實鄉列出兵法,無田制,遂陳田制,無出兵法,鄭《注》是錯誤的。説本朱大韶《實事求是齋經義‧司馬法非周制説》。六鄉出兵,六遂則否,亦兵在國中之證。這除用征服之族居國,被征服之族居野,無可解釋。或謂難道古代各國,都有征服和被征服的階級的? 即謂都有此階級,亦安能都用此治法,千篇一律呢? 殊不知(一)古代之國,數逾千百,我們略知其情形的,不過十數,安知其千篇一律? (二)何況制度是可以互相模倣的。世既有黷武之國,即素尚平和之國,亦不得不肆力於軍事組織以相應,既肆力於軍事組織,其制度,自然可以相像的。所以雖非被征服之族,其中的軍事領袖及武士,亦可以逐漸和民衆相離,而與征服之族,同其位置。(三)又況戰士必須講守禦,要講守禦,自不得不居險;而農業,勢不能不向平原發展;有相同的環境,自可有相同的制度。(四)又況我們所知道的十餘國,其根源上,都是同一或極相接近的部族又何怪其文化的相同呢? 所以以古代爲部分民兵制,實無疑義。

　　古代之國,其兵數是不甚多的。説古代軍隊組織的,無人不引據《周官》。不過以《周官》之文,在羣經中獨爲完具罷了。其實《周官》之制,是和他書不合的。案《詩經‧魯頌》:“公徒三萬。”則萬人爲一軍。《管子‧小匡篇》説軍隊組織之法正如此。五人爲伍,五十人爲小戎,二百人爲卒,二千人爲旅,萬人一軍。《白虎通義‧三軍篇》説:“雖有萬人,猶謙讓,自以爲不足,故復加二千人”,亦以一軍爲本萬人。《説文》以四千人爲一軍,則據既加二千人後立説。《穀梁》襄公十一年，"古者天子六師，諸侯一軍"，這個軍字，和師字同義。變換其字面，以免重複，古書有此文法。一師當得二千人。《公羊》隱公五年何《注》："二千五百人稱師，天子六師，方伯二師，諸侯一師"，五百字必後人據《周官》說妄增。然則古文家所說的軍隊組織，較今文家擴充了，人數增多了。此亦今文家所說制度，代表較早的時期，古文家說，代表較晚的時期的一證。當兵的一部分人，居於山險之地，山險之地，是行畦田之制的，而《司馬法》所述賦法，都以井田之制爲基本，如此，當兵的義務，就擴及全國人了。《司馬法》之說，已見第八章，茲不再引。案《司馬法》以終十爲同，同方百里，同十爲封，封十爲畿，畿方千里。如前一說：一封當得車千乘，士萬人，徒二萬人；一畿當得車萬乘，士十萬人，徒二十萬人。後一說：一同百里，提封萬井，除山川、沈斥、城池、邑居、園囿、術路外，定出賦的六千四百井，所以有戎馬四百匹，兵車百乘。一封有戎馬四千匹，兵車千乘。一畿有戎馬四萬匹，兵車萬乘。見於《漢書・刑法志》。若計其人數，則一同七千五百，一封七萬五千，一畿七十五萬。《史記・周本紀》說：牧野之戰，紂發卒七十萬人，以拒武王；《孫子・用間篇》說："內外騷動，殆於道路，不得操事者，七十萬家"；都係本此以立說。《司馬法》之說，固係學者所虛擬，亦必和實際的制度相近。春秋時，各國用兵，最多不過數萬。至戰國時，卻阬降斬級，動以萬計。此等記載，必不能全屬子虛，新增的兵，從何處來呢？我們看《左氏》成公二年，記齊頃公軍戰敗北逃回去的時候，"見保者曰：勉之，齊師敗矣"，可見其時正式的軍隊，雖敗於外，各地方守禦之兵仍在。而《戰國策》載蘇秦說齊宣王之言，說"韓魏戰而勝秦，則兵半折，四竟不守；戰而不勝，國以危亡隨其後"。可見各地方守禦之兵，都已調出去，充作正式軍隊了。這是戰國時兵數驟增之由。在中國歷史上，真正全國皆兵的，怕莫此時若了。

　　秦漢統一以後，全國皆兵之制，便開始破壞。《漢書・刑法志》說："天下既定，踵秦而置材官於郡國。"《後漢書・光武紀》《注》引《漢官儀》建武七年。說："高祖令天下郡國，選能引關、蹶張，材力武猛者，以爲輕車騎士、材官、樓船。常以立秋後講肄課試。"則漢兵制實沿自秦。《漢書・高帝紀》《注》引《漢儀注》二年。說："民年二十三爲正，一歲爲衛士，一歲爲材官騎士，習射御騎馳戰陳，年五十六衰老，乃得免爲庶民，就田里。"《昭帝紀》《注》引如淳說：元鳳四年。"更有三品，有卒更，有踐更，有過更。古者正卒無常，人皆當迭爲之，是爲卒更。貧者欲得雇更錢者，次直者出錢雇之，月二千，是爲踐更。天下人皆直戍邊三日，亦名爲更，律所謂繇戍也。不可人人自行三日戍，又行者不可往便還，因便住，一歲一更，諸不行者，出錢三百入官，官以給戍者，是爲過更。"此

爲秦漢時人民服兵役及戍邊之制。法雖如此，事實上已不能行。鼂錯説秦人
謫發之制，先發吏有謫及贅壻、賈人，後以嘗有市籍者，又後以大父母、父母嘗
有市籍者，後入閭取其左，見《漢書》本傳。此即漢世所謂七科謫。見《漢書・武帝紀》
天漢四年《注》引張晏説。二世時，山東兵起，章邯亦將驪山徒免刑以擊之。則用罪
人爲兵，實不自漢代始。漢自武帝初年以前，用郡國兵之時多，武帝中年以
後，亦多用謫發。此其原因，乃爲免得擾動平民起見。《賈子書・屬遠篇》説：
"古者天子地方千里，中之而爲都，輸將繇使，遠者不五百里而至。公侯地百
里，中之而爲都，輸將繇使，遠者不五十里而至。秦輸將起海上，一錢之賦，十
錢之費弗能致。"此爲古制不能行的最大原因。封建時代，人民習於戰爭，征
戍並非所懼。然路途太遠，曠日持久，則生業盡廢。又《史記・貨殖傳》説：七
國兵起，長安中列侯封君行從軍旅，齎貸子錢，則當時從軍的人，所費川資亦
甚巨。列侯不免借貸，何況平民？生業盡廢，再重以路途往來之費，人民在經
濟上，就不堪負擔了。這是物質上的原因。至於在精神上，小國寡民之時，國
與民的利害，較相一致，至國家擴大時，即不能盡然，何況統一之後？王恢説
戰國時一代國之力，即可以制匈奴，見《漢書・韓安國傳》。而秦漢時騷動全國，究
竟宣、元時匈奴之來朝，還是因其内亂之故，即由於此。在物質方面，人民的
生計，不能不加以顧恤；在精神方面，當時的用兵，不免要招致怨恨；就不得不
漸廢郡國調發之制，而改用謫發、謫戍了。這在當時，亦有令農民得以專心耕
種之益。然合前後而觀之，則人民因此而忘卻當兵的義務，而各地方的武備，
也日益空虛了。所以在政治上，一時的利害，有時與永久的利害，是相反的。
調劑於二者之間，就要看政治家的眼光和手腕。

　　民兵制度的破壞，形式上，是在後漢光武之時的。建武六年，罷郡國都尉
官。七年，罷輕車騎士、材官、樓船。自此各郡國遂無所謂兵備了。後來有些緊要
的去處，亦復置都尉。又有因亂事臨時設立的。然不是經常普遍的制度。而外强中弱之機，亦
於此時開始。漢武帝置七校尉，中有越騎、胡騎及長水。見《漢書・百官公卿表》。長
水，顏師古云：胡名。其時用兵，亦兼用屬國騎等，然不恃爲主要的兵力。後漢光武
的定天下，所靠的實在是上谷、漁陽的兵，邊兵强而内地弱的機緘，肇見於此。
安帝以後，羌亂頻仍，涼州一隅，迄未寧靜，該地方的羌、胡，尤强悍好鬥。中
國人好鬥的性質，誠不能如此等淺演的降夷。然戰爭本不是單靠野蠻好殺的
事。以當時中國之力，謂不足以制五胡的跳梁，決無此理。五胡亂華的原因，
全由於中國的分裂。分裂之世，勢必軍人專權，專權的軍人，初起時或者略有
權謀，或則有些獷悍的性質。然到後來，年代積久了則必入於驕奢淫佚。一

驕奢淫佚，則政治紊亂，軍紀腐敗，有較强的外力，加以壓迫，即如山崩川潰，不可復止。西晉初年，君臣的苟安、奢侈，正是軍閥擅權的結果，五胡擾亂的原因。五胡亂華之世，是不甚用中國人當兵的。說已見第四章。其時用漢兵的，除非所需兵數太多，異族人數不足，乃調發以充數。如石虎伐燕，苻秦寇晉諸役是。這種軍隊，自然不會有什麼戰鬥力的。軍隊所靠的是訓練。當時的五胡，既不用漢人做主力的軍隊，自然無所謂訓練。《北齊書・高昂傳》說：高祖討尒朱兆於韓陵，昂自領鄉人部曲三千人。高祖曰："高都督純將漢兒，恐不濟事，今當割鮮卑兵千餘人，共相參雜，於意如何？"昂對曰："敖曹所將部曲，練習已久，前後戰鬥，不減鮮卑。今若雜之，情不相合。願自領漢軍，不煩更配。"高祖然之。及戰，高祖不利，反藉昂等以致克捷。可見軍隊只重訓練，並非民族本有强弱了。所以從劉、石倡亂以來，至於南北朝之末，北方的兵權，始終在異族手裏。這是漢族難於恢復的大原因。不然，五胡可乘的機會，正多著呢？然則南方又何以不能乘機北伐？此則仍由軍人專橫，中央權力，不能統一之故。試看晉朝東渡以後，荊、揚二州的相持，宋、齊、梁、陳之世，中央和地方政府互相爭鬥的情形，便可知道。

北强南弱之勢，是從東晉後養成的。三國以前，軍事上的形勢，是北以持重勝，南以剽悍勝。論軍隊素質的佳良，雖南優於北，論社會文明的程度，則北優於南，軍事上勝敗的原因，實在於此。後世論者，以爲由於人民風氣的强弱，實在是錯誤的。秦雖并六國，然劉邦起沛，項籍起吳，卒以亡秦，實在是秦亡於楚。所以當時的人，還樂道南公"亡秦必楚"之言，以爲應驗。劉、項成敗，原因在戰略上，不關民氣强弱，是顯而易見的。吳楚七國之亂，聲勢亦極煊赫，所以終於無成，則因當時天下安定，不容有變，而吳王又不知兵之故。孫策、孫權、周瑜、魯肅、諸葛恪、陸遜、陸抗等，以十不逮一的土地人民，矯然與北方相抗，且有吞併中原之志，而魏亦竟無如之何，均可見南方風氣的强悍。東晉以後，文明的重心，轉移於南，訓卒厲兵，本可於短期間奏恢復之烈。所以終無成功，而南北分裂，竟達於二百六十九年之久，其結果且卒并於北，則全因是時，承襲漢末的餘毒，（一）士大夫衰頹不振，（二）軍人擁兵相猜，而南方的政權，顧全在此等北來的人手中之故。試設想：以孫吳的君臣，移而置之於東晉，究竟北方能否恢復？便可見得。"灑落君臣契，飛騰戰伐名"，無怪杜甫要對呂蒙營而感慨了。經過這長時期的腐化，而南弱的形勢遂成。而北方當是時，則因長期的戰鬥，而造成一武力重心。趙翼《廿二史劄記》有一條，說周、隋、唐三代之祖，皆出武川，可見自南北朝末至唐初，武力的重心，實未曾變。案五胡之中，氐、羌、羯民族皆小，强悍而人數較多的，只有匈奴、鮮卑。匈奴久據中原之地，其形勢實較鮮卑爲佳。但其人太覺凶暴，羯亦然。被冉閔大加殺戮後，其勢遂衰。此時北方之地，本來即可平靖。然自東晉以前，虎鬥龍爭，多在今河北、河南、山東、山西、陝西數省境内。遼寧、熱、察、綏之地，是比較安靜的。鮮卑人休養生息於此，轉覺氣完力厚。當時的鮮卑人，實在是樂於平和生活，不願向中原侵略的。所以北魏平文帝、昭成帝兩代，都因要南侵爲其下所殺。見《魏書·序紀》。然到道武帝，卒肆其凶暴，强迫其下，侵入中原。道武帝伐燕，大疫，羣下咸思還北。帝曰："四海之人，皆可與爲國，在吾所以撫之耳，何恤乎無民？"羣臣乃不敢復言，見《魏書·本紀》皇始二年。案《序紀》說：穆帝"明刑峻法，諸部民多以違命得罪。凡後期者，皆舉部戮之。或有室家相攜，而赴死所。人問何之？ 答曰：當往就誅。"其殘酷如此。道武帝這話，已經給史家文飾得很溫婉的了。若照他的原語，記錄下來，那便是"你們要回去，我就要把你們全數殺掉"。所以羣臣不敢復言了。此時割據中原的異族，既已奄奄待斃，宋武帝又因内部矛盾深刻，不暇經略北方，北方遂爲所據。然自孝文帝南遷以前，元魏立國的重心，仍在平城。屬於南方的侵略，僅是發展問題，對於北方的防禦，卻是生死問題，所以要於平城附近設六鎮，以武力爲拱衛。南遷以後，因待遇的不平等，而釀成六鎮之亂。因六鎮之亂而造成一個尒朱氏。連高氏、賀拔氏、宇文氏等，一齊帶入中原。龍爭虎鬥者，又歷五六十年，然後統一於隋。隋、唐先世，到底是漢族，還是異族，近人多有辯論。然民族是論文化的，不是論血統的。近人所辯論的，都是血統問題，在民族鬥爭史上，實在無甚意義。至於隋唐的先世，曾經漸染胡化，也是武川一系中的人物，則無可諱言。所以自尒朱氏之起至唐初，實在是武川的武力，在政治舞臺上活躍的時代。要到唐貞觀以後，此項文化的色彩，才漸漸淡滅。唐初的隱大子、巢剌王、常山愍王等，還都係帶有胡化色彩的人。五胡亂華的已事，雖然已成過去，然在軍事上，重用異族的風氣，還有存留。試看唐朝用蕃將蕃兵之多，便可明白。論史者多以漢唐並稱。論唐朝的武功，其成就，自較漢朝爲尤大。然此乃世運爲之。主要的是中外交通的進步。若論軍事上的實力，則唐朝何能和漢朝比？ 漢朝對外的征討，十之八九，是發本國兵出去打的，唐朝則多是以夷制夷。這以一時論，亦可使中國的人民，減輕負擔，然通全局而觀之，則亦足以養成異族强悍，漢族衰頹之勢。安禄山之所以蓄意反叛，沙陀、突厥之所以橫行中原，都由於此。就是宋朝的始終不振，也和這有間接的關係。因爲久已柔靡的風氣，不易於短時期中訓練之使其變爲强悍。而唐朝府兵的廢壞，亦和其閣置不用，很有關係的。

　　府兵之制起於周。籍民爲兵，蠲其租調，而令刺史以農隙教練。分爲百府，每府以一郎將主之，而分屬於二十四軍。當時以一柱國主二大將，一將軍統二開府，開府各領一軍。其衆合計不滿五萬。隋、唐皆沿其制，而分屬於諸衛將軍。唐制，諸府皆稱折衝府。各置折衝都尉，而以左右果毅校尉副之。上府兵一千二百人,中府千人,下府八百。民年二十服兵役,六十而免。全國六百三十四府,在關中的二百六十一,以爲强幹弱枝之計。府兵之制:平時耕以自養。戰時調集,命將統之。師還則將上所佩印,兵各還其府。(一)無養兵之費,而有多兵之用。(二)兵皆有業之民,無無家可歸之弊。(三)將帥又不能擁兵自重。這是與藩鎮之兵及宋募兵之制相較的優點。從前的論者多稱之。但兵不惟其名,當有其實。唐朝府兵制度存在之時,得其用者甚少。此固由於唐時征討,多用蕃兵,然府兵恐亦未足大用。其故,乃當時的風氣使之,而亦可謂時勢及國家之政策使之。兵之精强,在於訓練。主兵者之能勤於訓練,則在豫期其軍隊之有用。若時值承平,上下都不以軍事爲意,則精神不能不懈弛;精神一懈弛,訓練自然隨之而廢了。所以唐代府兵制度的廢壞,和唐初時局的承平,及唐代外攘,不甚調發大兵,都有關係。高宗、武后時,業已名存實亡。到玄宗時,就竟不能給宿衛了。唐時宿衛之兵,都由諸府調來,按期更換,謂之“番上”。番即現在的班字。時相張説,知其無法整頓,乃請宿衛改用募兵,謂之彍騎,自此諸府更徒存虛籍了。

　　唐初邊兵屯戍的,大的稱軍,小的稱城鎮守捉,皆有使以主之。統屬軍、城鎮守捉的曰道。道有大總管,後改稱大都督。大都督帶使持節的,人稱之爲節度使。睿宗後遂以爲官名。唐初邊兵甚少。武后時,國威陵替。北則突厥,東北則奚、契丹,西南則吐蕃皆跋扈。玄宗時,乃於邊陲置節度使,以事經略。而自東北至西北邊之兵尤强。天下遂成偏重之勢。安禄山、史思明,皆以胡人而懷野心,卒釀成天寶之亂。亂後藩鎮遂遍於内地。其中安史餘孽,唐朝不能徹底剗除,亦皆授以節度使。諸鎮遂互相結約,以土地傳子孫,不奉朝廷的命令。肅、代二世,皆姑息養癰。德宗思整頓之,而兵力不足,反召朱泚之叛。後雖削平朱泚,然河北、淮西,遂不能問。憲宗以九牛二虎之力,討平淮西,河北亦聞風自服。然及穆宗時,河北即復叛。自此終唐之世,不能戡定了。唐朝藩鎮,始終據土自專的,固然只有河北,然其餘地方,亦不免時有變亂。且即在平時,朝廷指揮統馭之力,亦總不甚完全。所以肅、代以還,已隱伏分裂之勢。至黃巢亂後,遂潰決不可收拾了。然藩鎮固能梗命,而把持中央政府,使之不能振作的,則禁軍之患,尤甚於藩鎮。

　　禁軍是唐初從征的兵,無家可歸的,給以渭北閒田,留爲宿衛,號稱元從禁軍。此本國家施恩之意,並非恃以戰鬥。玄宗時,破吐蕃,於臨洮之西置神策軍。安史之亂,軍使成如璆遣將衛伯玉率千人入援,屯於陝州。後如璆死,神策軍之地,陷於吐蕃,乃即以伯玉爲神策軍節度使,仍屯於陝,而中官魚朝

恩以觀軍容使監其軍。伯玉死，軍遂統於朝恩。代宗時，吐蕃陷長安，代宗奔
陝，朝恩以神策軍扈從還京。其後遂列爲禁軍，京西多爲其防地。德宗自奉
天歸，懷疑朝臣，以中官統其軍。其時邊兵賞賜甚薄，而神策軍頗爲優厚，諸
將遂多請遙隸神策軍，軍額擴充至十五萬。中官之勢，遂不可制。"自穆宗以
來八世，而爲宦官所立者七君。"《唐書·僖宗紀》贊語。參看《廿二史劄記·唐代宦官之禍》
條。順宗、文宗、昭宗，皆以欲誅宦官，或遭廢弒，或見幽囚。當時的宦官，已成
非用兵力，不能劃除之勢。然在宦官監制之下，朝廷又無從得有兵力。文宗時，
鄭注欲奪宦官之兵而敗。昭宗欲自練兵以除宦官而敗。召外兵，則明知宦官除而政權將入
除宦官者之手，所以其事始終無人敢爲。然相持至於唐末，卒不得不出於此
一途。於是宦官盡而唐亦爲朱梁所篡了。宦官之禍，是歷代多有的，擁兵爲
患的，卻只有唐朝。後漢末，蹇碩欲圖握兵，旋爲何進所殺。總之，政權根本之地，不可
有擁兵自重的人，宦官亦不過其中之一罷了。

　　禁兵把持於內，藩鎮偃蹇於外，唐朝的政局，終已不可收拾，遂分裂而爲
五代十國。唐時的節度使，雖不聽政府的命令，而亦不能節制其軍隊。軍隊
不滿意於節度使，往往譁變而殺之，而別立一人。政府無如之何，只得加以任
命。狡黠的人，遂運動軍士，殺軍帥而擁戴自己。即其父子兄弟相繼的，亦非
厚加賞賜，以餌其軍士不可。凡此者，殆已成爲通常之局。所謂"地擅於將，
將擅於兵"。五代十國，惟南平始終稱王，餘皆稱帝，然論其實，則仍不過一節
度使而已。宋太祖黃袍加身，即係唐時擁立節度使的故事，其餘證據，不必列
舉。事勢至此，固非大加整頓不可。所以宋太祖務要削弱藩鎮，而加強中央
之兵。宋朝的兵制：兵之種類有四：曰禁軍，是爲中央軍，均屬三衙。曰廂軍，
是爲地方兵，屬於諸州。曰鄉兵，係民兵，僅保衛本地方，不出戍。曰蕃兵，則
係異族團結爲兵，而用鄉兵之法的。太祖用周世宗之策，將廂軍之強者，悉升
爲禁軍，其留爲廂軍者，不甚教閱，僅堪給役而已。鄉兵、蕃兵，本非國家正式
的軍隊，可以弗論。所以武力的重心，實在禁軍。全國須戍守的地方，乃遣禁
軍更番前往，謂之"番戍"。昔人議論宋朝兵制的，大都加以詆毀。甚至以爲
唐朝的所以強，宋朝的所以弱，即由於藩鎮的存廢。這真是瞽目之談。唐朝
強盛時，何嘗有什麼藩鎮？到玄宗設立藩鎮時，業已因國威陵替，改取守勢
了。從前對外之策，重在防患未然。必須如漢之設度遼將軍、西域都護，唐之
設諸都護府，對於降伏的部落，（一）監視其行動，（二）通達其情意，（三）並處
理各部族間相互的關係。總而言之，不使其（一）互相并吞，（二）坐致強大。
是爲防患未然。其設置，是全然在夷狄境內，而不在中國境內的，此之謂"守

在四夷"。是爲上策。經營自己的邊境,已落第二義了。然果其士馬精强,障塞完固,中央的軍令森嚴,邊將亦奉令維謹,尚不失爲中策。若如唐朝的藩鎮擅土,則必自下策而入於無策的。因爲軍隊最怕的是驕,驕則必不聽命令,不能對外,而要内訌;内訌,勢必引外力以爲助;這是千古一轍的。以唐朝幽州兵之强,而不能制一契丹,使其坐大;藩鎮遍於内地,而黃巢橫行南北,如入無人之境,卒召沙陀之兵,然後把他打平;五代時,又因中央和藩鎮的内訌,而引起契丹的侵入;都是鐵一般强、山一般大的證據。藩鎮的爲禍爲福,可無待於言了。宋朝的兵,是全出於招募的,和府兵之制相反,論者亦恆右唐而左宋,這亦是耳食之談。募兵之制,雖有其劣點,然在經濟上及政治上,亦自有其相當的價值。天下姦悍無賴之徒,必須有以銷納之,最好是能懲治之,感化之,使改變其性質,此輩在經濟上,既是所謂"無賴",又其性質,不能勤事生產,欲懲治之,感化之極難。只有營伍之中,規律最爲森嚴,或可約束之,使之改變。此輩性行雖然不良,然苟能束之以紀律,其戰鬥力,不會較有身家的良民爲差,或且較勝。利用養兵之費,銷納其一部分,既可救濟此輩生活上的無賴,而餉項亦不爲虛糜。假若一個募兵,在伍的年限,是十年到二十年,則其人已經過長期的訓練;裁遣之日,年力就衰,大多數的性質,必已改變,可以從事於生產,變做一個良民了。以經濟原理論,本來宜於分業,平民出餉以養兵,而於戰陣之事,全不過問,從經濟的立場論,是有益無損的。若謂行募兵之制,則民不知兵,則舉國皆兵,實至今日乃有此需要。在昔日,兵苟真能禦敵,平民原不須全體當兵。所以說募兵之制,在經濟上和政治上,自有其相當的價值。宋代立法之時,亦自有深意。不過所行不能副其所期,遂至利未形而害已見罷了。宋朝兵制之弊:在於(一)兵力的逐漸腐敗。(二)番戍之制:(甲)兵不知將,將不知兵,既不便於指揮統馭。(乙)而兵士居其地不久,既不熟習地形;又和當地的人民,沒有聯絡。(丙)三年番代一次,道途之費,卻等於三年一次出征。(三)而其尤大的,則在帶兵的人,利於兵多,(子)既可缺額刻餉以自肥,(丑)又可役使之以圖利。乞免者既不易得許;每逢水旱偏災,又多以招兵爲救荒之策;於是兵數遞增。開國之時,不滿二十萬。太祖末年,已增至三十七萬。太宗末年,增至六十六萬。真宗末年,增至九十一萬。仁宗時,西夏兵起,增至百二十五萬。後雖稍減,仍有百十六萬。歐陽修說:"天下之財,近自淮甸,遠至吳、楚,莫不盡取以歸京師。晏然無事,而賦斂之重,至於不可復加。"養兵之多如此,即使能戰,亦伏危機,何況並不能戰,對遼對夏,都是隱忍受侮;而西夏入寇時,仍驅鄉兵以禦敵呢? 當時兵多之害,人人知之,然皆顧慮召變而不敢裁。直至王安石出，才大加淘汰。把不任禁軍的降爲廂軍，不任廂軍的免爲民。兵額減至過半。又革去番戍之制，擇要地使之屯駐，而置將以統之。以第一、第二爲名，全國共九十一將。安石在軍事上，雖然無甚成就，然其裁兵的勇氣，是值得稱道的。惟其所行民兵之制，則無甚成績，而且有弊端。

　　王安石民兵之法，是和保伍之制連帶的。他立保甲之法，以十家爲一保，設保長。五十家爲一大保，設大保長。五百家爲一都保，設都保正副。家有兩丁的，以其一爲保丁。其初日輪若干人儆盜。後乃教以武藝，籍爲民兵。民兵成績，新黨亦頗自詡。如《宋史》載章惇之言，謂"仕宦及有力之家，子弟欣然趨赴，馬上藝事，往往勝諸軍"之類。然據《宋史》所載司馬光、王巖叟的奏疏，則其（一）有名無實，（二）以及保正長巡檢使等的誅求，真是暗無天日。我們不敢說新黨的話全屬子虛，然這怕是少數，其大多數，一定如舊黨所説的。因爲此等行政上的弊竇，隨處可以發現。民兵之制，必要的條件有二：（一）爲強敵壓迫於外。如此，舉國上下，才有憂勤惕厲的精神，民雖勞而不怨。（二）則行政上的監督，必須嚴密。官吏及保伍之長，才不敢倚勢虐民。當時這兩個條件，都是欠缺的，所以不免弊餘於利。至於伍保之法，起原甚古。《周官·大司徒》説："令五家爲比，使之相保。五比爲閭，使之相受。四閭爲族，使之相葬。五族爲黨，使之相救。五黨爲州，使之相賙。五州爲鄉，使之相賓。"這原和《孟子》"死徙無出鄉，鄉田同井，出入相友，守望相助，疾病相扶持"之意相同，乃使之互相救恤。商君令什伍相司同伺。連坐，才使之互相稽察。前者爲社會上固有的組織，後者則政治上之所要求。此惟亂時可以行之。在平時，則犯大惡者，如謀反叛逆之類。非極其祕密；即徒黨衆多，聲勢浩大；如江湖豪俠之類。或其人特別凶悍，爲良民所畏；如土豪劣紳之類。必非人民所能檢舉。若使之檢舉小惡，則徒破壞社會倫理，而爲官吏開敲詐之門，其事必不能行。所以自王安石創此法後，歷代都只於亂時用以清除姦軌，在平時總是有名無實，或并其名而無之的。伍保之法，歷代法律上本來都有，並不待王安石的保甲，然亦都不能行。

　　裁募兵，行民兵，是宋朝兵制的一變。自此募兵之數減少。元祐時，舊黨執政，民兵之制又廢。然募兵之額，亦迄未恢復。徽宗時，更利其缺額，封樁其饟，以充上供，於是募兵亦衰。至金人入犯，以陝西爲著名多兵之地，种師道將以入援，僅得一萬五千人而已。以兵多著名的北宋，而其結果至於如此，豈非奇談？

　　南渡之初，軍旅寡弱。當時諸將之兵，多是靠招降羣盜或召募，以資補充的。其中較爲強大的，當推所謂御前五軍。楊沂中爲中軍，總宿衞。張俊爲前軍，韓世忠爲後軍，岳飛爲左軍，劉光世爲右軍，皆屯駐於外，是爲四大將。光世死，其軍叛降僞齊。一部分不叛的，歸於張俊。以四川吳玠之軍補其缺。其時岳飛駐湖北，韓世忠駐淮東，張俊駐江東，皆立宣撫司。宗弼再入犯，秦檜決意言和，召三人入京，皆除樞密副使，罷三宣撫司，以副校統其兵，稱爲統制御前軍馬。駐紮之地仍舊，謂之某州駐劄御前諸軍。四川之兵，亦以御前諸軍爲號。直達朝廷，帥臣不得節制。其餉，則特設總領以司之，不得自籌。其事略見《文獻通考·兵考》。

北族在歷史上，是個侵略民族。這是地理條件所規定的。在地理上，(一)瘠土的民族，常向沃土的民族侵略。(二)但又必具有地形平坦，利於集合的條件。所以像天山南路，沙漠縣延，人所居住的，都是星羅棋布的泉地，像海中的島嶼一般；又或仰雪水灌溉，依天山之麓而建國；以至青海、西藏，山嶺崎嶇，交通太覺不便；則土雖瘠，亦不能成爲侵略民族。歷史上侵掠的事實，以蒙古高原爲最多，而遼、吉二省間的女真，在近代，亦曾兩度成爲侵略民族。這是因爲蒙古高原，地瘠而平，於侵掠的條件，最爲完具。而遼吉二省，地形亦是比較平坦的；且與繁榮的地方相接近，亦有以引起其侵略之欲望。北族如匈奴、突厥等，雖然强悍，初未嘗侵入中國。五胡雖占據中國的一部分，然久居塞內，等於中國的亂民，而其制度亦無足觀。只有遼、金、元、清四朝，是以一個異民族的資格，侵入中國的；而其制度，亦和中國較有關係。今略述其事如下。

四朝之中，遼和中國的關係最淺。遼的建國，係合部族及州縣而成。部族是他的本族，和所征服的北方的游牧民族。州縣則取自中國之地。其兵力，亦是以部族爲基本的。部族的離合，及其所居之地，都係由政府指定，不能自由。其人民全體皆隸兵籍。當兵的素質，極爲佳良。《遼史》稱其"各安舊風，狃習勞事，不見紛華異物而遷。故能家給人足，戎備整完。卒之虎視四方，强朝弱附，部族實爲之爪牙"，可謂不誣了。但遼立國雖以部族爲基本，而其組織軍隊，亦非全不用漢人。世徒見遼時的五京鄉丁，祗保衛本地方，不出戍，以爲遼朝全不用漢人做正式軍隊，其實不然。遼制有所謂宮衞軍者，每帝即位，輒置之。出則扈從，入則居守，葬則因以守陵。計其丁數，凡有四十萬八千，出騎兵十萬一千。所謂不待調發州縣部族，而十萬之兵已具。這是遼朝很有力的常備軍。然其置之也，則必"分州縣，析部族"。又太祖征討四方，皇后述律氏居守，亦摘蕃漢精銳三十萬爲屬珊軍。可見遼的軍隊中，亦非無漢人了。此外遼又有所謂大首領部族軍，乃親王大臣的私甲，亦可率之以從征。國家有事，亦可向其量借。又北方部族，服屬於遼的，謂之屬國，亦得向其量借兵糧。契丹的疆域頗大，兵亦頗多而強，但其組織不堅凝。所以天祚失道，金兵一臨，就土崩瓦解。這不是遼的兵力不足以禦金，乃是並沒有從事於抵禦。其立國本無根柢，所以土崩瓦解之後，亦就更無人從事於復國運動。耶律大石雖然有意於恢復，在舊地，亦竟不能自立了。

金朝的情形，與遼又異。遼雖風氣敦樸，然畜牧極盛，其人民並不貧窮的。金則起於瘠土，人民非常困窮。然亦因此而養成其耐勞而好侵掠的性質。《金史》說他“地狹産薄，無事苦耕，可致衣食；有事苦戰，可致俘獲”，可見其侵掠的動機了。金源本係一小部族，其兵，全係集合女真諸部族而成。戰時的統帥，即係平時的部長。在平時稱爲孛堇，戰時則稱爲猛安、謀克。猛安譯言千夫長，謀克譯言百夫長，這未必真是千夫和百夫，不過依其衆寡，略分等級罷了。金朝的兵，其初戰鬥力是極強的，但遷入中原之後，腐敗亦很速。看《廿二史劄記・金用兵先後強弱不同》一條，便可知道。金朝因其部落的寡少，自伐宋以後，即參用漢兵。其初契丹、渤海、漢人等，投降金朝的，亦都授以猛安謀克。女真的猛安謀克户，雜居漢地的，亦聽其與契丹、漢人相婚姻，以相固結。熙宗以後，漸想把兵柄收歸本族。於是罷漢人和勃海人猛安謀克的承襲。移剌窩斡亂後，又將契丹户分散，隸屬於諸猛安謀克。自世宗時，將猛安謀克户移入中原，其人既已腐敗到既不能耕，又不能戰，而宣宗南遷，仍倚爲心腹，外不能抗敵，而内斂怨於民。金朝的速亡，實在是其自私本族，有以自召之的。總而言之：文明程度落後的民族，與文明程度較高的民族遇，是無法免於被同化的。像金朝、清朝這種用盡心機，而仍不免於滅亡，還不如像北魏孝文帝一般，自動同化於中國的好。

元朝的兵制，也是以壓制爲政策的。他的兵，出於本部族的，謂之蒙古軍。出於諸部族的，謂之探馬赤軍。既入中原後，取漢人爲軍，謂之漢軍。其取兵之法，有以户論的，亦有以丁論的。兵事已定之後，曾經當過兵的人，即定入兵籍，子孫世代爲兵。其貧窮的，將幾户合并應役。甚貧或無後的人，則落其兵籍，別以民補。此外無他變動。其滅宋所得的兵，謂之新附軍。帶兵的人，“視兵數之多寡，爲爵秩之崇卑”，名爲萬户、千户、百户。皆分上、中、下。初制，萬户千户死陣者，子孫襲職，死於病者降一等。後來不論大小及身故的原因，一概襲職。所以元朝的軍官，可視爲一個特殊階級。世祖和二三大臣定計：使宗王分鎮邊徼及襟喉之地。河、洛、山東，是他們所視爲腹心之地，用蒙古軍、探馬赤軍戍守。江南則用漢軍及新附軍，但其列城，亦有用萬戶、千戶、百戶戍守的。元朝的兵籍，漢人是不許閱看的。所以占據中國近百年，無人知其兵數。觀其屯戍之制，是很有深心的。但到後來，其人亦都入洪鑪而俱化。末葉兵起時，宗王和世襲的軍官，並不能護衞他。

　　元朝以異族入據中國，此等猜防之法，固然無怪其然。明朝以本族人做本族的皇帝，卻亦暗襲其法，那就很爲無謂了。明制：以五千六百人爲衞，一千一百十二人爲千戶所，一百十二人爲百戶所。什伍之長，歷代都即在其什伍之人數內，明朝則在其外。每一百戶所，有總旗二人，小旗十人，所以共爲一百十二人。衞設都指揮使，隸屬於五軍都督府。兵的來路有三種：第（一）種從征，是開國時固有的兵。第（二）種歸附，是敵國兵投降的。第（三）種謫發，則是刑法上罰令當兵的，俗話謂之“充軍”。從征和歸附，固然是世代爲兵，謫發亦然。身死之後，要調其繼承人，繼承人絕掉，還要調其親族去補充的，謂之“句丁”。這明是以元朝的兵籍法爲本，而加以補充的。五軍都督府，多用明初勳臣的子孫，也是模仿元朝軍官世襲之制。治天下不可以有私心。有私心，要把一羣人團結爲一黨，互相護衞，以把持天下的權利，其結果，總是要自受其害。軍官世襲之制，後來腐敗到無可挽救，即其一端。金朝和元朝，都是異族，他們社會進化的程度本淺，離封建之世未遠，猛安謀克和萬戶千戶百戶，要行世襲之制，還無怪其然。明朝則明是本族人，卻亦重視開國功臣的子孫，把他看做特別階級，其私心就不可恕了。抱封建思想的人，總以爲某一階級的人，特權和權利，全靠我做皇帝才能維持，他一定會擁護我，所以把這一階級人，看得特別親密。殊不知這種特權階級，到後來荒淫無度，知識志氣，都沒有了，何謂權利？怕他都不大明白。明白了，明白什麼是自己的權利了，明白自己的權利，如何才得維持了，因其懦弱無用，眼看著他人搶奪他的權利，他亦無如之何。所謂貴戚世臣，理應與國同休戚的，卻從來沒有這回事，即由於此。武力是不能持久的。持久了，非腐敗不可。這其原因，由於戰爭是社會的變態而非其常態。變態是有其原因的，原因消失了，變態亦即隨之而消失。所以從歷史上看來，從沒有一枝真正強盛到幾十年的軍隊。因不遇強敵，甚或不遇戰事，未至潰敗決裂，是有的。然這只算是徼幸。極強大的軍隊，轉瞬化爲無用，這種事實，是舉不勝舉的。以宋武帝的兵力，而到文帝時即一蹶不振，即其一例。又如明末李成梁的兵力，亦是不堪一擊的，徼幸他未與滿洲兵相遇罷了。然而東事的敗壞，其機實隱伏於成梁之時，這又是其一例。軍隊的腐敗，其表現於外的，在精神方面，爲士氣的衰頹；在物質方面，則爲積弊的深痼；雖有良將，亦無從整頓，非解散之而另造不可。世人不知其原理，往往想就軍隊本身，設法整頓，其實這是無法可設的。因爲軍隊是社會的一部分，不能不受廣大社會的影響。在社會學上，較低的原理，是要受較高的原理的統馭的。“兵可百年不用，不可一日無備”，這種思想，亦是以常識論則是，而經不起科學評判的。因爲到有事時,預備著的軍隊,往往無用,而仍要臨時更造。府兵和衞所,是很相類的制度。府兵到後來,全不能維持其兵額。明朝對於衞所的兵額,是努力維持的,所以其缺額不至如唐朝之甚。然以多數的兵力,對北邊,始終只能維持守勢;現在北邊的長城,十分之九,都是明朝所造。末年滿洲兵進來,竟爾一敗塗地;則其兵力亦有等於無。此皆特殊的武力不能持久之證。

清朝太祖崛起,以八旗編制其民。太宗之世,蒙古和漢人歸降的,亦都用同一的組織。這亦和金朝人以猛安謀克授渤海、漢人一樣。中國平定之後,以八旗兵駐防各處,亦和金朝移猛安謀克戶於中原,及元朝鎮戍之制,用意相同。惟金代的猛安謀克戶,係散居於民間;元朝萬戶分駐各處,和漢人往來,亦無禁限。清朝駐防的旗兵,則係和漢人分城而居的,所以其衝突不如金、元之烈。但其人因此與漢人隔絕,和中國的社會,全無關係,到末造,要籌畫旗民生計,就全無辦法了。清代的漢兵,謂之綠旗,亦稱綠營。中葉以前的用兵,是外征以八旗爲主,內亂以綠營爲主的。八旗兵在關外時,戰鬥之力頗強。中國軍隊強悍的,亦多只能取守勢,野戰總是失利時居多。洪承疇松山之戰,是其一例。然入關後腐敗亦頗速。三藩亂時,八旗兵已不足用了。自此至太平天國興起時,內地粗覺平安,對外亦無甚激烈的戰鬥。武功雖盛,實多徼天之幸。所以太平軍一起,就勢如破竹了。

中國近代,歷史上有兩種潮流潛伏著。推波助瀾,今猶未已,非通觀前後,是不能覺悟出這種趨勢來的。這兩種潮流:其(一)是南方勢力的興起。南部數省,向來和大局無甚關係。自明桂王根據雲、貴與清朝相抗;吳三桂舉兵,雖然終於失敗,亦能震盪中原;而西南一隅,始隱然爲重於天下。其後太平軍興,征伐幾遍全國。雖又以失敗終,然自清末革命,至國民政府北伐之成功,始終以西南爲根據。現在的抗戰,還是以此爲民族復興的策源地的。其(二)是全國皆兵制的恢復。自秦朝統一以後,兵民漸漸分離,至後漢之初,而民兵之制遂廢,至今已近二千年了。康有爲說:中國當承平時代,是沒有兵的。雖亦有稱爲兵的一種人,其實性質全與普通人民無異。見《歐洲十一國游記》。此之謂有兵之名,無兵之實。曠觀歷代,都是當需要用兵時,則產生出一枝真正的軍隊來;事過境遷,用兵的需要不存,此種軍隊,亦即凋謝,而只賸些有名無實的軍隊,充作儀仗之用了。此其原理,即由於上文所說的戰爭是社會的變態,原不足怪。但在今日,帝國主義跋扈之秋,非恢復全國皆兵之制,是斷不足以自衞的。更無論扶助其他弱小民族了。這一個轉變,自然是極艱難。但環境既已如此,決不容許我們的不變。當中國和歐美人初接觸時,全未知道需要改變。所想出來的法子,如引誘他們上岸,而不和他在海面作戰;如以靈活的小船,制他笨重的大船等;全是些閉著眼睛的妄論。到咸、同間,外患更深了。所謂中興將帥,(一)因經驗較多,(二)與歐美人頗有相當的接觸。才知道現在的局面,非復歷史上所有。欲圖適應,非有相當的改革不可。於是有造成一枝軍隊,以適應時勢的思想。設船政局、製造局,以改良器械;陸軍則改練洋操;亦曾成立過海軍;都是這種思想的表現。即至清末,要想推行徵兵制。其實所取的辦法,離民兵之制尚遠,還不過是這種思想。民國二十餘年,兵制全未革新,且複演了歷史上武人割據之局。然時代的潮流,奔騰澎湃,終不容我不捲入旋渦。抗戰以來,我們就一步步的,走入舉國皆兵之路了。這兩種文化,現在還在演變的中途,我們很不容易看出其偉大。然在將來,作歷史的人,一定要認爲畫時代的大轉變,是豪無可疑的。這兩種文化,實在還只是一種。因爲這種轉變,不過强迫著我們,發生一種新組織,以與時代相適應,而時代之所以有此要求,則緣世界交通而起。在中國,受世界交通影響最早的是南部。和舊文化關係最淺的,亦是南部,受舊文化的影響較淺,正是迎受新文化的一個預備條件。所以近代改革的原動力,全出於南方;南方始終代表著一個開明的勢力。太平天國,雖然不成氣候,湘淮軍諸首領,雖然頗有學問,然以新舊論,則太平天國,仍是代表新的,湘淮軍人物,仍是代表舊的。不過新的還未成熟,舊的也還餘力未盡罷了。千迴百折,似弱而卒底於有成。

　　幾千年以來,內部比較平安,外部亦無真正的大敵。因此,養成中國(一)長期間無兵,只有需要時,才産生真正的軍隊;(二)而這軍隊,在全國人中,只占一極小部分的文化。在今日,又漸漸的改變,而走上全國皆兵的路了。而亘古未曾開發的資源,今日亦正在開發。以此廣大的資源,供此眾多民族之用,今後世界的戰爭,不更將增加其慘酷的程度麼? 不,戰爭只是社會的變態。現在世界上戰爭的慘酷,都是帝國主義造成的,這亦是社會的一個變態,不過較諸既往,情形特別嚴重罷了。變態是決不能持久的。資本的帝國主義,已在開始崩潰了。我們雖有橫絕一世的武力,大勢所趨,決然要用之於打倒帝國主義之途,斷不會加入帝國主義之內,而成爲破壞世界和平的一分子。

第十章　刑　　法

　　談中國法律的，每喜考究成文法起於何時。其實這個問題，是無關緊要的。法律的來源有二：一爲社會的風俗。一爲國家對於人民的要求。前者即今所謂習慣，是不會著之於文字的。然其對於人民的關係，則遠較後者爲切。

　　中國刑法之名，有可考者始於夏。《左氏》昭公六年，載叔向寫給鄭子產的信，說：“夏有亂政而作《禹刑》，商有亂政而作《湯刑》，周有亂政而作《九刑》。”這三種刑法的內容，我們無從知其如何，然叔向這一封信，是因子產作刑書而起的。其性質，當和鄭國的刑書相類。子產所作的刑書，我們亦無從知其如何，然昭公二十九年，《左氏》又載晉國趙鞅鑄刑鼎的事。杜《注》說：子產的刑書，也是鑄在鼎上的。雖無確據，然士文伯譏其“火未出而作火以鑄刑器”，其必著之金屬物，殆無可疑。所能著者幾何？而《書經·呂刑》說：“墨罰之屬千；劓罰之屬千；剕罰之屬五百；宮罰之屬三百；大辟之罰，其屬二百；五刑之屬三千。”請問如何寫得下？然則《呂刑》所說，其必爲習慣而非國家所定的法律，很明白可見了。個人在社會之中，必有其所當守的規則。此等規則，自人人如此言之，則曰俗。自一個人必須如此言之，則曰禮。故曰禮者，履也。違禮，就是違反習慣，社會自將加以制裁，故曰：“出於禮者入於刑。”或疑三千條規則，過於麻煩，人如何能遵守？殊不知古人所說的禮，是極其瑣碎的。一言一動之微，莫不有其當守的規則。這在我們今日，亦何嘗不如此？我們試默數言語動作之間，所當遵守的規則，何減三千條？不過童而習之，不覺得其麻煩罷了。《禮記·禮器》說“曲禮三千”，《中庸》說“威儀三千”，而《呂刑》說“五刑之屬三千”，其所謂刑，係施諸違禮者可知。古以三爲多數。言千乃舉成數之辭。以十言之而覺其少則曰百，以百言之而猶覺其少則曰千，墨劓之屬各千，猶言其各居總數三之一。剕罰之屬五百，則言其居總數六之一。還有六分之一，宮罰又當占其五分之三，大辟占其五分之二，則云宮罰之屬三百，大辟之罰其屬二百，這都是約略估計之辭。若真指法律條文，安得如此整齊呢？

然則古代人民的生活，其全部，殆爲習慣所支配，無疑義了。

社會的習慣，是人人所知，所以無待於教。若有國有家的人所要求於人民的，則人民初無從知，自非明白曉諭不可。《周官》：布憲"掌憲邦之刑禁。"憲謂表而縣之"，見《周官·小宰》《注》。正月之吉，執邦之旌節，以宣布於四方"。而州長、黨正、族師、閭胥，咸有屬民讀法之舉。天、地、夏、秋四官，又有縣法象魏之文。小宰、小司徒、小司寇、士師等，又有徇以木鐸之説。這都是古代的成文法，用言語、文字或圖畫公布的。在當時，較文明之國，必無不如此。何從鑿求其始於何時呢？無從自知之事，未嘗有以教之，自不能以其違犯爲罪。所以説"不教而誅謂之虐"。《論語·堯曰》。而三宥、三赦之法，或曰不識，或曰遺忘，或曰老旄，或曰惷愚，《周官·司刺》。亦都是體諒其不知的。後世的法律，和人民的生活，相去愈遠；其爲人民所不能瞭解，十百倍於古昔；初未嘗有教之之舉，而亦不以其不知爲恕。其殘酷，實遠過於古代。即後世社會的習慣，責人以遵守的，亦遠不如古代的合理。後人不自哀其所遭遇之不幸，而反以古代的法律爲殘酷，而自詡其文明，真所謂"溺人必笑"了。

刑字有廣狹二義：廣義包括一切極輕微的制裁、懲戒、指摘、非笑而言。"出於禮者入於刑"，義即始此。曲禮三千，是非常瑣碎的，何能一有違犯，即施以懲治呢？至於狹義之刑，則必以金屬兵器，加傷害於人身，使其蒙不可恢復的創傷，方足當之。漢人説："死者不可復生，刑者不可復屬。"義即如此。此爲刑字的初義，乃起於戰陣，施諸敵人及間諜內奸的，並不施諸本族。所以司用刑之官曰士師，士是戰士，士師謂戰士之長。曰司寇。《周官》：司徒的屬官，都可以聽獄訟，然所施之懲戒，至於圜土，嘉石而止，見下。其附於刑者必歸於士，這正和今日的司法機關和軍法審判一般。因爲施刑的器具，兵器。別的機關裏，是没有的。刑之施及本族，當係俘異族之人，以爲奴隸，其後本族犯罪的人，亦以爲奴隸，而儕諸異族，乃即將異族的裝飾，施諸其人之身。所以越族斷髮文身，而髡和黥，在我族都成爲刑罪。後來有暴虐的人，把他推而廣之，而傷殘身體的刑罰，就日出不窮了。五刑之名，見於《書經·呂刑》。《呂刑》説："苗民弗用靈，制以刑，惟作五虐之刑曰法。爰始淫爲劓、刵、椓、黥。""劓、刵、椓、黥"，歐陽、大小夏侯作"臏、宫、劓、割頭、庶勦"。《虞書》標題下《疏》引。臏即刖。割頭即大辟。庶勦的庶字不可解，勦字即黥字，是無疑義的。然則今本的劓、刵、椓、黥是誤字。《呂刑》的五刑，實苗民所創。苗民的民字乃貶辭，實指有苗之君，見《禮記·緇衣疏》引《呂刑》鄭《注》。《國語·魯語》：臧文仲説："大刑用甲兵，其次用斧鉞。中刑用刀鋸，其次用鑽笮。薄刑用鞭扑。大者陳之原野，小者肆之市、朝。"是爲"五服三次"。《堯典》説："五刑有服,五服三就",亦即此。大刑用甲兵,是指戰陣。其次用斧鉞,是指大辟。中刑用刀鋸指劓、腓、宫。其次用鑽笮指墨。薄刑用鞭朴,雖非金屬兵器,然古人亦以林木爲兵;《吕覽·蕩兵》:"未有蚩尤之時,民固剥林木以戰矣。"《左氏》僖公二十七年,楚子玉治兵,鞭七人,可見鞭亦軍刑。《堯典》:"象以典刑。流宥五刑。鞭作官刑。朴作教刑。金作贖刑。"象以典刑,即《周官》的縣法象魏。流宥五刑,當即《吕刑》所言之五刑。金作贖刑,亦即《吕刑》所言之法。所以必用金,是因古者以銅爲兵器。可見所謂"虧體"之刑,全是原於兵争的。至於施諸本族的,則古語説"教笞不可廢於家",大約并鞭朴亦不能用。最嚴重的,不過逐出本族之外,是即所謂流刑。《王制》的移郊、移遂、屏諸遠方,即係其事。《周官》司寇有圜土、嘉石,皆役諸司空。圜土、嘉石,都是監禁;役諸司空,是罰做苦工,怕已是施諸奴隸的,未必施諸本族了。於此見殘酷的刑罰,全是因戰争而起的。五刑之中,婦人的宫刑,是閉於宫中,見《周官·司刑》鄭《注》。其實並不虧體。其餘是無不虧體的。《周官·司刑》載五刑之名,惟臏作刖,餘皆與《吕刑》同。《爾雅·釋言》及《説文》,均以跀、刖爲一事。惟鄭玄《駁五經異義》説:"皋陶改臏爲剕,周改剕爲刖。"段玉裁《説文》髕字《注》説:臏是髕的俗字,乃去郤頭骨,刖則漢人之斬止,其説殊不足據。髕乃生理名詞,非刑名。當從陳喬樅説,以跀爲斬左趾,朓爲并斬右趾爲是。見《今文尚書·經説考》。然則五刑自苗民創制以來,至作《周官》之時,迄未嘗改。然古代虧體之刑,實並不止此。見於書傳的,如斬、古稱斬謂腰斬。後來戰陣中之斬級,事與刑場上的割頭異,無以名之,借用腰斬的斬字。再後來,斬字轉指割頭而言,腰斬必須要加一個腰字了。磔、裂其肢體而殺之。《史記·李斯列傳》作矺,即《周官·司戮》之辜。脯、謂去衣磔之,亦見《周官·司戮》。車裂、亦曰轘。絞、《左氏》哀公二年,"絞縊以戮"。絞乃用以縊殺人之繩,後遂以絞爲縊殺。焚、亦見司戮。烹、見《公羊》莊公四年。脯醢等都是。脯醢當係食人之族之俗,後變爲刑法的。刵即馘,割耳。亦原於戰陣。《孟子》説文王之治岐也,罪人不孥。《梁惠王下篇》。《左氏》昭公二十二年引《康誥》,亦説父子兄弟,罪不相及。而《書經·甘誓》、《湯誓》,都有孥戮之文。可見没入家屬爲奴婢,其初亦是軍法。這還不過没爲奴隸而已,若所謂族誅之刑,則親屬都遭殺戮。這亦係以戰陣之法,推之刑罰的。因爲古代兩族相争,本有殺戮俘虜之事。强宗巨家,一人被殺,其族人往往仍想報復,爲豫防後患起見,就不得不加以殺戮了。《史記·秦本紀》:文公二十年,"法初有三族之罪"。父母、兄弟、妻子。此法後相沿甚久。魏晋南北朝之世,政敵被殺的,往往牽及家屬。甚至嫁出之女,亦不能免。可見戰争的殘酷了。

　　古代的用法，其觀念，有與後世大異的。那便是古代的"明刑"乃所以"弼教"，"明於五刑，以弼五教"。見《書經·堯典》。而後世則但求維持形式上的秩序。人和人的相處，所以能（一）平安無事，（二）而且還可以有進步，所靠的全是善意。苟使人對人，人對社會，所懷挾的全是善意，一定能彼此相安，還可以互相輔助，日進無疆，所做的事情，有無錯誤，倒是無關緊要的。若其彼此之間，都懷挾敵意，僅以懾於對方的實力、社會的制裁，有所憚而不敢爲；而且進而作利人之事，以圖互相交換；則無論其所行的事，如何有利於人，有利於社會，根本上總只是商業道德。商業道德，是決無以善其後的。人，本來是不分人我，不分羣己的。然到後來，社會的組織複雜了，矛盾漸漸深刻，人我羣己的利害，漸漸發生衝突，人，就有破壞他人或社會的利益以自利的。欲救此弊，非把社會階級，徹底剗除不可。古人不知此義，總想把教化來挽回他。教化之力不足，則輔之以刑罰。所以其用法，完全注重於人的動機。所以說《春秋》斷獄重志。《春秋繁露·精華篇》。所以說："聽訟吾猶人也，必也使無訟乎？無情者不得盡其辭，大畏民志，此謂知本。"《大學》。此等希望，自然要終成泡影的。法律乃讓步到不問人的動機，但要求其不破壞我所要維持的秩序爲止。其用心如何，都置諸不問。法律至此，就失其弼教的初意，而只成爲維持某種秩序的工具了。於是發生"說官話"的現象。明知其居心不可問，如其行爲無可指摘，即亦無如之何。法律至此，乃自成爲反社會之物。

　　有一事，是後世較古代爲進步的。古代氏族的界限，還未化除。國家的權力，不能侵入氏族團體之內，有時并不能制止其行動。（一）氏族員遂全處於其族長權力之下。此等風氣在家族時代，還有存留。（二）而氏族與氏族間的爭鬥，亦往往靠實力解決。《左氏》成公三年，知罃被楚國釋放的時候，說："首罃父。其請於寡君，而以戮於宗，亦死且不朽。"昭公二十一年，宋國的華費遂說："吾有讒子而弗能殺。"可見在古代，父可專殺其子。《白虎通義·誅伐篇》卻說"父殺其子當誅"了。《禮記》的《曲禮》、《檀弓》，均明著君父、兄弟、師長，交游報讎之禮。《周官》的調人，是專因報讎問題而設立的。亦不過令有讎者避之他處，審查報讎的合於義與否，禁止報讎不得超過相當限度而已，並不能根絕其事。報讎的風氣，在後世雖相沿甚久，習俗上還視爲義舉，然在法律上，總是逐步遭遇到禁止的。這都是後世法律，較之古代進步之處。但家長或族長，到現在，還略有處置其家人或族衆的權力，國家不能加以干涉，使人人都受到保護；而國家禁止私人復讎，而自己又不能真正替人民伸雪冤屈；也還是未盡善之處。

　　法律是不能一天不用的。苟非文化大變，引用別一法系的法律，亦決不會有什麽根本的改革。所以總是相承而漸變。中國最早的法典，是李悝的《法經》。據《晉書·刑法志》所載陳羣《魏律序》，是悝爲魏文侯相，撰次諸國法所爲。魏文侯在位，據《史記·六國表》，是自周威烈王二年至安王十五年，即民國紀元前二千三百三十六年至二千二百九十八年。可謂很古老的了。撰次，便是選擇排比。這一部書，在當時，大約所參考者頗博，且曾經過一番斟酌去取，依條理系統編排的，算做一部佳作。所以商君"取之以相秦"，沒有重纂。這時候的趨勢，是習慣之力，即社會制裁。漸漸的不足以維持社會，而要乞靈於法律。而法律還是謹守著古老的規模，所規定之事極少，漸覺其不敷用，法經共分六篇：《魏律序》舉其篇目，是（一）盜，（二）賊，（三）網，（四）捕，（五）雜，（六）又以一篇著其加減。盜是侵犯人的財産。賊是傷害人的身體。盜賊須網、捕，所以有網、捕兩篇。其餘的則并爲雜律。古人著書，常將重要的事項，獨立爲篇，其餘則并爲一篇，總稱爲雜。一部自古相傳的醫書，號爲出於張仲景的，分爲傷寒、雜病兩大部分，雜病或作卒病，乃誤字。即其一證。網、捕、盜、賊，分爲四篇，其餘事項，共爲一篇，可見《法經》視盜、賊獨重，視其餘諸事項都輕，斷不足以應付進步的社會。漢高祖入關，卻更做了一件違反進化趨勢的事。他説："吾與父老約：法，三章耳：殺人者死，傷人及盜抵罪。餘悉除去秦法。"因爲約法三章四字，給人家用慣了，很有些人誤會：這是漢高祖與人民立約三條。其實據陳羣《魏律序》，李悝《法經》的體例，是"集類爲篇，結事爲章"的。每一篇之中，包含著許多章。"吾與父老約：法，三章耳"，當以約字斷句，法字再一讀。就是說六篇之法，只取三章，其餘五篇多，都把他廢掉了。秦時的民不聊生，實由於政治太不安靜。專就法律立論，則由於當時的獄吏，自成一種風氣，用法務取嚴酷。和法律條文的多少，實在沒有關係。但此理是無從和羣衆説起的。約法三章，餘悉除去，在羣衆聽起來，自然是歡欣鼓舞的了。這事不過是一時收買人心之術，無足深論。其事自亦不能持久。所以《漢書·刑法志》説：天下既定，"三章之法，不足以禦姦"。蕭何就把六篇之法恢復，且增益三篇；叔孫通又益以律所不及的旁章十八篇，共有二十七篇了。當時的趨勢，是（一）法律內容要擴充，（二）既擴充了，自應依條理系統，加以編纂，使其不至雜亂。第一步，漢初已這麽做了。武帝時，政治上事務繁多，自然需要更多的法律。於是張湯、趙禹，又加增益，律共增至六十篇。又當時的命令，用甲、乙、丙、丁編次，通稱謂之"令甲"，共有三百餘篇。再加以斷事的成案，即當時所謂比，共有九百零六卷。分量已經太多了，而編纂又極錯亂。"盜律有賊傷之例,賊律有盜章之文。"引用既難,學者乃爲之章句。章句二字,初指一種符號,後遂用以稱注釋,詳見予所撰《章句論》,商務印書館本。共有十餘家。於是斷罪所當由用者,合二萬六千二百七十二條,七百七十三萬二千二百餘言。任何人不能遍覽,姦吏因得上下其手,"所欲活者傅生議,所欲陷者予死比"。所以條理系統地編纂一部法典,實在是當時最緊要的事。漢宣帝時,鄭昌即創其議。然終漢世,未能有成。魏篡漢後,才命陳羣等從事於此。制成新律十八篇。未及頒行而亡。晉代魏後,又命賈充等覆加訂定。共爲二十篇。於泰始四年,大赦天下頒行之,是爲《晉律》。泰始四年,爲民國紀元前一千六百四十四年。

《晉律》大概是將漢朝的律、令、比等,删除複重,加以去取,依條理系統編纂而成的。這不過是一個整理之業。但還有一件事可注意的,則儒家的宗旨,在此時,必有許多攙入法律之中,而成爲條文。漢人每有援經義以折獄的。現代的人,都以爲奇談。其實這不過是廣泛的應用習慣。廣義的習慣法,原可包括學說的。當時儒學盛行,儒家的學說,自然要被應用到法律上去了。《漢書》《注》引應劭說:董仲舒老病致仕。朝廷每有政議,數遣廷尉張湯至陋巷,問其得失。於是作《春秋折獄》二百三十二事。漢文帝除肉刑詔,所引用的,就是《書》說。見下。漢武帝亦使呂步舒董仲舒弟子。治淮南獄。可見漢時的律、令、比中,攙入儒家學說處決不少。此等儒家學說,一定較法家爲寬仁的。因爲法家偏重伸張國家的權力,儒家則注重保存社會良好的習慣。章炳麟《太炎文錄》裏,有《五朝法律索隱》一篇,說《晉律》是極爲文明的,被北魏以後,參用鮮卑法,反而改得野蠻了。如《晉律》,父母殺子同凡論,而北魏以後,都得減輕。又如走馬城市殺人者,不得以過失論;依此,則現在馬車、摩托卡,在市上殺人的,都當以故殺論。因爲城市中行人衆多,是行車者所豫知的,而不特別小心,豈得謂之過失?難者將說:"如此,在城市中將不能行車了。文明愈進步,事機愈緊急,時間愈寶貴,處處顧及步行的人,將何以趨事赴功呢?"殊不知事機緊急,只是一個藉口。果有間不容髮的事,如軍事上的運輸,外交上的使命,以及弭亂、救火、急救疾病等事,自可別立爲法,然在今日,撞傷路人之事,由於此等原因者,共有幾分之幾呢?曾記在民國十至十二年之間,上海某外人,曾因嫌人力車夫走得慢,下車後不給車資,直向前行。車夫向其追討,又被打傷。經領事判以監禁之罪。後其人延律師辯護,乃改爲罰鍰了事。問其起釁之由,則不過急欲赴某處宴會而已。從來鮮車怒馬疾馳的人,真有緊急事情的,不知有百分之一否?真正緊要的事情,怕還是徒行或負重的人做的。部民殺長吏者同凡論;常人有罪不得贖等;都遠勝於別一朝的法律。父殺其子當誅,明見於《白虎通義》,我們可以推想:父母殺子同凡論,淵源或出於儒家。又如法家,是最主張摧抑豪強的。城市走馬殺人同凡論,或者是法家所制定。然則法律的改良,所得於各家的學說者當不少。學者雖然亦不免有階級意識，究竟是爲民請命之意居多。從前學者，所做的事情，所發的言論，我們看了，或不滿意，此乃時代爲之。近代的人，有時嚴責從前的學者，而反忽忘了當時的流俗，這就未免太不知社會的情形了。

《晉律》訂定以後，歷代都大體相沿。宋、齊是未曾定律的。梁、陳雖各定律，大體仍沿《晉律》。即魏、周、齊亦然，不過略參以鮮卑法而已。《唐律》是現尚存在的，體例亦沿襲舊觀。遼太祖時，定治契丹及諸夷之法，漢人則斷以律令。太宗時，治渤海人亦依漢法。道宗時，以國法不可異施，將不合於律令者別存之。此所謂律令，還是唐朝之舊。金當熙宗時，始合女真舊制及隋、唐、遼、宋之法，定《皇統制》。然仍並用古律。章宗泰和時定律，《金史》說他實在就是《唐律》。元初即用金律。世祖平宋以後，才有所謂《至元新格》、《大元通制》等，亦不過將新生的法令事例，加以編輯。明太祖定《大明律》，又是一準《唐律》的。《清律》又以《明律》爲本。所以從《晉律》頒行以後，直至清末采用西法以前，中國的法律，實際無大改變。

法律的性質，既如此陳舊，何以仍能適用呢？（一）由向來的法律，只規定較經久之事。如晉初定律，就說關於軍事、田農、酤酒等，有權設其法，未合人心的，太平均當刪除，所以不入於律，別以爲令。又如北齊定律，亦有《新令》四十卷，和《權令》二卷，與之並行。此等區別，歷代都有。總之非極永久的部分，不以入律，律自然可少變動了。（二）則律只揭舉大綱。（甲）較具體及（乙）變通的辦法，都在令及比之中。《唐書‧刑法志》說：“唐之刑書有四：曰律、令、格、式。令者，尊卑貴賤之等數，國家之制度也。格者，百官有司所常行之事也。式者，其所常守之法也。宋神宗說：“設於此以待彼之謂格，使彼效之之謂式。”見《宋史‧刑法志》。凡邦國之政，必從事於此三者。其有所違，及人之爲惡而入於罪戾者，一斷以律。”令、格、式三者，實不可謂之刑書。不過現代新生的事情，以及辦事所當依據的手續，都在其中，所以不得不與律並舉。律所載的事情，大約是很陳舊而不適宜於具體應用的，但爲最高原理所自出，又不便加以廢棄。所以宋神宗改律、令、格、式之名爲敕、令、格、式，而“律恆存乎敕之外”。這即是實際的應用，全然以敕代律了。到近代，則又以例輔律。明孝宗弘治十三年，刑官上言：“中外巧法吏，或借例便私，律寢格不用。”於是下尚書，會九卿議，增歷年間刑條例，經久可行者二百九十七條。自是以後，律例並行。清朝亦屢刪定刑例。至乾隆以後，遂載入律內，名爲《大清律例》。案例乃據成案編纂而成，成案即前世所謂比。律文僅舉大綱，實際應用時，非有業經辦理的事情，以資比附不可，此比之所以不能不用。然成案太多，隨意援引，善意者亦嫌出入太大，惡意者則更不堪設想，所以又非加以限制不可。由官加以審定，把（一）重複者刪除；（二）可用者留；（三）無用者廢；（四）舊例之不適於用者，亦於同時加以廢止；此爲官修則例之所由來，不徒（一）杜絕弊端，（二）使辦事者得所依據，（三）而（甲）社會上新生的事態，日出不窮；（乙）舊有之事，定律時不能無所遺漏；（丙）又或法律觀念改易，社會情勢變遷，舊辦法不適於今；皆不可不加補正。有新修刑例以濟之，此等問題，就都不足爲患了。清制：刑例五年一小修，十年一大修。事屬刑部，臨時設館。使新成分時時注入於法律之中；陳舊而不適用者，隨時刪除，不致壅積。借實際的經驗，以改良法律，實在是很可取法的。

　　刑法，自漢至隋，起了一個大變化。刑字既引伸爲廣義，其初義，即專指傷害人之身體，使其蒙不可恢復的創傷的，乃改稱爲“肉刑”。晚周以來，有一種象刑之論，説古代對於該受五刑的人，不須真加之以刑，只要異其冠服以爲戮。此乃根據於《堯典》之“象以典刑”的，爲儒家的書説。案象以典刑，恐非如此講法。見前。但儒家所説的象刑，在古代是確有其事的。《周官》有明刑、見司救。明梏。見掌囚。乃是將其人的姓名罪狀，明著之以示人。《論衡·四諱篇》説：當時“完城旦以下，冠帶與俗人殊”，可見歷代相沿，自有此事，不過在古代，風氣誠樸，或以此示戒而已足，在後世則不能專恃此罷了。儒家乃根據此種習俗，附會《書經》象以典刑之文，反對肉刑的殘酷。漢孝文帝十三年，齊太倉令淳于公有罪，當刑。詔獄逮繫長安。淳于公無男，有五女。會逮，罵其女曰：“生子不生男，緩急非有益也。”其少女緹縈，自傷悲泣。乃隨其父至長安，上書願没入爲官婢，以贖父刑罪。書奏，天子憐悲其意。遂下令曰：“蓋聞有虞氏之時，畫衣冠異章服以爲戮而民弗犯，何治之至也？今法有肉刑三，而姦不止，其咎安在？夫刑至斷肢體，刻肌膚，終身不息，何其刑之痛而不德也？豈稱爲民父母之意哉？其除肉刑，有以易之。”於是有司議：當黥者髡鉗爲城旦舂。當劓者笞三百。當斬左止者笞五百。當斬右止者棄市。案詔書言今法有肉刑三，《注》引孟康曰：“黥、劓二，斬左右止合一，凡三也。”而景帝元年詔，説孝文皇帝除宫刑。詔書下文刻肌膚指黥，斷肢體指劓及斬止，終身不息當指宫，則是時實并宫刑廢之。惟係逕廢而未嘗有以爲代，故有司之議不之及。而史亦未嘗明言。此自古人文字疏略，不足爲怪。至景帝中元年，《紀》載“死罪欲腐者許之”，則係以之代死罪，其意仍主於寬恤。然宫刑自此復行。直至隋初方除。象刑之論，《荀子》極駁之。《漢書·刑法志》備載其説，自有相當的理由。然刑獄之繁，實有別種原因，並非專用酷刑可止。《莊子·則陽篇》説：柏矩至齊，"見辜人焉。推而強之。解朝服而幕之。號天而哭之。曰：子乎子乎？天下有大菑，子獨先離之。莫爲盜，莫爲殺人。榮辱立，然後覩所病，貨財聚，然後覩所爭，今立人之所病，聚人之所爭，窮困人之身，使无休時，欲无至此，得乎？""匿爲物而愚不識，大爲難而罪不敢，重爲任而罰不勝，遠其塗而誅不至。民知力竭，則以僞繼之。日出多僞，士民安取不僞？夫力不足則僞，知不足則欺，財不足則盜。盜竊之行，於誰責而可乎？"這一段文字，見得所謂犯罪者，全係個人受社會的壓迫，而無以自全；受社會的教育，以至不知善惡；日出多僞，士民安取不僞。其所能負的責任極微。更以嚴刑峻法壓迫之，實屬不合於理。即不論此，而"民不畏死，奈何以死懼之"，《老子》。於事亦屬無益。所以"孟氏使陽膚爲士師，問於曾子。曾子曰：上失其道，民散久矣。如得其情，則哀矜而勿喜"。《論語·子張》。這固然不是徹底的辦法。然就事論事，操司法之權的，存心究當如此。司法上的判決，總不能無錯誤的。別種損失，總還可設法回復，惟有肉刑，是絕對無法的，所以古人視之甚重。這究不失爲仁人君子的用心。後來反對廢除肉刑的人，雖亦有其理由，然肉刑究竟是殘酷的事，無人敢堅決主張，始終沒有能彀恢復。這其中，不知保全了多少人。孝文帝和緹縈，真是歷史上可紀念的人物了。

　　反對廢除肉刑的理由安在呢？《文獻通考》説："漢文除肉刑，善矣，而以髡笞代之。髡法過輕，而略無懲創；笞法過重，而至於死亡。其後乃去笞而獨用髡。減死罪一等，即止於髡鉗；進髡鉗一等，即入於死罪。而深文酷吏，務從重比，故死刑不勝其衆。魏晉以來病之。然不知減笞數而使之不死，徒欲復肉刑以全其生，肉刑卒不可復，遂獨以髡鉗爲生刑。所欲活者傅生議，於是傷人者或折肢體，而纔翦其毛髮。所欲陷者與死比，於是犯罪者既已刑殺，而復誅其宗親。輕重失宜，莫此爲甚。隋唐以來，始制五刑，曰笞、杖、徒、流、死。此五者，即有虞所謂鞭、朴、流、宅，雖聖人復起，不可偏廢也。"案自肉刑廢除之後，至於隋代制定五刑之前，刑法上的問題，在於刑罰的等級太少，用之不得其平。所以司法界中有經驗的人士，間有主張恢復肉刑的。而讀書偏重理論的人，則常加反對。恢復肉刑，到底是件殘酷的事，無人敢堅決主張，所以肉刑終未能復。到隋朝制定五刑以後，刑罰的等級多了，自無恢復肉刑的必要，從此以後，也就無人提及了。自漢文帝廢除肉刑至此，共歷七百五十餘年。一種制度的進化，可謂不易了。

　　隋唐的五刑，是各有等級的。其中死刑分斬、絞二種。而除前代的梟首、輾裂等。元以異族入主中原，立法粗疏，且偏於暴虐。死刑有斬無絞。又有陵遲處死，以處惡逆。明、清二代均沿之。明代將刑法軍政，并爲一談。五刑之外，又有所謂充軍。分附近、沿海、邊遠、煙瘴、極邊五等。<small>清分附近、近邊、邊遠、極邊、煙瘴五等。</small>有終身、永遠兩種。永遠者身死之後，又句攝其子孫，子孫絶者及其親屬。<small>已見上章。</small>明制："二死三流，同爲一減。"太祖爲求人民通曉法律起見，采輯官民過犯條文，頒行天下，謂之《大誥》。因有《大誥》的，罪得減等。後來不問有無，一概作爲有而減等。於是死刑減至流刑的，無不以《大誥》再減，流刑遂等於不用。而充軍的卻很多。清朝並不藉謫發維持軍籍，然仍沿其制，爲近代立法史上的一個污點。

刑法的改良，起於清末的改訂舊律。其時改笞杖爲罰金，以工作代徒流。後來定《新刑律》，才分主刑爲死刑、<small>用絞，於獄中行之。</small>無期徒刑、有期徒刑、拘役、罰金五種。從刑爲没收、褫奪公權兩種。

審判機關，自古即與行政不分。此即《周官·地官》所謂"地治者"。但屬於秋官的官，如鄉士、<small>掌國中。</small>遂士、<small>掌四郊。</small>縣士、<small>掌野。</small>方士<small>掌都家。</small>等，亦皆以掌獄訟爲職。地官、秋官，本當有行政官與軍法審判之別，讀前文可明，但到後來，這二者的區別，就漸漸的泯滅了。歐洲以司法獨立爲恤刑之法，中國則以(一)縮小下級官吏定罪的權限，(二)和增加審級，爲恤刑之法。漢代大守便得專殺，然至近代，則府、廳、州、縣，只能決徒以下的罪，流刑必須由按察司親審，死刑要待御筆句決了。行政、司法機關既不分，則行政官吏等級的增加，即爲司法上審級的增加。而歷代於固有的地方官吏以外，又多臨時派官清理刑獄。越訴雖有制限，上訴是習慣上得直達皇帝爲止的，即所謂叩閽。宋代初命轉運使派官提點刑獄，後獨立爲一司，明朝繼之，設按察司，與布政使並立，而監司之官，始有專司刑獄的。然及清代，其上級的督撫，亦都可受理上訴。自此以上，方爲京控。<small>刑部、都察院、提督，均可受理。</small>臨時派官覆審，明代尤多。其後朝審、秋審，遂沿爲定制。清代秋審是由督撫會同兩司舉行的，決定後由刑部彙奏，再命三法司<small>見下。</small>覆審，然後御筆句決，死刑乃得執行。在内的則由六部、大理寺、通政司、都察院會審，謂之朝審。此等辦法，固得慎重刑獄之意。然審級太多，則事不易決。又路途遙遠，加以曠日持久，人證物證，不易調齊，或且至於湮滅，審判仍未必公平，而人民反因獄事拖延受累。所以此等恤刑之法，亦是有利有弊的。

司法雖不獨立，然除特設的司法官吏而外，干涉審判之官，亦應以治民之官爲限。如此，(一)系統方不紊亂；(二)亦且各種官吏，對於審判，未必内行，令其干涉，不免無益有損。然歷代既非司法之官，又非治民之官，而參與審判之事者，亦在所不免。如御史，本係監察之官，不當干涉審判。所以彈劾之事，雖有涉及刑獄的，仍略去告訴人的姓名，謂之風聞。唐代此制始變，且命其參與推訊，至明，遂竟稱爲三法司之一了。而如通政司、翰林院、詹事府、五軍都督等，無不可臨時受命，與於會審之列，更屬莫名其妙。又司法事務，最忌令軍政機關參預。而歷代每將維持治安及偵緝罪犯之責，付之軍政機關。使其獲得人犯之後，仍須交給治民之官，尚不易非理肆虐，而又往往令其自行治理，如漢代的司隸校尉，明代的錦衣衛、東廠等，尤爲流毒無窮。

審判之制，貴於速斷速決，又必熟悉本地方的民情。所以以州縣官專司審判，於事實嫌其不給。而後世的地方官，多非本地人，亦嫌其不悉民情。廉遠堂高，官民隔膜，吏役等遂得乘機舞弊。司法事務的黑暗，至於書不勝書。人民遂以入公門爲戒。官吏無如吏役何，亦只得勸民息訟。國家對於人民的義務，第一事，便在保障其安全及權利，設官本意，惟此爲急。而官吏竟至勸人民不必訴訟，豈非奇談？古代所謂"地治者"，本皆後世鄉吏之類，漢代嗇夫，還是有聽訟之職的。《漢書·百官公卿表》。爰延爲外黃鄉嗇夫，民至不知有郡縣，《後漢書》本傳。其權力之大可知。然治者和被治者，既形成兩個階級，治者專以朘削被治者爲生，則訴訟正是朘削的好機會，畀鄉吏以聽訟之權，流弊必至不可究詰。所以至隋世，遂禁止鄉官聽訟。《日知錄·鄉亭之職》一條說："今代縣門之前，多有榜曰：誣告加三等，越訴笞五十。此先朝之舊制。今人謂不經縣官而上訴司府，謂之越訴，是不然。《太祖實錄》：洪武二十七年，命有司擇民間高年老人，公正可任事者，理其鄉之辭訟。若戶婚、田宅、鬥毆者，則會里胥決之。事涉重者，始白於官。若不由里老處分，而徑訴縣官，此之謂越訴也。"則明太祖嘗有意恢復鄉官聽訟之制。然《注》又引宣德七年陝西按察僉事林時之言，謂："洪武中，天下邑里，皆置申明、旌善二亭，民有善惡則書之，以示勸懲。凡戶婚、田土、鬥毆常事，里老於此剖決。今亭宇多廢，善惡不書。小事不由里老，輒赴上司。獄訟之繁，皆由於此。"則其事不久即廢。今鄉官聽訟之制，固不可行。然法院亦難遍設。民國十五年，各國所派的司法調查委員，見下。以通計四百萬人乃有一第一審法院，爲我國司法狀況缺點之一。中國人每笑西洋人的健訟，說我國人無須警察、司法，亦能相安，足見道德優於西人。其實中國人的不願訴訟，怕也是司法狀況的黑暗，逼迫而成的，並非美事。但全靠法院平定曲直，確亦非良好現象。不須多設法院，而社會上亦能發揮正義，抑彊扶弱，不至如今日之豪暴橫行；鄉里平亭，權又操於土豪劣紳之手；是爲最善。那就不得不有望於風俗的改良了。

　　古代的法律，本來是屬人主義的，中國疆域廣大，所包含的民族極多。強要推行同一的法律，勢必引起糾紛。所以自古即以"不求變俗"爲治。《禮記·曲禮》。統一以後，和外國交通，亦係如此。《唐律》：化外人犯罪，就依其國法治之。必兩化外人相犯，不能偏據一國的法律，才依據中國法律治理。這種辦法，固然是事實相沿，然決定何者爲罪的，根本上實在是習慣。兩族的習慣相異，其所認爲犯罪之事，即各不相同。"照異族的習慣看起來，雖確有犯罪的行爲，然在其本人，則實無犯罪的意思。"在此情形之下，亦自以按其本族法律治理爲公平。但此項辦法，只能適用於往來稀少之時。到近代世界大通，交涉之事，日益繁密，其勢就不能行了。中國初和外國訂約時，是不甚了然於另一新局面的來臨的，一切交涉，都根據於舊見解以爲應付，遂貿然允許了領事裁判權。而司法界情形的黑暗，主要的是司法不獨立，監獄的黑暗，濫施刑訊及拘押等。有以生西人的戒心，而爲其所藉口，亦是無可諱言的。從前有領事裁判權的國，如土耳其，有虐待異教徒的事實，我國則無之。若説因習慣的不同，則應彼此皆有。中外條約，首先獲得領事裁判權的是英國。後來各國相繼獲得。其條文彼此互異。然因各國條約，均有最惠國條款，可以互相援引，所以實際上並無甚異同。有領判權之國，英、美、意、那威、日本，均在我國設立法院。上海的會審公廨，且進而涉及原被告均爲華人的事件。其損害我國的主權，自然無待於言了。然各國亦同蒙其不利。最重要的，如領事不曉法律，各國相互之間，亦須各歸其國的領事審判。一件事情，關涉幾國人的，即須分別向各國起訴。又上訴相距太遠，即在中國設有法院之國亦然，其他更不必論了。且領事裁判權存在，中國決不能許外國人以內地雜居。外人因此自限制其權利於通商口岸，亦殊不值得。取消領事裁判權之議，亦起於《辛丑條約》。英、美、日三國商約，均有俟我法律及司法制度改良後，撤消領事裁判權的條文。太平洋會議，我國提出撤消領事裁判權案，與會各國，允公同派員，到中國來調查：(一)外國在我國的領事裁判權的現狀，(二)我國的法律，(三)司法制度，(四)司法行政情形，再行決定。十五年，各國派員來華調查，草有報告書，仍主從緩。國民政府和意、丹、葡、西四國，訂立十九年一月一日放棄領事裁判權的條約。比約則訂明另定詳細辦法。儻詳細辦法尚未訂定，而現有領事裁判權之國，過半數放棄，則比國亦放棄。中國在諸約中，訂定(一)十九年一月一日以前，頒布民商法；(二)撤消領事裁判權之後，許外人內地雜居；(三)彼此僑民課税，不得高於他國人，或異於他國人；以爲交換條件。然此約訂定之後，迄今未能實行。惟墨西哥於十八年十一月，自動宣言放棄。德、奧、俄等國，歐戰後即失其領事裁判權。

　　撤消領事裁判權，其實是不成問題的，只要我國司法，真能改良，自不怕不能實行。我國的司法改良，在於（一）徹底改良司法界的狀況，（二）且推行之及於全國，此即所謂"司法革命"、"司法普及"。既須經費，又須人才，又須行政上的努力，自非易事。自前清末年訂定四級三審制。初級、地方、高等三廳及大理院。初審起於初級廳時，上訴終於高等廳，起於地方廳的，終於大理院。至民國二十二年，改爲三級三審。地方法院、高等法院、最高法院。前此司法多由縣知事兼理，雖訂有種種章程，究竟行政司法，分畫不清。二十四年起，司法部已令全國各地，遍設法院。這都是比較合理的。真能推行盡利，我國的司法，自可煥然改觀了。

第十一章　實　　業

　　農工商三者，並稱實業，而三者之中，農爲尤要。必有農，然後工商之技，乃可得而施。中國從前，稱農爲本業，工商爲末業，若除去其輕視工商，幾乎視爲分利之意，而單就本末兩字的本義立論，其見解是不錯的。所以農業的發達，實在是人類畫時代的進步。有農業，然後人類的食物，乃能爲無限制的擴充，人口的增加，才無限制。人類才必須定住。一切物質文明，乃獲有基礎。精神文化，亦就漸次發達了。人類至此，剩餘的財産才多，成爲掠奪的目的。勞力亦更形寶貴，相互間的戰爭，自此頻繁，社會内部的組織，亦更形複雜了。世界上的文明，起源於幾個特別肥沃的地點。比較正確的歷史，亦是自此開始的。這和農業有極深切的關係，而中國亦是其中之一。

　　在農業開始以前，游獵的階段，很爲普遍。在第一章中，業經提及。漁獵之民，視其所居之地，或進爲畜牧，或進爲農耕。中國古代，似乎是自漁獵逕進於農耕的。傳説中的三皇：燧人氏鑽木取火，教民熟食，以避腥臊傷害腸胃，顯然是漁獵時代的酋長。伏羲，亦作庖犧。皇甫謐《帝王世紀》，説爲“取犧牲以供庖廚”，《禮記·月令》《疏》引。實爲望文生義。《白虎通義·號篇》云“下伏而化之，故謂之伏羲”，則羲字與化字同義，所稱頌的乃其德業。至於其時的生業，則《易·繫辭傳》明言其“爲網罟以田以漁”，其爲漁獵時代的酋長，亦無疑義。伏羲之後爲神農。“斲木爲耜，揉木爲耒”，就正式進入農業時代，我國文明的歷史，從此開始了。三皇之後爲五帝。顓頊、帝嚳，可考的事迹很少。黄帝“教熊、羆、貔、貅、貙、虎”，以與神農戰，似乎是游牧部落的酋長。然這不過是一種荒怪的傳説，《五帝本紀》同時亦言其“藝五種”，而除此之外，亦絶無黄帝爲游牧民族的證據。《堯典》則有命羲和“曆象日、月、星辰，敬授民時”之文。《堯典》固然是後人所作，並非當時史官的記録。然後人所作，亦不能謂其全無根據。殷、周之祖，是略與堯、舜同時的。《詩經》中的《生民》、《公劉》，乃周人自述其祖宗之事，當不致全屬子虚。《書經》中的《無逸》，乃周公誥誠成王之語,述殷、周的歷史,亦必比較可信。《無逸》中述殷之祖甲云:"其在祖甲,不義惟王,舊爲小人。作其即位,爰知小人之依"。此人實即太甲。"不義惟王,舊爲小人",正指其爲伊尹所放之事。述高宗云:"舊勞於外,爰暨小人。"皆顯見其爲農業時代的賢君。周之先世,如大王、王季、文王等,更不必論了。古書的記載,誠多未可偏信。然合全體而觀之,自五帝以來,社會的組織,和政治上的鬥爭,必與較高度的文明相伴,而非游牧或漁獵部族所能有。然則自神農氏以後,我國久已成爲農業發達的民族了。古史年代,雖難確考,然孟子說:"由堯、舜至於湯,五百有餘歲。由湯至於文王,五百有餘歲。由文王至於孔子,五百有餘歲。"《盡心下篇》。和韓非子所謂殷、周七百餘歲,虞、夏二千餘歲;《顯學篇》。樂毅《報燕惠王書》所謂"收八百歲之畜積";謂齊自周初建國,至爲昭王所破時。大致都相合的,決不會是臆造。然則自堯、舜至周末,當略近二千年。自秦始皇統一天下至民國紀元,相距二千一百三十二年。自堯舜追溯農業發達之時,亦必在千年左右。我國農業發達,總在距今五千年之前了。

中國的農業,是如何進化的呢? 一言以蔽之,曰:自粗耕進於精耕。古代有爰田之法。爰田即係換田。據《公羊》宣公十五年何《注》,是因爲地有美惡,"肥饒不得獨樂,磽确不得獨苦",所以"三年一換主易居"。據《周官·大司徒》,則田有不易、一易、再易之分。不易之地,是年年可種的。一易之地,種一年要休耕一年。再易之地,種一年要休耕兩年。授田時:不易之地,一家給一百畝。一易之地,給二百畝。再易之地,給三百畝。古代的田畝,固然較今日爲小。然一夫百畝,實遠較今日農夫所耕爲大。而其成績,則據《孟子》《萬章下篇》。和《禮記·王制》所說:是上農夫食九人,其次食八人,其次食七人,其次食六人,下農夫食五人。較諸現在,並不見得佳良,可見其耕作之法,不及今人了。漢朝有個大農業家趙過,能爲代田之法。把一畝分做三個甽,播種於其中。甽以外的高處謂之隴。苗生葉以後,要勤除隴上之草,因而把隴上的土,傾頹下來,使其附著苗根。如此逐漸爲之,到盛暑,則"隴盡而根深",能穀"耐風與旱"。甽和隴,是年年更換的,所以謂之代田。見《漢書·食貨志》。後來又有區田之法。把田分爲一塊一塊的,謂之區。隔一區,種一區。其鋤草和穊土,亦與代田相同。《齊民要術》見下。極稱之。後世言農業的人,亦多稱道其法。但據近代研究農業的人說:則"代田區田之法,不外乎所耕者少,而耕作則精。近世江南的農耕,較諸古人所謂代田區田,其精勤實無多讓。其田並不番休,而地力亦不見其竭。則其施肥及更換所種穀物之法,亦必有精意存乎其間。"這許多,都是農業自然的進步。總而言之:農業有大農制和小農制。大農制的長處，在於資本的節約，能彀使用機械，及人工的分配得宜。小農制的長處，則在以人盡其勞，使地盡其力。所以就一個人的勞力，論其所得的多少，是大農制爲長。就土地同一的面積，論其所得的多少，則小農制爲勝。中國農夫的技能，在小農制中，總可算首屈一指了。這都是長時間自然的進化。

中國農業進化的阻力，約有三端：（一）爲講究農學的人太少。即使有之，亦和農民隔絕，學問不能見諸實用。古代有許多教稼的官。如《周官》，大司徒"辨十有二壤之物而知其種"；司稼"巡邦野之稼，而辨穜稑之種。周知其名與其所宜地，以爲法而懸於邑閭"。這些事，都是後世所没有的。李兆洛《鳳臺縣志》説：鳳臺縣人所種的地，平均是一人十六畝。窮苦異常。往往不彀本。一到荒年，就要無衣無食。縣人有一個喚做鄭念祖的，雇傭了一個兗州人。問他：你能種多少園地？他説兩畝。還要雇一個人幫忙。問他要用多少肥料？他説一畝田的肥料，要值到兩千個銅錢。間壁的農人聽了大笑，説：我種十畝地，只花一千個銅錢的肥料，收穫的結果，還往往不彀本呢？鄭念祖對於這個兗州人，也是將信將疑。且依著他的話試試看呢，因其用力之勤，施肥之厚，人家的作物，都没有成熟，他的先就成熟了；而且長得很好。爭先入市，獲利甚多。到人家蔬果等上市時，他和人家一塊賣的，所得的都是贏利了。李兆洛據此一例，很想募江南的農民爲農師，以開水田。這不過是一個例。其餘類乎此的情形，不知凡幾。使農民互相師，已可使農業獲有很大的進步，何況益之以士大夫？何況使士大夫與農民互相師，以學理經驗，交相補足呢？（二）古代土地公有，所以溝洫阡陌等，都井井有條。後世則不然。土地變爲私有，寸寸割裂。凡水旱蓄洩等事，總是要費掉一部分土地的，誰肯犧牲？凡一切公共事業的規畫，其根源，實即公共財産的規畫。所以土地公有之世，不必講地方自治，而自治自無不舉。土地既已私有，公共的事務，先已無存。間有少數非聯合不能舉辦的，則公益和私益，多少有些衝突。於是公益的舉措，固有的蕩然無存，當興的闕而莫舉；而違反公益之事，且日出不窮。如濫伐林木，破壞隄防，壅塞溝渠等都是。而農田遂大受其害。其最爲顯著的，就是水利。（三）土地既然私有了，人民誰不愛護其私產？但必使其俯仰有餘；且勤勞所得，可以爲其所有；農民才肯盡力。如其一飽且不可得；又偶有贏餘，即爲強有力者剝削以去；人民安得不苟偷呢？然封建勢力和高利貸的巧取豪奪，則正是和這原則相反的。這也是農田的一個致命傷。職是故，農業有其進化的方面，而亦有其退化的方面。進退相消，遂成爲現在的狀況。

中國現在農業上的出路，是要推行大農制。而要推行大農制，則必須先有大農制所使用的器具。民國十七年春，俄國國營農場經理馬克維次（Markevich），有多餘不用的機犁百架，召集附近村落的農民，許租給他們使用，而以他們所有的土地，共同耕種爲條件。當時加入的農民，其耕地，共計九千餘畝。到秋天，增至二萬四千餘畝。事爲共產黨所聞。增製機犁，並建造使用機犁的動力場。至明年，遂推行其法於全國。是爲蘇俄集合農場的起原。據張君勱《史泰林治下之蘇俄》，再生雜誌社本。天下事口説不如實做。瘏口曉音，説了半天的話，人家還是不信。實在的行動當前，利害較然可見，就無待煩言了。普通的議論，都説農民是最頑固的，守舊的。其實這是農民的生活，使其如此。現在爲機器時代。使用舊式的器具，決不足以與之相敵。而全國最多數的農民，因其生活，而滯留於私有制度下自私自利的思想，亦實爲文化進步的障礙。感化之法，單靠空言啓牖，是無用的。生活變則思想變；生產的方法變，則生活變。“牖民孔易”，製造出耕作用的機械來，便是化除農民私見的方法。並不是要待農民私見化除了，機械才可使用。

中國的農學，最古的，自然是《漢書・藝文志》諸子略中的農家。其所著録先秦的農書，今已不存。先秦農家之説，存於今的，只有《管子》中的《地員》，《呂氏春秋》中的《任地》、《辨土》、《審時》數篇。漢代農家所著之書，亦俱亡佚。諸家徵引，以氾勝之書爲最多。據《周官・草人》《疏》説，這是漢代農書中最佳的，未知信否。古人著述，流傳到現在的，以後魏賈思勰的《齊民要術》爲最早。後世官修的巨著，有如元代的《農桑輯要》，清代的《授時通考》；私家的巨著，有如元王楨的《農書》，明徐光啓的《農政全書》等；均在子部農家中。此項農書，所包頗廣，種植而外，蠶桑、菜果、樹木、藥草、孳畜等，都包括其中。田制、勸課、救荒之法，亦均論及，尚有茶經、酒史、食譜、花譜、相牛經、相馬經等，前代亦隸農家，清四庫書目改入譜録類。獸醫之書，則屬子部醫家。這些，都是和農業有關係的。舊時種植之法，未必都能適用於今。然要研究農業歷史的人，則不可以不讀。

蠶桑之業，起於黃帝元妃嫘祖，語出《淮南蠶經》，《農政全書》引。自不足信。《易・繫辭傳》説：“黃帝、堯、舜，垂衣裳而天下治。”《疏》云：“以前衣皮，其制短小，今衣絲麻布帛，所作衣裳，其制長大，故云垂衣裳也。”亦近附會。但我國的蠶業，發達是極早的。孟子説：“五畝之宅，樹之以桑，七十者可以衣帛矣。”《梁惠王上》。久已成爲農家婦女普遍的職業了。古代蠶利，盛於北方。《詩經》中説及蠶桑的地方就很多。《禹貢・兗州》説桑土既蠶，《青州》説厥篚檿絲。檿是山桑，這就是現在的野蠶絲了。齊紈、魯縞，漢世最爲著名。南北朝、隋、唐，貨幣都通用布帛。唐朝的調法，亦兼收絲麻織品。元朝還有五戶絲及二戶絲。可見北方蠶桑之業，在元代，尚非不振，然自明以後，其利就漸限於東南了。唐甄《潛書》說："蠶桑之利，北不逾淞，南不逾浙，西不通湖，東不至海，不過方千里，外此則所居爲鄰，相隔一畔而無桑矣。此以盛衰言之，並非謂絕對無有，不可拘泥。甚矣民之惰也。"大概中國文化，各地不齊，農民愚陋，只會蹈常習故。便是士和工商亦然。所以全國各地，風氣有大相懸殊的。《日知錄》說："華陰王宏撰著議，以爲延安一府，布帛之價，貴於西安數倍。"又引《鹽鐵論》說："邊民無桑麻之利，仰中國絲絮而後衣。夏不釋褐，冬不離窟。"崔寔《政論》說："僕前爲五原太守，土俗不知緝績。冬積草伏臥其中。若見吏，以草纏身，令人酸鼻。"顧氏說："今大同人多是如此。婦人出草，則穿紙袴。"可見有許多地方，荒陋的情形，竟是古今一轍。此等情形，昔人多欲以補救之法，責之官吏，間亦有能行的。如清乾隆時，陳宏謀做陝西巡撫，曾在西安、三原、鳳翔設蠶館、織局，招南方機匠爲師，又教民種桑。桑葉、繭絲，官家都許收買，使民節節得利，可以踴躍從事，即其一例。但究不能普遍。今後交通便利，資本的流通，遍及窮鄉僻壤，此等情形，必將漸漸改變了。

林政：愈到後世而愈壞。古代的山林，本是公有的，使用有一定的規則，如《禮記·王制》說"草木黃落，然後入山林"是。亦或設官管理，如《周官》的林衡是。又古代列國並立，務於設險，平地也有人造的森林，如《周官》司險，設國之五溝、五涂，而樹之林，以爲阻固是。後世此等事都沒有了。造林之事極少，只是靠天然的使用。所以愈開闢則林木愈少。如《漢書·地理志》說天水、隴西，山多林木，人民都住在板屋裏。又如近代，内地的木材，出於四川、江西、貴州，而吉、黑二省，爲全國最大的森林區域，都是比較上少開闢的地方。林木的闕乏，積極方面，由於國家不知保護森林，更不知造林之法。如清朝梅曾亮，有《書棚民事》一篇。他說：當他替安徽巡撫董文恪做行狀時，遍覽其奏議，見其請准棚民開山的奏摺，說棚民能攻苦食淡於崇山峻嶺，人迹不通之處，開種旱穀，有裨民食，和他告訐的人，都是溺於風水之說，至有以數百畝之田，保一棺之土的，其說必不可聽。梅氏說："予覽其說而是之。"又說："及予來宣城，問諸鄉人，則說：未開之山，土堅石固，草樹茂密，腐葉積數年，可二三寸。每天雨，從樹至葉，從葉至土石，歷石罅滴瀝成泉，其下水也緩。又水緩而土不隨其下。水緩，故低田受之不爲災；而半月不雨，高田猶受其灌溉。今以斤斧童其山，而以鋤犂疏其土，一雨未畢，沙石隨下，其情形就大不然了."梅氏説:"予亦聞其説而是之."又説:"利害之不能兩全也久矣.由前之説,可以息事.由後之説,可以保利.若無失其利,而又不至於董公之所憂,則吾蓋未得其術也."此事之是非,在今日一言可決.而當時或不之知,或作依違之論.可見昔人對於森林的利益,知之不甚透澈.自然不知保護,更説不到造林;歷代雖有課民種桑棗等法令,亦多成爲具文了.消極方面,則最大的爲兵燹的摧殘,而如前述開墾時的濫伐,甚至有放火焚毀的,亦是其一部份的原因.

漁獵畜牧,從農業興起以後,就不視爲主要的事業.其中惟田獵,因和武事有關,還按時舉行,藉爲閲習之用.漁業,則視爲鄙事,爲人君所弗親.觀《左氏》隱公五年所載臧僖伯諫觀漁之辭可見.牧業,如《周官》之牧人、牛人、充人等,所豢養的,亦僅以供祭祀之用.只有馬,是和軍事、交通,都有關係的,歷代視之最重,常設"苑"、"監"等機關,擇適宜之地,設官管理.其中如唐朝的張萬歲等,亦頗有成績.然能如此的殊不多.以上是就官營立論.至於民間,規模較大的,亦恆在緣邊之地.如《史記·貨殖列傳》説:天水、隴西、北地、上郡,畜牧爲天下饒.又如《後漢書·馬援傳》説:援亡命北地,因留畜牧,役屬數百家.轉游隴漢間,因處田牧,至有牛馬羊數千頭,穀數萬斛是.內地民家,勢不能有大規模的畜牧.然苟能家家畜養,其數亦必不少.如《史記·平準書》説:武帝初年,"衆庶街巷有馬,阡陌之間成羣".元朔六年,衞青、霍去病出塞,私負從馬至十四萬匹.《漢書·匈奴列傳》.顏師古《注》:"私負衣裝者,及私將馬從者,皆非公家發與之限."實在是後世所少見的.民業雖由人民自營,然和國家的政令,亦有相當的關係.唐玄宗開元九年,詔"天下之有馬者,州縣皆先以郵遞軍旅之役,定户復緣以升之,百姓畏苦,乃多不畜馬,故騎射之士減曩時".元世祖至元二十三年,六月,括諸路馬.凡色目人有馬者,三取其二.漢民悉入官.敢匿與互市者罪之.《明實錄》言:永樂元年,七月,上諭兵部臣曰:"比聞民間馬價騰貴,蓋禁民不得私畜故也.其榜諭天下,聽軍民畜馬勿禁."據《日知錄·馬政》條.然則像漢朝,不但無畜馬之禁,且有馬復令者,有車騎馬一匹者,復卒三人,見《食貨志》.民間的畜牧,自然要興盛了.但這只能藏富於民,大規模的畜牧,還是要在邊地加以提倡的.《遼史·食貨志》述太祖時畜牧之盛,"括富人馬不加多,賜大小鶻軍萬餘匹不加少".又説:"自太宗及興宗,垂二百年,羣牧之盛如一日.天祚初年,馬猶有數萬羣,羣不下千匹."此等盛況,各個北族盛時,怕都是這樣的,不過不能都有翔實的記載罷了.此其緣由:(一)由於天時地利的適宜.(二)亦由其地尚未開闢,可充牧場之地較多.分業應根據地理。蒙、新、海、藏之地,在前代或係域外,今則都在邦域之中,如何設法振興,不可不極端努力了。

漁稅,歷代視之不甚重要,所以正史中關於漁業的記載亦較少。然古代庶人,實以魚鱉爲常食。見第十三章。《史記·貨殖列傳》說:大公封於齊,地潟鹵,人民寡,大公實以通魚鹽爲致富的一策。這或是後來人的託辭,然春秋戰國時,齊國漁業的興盛,則可想見了。《左氏》昭公三年,晏子說陳氏厚施於國,"魚鹽蜃蛤,弗加於海"。謂不封禁或收其稅。漢耿壽昌爲大司農,增加海租三倍。見《漢書·食貨志》。可見緣海河川,漁業皆自古即盛。此等盛況,蓋歷代皆然。不過"業漁者類爲窮海、荒島、河上、澤畔居民,任其自然爲生。內地池畜魚類,一池一沼,只供文人學士之倘佯,爲詩酒閒談之助。所以自秦、漢至明,無興革可言,亦無記述可見"罷了。采李士豪、屈若搴《中國漁業史》說,商務印書館本。然合沿海及河湖計之,賴此爲生的,何止千萬?組織漁業公司,以新法捕魚;並團結漁民,加以指導保護等,均起於清季。國民政府,對此尤爲注意。並曾豁免漁稅,然成效尚未大著。領海之內,時時受人侵漁。二十六年,中日戰事起後,沿海多遭封鎖,漁場受侵奪,漁業遭破壞的尤多。

狹義的農業,但指種植而言。廣義的,則凡一切取得物質的方法,都包括在內。礦業,無疑的也是廣義農業的一部分了。《管子·地數篇》說:"葛盧之山,發而出水,金從之,蚩尤受而制之,以爲劍、鎧、矛、戟。""雍狐之山,發而出水,金從之,蚩尤受而制之,以爲雍狐之戟、芮戈。"我們據此,還可想見礦業初興,所採取的,只是流露地表的自然金屬。然《管子》又說:"上有丹砂者,下有黃金;上有慈石者,下有銅金;上有陵石者,下有鉛、錫、赤銅;上有赭者下有鐵;此山之見榮者也。"榮即今所謂礦苗,則作《管子》書時,已知道察勘礦苗之法了。近代機器發明以來,煤和鐵同爲生產的重要因素。在前世,則鐵較重於煤。至古代,因爲技術所限,銅尤要於鐵。然在古代,銅的使用,除造兵器以外,多以造寶鼎等作爲玩好奢侈之品,所以《淮南子·本經篇》說:"衰世鐫山石,鍇金玉,擿蚌蜃,銷銅鐵,而萬物不滋。"把銅鐵和金玉、蚌蜃謂採珠。同視。然社會進化,鐵器遂日形重要。《左氏》僖公十八年:"鄭伯始朝於楚。楚子賜之金。既而悔之。與之盟,曰:無以鑄兵。"可見是時的兵器,還以南方爲利。兵器在後漢以前,多數是用銅造的。參看《日知錄·銅》條。然鹽鐵,《管子》書已並視爲國家重要的財源,見第八章。而《漢書·地理志》說,江南之俗,還是"火耕水耨"。可見南方的農業,遠不如北方的發達。古代礦業的發明,一定是南先於北。所以蚩尤尸作兵之名。然到後來,南方的文明程度,轉落北方之後,則實以農業進步遲速之故。南方善造銅兵,北方重視鐵鑄的農器,正可爲其代表。管子雖有鹽鐵國營之議,然鐵礦和冶鑄,仍入私人之手。只看漢世所謂"鹽鐵"者,此所謂鹽鐵,指經營鹽鐵事業的人而言。聲勢極盛,而自先秦時代殘留下來的鹽官、鐵官,則奄奄無生氣可知。後世也還是如此。國家自己開的礦,是很少的。民間所開,大抵以金屬之礦爲多。采珠南海有之。玉多來自西域。

工業:在古代,简單的是人人能做的。其較繁難的,則有專司其事的人。此等人,大抵由於性之所近,有特別的技巧。後來承襲的人,則或由社會地位關係,或由其性之所近。《考工記》所謂:"知者創物,巧者述之,守之世,謂之工。"此等專門技術,各部族的門類,各有不同。在這一部族,是普通的事,人人會做的,在別一部族,可以成爲專門之技。所以《考工記》説:"粵無鎛,燕無函,秦無廬,胡無弓車。"謂無專製此物之人。又説:"粵之無鎛也,非無鎛也,言非無鎛其物。夫人而能爲鎛也。"燕之函,秦之廬,胡之弓車説亦同。此等規模,該是古代公産部族,相傳下來的。後世的國家沿襲之,則爲工官。《考工記》的工官有兩種:一種稱某人,一種稱某氏。稱某人的,當是技術傳習,不以氏族爲限的,稱某氏的則不然。工用高曾之規矩,古人傳爲美談。此由(一)古人生活恬淡,不甚喜矜奇鬥巧。(二)又古代社會,範圍窄狹,一切知識技能,得之於並時觀摩者少,得之於先世遺留者多,所以崇古之情,特別深厚。(三)到公産社會專司一事的人,變成國家的工官,則工業成爲政治的一部分。政治不能廢督責,督責只能以舊式爲標準。司製造的人,遂事事依照程式,以求免過。《禮記‧月令》説:"物勒工名,以考其成。"《中庸》説:"日省月試,餼廩稱事,所以來百工也。"可見古代對於工業督責之嚴。(四)封建時代,人的生活,是有等級的,也是有軌範的。競造新奇之物,此兩者均將被破壞。所以《禮記‧月令》説:"毋或作爲淫巧,以蕩上心。"《荀子‧王制》説:"雕琢文采,不敢造於家。"而《禮記‧王制》竟説:"作奇技奇器以疑衆者殺。"此等制度,後人必將議其阻礙工業的進步,然在保障生活的軌範,使有權力和財力的人,不能任意享用,而使其餘的人,(甲)看了起不平之念;(乙)或者不顧財力,互相追逐,致以社會之生活程度衡之,不免流於奢侈,是有相當價值的,亦不可以不知道。即謂專就技巧方面立論,此等制度阻礙進步也是寃枉的。爲什麼呢?

社會的組織,暗中日日變遷,而人所設立的機關,不能與之相應,有用的逐漸變爲無用,而逐漸破壞。這在各方面皆然,工官自亦非例外。(一)社會的情形變化了,而工官未曾擴充,則所造之物,或不足以給民用。(二)又或民間已發明新器,而工官則仍守舊規,則私家之業漸盛。(三)又封建制度破壞,被滅之國，被亡之家，所設立之機關，或隨其國家之滅亡而被廢，技術人員，也流落了。如此，古代的工官制度，就破壞無餘了。《史記·貨殖列傳》說"用貧求富，農不如工，工不如商"；《漢書·地理志》所載，至漢代尚存的工官，寥寥無幾；都代表這一事實。《漢書·宣帝紀贊》，稱贊他"信賞必罰，綜覈名實"，"技巧工匠，自元成間鮮能及之"。陳壽《上諸葛氏集表》，亦稱其"工械技巧，物究其極"，《三國·蜀志·諸葛亮傳》。實在只是一部分官製官用之物罷了，和廣大的社會工業的進退，是沒有關係的。當這時代，工業的進化安在呢？世人每舉歷史上幾個特別智巧的人，幾件特別奇異之器，指爲工業的進化，其實是不相干的。公輸子能削竹木以爲鵲，飛之三日不下。見《墨子·魯問篇》、《淮南子·齊俗訓》。這自然是瞎說，《論衡·儒增篇》，業經駁斥他了。然如後漢的張衡、曹魏的馬鈞、南齊的祖沖之、元朝的郭守敬，馬鈞事見《三國·魏志·杜夔傳》《注》，餘皆見各史本傳。則其事迹決不是瞎說的。他們所發明的東西安在呢？崇古的人說："失傳了。這只是後人的不克負荷，並非中國人的智巧，不及他國人。"喜新的人不服，用滑稽的語調說道："我將來學問毀了，要做一部中國學術失傳史。"見從前北京大學所出的《新潮雜誌》。其實都不是這一回事。一種工藝的發達，是有其社會條件的。指南鍼，世界公認是中國人發明的。古代曾用以駕車，現在爲什麼沒有？還有那且走且測量路綫長短的記里鼓車，又到什麼地方去了？諸葛亮改良連弩，馬鈞說：我還可以再改良，後來卻不曾實行，連諸葛亮發明的木牛流馬，不久也失傳了。假使不在征戰之世，諸葛亮的心思，也未必用之於連弩。假使當時，魏、蜀的爭戰，再劇烈些，別方面的勢力，再均平些，竟要靠連弩以決勝負，魏國也未必有馬鈞而不用。假使魏晉以後，在商業上，有運巴蜀之粟，以給關中的必要，木牛流馬，自然會大量製造，成爲社會上的交通用具的。不然，誰會來保存他？同理：一時代著名的器物，如明朝宣德、成化，清朝康熙、雍正、乾隆年間的瓷器，爲什麼現在沒有了？這都是工業發達的社會條件。還有技術方面，也不是能單獨發達的。一器之成，必有互相連帶的事物。如公輸子以竹木爲鵲，飛之三日，固然是瞎說。王莽時用兵，募有奇技的人。有人自言能飛。試之，取大鳥翮爲兩翼，飛數百步而墮。見《漢書·王莽傳》。卻決不是瞎說的，其人亦不可謂之不巧。假使生在現在，斷不能謂其不能發明飛機。然在當日，現今飛機上所用種種機械，一些沒有，自然不能憑空造成飛行器具。所以社會條件不備具；技術的發展，而不依著一定的順序；發明是不會憑空出現的。即使出現了，也只等於曇花一現。以爲只要消費自由，重賞之下，必有勇夫，工藝自然會不斷的進步，只是一個淺見。

　　工官制度破壞後,中國工業的情形,大概是這樣的:根於運輸的情形,尋常日用的器具,往往合若干地方,自成一個供求的區域。各區域之間,製造的方法,和其所用的原料等,不必相同。所以各地方的物品,各有其特色。(一)此等工人,其智識,本來是蹈常習故的。(二)加以交換制度之下,商品的生產,實受銷場的支配,而專司銷售的商人,其見解,往往是陳舊的。因爲舊的東西,銷路若干,略有一定,新的就沒有把握了。因此,商人不歡迎新的東西,工人亦愈無改良的機會。(三)社會上的風氣,也是蹈常習故的人,居其多數。所以其進步是比較遲滯的。至於特別著名的工業品,行銷全國的,亦非沒有。則或因(一)天產的特殊,而製造不能不限於其地。(二)或因運輸的方便,別地方的出品,不能與之競爭。(三)亦或因歷史上技術的流傳,限於一地。如湖筆、徽墨、湘繡等,即其一例。

　　近代的新式工業,是以機製品爲主的。自非舊式的手工業,所能與之競爭。經營新式工業,既須人才,又須資本,中外初通時的工商家,自不足以語此,自非賴官力提倡不可。然官家的提倡,亦殊不得法。同治初年,製造局、造船廠等的設立,全是爲軍事起見,不足以語於實業。光緒以後所辦的開平煤礦、甘肅羊毛廠、湖北鐵廠、紗廠等,亦因辦理不得其法,成效甚少。外貨既滔滔輸入,外人又欲在通商口岸,設廠製造,利用我低廉的勞力,且省去運輸之費。自咸豐戊午、庚申兩約定後,各國次第與我訂約,多提出此項要求。中國始終堅持未許。到光緒甲午,和日本戰敗,訂立《馬關條約》,才不得已而許之。我國工業所受的壓迫,遂更深一層,想掙扎更難了。然中國的民智,卻於甲午之後漸開,經營的能力,自亦隨之而俱進。近數十年來,新興的工業,亦非少數,惜乎興起之初,未有通盤計畫,而任企業之家,人自爲戰,大多數都偏於沿江沿海。二十六年,戰事起後,被破壞的,竟達百分之七十。這亦是一個很大的創傷。然因此而(一)內地的寶藏,獲得開發,交通逐漸便利。(二)全盤的企業,可獲得一整個的計畫,非復枝枝節節而爲之。(三)而政治上對於實業的保障,如關稅壁壘等,亦將於戰後獲得一條出路。因禍而爲福,轉敗而爲功,就要看我們怎樣盡力奮鬥了。

　　商業當興起時,和後來的情形,大不相同。《老子》説:“邾治之極,鄰國相望,鷄犬之聲相聞,民各甘其食,美其服,安其俗,樂其業,至老死不相往來。”這是古代各部族最初孤立的情形。到後來,文化逐漸進步,這種孤立狀況,也就逐漸打破了。然此時的商人,並非各自將本求利,乃係爲其部族做交易。部族是主人,商人只是夥友,盈虧都由部族擔負,商人只是替公衆服務而已。

此時的生意,是很難做的。(一)我們所要的東西,那一方面有?那一方面價格低廉?(二)與人交換的東西,那一方面要?那一方面價格高昂?都非如後世的易於知道。(三)而重載往來,道途上且須負擔危險。商人竭其智力,爲公衆服務,實在是很可敬佩的。而商人的才智,也特別高。如鄭國的弦高,能卻秦師,即其一證。《左氏》僖公三十三年。此等情形,直到東西周之世,還有留詒。《左氏》昭公十六年,鄭國的子産,對晉國的韓宣子説:"昔我先君桓公,與商人皆出自周。庸次比耦,以艾殺此地,斬之蓬蒿藜藿而共處之。"開國之初,所以要帶著一個商人走,乃是因爲草創之際,必要的物品,難免闕乏,庚財,見第五章。乞糴,都是不可必得的。在這時候,就非有商人以濟其窮不可了。衛爲狄滅,文公立國之後,要注意於通商,《左氏》閔公二年。亦同此理。此等商人,真正是消費者和生産者的朋友。然因社會組織的變遷,無形之中,卻逐漸變做他的敵人而不自知了。因爲交換的日漸繁盛,各部族舊有的經濟組織,遂不復合理,而逐漸的遭遇破壞。舊組織既破壞,而無新組織起而代之。人遂不復能更受社會的保障,其作業,亦非爲社會而作,於是私産制度興起了。在私産制度之下,各個人的生活,是要自己設法的。然必不能物物皆自爲而後用之。要用他人所生産的東西,只有(一)掠奪和(二)交換兩種方法。掠奪之法,是不可以久的,於是交易大盛。然此時的交易,非復如從前行之於團體與團體之間,而是行之於團體之內的。人人直接交易,未免不便,乃漸次産生居間的人。一方面買進,一方面賣出,遂成爲現在的所謂商業。非交易不能生活,非藉居間的人不能交易,而商業遂隱操社會經濟的機鍵。在私産制度之下,人人的損益,都是要自己打算的。各人盡量尋求自己的利益。而生産者要找消費者,消費者要找生産者極難,商人卻處於可進可退的地位,得以最低價只要生産者肯忍痛賣。買進,最高價只要消費者能耐忍痛買。賣出,生産者和消費者,都無如之何。所以在近代工業資本興起以前,商人在社會上,始終是一個優勝的階級。

商業初興之時,只有現在所謂定期貿易。《易經·繫辭傳》説:神農氏"日中爲市,致天下之民,聚天下之貨,交易而退,各得其所",就指示這一事實的。此等定期貿易,大約行之於農隙之時,收成之後。所以《書經·酒誥》説:農功既畢,"肇牽車牛遠服賈"。《禮記·郊特牲》説:"四方年不順成,八蜡不通。""順成之方,其蜡乃通。"蜡祭是行於十二月的。因此,舉行定期貿易。然不久,經濟愈形進步,交易益見頻繁,就有常年設肆的必要了。此等商肆,大者設於國中,即《考工記》所説:"匠人營國,面朝後市。"小者則在野田墟落之間,隨意陳列貨物求售,此即《公羊》何《注》所謂:"因井田而爲市。"宣公十五年。《孟子》所謂"有賤丈夫焉,必求龍斷而登之",亦即此類,其説已見第八章了。《管子·乘馬篇》説"聚者有市,無市則民乏",可見商業和人民的關係,已密接而不可分離了。古代的大商人,國家管理之頗嚴,《管子·揆度篇》説:"百乘之國,中而立市,東西南北,度五十里。"千乘之國,萬乘之國,也是如此。這是規定設市的地點的。《禮記·王制》,列舉許多不粥於市的東西。如(一)圭璧金璋,(二)命服命車,(三)宗廟之器,(四)犧牲,(五)錦文珠玉成器,是所以維持等級制度的。(六)姦色亂正色,(七)衣服飲食,是所以矯正人民的生活軌範的。(八)布帛精粗不中度,幅廣狹不中量,(九)五穀不時,(十)果實未熟,(十一)木不中伐,(十二)禽獸魚鱉不中殺,是所以維持社會的經濟制度,並保障消費人的利益的。總之,商人的交易,受著干涉的地方很多。《周官》司市以下各官,則是所以維持市面上的秩序的。我們可想見,在封建制度之下,商人並不能十分自由。封建政體破壞了,此等規則,雖然不能維持,但市總還有一定的區域。像現在通衢僻巷,到處可以自由設肆的事,是沒有的。北魏胡靈后時,稅入市者人一錢,即其明證。《唐書·百官志》説"市皆建標築土爲候。凡市日,擊鼓三百以會衆,日入前七刻,擊鉦三百而散",則市之聚集,仍有定期,更無論非市區了。現在設肆並無定地,交易亦無定時,這種情形,大約是唐中葉以後,逐漸興起的。看宋朝人所著《東京夢華録》、孟元老著。《武林舊事》周密著。等書可見。到這地步,零售商逐漸增多,商業和人民生活的關係,亦就更形密切了。

商業初興時,所運銷的,還多數是奢侈品,所以專與王公貴人爲緣。子貢結駟連騎,束帛之幣,以聘享諸侯。《史記·貨殖列傳》。鼂錯説漢朝的商人,"交通王侯,力過吏勢",《漢書·食貨志》。即由於此。此等商人,看似勢力雄厚,其實和社會的關係,是比較淺的。其廁身民衆之間,做屯積和販賣的工作的,則看似低微,而其和社會的關係,反較密切。因爲這才真正是社會經濟的機鍵。至於古代的賤視商人,則(一)因封建時代的人,重視掠奪,而賤視平和的生產事業。(二)因當時的商業,多使賤人爲之。如刁閒收取桀黠奴,使之逐漁鹽商賈之利是。《史記·貨殖列傳》。此等風氣,以兩漢時代爲最甚。後世社會階級,漸漸平夷,輕視商人,亦就不如此之甚了。抑商則另是一事。輕商是賤視其人,抑商則敵視其業。因爲古人視商工爲末業,以爲不能生利。又因其在社會上是剝削階級,然抑商的政令,在事實上,並不能減削商人的勢力。

國際間的貿易,自古即極興盛。因爲兩國或兩民族,地理不同,生產技術不同,其需要交易,實較同國同族人爲尤甚。試觀《史記·貨殖列傳》所載,凡和異國異族接境之處，商務無不興盛，_{如天水、隴西、北地、上郡、巴、蜀、上谷至遼東等。}便可知道。漢朝尚絶未知西域爲何地，而邛竹杖、蜀布，即已遠至其地，商人的輾轉販運，其能力亦可驚異了。《貨殖傳》又説：番禺爲珠璣、瑇瑁、果、布之湊。這許多，都是後來和外洋互市的商品，_{布當即緜布。}可知海路的商業，發達亦極早。中國和西域的交通，當分海陸兩路。以陸路論：《漢書·西域傳》載杜欽諫止遣使報送罽賓使者的話，説得西域的路，阻礙危險，不可勝言，而其商人，竟能冒險而來。以海路論：《漢書·地理志》載中國人當時的海外航線，係自廣東的徐聞出發。所經歷的地方，雖難悉考，其終點黃支國，據近人所考證，即係印度的建志補羅。_{馮承鈞《中國南洋交通史》上編第一章。}其後大秦王安敦，自日南徼外，遣使通中國，爲中歐正式交通之始。兩晉南北朝之世，中國雖然喪亂，然河西、交、廣，都使用金銀。當時的中國，是並不以金銀爲貨幣的，獨此兩地，金銀獲有貨幣的資格，即由於與外國通商之故。可見當中國喪亂時，中外的貿易，依然維持着。承平之世，特別如唐朝、元朝等，疆域擴張，聲威遠播之時，更不必説了。但此時所販運的總帶有奢侈品性質。_{如香藥寶貨便是，參看第八章。}對於普通人民的生活，關係並不深切。到近代產業革命以後，情形就全不相同了。

第十二章　貨　　幣

　　交換是現社會重要的經濟機構,貨幣則是交換所藉之以行的。所以貨幣制度的完善與否,和經濟的發達、安定,都有很大的關係。中國的貨幣制度,是不甚完善的。這是因爲(一)中國的經濟學説,注重於生產消費,而不甚注重於交換,於此部分,缺乏研究。(二)又疆域廣大,各地方習慣不同,而行政的力量甚薄,不能控制之故。

　　中國古代,最普遍的貨幣,大約是貝。所以凡貨財之類,字都從貝,這是捕魚的民族所用。亦有用皮的。所以國家以皮幣行聘禮,昏禮的納徵,亦用鹿皮,這當是游獵民族所用。至農耕社會,纔普遍使用粟帛。所以《詩經》説"握粟出卜",又説"抱布貿絲"。珠玉金銀銅等,都係貴族所需要。其中珠玉之價最貴,金銀次之,銅又次之,所以《管子》説:"以珠玉爲上幣,黃金爲中幣,刀布爲下幣。"《國蓄》。古代的銅價,是比較貴的。《史記·貨殖列傳》、《漢書·食貨志》,説當時的糶價,都是每石自二十至八十。當時的衡量,都約當現代五分之一。即當時的五石,等於現在的一石。當時量法用斛,衡法稱石,石與斛的量,大略相等。其價爲一百文至四百文。漢宣帝時,穀石五錢,則現在的一石穀,只值二十五文。如此,零星貿易,如何能用錢? 所以孟子問陳相:許行的衣冠械器,從何而來? 陳相説:都是以粟易之。《滕文公上篇》。而漢朝的賢良文學,説當時買肉喫的人,也還是"負粟而往,易肉而歸"。《鹽鐵論·散不足篇》。可見自周至漢,銅錢的使用,並不十分普遍。觀此,才知道古人所以有許多主張廢除貨幣的。若古代的貨幣使用,其狀況一如今日,則古人即使有這主張,亦必審慎考慮,定有詳密的辦法,然後提出,不能説得太容易了。自周至漢,尚且如此,何況夏殷以前? 所以《説文》説:"古者貨貝而寶龜,周而有泉,至秦廢貝行錢。"《漢書·食貨志》説:貨幣的狀況,"自夏殷以前,其詳靡記",實在最爲確實。《史記·平準書》説:"虞夏之幣,金爲三品:或黃,或白,或赤,或錢,或布,或刀,或龜貝。"《平準書》本非《史記》元文,這數語又附著篇末,其爲後人所竄入，不待言而可明了。《漢書·食貨志》又説："大公爲周立九府圜法。黄金方寸而重一斤。錢圜函方，_{函即俗話錢眼的眼字。}輕重以銖。布帛廣二尺二寸爲幅，長四丈爲匹。大公退，又行之於齊。"案《史記·貨殖列傳》説："管子設輕重九府。"《管晏列傳》説"吾讀管氏《牧民》、《山高》、《乘馬》、《輕重》、《九府》"，則所謂九府圜法，確係齊國的制度。但其事起於何時不可知。説是大公所立，已嫌附會，再説是大公爲周所立，退而行之於齊，就更爲無據了。古代的開化，東方本早於西方。齊國在東方，經濟最稱發達。較整齊的貨幣制度，似乎就是起於齊國的。《管子·輕重》諸篇，多講貨幣、貨物相權之理，可見其時貨幣的運用，已頗靈活。《管子》雖非管仲所著，卻不能不説是齊國的書。《説文》説周而有泉，可見銅錢的鑄造，是起於周朝，而逐漸普遍於各地方的。並非一有銅錢，即各處普遍使用。

古代的銅錢，尚且價格很貴，而非普通所能使用，何況珠玉金銀等呢？這許多東西，何以會與銅錢並稱爲貨幣？這是因爲貨幣之始，乃是用之於遠方，而與貴族交易的。《管子》説："玉起於禺氏，金起於汝、漢，珠起於赤野。東西南北，距周七千八百里，_{《通典》引作七八千里。}水絶壤斷，舟車不能通。先王爲其途之遠，其至之難，故託用於其重。"_{《國蓄》。}又説："湯七年旱，禹五年水，湯以莊山之金，禹以歷山之金鑄幣，而贖人之無饘賣子者。"_{《山權數》。}此等大批的賣買，必須求之於貴族之家。因爲當時，只有貴族，才會有大量的穀物存儲。如_{《山權數篇》又言丁氏之家粟，可食三軍之師。}於此，可悟古代商人，多與貴族交接之理，而珠玉金銀等的使用，亦可無疑義了。珠玉金銀等，價均太貴，不適宜於普通之用。只有銅，價格稍賤，而用途極廣，是普通人所寶愛，而亦是其所能使用的。銅遂發達而成普通的貨幣，具有鑄造的形式。其價值極貴的，則漸以黄金爲主，而珠玉等都被淘汰。

錢圜函方，一定是取象於貝的。所以錢的鑄造，最初即具有貨幣的作用。其爲國家因民間習用貝，又寶愛銅，而鑄作此物，抑係民間自行製造不可知。觀《漢書》"輕重以銖"四字，可見齊國的銅錢，輕重亦非一等。限制其輕重必合於銖的整數，正和限制布帛的長闊一樣。則當時的錢，種類似頗複雜。觀此，銅錢的鑄造，其初似出於民間，若原出國家，則必自始就較整齊了。此亦可見國家自能發動的事情，實在很少，都不過因社會固有的事物，從而整齊之罷了。到貨幣廣行以後，大量的鑄造，自然是出於國家。因爲非國家，不能有這大量的銅。但這只是事實如此。貨幣不可私鑄之理，在古代，似乎不甚明白的。所以漢文帝還放民私鑄。

《漢書·食貨志》説：“秦并天下，幣爲二等。黄金以鎰爲名，上幣。銅錢質如周錢，文曰半兩，重如其文。而珠玉龜貝銀錫之屬，爲器飾寶藏，不爲幣。然各隨時而輕重無常。”可見當時的社會，對於珠玉龜貝銀錫等，都雜用爲交易的媒介，而國家則於銅錢之外，只認黄金。這不可謂非幣制的一進化。《食貨志》又説：漢興，以爲秦錢重，難用，更令民鑄莢錢。《高后本紀》：二年，行八銖錢。應劭曰：“本秦錢。質如周錢，文曰半兩，重如其文。即八銖也。漢以其太重，更鑄莢錢。今民間名榆莢錢是也。民患其太輕。至此復行八銖錢。”六年，行五分錢。應劭曰：“所謂莢錢者。文帝以五分錢太輕小，更作四銖錢。文亦曰半兩。今民間半兩錢最輕小者是也。”案既經鑄造的銅錢，自與生銅不同。但幾種貨幣雜行於市，民必信其重者，而疑其輕者；信其鑄造精良者，而疑其鑄造粗惡者；這是無可如何之事。古代貨幣，雖有多種並行，然其價格，隨其大小而不齊，則彼此不會互相驅逐。今觀《漢書·食貨志》説：漢行莢錢之後，米至石萬錢，馬至匹百金。漢初雖有戰爭，並未至於白骨蔽野，千里無人煙，物價的昂貴，何得如此？況且物價不應同時並長。同時並長，即非物價之長，而爲幣價之跌，其理甚明。古一兩重二十四銖。八銖之重，只得半兩錢三分之二；四銖只得三分之一；而其文皆曰半兩，似乎漢初貨幣，不管其實重若干，而强令其名價相等。據此推測，漢初以爲秦錢重難用，似乎是一個藉口。其實是藉發行輕貨，以爲籌款之策的。所以物價因之增長。其時又不知貨幣不可私鑄之理。文帝放民私鑄，看《漢書》所載賈誼的奏疏，其詒害可謂甚烈。漢武帝即位後，初鑄三銖錢。又鑄赤仄。又將鹿皮造成皮幣。又用銀錫造作白金三等。紛擾者久之。後來乃將各種銅錢取銷，專鑄五銖錢。既禁民私鑄，并不許郡國鑄造，而專令上林三官鑄。謂水衡都尉屬官均官、鍾官、辨銅三令丞。無形中暗合貨幣學理。幣制至此，始獲安定。直至唐初，才另鑄開元通寶錢。自此以前，歷朝所鑄的錢，都以五銖爲文。五銖始終是最得人民信用的錢。

漢自武帝以後，幣制是大略穩定的。其間惟王莽一度改變幣制，爲五物、六名、二十八品。金、銀、龜、貝、錢、布爲六名。錢布均用銅，故爲五物。其值凡二十八等。然旋即過去。至後漢光武，仍恢復五銖錢。直至漢末，董卓壞五銖錢，更鑄小錢，然後錢法漸壞。自此經魏、晉、南北朝，政治紊亂，幣制迄未整飭。其中最壞的，如南朝的鵝眼、綖環錢，至於“入水不沈，隨手破壞”。其時的交易，則多用實物做媒介。和外國通商之處，則或兼用金銀。如《隋書·食貨志》説：梁初，只有京師及三吳、荆、郢、江、襄、梁、益用錢。其餘州郡，則雜以穀帛。交、廣全用金銀。又說：陳亡之後，嶺南諸州，多以錢米布交易。河西諸郡，或用西域金銀之錢都是。直到唐初，鑄開元通寶錢，幣制才算復一整理。然不久私鑄即起。

用金屬做貨幣，較之珠玉布帛等，固然有種種優點，但亦有兩種劣點。其（一）是私銷私鑄的無法禁絕。私鑄，舊說以"不愛銅不惜工"敵之。即是使鑄造的成本高昂，私鑄無利可圖。但無嚴切的政令以輔之，則惡貨幣驅逐良貨幣，既爲經濟上不易的原則，不愛銅，不惜工，亦徒使國家增加一筆銷耗而已。至於私銷，則簡直無法可禁。其（二）爲錢之不足於用。社會經濟，日有進步，交易必隨之而盛。交易既盛，所需的籌碼必多。然銅係天產物，開礦又極勞費，其數不能驟增。此係自然的原因。從人爲方面論，歷代亦從未注意於民間貨幣的足不足，而爲之設法調劑，所以貨幣常感不足於用。南北朝時，雜用實物及外國貨幣，幣制的紊亂，固然是其一因，貨幣數量的缺乏，怕亦未嘗非其一因。此等現象，至唐代依然如故。玄宗開元二十二年，詔莊宅口馬交易，並先用絹布綾羅絲棉等。其餘市買，至一千以上，亦令錢物並用。違者科罪。便是一個證據。當這時代，紙幣遂應運而生。

紙幣的前身是飛錢。《唐書·食貨志》說：貞元時，商賈至京師，委錢諸道進奏院及諸軍諸使富家，以輕裝趨四方，合券乃取之，號飛錢。這固然是匯兌，不是紙幣。然紙幣就因之而產生了。《文獻通考·錢幣考》說：初蜀人以鐵錢重，私爲券，謂之交子，以便貿易。富人十六户主之。其後富人稍衰，不能償所負，爭訟數起。寇瑊嘗守蜀，乞禁交子。薛田爲轉運使，議廢交子則貿易不便。請官爲置務，禁民私造。詔從其請。置交子務於益州。《宋史·薛田傳》說：未報，寇瑊守益州，卒奏用其議。蜀人便之。《食貨志》說：真宗時，張詠鎮蜀。患蜀人鐵錢重，不便貿易。設質劑之法。一交一緡，以三年爲一界而換之。六十五年爲二十二界。謂之交子。富民十六户主之。三說互岐，未知孰是。總之一交一緡，以三年爲一界，總是事實。一交爲一緡，則爲數較小，人人可以使用。以三年爲一界，則爲時較長，在此期間，即具有貨幣的效用，真可謂之紙幣，而非復匯兌券了。然云廢交子則貿易不便，則其初，亦是以搬運困難，而圖藉此以省費的。其用意，實與飛錢相類。所以說紙幣，是從匯兌蛻化而出的。

交子務既由官置，交子遂變爲官發的紙幣。神宗熙寧間，因河東苦鐵錢，置務於潞州。後又行之於陝西。徽宗崇寧時，蔡京又推行之於各處。後改名爲錢引。其時惟閩浙湖廣不行。推行的區域，已可謂之頗廣了。此種紙幣，係屬兌換性質。必須可兌現錢,然後能有信用。然當時已有濫發之弊。徽宗時,遂跌至一緡僅值錢數十。幸其推行的範圍雖廣,數量尚不甚多,所以對於社會經濟,不發生甚大的影響。南宋高宗紹興元年,令榷貨務造關子。二十九年,戶部始造會子。仍以三年爲一界。行至十八界爲止。第十九界,賈似道仍改造關子。南宋的交子,有展限和兩界並行之弊。因之各界價格不等。寧宗嘉定四年,遂令十七十八兩界,更不立限,永遠行使。這很易至於跌價。然據《宋史·食貨志》:度宗咸淳四年,以近頒關子,貫作七百七十文足。十八界會子,貫作二百五十七文足。三準關子一,同現錢行使。此時宋朝已近滅亡,關子僅打七七折,較諸金朝,成績好得多了。

金朝的行紙幣,始於海陵庶人貞元二年。以一貫、二貫、三貫、五貫、十貫爲大鈔,一百、二百、三百、五百、七百爲小鈔。當時說是銅少的權制。但(一)開礦既非易事,括民間銅器以鑄,禁民間私藏銅器及運銅器出境,都是苛擾的事。鑄錢因此不易積極進行。(二)當時亦設有鑄錢的監,乃多毀舊錢以鑄。新錢雖然鑄出,舊錢又沒有了。(三)既然錢鈔並行,循惡貨幣驅逐良貨幣的法則,人民勢必將現錢收藏,新鑄的錢,轉瞬即行匿迹。因此,銅錢永無足時,紙幣勢必永遠行使。然使發行得法,則紙幣與銅錢並行,本來無害,而且是有益的,所以《金史·食貨志》說:章宗即位之後,有人要罷鈔法。有司說:"商旅利其致遠,往往以錢買鈔。公私俱便之事,豈可罷去?"這話自是事實。有司又說:"止因有釐革之限,不能無疑。乞削七年釐革之限,令民得常用。"歲久字文磨滅,許於所在官庫納舊換新,或聽便支錢。做《食貨志》的人說:"自此收斂無術,出多入少,民寖輕之。"其實收斂和釐革,係屬兩事。苟能審察經濟情形,不至濫發,雖無釐革之限何害? 若要濫發,即有釐革之限,又何難擴充其每界印造之數,或數界並行呢? 所以章宗時的有司,實在並沒有錯。而後來的有司,"以出鈔爲利,收鈔爲諱",卻是該負極大責任的。平時已苦鈔多,宣宗南遷以後,更其印發無限。貞祐二年,據河東宣撫使胥鼎說,遂致每貫僅值一文。

鈔法崩潰至此,業已無法挽救。銅錢則本苦其少,況經紙幣驅逐,一時不能復出。銀乃乘機而興。案金銀用爲交易的媒介,由來已久,讀前文所述可見。自經濟進步以後,銅錢既苦其少,又苦運輸的困難,當這時候,以金銀與銅相輔而行,似極便利。然自金末以前,訖未有人想到這個法子,這是什麼理由呢? 原來貨幣是量物價的尺。尺是可有一,不可有二的。既以銅錢爲貨幣,即不容銅錢之外,更有他種貨幣。(一)廢銅錢而代以金銀,固然無此情理。(二)將金銀亦鑄爲貨幣,與銅錢嚴定比價,這是昔人想不到的。如此,金銀自無可做貨幣的資格了。難者要説：從前的人，便没有專用銅錢。穀物布帛等，不都曾看做貨幣的代用品麽？這話固然不錯。然在當時，金銀亦何嘗不是貨幣的代用品。不過其爲用，不如穀物布帛的普遍罷了。金銀之用，爲什麽不如穀帛的普遍？須知價格的根原，生於價值，金銀在現今，所以爲大衆所歡迎，是因其爲交換之媒介，既廣且久，大家對他，都有一種信心，拿出去，就什麽東西可以换到。尤其是，現今世界各國，雖然都已用紙，而仍多用金銀爲準備。金銀换到貨幣，最爲容易，且有定價，自然爲人所歡迎。這是貨幣制度，替金銀造出的價值，並不是金銀本身，自有價值。假使現在的貨幣，都不用金銀做準備，人家看了金銀，也不當他直接或間接的貨幣，而只當他貨物。真要使用他的人，才覺得他有價值。如此，金銀的價值必縮小；要他的人，亦必減少；金銀的用途，就將大狹了。如此，便可知道自金末以前，爲什麽中國人想不到用金銀做貨幣。因爲價格生於價值，其物必先有人要，然後可做交易的媒介，而金銀之爲物，在從前是很少有人要的。因爲其爲物，對於多數人是無價值的。金銀本身之用，不過製器具，供玩好，二者都非通常人所急。

　　到金朝末年，經濟的情形，又和前此不同了。前此貨幣紊亂之時，係以惡的硬幣，驅逐良的硬幣。此時則係以紙幣驅逐硬幣。漢時錢價甚昂，零星交易，並不用錢，已如前述。其後經濟進步，交易漸繁，貨幣之數，勢必隨公鑄私造而加多。貨幣之數既多，其價格必日跌。於是零星貿易，漸用貨幣。大宗支付，轉用布帛。銅錢爲紙幣驅逐以盡，而紙幣起碼是一百文，則零星貿易，無物可用了。勢不能再回到古代的以粟易之，而布帛又不可尺寸分裂，乃不得已而用銀。所以銀之起，乃是所以代銅錢，供零星貿易之用的，並非嫌銅錢質重值輕，用之以圖儲藏和運輸之便。所以到清朝，因鑄錢的勞費，上諭屢次勸人民兼用銀兩，人民總不肯聽。這個無怪其然。因爲他們心目之中，只認銅錢爲貨幣。儲藏了銀兩，銀兩對銅錢漲價，固然好了，對銅錢跌價，他們是要認爲損失的。他們不願做這投機事業。到清末，要以銀爲主幣，銅爲輔幣，這個觀念，和普通一般人説明，還是很難的。因爲他們從不瞭解：有兩種東西，可以同時並認爲貨幣。你對他説：以銀爲主幣，銅爲輔幣，這個銅幣，就不該把他看做銅，也不該把他看做銅幣，而該看作銀圓的幾分之幾，他們亦很難瞭解。這個，似乎是他們的愚笨，其實他們的意見是對的。因爲既不看做銅，又不看做銅幣，那末，爲什麽不找一種本無價值的東西，來做銀圓的代表，而要找著銅幣呢？銅的本身，是有價值的，因而是有價格的，維持主輔幣的比價，雖屬可能，究竟費力。何不用一張紙，寫明銅錢若干文，派他去充個代表，來得直捷痛快呢？他們的意見是對的。他們而且已經實行了。那便是飛錢、交子等物。這一種事情，如能順利發達，可使中國貨幣的進化，早了一千年。因爲少數的交易用銅錢，多數的授受，嫌錢笨重的，則以紙做錢的代表，如此，怎樣的巨數，亦可以變爲輕齎，而伸縮又極自由，較之用金銀，實在合理得許多。而惜乎給國家攫取其發行之權，以濟財政之急，把這自然而合理的進化拗轉了。

於此，又可知道紙幣之敝。黃金爲什麼不起而代之，而必代之以銀。從前的人，都説古代的黃金是多的，後世卻少了，而歸咎於佛事的銷耗。顧炎武《日知録》，趙翼《廿二史劄記》、《陔餘叢考》，都如此説。其實不然。王莽敗亡時，省中黃金萬斤爲一匱者，尚有六十匱。其數爲六十萬斤。古權量當今五分之一，則得今十二萬斤，即一百九十二萬兩。中國人數，號稱四萬萬，女子當得半數，通常有金飾的，以女子爲多。假使女子百人之中，有一人有金飾，其數尚不及一兩。現在民間存金之數，何止如此？《齊書·東昏侯紀》，謂其"後宮服御，極選珍奇。府庫舊物，不復周用。貴市民間。金銀寶物，價皆數倍，京邑酒租，皆折使輸金，以爲金塗"。這幾句話，很可説明歷史記載，古代金多，後世金少的原因。古代人民生活程度低。又封建之世，服食器用，皆有等差。平民不能僭越。珠玉金銀等，民間收藏必極少。這個不但金銀如此，怕銅亦是如此。秦始皇的銷兵，人人笑其愚笨。然漢世盜起，必劫庫兵。後漢時羌人反叛，因歸服久了，無復兵器，多執銅鏡以象兵。可見當時民間兵器實不多。不但兵器不多，即銅亦不甚多。所以賈誼整理幣制之策，是"收銅勿令布"。若銅器普遍於民間，亦和後世一樣，用什麼法子收之勿令布呢？銅尚且如此，何況金銀？所以古代所謂金多，並非金真多於後世，乃是以聚而見其多。後世人民生活程度漸高；服食器用，等差漸破；以朝廷所聚之數，散之廣大的民間，就自然不覺其多了。讀史的人，恆不免爲有明文的記載所蔽，而忽略於無字句處。我之此説，一定有人不信。因爲古書明明記載漢時黃金的賞賜，動輒數十斤數百斤，甚且有至數千斤的，如何能不説古代的黃金，多於後世呢？但是我有一個證據，可以折服他。王莽時，黃金一斤直錢萬，朱提銀八兩爲一流，直錢一千五百八十，他銀一流直錢千，則金價五倍於銀。《日知録》述明洪武初，金一兩等於銀五兩，則金銀的比價，漢末與明初相同。我們既不見古書上有大量用銀的記載，亦不聞佛法輸入以後，銀有大量的消耗，然則古書所載黃金大量使用之事，後世不見，並非黃金真少，只是以散而見其少，其事瞭然可見了。大概金銀的比價，在前代，很少超過十倍的。然則在金朝末年，社會上白銀固多,黃金亦不甚少。假使用銀之故,是嫌銅幣的笨重,而要代之以質小值巨之物,未嘗不可舍銀而取金,至少可以金銀並用。然當時絕不如此。這明明由於銀之起,乃所以代銅錢,而非以與銅錢相權,所以於金銀二者之中,寧取其價之較低者。於此,可見以金、銀、銅三品,或金、銀二品,或銀、銅二品爲貨幣,並非事勢之自然。自然之勢,是銅錢嫌重,即走向紙幣一條路的。

金、銀二物,舊時亦皆鑄有定形。《清文獻通考》説:"古者金銀皆有定式,必鑄成幣而後用之。顏師古注《漢書》,謂舊金雖以斤爲名,而官有常形制,亦猶今時吉字金挺之類。武帝欲表祥瑞,故改鑄爲麟趾裹蹄之形,以易舊制。然則麟趾裹蹄,即當時金幣式也。漢之白選與銀貨,亦即銀幣之式。《舊唐書》載內庫出方圓銀二千一百七十二兩,是唐時銀亦皆係鑄成。"案金屬貨幣之必須鑄造,一以保證其成色,一亦所以省秤量之煩。古代金銀雖有定形,然用之必仍以斤兩計,似乎其分量的重輕,並無一定。而其分量大抵較重,尤不適於零星貿易之用。《金史·食貨志》説:"舊例銀每錠五十兩,其直百貫。民間或有截鑿之者,其價亦隨低昂。"每錠百貫,其不能代銅錢可知。章宗承安二年,因鈔法既敝,乃思乞靈於銀。改鑄銀,名承安寶貨。自一兩至十兩,分爲五等。每兩折鈔二貫。公私同見錢行使。亦用以代鈔本。後因私鑄者多,雜以銅錫,寖不能行。五年,遂罷之。宣宗時,造貞祐寶券及興定寶泉,亦皆與銀相權。然民間但以銀論價。於是限銀一兩,不得超過寶泉三百貫。案寶泉法價,每二貫等於銀一兩。物價在三兩以下者,不許用銀。以上者三分爲率,一分用銀,二分用寶泉。此令既下,"商旅不行,市肆晝閉"。乃復取銷。至哀宗正大間,民間遂全以銀市易。《日知録》説:"此今日上下用銀之始。"其時正值無錢可用的時候,其非用以與錢相權,而係以之代錢,顯然可見了。

元、明兩朝,當開國之初,都曾躊躇於用錢、用鈔之間。因銅的缺乏,卒仍舍錢而用鈔。元初有行用鈔,其制無可考。世祖中統元年,始造交鈔,以絲爲本。是年十月,又造中統寶鈔。分十、二十、三十、五十、一百、二百、五百、一貫、二貫。此據《食貨志》。《王文統傳》云:中統鈔自十文至二貫凡十等。疑《食貨志》每三百一等。每一貫同交鈔一兩,兩貫同白銀一兩。又以文綾織爲中統銀貨。分一兩、二兩、三兩、五兩、十兩五等。每兩同白銀一兩,未曾發行。至元十二年,添造釐鈔。分一文、二文、三文三等。十五年,以不便於民罷。二十四年,造至元鈔。自二貫至五文,凡十一等。每一貫當中統鈔五貫,二貫等於銀一兩,二十貫等於金一兩。武宗至大二年,以物重鈔輕,改造至大銀鈔。自二兩至二釐,共十三等。每一兩準至元鈔五貫,白銀一兩,赤金一錢。仁宗即位,以倍數太多,輕重失宜，罷至大銀鈔，其中統、至元二鈔，則終元世常行。案元朝每改鈔一次，輒準舊鈔五倍，可見當其改鈔之時，即係鈔價跌至五分之一之時。貨幣跌價，自不免影響於民生。所以"實鈔法"，實在是當時的一個大問題。元初以絲爲鈔本，絲價漲落太大，用作鈔本，是不適宜的。求其價格變動較少的，自然還是金屬。金屬中的金銀，都不適於零星貿易之用。釐鈔及十文五文之鈔，行用亦實不適宜。所以與其以金銀爲鈔本，實不如以銅錢爲鈔本。元朝到順帝至正年間，丞相脫脫，才有此議。下詔：以中統鈔一貫，權銅錢一千，準至元鈔二貫。鑄至正通寶錢，與歷代銅錢並用。這實在是一個賢明的辦法。然因海内大亂，軍儲賞犒，每日印造，不可數計。遂至"交料散滿人間"，"人視之若敝楮"了。明初，曾設局鑄錢。至洪武七年，卒因銅之不給，罷鑄錢局而行鈔。大明寶鈔，以千文準銀一兩，四貫準黃金一兩。後因鈔價下落，屢次糴官物，或稅收限定必納寶鈔以收鈔。然終於不能維持。至宣宗宣德三年，遂停止造鈔。其時增設新稅，或加重舊稅的稅額，專收鈔而焚之。鈔法既平之後，有些新稅取銷，稅額復舊，有的就相沿下去了。鈔關即是其中之一。自此租稅漸次普遍收銀，銀兩真成爲通用的貨幣了。

　　主幣可以用紙，輔幣則必須用金屬。因其授受繁，紙易敝壞，殊不經濟。所以以銅錢與紙幣並行，實最合於理想。元、明兩朝，當行鈔之時，並不鑄錢。明朝到後來，鑄錢頗多，卻又並不行鈔了，清朝亦然。順、康、雍、乾四朝，頗能實行昔人不愛銅不惜工之論。案分釐在古代，本係度名而非衡名。衡法以十黍爲累，十累爲銖，二十四銖爲兩。因其非十進，不便計算，唐朝鑄開元通寶錢，乃以一兩的十分之一，即二銖四累，爲其一個的重量。宋太宗淳化二年，乃改衡法。名一兩的十分之一爲一錢，一錢的十分之一爲一分，一分的十分之一爲一釐。錢即係以一個銅錢之重爲名。分釐之名，則係借諸度法的。依照歷朝的成法，一個銅錢，本來只要重一錢。順、康、雍、乾四朝所鑄，其重量卻都超過一錢以上，鑄造亦頗精工。可謂有意於整頓幣制了。惜乎於貨幣的原理未明，所以仍無成效可見。怎樣説清朝的貨幣政策，不合貨幣原理呢？案（一）貨幣最宜舉國一律。這不是像郵票一般，過了若干時間，就不復存在的。所以郵票可以花樣翻新，貨幣則不宜然。此理在唐朝以前，本來明白。所以漢朝的五銖錢，最得人民信用，自隋以前，所鑄的銅錢，即多稱五銖。唐初改鑄開元通寶，大約是因當時錢法大壞，想與民更始的，揣度當時的意思，或者想以開元爲全國唯一通行的錢。所以後世所鑄的錢，仍係開元通寶。高宗的乾封泉寶、肅宗的乾元重寶、乾元重輪等，雖都冠之以年號，然皆非小平錢，當時不認爲正式的貨幣。

不過其統一的目的，未能達到罷了。宋以後才昧於此理，把歷朝帝皇的年號，鑄在銅錢之上。於是換一個皇帝，就可以有一種錢文。年號時有改變，則還可以不止一種。貨幣形式的不統一，不是事實使然，竟是立法如此了。甚至像明朝世宗，不但鑄嘉靖年號的銅錢，還補鑄前此歷朝未鑄的年號。這不是不把銅錢看做全國的通貨，而看做皇帝一個人的紀念品麼？若使每朝所鑄的，只附鑄一個年號，以表明其鑄造的年代，而其餘一切，都是一律，這還可以説得過去。而歷代又不能然。清朝亦是如此。且歷朝所鑄的銅錢，重量時有出入。這不是自己先造成不統一麼？（二）雖然如此，但得所鑄的錢，不至十分惡劣，則在專制時代，即但以本朝所鑄之錢爲限，而禁絶其餘的惡薄者，亦未始不可以小康。此即明代分別制錢和古錢的辦法。明天啓、崇禎間，括古錢以充廢銅，以統一幣制論，實在是對的。但要行此法，有一先決問題，即必須先使貨幣之數足用。若貨幣之數，實在不足於用，交易之間，發生困難，就無論何等惡劣的貨幣，人民也要冒險使用，禁之不可勝禁，添出整理的阻力來了。自明廢除紙幣以後，直至清朝，要把銅錢鑄到人民毅用，是極不容易辦到的。當此之時，最好將紙幣和銅錢相權。而明、清皆不知出此，聽任銀銅並行。又不知規定其主輔的關係。在明朝，租稅主於收銀，銅錢時有禁令，人民懷疑於銅錢之將廢，不敢收受，大爲銅錢流通之害。清朝則人民認銅錢爲正貨，不願收受銀兩。而政府想要強迫使用，屢煩文告，而卒不能勝。而兩種貨幣，同時並行，還生出種種弊竇。如租稅徵收等。不明經濟原理之害，真可謂生於其心，害於其政了。

　　外國銀錢的輸入，並不始於近代。《隋書·食貨志》説南北朝時河西、交、廣的情形，已見前。《日知録》引唐韓愈《奏狀》，説五嶺買賣一以銀。元稹《奏狀》，説自嶺以南，以金銀爲貨幣。張籍詩説："海國戰騎象，蠻州市用銀。"《宋史·仁宗紀》：景祐二年，詔諸路歲輸緡錢，福建、二廣以銀。《集釋》説：順治六七年間，海禁未設，市井貿易，多以外國銀錢。各省流行，所在多有。禁海之後，絶迹不見。這可見外國貨幣之侵入，必限於與外國通商之時，及與外國通商之地。前此中外交通，時有絶續；又多限於一隅；所以不能大量侵入。到五口通商以後，情形就大不相同了。外國鑄造的貨幣，使用的便利，自勝於我國秤量的金銀。其秤量之法，且不畫一。外國銀圓，遂滔滔輸入，而以西班牙、墨西哥兩國爲多。中國的自鑄，始於光緒十三年。廣東總督張之洞所爲。重量形式，都模倣外國銀圓，以便流通。此時銅錢之數，頗感不足。光緒二十七年，廣東開鑄銅元，因其名價遠超於實價，獲利頗多。於是各省競鑄銅元，以謀餘利，物價爲之暴騰。小平錢且爲其驅逐以盡。民生大感困苦。光緒三十年，度支部

奏釐定幣制，以銀圓爲本位貨幣，民國初年仍之。其時孫文創用紙幣之議，舉
國的人，多不解其理論，非難蠭起。直到最近，國民政府樹立法幣制度，才替
中國的貨幣，畫一個新紀元。

第十三章　衣　　食

《禮記·禮運》説："昔者先王未有宮室,冬則居營窟,夏則居橧巢。未有火化,食草木之實,鳥獸之肉,飲其血,茹其毛。未有麻絲,衣其羽皮。後聖有作,然後脩火之利。范金,合土,以爲臺榭,宮室,牖户。以炮,以燔,以亨,以炙,以爲醴酪。治其麻絲,以爲布帛。"這是古人總述衣食住的進化的。(一)古代雖無正確的歷史,然其犖犖大端,應爲記憶所能及。(二)又古人最重古。有許多典禮,雖在進化之後,已有新的、適用的事物,仍必保存其舊的、不適用的,以資紀念。如已有酒之後,還要保存未有酒時的明水,見下。即其一例。此等典禮的流傳,亦使人容易記憶前代之事。所以《禮運》這一段文字,用以説明古代衣食住進化的情形,是有用的。

據這一段文字,古人的食料,共有兩種:即(一)草木之實,(二)鳥獸之肉。(三)但還漏列了一種重要的魚。古人以魚鼈爲常食。《禮記·王制》説:"國君無故不殺牛,大夫無故不殺羊,士無故不殺犬豕。"又説:"六十非肉不飽。"《孟子》説:"鷄、豚、狗、彘之畜,無失其時,七十者可以食肉矣。"《梁惠王上篇》。則獸肉爲貴者,老者之食。又説:"數罟不入洿池,魚鼈不可勝食也"與"不違農時,穀不可勝食也"並舉。《詩經·無羊篇》:"牧人乃夢,衆維魚矣。大人占之,衆惟魚矣,實維豐年。"鄭《箋》説:"魚者,庶人之所以養也。今人衆相與捕魚,則是歲熟相供養之祥。"《公羊》宣公六年,晉靈公使勇士殺趙盾。闖其户,方食魚飧。勇士曰:"嘻!子誠仁人也。爲晉國重卿,而食魚飧,是子之儉也。"均魚爲大衆之食之徵。此等習慣,亦必自隆古時代,遺留下來的。我們可以説:古人主要的食料有三種:(一)在較寒冷或多山林的地方,從事於獵,食鳥獸之肉,飲其血,茹其毛,衣其羽皮。(二)在氣候炎熱、植物茂盛的地方,則食草木之實。衣的原料麻、絲,該也是這種地方發明的。(三)在河湖的近旁則食魚。

古代的食物,雖有這三種,其中最主要的,怕還是第二種。因爲植物的種類多，生長容易。《墨子·辭過篇》説：“古之民，素食而分處。”孫詒讓《閒詁》説：“素食，謂食草木。素，疏之假字。疏，俗作蔬。”案古疏食二字有兩義：（一）是穀物粗疏的。（二）指穀以外的植物。《禮記·雜記》：“孔子曰：吾食於少施氏而飽，少施氏食我以禮。吾祭，作而辭曰：疏食不足祭也。吾飧，作而辭曰：疏食也，不足以傷吾子。”《疏》曰：“疏麤之食，不可強飽，以致傷害。”是前一義。此所謂疏食，是後一義，因其一爲穀物，一非穀物，後來乃加一草字的偏旁，以資區別。《禮記·月令》：仲冬之月，“山林藪澤，有能取蔬食，田獵禽獸者，野虞教道之。其有相侵奪者，罪之不赦”。《周官》大宰九職，八曰臣妾，聚斂疏材。《管子·七臣七主篇》云：“果蓏素食當十石。”《八觀篇》云：“萬家以下，則就山澤。”可見蔬食爲古代重要的食料，到春秋戰國時，還能養活很多的人口。至於動物，則其數量是比較少的。飲血茹毛，現在只當作形容野蠻人的話，其實在古代確是事實。《義疏》引“蘇武以雪雜羊毛而食之”，即其確證。隆古時代，蘇武在北海邊上的狀況，決不是常人所難於遭遇的。《詩經·豳風》：“九月築場圃。”鄭《箋》云：“耕治之以種菜茹。”《疏》云：“茹者，咀嚼之名，以爲菜之別稱，故書傳謂菜爲茹。”菜即今所謂蔬，乃前所釋疏食中的第二種。後世的菜，亦是加以選擇，然後種植的，喫起來並不費力。古代的疏食，則是向山林藪澤中，隨意取得的野菜，其粗麤而有勞咀嚼，怕和鳥獸的毛，相去無幾。此等事實，均逼著人向以人工產生食料的一條路上走。以人工產生食料，只有畜牧和耕種兩法。畜牧須有適宜的環境，而中國無廣大的草原，<small>古代黃河流域平坦之地，亦沮洳如沼澤。</small>就只有走向種植一路了。

古人在疏食時代的狀況，雖然艱苦，卻替後人造下了很大的福利。因爲所喫的東西多了，所以知道各種植物的性質。我國最古的藥書，名爲《神農本草經》。《淮南子·脩務訓》説“神農嘗百草之滋味，水泉之甘苦，一日而遇七十毒”，此乃附會之辭，古所謂神農，乃農業二字之義，並非指姜姓的炎帝其人。《禮記·月令》説“毋發令而待，以妨神農之事”，義即如此。《孟子·滕文公上篇》“有爲神農之言者許行”，義亦如此。《神農本草經》，乃農家推原草木性味之書，斷非一個人的功績。此書爲中國幾千年來藥物學的根本。其發明，全是由於古代的人們，所喫的植物，種類甚多之故。若照後世人的喫法，專於幾種穀類和菜蔬、果品，便一萬年，也不會發明什麼本草的。

一方面因所食之雜，而發現各種植物的性質；一方面即從各種植物中，淘汰其不適宜於爲食料的，而栽培其宜於作食料的。其第（一）步，係從各種植物中，取出穀類，作爲主食品。其第（二）步，則從穀類之中，再淘汰其粗的，而存留其精的。所以古人説百穀，後來便説九穀，再後來又説五穀。到現在，我們認爲最適宜的主食品，只有稻和麥兩種了。《墨子·辭過篇》説："聖人作，誨男耕稼樹藝，以爲民食。其爲食也，足以增氣充虚，彊體適腹而已矣。"《吕氏春秋·審時篇》説："得時之稼，其臭香，其味甘，其氣章。百日食之，耳目聰明，心意叡智，四衞變彊。《注》：四衞，四肢也。殃氣不入，身無苛殃。黄帝曰：'四時之不正也，正五穀而已矣。'"觀此，便知農業的發明、進步，和人民的營養、健康，有如何重要的關係了。

古人所豢養的動物，以馬、牛、羊、雞、犬、豕爲最普通，是爲六畜。《周官·職方氏》，謂之六擾。名見鄭《注》。馬、牛都供交通耕種之用，故不甚用爲食料。羊的畜牧，需要廣大的草地，也是比較貴重的。雞、犬、豕則較易畜養，所以視爲常食。古人去漁獵時代近，男子畜犬的多。《管子·山權數》説："若歲凶旱，水泆，民失本，則修宫室臺榭，以前無狗，後無彘者爲庸。"可見狗的畜養，和豬一樣普遍。大概在古代，狗是男子所常畜，豬則是女子所畜的。家字從宀從豕，後世人不知古人的生活，則覺其難於解釋。若知道古代的生活情形，則解釋何難之有？豬是沒有自衞能力的，放浪在外，必將爲野獸所吞噬，所以不得不造屋子給他住。這種屋子，是女子所專有的。所以引伸起來，就成爲女子的住所的名稱了。《儀禮·鄉飲酒禮》記"其牲狗"，《禮記·昏義》："舅姑入室，婦以特豚饋。"可見狗是男子供給的肉食，豬是女子供給的肉食。後來肉食可以賣買，男子就有以屠狗爲業的了。牛、馬要供給交通耕種之用，羊沒有廣大的草地，可資放牧，這種情形，後世還是和古代一樣的，狗卻因距離游獵時代遠，畜養的人少了，豬就成爲惟一食用的獸。

烹調方法的進步，也是食物進化中一種重要的現象。其根本，由於發明用火。而陶器製造的成功，也是很有關係的。《禮運》云："夫禮之初，始諸飲食。其燔黍而捭豚，汙尊而抔飲，蕢桴而土鼓，猶若可以致其敬於鬼神。"《注》云："中古未有釜甑，釋米，捭肉，加於燒石之上而食之耳。今北狄猶然。"此即今人所謂"石烹"。下文的《注》云："炮，裹燒之也。燔，加於火上。亨，煑之鑊也。炙，貫之火上。"其中只有烹，是陶器發明以後的方法。據社會學家説：陶器的發明，實因燒熟食物時，怕其枯焦，塗之以土，此正鄭《注》所謂裹燒。到陶器發明以後，食物煑熟時，又可加之以水。有種質地，就更易融化。調味料亦可於取熟時同煑。烹調之法，就更易進步了。烹調之法，不但使（一）其味加美，亦能（二）殺死病菌，（三）使食物易於消化，於衞生是很有關係的。

飲食的奢侈，亦是以漸而致的。《鹽鐵論·散不足篇》：賢良説："古者燔黍食稗，而燀豚以相饗。燀當即焠字。其後鄉人飲酒，老者重豆，少者立食，一醬一肉，旅飲而已。及其後，賓昏相召，則豆羹白飯，綦膾熟肉。今民間酒食，殽旅重疊，燔炙滿案。古者庶人糲食藜藿，非鄉飲酒、腰臘、祭祀無酒肉。今閭巷縣伯，阡陌屠沽，無故烹殺，相聚野外，負粟而往，挈肉而歸。古者不粥紕，當作餁，熟食也。不市食。及其後，則有屠沽、沽酒、市脯、魚鹽而已。今熟食遍列，殽施成市。"可見漢代人的飲食，較古代爲侈。然《論衡·譏日篇》說"海內屠肆，六畜死者，日數千頭"，怕只抵得現在的一個上海市。《隋書·地理志》說：梁州、漢中的人，"性嗜口腹，多事田漁。雖蓬室柴門，食必兼肉"。其生活程度，就又非漢人所及了。凡此，都可見得社會的生活程度，在無形中逐漸增高。然其不平均的程度，亦隨之而加甚。《禮記·王制》說："三年耕，必有一年之食，九年耕，必有三年之食。以三十年之通，雖有凶旱水溢，民無菜色，然後天子食，日舉，以樂。"《玉藻》說："至於八月不雨，君不舉。"《曲禮》說："歲凶，年不順成，君膳不祭肺，馬不食穀，大夫不食粱，士飲酒不樂。"這都是公產時代，同甘共苦的遺規。然到戰國時，孟子就以"庖有肥肉，廐有肥馬，民有饑色，野有餓莩"責備梁惠王了。我們試看《周官》的《膳夫》，《禮記》的《內則》，便知道當時的人君和士大夫的飲食，是如何奢侈。"朱門酒肉臭，路有凍死骨，榮枯咫尺異，惆悵難再述"，正不待盛唐的詩人，然後有這感慨了。

《戰國·魏策》說："昔者帝女令儀狄作酒而美，進之禹。禹飲而甘之。遂疏儀狄，絕旨酒，曰：後世必有以酒亡其國者。"昔人據此，遂以儀狄爲造酒的人。然儀狄只是作酒而美，並非發明造酒。古人所謂某事始於某人，大概如此。看《世本·作篇》，便可知道。酒是要用穀類釀造的，《儀禮·聘禮》《注》："凡酒，稻爲上，黍次之，粟次之。"其發明，必在農業興起之後。《禮運》說："汙尊而抔飲。"鄭《注》說："汙尊，鑿地爲尊也。抔飲，手掬之也。"這明明是喝的水。《儀禮·土昏禮》《疏》引此，謂其時未有酒醴，其說良是。《禮運》《疏》說鑿地而盛酒，怕就未必然了。《明堂位》說："夏后氏尚明水，殷人尚醴，周人尚酒。"凡祭祀所尚，都是現行的東西，前一時期的東西。據此，則釀酒的發明，還在夏后氏之先。醴之味較酒爲醇，而殷人尚醴，周人尚酒。《周官·酒正》，有五齊、三酒、四飲，四飲最薄，五齊次之，三酒最厚，而古人以五齊祭，三酒飲。可見酒味之日趨於厚。讀《書經》的《酒誥》，《詩經》的《賓之初筵》等篇，可見古人酒德頗劣。現在的中國人，卻沒有酗酒之習，較之歐美人，好得多了。

就古書看起來，古人的酒量頗大。《史記·滑稽列傳》載淳于髡說臣飲一斗亦醉，一石亦醉，固然是諷諭之辭，然《考工記》說："食一豆肉，飲一豆酒，中人之食。"《五經異義》載《韓詩》説古人的酒器:"一升曰爵,二升曰觚,三升曰觶,四升曰角,五升曰散。"古《周禮》説:"爵一升,觚三升,獻以爵而酬以觚,一獻而三酬,則一豆矣。"一豆就是一斗。即依《韓詩》説,亦得七升。古量法當今五之一,普通人亦無此酒量。案《周官·漿人》,六飲有涼。鄭司農云:"以水和酒也。"此必古有此事,不然,斷不能臆説的。竊疑古代獻酬之禮,酒都是和著水喝的,所以酒量各人不同,而獻酬所用的酒器,彼此若一。

刺戟品次於酒而興起的爲茶。茶之本字爲茶。《爾雅·釋木》:"檟,苦茶。"《注》云:"樹小如梔子,冬生葉,可煑作羹飲。今呼早采者爲茶,晚取者爲茗,一名荈。蜀人名之苦茶。"案茶係苦菜之稱。茶之味微苦。我們創造一句新的言語,是不容易的。遇有新事物須命名時,往往取舊事物和他相類的,小變其音,以爲新名。在單音語盛行時,往往如此。而造字之法,亦即取舊字而增減改變其筆畫,以爲新字。如角甪、刀刁,及現在所造的乒乓等字皆其例。所以從茶字會孕育出茶的語言文字來。<small>語言從魚韻轉入麻韻,文字減去一畫。</small>茶是出產在四川,而流行於江南的。《三國·吳志·韋曜傳》説:孫晧強迫羣臣飲酒時,常密賜茶荈以當酒。《世説新語》謂王濛好飲茶。客至,嘗以是餉之。士大夫欲詣濛,輒曰:今日有水厄。即其證。《唐書·陸羽傳》説:"羽嗜茶。著經三篇,言茶之原、之法、之具尤備。天下益知飲茶矣。其後尚茶成風,回紇入朝,始驅馬市茶。"則茶之風行全國,寖至推及外國,是從唐朝起的。所以唐中葉後,始有茶税。然據《金史》説:金人因所需的茶,全要向宋朝購買,認爲費國用而資敵。章宗承安四年,乃設坊自造,至泰和五年罷。明年,又定七品以上官方許食茶。據此,即知當時的茶,並不如今日的普遍。如其像現在一樣,全國上下,幾於無人不飲,這種禁令,如何能立呢?平話中《水滸傳》的藍本,是比較舊的。現行本雖經金聖歎改竄,究竟略存宋、元時的舊面目。書中即不甚見飲茶,渴了只是找酒喝。此亦茶在宋元時還未如今日盛行的證據。《日知錄》引唐綦毋熒《茶飲序》云:"釋滯消壅,一日之利暫佳,瘠氣侵精,終身之害斯大。"宋黃庭堅《茶賦》云:"寒中瘠氣,莫甚於茶。"則在唐宋時,茶還帶有藥用的性質,其刺戟性,似遠較今日之茶爲烈。古人之茶係煑飲,亦較今日的用水泡飲爲煩。如此看來,茶的名目,雖今古相同,其實則大相殊異了。這該是由於茶的製法,今古不同,所以能減少其有害的性質,而成爲普遍的飲料。這亦是飲食進化的一端。

次於茶而興起的爲煙草。其物來自呂宋。名爲菸,亦名淡巴菰。見《本草》。最初莆田人種之。王肱枕《蚓菴瑣語》云:"煙葉出閩中,邊上人寒疾,非此不治。關外至以一馬易一觔。崇禎中，下令禁之。民間私種者問徒刑。利重法輕，民冒禁如故。尋下令：犯者皆斬。然不久，因軍中病寒不治，遂弛其禁。予兒時尚不識煙爲何物，崇禎末，三尺童子，莫不喫煙矣。"據《陔餘叢考》轉引。據此，則煙草初行時，其禁令之嚴，幾與現在的鴉片相等。煙草可治寒疾，説係子虛，在今日事極明白。軍中病寒，不過弛禁的一藉口而已。予少時曾見某書，説明末北邊的農夫，有因吸煙而醉倒田中的。此係予十餘齡時所見，距今幾四十年，不能憶其書名。藏書毁損大半，僅存者尚在游擊區中，無從查檢。在今日，無論旱煙、水煙、捲煙，其性質之烈，均不能至此。則煙草的製法，亦和茶一般，大有改良了。然因此而引起抽吸大煙，則至今仍詒害甚烈。

罌粟之名，始見於宋初的《開寶本草》。宋末楊士瀛的《直指方》，始云其殼可以治痢。明王璽《醫林集要》，才知以竹刀刮出其津，置瓷器內陰乾。每服用小豆一粒，空心溫水化下，然皆以作藥用。俞正燮《癸巳類稿》云："明四譯館同文堂外國來文八冊，有譯出暹羅國來文，中有進皇帝鴉片二百斤，進皇后鴉片一百斤之語。又《大明會典》九十七、九十八，各國貢物，暹羅、爪哇、榜葛剌三國，俱有烏香，即鴉片。"則明時此物確係貢品。所以神宗皇帝，久不視朝，有疑其爲此物所困的。然其説亦無確據。今人之用作嗜好品，則實由煙草引起。清黃玉圃《臺海使槎錄》云："鴉片煙，用麻葛同雅土切絲，於銅鐺內煎成鴉片拌煙。用竹筩，實以椶絲，羣聚吸之。索直數倍於常煙。"《雍正硃批諭旨》：七年，福建巡撫劉世明，奏漳州知府李國治，拿得行户陳達私販鴉片三十四斤，擬以軍罪。臣提案親訊。陳達供稱鴉片原係藥材，與害人之鴉片煙，並非同物。當傳藥商認驗。僉稱此係藥材，爲治痢必須之品，並不能害人。惟加入煙草同熬，始成鴉片煙。李國治妄以鴉片爲鴉片煙，甚屬乖謬，應照故入人罪例，具本題參。則其時的鴉片，尚未能離煙草而獨立。後來不知如何，單獨抽吸，其害反十百倍於煙草了。

中國食物，從外國輸入的甚多。其中最重要的，自然當推蔗糖，其法係唐太宗時，得之於摩揭它的，見《唐書·西域傳》。前此的飴，是用米麥製的。大徐《説文》新附字中，始有糖字。字仍從米，釋以飴而不及蔗，可見。宋初蔗糖尚未盛行。北宋末，王灼撰《糖霜譜》，始備詳其産地及製法。到現在，蔗糖卻遠盛於飴糖了。此外菜類如苜蓿，果品如西瓜等，自外國輸入的還很多。現在不及備考。

中國人烹調之法，在世界上是首屈一指的。康有爲《歐洲十一國遊記》，言之最詳。但調味之美，和營養之佳良，係屬兩事，不可不知。又就各項費用在全體消費中所占的成分看,中國人對於飲食,是奢侈的。康有爲《物質救國論》説:國民的風氣,侈居爲上,侈衣次之,侈食爲下。這亦是我國民不可不猛省的。

衣服的進化,當分兩方面講:一是材料,一是裁製的方法。

《禮運》説"未有麻絲,衣其羽皮",這只是古人衣服材料的一種。還有一種,是用草的。《禮記·郊特牲》説:"黄衣黄冠而祭,息田夫也。野夫黄冠。黄冠,草服也。大羅氏,天子之掌鳥獸者也,諸侯貢屬焉。草笠而至,尊野服也。"《詩經》:"彼都人士,臺笠緇撮。"《毛傳》:"臺所以禦暑,笠所以禦雨也。"鄭《箋》:"臺,夫須也。都人之士,以臺爲笠。"《左氏》襄公十四年,晉人數戎子駒支道:"乃祖吾離,被苫蓋。"《注》:"蓋,苫之别名。"《疏》云:"言無布帛可衣,惟衣草也。"《墨子·辭過》云:"古之民未知爲衣服時,衣皮帶茭。"孫詒讓《閒詁》説:"帶茭,疑即《喪服》之絞帶,亦即《尚賢篇》所謂帶索。"案《儀禮·喪服傳》云:"絞帶者,繩帶也。"又《孟子·盡心上篇》:"舜視棄天下,猶棄敝蹝也。"《注》云:"蹝,草履。"《左氏》僖公四年,"共其資糧屝屨。"《注》云:"屝,草屨。"可見古人衣服冠履,都有用草製的。大概古代漁獵之民,以皮爲衣服的材料。所以《詩經·采菽》鄭《箋》説韍道:"古者田漁而食,因衣其皮,先知蔽前,後知蔽後。"參看下文。而後世的甲,還是用革製的。戴在頭上的有皮弁,束在身上的有革帶,著在脚上的有皮屨。夏葛屨,冬皮屨,見《儀禮·士冠禮》、《士喪禮》,履以絲爲之,見《方言》。農耕之民,則以草爲衣服的材料。所以《郊特牲》説黄衣黄冠是野服。《禹貢》:揚州島夷卉服,冀州島夷皮服。島當作鳥,《疏》言僞孔讀鳥爲島可見。觀野蠻人的生活,正可知道我族未進化時的情形。

麻、絲的使用,自然是一個大發明。絲的使用,起於黄帝元妃嫘祖,説不足信,已見上章。麻的發明,起於何時,亦無可考。知用麻、絲之後,織法的發明,亦爲一大進步。《淮南子·氾論訓》説:"伯余之初作衣也,緂麻索縷,手經指掛,其成猶網羅。後世爲之機杼勝復,以領其用,而民得以揜形禦寒。"手經指掛,是斷乎不能普遍的。織法的發明,真是造福無窮的了。但其始於何時,亦不可考。絲麻發明以後,皮和草的用途,自然漸漸的少了。皮的主要用途只是甲。至於裘,則其意不僅在於取煖,而兼在於美觀。所以古人的著裘,都是把毛著在外面,和現在人的反著一樣。《新序·雜事》:"虞人反裘而負薪,彼知惜其毛,不知皮盡而毛無所傅。"外面罩著一件衣服,謂之裼衣。行禮時,有時解開裼衣,露出裏面的裘來,有時又不解開,把他遮掩掉,前者謂之裼,後者謂之襲。藉此變化,以示美觀。無裼衣謂之"表裘"爲不敬。絺綌之上,亦必加以襌衣謂之袗。窮人則著毛織品，謂之褐。褐倒是專爲取煖起見的。現在畜牧和打獵的事業都衰了，絲棉較皮貨爲賤。古代則不然。裘是比較普遍的，絲絮更貴。二十可以衣裘帛，《禮記·內則》。五十非帛不煖。《禮記·王制》。庶人亦得衣犬羊之裘，即其明證。絲絮新的好的謂之纊，陳舊的謂之絮。見《說文》。

現在衣服材料，爲用最廣的是木棉。其普遍於全國，是很晚的。此物，《南史·林邑傳》謂之吉貝，誤爲木本。《新唐書》作古貝，才知爲草本。《南史》姚察門生送南布一端，白居易《布裘詩》："桂布白似雪"，都是指棉布而言。但只限於交、廣之域。宋謝枋得《謝劉純父惠木棉詩》："嘉樹種木棉，天何厚八閩？"才推廣到福建。《元史·世祖本紀》至元二十六年，置浙江、江東西、湖廣、福建木棉提舉司，則推廣到長江流域了。其所以能推廣，和紡織方法，似乎很有關係的。《宋史·崔與之傳》：瓊州以吉貝織爲衣衾，工作由婦人。陶宗儀《輟耕錄》說：松江土田磽瘠，謀食不給，乃覓木棉種於閩、廣。初無踏車椎弓之制。其功甚難。有黃道婆，自崖州來，教以紡織，人遂大獲其利。未幾，道婆卒，乃立祠祀之。木棉嶺南久有，然直至宋元間才推行於北方，則因無紡織之法，其物即無從利用，無利之可言了。所以農工兩業，是互相倚賴，互相促進的。此節略據《陔餘叢考》。

衣服裁制的方法：最早有的，當即後來所謂韍。亦作韠。此物在後來，是著在裳之外，以爲美觀的。但在邃初，則當係親體的。除此之外，全身更無所有。所以《詩經》鄭《箋》說："古者田漁而食，因衣其皮，先知蔽前，後知蔽後。"衣服的起原，從前多以爲最重要的原因是禦寒，次之是蔽體。其實不然。古人冬則穴居，並不藉衣服爲禦寒之具。至於裸露，則野蠻人絕不以爲恥，社會學上證據甚多。衣服的緣起，多先於下體，次及上體；又多先知蔽前，後知蔽後；這是主張衣服緣起，由於以裸露爲恥者最大的證據。據現在社會學家的研究，則非由於以裸露爲恥，而轉係藉裝飾以相挑誘。因爲裸露是人人所同，裝飾則非人人所有，加以裝飾，較諸任其自然，刺戟性要重些。但蔽其前爲韍，兼蔽其後即爲裳了。裳而加以袴管，古人謂之褷。短的謂之褌，長的謂之袴，所以《說文》稱袴爲脛衣，昔人所謂貧無袴，褌還是有的，並非裸露。又古人的袴、褶都是不縫的，其縫合的謂之窮袴，轉係特別的。見《漢書·外戚傳》。這可見褌和袴，都是從裳變化出來的，裳在先，褌和袴在後。裳幅前三後四，都正裁。吉服襞績打襉。無數，喪服三襞績。《儀禮·喪服》鄭《注》。著在上半身的謂之衣。其在內的、短的謂之襦。長的，有著裝絮。謂之袍，無著謂之衫。古代袍衫不能爲禮服，其外必再加以短衣和裳。

　　戴在頭上的,最尊重的是冕。把木頭做骨子。外面用布糊起來,上面是玄色,下面是朱色。戴在頭上,前面是低一些的。前有旒,據説是把五采的繩,穿了一塊塊的玉,垂在前面。其數,天子是十二,此外九旒、七旒等,以次減殺。兩旁有纊,是用黃緜,大如丸,挂在冕上面的,垂下來,恰與兩耳相當。後來以玉代黃緜,謂之瑱。冕,當係野蠻時代的裝飾,留詒下來的。所以其形狀,在我們看起來,甚爲奇怪,古人卻以爲最尊之服。次於冕者爲弁,以皮爲之。其形狀亦似冕。但無旒及纊等,戴起來前後平。冠是所以紮髮的。其形狀,同現在舊式喪禮中孝子帶的喪冠一樣。中間有一個梁,闊兩寸。又以布圍髮際,自前而後,謂之武。平居的冠,和武是連在一起的。否則分開,臨時才把他合起來。又用兩條組,連在武上,引至頤下,將他結合,是爲纓。有餘,就把他垂下來,當作一種裝飾,謂之緌。冠不用簪,冕弁則用簪。簪即女子之笄,古人重露髮,必先把"緇纚"套起來,結之爲紒,然後固之以冠。冠用纓,冕弁則把一條組結在右笄上,垂下來,經過頤下,再繞上去,結在左笄上。冠是成人的服飾,亦是貴人的服飾,所以有罪要免冠。至於今之脱帽,則自免胄蜕化而來。胄是武人的帽子,因爲怕受傷之故,下垂甚深,幾於把臉都遮蔽掉了,看不見。所以要使人認識自己,必須將胄免去。《左氏》哀公十六年,楚國白公作亂,國人專望葉公來救援。葉公走到北門。"或遇之,曰:君胡不胄?國人望君,如望慈父母焉。盜賊之矢若傷君,是絶民望也。若之何不胄?乃胄而進。又遇一人,曰:君胡胄?國人望君,如望歲焉,日日以幾,若見君面,是得艾也。民知不死,其亦夫有奮心。猶將旌君以徇於國,而又掩面以絶民望,不亦甚乎?乃免胄而進。"可見胄的作用。現在的脱帽,是采用歐洲人的禮節。歐洲人在中古時代,戰爭是很劇烈的。免胄所以使人認識自己,握手所以表示没有兵器。後遂相沿,爲尋常相見之禮。中國人模傚他,其實是無謂的。有人把脱帽寫作免冠,那更和事實不合了。古代庶人是不冠的,只用巾。用以覆髻,則謂之幘。《後漢書·郭泰傳》《注》引周遷《輿服雜事》説:"巾以葛爲之,形如帕,本居士野人所服。"《玉篇》:"帕,帽也。"《隋書·輿服志》:"帽,古野人之服。"則巾和帽是很相近的。著在脚上的謂之韈。其初亦以革爲之。所以其字從韋作韤。韈之外爲屨。古人升堂必脱屨。脱屨則踐地者爲韈,立久了,未免汙溼,所以就坐又必解韈。見《左氏》哀公二十五年。後世解韈與否無文,然脱屨之禮,則相沿甚久。所以劍履上殿,看做一種殊禮。《唐書》:棣王琰有二妾爭寵。求巫者密置符於琰履中。或告琰厭魅,帝伺其朝,使人取其履驗之,果然。則唐時入朝,已不脱履。然劉知幾以釋奠皆衣冠乘馬,奏言冠履衹可配車，今韤而輨，跣而鞍，實不合於古。則祭祀還是要脱履的。大概跣禮之廢，（一）由於韈之漸行，（二）由於席地而坐，漸變爲高坐，參看後文及下章自明。古人亦有現在的綁腿，謂之偪。亦謂之邪幅。又謂之行縢。本是上路用的，然亦以之爲飾。宋縣初《釋服》説"解韈則見偪。《詩》云：邪幅在下，正是燕飲而跣以爲歡之時"，則偪著在韤内。《日知録》説："今之村民，往往行縢而不韤，古人之遺制也。吳賀邵美容止，常著韤，希見其足，則漢魏之世，不韤而見足者尚多。"又説韤字的從衣，始見於此，則漸變而成今日的韤了。竊疑韤本亦田獵之民之服，農耕之民，在古代本是跣足的。中國文化，本來起自南方，所以行禮時還必跣。

衣服的初興，雖非以蔽體爲目的，然到後來，著衣服成了習慣，就要把身體的各部分，都遮蔽起來，以爲恭敬了。所以《禮記》的《深衣篇》説："短毋見膚。"作事以短衣爲便，今古皆然。古代少者賤者，是多服勞役的。《禮記·曲禮》説："童子不衣裘裳。"《内則》説："十年，衣不帛，襦袴。"襦就是短衣，袴就是不裳。《左氏》昭公二十五年，師己述童謡，説"鸜鵒跦跦，公在乾侯，徵褰與襦"。褰即是袴。《説文》。此皆服勞役者不著裳之證。然襦袴在古人，不能算做禮服，外必加之以裳。既然如此，自以照現在人的樣子，於襦袴之外，罩上一件長衫爲便。然古人習於衣裳，袍衫之外，亦必加之以裳。於是從古代的衣裳，轉變到現在的袍衫，其間必以深衣爲過渡。深衣的意思，是和現在的女子所著的衣裙合一的衣服差不多的。形式上是上衣下裳，實則縫合在一起。他的裳，分爲十二幅，前後各六。中間四幅對開。邊上兩幅斜裁，成兩三角形。尖端在上。所以其裳之下端與上端，腰間。是三與二之比。如此，則不須襞績，自亦便於行動了。深衣是白布做的，卻用紃鑲邊，謂之純。無純的謂之襤褸，尤爲節儉。今通作藍縷，其義爲破，此又是一義。士以上別有朝祭之衣，庶人則即以深衣爲吉服。未成年者亦然。所以戴德《喪服·變除》説："童子當室，爲父後。其服深衣不裳。"然自天子至於士，平居亦都是著一件深衣的。這正和現在的勞動者平時著短衣，行禮時著袍衫，士大夫階級，平時著袍衫，行禮時別有禮服一樣。然古人苟非極隆重的典禮，亦都可以著深衣去參與的。所以説"可以爲文，可以爲武，可以擯相，可以治軍旅"。《禮記·深衣》。民國以來，將平時所著的袍和馬褂，定爲常禮服。既省另製禮服之費，又省動輒更換之煩，實在是很合理的。

《儀禮·士喪禮》《疏》，謂上下通直，不別衣裳者曰"通裁"，此爲深衣改爲長袍之始。然古人用之殊不廣。後漢以後，始以袍爲朝服。《續漢書·輿服志》説：若冠通天冠，則其服爲深衣服。有袍，隨五時色。劉昭《注》云：“今下至賤吏、小史，皆通制袍、襌衣，皁緣領袖爲朝服。”《新唐書·車服志》：中書令馬周上議：“禮無服衫之文。三代之制有深衣，請加襴袖褾襈，爲士人上服。開胯者名曰缺胯，庶人服之。”據此，則深衣與袍衫之別，在於有緣無緣。其缺胯，就是現在的袍衫了。任大椿《深衣釋例》説：“古以殊衣裳者爲禮服，不殊衣裳者爲燕服。後世自冕服外，以不殊衣裳者爲禮服，以殊衣裳者爲燕服。”此即所謂裙襦。婦人以深衣之制爲禮服，不殊衣裳。然古樂府《陌上桑》云：“湘綺爲下裳，紫綺爲上襦”，則襦與裳亦各別。然仍没有不著裳的。隋唐以來，乃有所謂袴褶。《急就篇》注云：“褶，其形若袍，短身廣袖。”天子親征及中外戒嚴時，百官服之，實爲戎服。

　　曾三異《同話録》云：“近歲衣制，有一種長不過腰，兩袖僅掩肘，名曰貉袖。起於御馬院圉人。短前後襟者，坐鞍上不妨脱著，以其便於控馭也。”此即今之馬褂。《陔餘叢考》説就是古代的半臂。《三國·魏志·楊阜傳》説明帝著帽，披綾半袖，則其由來已久。《玉篇》説：裲襠，其一當胸，其一當背。《宋書·薛安都傳》説他著絳衲兩當衫，馳入賊陳。《隋書·輿服志》：諸將軍侍從之服，有紫衫金玳瑁裝裲襠甲，紫衫金裝裲襠甲，絳衫銀裝裲襠甲。《宋史·輿服志》：范質議：《開元禮》：武官陪立大仗，加螣蛇裲襠甲。《陔餘叢考》説：就是今演劇時將帥所被金銀甲。案現在我們所著，長不過腰，而無兩袖的，北方謂之坎肩，南方有若干地方，謂之馬甲。大概係因將帥服之之故。宋人謂之背子。見《石林燕語》。

　　衣服不論在什麼時代，總是大同小異的。強人人之所好，皆出於同，自然決無此理。何況各地方的氣候，各種人的生活，還各有不同呢？但衣服既和社交有關，社會亦自有一種壓力。少數的人，總要改從多數的。昔人所謂“十履而一跣，則跣者恥；十跣而一履，則履者恥”。其間別無他種理由可言。《禮記·王制》：“關執禁以譏，禁異服，察異言。”其意乃在盤詰形迹可疑的人。並不在於畫一服飾。《周官》大司徒，以本俗六安萬民，六曰同衣服，意亦在於禁奢，非強欲使服飾齊一。服飾本有一種社會壓力，不會大相懸殊的。至於小小的異同，則無論何時，皆不能免。《禮記·儒行》：“魯哀公問於孔子曰：夫子之服，其儒服與？孔子對曰：丘少居魯，衣逢掖之衣。長居宋，冠章甫之冠。丘聞之也，君子之學也博，其服也鄉。丘不知儒服。”觀此數語，衣服因地方、階級，小有異同，顯然可見。降逮後世，叔孫通因高祖不喜儒者，改著短衣楚製。見《史記》本傳。《鹽鐵論》載桑弘羊之言，亦深譏文學之儒服，見《相刺篇》、《刺議篇》。可見其情形還是一樣的。因爲社會壓力，不能施於異地方和異階級的人。然及交通進步，各階級的交接漸多，其壓力，也就隨之而增大了。所以到現代，全世界的服飾，且幾有合同而化之觀。日本變法以後，幾於舉國改著西裝。中國當戊戌變法時，康有爲亦有改服飾之議。因政變未成。後來自刻《戊戌奏稿》，深悔其議之孟浪，而自幸其未果行。在所著《歐洲十一國游記》中，尤極稱中國服飾之美。其意是(一)中國的氣候，備寒、溫、熱三帶，所以其材料和裁製的方法，能適應多種氣候，合於衛生。(二)絲織品的美觀，爲五洲所無。(三)脫著容易。(四)貴族平民，服飾有異，爲中西之所同。中國從前，平民是衣白色的。歐洲則衣黑色。革命時，歐人疾等級之不平，乃強迫全國上下，都著黑色。中國則不然。等級漸即平夷，采章遂遍及於氓庶。質而言之：西洋是強貴族服平民之服，中國則許平民服貴族之服。所以其美觀與否，大相懸殊。這一點，西人亦有意見相同的。民國元年，議論服制時，曾有西人作論載諸報端，說西方的服飾，千篇一律，並無趣味，勸中國人不必摹仿。我以爲合古今中外而觀之，衣服不過南北兩派。南派材料輕柔，裁製寬博。北派材料緊密，裁製狹窄。這兩派的衣服，本應聽其並行；且折衷於二者之間，去其極端之性的。歐洲衣服，本亦有南北兩派。後來改革之時，偏重北派太甚了。中國則頗能折兩者之中，保存南派的色彩較多。以中西的服飾相較，大體上，自以中國的服飾爲較適宜。現在的崇尚西裝，不過一時的風氣罷了。

中國的衣服，大體上可謂自行進化的。其仿自外國的，只有鞾。《廣韻》八戈引《釋名》，説“鞾本胡服，趙武靈王所服”。《北史》慕容永被禽，居長安，夫妻賣鞾以自活。北齊亡後，妃嬪入周的亦然。可見南北朝時，漢人能製鞾者尚少，其不甚用鞾可知。然唐中葉以後，朝會亦漸漸的著鞾，朱文公《家禮》，並有襴衫帶鞾之制了。《説文》：“鞮，革履也。”《韻會》引下有“胡人履連脛，謂之絡緹”九字。此非《説文》之文，必後人據鞾製增入。然可悟鞾所以廣行之故。因爲連脛，其束縛腿部較緊，可以省卻行縢。而且鞾用革製，亦較能抵禦寒溼，且較紬布製者，要堅固些。此以初興時論，後來鞾亦不用革。

古代喪服，以布之精粗爲度，不是講究顏色的。素服則用白絹，見《詩經・棘人》《疏》。因爲古代染色不甚發達，上下通服白色，所以顏色不足爲吉凶之別。後世采色之服，行用漸廣，則忌白之見漸生。宋程大昌《演繁露》説：“《隋志》：宋齊之間，天子宴私著白高帽。隋時以白帢通爲慶弔之服。國子生亦服白紗巾。晉人著白接羅，竇苹《酒譜》曰：接羅，巾也。南齊桓崇祖守壽春，著白紗帽，肩輿上城。今人必以爲怪。古未有以白色爲忌也。郭林宗遇

雨墊巾，李賢《注》云：周遷《輿服雜事》曰，巾以葛爲之，形如帢。本居士野人
所服。魏武造帢，其巾乃廢。今國子學生服焉，以白紗爲之。是其制皆不忌
白也。《樂府白紵歌》曰：質如輕雲色如銀，制以爲袍餘作巾。今世人麗妝，必
不肯以白紵爲衣。古今之變，不同如此。《唐六典》：天子服有白紗帽。其下
服如裙襦襪皆以白。視朝聽訟，燕見賓客，皆以進御。然其下注云：亦用烏
紗。則知古制雖存，未必肯用，習見忌白久矣。"讀此，便知忌白的由來。案染
色之法，見於《周官》天官染人，地官染草，及《考工記》鍾氏，其發明亦不可謂
不早。但其能普遍於全社會，卻是另一問題。繪繡之法，見《書經‧皋陶謨》今
本《益稷》。《疏》。昔人誤以繪爲畫。其實繪之本義，乃謂以各色之絲，織成織
品。見於宋縣莊《釋服》，其說是不錯的。染色、印花等事，只要原料減賤，機
器發明，製造容易，所費人工不多，便不得謂之奢侈。惟有手工，消費人工最
多，總是奢侈的事。現在的刺繡，雖然是美術，其實是不值得提倡的。因爲天
下無衣無褐的人，正多著呢。

第十四章　住　　行

住居，亦因氣候地勢的不同，而分爲巢居、穴居兩種。《禮運》説："冬則居營窟，夏則居橧巢。"見上章。《孟子》亦説："下者爲巢，上者爲營窟。"《滕文公下篇》。大抵温熱之地則爲巢。乾寒之地，則爲營窟。巢居，現在的野蠻人，猶有其制。乃將大樹的枝葉，接連起來，使其上可以容人，而將樹幹鑿成一級一級的，以便上下。亦有會造梯的。人走過後，便將梯收藏起來。《淮南子・本經訓》所謂"託嬰兒於巢上"，當即如此。後來會把樹木砍伐下來，隨意植立，再於其上橫架著許多木材，就成爲屋子的骨幹。穴居又分窋穴兩種：（一）最初當是就天然的洞窟，匿居其中的。（二）後來進步了，則能於地上鑿成一個窟籠，而居其中，此之謂穴。古代管建設的官，名爲司空，即由於此。（三）更進，能在地面上把土堆積起來，堆得像土窰一般，而於其上開一個窟籠，是之謂窋，亦作復。再進化而能版築，就成爲牆的起原了。以棟梁爲骨格，以牆爲肌肉，即成所謂宮室。所以直至現在，還稱建築爲土木工程。

中國民族，最初大約是湖居的。（一）水中可居之處稱洲，人所聚居之地稱州，州洲雖然異文，實爲一語，顯而易見。古州島同音，洲字即島字。（二）古代有所謂明堂，其性質極爲神祕。一切政令，都自此而出。讀惠棟《明堂大道録》可見。阮元説：這是由於古代簡陋，一切典禮，皆行於天子之居，後乃禮備而地分，《揅經室集・明堂説》。這是不錯的。《史記・封禪書》載公玉帶上《明堂圖》，水環宮垣，上有樓，從西南入，名爲昆侖，正是島居的遺象。明堂即是大學，亦稱辟雍。辟壁同字，正謂水環宮垣。雍即今之壅字，壅塞、培壅，都指土之增高而言，正象湖中島嶼。（三）《易經》泰卦上六爻辭，"城復於隍"。《爾雅・釋言》："隍，壑也。"壑乃無水的低地。意思還和環水是一樣的。然則不但最初的建築如明堂者，取法於湖居，即後來的造城，必環繞之以濠溝，還是從湖居的遺制，蜕化而出的。

文化進步以後，不藉水爲防衞，則能居於大陸之上。斯時藉山以爲險阻。

讀第四、第八、第九三章可見。章炳麟《太炎文集》有《神權時代天子居山説》，可以參觀。再進步，則城須造在較平坦之地，而藉其四周的山水以爲衞，四周的山水，是不會周匝無缺的，乃用人工造成土牆，於其平夷無險之處，加以補足，是之謂郭。郭之專於一面的，即爲長城。城是堅實可守的，郭則工程並不堅實，而且其占地太大，必不能守。所以古代只有守城，絕無守郭之事。即長城亦是如此。中國歷代，修造長城，有幾個時期：（一）爲戰國以前。齊國在其南邊，造有長城；秦、趙、燕三國，亦在北邊造有長城。後來秦始皇把他連接起來，就是俗話所稱爲萬里長城的。此時南方的淮夷、北方的匈奴，都是小部落。到漢朝，匈奴大了，入塞的動輒千騎萬騎，斷非長城所能禦；而前後兩呼韓邪以後，匈奴又賓服了；所以終兩漢四百年，不聞修造長城。魏晉時，北方喪亂，自然講不到什麼遠大的防禦規模。拓跋魏時，則於北邊設六鎮，藉兵力以爲防衞，亦没有修造長城的必要，（二）然至其末年，情形就大不相同了。隋代遂屢有修築。此爲修造長城的第二時期。隋末，突厥强大了，又非長城所能禦。後來的回紇、契丹亦然。所以唐朝又無修築長城之事。（三）契丹亡後，北方的游牧部族，不能統一，又成小小打搶的局面。所以金朝又要修造一道邊牆，從靜州起，迤邐東北行，達女真舊地。此爲修造長城的第三時期。元朝自然無庸修造長城。（四）明時，既未能將蒙古征服，而蒙古一時亦不能統一。從元朝的汗統斷絕以後，至達延汗興起以前，蒙古對中國，並無侵犯，而只有盜塞的性質，所以明朝又修長城，以爲防衞。現代的長城，大概是明朝遺留下來的。總而言之，小小的寇盜，屯兵防之，未免勞費，無以防之又不可。造長城，實在是最經濟的方法。從前讀史的人，有的稱秦始皇造長城，能立萬世夷夏之防，固然是夢話。有的議論他勞民傷財，也是胡説的。鼂錯説秦朝北攻胡貉，置塞河上，只是指秦始皇時使蒙恬新闢之土。至於其餘的長城，因戰國時秦、趙、燕三國之舊，繕修起來的，卻並没有費什麼工力。所以能在短時間之内，即行成功。不然，秦始皇再暴虐，也無法於短時間之内，造成延袤萬餘里的長城的。漢代的人，攻擊秦朝暴虐的狠多，實未免言過其實，然亦很少提及長城的，就是一個證據。

　　古代的房屋，有平民之居和士大夫之居兩種。士大夫之居，前爲堂，後爲室。室之左右爲房。堂只是行禮之地，人是居於室中的。室之户在東南，牖在西南，北面亦有牖，謂之北牖。室之西南隅，即牖下，地最深隱，尊者居之，謂之奧。西北隅爲光線射入之地，謂之屋漏。東北隅稱宧。宧，養也，爲飲食所藏。東南隅稱窔，亦深隱之義。室之中央，謂之中霤，爲雨水所溜入。此乃穴居時代，洞穴開口在上的遺象。古之牖即今之窗，是開在牆上的。其所謂窗，開在屋頂上，今人謂之天窗。平民之居，據鼂錯《移民塞下疏》説："古之徙遠方以實廣虚也，先爲築室。家有一堂二内。"《漢書》《注》引張晏曰："二内，二房也，"此即今三開間的屋。據此，則平民之居，較之士大夫之居，就是少了一個堂。這個到現在還是如此。士大夫之家，前有廳事，即古人所謂堂。平民之家無有。以中間的一間屋，行禮待客，左右兩間供住居，即是一堂二内之制。簡而言之，就是以室爲堂，以房爲室罷了。古總稱一所屋子謂之宫。《禮記·内則》説："由命士以上，父子皆異宫"，則一對成年的夫妻，就有一所獨立的屋子。後世則不然。一所屋子，往往包含著許多進的堂和内，而前面只有一個廳事。這就是許多房和室，合用一個堂，包含在一個宫内，較古代經濟多了。這大約因爲古代地曠人稀，地皮不甚值錢，後世則不然之故。又古代建築，技術的關係淺，人人可以自爲，士大夫之家，又可役民爲之。後世則建築日益專門，非雇人爲之不可。《論衡·量知篇》："能斲削柱梁，謂之木匠。能穿鑿穴坎，謂之土匠。"則在漢代，民間建築，亦已有專門的人。這亦是造屋的人，要謀節省的一個原因。

古人造樓的技術，似乎是很拙的。所以要求眺望之所，就只得於城闕之上。闕是門旁牆上的小屋。天子諸侯的宫門上，也是有的。因其可以登高眺遠，所以亦謂之觀。《禮記·禮運》："昔者仲尼與於蜡賓，事畢，出游於觀之上"，即指此。古所謂縣法象魏者，亦即其地。魏與巍同字，大概因其建築高，所以稱之爲魏。象字當本指法象言，與建築無涉。因魏爲縣法之地，單音字變爲複音詞時，就稱其地爲象魏了。《爾雅·釋宫》："四方而高曰臺。有木者謂之榭。陜而修曲曰樓。"陜同狹。《注》云："臺，積土爲之。"榭是在土臺之上，再造四方的木屋。樓乃榭之別名，不過其形狀有正方修曲之異而已，這都是供游觀眺望之所，並不是可以住人的。《孟子·盡心下篇》："孟子之滕，館於上宫。"趙《注》説："上宫，樓也。"這句話恐未必確。因爲造樓之技甚拙，所以中國的建築，是向平面發展，而不是向空中發展的。所謂大房屋，只是地盤大，屋子多，將許多屋連結而成，而兩層三層的高樓很少。這個和建築所用的材料，亦有關係。因爲中國的建築，用石材很少，所用的全是土木，木的支持力固不大，土尤易於傾圮。煉熟的土，即甎瓦，要好些，然其發達似甚晚。《爾雅·釋宫》："瓴甋謂之甓。""廟中路謂之唐。"甓即甎。《詩經·陳風》説"中唐有甓"，則甎僅用以鋪路。其牆，大抵是用土造的。土牆不好看，所以富者要被以文錦。我們現在，婚、喪、生日等事，以紬緞等物送人，謂之幛，還是這個遺俗；而紙糊牆壁，也是從此蜕化而來的。《晉書·赫連勃勃載記》説他蒸土以築統萬城，可見當時甎尚甚少。不然，何不用甎砌，而要臨時蒸土呢？無怪古代的富者,造屋只能用土牆了。建築材料,多用土木,和古代建築的不能保存,也有關係。因爲其不如石材的能持久。而用木材太多,又易於引起火患。前代的杭州,近代的漢口,即其殷鑑。

建築在中國,是算不得發達的。固然,研究起世界建築史來,中國亦是其中的一系。東洋建築,有三大系統:(一)中國,(二)印度,(三)回教。見伊東忠太《中國建築史》,商務印書館本。歷代著名的建築,如秦之阿房宮,漢之建章宮,陳後主的臨春、結綺、望春三閣,隋煬帝的西苑,宋徽宗的艮嶽,清朝的圓明園、頤和園,以及私家的園林等,講究的亦屬不少。然以中國之大言之,究係滄海一粟。建築的技術,詳見宋朝的《營造法式》,明朝的《天工開物》等書。雖然亦有可觀,然把別種文明比例起來,則亦無足稱道。此其所以然。(一)因(甲)古代的造屋,乃係役民爲之,濫用民力,是件暴虐的事。(乙)又古代最講究禮,生活有一定的軌範,苟非無道之君,即物力有餘,亦不敢過於奢侈。所以政治上相傳,以卑宮室爲美談,事土木爲大戒。(二)崇閎壯麗的建築,必與迷信爲緣。中國人對於宗教的迷信,是不深的。祭神只是臨時設壇或除地,根本便沒有建築。對於祖宗的祭祀,雖然看得隆重,然廟寢之制,大略相同。後世立家廟等,亦受古禮的限制,不能任意奢侈。佛教東來,是不受古禮限制的,而且其教義,很能誘致人,使其佈施財物。道家因之,亦從事於模倣。寺觀遂成爲有名的建築,印度的建築術,亦因此而輸入中國。南朝四百八十寺,多少樓臺煙雨中,一時亦呈著相當的盛況。然此等迷信,宋學興起以後,又漸漸的淡了。現在佛寺道觀雖多,較之緬甸、日本等國,尚且不逮。十分崇閎壯麗的建築,亦復很少,不過因其多在名山勝地,所以爲人所稱賞罷了。(三)游樂之處,古代謂之苑囿。苑是只有草木的,囿是兼有禽獸的。均係將天然的地方,畫出一區來,施以禁禦,而於其中射獵以爲娛,收其果實等以爲利,根本沒有什麼建築物。所以其大可至於方數十里。文王之囿,方七十里;齊宣王之囿,方四十里。見《孟子·梁惠王下篇》。至於私家的園林,則其原起於園。園乃種果樹之地,因於其間疊石穿池,造幾間房屋,以資休憩,亦不是甚麼奢侈的事。後來雖有踵事增華,刻意經營的人,究竟爲數亦不多,而且其規模亦不大。以上均係中國建築不甚發達的原因。揆厥由來,乃由於(一)政治的比較清明,(二)迷信的比較不深,(三)經濟的比較平等。以物質文明言,固然較之別國,不免有愧色,以文化論,倒是足以自豪的。

朱熹説:"教學者如扶醉人,扶得東來西又倒。"個人的爲學如是,社會的文化亦然。奢侈之弊,中國雖比較好些,然又失之簡陋了。《日知録·館舍》

條說：“讀孫樵《書褒城驛壁》，乃知其有沼，有魚，有舟。讀杜子美《秦州雜詩》，又知其驛之有池，有林，有竹。今之驛舍，殆於隸人之垣矣。予見天下州之爲唐舊治者，其城郭必皆寬廣，街道必皆正直。廨舍之爲唐舊刱者，其基址必皆宏敞。宋以下所置，時彌近者制彌陋。”亭林的足迹，所至甚多，而且是極留心觀察的人，其言當極可信。此等簡陋苟且，是不能藉口於節儉的。其原因安在呢？亭林說：是由於“國家取州縣之財，纖豪盡歸之於上，而吏與民交困，遂無以爲修舉之資”。這固然是一個原因，我以爲（一）役法漸廢，公共的建築，不能徵工，而必須雇工；（二）唐以前古市政的規制猶存，宋以後逐漸破壞；_{如第十一章所述，唐設市還有定地，開市還有定期，宋以後漸漸不然，亦其一證。}亦是重要的原因。

　　從西歐文明輸入後，建築之術，較之昔日，可謂大有進步了；所用的材料亦不同；這確是文明進步之賜。惟住居與衣食，關係民生，同樣重要。處處須顧及大多數人的安適，而不容少數人恃其財力，任意橫行，和別種事情，也是一樣的。古代的居民，本來有一定的規畫。《王制》所謂“司空執度以度地，居民山川沮澤，_{看地形。}時四時。_{看氣候。}”即其遺制。其大要，在於“地、邑、民居，必參相得”。地就是田。有多少田，要多少人種，就建築多少人守衛所要的城邑，和居住所須的房屋。據此看來，現在大都市中的擁擠，就是一件無法度而不該放任的事情了。宮室的等級和限制，歷代都是有的。_{可參看《明史·輿服志》所載宮室制度。}依等級而設限制，現在雖不容仿效，然限制還是該有的。對外的觀瞻，也並不係於建築的侈儉。若因外使來遊，而拆毀貧民住居的房子，這種行爲，就要成爲隋煬帝第二了。

　　講宮室既畢，請再略講室中的器用。室中的器用，最緊要的，就是桌椅牀榻等。這亦是所以供人居處，與宮室同其功的。古人都席地而坐。其坐，略似今日的跪，不過腰不伸直。腰伸直便是跪，頓下便是坐。所以古禮跪而行之之時頗多。因爲較直立反覺便利。其憑藉則用几，據阮諶《禮圖》，長五尺，廣一尺，高一尺二寸。_{《禮記·曾子問》《疏》引。}較現在的橙還低。寢則有牀。所以《詩經》說：“乃生男子，載寢之牀。”後來坐亦用床。所以《高士傳》說：管寧居遼東，坐一木榻，五十餘年，未嘗箕股，其榻當膝處皆穿。_{《三國·魏志》本傳《注》引。}觀此，知其坐亦是跪坐。現在的垂足而坐，是胡人之習。從西域輸入的。所坐的牀，亦謂之胡牀。從胡牀輸入後，桌椅等物，就漸漸興起了。古人室中，亦生火以取煖。《漢書·食貨志》說：“冬民既入，婦人同巷相從夜績。”“必相從者，所以省費燎火。”顏師古說：“燎所以爲明，火所以爲溫也。”這種火，大約是煴火。是貧民之家的樣子。《左氏》昭公十年說，宋元公爲大子時。惡寺人柳，欲殺之。到元公的父親死了，元公繼位爲君，柳伺候元公將到之處，先熾炭於位，將至則去之，到葬時，又有寵。又定公三年，說邾子自投於牀，廢於鑪炭，《注》"廢，墮也"。遂卒。則貴族室中取暖皆用炭。從沒有用炕的。《日知錄》說："《舊唐書·東夷高麗傳》：冬月皆作長坑，下然煴火以取煖，此即今之土炕也，但作坑字。"則此俗原於東北夷。大約隨女真輸入中國北方的，實不合於衞生。

　　論居處及所用的器物既竟，還要略論歷代的葬埋。古代的葬有兩種：孟子所謂："其親死，則舉而委之於壑。"《滕文公上篇》。蓋田獵之民所行。《易經·繫辭傳》說："古之葬者，厚衣之以薪，葬之中野。"則農耕之民之俗。一個貴族，有其公共的葬地。一個都邑，亦有其指定卜葬的區域。《周官》冢人掌公墓之地，墓大夫掌凡邦墓之地域是其制。後世的人說古人重神不重形，其理由是古不墓祭。然孟子說齊有東郭墦間之祭者，《離婁下篇》。即是墓祭。又說孔子死後，子貢"築室於場，獨居三年然後歸"，《滕文公上篇》。此即後世之廬墓。《禮記·曲禮》："大夫士去其國，止之曰：奈何去墳墓也？"《檀弓》："去國則哭於墓而後行，反其國不哭，展墓而入。"又說："大公封於營丘，比及五世，皆反葬於周。"則古人視墳墓，實不爲不重。大概知識程度愈低，則愈相信虛無之事。愈高，則愈必耳聞目見，而後肯信。所以隨著社會的開化，對於靈魂的迷信，日益動搖，對於體魄的重視，卻日益加甚。《檀弓》說："延陵季子適齊。比其反也，其長子死，葬於嬴博之間。""既封，左袒，右還其封，且號者三，曰：骨肉歸復於土，命也。若魂氣，則無不之也，無不之也，而遂行。"這很足以表示重視精神，輕視體魄的見解，怕反是吳國開化較晚，才如此的。如此，富貴之家，有權力的，遂盡力於厚葬。厚葬之意，不徒愛護死者，又包含著一種誇耀生人的心思，而發掘墳墓之事，亦即隨之而起。讀《呂覽·節喪》、《安死》兩篇可知。當時墨家主張薄葬，儒家反對他，然儒家的葬禮，較之流俗，亦止可謂之薄葬了。學者的主張，到底不能挽回流俗的波靡。自漢以後，厚葬之事，還書不勝書。且將死者的葬埋，牽涉到生人的禍福，而有所謂風水的迷信。死者無終極，漢劉向《諫成帝起昌陵疏》語。人人要保存其棺槨，至於無窮，其勢是決不能行的。佛教東來，火葬之俗，曾一時盛行，見《日知錄·火葬》條。實在最爲合理。惜乎宋以後，受理學的反對，又漸漸的式微了。現在有一部分地方，設立公墓。又有提倡深葬的。然公墓究仍不免占地，深葬費人力過多，似仍不如火葬之爲得。不過風俗是守舊的，斷非一時所能改變罷了。

　　交通、通信，向來不加區別。其實二者是有區別的。交通是所以運輸人身,通信則所以運輸人的意思。自有通信的方法,而後人的意思,可以離其身體而獨行,於精力和物力方面,有很大的節省。又自電報發明後,意思的傳達,可以速於人身的運輸,於時間方面,節省尤大。

交通的發達,是要看地勢的。水陸是其大別。水路之中,河川和海道不同。海道之中,沿海和遠洋的航行,又有區別。即陸地,亦因其為山地、平地、沙漠等而有不同。野蠻時代,各部族之間,往往互相猜忌,不但不求交通的便利,反而有意阻塞交通,其時各部族所居之地,大概是頗險峻的。對外的通路,只有曲折崎嶇的小路,異部族的人,很難於發見使用。《莊子・馬蹄篇》説古代"山無徯隧,澤無舟梁",所指的,便是這時代。到人智稍進,能毀降丘宅土,交通的情形,就漸和往昔不同了。

中國的文化,是導源於東南,而發達於西北的。東南多水,所以水路的交通,南方較北方為發達。西北多陸,所以陸路的交通,很早就有可觀。陸路交通的發達,主要的是由牛馬的使用,和車的發明。此兩者,都是大可節省人力的。《易經・繫辭傳》説"服牛乘馬,引重致遠",雖不能確定其在何時,然其文承黃帝、堯、舜垂衣裳而天下治之下,可想見黃帝、堯、舜時,車的使用,必已很為普遍了。車有兩種:一種是大車,用牛牽曳的,用以運輸。一種是小車,即兵車,人行亦乘之。駕以馬。用人力推曳的謂之輦。《周官・鄉師》《注》引《司馬法》説夏時稱為余車,共用二十人,殷時稱胡奴車,用十人,周時稱為輜輦,用十五人。這是供戰時運輸用的,所以其人甚多。《説文》:"輦,挽車也。從車㚘。"㚘訓並行,雖不必定是兩人,然其人數必不能甚多。這是民間運輸用的。貴族在宮中,亦有時乘坐。《周官・巾車》,王后的五路,有一種喚做輦車,即其物。此制在後世仍通行。道路:在都邑之中,頗為修整。《考工記》:匠人,國中經涂九軌。野涂亦九軌。環涂環城之道。七軌。《禮記・王制》:"道路,男子由右,婦人由左,車從中央。"俱可見其寬廣。古代的路,有一種是路面修得很平的,謂之馳道。非馳道則不能盡平。國中之道,應當都是馳道。野外則不然。古代田間之路,謂之阡陌,與溝洫相輔而行。所以《禮記・月令》《注》説:"古者溝上有路。"溝洫阡陌之制,照《周官・遂人》等官所説,是占地頗多的。雖亦要因自然的地勢,未必盡合乎準繩,然亦必較為平直。不過書上所説的,是理想中的制度,事實上未必盡能如此。《左氏》成公五年,梁山崩,晉侯以傳召伯宗。行辟重。使載重之車讓路。重人曰:"待我,不如捷之速也。"可見驛路上還不能並行兩車。《儀禮・既夕禮》:"商祝執功布,以御柩執披。"《注》云:"道有低仰傾虧,則以布為左右抑揚之節,使引者執披者知之。"

《禮記・曲禮》"送葬不避塗潦"，可見其路之不盡平坦。後人誇稱古代的道路，如何寬平，恐未必盡合於事實了。大抵古人修造路面的技術甚拙。其路面，皆如今日的路基，只是土路。所以時時要修治。不修治，就"道茀不可行"。

水路：初有船的時候，只是現在所謂獨木舟。《易經・繫辭傳》說"刳木爲舟，剡木爲楫"，《淮南子・說山訓》說"古人見窾木而知舟"，所指的都是此物。稍進，乃知集版以爲舟。《詩經》說："就其深矣，方之舟之。"《疏》引《易經》云："利涉大川，乘木舟虛。"又引《注》云："舟謂集版，如今船，空大木爲之曰虛，總名皆曰舟。"案方、旁、比、並等字，古代同音通用。名舟爲方，正因其比木爲之之故。此即後世的舫字。能聚集許多木版，以成一舟，其進步就容易了。渡水之法，大抵狹小的水，可以乘其淺落時架橋。橋亦以木爲之。即《孟子》所說的"歲十一月徒杠成，十二月輿梁成"。《離婁下篇》。《爾雅・釋宮》："石杠謂之倚"又說："隄謂之梁。"《注》云："即橋也。或曰：石絕水者爲梁，見《詩傳》。"則後來亦用石了。較闊的水，則接連了許多船渡過去。此即《爾雅》所說的"天子造舟"，後世謂之浮橋。亦有用船渡過去的，則《詩經》所說的"誰謂河廣，一葦杭之"，然徒涉的仍不少。觀《禮記・祭義》，謂孝子"道而不徑，舟而不游"可見。航行的技術，南方是勝於北方的。觀《左氏》所載，北方只有僖公十三年，晉饑，乞糴於秦，秦輸之粟，自雍及絳相繼，命之曰泛舟之役，爲自水路運輸，此外泛舟之事極少。南方則吳楚屢有水戰，而哀公十年，吳徐承且率舟師自海道伐齊。可見不但內河，就沿海交通，亦已經開始了。《禹貢》九州貢路，都有水道。《禹貢》當是戰國時書，可以窺見當時交通的狀況。

從平地發展到山地，這是陸地交通的一個進步，可以騎馬的發達爲徵。古書不甚見騎馬之事。後人因謂古人不騎馬，只用以駕車。《左氏》昭公二十五年，"左師展將以公乘馬而歸"。《疏》引劉炫說，以爲是騎馬之漸。這是錯誤的。古書所以不甚見騎馬，（一）因其所載多貴族之事，貴族多是乘車的。（二）則因其時的交通，僅及於平地。《日知錄》說："春秋之世，戎狄雜居中夏者，大抵在山谷之間，兵車之所不至。齊桓、晉文，僅攘而卻之，不能深入其地者，用車故也。中行穆子之敗狄於大鹵，得之毀車崇卒。而智伯欲伐仇猶，遺之大鐘以開其道，其不利於車可知矣。勢不得不變而爲騎。騎射，所以便山谷也。胡服，所以便騎射也。"此雖論兵事，交通的情形，亦可以借鑑而明。總而言之，交通所至之地愈廣，而道路大抵失修，用車自不如乘馬之便。騎乘的事，就日盛一日了。

"水性使人通，山性使人塞。"水性是流動的，雖然能阻礙人，使其不得過去，你只要能利用他，他卻可以幫你活動，節省你的勞力。山卻不然，會多費你的抵抗力的。所以到後世，水路的交通，遠較陸路交通爲發達。長江流域的文明，本落黃河流域之後，後來卻反超過其上，即由於此。唐朝的劉晏説："天下諸津，舟航所聚，旁通巴漢，前指閩越，七澤十藪，三江五湖，控引河洛，兼包淮海，弘舸巨艦，千軸萬艘，交貿往來，昧旦永日。"可以見其盛況了。《唐語林補遺》説："凡東南都邑，無不通水。故天下貨利，舟楫居多。舟船之盛，盡於江西。編蒲爲帆，大者八十餘幅。江湖語曰：水不載萬。言大船不過八九千石。"明朝鄭和航海的船，長四十四丈，寬十八丈，共有六十二隻。可以見其規模的弘大了。

因爲水路交通利益之大，所以歷代開鑿的運河極多，長在一千里以下的運河，幾乎數不著他。中國的大川，都是自西向東的，南北的水路交通，很覺得不便。大運河的開鑿，多以彌補這闕憾爲目的。《左氏》哀公九年，"吳城邗，溝通江淮"。此即今日的淮南運河。《史記·河渠書》説："榮陽下引河東南爲鴻溝，以通宋、鄭、陳、蔡、曹、衞，與濟、汝、淮、泗會。"鴻溝的遺迹，雖不可悉考，然其性質，則極似現在的賈魯河，乃是所以溝通河淮兩流域的。至後漢明帝時，則有從榮陽通至千乘的汴渠。此因當時的富力，多在山東，所以急圖東方運輸的便利。南北朝以後，富力集中於江淮，則運輸之路亦一變。隋開通濟渠，自東都引穀洛二水入河。又自河入汴，自汴入淮，以接淮南的邗溝。自江以南，則自京口達餘杭，開江南河八百里。此即今日的江南運河。唐朝江淮漕轉：二月發揚州，四月自淮入汴，六七月到河口，八九月入洛。自此以往，因有三門之險，乃陸運以入於渭。宋朝建都汴京，有東西南北四河。東河通江淮。<small>亦稱裏河。</small>西河通懷、孟。南河通潁、壽。<small>亦稱外河。現在的惠民河，是其遺迹。</small>北河通曹、濮。四河之中，東河之利最大。淮南、浙東西、荆湖南北之貨，都自此入汴京。嶺表的金銀香藥，亦陸運至虔州入江。陝西的貨，有從西河入汴的，亦有出劍門，和四川的貨，同至江陵入江的。宋史説東河所通，三分天下有其二，雖是靠江淮等自然的動脈，運河連接之功，亦不可没的。元朝建都北平，交通之目的又異。乃引汶水分流南北，而現在的大運河告成。

海路的交通，已略見第十一章。唐咸通時，用兵交阯，湖南江西，運輸甚苦，潤州人陳磻石創議海運。從揚子江經閩、廣到交阯。大船一艘，可運千石。軍需賴以無缺。是爲國家由海道運糧之始。元、明、清三代，雖有運河，仍與海運並行。海運所費，且較河運爲省。近代輪船未行以前，南北海道的運輸，亦是很盛的。就到現在，南如寧波，北如營口，帆船來往的仍甚多。

　　水道的交通,雖極發達,陸路的交通,卻是頗爲腐敗的。《日知録》説當時的情形:"塗潦遍於郊關,汙穢鍾於輦轂。"《街道》條。又説:"古者列樹以表道。""下至隋唐之代,而官槐官柳,亦多見之詩篇。""近代政廢法弛,任人斫伐。周道如砥,若彼濯濯。"《官樹》條。"《唐六典》:凡天下造舟之梁四,石柱之梁四,木柱之梁三,巨梁十有一,皆國工修之。其餘皆所管州縣,隨時營葺。其大津無梁,皆給船人,量其大小難易,以定其差等。今畿甸荒蕪,橋梁廢壞。雄莫之間,秋水時至,年年陷絶。曳輪招舟,無賴之徒,藉以爲利。潞河舟子,勒索客錢,至煩章劾。司空不修,長吏不問,亦已久矣。原注:"成化八年,九月,丙申,順天府府尹李裕言:本府津渡之處,每歲水漲,及天氣寒冱,官司修造渡船,以便往來。近爲無賴之徒,冒貴戚名色,私造渡船,勒取往來人財物,深爲民害。乞敕巡按御史,嚴爲禁止。從之。"況於邊陲之境,能望如趙充國治湟陿以西道橋七十所,令可至鮮水,從枕席上過師哉?"《橋梁》條。觀此,知路政之不修,亦以宋以後爲甚。其原因,實與建築之頹敗相同。前清末年,纔把北京道路,加以修理。前此是與顧氏所謂"塗潦遍於郊關,汙穢鍾於輦轂",如出一轍的。全國除新開的商埠外,街道比較整齊寬闊的,沒有幾處。南方多走水道,北方旱路較多,亦無不崎嶇傾仄。間有石路,亦多年久失修。路政之壞,無怪全國富庶之區,都偏於沿江沿海了。

　　因路政之壞,交通乃不能利用動物之力而多用人力。《史記·夏本紀》"山行乘檋",《河渠書》作"山行即橋"。案禹乘四載,又見《吕覽·慎勢》、《淮南·齊俗訓》、《修務訓》、《漢書·溝洫志》。又《史記集解》引《尸子》及徐廣説,所作字皆互異。山行檋與橋外,又作桐,作藁,作樏,作欙,藁、樏、欙,係一字,顯而易見。桐字見《玉篇》:云:"輿食器也。又土轝也。"雷浚《説文外編》云:"土轝之字,《左氏》作桐。案,見襄公九年。"《漢書·五行志》引作輂,《説文》:"輂,大車駕馬也。"案《孟子》:"反藁梩而掩之。"《趙注》云:"藁梩,籠臿之屬,可以取土者也。"藁、樏、欙並即藁梩,與桐並爲取土之器,駕馬則稱爲輂,亦以音借而作橋。後又爲之專造轎字,則即淮南王《諫伐閩越書》所謂"輿轎而隃嶺"。其物本亦車屬,後因用諸山行,乃以人舁之。所以韋昭説:"桐木器,如今輿狀,人舉以行。"此物在古代只用諸山行,後乃漸用之平地。王安石終身不乘肩輿,可見北宋時用者尚少,南渡以後,臨安街道,日益狹窄,乘坐的人,就漸漸的多了。《明史·輿服志》:宋中興以後,以征伐道路險阻,詔百官乘轎,名曰竹轎子,亦曰竹輿。

　　行旅之人,不論在路途上,以及到達地頭之後,均須有歇宿之所。古代交通未盛,其事率由官營。《周官·野廬氏》,"比國郊及野之道路,宿息,井樹";

《遺人》，“凡國野之道：十里有廬，廬有飲食。三十里有宿，宿有路室，路室有委。五十里有市，市有候館，候館有積”；都是所以供給行旅的。到達之後，則“卿館於大夫，大夫館於士，士館於工商”。《儀禮·覲禮》。此即《禮記·曾子問》所謂“卿大夫之家曰私館”。另有“公宮與公所爲”，謂之公館。當時的農民，大概無甚往來，所以只有卿士大夫和工商之家，從事於招待，但到後來，農民出外的也多了。新旅客的增加，必非舊式的招待所能普遍應付，就有借此以圖利的，是爲逆旅。《商君書·墾令篇》說：“廢逆旅，則姦僞躁心私交疑農之民不行。逆旅之民，無所於食，則必農。”這只是陳舊的見解。《晉書·潘岳傳》說：當時的人，以逆旅逐末廢農，姦淫亡命之人，多所依湊。要把他廢掉。十里置一官櫛，使老弱貧户守之。差吏掌主，依客舍之例收錢。以逆旅爲逐末廢農，就是商君的見解。《左氏》僖公二年，晉人假道於虞以伐虢，說“虢爲不道，保於逆旅，以侵敝邑之南鄙”，可見晉初的人，說逆旅使姦淫亡命，多所依湊，也是有的。但以大體言之，則逆旅之設，實所以供商賈之用，乃是隨商業之盛而興起的。看潘岳的駁議，便可明白。無法廢絕商業，就無法廢除逆旅。若要改爲官辦，畀差主之吏以管理之權，一定要弊餘於利的。潘岳之言，亦極有理。總而言之：（一）交通既已興盛，必然無法遏絕，且亦不宜遏絕。（二）官吏經營事業，其秩序必尚不如私人。兩句話，就足以說明逆旅興起的原因了。漢代的亭，還是行人歇宿之所。甚至有因一時沒有住屋，而借居其中的。見《漢書·息夫躬傳》。魏晉以後，私人所營的逆旅，日益興盛，此等官家的事業，就愈益廢墜，而寖至於滅絕了。

接力賽跑，一定較諸獨走長途，所至者要遠些，此爲郵驛設置的原理。《說文》：“郵，境上行書舍也。”是專以通信爲職的。驛則所以供人物之往來。二者設置均甚早。人物的往來，並不真要靠驛站。官家的通信，卻非有驛站不可。在郵政電報開辦以前，官家公文的傳遞，實利賴之。其設置遍於全國。元代疆域廣大，藩封之地，亦均設立，以與大汗直轄之地相連接。規模不可謂不大。惜乎歷代郵驛之用，都止於投遞公文，未能推廣之以成今日的郵政。民間寄書，除遣專使外，就須展轉託人，極爲不便。到清代，人民乃有自營的信局。其事起於寧波。逐漸推廣，幾於遍及全國。而且推及南洋。其經營的能力，亦不可謂之不偉大了。

鐵路、輪船、摩托車、有綫、無綫電報的發明，誠足使交通、通信，煥然改觀。這個，誠然是文明進步之賜，然亦看用之如何。此等文明利器，能用以開發世界上尚未開發的地方，誠足爲人類造福。若只在現社會機構之下，爲私人所有，用以爲其圖利的手段，則其爲禍爲福，誠未易斷言，現代的物質文明，有人歌誦他，有人咒詛他。其實物質文明的本身，是不會構禍的，就看我們用之是否得當。中國現在的開發西南、西北，在歷史上將會成爲一大事。交通起於陸地，進及河川、沿海，再進及於大洋，回過來再到陸地，這是世界開發必然的程序。世界上最大最未開發的地方，就是亞洲的中央高原，其中又分爲兩區：(一)爲蒙古、新疆等沙漠地帶，(一)爲西康、青海、西藏等高原。中國現在，開發西南、西北，就是觸著這兩大塊未開闢之地的。我們現在還不覺得，將來，這兩件事的成功，會使世界煥然改觀，成爲另一個局面。

第十五章　教　　育

　　現在所謂教育，其意義，頗近乎從前所謂習。習是人處在環境中，於不知不覺之間，受其影響，不得不與之俱化的。所謂入芝蘭之室，久而不聞其香；居鮑魚之肆，久而不知其臭。所以古人教學者，必須慎其所習。孟母教子，要三次遷居，古訓多重親師取友，均係此意。因此，現代所謂教育，要替學者另行布置出一個環境來。此自非古人所及。古人所謂教，只是效法的意思。教人以當循之道謂之敎；受教於人而效法之，則謂之學；略與現在狹義的教育相當。人的應付環境，不是靠生來的本能，而是靠相傳的文化。所以必須將前人之所知所能，傳給後人。其機關，一爲人類所附屬的團體，即社團或家庭；一爲社會中專司保存智識的部分，即教會。

　　讀史的人，多說歐洲的教育學術，和宗教的關係深；中國的教育學術，和宗教的關係淺。這話誠然不錯。但只是後世如此。在古代，中國的教育學術，和宗教的關係，也未嘗不密切。這是因爲司高等教育的，必爲社會上保存智識的一部分，此一部分智識，即所謂學術，而古代的學術，總是和宗教有密切關係的緣故。古代的大學，名爲辟雍，與明堂即係同物。已見第七、第十四兩章。所以所謂大學，即係王宮的一部分。蔡邕《明堂論》引《易傳》說："大子旦入東學，晝入南學，暮入西學。在中央曰大學，天子之所自學也。"脱北學一句。又引《禮記·保傅篇》說："帝入東學，上親而貴仁；入西學，上賢而貴德；入南學，上齒而貴信；入北學，上貴而尊爵；入大學，承師而問道。"所指的，都是此種王宮中的大學。後來文化進步，一切機關，都從王宮中分析出來，於是明堂之外，別有所謂大學。此即《禮記·王制》所說的"大學在郊"。《王制》又說："小學在公宮南之左。"案小學亦是從王宮中分化出來的。古代門旁邊的屋子喚做塾。《禮記·學記》說："古之教者家有塾。"可見貴族之家，子弟是居於門側的。《周官》教國子的有師氏、保氏。師氏居虎門之左。保氏守王闈。蔡邕說南門稱門，西門稱闈。漢武帝時，公玉帶上《明堂圖》，水環宮垣，上有樓，從西南入。見第十四章。可見古代的明堂，只西南兩面有門。子弟即居於此。子弟居於門側，似由最初使壯者任守衞之故。後來師氏保氏之居門闥，小學之在公宮南之左，地位方向，還是從古相沿下來的。師氏所教的爲三德、一曰至德，以爲道本。二曰敏德，以爲行本。三曰孝德，以知逆惡。案至德，大概是古代宗教哲學上的訓條，孝德是社會政治上的倫理訓條。三行，一曰孝行，以親父母。二曰友行，以尊賢良。三曰順行，以事師長。保氏所教的爲六藝、一曰五禮。二曰六樂。三曰五射。四曰五御。五曰六書。六曰九數。六儀，一曰祭祀之容。二曰賓客之容。三曰朝廷之容。四曰喪紀之容。五曰軍旅之容。六曰車馬之容。這是古代貴族所受的小學教育。至於大學，則《王制》說："春秋教以禮樂，冬夏教以詩書。"此所謂禮樂，自與保氏所教六藝中的禮樂不同，當是宗教中高等的儀式所用。詩即樂的歌辭。書當係教中的古典。古代本沒有明確的歷史，相沿的傳說，都是和宗教夾雜的，印度即係如此。然則此等學校中，除迷信之外，究竟還有什麼東西沒有呢？有的。（一）爲與宗教相混合的哲學。先秦諸子的哲學見解，大概都自此而出，看第十七章可明。（二）爲涵養德性之地。梁啓超是不信宗教的。當他到美洲去時，每逢星期日，卻必須到教堂裏去坐坐。意思並不是信他的教，而是看他們禮拜的秩序，聽其音樂，以安定精神。這就是子夏說"學而優則仕，仕而優則學"之理。《論語·子張篇》。仕與事相通，仕就是辦事。辦事有餘力，就到學校中去涵養德性，一面涵養德性，一面仍應努力於當辦之事，正是德育智育並行不悖之理。管大學的官，據《王制》是大樂正，據《周官》是大司樂。俞正燮《癸巳類稿》有《君子小人學道是絃歌義》，說古代樂之外無所謂學，尤可見古代大學的性質。古代鄉論秀士，升諸司徒，司徒升之於學，學中的大樂正，再升諸司馬，然後授之以官。又諸侯貢士，天子試之於射宮。其容體比於禮，其節比於樂，而中多者，則得與於祭。均見第七章。這兩事的根原，是同一的。即人之用舍，皆決之於宗教之府。"出征執有罪，反釋奠於學"，《禮記·王制》。這是最不可解的。爲什麼明明是用武之事，會牽涉到學校裏來呢？可見學校的性質，決不是單純的教育機關了。然則古代所以尊師重道，大學之禮，雖詔於天子，無北面；《禮記·學記》。養老之禮，天子要袒而割牲，執醬而饋，執爵而酳，《禮記·樂記》。亦非徒以其爲道之所在，齒德俱尊，而因其人本爲教中尊宿之故。凡此，均可見古代的大學和宗教關係的密切。貴族的小學教育，出於家庭，平民的小學教育，則仍操諸社團之手。《孟子》說："夏曰校，殷曰序，周曰庠，學則三代共之。"學指大學言，校、序、庠，都是民間的小學。第五章所述：平民住居之地，在其中間立一個校室，十月裏農功完了，公推有年紀的人，在這裏教育未成年的人，就是校的制度。所以《孟子》說："校者教也。"又説"序者射也，庠者養也"，這是行鄉射和鄉飲酒禮之地。孔子説：
"君子無所爭，必也射乎？揖讓而升，下而飲，其爭也君子。"《論語·八佾篇》。又
説：一看鄉飲酒禮，便知道明貴賤，辨隆殺，和樂而不流，弟長而無遺，安燕而
不亂等道理。所以説："吾觀於鄉，而知王道之易易也。"《禮記·鄉飲酒義》。然則
庠序都是行禮之地，使人民看了，受其感化的。正和現在開一個運動會，使人
看了，知道武勇、剛毅、仁俠、秩序等等的精神，是一樣的用意。行禮必作樂，
古人稱禮樂可以化民，其道即由於此。並非是後世的王禮，天子和百官，行之
於廟堂之上，而百姓不聞不見的。漢朝人所謂庠序，還係如此。與現在所謂
學校，偏重智識傳授的，大不相同。古代平民的教育，是偏重於道德的。所以
興學必在生計問題既解決之後。孟子説庠序之制，必與制民之產並言。見《梁
惠王·滕文公上篇》。《王制》亦説"食節事時，民咸安其居，樂事勸功，尊君親上，然
後興學"，生計問題既解決之後，教化問題，卻係屬必要。所以又説："飽食暖
衣，逸居而無教，則近於禽獸。"《孟子·滕文公上篇》。又説："君子如欲化民成俗，
其必由學乎？"《學記》。

　　以上是古代社會，把其傳統的所謂做人的道理，傳給後輩的。貴族有貴族立
身的方法，平民有平民立身的方法，其方法雖不同，其為立身之道則一。至於實際的智識技能，
則得之必由於實習。實習即在辦理其事的機關裏，古稱為宦。《禮記·曲禮》
説"宦學事師"，《疏》引熊氏云："宦謂學仕官之事。"官就是機關，仕官，就是在
機關裏辦事。學仕官之事，就是學習在機關裏所辦的事。這種學習，是即在
該機關中行之的，和現在各機關裏的實習生一般。《史記·秦始皇本紀》：昌
平君發卒攻嫪毐，戰咸陽，斬首數百，皆拜爵。及宦者皆在戰中，亦拜爵一級。
《呂不韋列傳》：諸客求宦為嫪毐舍人千餘人。《漢書·惠帝紀》：即位後，爵五
大夫，吏六百石以上，及宦皇帝而知名者，有罪當盜械者，皆頌繫。此所謂宦，
即係學仕於其家。因為古代卿大夫及皇大子之家，都係一個機關。嫪毐之
家，食客求宦者至千餘人，自然未必有正經的事情可辦，亦未必有正經的事情
可以學習。正式的機關則不然。九流之學，必出於王官者以此。參看第十七章。
子路説："有民人焉，有社稷焉，何必讀書，然後為學？"《論語·先進篇》。就是主張
人只要在機關裏實習，不必再到教會所設的學校裏，或者私家教授，而其宗旨
與教會教育相同的地方去學習。《史記·孔子世家》説孔子以詩、書、禮、樂教，可見孔子的教
育，與古代學校中傳統的教育相近。並不是説不要學習，就可以辦事。

　　古代的平民教育，有其優點，亦有其劣點。優點是切於人的生活。劣點
則但把傳統的見解，傳授給後生，而不授以較高的智識。如此，平民就只好照

著傳統的道理做人，而無從再研究其是非了。大學中的宗教哲學，雖然高深，卻又去實際太遠。所以必須到東周之世，各機關中的才智之士，將其（一）經驗所得的智識，（二）及大學中相傳的宗教哲學，合而爲一，而學術才能開一新紀元。此時的學術，既非傳統的見解所能限，亦非復學校及機關所能容，乃一變而爲私家之學。求學問的，亦只得拜私人爲師。於是教育之權，亦由官家移於私家，乃有先秦諸子，聚徒講學之事。

社會上新舊兩事物衝突，新的大概都是合理的。因爲必舊的搖動了，然後新的會發生，而舊的所以要搖動，即由於其不合理。但此理是不易爲昔人所承認的，於是有秦始皇和李斯的辦法：「士則學習法令辟禁。」「欲學法令，以吏爲師。」這是想恢復到政教合一之舊。所以要恢復政教合一，則因他們認爲「人善其所私學，以非上之所建立」，是天下所以不治；而當時的人，所以要善私學以非上所建立，全是出於朋黨之私，所謂「飾虛言以亂實」。《史記·秦始皇本紀》三十四年。這固然不無相當的理由。然古代社會，矛盾不深刻，政治所代表的，就是社會的公意，自然沒有人出來説什麼話。後世社會複雜了，各方面的矛盾，漸漸深刻，政治總只代表得一方面，其（一）反對方面，以及（二）雖非站在反對方面，而意在顧全公益的人，總不免有話説。這正是（一）有心求治者所樂聞，（二）即以手段而論，防民之口，甚於防川，亦是秉政者所應希望其宣洩的。而始皇、李斯，不知「天下有道，則庶人不議」。《論語·季氏篇》。誤以爲庶人不議，則天下有道；至少庶人不議，天下才可以走上有道的路，這就和時勢相反了。人的智識，總不免於落後，這也無怪其然。但社會學的公例，是不因人之不知，而加以寬恕的，失敗的總只是要失敗，而秦遂因之傾覆。秦朝的滅亡，固非儒生所爲，然人心之不平，實爲其最大原因之一，而儒生亦是其中的一部分。

漢朝的設立學校，事在武帝建元五年。此時並未立學校之名，僅爲五經博士置弟子。在内由大常擇補。在外由縣、道、邑的長官，上所屬二千石，二千石察其可者，令與所遣上計之吏，同詣京師。這就是公孫弘所説的「因舊官而興焉」。不另設新機關。但因博士弟子，都有出身，所以傳業者寖盛。以上見《史記》《漢書·儒林傳》。至後漢，則光武帝下車即營建大學。明、章二代，屢次駕幸。順帝又增修校舍。至其末年，游學諸生，遂至三萬餘人，爲至今未曾再有的盛況。案趙翼《陔餘叢考》有一條，説兩漢受學者都詣京師，其實亦不盡然。後漢所立，不過十四博士，而《漢書·儒林傳》説：「大師衆至千餘人。」《漢書·儒林傳》，不能證明其有後人增竄之迹，則此語至少當在東漢初年。可見民間傳業，亦並非不盛。然漢代國家所設立的大學，較後世爲盛；事實上比較的是學問的重心，則是不誣的。此因(一)當時社會，學問不如後世的廣布，求學的自有走集學問中心地的必要。(二)則利祿使然，參看第七章自明。前漢時，博士弟子，雖有出路，究係平流而進。後漢則黨人劫持選舉，而大學爲私黨聚集、聲氣標榜之地。又此時學術在社會上漸占重要地位。功臣、外戚及官吏等，亦多遣子弟入學。於是紈袴子弟，攙雜其中，不能認真研究，而易與政治接近，就成《後漢書・儒林傳》所説章句漸疏，多以浮華相尚了。漢末喪亂，既不能研究學問，而以朋黨劫持選舉的作用亦漸失。魏文帝所立的大學，遂成學生專爲避役而來，博士並無學問可以教授的現狀。詳見《三國・魏志・王肅傳》《注》引《魏略》。

　　魏晉以後，學校僅爲粉飾升平之具。所謂粉飾升平，並不是學校能積極的替政治上裝飾出什麼東西來，而是消極的，儻使連學校都没有，未免説不過去。所以苟非喪亂之時，總必有所謂學校。至其制度，則歷代又略有不同。晉武帝咸寧二年，始立國子學。案今文經説，只有大學。大司樂合國之子弟，是出於《周官》的，是古文經説。兩漢的政治制度，大抵是根據今文學説的。東漢之世，古學漸興，魏晉以後，今文傳授的統緒遂絶，所以此時的政治制度，亦漸采用古文學説了。自此以後，元魏國子大學並置。周只有大學。齊只有國子學。隋時，始令國子學不隸大常，獨立爲一監。唐有國子學、大學、四門學、律學、書學、算學，都屬國子監。後律學改隸詳刑，書學改隸蘭臺，算學改隸祕閣。律學、書學、算學，專研一種學問藝術，係專門學校性質。國子學、大學、四門學，則係普通性質。國子學、大學，都只收官吏子弟，只有四門學，收一部分庶人，成爲階級性質了。這都是古文學説的流毒。四門學在歷史上，有兩種性質：有時以爲小學。此時則模仿《禮記・王制》之説：王大子、王子、羣后的大子、卿大夫元士的適子，都可以直接入學，庶人則須節級而升，因令其先入四門小學。然古代所謂學校，本非研究學問之地。鄉論秀士，升諸司徒，司徒升之於學，大樂正再升諸司馬，不過是選舉的一途。貴族世襲之世，得此已算開明。後世則用人本無等級，學校爲研究學問之地，庶人的學問，未必劣於貴族，而令其節級而升，未免不合於理。將庶人及皇親、國戚、官吏子弟所入的學校分離，那更是造出等級來了。又有弘文館，屬門下省，是專收皇親的。崇文館屬東宮，是收皇大后、皇后親屬兼及官吏子孫的。總之，學校只是政治上的一個機關，學生只是選舉上的一條出路，和學術無甚關係。學校中未必真研究學術，要研究學術，亦不一定要入學。

　　把學校看作提倡學術，或興起教化之具，其設立，是不能限於京師的。漢武帝時，雖興起大學，尚未能注意地方。其時只有賢長官如文翁等，在其所治之地，自行提倡。見《漢書・循吏傳》。到元帝令郡國皆設五經百石卒史，纔可算中央政府,以命令設立地方學校的權輿。但漢朝人眼光中,所謂庠序,還不是用以提倡學術,而是用以興起教化的。所以元帝所爲,在當時的人看起來,只能算是提倡經學,並不能算是設立地方學校。這個,只要看《漢書‧禮樂志》的議論,便可知道。隋唐時,各州縣都有學。隋文帝曾盡裁大學、四門學及州縣學,僅留國子生七十人。煬帝時恢復。然只法令如此。在唐時,大概只有一筆釋奠之費,以祭孔子。事見《唐書‧劉禹錫傳》。案明清之世,亦正是如此。所謂府州縣學,尋常人是不知其爲學校,只知其爲孔子廟的。所以有人疑惑:"爲什麽佛寺、道觀,都大開了門,任人進去,獨有孔子廟卻門禁森嚴?"當變法維新之初,有人想把孔子擡出來,算做中國的教主,以和基督教相抗,還有主張把文廟開放,和教堂一樣的。殊不知中國本無所謂孔子廟。孔子乃是學校裏所祭的先聖或先師。《禮記‧文王世子》:"凡入學,必釋奠於先聖、先師。"先聖是發明家。先師是把發明家的學問,流傳下來的人。此項風氣,在中國流行頗廣。凡百事業,都有其所崇奉的人,如藥業崇奉神農,木匠崇奉魯班,都是把他認作先聖。儒家是傳孔子之道的,所以把孔子認作先聖,傳經的人,認作先師。古文學說既行,認爲孔子所傳的,只是古聖王之道,尤其直接模範的是周公。周朝集古代治法的大成,而其治法的制定,皆由於周公。所以周公可以看作發明家的代表。於是以周公爲先聖,孔子爲先師。然孔子爲中國所最尊的人,僅僅乎把他看做傳述者,不足以饜足宗教心理。於是仍改奉孔子爲先聖。自宋學興起以後,所謂孔子之道者又一變。認爲漢唐傳經儒生,都不足以代表孔子之學。宋代諸儒,崛起於千載之後,乃能遙接其道統。於是將宋以後的理學家,認爲先師。此即所謂從祀。漢至唐傳經諸儒,除品行惡劣者外,亦不廢黜。是爲歷代所謂先聖先師者的變遷。寺廟可以公開,學校是辦不到的。現在的學校,從前的書院、義塾,又何嘗能大開其門,任人出入呢?然令流俗之人,有此誤會,亦可見學校的有名無實了。

魏晉以後,看重學校的有兩個人:一個是王安石,一個是明太祖。王安石的意思,是人才要由國家養成的。科舉只是取人才,不是養人才,不能以此爲已足。照安石的意思,改革科舉,只是暫時的事,論根本,是要歸結到學校養士的。所以於大學立三舍之法;即外舍、内舍、上舍,學生依次而升。到升入上舍,則得免發解及禮部試,而特賜之以進士第。哲宗元符二年,令諸州行三舍法。歲貢其上舍生,附於外舍。徽宗遂特建外學,以受諸州貢士。並令大學内的外舍生,亦出居外學。遂令取士悉由學校升貢,其州郡發解及禮部試並停。後雖旋復,然在這一時期中的立法,亦可謂很重視學校了。案:(一)凡事都由國家主持,只有國小而社會情形簡單的時代,可以辦到。國大而社會複雜,根本是不可能的,因爲(甲)國家不但不能勝此繁重的職務,(乙)並不能盡知社會的需要。因(甲)則其所辦之事,往往有名無實,甚或至於有弊。因(乙)則其所辦之事,多不能與社會趨勢相應,甚或頑固守舊,阻礙進步。所以積極的事情，根本是不宜於國家辦的。現在政治學上，雖亦有此項主張，然其理論漏洞甚多，至多只可用以應急，施諸特殊的事務。斷非可以遍行常行的道理。這話太長了，現在不能詳論。然可用以批評宋時的學校，總是無疑的。所以當時的學校，根本不會辦得好。（二）而況自亡清以前，學堂獎勵章程廢止以前。國家把學校科舉，都看作登庸官吏之法，入學者和應科舉者一樣，都是爲利祿而來，又何以善其後呢？其中固有少數才智之士。然亦如昔人論科舉的話，"乃人才得科舉，非科舉得人才"。此等人在學校中，並不能視爲學校所養成。安石變科舉法後，感慨著說道："本欲變學究爲秀才，不料變秀才爲學究。"秀才是科舉中最高的一科，學究則是最低的。熙寧貢舉法所試，較諸舊法，不能不說是有用些。成績之所以不良，則由學問的好壞，甚而至於可以說是有無，都判之於其真假，真就是有，假就是無。真假不是判之於其所研究的門類、材料，而是判之於其研究的態度、方法的。態度和方法，判之於其有無誠意。可以挾利用的意見，即視爲手段而學習的，至多是技術，決不是學問。此其原理，在學校與科舉中，並無二致。以得獎勵爲目的的學校，其結果，只能與科舉一樣。

凡國家辦的事，往往只能以社會上已通行的，即大衆所公認的理論爲根據。而這種理論，往往是已經過時的，至少是比較陳舊的。因爲不如此，不會爲大衆所承認。其較新鮮的、方興的，則其事必在逐漸萌芽，理論必未甚完全，事實亦不會有什麼轟轟烈烈的，提給大衆看，國家當然無從依據之以辦事。所以政治所辦理的事情，往往較社會上自然發生的事情爲落後。教育事業，亦是如此。學問是不宜於孤獨研究的。因爲（一）在物質方面，供給不易完全；（二）在精神方面，亦不免孤陋寡聞之誚。所以研究學問的人，自然會結成一種團體。這個團體，就是學校。學校的起源，本是純潔的，專爲研究學問的，惜乎後來變爲國家養成人才之所。國家養成人材，原是很好的事；但因（一）事實上，國家所代表的，總是業經通行，已占勢力的理論，所以公家所立的學校，其內容，總要比較陳舊些。社會上新興的，即在前途有真正需要，而並非在過去占有勢力的學科，往往不能盡力提倡。（二）而且其本身，總不免因利祿關係而腐化。於是民間有一種研究學問的組織興起來，這便是所謂書院。書院是起於唐五代之間的。宋初，有所謂四大書院者，朝廷咸賜之額。曰白鹿，在廬山白鹿洞，爲南唐升元中所建；曰石鼓，唐元和中衡州守李寬所建；曰應天，宋真宗時，府民曹誠所建；曰嶽麓，宋開寶中，潭州守朱洞所建。此係據《通考》。《玉海》有嵩陽而無石鼓。嵩陽，在登封縣大室山下，五代時所建。此外賜額、賜田、賜書的還很多。但書院並不靠朝廷的獎勵和補助。書院之設，大概由（一）有道德學問者所提倡，（二）或爲好學者的集合。（三）或則有力者所興辦。他是無所爲而爲之的，所以能毅真正研究學問。而且真能跟著風氣走。在理學盛行時代，則爲講學的中心；在考據之學盛行的時代，亦有許多從事於此的書院；即其確證。新舊兩勢力，最好是能互相調和。以官辦的學校，代表較舊的、傳統的學術；以私立的學校，代表較新的、方興的學術；實在是最好的辦法。

宋朝國勢雖弱，然在文化上，不能説是沒有進步的。文化既進步，自然覺得有多設學校的必要。元朝的立法，就受這風氣的影響。元朝的國子監，本是蒙古色目和漢人，都可以進的。蒙古人試法從寬，授官六品；色目人試法稍密，授官七品；漢人試法最密，授官從七品；則係階級制度。然在京師，又有蒙古國子學。諸路有蒙古字學。仁宗延祐元年，又立回回國子學，以肄習其文字。諸路、府、州、縣皆有學。世祖至元二十八年，又令江南諸路學及各縣學內設小學，選老成之士教之。或自願招師，或自受家學於父兄者，亦從其便。其他先儒過化之地，名賢經行之所，與好事之家，出錢米贍學者，並立爲書院。各省設提舉二員，以提舉學校之事。官家竭力提倡，而仍承認私家教育的重要，不可謂非較進步的立法。此項法令，能否真正實行，固未可知，然在立法上，總是明朝的前驅。

明朝的學校，立法是很完密的。在昔時把學校看做培植人才，政治上的人才。登庸官吏的機關，而不視爲提高文化，普及教育的工具，其立法不過如此而止，其擴充亦只能到這地步了。然而其法並不能實行，這可見法律的拗不過事實。明朝的大學，名爲國子監。太祖看得國子監，是極重的。所用的監官，都是名儒。規則極嚴。待諸生甚厚。又創歷事之法，使在各機關中實習，曾於一日之間，擢用國子生六十餘人爲布、按兩司官。其時國子諸生，敭歷中外者甚衆。可謂極看重學校的了。然一再傳後，科舉積重，學校積輕，舉貢的選用，遂遠不能與進士比。而自納粟入監之例開後，且被視爲異途。國子生本是從府縣學裏來的。府縣學學生，升入國子監的，謂之貢生。有歲貢、按年依定額升入。選貢、選拔特優的。恩貢、國家有慶典時，特許學生升入國學，即以當充歲貢者充之，而以其次一名充歲貢。納貢府州縣學生納粟出學。之別。舉人亦可入監。後又取副榜若干，令其入監讀書。府州縣學，府有教授，州有學正，縣有教諭，其副概稱訓導。學生各有定額。初設的都由學校供給飲食，後來增廣學額，則不能然。於是稱初設的爲廩膳生員，增廣的爲增廣生員。後又推廣其額，謂之附學生員。於是新取入學的，概稱附學生員。依考試的成績，遞升爲增廣、廩膳。廩膳生資格深的，即充歲貢。

入學和判定成績的考試，並非由教諭、訓導舉行，而是另行派員主持的。

入學之試，初由巡按御史或布按兩司及府州縣官，後特置提督學政，巡歷舉行。僻遠之地，爲巡歷所不能至者，或仍由巡按御史及分巡道。學政任期三年。三年之中，考試所屬府州縣學生兩次：一次稱歲考，是用以判定成績優劣的。一次稱科考，在舉行科場之年，擇其優者，許應鄉試。國子監生，畢業後可以入官的，府州縣學生，則無所謂畢業。其出路：只有（一）應科舉中式，（二）貢入國子監。如其不然，則始終只是一個學生。要到五十歲之後，方許其不應歲試。未滿五十而不應歲試，試時亦可請假，但下屆須補。清制，闕至三次者，即須斥革。其學籍，是要取消掉的。非府州縣學生不能應科舉，府州縣學生除貢入大學外，亦非應科舉不能得出路，這是實行宋以來學校科舉相輔而行的理想的。在當時，確是較進步的立法。然而法律拗不過事實。事實上，國家所設的學校，一定要人來讀書，除非（一）學校中真有學問，爲在校外所學不到的。（二）法令嚴切，不真在校學習，即不能得到出路。但當時的學校，即使認真教授，其程度，亦不會超過民間的教育，而況並不教授？既然並不教授，自無從強迫學生在學。於是除國子監在京師首善之地，且沿明初認真辦理之餘，不能竟不到監，乃斤斤和監官計較“坐監”的日數外，府州縣學，皆闃無其人，人家仍只目他爲文廟。學校的有名無實，一方面，固表現政治的無力，一方面，就表示社會的進步。因爲社會進步了，到處都有指導研究的人，供給研究的器，人家自然無庸到官立的學校裏來了。我們現在，如其要讀中國的舊書，並不一定要進學校。如其要研究新學問，有時非進學校不可，甚至有非到外國去不可的。就因爲此種學術，在社會上還未廣布。清朝的學制，是和明朝大同的。所不同的，則明朝國子監中的蔭生，分爲官生、恩生。官生是限以官品的。學生父兄的官品。恩生則出自特恩，不拘品級。清制分爲難蔭及恩蔭。恩蔭即明代的官生。難蔭謂父兄殉難的，其條件較恩蔭爲優。又清制，除恩副歲貢生外，又有優拔二貢。優貢三歲一行。每一督學使者，歲科兩試俱訖後，就教官所舉優行生，加以考試，再擇優送禮部考試，許其入國子監讀書。拔貢十二年舉行一次。合歲科兩試優等生，欽命大臣，會同督撫覆試。送吏部，再應廷試，一二等錄用，三等入監。但入監都是有名無實的。

以上所述的，大體都是官辦的學校，爲政治制度的一部分，和選舉制度有關。其非官辦的，亦或具有學校的性質，如書院是。至於不具學校形式的。則有（一）私人的從師讀書，（二）或延師於家教授。其教授的內容，亦分爲兩種：（一）是以應科舉爲目的的，可謂士人所受的教育。（二）又一種，但求粗知文義，爲農工商家所受。前者既不足以語於學問，後者又不切於實用。這是因爲從前對於教育，無人研究，不過模模糊糊，蹈常習故而行之而已。至清末，變法以來，才有所謂新式的教育。就是現行的制度。對於文化的關係，人所共知，不煩深論。學校初興時，還有所謂獎勵。大學畢業視進士。大學預科，高等學堂視舉人。中等學校以下，分別視貢生及附生等。這還帶有政治的性質。民國時代，把獎勵章程廢去，才全和科舉絕緣。

第十六章　語　　文

　　語言文字的發明，是人類的一個大進步。（一）有語言，然後人類能有明晰的概念。（二）有語言，然後這一個人的意思，能彀傳達給那一個人。（甲）而不須人人自學。（乙）且可將個人的行爲，化作團體的行爲。單有語言，還嫌其空間太狹，時間太短，於是又有文字，賦語言以形，以擴充其作用。總之，文字語言，是在空間上和時間上，把人類聯結爲一的。人類是非團結不能進化的，團結的範圍愈廣，進化愈速，所以言語文字，實爲文化進化中極重要的因素。

　　以語言表示意思，以文字表示語言，這是在語言文字，發達到一定階段之後看起來是如此。在語言文字萌芽之始，則並不是如此的。代表意思，多靠身勢。其中最重要的是手勢。中國文字中的看字，義爲以手遮目，最能表示身勢語的遺迹。與語言同表一種意象的，則有圖畫。圖畫簡單化，即成象形文字。圖畫及初期的象形文字，都不是代表語言的。所以象形文字，最初未必有讀音。圖畫更無論了。到後來，事物繁複，身勢不彀表示，語言乃被迫而增加。語言是可以增加的，（一）圖畫及象形文字，則不能爲無限的增加，且其所能增加之數，極爲有限；（二）而凡意思皆用語言表示，業已成爲習慣；於是又改用文字，代表語言。文字既改爲代表語言，自可用表示聲音之法造成，而不必專於象形，文字就造的多了。

　　中國文字的構造，舊有六書之說。即（一）象形，（二）指事，（三）會意，（四）形聲，（五）轉注，（六）假借。六者之中，第五種爲文字增加的一例，第六種爲文字減少的一例，只有前四種是造字之法。許慎《説文解字·序》説："黄帝之史倉頡，見鳥獸蹏迒之迹，知分理之可相別異也，初造書契。"又説："倉頡之初作書，蓋依類象形，故謂之文。其後形聲相益，即謂之字。"按許氏説倉頡造字，又説倉頡是黄帝之史，這話是錯的。其餘的話，則大概不錯。字是把文拼成的，所以文在中國文字中，實具有字母的作用。舊説謂之偏旁。象形、指事、會意、形聲四種中，只有象形一種是文，餘三種都是字。象形就是畫成一種東西的形狀，如☉、☽、⛰、〰、此字須橫看。𦥑、《説文》："象臂脛之形。"案：此所畫係人的側面，而又略去其頭未畫。𡴀、上係頭，中係兩臂，小孩不能自立，故下肢并而爲一。大《説文》："象人形。"案此係人的正面形，而亦略畫其頭。只有子字是連頭畫出的。案畫人無不畫其頭之理，畫人而不畫其頭，則已全失圖畫之意矣。於此，可悟象形文字和圖畫的區別。等字是。（一）天下的東西，不都有形可畫。（二）有形可畫的，其形亦往往相類。畫的詳細了，到足以表示其異點，就圖畫也不能如此其繁。於是不得不略之又略，至於僅足以略示其意而止。儻使不加説明，看了他的形狀，是萬不能知其所指的。即或可以猜測，亦必極其模胡。此爲象形文字與圖畫的異點。象形文字所以能脱離圖畫而獨立者以此。然如此，所造的字，決不能多。指事：舊説是指無形可象的事，如人類的動作等。這話是錯的。指，就是指定其所在。事、物二字，古代通用。指事，就是指示其物之所在。《説文》所舉的例，是上下二字。衛恆《四體書勢》説"在上爲上，在下爲下"，其語殊不可解。我們看《周官·保氏》《疏》説"人在一上爲上，人在一下爲下"，纔知道《四體書勢》，實有脱文。《説文》中所載古文⊥丅二字，乃係省略之形。其原形當如篆文作𠄞𠄟。一畫的上下係人字，借人在一畫之上，或一畫之下，以表示上下的意思。這一畫，並非一二的一字，只是一個界畫。《説文》中此例甚多。用此法，所造的字，亦不能多。會意的會訓合，會意，就是合兩個字的意思，以表示一個字的意思。如《説文》所舉人言爲信，止戈爲武之類。此法所造的字，還是不能多的。只有形聲字。原則上是用兩個偏旁，一個表示意義，一個表示聲音。凡是一句話，總自有其意義，亦自有其聲音的。如此，造字的人，就不必多費心思，只要就本語的意義，本語的聲音，各找一個偏旁來表示他就彀了。造的人既容易，看的人也易於瞭解。而且其意義，反較象形、指事、會意爲確實。所以有形聲之法，而"文字之用，遂可以至於無窮"。轉注：《説文》所舉的例，是考老二字。聲音相近，意義亦相近。其根原本是一句話，後來分化爲兩句的。語言的增加，循此例的很多。文字所以代表語言，自亦當跟著語言的分化而分化。這就是昔人的所謂轉注。夥多二字，與考老同例。假借則因語言之用，以聲音爲主。文字所以代表語言，亦當以聲音爲主。語文合一之世，文字不是靠眼睛看了明白的，還是讀出聲音來，耳朵聽了等於聽語言。而明白其意義。如此，意義相異之語，只要聲音相同，就可用相同的字形來代表他。於是（一）有些字，根本可以不造；（二）有些字，雖造了，仍廢棄不用，而代以同音的字；此爲文字之所以減少，若無此例，文字將繁至不可勝識了。六書之説，見於許《序》及《漢書·藝文志》。作象形、象事、象意、象聲、轉注、假借。《周官·保氏》《注》引鄭司農之説。作象形、會意、轉注、處事、假借、諧聲。
昔人誤以爲造字之法，固屬大謬。即以爲保氏教國子之法，亦屬不然。教學
童以文字，只有使之識其形，明其音義，可以應用，斷無涉及文字構造之理。
以上所舉六書之説，當係漢時研究文字學者之説。其説是至漢世才有的。
《周官》，保氏教國子以六書，當與《漢書·藝文志》所説大史以六體試學童的
六體是一，乃係字的六種寫法，正和現在字的有行、草、篆、隸一樣。《漢書·藝文
志》説：“古者八歲入小學，故《周官》保氏掌養國子，教之六書。謂象形、象事、象意、象聲、轉注、假借，
造字之本也。漢興，蕭何草律，亦著其法，曰：大史試學童，能諷書九千字以上，乃得爲史。又以六體試
之。課最者以爲尚書，御史史書令史。吏民上書，字或不正，輒舉劾。六體者，古文、奇字、篆書、隸書、
繆篆、蟲書，皆所以通知古今文字，摹印章，書幡信也。”“謂象形、象事、象意、象聲、轉注、假借，造字之
本也”十八字，定係後人竄入。惟保氏六書和大史六體是一，所以説亦著其法，若六書與六體是二，這
亦字便不可通了。以六書説中國文字的構造，其實是粗略的，讀拙撰《字例略説》可明，商
務印書館本。然大體亦尚可應用。舊時學者的風氣，本來是崇古的；一般人又誤
以六書爲倉頡造字的六法。造字是昔時視爲神聖事業的，更無人敢於置議。
其説遂流傳迄今。《荀子·解蔽篇》説：“故好書者衆矣，而倉頡獨傳者，壹
也。”可見倉頡只是一個會寫字的人。然將長於某事的人，誤認作創造其事的
人，古人多有此誤。如暴辛公善塤，蘇成公善篪，《世本·作篇》即云：暴辛公作塤，蘇成公作篪。
譙周《古史考》已駁其繆。見《詩·何人斯》《疏》。因此，生出倉頡造字之説。漢代緯書，
皆認倉頡爲古代的帝皇。見拙撰《中國文字變遷考》第二章，商務印書館本。又有一派，因
《易經·繫辭傳》説“上古結繩而治，後世聖人易之以書契”，蒙上“黃帝、堯、舜
垂衣裳而天下治”，認爲上古聖人，即是黃帝。司記事者爲史官，因以倉頡爲
黃帝之史。其實二者都是無稽的。還有《尚書》僞孔安國《傳序》，以三墳爲三
皇之書，五典爲五帝之典，而以伏犧、神農、黃帝爲三皇，就説文字起於伏犧
時，那更是無據之談了。

　　文字有形、音、義三方面，都是有變遷的。形的變遷，又有改變其字的構
造，和筆畫形狀之異兩種。但除筆畫形狀之異一種外，其餘都非尋常人所知。
字之有古音古義，每爲尋常人所不知。至於字形構造之變，則新形既行，舊形旋廢，人並不知有此字。
所以世俗所謂文字變遷，大概是指筆畫形狀之異。其大別爲篆書、隸書、真
書、草書、行書五種。

　　（一）篆書是古代的文字，流傳到秦漢之世的。其文字，大抵刻在簡牘之
上，所以謂之篆書。篆就是刻的意思。又因其字體的不同，而分爲（甲）古文，
（乙）奇字，（丙）大篆，（丁）小篆四種。大篆，又稱爲籀文。《漢書·藝文志》小
學家有《史籀》十五篇。自注：“周宣王大史作。”《説文解字·序》：“《史籀》者，

周時史官教學童書也。"又説:"《倉頡》七章者,秦丞相李斯所作也。《爰歷》六章者,車府令趙高所作也。《博學》七章者,大史令胡毋敬所作也。文字多取《史籀篇》,而篆體復頗異,所謂秦篆者也。"然則大篆和小篆,大同小異。現在《説文》所録籀文二百二十餘,該就是其相異的。其餘則與小篆同。小篆是秦以後通行的字。大篆該是周以前通行的字。至於古文,則該是在大篆以前的,即自古流傳的文字,不見於《史籀》十五篇中的。奇字即古文的一部分。所不同者,古文能説得出他字形構造之由,奇字則否。所謂古文,不過如此。《漢書·藝文志》、《景十三王傳》、《楚元王傳》載劉歆《移讓大常博士書》,都説魯共王壞孔子宅,在壁中得到許多古文經傳。其説本屬可疑。因爲(一)秦始皇焚書,事在三十四年。自此至秦亡,止有七年。即下距漢惠帝四年除挾書律,亦只有二十三年。孔壁藏書,規模頗大,度非一二人所爲。不應其事遂無人知,而有待於魯恭王從無意中發現。(二)假使果有此事,則在漢時實爲一大事。何以僅見於《漢書》中這三處,而他書及《漢書》中這三處以外,絶無人提及其事。_{凡歷史上較重大之事,總和别的事情有關係的,也總有人提及其事,所以其文很易散見於各處。}此三處:《魯恭王傳》,不將壞孔子宅之事,接敍於其好治宮室之下,而别爲數語,綴於傳末,其爲作傳時所無有,_{傳成之後,再行加綴於末。}顯而易見。《移讓大常博士》,本係劉歆所説的話。《藝文志》也是以劉歆所做的《七略》爲本的。然則這兩篇,根本上還是劉歆一個人的話。所以漢代得古文經一事,極爲可疑。然自班固以前,還不過説是得古文經,古文經的本子、字句,有些和今文經不同而已,並没有説古文經的字,爲當時的人所不識。到王充作《論衡》,其《正説篇》,纔説魯共王得百篇《尚書》,武帝使使者取視,莫能讀者。《尚書·僞孔安國傳序》則稱孔壁中字爲科斗書,謂科斗書廢已久,時人無能知者。孔安國據伏生所傳的《尚書》,考論文義,_{意謂先就伏生所傳各篇,認識其字,然後再用此爲根據,以讀其餘諸篇。}才能多通得二十五篇。這純是以意揣度的野言,古人並無此説。凡文字,總是大衆合力,於無形中逐漸創造的,亦總是大衆於無形之間,將其逐漸改變的。由一人制定文字,頒諸公衆,令其照用,古無此事。亦不會兩個時代中,有截然的異同,至於不能相識。

(二)篆書是圓筆,隸書是方筆。隸書的初起,因秦時"官獄多事",_{《漢志》語。官指普通行政機關,獄指司法機關。}"令隸人佐書",_{《四體書勢》語。}故得此名。徒隸是不會寫字的人,畫在上面就算,所以筆畫形狀,因此變異了。然這種字寫起來,比篆書簡便得多,所以一經通行,遂不能廢。初寫隸書的人是徒隸,自然畫在上面就算,不求美觀。既經通行,寫的人就不僅徒隸了,又漸求其美觀,於是變成一種有挑法亦謂之波磔。的隸書。當時的人，謂之八分書，帶有美術性質的字，十之八九都用他。

（三）其實用的字，不求美觀的，則仍無挑法，謂之章程書。就是我們現在所用的正書。所以八分書是隸書的新派，無挑法的係隸書的舊派。現在的正書，係承接舊派的，所以現在的正書，昔人皆稱爲隸書。王羲之，從來沒有看見他寫一個八分書，或者八分書以前的隸字，而《晉書》本傳，卻稱其善隸書。

（四）正書，亦作真書，其名係對行草而立。草書的初起，其作用，當同於後來的行書，是供起草之用的。《史記·屈原列傳》說：楚懷王使原造憲令，草藁未上，上官大夫見而欲奪之。所謂草藁，就是現在所謂起草。草藁是只求自己認得，不給別人看的，其字，自然可以寫得將就些。這是大家都這樣做的，本不能算創造一種字體，自更說不上是誰所創造。到後來，寫的人，不求其疾速，而務求其美觀。於是草書的字體，和真書相去漸遠。馴致只認得真書的人，不能認得草書。於是草書距實用亦漸遠。然自張芝以前，總還是一個一個字分開的。到張芝出，乃"或以上字之下，爲下字之上"，其字竟至不可認識了。後人稱一個一個字分開的爲章草，張芝所創的爲狂草。

（五）狂草固不可用，即章草亦嫌其去正書稍遠。（甲）學的人，幾乎在正書之外，又要認識若干草字。（乙）偶然將草稿給人家看，不識草字的人，亦將無從看起。事務繁忙之後，給人家看的東西，未必一定能謄真的。草書至此，乃全不適於實用。然起草之事，是決不能沒有的。於是另有一種字，起而承其乏，此即所謂行書。行書之名，因"正書如立，行書如行"而起。其寫法亦有兩種：（子）寫正書的人，把他寫得潦草些，是爲真行。（丑）寫草書的人，把他寫得凝重些，是爲行草。見張懷瓘《書議》。從實用上說，字是不能沒有真草兩種，而亦不能多於真草兩種的。因爲看要求其清楚，寫要求其捷速，若多於真草兩種，那又是浪費了。孟森說。中國字現在書寫之所以煩難，是由於都寫真書。所以要都寫正書，則由於草書無一定的體式。草書所以無一定的體式，則因字體的變遷，都因美術而起。美術是求其多變化的，所以字體愈寫愈紛歧。這是因向來講究寫字的人，都是有閒階級；而但求應用的人，則根本無暇講究寫字之故。這亦是社會狀況所規定。今後社會進化，使用文字的地方愈多。在實用上，斷不能如昔日僅恃潦草的正書。所以制定草體，實爲當務之急。有人說：草體離正書太遠了，幾乎又要認識一種字，不如用行書。這話，從認字方面論，固有相當的理由。但以書寫而論，則行書較正書簡便得沒有多少。現在人所寫潦草的正書，已與行書相去無幾。若求書寫的便利，至少該用行草。在正書中，無論筆畫如何繁重的字，在草書裏，很少超過五畫的。現在求書寫的便利，究竟該用行書，還該用草書，實在是一個有待研究的問題。至於簡筆字，則是不值得提倡的。這真是徒使字體紛煩，而書寫上仍簡便得有限。書寫的煩難，亦由於筆畫形狀的工整與流走，不盡由於筆畫的多少。

中國現在，古字可考的，仍以《説文》一書爲大宗。此書所載，百分之九十幾，係秦漢時通行的篆書。周以前文字極少。周以前的文字，多存於金石刻中，即昔人刻在金石上的文字。但其物不能全真，而後人的解釋，亦不能保其沒有錯誤。亡清光緒二十四五年間，河南安陽縣北的小屯，發見龜甲、獸骨，其上有的刻有文字。據後人考證，其地即《史記·項羽本紀》所謂殷墟。認其字爲殷代文字。現在收藏研究的人甚多。但自民國十七年中央研究院和河南省合作發掘，以前所發現之品，僞造者極多。詳見《安陽發掘報告書》第一期所載《民國十七年十月試掘安陽小屯報告書》，及《田野考古報告》第一期所載《安陽侯家莊出土之甲骨文字》。又吳縣所出《國學論衡》某册所載章炳麟之言，及《制言雜誌》第五十期章炳麟《答金祖同論甲骨文第二書》。所以在中央研究院發掘所得者外，最好不必信據，以昭謹慎。

古人多造單字，後世則單音語漸變爲複音，所增非複單音的字，而是複音的辭。大抵春秋戰國之時，爲增造新字最多的時代。《論語·衞靈公篇》：子曰："吾猶及史之闕文也。""今亡已夫！"這就是説：從前寫字的人，遇見寫不出的字，還空着去請教人，現在卻沒有了，都杜造一個字寫進去。依我推想起來，孔子這種見解，實未免失之於舊。因爲前此所用的文字少，寫來寫去，總是這幾個字。自己不知道，自然可問之他人。現在所用的字多了，口中的語言，向來沒有文字代表他的，亦要寫在紙上。既向無此字，問之於人何益？自然不得不杜造了。（一）此等新造的字，既彼此各不相謀。（二）就舊字也有（甲）譌，（乙）變。一時文字，遂頗呈紛歧之觀。《説文解字·序》説七國之世，"文字異形"，即由於此。然（子）其字雖異，其造字之法仍同；（丑）而舊有習熟的字，亦決不會有改變；大體還是統一的。所以《中庸》又説"今天下""書同文"。《史記·秦始皇本紀》：二十六年，"書同文字"。此即許《序》所説："秦始皇帝初兼天下，丞相李斯乃奏同之，罷其不與秦文合者。"此項法令，並無效驗。《漢書·藝文志》説：閭里書師，合《蒼頡》、《爰歷》、《博學》三篇，斷六十四字以爲一章，凡五十五章，并爲《蒼頡篇》。這似乎是把三書合而爲一，大體上把重複之字除去。假定其全無複字，則秦時通行的字，共得三千三百。然此三書都是韻文，除盡複字，實際上怕不易辦到，則尚不及此數。而《説文》成於後漢時，所載之字，共得九千九百十三。其中固有籀文及古文、奇字，然其數實不多，而音義相同之字，則不勝枚舉。可見李斯所奏罷的字，實未曾罷，如此下去，文字勢必日形紛歧。這是一個很嚴重的問題。幸得語言從單音變爲複音，把這種禍患，自然救止了。用一個字代表一個音，實在是最爲簡易之法。因爲複音辭可以日增，單音字則只有此數。識字是最難的事，過時即不能學的。單音無甚變遷，單字即無甚增加，亦無甚改變。讀古書的，研究高深文學的，所通曉的辭類及文法，雖較常人爲多，所識的單字，則根本無甚相異。認識了幾千個字，就能讀自古至今的書，也就能通並時的各種文學，即由於此。所以以一字代表一音，實在是中國文字的一個進化。至此，文字纔真正是語言的代表。這亦是進化到相當程度，然後實現的。最初並非如此。《説文》：㸬，三歲牛。馴，馬八歲。㸬從參聲，馴從八聲，筆之於書，則有牛馬旁，出之於口，與三八何異？聽的人焉知道是什麼話？然則㸬決非讀作參，馴決非讀作八；㸬馴兩字，決非代表參八兩個音，而係代表三歲牛，馬八歲兩句話。兩句話只要寫兩個字，似乎簡便了，然以一字代表一音純一之例破壞，總是弊餘於利的。所以寧忍書寫之煩，而把此等字淘汰去。這可見自然的進化，總是合理的。新造的氫氮等字，若讀一音，則人聞之而不能解，徒使語言與文字分離，若讀兩音，則把一字代表一音的條例破壞，得不償失。這實在是退化的舉動。所以私智穿鑿，總是無益有損的。

　　語言可由分歧而至統一，亦可由統一而至分歧。由分歧而至統一，係由各分立的部族，互相同化。由統一而至分歧，則由交通不便，語音逐漸譌變；新發生的事物，各自創造新名；舊事物也有改用新名的。所以（一）語音，（二）詞類，都可以逐漸分歧。只有語法，是不容易變化的。中國語言，即在此等狀況下統一，亦即在此等狀況下分歧。所以語音、詞類，各地方互有不同，語法則無問題。在崇古的時代，古訓是不能不研究的。研究古訓，須讀古書。古書自無所謂不統一。古書讀得多的人，下筆的時候，自然可即寫古語。雖然古語不能盡達現代人的意思，然（一）大體用古語，而又依照古語的法則，增加一二俗語；（二）或者依據古語的法則，創造筆下有而口中無的語言；自亦不至爲人所不能解。遂成文字統一，語言分歧的現象。論者多以此自豪。這在中國民族統一上，亦確曾收到相當的效果。然但能統一於紙上，而不能統一於口中，總是不敷用的。因爲（一）有些地方，到底不能以筆代口。（二）文字的進化，較語言爲遲，總感覺其不敷用。（三）文字總只有一部分人能通。於是發生（一）語言統一，（二）文言合一的兩個問題。

　　語言統一，是隨著交通的進步而進步的。即（一）各地方的往來頻繁。

(二)(甲)大都會,(乙)大集團的逐漸發生。用學校教授的方法,收效必小。因爲語言是實用之物,要天天在使用,才能穀學得成功,成功了不致於忘掉。假使有一個人,生在窮鄉僻壤,和非本地的人,永無交接,單用學校教授的形式,教他學國語,是斷不會學得好,學好了,亦終於要忘掉的。所以這一個問題,斷不能用人爲的方法,希望其在短時間之內,有很大的成功。至於言文合一,則乾脆的,只要把口中的語言,寫在紙上就穀了。這在一千年以來,語體文的逐漸流行,逐漸擴大,早已走上了這一條路。但還覺得其不穀。而在近來,又發生一個文字難於認識的問題,於是有主張改用拼音字的。而其議論,遂搖動及於中國文字的本身。

拼音字是將口中的語言,分析之而求其音素,將音素製成字母,再將字母拼成文字的。這種文字,只要識得字母,懂得拼法,識字是極容易的,自然覺得簡便。但文字非自己發生,而學自先進民族的,可以用此法造字。文字由自己創造的民族,是決不會用此法的。因爲當其有文字之初,尚非以之代表語言,安能分析語言而求其音素?到後來進化了,知道此理,而文字是前後相銜的,不能舍舊而從新,拼音文字,就無從在此等民族中使用了。印度是使用拼音文字的,中國和印度交通後,只采用其法於切音,而卒不能改造文字,即由於此。使用拼音文字於中國,最早的,當推基督教徒。他們鑒於中國字的不易認識,用拉丁字母,拼成中國語,以教貧民,頗有相當的效果。中國人自己提倡的,起於清末的勞乃宣。後來主張此項議論的,亦不乏人。以傳統觀念論,自不易廢棄舊文字。於是由改用拼音字,變爲用注音字注舊文字的讀音。遂有教育部所頒布的注音符號。然其成效殊鮮。這是由於統一讀音,和統一語音,根本是兩件事。因語音統一,而影響到讀音,至少是語體文的讀音,收效或者快些。想靠讀音的統一,以影響到語音,其事的可能性怕極少。因爲語言是活物,只能用之於口中。寫在紙上再去讀,無論其文字如何通俗,總是讀不成語調的。而語言之所以不同,並非語音規定語調,倒是語調規定語音。申言之:各地方人的語調不同,並非由其所發的一個個音不同,以至積而成句,積而成篇,成爲不同的語調。倒是因其語調不同,一個個音,排在一篇一句之內,而其發音不得不如此。所以用教學的方法,傳授一種語言,是可能的。用教學的方法,傳授讀音,希望其積漸而至於統一語言,根本不會有這回事。果真要用人爲的方法,促進語言的統一,只有將一地方的言語,定爲標準語,即以這地方的人,作爲教授的人,散布於各地方去教授,才可以有相當的效果。教授之時,宜專於語言,不必涉及讀書。語言學會了,自會矯正讀音,至於某程度。即使用教學的方法,矯正讀音,其影響亦不過如是而止,決不會超過的。甚或兩個問題,互相牽掣,收效轉難。注音符號,意欲據全國人所能發的音,製造成一種語言。這在現在,實際上是無此語言的。所以無論什麼地方的話,總不能與國語密合。想靠注音符號等工具,及教學的方法,造成一種新語言,是不容易的。所以現在所謂能説國語的人,百分之九十九,總還夾雜土話。既然總不密合,何不揀一種最近於國語的言語,定爲標準語,來得痛快些呢?

　　至於把中國文字,改成拼音文字,則我以爲在現在狀況之下,聽憑兩種文字,同時並行,是最合理的。舊的人,視新造的拼音文字,爲洪水猛獸,以爲將要破壞中國的舊文化,因而使中國人喪失其民族性;新的人,以爲舊文字是阻礙中國進化的,也視爲洪水猛獸;都是一偏之見。認識單字,與年齡有極大的關係。超過一定年齡,普通的人,都極難學習。即使勉強學習,其程度,也很難相當的。所以中國的舊文字,決不能施之成人。即年齡未長,而受教育時間很短的人,也是難學的。因爲幾千個單字,到底不能於短時間之內認識。如平民千字識字課等,硬把文字之數減少,也是不適於用的。懷抱舊見解的人,以爲新文字一行,即將把舊文化破壞淨盡。且將使中國民族,喪失其統一性。殊不知舊文字本只有少數人通曉。兼用拼音字,這少數通曉舊文字的人,總還是有的。使用新文字的人,則本來都是不通文字的,他們所濡染的中國文化,本非從文字中得來,何至因此而破壞中國的舊文化,及民族的統一性? 就實際情形,平心而論,中國舊文化,或反因此而得新工具,更容易推廣,因之使中國的民族性,更易於統一呢? 吳敬恆説:“中國的讀書人,每拘於下筆千秋的思想,以爲一張紙寫出字來,即可以傳之永久。”於是設想:用新文字寫成的東西,亦將像現在的舊書一般,汗牛充棟,留待後人的研究,而中國的文化,就因之喪失統一性了。殊不知這種用新文字寫成的東西,都和現在的傳單報紙一般,閱過即棄,至於有永久性的著作,則必是受教育程度稍深的人,然後能爲,而此種人,大都能識得舊文字。所以依我所推想,即使聽新文字同時並行,也決不會有多少書籍,堆積起來。而且只能學新文字的人,其生活,和文字本來是無緣的。現在雖然勉強教他以幾個文字,他亦算勉強學會了幾個文字,對於文字的關係,總還是很淺的。怕連供一時之用的宣傳品等,還不會有多少呢。何能因此而破壞中國的文化和民族統一性? 準此以談,則知有等人説:中國現在,語言雖不統一,文字卻是統一的。若拼音字不限於拼寫國語,而許其拼寫各地方的方言,將會有礙於中國語言的統一,也是一樣的繆見。因爲(一)現在文字雖然統一，決不能以此爲工具，進而統一語言的。(二)而只能拼寫方言的人，亦即不通國語的人，其語言，亦本來不曾統一。至於説一改用拼音文字，識字即會遠較今日爲易，因之文化即會突飛猛進，也是癡話。生活是最大的教育。除少數學者外，讀書對於其人格的關係，是很少的。即使全國的人，都能讀相當的書，亦未必其人的見解，就會有多大改變。何況識得幾個字的人，還未必都會去讀書呢？拼音文字，認識較舊文字爲易是事實，其習熟則並無難易之分。習熟者的讀書，是一眼望去便知道的，並不是一個個字拼著音去認識，且識且讀的。且識且讀，拼音文字，是便利得多了。然這只可偶一爲之，豈能常常如此？若常常如此，則其煩苦莫甚，還有什麼人肯讀書？若一望而知，試問 Book 與書，有何區別？所以拼音文字在現在，只是供一時一地之用的。其最大的作用，亦即在此。既然如此，注音符號，羅馬字母等等雜用，也是無妨的。並不值得爭論。主張采用羅馬字母的人，説如此，我們就可以采用世界各國的語言，擴大我國的語言，這也是癡話。采用外國的語言，與改變中國的文字何涉？中國和印度交通以來，佛教的語言，輸入中國的何限？又何嘗改用梵文呢？

　　語言和中國不同，而采用中國文字的，共有三法：即(一)逕用中國文，如朝鮮是。(二)用中國文字的偏旁，自行造字，如遼是。(三)用中國字而別造音符，如日本是。三法中，自以第三法爲最便。第二法最爲無謂。所以遼人又別有小字，出於回鶻，以便應用。大抵文字非出於自造，而取自他族的，自以用拼音之法爲便。所以如遼人造大字之法，畢竟不能通行。又文字所以代表語言，必不能强語言以就文字。所以如朝鮮人，所做華文，雖極純粹，仍必另造諺文以應用。契丹文字，係用隸書之半，增損爲之，見《五代史》。此係指契丹大字而言，據《遼史·太祖本紀》，事在神册五年。小字出於回鶻，爲迭剌所造，見《皇子表》。

　　滿、蒙、回、藏四族，都是使用拼音文字的。回文，或説出於猶太，或説出於天主教徒，或説出於大食，未知孰是。見《元史譯文證補》。藏文出於印度。是唐初吐蕃英主棄宗弄讚，派人到印度去留學，歸國後所創製的。見《蒙古源流考》。蒙古人初用回文，見《元史·塔塔統阿傳》。《脱卜察安》，《元祕史》。元朝人最早自己所寫的歷史。即係用回文所寫。後來世祖命八思巴造字，則是根據藏文的。滿文係太祖時額爾德尼所造。太宗時，達海又加以圈點，一種符號。又以蒙文爲根據。西南諸族惟猓玀有文字，卻是本於象形字的。於此，可見文字由於自造者，必始象形，借自他族者，必取拼音之理。

　　文字的流傳，必資印刷。所以文字的爲用，必有印刷而後弘，正和語言之爲用，必得文字而後大一樣。古人文字，要保存永久的，則刻諸金石。此乃以其物之本身供衆覽，而非用以印刷，只能認爲印刷的前身，不能即認爲印刷事業。漢代的石經，還係如此。後來就此等金石刻，加以摹拓。摹拓既廣，覺得所摹拓之物，不必以之供衆覽，只須用摹拓出來的東西供覽即可。於是其雕刻，專爲供印刷起見，就成爲印刷術了。既如此，自然不必刻金石，而只要刻木。刻板之事，現在可考的起於隋。陸深《河汾燕閒録》說：隋文帝開皇十三年，敕廢像遺經，悉令雕版。其時爲民國紀元前一千三百十九年，西曆五百九十三年。《敦煌石室書録》，有《大隋永陀羅尼本經》，足見陸說之確。唐代雕本，宋人已沒有著録的，惟江陵楊氏，藏有《開元雜報》七葉。日本亦有永徽六年唐高宗年號。民國紀元前一千二百五十七年，西曆六百五十五年。《阿毗達磨大毗婆娑論》。後唐明宗長興三年，民國紀元前九百八十年，西曆九百三十二年。宰相馮道、李愚，請令判國子監田敏，校正九經，刻板印賣，是爲官刻書之始。歷二十七年始成。周太祖廣順三年。宋代又續刻義疏及諸史。書賈因牟利，私人因愛好文藝而刻的亦日多。仁宗慶曆中，民國紀元前八百七十一至八百六十四年，西曆一千四十一至一千四十八年。畢昇又造活字。係用泥製。元王禎始刻木爲之。明無錫華氏始用銅。清武英殿活字，亦用銅製。於是印刷事業，突飛猛進，宋以後書籍，傳於後世的，其數量，就遠非唐以前所可比了。此節據孫毓修《中國雕板源流考》，其詳可參考元書，商務印書館本。

第十七章　學　術

　　學術思想,是一個民族的靈魂。看似虛懸無薄,實則前進的方向,全是受其指導。中國是一個學術發達的國家。幾千年來,學術分門別類,各致其精。如欲詳述之,將數十百萬言而不能盡。現在所講的,只是思想轉變的大略,及其和整個文化的關係。依此講,則中國的學術思想,可分爲三大時期:

　　(一)自上古至漢魏之際。

　　(二)自佛學輸入至亡清。其中又分爲(甲)佛學時期,(乙)理學時期。

　　(三)自西學輸入以後。

　　現在研究先秦諸子的人,大都偏重於其哲學方面。這個實在是錯誤的。先秦諸子的學術,有兩個來源:其(一)從古代的宗教哲學中,蛻化而出。其(二)從各個專門的官守中,孕育而成。前者偏重玄學方面,後者偏重政治社會方面。《漢書・藝文志》説諸子之學,其原皆出於王官。《淮南・要略》説諸子之學,皆出於救時之弊。一個説其因,一個説其緣,都不及古代的哲學。尤可見先秦諸子之學,實以政治社會方面爲重,玄學方面爲輕。此意,近人中能見得的,只有章炳麟氏。

　　從古代宗教中蛻化而出的哲學思想,大致是如此的:(一)因人有男女,鳥有雌雄,獸有牝牡,自然界又有天地日月等現象,而成立陰陽的概念。(二)古代的工業,或者是分做水、火、木、金、土五類的。實際的生活,影響於哲學思想,遂分物質爲五行。(三)思想進步,覺得五行之説,不甚合理,乃認萬物的原質爲一個,而名之曰氣。(四)至此,遂並覺陰陽二力,還不是宇宙的根原。因爲最後的總是惟一的,也只有惟一的能算最後的。乃再成立一個惟一的概念,是即所謂大極。(五)又知質與力並非二物,於是所謂有無,只是隱顯。(六)隱顯由於變動,而宇宙的根原,遂成爲一種動力。(七)這種動力,是頗爲機械的。一發動之後,其方向即不易改變。所以有謹小、慎始諸義。(八)自然之力,是極其偉大的,只有隨順,不能抵抗,所以要法自然,所以貴因。(九)此種動力,其方向是循環的,所以有禍福倚伏之義,所以貴知白守黑,知雄守雌。(十)既然萬物的原質,都是一個,而又變化不已,則萬物根本只是一物。天地亦萬物之一,所以惠施要提倡汎愛,説天地萬物一體,而物論可齊。論同倫,類也。(十一)因萬物即是一物,所以就雜多的現象,仍可推出其總根原。所謂"窮理盡性,以至於命"。此等思想,影響於後來,極爲深刻。歷代的學術家,幾乎都奉爲金科玉律。誠然,此等寬廓的説法,不易發見其誤繆。而因其立説的寬廓,可以容受多方面的解釋,即存其説爲弘綱,似亦無妨。但有等錯誤的觀念,業已不能適用的,亦不得不加以改正。如循環之説,古人大約由觀察晝夜寒暑等現象得來。此説施諸自然界,雖未必就是,究竟還可應用。若移用於社會科學,就不免誤繆了。明明是進化的,如何説是循環。

　　先秦諸子,關於政治社會方面的意見,是各有所本的,而其所本亦分新舊。依我看來:(一)農家之所本最舊。這是隆古時代農業部族的思想。(二)道家次之。是游牧好侵略的社會的反動。(三)墨家次之。所取法的是夏朝。(四)儒家及陰陽家又次之。這是綜合自上古至西周的政治經驗所發生的思想。(五)法家最新。是按切東周時的政治形勢所發生的思想。以上五家,代表整個的時代變化,其關係最大。其餘如名家,專講高深玄遠的理論,縱橫家、兵家等,只效一節之用。其關係較輕。

　　怎説農家是代表最古的思想的呢? 這個,只要看許行的話,便可明白。許行之説有二:(一)君臣並耕,政府豪無威權。(二)物價論量不論質。這非根據於最古最簡陋的社會的習俗,決不能有此思想。見《孟子·滕文公上篇》。

　　怎説道家所代表的,是游牧好侵略的社會的反動思想呢? 漢人率以黃老並稱。今《列子》雖係僞書,然亦有其所本。此凡僞書皆然,不獨《列子》。故僞書既知其僞之後,在相當條件下,其材料仍可利用。此書《天瑞篇》有《黃帝書》兩條,其一同《老子》。又有黃帝之言一條。《力命篇》有《黃帝書》一條。與《老子》亦極相類。《老子》書(一)多係三四言韻語。(二)所用名詞,極爲特別。如有雌雄牝牡而無男女字。(三)又全書之義,女權皆優於男權。足徵其時代之古。此必自古口耳相傳之説,老子著之竹帛的,決非老子所自作。黃帝是個武功彪炳的人,該是一個好侵略的部族的酋長。侵略民族,大抵以過剛而折。如夷羿、殷紂等,都是其適例。所以發生一種反動的思想,要教之以守柔。《老子》書又主張無爲。無爲二字的意義,每爲後人所誤解。爲訓化。《禮記·雜記》:子曰:"張而不弛,文武不能也。弛而不張,文武不爲也。"此係就農業立説。言弛而不張,雖文武亦不能使種子變化而成穀物。賈誼《諫放民私鑄疏》"姦錢日多,五穀不爲",今本作"五穀不爲多",多字係後人妄增。正是此義。野蠻部族,往往好慕效文明,而其慕效文明,往往犧牲了多數人的幸福。(一)因社會的組織,隨之變遷。(二)因在上的人,務於淫侈,因此而刻剝其下。所以有一種反動的思想,勸在上的人,不要領導著在下的人變化。在下的人,"化而欲作",還該"鎮之以無名之樸"。這正和現今人因噎廢食,拒絕物質文明一樣。

怎樣説墨家所代表的,是夏代的文化呢?《漢書·藝文志》説:墨家之學,"茅屋采椽,是以貴儉。古人的禮,往往在文明既進步之後,仍保存簡陋的樣子,以資紀念。如既有酒,祭祀仍用水,便是其一例。漢武帝時,公玉帶上明堂圖,其上猶以茅蓋,見《史記·封禪書》。可見《漢志》此説之確。養三老五更,是以兼愛。三老五更,乃他人的父兄。選士大射,是以尚賢。平民由此進用。參看第七章。宗祀嚴父,是以右鬼。人死曰鬼。順四時而行,是以非命。命有前定之義。順四時而行,即《月令》所載的政令。據《月令》説:政令有誤,如孟春行夏令等,即有災異。此乃天降之罰。然則天是有意志,隨時監視著人的行動,而加以賞罰的。此爲墨子天志之説所由來。他家之所謂命,多含前定之義,則近於機械論了。以孝視天下,視同示。是以上同"。都顯見得是明堂中的職守。所以《漢志》説他出於清廟之官。參看第十五章。《吕覽·當染篇》説:"魯惠公使宰讓請郊廟之禮於天子。天子使史角往,惠公止之。其後在魯,墨子學焉。"此爲墨學出於清廟之官的確證。清廟中能保存較古之學説,於理是可有的。墨家最講究實用,而《經》、《經説》、《大小取》等篇,講高深的哲學,爲名家所自出的,反在墨家書中,即由於此。但此非墨子所重。墨子的宗旨,主於兼愛。因爲兼愛,所以要非攻。又墨子是取法乎夏的,夏時代較早,又值水災之後,其生活,較之殷、周,自然要簡樸些,所以墨子的宗旨,在於貴儉。因爲貴儉,所以要節用,要節葬,要非樂。又夏時代較早,迷信較深,所以墨子有天志、明鬼之説。要講天志、明鬼,即不得不非命。墨家所行的,是凶荒札喪的變禮。參看第五章。其所教導的,是淪落的武士。參看第四章。其實行的精神,最爲豐富。

怎樣説儒家、陰陽家,是西周時代所產生的思想呢?荀子説:"父子相傳,以持王公,三代雖亡,治法猶存,官人百吏之所以取禄秩也。"《榮辱篇》。國雖亡而治法猶存,這是極可能的事。然亦必其時代較近,而後所能保存的纔多。又必其時的文化,較爲發達,然後足爲後人所取法。如此,其足供參考的,自然是夏、殷、周三代。所以儒家有通三統之説。封本朝以前二代之後以大國,使之保存其治法,以便與本朝之治,三者輪流更換。《史記·高祖本紀贊》所謂"三王之道若循環",即是此義。這正和陰陽家所謂五德終始一樣。五德終始有兩説:舊説以所克者相代。如秦以周爲火德,自己是水德;漢又自以爲土德。前漢末年,改取相生之説。以周爲木德,説秦朝是閏位,不承五行之運，而自以爲是火德。後來魏朝又自以爲是土德。《漢書・嚴安傳》載安上書，引鄒子之說，說：“政教文質者，所以云救也。當時則用，過則舍之，有易則易之。”可見五德終始，乃係用五種治法，更迭交換。鄒衍之學，所以要本所已知的歷史，推論未知；本所已見的地理，推所未見；正是要博觀衆事，以求其公例。治法隨時變換，不拘一格，不能不說是一種進步的思想。此非在西周以後，前代的治法，保存的已多，不能發生。陰陽家之說，缺佚已甚，其最高的蘄向如何，已無可考。儒家的理想，頗爲高遠。看第五章所述大同小康之說可見。《春秋》三世之義，據亂而作，進於升平，更進於大平，明是要將亂世逆挽到小康，再逆挽到大同。儒家所傳的，多是小康之義。大同世之規模，從升平世進至大平世的方法，其詳已不可得聞。幾千年來，崇信儒家之學的，只認封建完整時代，即小康之世的治法，爲最高之境，實堪惋惜。但儒家學術的規模，是大體尚可考見的。他有一種最高的理想，企圖見之於人事。這種理想，是有其哲學上的立足點的。如何次第實行，亦定有一大體的方案。儒家之道，具於六經。六經之中，《詩》、《書》、《禮》、《樂》，乃古代大學的舊教科，說已見第十五章。《易》、《春秋》則爲孔門最高之道所在。《易》言原理，《春秋》言具體的方法，二者互相表裏，所以說“《易》本隱以之顯，《春秋》推見至隱”。儒家此等高義，既已隱晦。其盛行於世，而大有裨益於中國社會的，乃在個人修養部分。（一）在理智方面，其說最高的是中庸。其要，在審察環境的情形，隨時隨地，定一至當不易的辦法。此項至當不易的辦法，是隨時隨地，必有其一，而亦只能有一的，所以貴擇之精而守之堅。（二）人之感情，與理智不能無衝突。放縱感情，固然要撞出大禍，抑壓感情，也終於要潰決的，所以又有禮樂，以陶冶其感情。（三）無可如何之事，則勸人以安命。在這一點，儒家亦頗有宗教家的精神。（四）其待人之道，則爲絜矩。二字見《大學》。消極的“己所不欲，勿施於人”。積極的則“所求乎子以事父，所求乎臣以事君，所求乎弟以事兄，所求乎朋友先施之”。我們該怎樣待人，只要想一想，我們想他怎樣待我即得，這是何等簡而該。怎樣糊塗的人，對這話也可以懂得，而聖人行之，亦終身有所不能盡，這真是一個妙諦。至於（五）性善之說，（六）義利之辨，（七）知言養氣之功，則孟子發揮，最爲透徹，亦於修養之功，有極大關係。儒家之遺害於後世的，在於大同之義不傳，所傳的多是小康之義。小康之世的社會組織，較後世爲專制。後人不知此爲一時的組織，而認爲天經地義，無可改變，欲强已進步的社會以就之，這等於以杞柳爲杯棬，等於削足以適屨，所以引起糾紛，而儒學盛行，遂成爲功罪不相掩之局。這只可說是後來的儒家，不克負荷，怪不得創始的人。但亦不能一定怪後來的任何人。因儒學是在這種社會之中，逐漸發達的。凡學術，固有變化社會之功，同時亦必受社會的影響，而其本身自起變化。這亦是無可如何的事。

怎樣說法家之學，是按切東周時代的情形立說的呢？這時候，最要緊的，是（一）裁抑貴族，以剗除封建勢力。（二）富國強兵，以統一天下。這兩個條件，秦國行之，固未能全合乎理想，然在當時，畢竟是最能實行的，所以卒并天下。致秦國於富強的，前有商鞅，後有李斯，都是治法家之學的。法家之學的法字，是個大名。細別起來，則治民者謂之法，裁抑貴族者謂之術，見《韓非子·定法篇》。其富國強兵之策，則最重要的，是一民於農戰。《商君書》發揮此理最透，而《管》、《韓》二子中，亦有其理論。法家是最主張審察現實，以定應付的方法的，所以最主張變法而反對守舊。這確是法家的特色。其學說之能最新，大約即得力於此。

以上所述五家，是先秦諸子中，和中國的學術思想及整個的文化，最有關係的。雖亦有其高遠的哲學，然其所想解決的，都是人事問題。而人事問題，則以改良社會的組織為其基本。粗讀諸子之書，似乎所注重的，都是政治問題。然古代的政治問題，不像後世單以維持秩序為主，而整個的社會問題，亦包括在內。所以古人說政治，亦就是說社會。

諸家之學，並起爭鳴，經過一個相當時期之後，總是要歸於統一的。統一的路綫有兩條：（一）淘汰其無用，而存留其有用的。（二）將諸家之說，融合為一。在戰國時，諸家之說皆不行，只有法家之說，秦用之以并天下，已可說是切於時務的興，而不切於時務的亡了。但時異勢殊，則學問的切於實用與否，亦隨之而變。天下統一，則需要與民休息；民生安定，則需要興起教化。這二者，是大家都會感覺到的。秦始皇阬儒時說："吾前收天下書不中用者盡去之。悉召文學方術士甚衆。欲以興大平。方士欲練，以求奇藥。"興大平指文學士言。可見改正制度，興起教化，始皇非無此志，不過天下初定，民心未服，不得不從事於鎮壓；又始皇對外，頗想立起一個開拓和防禦的規模來；所以有所未遑罷。秦滅漢興，此等積極的願望，暫時無從說起。最緊要的，是與民休息。所以道家之學，一時甚盛。然道家所謂無為而治，乃為正常的社會說法。社會本來正常的，所以勸在上的人，不要領導其變化；且須鎮壓之，使不變化，這在事實上雖不可能，在理論上亦未必盡是，然尚能自成一說。若漢時，則其社會久已變壞，一味因循，必且遷流更甚。所以改正制度，興起教化，在當時，是無人不以為急務的。看賈誼、董仲舒的議論，便可明白。文帝亦曾聽公孫臣的話，有意於興作。後因新垣平詐覺，牽連作罷。這自是文帝腦筋的糊塗，作事的因循。不能改變當時的事勢。到武帝，儒學遂終於興起了。儒學的興起，是有其必然之勢的，並非偶然之事。因爲改正制度，興起教化，非儒家莫能爲。論者多以爲武帝一人之功，這就錯了。武帝即位時，年僅十六，雖非昏愚之主，亦未聞其天亶凤成，成童未幾，安知儒學爲何事？所以與其說漢武帝提倡儒學，倒不如說儒學在當時，自有興盛之勢，武帝特順著潮流而行。

　　儒學的興起，雖由社會情勢的要求，然其得政治上的助力，確亦不少。其中最緊要的，便是爲五經博士置弟子。所謂“設科射策，勸以官禄”，自然來者就多了。儒學最初起的，是《史記・儒林傳》所說的八家：言《詩》：於魯，自申培公；於齊，自轅固生；於燕，自韓太傅。言《書》，自濟南伏生。言《禮》，自魯高堂生。言《易》，自菑川田生。言《春秋》：於齊、魯，自胡毋生。於趙，自董仲舒。東漢立十四博士：《詩》齊、魯、韓。《書》歐陽、大小夏侯。《禮》大小戴。《易》施、孟、梁丘、京。《春秋》嚴、顏。見《後漢書・儒林傳》。《詩》齊、魯、韓下衍毛字。大體仍是這八家之學。惟京氏《易》最可疑。但是在當時，另有一種勢力，足以促令學術變更。那便是第五章所說：在當時，急須改正的，是社會的經濟制度。要改正社會經濟制度，必須平均地權，節制資本。而在儒家，是只知道前一義的。後者之說，實在法家。當時儒家之學，業已成爲一種權威，欲圖改革，自以自託於儒家爲便，儒家遂不得不廣采異家之學以自助，於是有所謂古文之學。讀第五章所述，已可明白了。但是學術的本身，亦有促令其自起變化的。那便是由專門而趨於通學。

　　先秦學術，自其一方面論，可以說是最精的。因爲他各專一門，都有很高的見解。自其又一方面說，亦可以說是最粗的。因爲他只知道一門，對於他人的立場，全不瞭解。譬如墨子所主張，乃凶荒札喪的變禮，本不謂平世當然。而荀子力駁他，說天下治好了，財之不足，不足爲患，豈非無的放矢？理論可以信口說，事實上，是辦不到只顧一方面的，只顧一方面，一定行不去。所以先秦時已有所謂雜家之學。《漢志》說：雜家者流，出於議官。可見國家的施政，不得不兼顧到各方面了。情勢如此，學術自然不得不受其影響，而漸趨於會通，古文之學初興時，實係兼采異家之說，後來且自立新說。實亦受此趨勢所驅使。儻使當時的人，痛痛快快，說儒家舊說，不毀用了，我所以要兼采異說；儒家舊說，有所未安，我所以要別立新說；豈不直捷？無如當時的思想和風氣，不容如此。於是一方面說儒家之學，別有古書，出於博士所傳以外；其中最重要的，便是孔壁一案，參看第十六章。一方面，自己研究所得，硬說是某某所傳；如《毛詩》與《小序》爲一家言。《小序》明明是衞宏等所作，而毛公之學，偏要自謂子夏所傳。糾紛就來得多了。流俗眩於今古文之名，以爲今古文經，文字必大有異同，其實不然。今古文經的異字，備見於《儀禮》鄭《注》，從今文處，則出古文於注。從古文處，則出今文於注。如古文位作立，儀作義，義作誼之類，於意義毫無關係。他經度亦不過如此。有何關係之可言？今古文經的異同，實不在經文而在經說。其中重要問題，略見於許慎的《五經異義》。自大體言之：今文家說，都係師師相傳。古文家說，則自由研究所得。不爲古人的成說所圍，而自出心裁，從事研究，其方法似覺進步。但（一）其成績並不甚佳。（二）又今文家言，有傳譌而無臆造。傳譌之說，略有其途徑可尋，所以其說易於還原。一經還原，即可見古說的真相。其未曾傳譌的，自然更不必說。古文家言，則各人憑臆爲說，其根原無可捉摸。所以把經學當作古史的材料看，亦以今文家言價值較高。

然古學的流弊，亦可說仍自今學開之。一種學術，當其與名利無關時，治其學者，都係無所爲而爲之，只求有得於己，不欲眩耀於人，其學自無甚流弊。到成爲名利之途則不然。治其學者，往往不知大體，而只斤斤計較於一枝一節之間。甚或理不可通，穿鑿立說。或則廣羅異說，以自炫其博。引人走入旁門，反致抛荒正義。從研究真理的立場上言，實於學術有害。但流俗的人，偏喜其新奇，以爲博學。此等方法，遂成爲譁世取寵之資。漢代此等風氣，由來甚早。《漢書·夏侯勝傳》說："勝從父子建，師事勝及歐陽高，左右采獲。又從五經諸儒問與《尚書》相出入者，牽引以次章句，具文飾說。勝非之曰：建所謂章句小儒，破碎大道。建亦非勝爲學疏略，難以應敵。"專以應敵爲務，真所謂徇外爲人。此種風氣既開，遂至專求聞見之博，不顧義理之安；甚且不知有事理。如鄭玄，遍注羣經，在漢朝，號稱最博學的人，而其說經，支離滅裂，於理決不可通，以及自相矛盾之處，就不知凡幾。此等風氣既盛，治經者遂多變爲無腦筋之徒。雖有耳目心思，都用諸瑣屑無關大體之處。而於此種學問，所研究的，究屬宇宙間何種現象？研究之究有何益？以及究應如何研究？一概無所聞見。學術走入此路，自然只成爲有閒階級，消耗日力精力之資，等於消閒遣興，於國家民族的前途，了無關係了。此等風氣，起於西漢中葉，至東漢而大盛，直至南北朝、隋唐未改。漢代所謂章句，南北朝時所謂義疏，都係如此。讀《後漢書》及《南》、《北史》的《儒林傳》，最可見得。古學既繼今學而起，到漢末，又有所謂僞古文一派。據近代所考證，王肅爲其中最重要的一個人。肅好與鄭玄立異，而無以相勝。乃僞造《孔子家語》，將己說竄入其中，以折服異己，經學中最大的《僞古文尚書》一案，雖不能斷爲即肅之所造，然所謂《僞孔安國傳》者，必係與肅同一學派之人所爲，則無可疑。《僞古文尚書》及《僞孔安國傳》之僞，至清閻若璩作《古文尚書疏證》而其論略定。僞之者爲那一派人，至清丁晏作《尚書餘論》而其論略定。此即由當時風氣，專喜廣蒐證據，只要所蒐集者博，其不合理，並無人能發覺，所以容得這一班人作僞。儒學至此，再無西漢學者經世致用的氣概。然以當時學術界的形勢論，儒學業已如日中天。治國安民之責，在政治上，在社會上，都以爲惟儒家足以負之。這一班人，如何當得起這個責任？他們所想出來的方案，無非是泥古而不適於時，專事模放古人的形式。這個如何足以爲治？自然要激起有思想的人的反對了。於是魏晉玄學，乘機而起，成爲儒佛之間的一個過渡。

魏晉玄學，人多指爲道家之學。其實不然。玄學乃儒道二家的混合。亦可說是儒學中注重原理的一派，與拘泥事迹的一派相對立。先秦諸子的哲學，都出自古代的宗教哲學，大體無甚異同，說已見前。儒家之書，專談原理的是《易經》。易家亦有言理言數兩派。言理的，和先秦諸子的哲學，無甚異同。言數的，則與古代術數之學相出入。《易》之起原，當和術數相近；孔門言《易》，則當注重於其哲學；這是通觀古代學術的全體，而可信其不誣的。今文《易》說，今已不傳。古文《易》說，則無一非術數之談。《漢書・藝文志》：易家有《淮南・道訓》二篇。自注云：“淮南王安，聘明《易》者九人，號九師說。”此書，當即今《淮南子》中的《原道訓》。今《淮南子》中，引《易》說的還有幾條，都言理而不及數，當係今文《易》說之遺。然則儒家的哲學，原與道家無甚出入。不過因今文《易》說失傳，其殘存的，都被後人誤認爲道家之說罷了。如此說來，則魏晉玄學的興起，並非從儒家轉變到道家，只是儒家自己轉變。不過此種轉變，和道家很爲接近，所以其人多兼采道家之學。觀魏晉以後的玄學家，史多稱其善《易》、《老》可知。儒學的本體，乃以《易》言原理，《春秋》則據此原理，而施之人事。魏晉的玄學家，則專研原理，而於措之人事的方法，不甚講求。所以實際上無甚功績可見，並沒有具體可見之施行的方案。然經此運動之後，拘泥古人形式之弊遂除。凡言法古的，都是師其意而不是回復其形式。泥古不通之弊，就除去了，這是他們摧陷廓清莫大的功績。玄學家最重要的觀念，爲重道而遺迹。道即原理，迹即事物的形式。

從新莽改革失敗以後，徹底改變社會的組織，業已無人敢談。解決人生問題的，遂轉而求之個人方面。又玄學家探求原理，進而益上，其機，殊與高深玄遠的哲學相近。在這一點上，印度的學術，是超過於中國的。佛學遂在這種情勢之下興起。

佛，最初係以宗教的資格，輸入中國的。但到後來，則宗教之外，別有其學術方面。

佛教，普通分爲大小乘。依後來詳細的判教，則小乘之下，尚有人天；專對人天說法，不足以語四聖。見下。大乘之中，又分權實。所謂判教，乃因一切經論，佛所說謂之經，菩薩以下所說謂之論。僧、尼、居士等所應守的規條謂之律。經、律、論謂之三藏。立說顯有高低，所以加以區別，說佛說之異，乃因其所對待的人不同而然。則教外的人，不能因此而詆佛教的矛盾，教中的人，亦不必因此而起爭辯了。依近來的研究：佛教在印度的興起，並不在其哲學的高深，而實由其能示人以實行的標準。緣印度地處熱帶，生活寬裕，其人所究心的，實爲宇宙究竟，人生歸宿等問題。所以自古以來，哲學思想，即極發達。到佛出世時，各家之說，所謂外道。已極高深，而其派別亦極繁多了。羣言淆亂，轉使人無所適從。釋迦牟尼出，乃截斷無謂的辯論，而教人以實行修證的方法。從之者乃覺得所依歸，而其精神乃覺安定。故佛非究竟真理的發見者，中國信佛的人，視佛如此。而爲時代的聖者。佛滅後百年之內，其說無甚異同，近人稱爲原始佛教。百年之後而小乘興，五六百年之後而大乘出，則其說已有改變附益，而非復佛說之舊了。然則佛教的輸入中國，所以前後互異，亦因其本身的前後，本有不同，並非在彼業已一時具足，因我們接受的程度，先後不同，而彼乃按其深淺，先後輸入的了。此等繁碎的考據，今可勿論。但論其與中國文化的關係。

佛教把一切有情，分爲十等：即（一）佛，（二）菩薩，（三）緣覺，（四）聲聞，是爲四聖；（五）天，（六）人，（七）阿修羅，（八）畜生，（九）餓鬼，（十）地獄，是爲六凡。輾轉於六凡之中，不得超出，謂之六道輪迴。佛不可學，我們所能學的，至菩薩而止。在小乘中，緣覺、聲聞，亦可成佛，大乘則非菩薩不能。所謂菩薩，係念念以利他爲主，與我們念念都以自己爲本位的，恰恰相反。至佛則并利他之念而亦無之，所以不可學了。緣覺、聲聞，鑒於人生不能離生、老、病、死諸苦，死後又要入輪迴；我們幸得爲人，尚可努力修持，一旦墮入他途便難了。畜生、餓鬼、地獄，亦稱三途，不必論了。阿修羅神通廣大，易生嗔怒；諸天福德殊勝，亦因其享受優越，轉易墮落；所以以修持論，皆不如人。所以覺得生死事大，無常迅速，實可畏怖，生前不得不努力修持。其修持之功，固然堅苦卓絕，極可佩服。即其所守戒律，亦復極端利他。然根本觀念，終不離乎自利，所以大乘斥其不足成佛。此爲大小乘重要的異點。亦即大乘教理，較小乘爲進化之處。又所謂佛：在小乘，即指釋迦牟尼其人。大乘則佛有三身：（一）佛陀其人，謂之報身，是他造了爲人之因，所以在這世界上成爲一個人的。生理心理等作用，一切和我們一樣。不喫也要餓，不著也要冷，置諸傳染病的環境中，也會害病；餓了，冷了，病重了，也是會死的。（二）至於有是而無非，威權極大。我們動一善念，動一惡念，他都無不知道。善有善報，惡有惡報，絲毫不得差錯。是爲佛之法身，實即自然力之象徵。（三）其一心信佛，臨死或在他種環境中，見有佛來接引拯救等事，是爲佛之化身。佛在某種環境中，經歷一定的時間，即可修成。所以過去已有無數的佛，將來還有無數的佛要成功，並不限於釋迦牟尼一人。大乘的說法，當他宗教信，是很能使人感奮的。從哲學上說，其論亦圓滿具足，無可非難。宗教的進化，可謂至斯而極。

佛教的宇宙觀，係以識爲世界的根本。有眼、耳、鼻、舌、身、意，即有色、聲、香、味、觸、法。此爲前六識，爲人人所知。第七識爲末那，第八識爲阿賴耶，其義均不能譯，故昔人惟譯其音。七識之義，爲“恆審思量，常執有我”。我們念念以自己爲本位，一切現象，都以自己爲本位而認識。一切利害，都以自己爲本位而打算。即七識之作用。至八識則爲第七識之所由生，爲一切識的根本。必須將他滅盡，才得斬草除根。但所謂滅識，並不是將他剗除掉，至於空無所有。有無，佛教謂之色空。色空相對，只是凡夫之見。佛說則“色即是空，空即是色”。如在晝間，則晝爲色，夜爲空。然夜之必至，其確實性，並不減於晝之現存。所以當晝時，夜之現象，雖未實現，夜之原理，業已存在。凡原理存在者，即與其現象存在無異。已過去之事，爲現在未來諸現象之因。因果原係一事。所以已過去的事，亦並未消滅。所以所謂滅識，並非將識消滅，而係“轉識成智”。善惡同體。佛說的譬喻，是如水與波。水爲善，動而爲波即成惡。按照現在科學之理，可以有一個更妙的譬喻，即生理與病理。病非別有其物，只是生理作用的異常。去病得健，亦非把病理作用的本體消滅，只是使他回復到生理作用。所以說“真如無明，同體不離”。真如爲本體，無明爲惡的起點。行爲的好壞，不是判之於其行爲的形式的，而是判之於其用意。所以所爭的只在迷悟。迷時所做的事，悟了還是可以做的。不過其用意不同，則形式猶是，而其內容卻正相反，一爲惡業，一爲淨業了。喻如母親管束子女，其形式，有時與廠主的管理童工是一樣。所以說：“共行只是人間路，得失誰知霄壤分。”佛教爲什麽如此重視迷悟呢？因爲世界紛擾的起因，不外乎（一）懷挾惡意，（二）雖有善意，而失之愚昧。懷挾惡意的，不必論了。失之愚昧的，雖有善意，然所做的事，無一不錯，亦必伏下將來的禍根。而愚昧之因，又皆因眼光只限於局部，而不能擴及全體。兼時間空間言。所以佛說世俗之善，“如以少水，而沃冰山，暫得融解，還增其厚”。此悟之所以重要。佛教的人生問題，依以上所說而得解答。至於你要追問宇宙問題的根原，如空間有無界限，時間有無起訖等，則佛教謂之“戲論”，置諸不答。外道以此爲問，佛不答，見《金七十論》。這因爲：我們所認識的世界，完全是錯誤的。其所以錯誤，即因我們用現在的認識方法去認識之故。要把現在的認識方法放下，換一種方法去認識，自然不待言而可明。若要就現在的認識方法，替你説明，則非我的不肯説，仍係事之不可能。要怎樣，纔能換用別種認識方法呢？非修到佛地位不可。佛所用的認識方法，是怎樣的呢？固非我們所能知。要之是和我們現在所用，大不相同的。這個，我們名之曰證。所以佛教中最後的了義，“惟佛能知”；探求的方法，“惟證相應”。這不是用現在的方法，所能提證據給你看的。信不信只好由你。所以佛教説到最後，總還是一種宗教。

佛教派別很多，然皆小小異同，現在不必一一論述。其中最有關係的，(一)爲天台、惟識、華嚴三宗。惟識宗亦稱相宗，乃就我們所認識的相，闡發萬法惟識之義。天台亦稱性宗，則係就識的本身，加以闡發。實爲一説的兩面。華嚴述菩薩行相。即具體的描寫一個菩薩的樣子給我們看，使我們照著他做。此三宗，都有很深的教理，謂之教下三家。(二)禪宗則不立文字，直指心源，專靠修證，謂之教外別傳。(甲)佛教既不用我們的認識，求最後的解決，而要另換一種認識方法，所謂轉識成智。則一切教理上的啓發、辯論都不過把人引上修證之路，均係手段而非目的。所以照佛教發達的趨勢，終必至於諸宗皆衰，禪宗獨盛爲止。(乙)而社會上研究學問的風氣，亦是時有轉變的。佛教教理的探求，極爲煩瑣，實與儒家的義疏之學，途徑異而性質相同。中唐以後，此等風氣，漸漸衰息，諸宗就不得不衰，禪宗就不得不獨盛了。(三)然(子)禪宗雖不在教義上爲精深的探討，煩瑣的辯論，而所謂禪定，理論上也自有其相當的高深的。(丑)而修習禪定，亦非有優閒生活的人不能，所以仍爲有閒階級所專有。然佛教此時的聲勢，是非發達到普及各階層不可的。於是適應大衆的淨土宗復興。所謂淨土宗，係説我們所住的世界即娑婆世界的西方，另有一個世界，稱爲淨土。諸佛之中，有一個，喚做阿彌陀佛的，與娑婆世界，特別有緣。曾發誓願：有一心皈依他的，到臨終之時，阿彌陀佛，便來接引他，往生淨土。往生淨土，有什麼利益呢？原來成佛極難，而修行的人，不到得成佛，又終不免於退轉。如此示人以難，未免使人灰心短氣。然(A)成佛之難，(B)以及非成佛則不能不退轉，又經前此的教義，説得固定了，無可動搖。於是不得不想出一個救濟的方法，説我們所以易於退轉，乃因環境不良使然。儻使環境優良，居於其中，徐徐修行，雖成佛依舊艱難，然可保持我們，不致中途墮落。這不啻給與我們以成佛的保證,而且替我們袪除了沿路的一切危險困難,實給意志薄弱的人以一個大安慰,大興奮。而且淨土之中,有種種樂,無種種苦,也不啻給與祈求福報的人以一個滿足。所以淨土宗之説,實在是把佛教中以前的某種説法取銷掉了的。不過其取消之法很巧妙,能使人不覺得其立異罷了。其修持之法,亦變艱難而歸簡易。其法:爲(a)觀,(b)想,(c)持名,三者並行,謂之念佛。有一佛像當前,而我們一心注視著他,謂之觀。没有時,仍心中想像其有,謂之想。口誦南無阿彌陀佛,自然心也要想著他。謂之持名。佛法貴止觀雙修。止就是心住於其所應住之處,不起妄念。觀有種種方法。如(a)我們最怕死,乃設想尖刀直刺吾胸,血肉淋漓;又人誰不愛女人,乃設想其病時的醜惡,死後的腐朽,及現時外觀雖美,而軀殼内種種汙穢的情形;以克服我們的情意。(b)又世事因緣複雜,常人非茫無所知,即認識錯誤,必須仔細觀察。如兩人爭鬥,粗觀之,似由於人有好鬥之性。深觀之,則知其實由教化的不善;而教化的不善,又由於生計的窘迫;生計的窘迫,又由於社會組織的不良。如此輾轉推求,並無止境。要之觀察得愈精細,措施愈不至有誤。這是所以增長我們的智識的。止觀雙修,意義誠極該括,然亦斷非愚柔者所能行,淨土宗代之以念佛,方法簡易,自然可普接利鈍了。所以在佛教諸宗皆衰之後,禪宗尚存於上流社會中,淨土宗則行於下流社會,到現在還有其遺迹。

佛教教義的高深,是無可否認的事實。在他,亦有種種治國安民的理論,讀《華嚴經》的五十三參可知。又佛學所爭,惟在迷悟。既悟了,一切世俗的事情,仍無有不可做的,所以也不一定要出家。然佛教既視世法皆非了義,則終必至於舍棄世事而後止。以消滅社會爲解決社會之法,斷非社會所能接受。於是經過相當的期間,而反動又起。

佛教反動,是爲宋學。宋學的遠原,昔人多推諸唐之韓愈。然韓愈闢佛,其説甚粗,與宋學實無多大關係。宋學實至周、張出而其説始精,二程繼之而後光大,朱、陸及王陽明又繼之,而其義蘊始盡。

哲學是不能直接應用的,然萬事萬物,必有其總根原。總根原變,則對於一切事情的觀點,及其應付的方法,俱隨之而變。所以風氣大轉變時,哲學必隨之而變更。宋儒的哲學,改變佛學之處安在呢?那就是抹殺認識論不談,而回到中國古代的宇宙論。中國古代的哲學,是很少談到認識論的。佛學卻不然,所注重的全在乎此。既注重於認識論,而又參以宗教上的悲觀,則勢必至於視世界爲空虛而後止。此爲佛教入於消極的真原因。宋學的反佛,其最重要的,就在此點。然從認識論上駁掉佛説,是不可能的。乃將認識論抹殺不談,説佛教的談認識論便是錯。所以宋學反佛的口號,是"釋氏本心,吾徒本天"。所謂本心,即是佛家萬法惟識之論。所謂本天,則是承認外界的實在性。萬事萬物,其間都有一個定理,此即所謂天理。所以宋學的反佛,是以惟物論反對惟心論。

宋學中自創一種宇宙觀和人生觀的,有周敦頤、張載、邵雍三人。周敦頤之説,具於《大極圖説》及《通書》。他依據古説,假定宇宙的本體爲大極。大極動而生陽,靜而生陰。動極復靜,靜極復動。如此循環不已,因生水、火、木、金、土五種物質。此五種物質,是各有其性質的。人亦係此五種物質所構成,所以有智、水。禮、火。仁、木。義、金。信、土。五種性質。及其見諸實施,則不外乎仁義二者。所以配陰陽。仁義的性質,都是好的,然用之不得其當,則皆可以變而爲惡,如寒暑都是好的,不當寒而寒,不當暑而暑則爲惡。所以要不離乎中正。所以配大極。不離乎中正謂之靜。所以説:"聖人定之以仁義中正而主靜,立人極焉。"張載之説,具於《正蒙》。其説亦如古代,以氣爲萬物的原質。氣是動而不已的,因此而有聚散,有聚散則有疏密,密則爲吾人所能知覺,疏則否,是爲世俗所謂有無。其實則是隱顯,隱顯即是幽明。所以鬼神之與人物,同是一氣。氣之運動,自有其一定的法則。在某種情形之下,則兩氣相迎;在某種情形之下,則兩氣相距;是爲人情好惡之所由來。此説將精神現象的根原,歸諸物質,實爲極徹底的一元論。然此等自然的迎距,未必得當。好在人的精神,一方面受制於物質,一方面仍有其不受制於物質者存。所以言性,當分爲氣質之性受制於物質的。與義理之性。不受制於物質的。人之要務,爲變化其氣質,以求合乎義理。此爲張氏修己之説。張氏又本其哲學上的見地,創萬物一體之説,見於其所著的《西銘》。與惠施汎愛之説相近。邵雍之説,與周、張相異。其説,乃中國所謂術數之學。中國學術,是重於社會現象,而略於自然現象的。然亦有一部分人,喜歡研究自然現象。此等人,其視萬物,皆爲物質所構成。既爲物質所構成,則其運動,必有其定律可求。人若能發見此定律,就能知道萬物變化的公例了。所以此等人的願望,亦可説是希冀發見世界的機械性的。世界廣大,不可遍求,然他們既承認世界的規律性,則研究其一部分,即可推之於其餘。所以此一派的學者,必重視數。他們的意思,原不過藉此以資推測,並不敢謂所推之必確,安敢謂據此遂可以應付事物? 然(一)既曾盡力於研求,終不免有時想見諸應用。(二)又此學的初興,與天文曆法,關係極密,古人迷信較深,不知世界的規律性,不易發現,竟有謂據此可以逆億未來的。(三)而流俗之所震驚，亦恆在於逆億未來，而不在乎推求定理。所以此派中亦多逆億未來之論，遂被稱爲術數之學。此派學者，雖係少數，著名的亦有數家，邵雍爲其中之最善者。雍之説，見於《觀物內外篇》及《皇極經世書》。《觀物篇》稱天體爲陰陽，地體爲剛柔，又各分太少二者，日爲太陽。月爲太陰。星爲少陽。辰爲少陰。火爲太剛。水爲太柔。石爲少剛。土爲少柔。其説曰：陽燧取於日而得火，火與日相應也。方諸取於月而得水，水與月一體也。星隕爲石；天無日月星之處爲辰，地無山川之處爲土；故以星與石，辰與土相配。其餘一切物與陰陽剛柔相配，皆準此理。以説明萬物的性質及變化。《皇極經世書》以十二萬九千六百年爲一元。日之數一爲元。月之數十二爲會。星之數三百六十爲運。辰之數四千三百二十爲世。一世三十年。以三十乘四千三百二十，得十二萬九千六百。他説："一元在天地之間，猶一年也。"這和揚雄作《太玄》，想本一年間的變化，以窺測悠久的宇宙一樣。邵雍的宗旨，在於以物觀物。所謂以物觀物，即係除盡主觀的見解，以冀發見客觀的真理。其立説精湛處甚多。但因術數之學，不爲中國所重視，所以在宋學中不被視爲正宗。

經過周、張、邵諸家的推求，新宇宙觀和新人生觀，可謂大致已定。二程以下，乃努力於實行的方法。大程名顥，他主張"識得此理，以誠敬存之"。但何以識得此理呢？其弟小程名頤，乃替他補充，説："涵養須用敬，進學在致知。"致知之功，在於格物。即萬事而窮其理，以求一旦豁然貫通。這話驟聽似乎不錯的。人家駁他，説天下之物多著呢，如何格得盡？這話也是誤解。因爲宋儒的所求，並非今日物理學家之所謂物理，乃係吾人處事之法。如曾國藩所謂："冠履不同位，鳳皇鴟鴞不同棲，物所自具之分殊也。鯀湮洪水，舜殛之，禹郊之，物與我之分際殊也。"天下之物格不盡，吾人處事的方法，積之久，是可以知識日臻廣博，操持日益純熟的。所以有人以爲格物是離開身心，只是一個誤解。問題倒在（一）未經修養過的心，是否能彀格物？（二）如要修養其心，其方法，是否以格物爲最適宜？所以後來陸九淵出，以即物窮理爲支離，要教人先發其本心之明，和贊成小程的朱熹，成爲雙峯並峙之局。王守仁出，而其説又有進。守仁以心之靈明爲知。即人所以知善知惡，知是知非。此知非由學得；無論如何昏蔽，亦不能無存；所以謂之良知。知行即是一事。《大學》説："如惡惡臭，如好好色。"知惡臭之惡，好色之好，是知一方面事。惡惡臭，好好色，是行一方面事。人們誰非聞惡臭即惡，見好色即好的？誰是聞惡臭之後，別立一心去惡？見好色之後，別立一心去好？然則"知而不行，只是未知"。然因良知無論如何昏蔽，總不能無存，所以我們不怕不能知善知惡，知是知非，只怕明知之而不肯遵照良心去做。如此，便要在良知上用一番洗除障翳的功夫，此即所謂致知。至於處事的方法，則雖聖人亦有所不能盡知。然苟得良知精明，豪無障翳，當學時，他自會指點你去學；當用人時，他自會指點你去求助於人；正不必以此爲患。心之靈明謂之知，所知的自然有一物在。不成天下之物都無了，只賸著一面鏡子，還説這鏡子能照。所以即物窮理，功夫亦仍是用在心上。而心當靜止不動時，即使之靜止不動，亦即是一種功夫。所以"靜處體悟，事上磨鍊"，二者均無所不可。程、朱的涵養須用敬，進學在致知，固然把道德和知識，分成兩截。陸九淵要先發人本心之明，亦不過是把用功的次序倒轉了，並没有能把二者合而爲一。王守仁之説，便大不相同了。所以理學從朱、陸到王，實在是一個辨證法的進步。但人之性質，總是偏於一方面的，或喜逐事零碎用功夫，或喜先提挈一個大綱。所以王守仁之説，仍被認爲近於陸九淵，並稱爲陸王。人的性質，有此兩種，是一件事實，是一件無可變更的事實。有兩種人，自然該有兩種方法給他用，而他們亦自然會把事情做成兩種樣子。所以章學誠説："朱陸爲千古不可無之同異，亦爲千古不能無之同異。"見《文史通義・朱陸篇》。其説最通。

以一種新文化，替代一種舊文化，此新文化，必已兼攝舊文化之長，此爲辨證法的真理。宋學之於佛學，亦係如此。宋學兼攝佛學之長，最顯著的有兩點：(一)爲其律己之嚴。(二)爲其理論的徹底。論治必嚴王霸之辨，論人必嚴君子小人之分，都係由此而出。此等精嚴的理論，以之律己則可，以之論事，則不免多所窒礙。又宋學家雖反對佛教的遺棄世事，然其修養的方法，受佛教的影響太深了。如其説而行之，終不免偏於内心的修養，甚至學問亦被拋荒，事爲更不必説，所以在宋代，宋學中的永嘉、永康兩派，就對此而起反動。永嘉派以葉適、陳傅良爲魁首。反對宋學的疏於事功，疏於實學的考究。永康派以陳亮爲魁首，對於朱熹王霸之辨，持異議頗堅，亦是偏於事功的。到清代，顏元、李塨一派，亦是對此力加攻擊的。然永嘉、永康兩派，和朱陸，根本觀念上，實無甚異同，所爭的只是程度問題，無關宏指。顏李一派，則專講實務，而反對在心上用功夫，幾乎把宋學根本取消了。近來的人，因反對中國的學者，多尚空言，而不能實行，頗多稱道顏李的。然顏李的理論，實極淺薄，不足以自成一軍。因爲世界進步了，分工不得不精。一件事，合許多人而分工，或從事於研究，或從事於實行，和一個人幼學壯行，並無二致。研究便是實行的一部。顏李之説，主張過甚，勢必率天下人而閉目妄行。即使主張不甚，亦必變精深爲淺薄。所以其説實不能成立。從理論上反對宋儒的，還有戴震。謂宋儒主張天理人欲之辨太過，以致(一)不顧人情。視斯民飲食男女之欲，爲人生所不能無的，都以爲豪無價直而不足恤。（二）而在上者皆得據理以責其下，下情卻不能上達，遂致有名分而無是非，人與人相處之道，日流於殘酷。此兩端：其前一說，乃宋學末流之弊，並非宋學的本意。後一說則由宋學家承認封建時代的秩序，爲社會合理的組織之故。戴氏攻之，似得其當。然戴氏亦不知其病根之所在，而說只要舍理而論情，人與人的相處，就可以無問題，其說更粗淺牽強了。在現在的文化下所表現出來的人情，只要率之而行，天下就可以太平無事麽？戴氏不是盲目的，何以毫無所見？

所以宋學衰敝以後，在主義上，能卓然自立，與宋學代興的，實無其人。梁啓超說：清代的學術，只是方法運動，不是主義運動，見所著《清代學術概論》。可謂知言了。質實言之，清代考證之學，不過是宋學的一支派。宋學中陸王一派，是不講究讀書的，程朱一派本不然。朱子就是一個讀書極博的人。其後學如王應麟等，考據尤極精審。清學的先驅，是明末諸大儒。其中顧炎武與清代考證之學，關係尤密，也是程朱一派。其喜言經世，則頗近永嘉。清代所謂純漢學，實至乾嘉之世而後形成，前此還是兼采漢宋，擇善而從的。其門徑，和宋學並無區別。清學的功績，在其研究之功漸深，而日益趨於客觀。因務求古事的真相，覺得我們所根據的材料，很不完全，很不正確；材料的解釋，又極困難。乃致力於校勘；致力於輯佚；對於解釋古書的工具，即訓詁，尤爲盡心。其結果，古書已佚而復見的，古義已晦而復明的不少，而其解決問題的方法，亦因經驗多了，知道憑臆判斷，自以爲得事理之平，遠不如調查其來路，而憑以判斷者之確。於是折衷漢宋，變爲分別漢宋，其主意，亦從求是變而爲求真了。非不求是，乃以求真爲是。清學至此，其所至，已非復宋儒所能限，然仍只一種方法的轉變，不足以自成一軍。

清學在宗旨上，漸能脫離宋學而自立，要到道、咸時今文之學興起以後。西漢經師之說，傳自先秦，其時社會的組織，還和秦漢以後不同。有許多議論，都不是東漢以後人所能瞭解的。自今文傳授絕後，久被閣置不提了。清儒因分別學派，發見漢儒亦自有派別，精心從事於蒐剔，而其材料始漸發見，其意義亦漸明白。今學中有一派，專務材料的蒐剔，不甚注意於義理。又一派則不然，常州的莊、存與。劉，逢祿。號稱此學的開山，已漸注意於漢儒的非常異義。龔、自珍。魏源。二氏繼之，其立說彌以恢廓。到廖平、康有爲出，就漸漸的引上經世一路，非復經生之業了。

廖平晚歲的學說，頗涉荒怪。然其援據緯說，要把孔道的規模，擴充到無限大，也仍是受世變的影響的。但廖氏畢竟是個經生。其思想，雖亦受世變的影響,而其所立之説,和現代的情形,隔膜太甚。所以對於學術界,並不能發生多大的影響。康氏就不然了。康氏的經學,遠不如廖氏的精深。然其思想,較之廖氏,遠覺闊大而有條理。他懷抱著一種見解,借古人之説爲材料而説明之。以《春秋》三世之義,説明進化的原理,而表明中國現在的當改革,而以孔子託古改制之説輔之。其終極的目的,則爲世界大同。恰和中國人向來懷抱的遠大的思想相合,又和其目前急須改革的情形相應,所以其説能風靡一時。但康有爲的學説,仍只成爲現代學術思想轉變的一個前驅。這是爲什麼呢? 因爲學術是利於通的,物窮則變,宋明以來的文化,現在也幾乎走到盡頭了。即使没有西學輸入,我們的學術思想,也未必不變。但既與西洋學術相值,自然樂得借之以自助。何況現在西洋的科學方法,其精密,確非我們之所及呢? 所以近數十年來,中國學術思想的變化,雖然靠幾個大思想家做前驅,而一經發動之後,其第二步,即繼之以西洋學術的輸入。和中國學術思想的轉變,最有關係的人是梁啓超。梁氏的長處:在其(一)對於新科學,多所瞭解。(二)最能適應社會的程度,從事於介紹。(三)且能引學説以批評事實,使多數人感覺興味。即此趨勢的説明。

　　西洋學術輸入以來,中國人對之之態度,亦經數變。(一)其初是指採用西法者爲用夷變夏,而極力加以排斥的。(二)繼則變爲中學爲體,西學爲用。(三)再進一步,就要打倒孔家店,指舊禮教爲喫人,歡迎德謨克拉西先生、賽因斯先生,並有主張全盤西化的了。其實都不是這麼一回事。歐美近代,最初發達的是自然科學。因此引起的整個學術思想的變化,即對於一切事情的觀點,及其應付方法。較諸舊説,都不過是程度問題。後來推及社會科學亦然。現在文化前途的改變,乃是整個社會組織的改變,並非一枝一節的問題。這個問題,乃中國與西洋之所同,而非中國之所獨。具體言之,即是中國與西洋,以及全世界的各民族,都要攜手相將,走上一條新的徑路。其間固無一個民族,能殼守舊而不變,也斷非那一個民族,盡棄其所固有,而放效別一個民族的問題。因爲照現狀,彼此都是壞的,而且壞得極相像。然則各種學術,能指示我們以前途,且成爲各學之王,而使他種學術,奔走其下,各盡其一枝一節之用的,必然是社會學。一切現象,都是整個社會的一枝一節,其變化,都是受整個社會的規定的。惟有整個社會,能説明整個社會。亦惟有整個社會,能説明一枝一節的現象的所以然。向來不知,只是把一枝一節的現象,互相説明,就錯了。這是因爲從前的人,不知道整個社會,可成爲研究的對象,所以如此。現在便不同了。所以只有最近成立的社會學,爲前此之所無。亦只有整個的社會學,能彀説明文化之所由來,而評判其得失,而指示我們以當走的路徑。即如文明愈進步,則風俗愈薄惡,這是一件衆所周知的事實,而亦是向來所視爲無可如何的事實。毀棄文明,固不可,亦不能。任社會風俗之遷流,而日趨於薄惡,也不是一回事。提倡道德,改良政治等,則世界上無論那一個文明國,都已經努力了幾千年,而證明其無效的了。人道其將終窮乎?從社會學發明以來,纔知道風俗的薄惡,全由於社會組織的不良,和文明進步,豪無關係。我們能把社會組織,徹底改良,文明進步,就只有增加人類的福利了。這是社會學指示給我們前途最大的光明。而社會學之所以能發明,則和現代各地方蠻人風俗的被重視,以及史前史的發見,有極大的關係。因此,我們纔知道社會的組織,可以有多種。目前的組織,只是特種事實所造成,並非天經地義,必不可變。變的前途,實有無限的可能。變的方法,我們所知道的,亦與前人迥異了。

以上論中國學術思想轉變的大概,以下再略論中國的文學和史學。

文學的發達,韻文必先於散文,中國古代,亦係如此。現存的先秦古書,都分明包含著兩種文字:一種是辭句整齊而有韻的。一種則參差不齊,和我們的口語一樣。前者是韻文,後者是散文。散文的發達,大約在東周之世,至西漢而達於極點。散文發達了,我們的意思,才能彀盡量傾吐,因爲到這時候,文字和語言,才真正一致。所以是文學的一個大進步。西漢末年,做文章的,漸漸求其美化。其所謂美:是(一)句多偶麗。(二)不用過長過短之句。(三)用字務求其足以引起美感。其結果,遂漸成漢魏體的駢文。漢魏體的駢文,只是字句修飾些,聲調嘽緩些,和散文相去,還不甚遠。以後一直向這趨勢發達,至齊梁時代,遂浮靡而不能達意了。此時供實用之文,別稱爲筆。然筆不過參用俗字俗語;用字眼、用典故,不及文來得多;其語調還和當時的文相近,與口語不合,還是不適於用。積重之勢,已非大改革不可。改革有三條路可走:(一)徑用口語。這在昔日文字爲上中流社會所專有的時代,是不行的。(二)以古文爲法。如蘇綽的擬《大誥》是。這還是不能達意。只有第(三)條路,用古文的義法,即文字尚未浮靡時的語法。以運用今人的言語,是成功的。唐朝從韓、柳以後,才漸漸的走上這條路。散文雖興,駢文仍自有其用,駢散自此遂分途。宋朝爲散文發達的時代。其時的駢文,亦自成一格。謂之宋四六。氣韻生動,論者稱爲駢文中的散文。

詩歌另是一體。文是導源於語言,詩是導源於歌謠的。所以詩體,當其發生之時,即非口語之調。近人以隨意寫來的散文,亦稱爲詩,新詩。這至少要改變向來詩字的定義然後可。古代的詩，大抵可歌。傳於後世的，便是《詩經》和《楚辭》。到漢朝，風尚變了。制氏雅樂雖存，不爲人之所好。漢武帝立新聲樂府，采趙、代、秦、楚之謳，使李延年協其律，司馬相如等爲之辭，是爲漢代可歌的詩。古代的詩，則變爲五言詩，成爲只可吟誦之物。論者多以此爲詩體的退化，這是爲尊古之見所誤。其實凡事都到愈後來愈分化。吟誦的詩，和合樂的詩的判而爲二，正是詩體的進化。歌唱的音調，和聽者的好尚的變遷，是無可如何的事。隋唐時，漢代的樂府，又不爲人之所好，而其辭亦漸不能合樂了。聽者的好尚，移於外國傳來的燕樂，按其調而填詞，謂之詞，極盛於兩宋之世。至元以後，又漸成爲但可吟誦，不能協律之作，而可歌的限於南北曲。到清朝，按曲譜而填詞的，又多可誦而不可歌了。中國的所謂詩，擴而充之，可以連樂府、詞、曲，都包括在內。因爲其起源，同是出於口中的歌的。一個民族的歌謠，不容易改變。試看現代的山歌，其音調，還與漢代的樂府一樣，便可知道。所以現在，非有新音樂輸入，詩體是不會變化的。現在萬國交通，新音樂輸入的機會正多。到我國人的口耳，與之相習，而能利用之以達自己的美感時，新詩體就可產生了。

　　文學初興之時，總是與語言相合的。但到後來，因（一）社會情形的複雜，受教育的程度，各有不同；（二）而時間積久了，人的語言，不能不變，寫在紙上的字，卻不能再變；言文就漸漸的分離了。合於口語的文字，是歷代都有的。如（一）禪宗和宋儒的語録，（二）元代的詔令，（三）寒山、拾得的詩，（四）近代勸人爲善的書都是，（五）而其用之，要以平話爲最廣。這是非此不可的。從前文言、白話，各有其分野，現在卻把白話的範圍推廣了。這因（一）受教育的人漸多，不限於有閒階級；而所受的教育，亦和從前不同；不能專力於文字。（二）世變既亟，語言跟著擴充、變化，文字來不及相隨，乃不得不即用口語。此乃事勢的自然，無人提倡，也會逐漸推廣的。守舊的人，竭力排斥白話，固然是不達；好新的人，以此沾沾自喜，也是貪天之功，以爲己力的。所謂古文，大部分係古代的言語，其中亦有一部分，係後人依據古代的語法所造的，從未宣諸唇吻，只是形之楮墨。然楮墨之用，亦係一種廣義的語言。既有其用，自不能廢。而況紙上的言語，有時亦可爲口語所採用。所以排斥文言，也是偏激之論。

　　文以載道，文貴有用之説，極爲近人所詆毀。此説固未免於迂，然亦不能謂其全無道理。近人襲西洋文學的理論，貴純文學而賤雜文學，這話固然不錯，然以爲説理論事之作，必是雜文學，必寫景言情之作，而後可以謂之純文學,則是皮相之談。美的原質,論其根柢,實在還是社會性。社會性有從積極方面流露的,如屈原、杜甫的忠愛是;有從消極方面流露的,如王維、孟浩然的閒適是。積極的人人所解,消極的似乎適得其反,其實不然。積極的是想把社會改好,消極的則表示不合作。雖然無所作爲,然(一)使人因此而悟現社會之壞,(二)至少亦使社會減少一部分惡勢力,其功效也還是一樣的。文字上的所謂美,表面上雖若流連風景,其暗中深處,都藏有這一個因素在内。詩詞必須有寄託,纔覺得有味,真正流連風景的,總覺得淺薄,就是爲此。然則文字的美惡,以及其美的程度,即視此種性質之有無多寡以爲衡,其藉何種材料而表顯,倒是沒有關係的。憂國憂民,和風花雪月,正是一樣。以說理論事,或寫景言情,判別文學的爲純爲雜,又是皮相之談了。文以載道,文貴有用等說,固然不免於迂腐。然載道及有用之作,往往是富於社會性的,以此爲第一等文字,實亦不爲無見,不過抛荒其美的方面,而竟以載道和有用爲目的,不免有語病罷了。

　　中國的有史籍甚早。《禮記·玉藻》說:"動則左史書之,言則右史書之。"鄭《注》說:"其書,《春秋》、《尚書》其存者。"《漢書·藝文志》說"右史記事,左史記言",是錯的。《禮記·祭統》說"史由君右,執策命之",即右史記言之證。這大約是不錯的。《周官》還有小史,記國君及卿大夫的世系,是爲《帝繫》及《世本》。我國最古的史籍《史記》,其本紀及世家,似係據春秋和繫世編纂而成。列傳則原出記言之史。記言之史,稱爲《尚書》,乃因其爲上世之書而得此名,其原名似稱爲語。語之本體,當係記人君的言語,如現在的訓辭講演之類,後來擴充之,則及於一切嘉言。嘉言的反面是莠言,間亦存之以昭炯戒。記録言語的,本可略述其起因及結果,以備本事,擴充之則及於一切懿行,而其反面即爲惡行。此體後來附庸蔚爲大國,名卿大夫,及學術界巨子,大抵都有此等記録,甚至帝王亦有之。其分國編纂的,則謂之《國語》。關於一人的言行,分類編纂的,則謂之《論語》。記載一人的大事的,則如《禮記·樂記》,述武王之事,謂之《牧野之語》都是。《史記》的列傳,在他篇中提及,多稱爲語,如《秦本紀》述商鞅說孝公變法事曰:"其事在《商君語》中。"可見其原出於語,推而廣之,則不名爲語的,其實亦係語體。如《晏子春秋》及《管子》中的《大》、《中》、《小匡》等是。八書是記典章經制的,其原當亦出於史官,不過不能知其爲何官之史罷了。史官以外,還有民間的傳述。有出於學士大夫之口的,如魏絳、伍員述少康、羿、浞之事是。見《左氏》襄公四年、哀公元年,及《史記·吳大伯世家》。亦有出於農夫野老之口的,如孟子斥咸丘蒙所述爲齊東野人之語是。古史的來源,大略如此。秦始皇燒書,《史記·

六國表》説"諸侯史記尤甚"，大約史官所記載，損失極多。流行民間之書，受其影響當較少。口耳相傳，未著竹帛的，自然更不必説了。

有歷史的材料是一事，有史學上的見地，又係一事。古代史官，雖各有專職，然大體不過奉行故事。民間傳述，或出驚奇之念，或出仰慕之忱，所謂多識前言往行，以蓄其德。亦説不上什麽史學上的見地。到司馬談、遷父子出，才網羅當時所有的史料，編纂成一部大書。這時的中國，在當時人的眼光中，實已可謂之天下。因爲所知者限於此。在所知的範圍中，並沒有屏斥異國或異族的史料不載。所以《大史公書》，這是《史記》的本名。《漢書·藝文志》著録即如此。《史記》乃史籍通名，猶今言歷史。《大史公書》，爲史部中最早的著述，遂冒其一類的總名。實自國別史進於世界史，爲史體一大進步。

從此以後，國家亦漸知史籍的重要了。後漢以後，乃有詔蘭臺、東觀中人述作之事。魏晉以後，國家遂特設專官。此時作史的，在物力上，已非倚賴國家不行。一因材料的保存及蒐輯，一因編纂時之費用。至於撰述，則因材料不多，還爲私人之力所能及。所以自南北朝以前，大率由國家供給材料及助力，而司編撰之事的，則仍係一二人，爲私家著述性質。唐以後史料更多，不徒保存、蒐輯，即整理、排比，亦非私人之力所及，於是獨力的著述，不得不變爲集衆纂修之局了。私家著述及集衆纂修，昔人的議論，多偏袒前者，這亦是一偏之見。姑無論材料既多，運用爲私人之力所不及，即舍此勿論，而昔時的正史，包括的門類很多，亦非一人所能兼通。所以即就學術方面論，二者亦各有長短。唐修《新晉書》，即今正史中的《晉書》。其志非前人所能及，即其一證。關於正史的歷史，可參看《史通·六家》、《二體》、《古今正史》、《史官建置》各篇，及拙撰《史通評》中這幾篇的評。商務印書館本。

從前的歷史，係偏重於政治方面的。而在政治方面，則所注重的，爲理亂興衰、典章經制兩類。正史中的紀傳，是所以詳前者的，志則所以詳後者。已見《緒論》中。編年史偏詳前者，《通典》、《通考》一類的書，則偏詳後者，都不如紀傳表志體的完全。所以後來功令，獨取紀傳表志體爲正史。然編年體和政書，《通典》、《通考》等。在觀覽上亦各有其便，所以其書仍並爲學者所重。這是中國舊日所認爲史部的重心的。紀傳體以人爲單位，編年史以時爲系統，欲句稽一事的始末，均覺不易。自袁樞因《通鑑》作《紀事本末》後，其體亦漸廣行。

中國的史學，在宋時，可謂有一大進步。（一）獨力著成一史的，自唐已後，已無其事。宋則《新五代史》出歐陽修一人；《新唐書》雖出修及宋祁兩人，亦有私家著述性質；事非易得。（二）編年之史，自三國以後，久已廢闕。至宋則有司馬光的《資治通鑑》，貫串古今。朱熹的《通鑑綱目》，敍事雖不如《通鑑》的精，體例卻較《通鑑》爲善。《通鑑》有目無綱，檢閱殊爲不便。司馬光因此，乃有《目錄》之作，又有《舉要》之作。《目錄》既不與本書相附麗，舉要則朱子《答潘正叔書》讚其"詳不能備首尾，略不可供檢閱"，亦係實情。所以《綱目》之作，確足以改良《通鑑》的體例。（三）講典章經制的書，雖起於唐杜佑的《通典》，然宋馬端臨的《文獻通考》，搜集尤備，分類亦愈精。又有會要一體，以存當代的掌故，並推其體例，以整理前代的史實。（四）鄭樵《通志》之作，網羅古今，其書雖欠精審，亦見其魄力之大。（五）當代史料，蒐輯綦詳。如李燾《續資治通鑑長編》、李心傳《建炎以來繫年要錄》、徐夢莘《三朝北盟會編》、王偁《東都紀略》等都是。（六）自周以前的古史，實係別一性質。至宋而研究加詳。如劉恕《通鑑外紀》、金履祥《通鑑綱目前編》、蘇轍《古史考》、胡宏《皇王大紀》、羅泌《路史》等都是。（七）研究外國史的，宋朝亦加多。如葉隆禮《契丹國志》、孟珙《蒙韃備錄》等是。（八）考古之學，亦起於宋時。如歐陽修的《集古錄》、趙明誠的《金石錄》等，始漸求材料於書籍之外。（九）倪思的《班馬異同評》、吳縝的《新唐書糾繆》等，皆出於宋時。史事的考證，漸見精核。綜此九端，可見宋代史學的突飛猛進。元明時代復漸衰。此因其時之學風，漸趨於空疏之故。但關於當代史料，明人尚能留心收拾。到清朝，文字之獄大興，士不敢言當代的史事；又其時的學風，偏於考古，而略於致用；當代史料，就除官書、碑傳之外，幾乎一無所有了。但清代考據之學頗精。推其法以治史，能補正前人之處亦頗多。

研究史法之作，專著頗少。其言之成理，而又有條理系統的，當推劉知幾的《史通》。《史通》是在大體上承認前人的史法爲不誤，而爲之彌縫匡救的。其回到事實上，批評歷代的史法，是否得當；以及研究今後作史之法當如何的，則當推章學誠。其識力實遠出劉知幾之上。此亦時代爲之，因爲劉知幾之時，史料尚不甚多，不慮其不可遍覽，即用前人的方法撰述已足。章學誠的時代，則情形正相反，所以迫得他不得不另覓新途徑了。然章氏的識力，亦殊不易及。他知道史與史材非一物，保存史材，當務求其備，而作史則當加以去取；以及作史當重客觀等，見《文史通義·史德篇》。實與現在的新史學，息息相通。不過其時無他種科學以爲輔助，所以其論不如現在新史學的精審罷了。然亦不過未達一間而已，其識力亦很可欽佩了。

第十八章　宗　　教

宗教的信仰，是不論那一個民族都有的。在淺演之時固然，即演進較深之後，亦復如此。這是因為：學問之所研究，只是一部分的問題，而宗教之所欲解決，則為整個的人生問題。宗教的解決人生問題，亦不是全不顧知識方面的。他在感情方面，固然要與人以滿足，在知識方面，對於當時的人所提出的疑問，亦要與以一個滿意的解答。所以一種宗教，當其興起之時，總是足以解決整個人生問題的。但既興起之後，因其植基於信仰，其說往往不易改變；而其態度亦特別不寬容；經過一定時期之後，遂成為進化的障礙，而被人斥為迷信。

宗教所給與人的，既是當下感情上和知識上的滿足，其教義，自然要隨時隨地而異。一種宗教，名目未變，其教義，亦會因環境而變遷。原始的人，不知道自然界的法則，以為凡事都有一個像人一般的東西，有知識，有感情，有意志，在暗中發動主持著。既不知道自然界的法則，則視外界一切變化，皆屬可能。所以其視環境，非常之可畏怖。而其視其所祈求的對象，能力之大，尤屬不可思議。有形之物，雖亦為其所崇拜，然其所畏怖而祈求的，大概非其形而為寓於其中的精靈。無形可見之物，怎會令人深信不疑呢？原來古人不知道生物與無生物之別，更不知道動物與植物，人與動物之別，一切都看做和自己一樣，而人所最易經驗到而難於解釋的，為夢與死。明明睡在這裏沒有動，卻有所見，有所聞，有所作為；明明還是這個人，而頃刻之間，有知已變為無知了；安得不相信人身之中，別有一物以為之主？既以為人是如此，就推之一切物，以為都是如此了。這是我們現在，相信人有靈魂；相信天地、日月、山川等，都有神為之主；相信老樹、怪石、狐狸、蛇等等，都可以成為精怪的由來。雖然我們現在，已知道自然界的法則了；知道生物與無生物，動物與植物，人與其他動物之別了；然此等見解，根株仍未拔盡。

人類所崇拜的靈界，其實是虛無縹緲的，都是人所想像造作出來的。所以所謂靈界，其實還是人間世界的反映。人類社會的組織變化了，靈界的組織，也是要跟著變化的。我們現在所看得到的，其第一步，便是從部族時代進於封建時代的變化。部族的神，大抵是保護一個部族的，和別一個部族，則處於敵對的地位。所以《左氏》僖公十年說：“神不歆非類，民不祀非族。”孔子也說：“非其鬼而祭之，諂也。”《論語·爲政》。到封建時代，各個神靈之間，就要有一個聯繫。既要互相聯繫，其間自然要生出一個尊卑等級來。在此時代，宗教家所要做的工作：就是（一）把神靈分類。（二）確定每一類之中，及各類之間尊卑等級的關係。我們在古書上看得見的，便是《周官·大宗伯》所分的（一）天神，（二）地祇，（三）人鬼，（四）物魅四類。四類相互之間，自然天神最尊，地祇次之，人鬼次之，物魅最下。天神包括日月、星辰、風雨等。地祇包括山嶽、河海等。但又有一個總天神和總地祇。人鬼：最重要的，是自己的祖宗，其餘一切有功勞，有德行的人，也都包括在內。物魅是列舉不盡的。天神、地祇、人鬼等，都是善性居多，物魅則善惡無定。這是中國人最普通的思想，沿襲自幾千年以前的。宗教發達到這一步，離一般人就漸漸的遠了。“天子祭天地，諸侯祭其境內名山大川”，《禮記·王制》。和一般人是沒有關係的。季氏旅於泰山，孔子就要譏其非禮了，《論語·八佾》。何況平民？昊天上帝之外，還有主四時化育的五帝：東方青帝靈威仰，主春生。南方赤帝赤熛怒，主夏長。西方白帝白招拒，主秋成。北方黑帝汁光紀，主冬藏。中央黃帝含樞紐，則兼主四時化育。每一朝天子的始祖，據說實在是上帝的兒子。譬如周朝的始祖后稷，他的母親姜嫄，雖說是帝嚳之妃，后稷卻不是帝嚳的兒子。有一次，姜嫄出去，見一個大的足印。姜嫄一隻腳，還不如他一個拇指大。姜嫄見了，覺得奇怪，把自己的腳，在這足印裏踏踏看呢，一踏上去，身體就覺得感動，從此有孕了。生了一個兒子，就是后稷。又如商朝的始祖契。他的母親簡狄，也是帝嚳之妃，然而契也不是帝嚳的兒子。簡狄有一次，到河裏去洗澡，有一隻玄鳥，掉下一個卵來。簡狄取來吞下去，因此有孕了。後來就生了契。這個謂之“感生”。見《詩·生民》及《玄鳥》。《史記·殷》、《周本紀》述契、后稷之生，即係《詩》說。《周官·大宗伯》以禋祀祀昊天上帝。《小宗伯》兆五帝於四郊。鄭玄謂天有六，即五帝和昊天上帝燿魄寶。可看《禮記·祭法》《疏》，最簡單明了。五帝之名，雖出緯候，然其說自係古說。所以《禮記·禮運》：“因名山以升中於天，因吉土以饗帝於郊。”已經把天和帝分說了。契、稷等因係上帝之子，所以其子孫得受命而爲天子。按諸“神不歆非類，民不祀非族”之義，自然和平民無涉的，用不著平民去祭。其餘如“山林、川谷、丘陵，能出雲，爲風雨，見怪物”，而且是“民所取材用”的，《禮記·祭法》。雖和人民有關係，然因尊卑等級，不可紊亂之故，也就輪不著人民去祭了。宗教發達到此，神的等級愈多，上級的神，威權愈大，其去一般人卻愈遠，正和由部族之長，發展到有諸侯，由列國並立的諸侯，進步到一統全國的君主，其地位愈尊，而其和人民相去卻愈遠一樣。

　　人，總是實際主義的，所敬畏的，只會是和自己切近而有關係的神。日本田崎仁義所著《中國古代經濟思想及制度》説：古代宗教思想，多以生物之功，歸之女性，又多視日爲女神。中國古代，最隆重的是社祭。《禮記·郊特牲》説："惟爲社事，單出里。惟爲社田，國人畢作。惟社，丘乘共粢盛。"單同彈。而這所謂社，則只是一地方的土神，據《禮記·祭法》，王、諸侯、大夫等，均各自立社。並不是與天神相對的后土。《易經·説卦傳》：離爲日，爲中女。《山海經》和《淮南子》，以生日馭日的羲和爲女神。《山海經·大荒南經》："東南海之外，甘水之間，有羲和之國。有女子，名羲和，方浴日於甘淵。羲和者，帝俊之妻，生十日。"《淮南子·天文訓》："至於悲泉，爰止其女，爰息其馬，是謂縣車。"而《禮記·郊特牲》説，郊之祭，乃所以迎"長日之至"。可見以郊祭爲祭天，乃後起之事，其初只是祭日；而祭日與祭社，則同是所以報其生物之功。後來雖因哲學觀念的發達，而有所謂蒼蒼者天，摶摶者地，然這整個的天神和整個的地神，就和人民關係不切了，雖没有政治上"天子祭天地"的禁令，怕也不會有什麼人去祭他的。日月星辰風雨等，太多了，祭不勝祭，亦知道其所關涉者廣，用不著一地方去祭他。只有一地方的土神，向來視爲於己最親的，其祭祀還相沿不廢。所以歷代以來，民間最隆重的典禮是社祭，最熱鬧的節場是作社。還有所謂八蜡之祭，是農功既畢之後，舉凡與農事有關之神，一切祭饗他一次。見《郊特牲》。又古代視萬物皆有神，則有所謂中霤，有所謂門，有所謂行，有所謂户，有所謂竈，均見《祭法》。此等崇拜，倒也有殘留到後世的。又如古代的司命，是主人的生死的。司命亦見《祭法》。《莊子·至樂》云："莊子之楚，見髑髏而問之。夜半，髑髏見夢。莊子曰：吾使司命復生子形，爲子骨肉肌膚。"知古謂人生死，皆司命主之。後世則説南斗主生，北斗主死，所以南北斗去人雖遠，倒也有人崇拜他。諸如此類，悉數難終。總之於人有切近的關係的，則有人崇拜，於人無切近的關係的，則位置雖高，人視之，常在若有若無之間。現在人的議論，都説：一神教比多神教進化，中國人所崇拜的對象太雜，所以其宗教，還是未甚進化的。其實不然。從前俄國在專制時代，人民捐一個錢到教堂裏去，名義上也要以俄皇的命令允許的。這和佛教中的阿彌陀佛，有一個人皈依他，到臨死時，佛都自己來接引他到淨土去一樣。中國的皇帝，向來是不管小事的，所以反映著人間社會而成的靈界組織，最高的神，亦不親細務。假使中國宗教上的靈界組織，是一個大神，躬親萬事的，中國人也何嘗不會專崇拜這一個神？然而崇拜北斗，希冀長生，和專念阿彌陀佛，希冀往生淨土的，根本上有什麼區別呢？若説一神教的所謂一神，只是一種自然力的象徵，所以崇拜一神教的，其哲學上的見地，業已達於泛神論了，要比多神教高些。則崇拜一神教的，都是當他自然力的象徵崇拜的麼？老實説：泛神論與無神論，是一而二，二而一的。真懂得泛神論的，也就懂得無神的意義，不會再有現在宗教家頑固的見解了。

較神的迷信進一步的，則爲術。術數二字，古每連稱，其實二者是不同的，已見上章。術之起原，由於因果的誤認。如説做一個木人，或者束一個草人，把他當做某人，用箭去射他，就會使這個人受傷。又如把某人貼身之物，加以破壞，就能使這個人受影響之類。萇弘在周朝，把貍首象徵著不來的諸侯去射他，以致爲晉人所殺。見《史記·封禪書》。豫讓爲趙襄子所禽，請襄子之衣，拔劍三躍而擊之，衣盡出血，襄子迴車，車輪未周而亡。就是此等見解。凡厭勝咒詛之術，均自此而出。又有一種，以爲此地的某種現象，與彼地的某種現象；現在的某種現象，和將來的某種現象；有連帶關係的，因欲依據此時此地的現象，以測知彼時彼地的現象，是爲占卜之術所自始。此等都是所謂術。更進一步則爲數。《漢書·藝文志》説形法家之學道：“形人及六畜骨法之度數，器物之形容，以求其聲氣貴賤吉凶，猶律有長短，而各徵其聲，非有鬼神，數自然也。”全然根據於目可見，身可觸的物質，以説明現象的原因，而否認目不可見的神祕之説，卓然是科學家的路徑。惜乎這種學派中人，亦漸漸的枉其所信，而和術家混合爲一了。《漢志》術數略，共分六家：曰天文。曰曆譜。曰五行。曰蓍龜。曰雜占。曰形法。蓍龜和雜占，純粹是術家言。天文、曆譜、五行、形法，都饒有數的意味，和術家混合了，爲後世星相之學所自出。

中國古代所崇拜的對象，到後世，都合併起來，而被收容於道教之中。然所謂道教，除此之外，尚有一個元素，那便是神仙家。當春秋戰國時，就有所謂方士者，以不死之説，誑惑人主。《左氏》昭公二十年，齊景公問於晏子，説：“古而無死，其樂何如？”古代無論哲學、宗教，都沒有持不死之説的，可見景公所問，爲受神仙家的誑惑了。此後齊威、宣王，燕昭王，亦都相信他，見於《史記·封禪書》。而秦始皇、漢武帝，信之尤篤，其事爲人人所知，無煩贅述了。事必略有徵驗，然後能使人相信。説人可不死，是最無徵驗的。齊景公等都係有爲之主，何以都爲所蠱惑呢？以我推測，因燕齊一帶，多有海市。古人明見空中有人物城郭宮室，而不知其理，對於神仙之説，自然深信不疑了。神仙家，《漢志》列於方技，與醫經、經方、房中並列。今所傳最古的醫書《素問》，中亦多載方士之言。可見方士與醫藥，關係甚密。想藉修煉、服食、房中等術，以求長生，雖然誤繆，要不能視爲迷信。然此派在漢武時，就漸漸的和古代的宗教混合了。漢武時，所謂方士，實分兩派：一派講煉丹藥，求神仙，以求長生。一派則從事祠祭以求福。其事具見於《史記・封禪書》、《漢書・郊祀志》。《郊祀志》所載各地方的山川，各有其當祭之神，即由獻其說的方士主持。此乃古代各部族的宗教，遺留到後世的。《山海經》所載，某水某山有某神，當用何物祠祭，疑即此等方士所記載。此派至元帝後，多被廢罷。求神仙一派，亦因其太無效驗，不復爲時主所信；乃轉而誑惑人民。其中規模最大的，自然是張角，次之則是張魯，他們也都講祠祭，但因人民無求長生的奢望，亦無煉金丹等財力，依《抱朴子》講，當時方士煉丹，所費甚巨。葛洪即自憾無此資財，未能從事。所以不講求神仙，而變爲以符呪治病了。符呪治病，即是祝由之術，亦古代醫術中的一科。其牽合道家之學，則自張魯使其下誦習老子五千言始。張魯之道，與老子豪無干涉，何以會使人誦習《老子》呢？依我推測，大約因漢時以黃老並稱，神仙家自託於黃帝，而黃帝無書，所以牽率及於老子。張魯等的宗教，有何理論可講？不過有一部書，以資牽合附會就毂了，管什麽實際合不合呢？然未幾，玄學大興，老子變爲時髦之學，神仙家誑惑上流社會的，亦漸借其哲理以自文。老子和所謂方士，所謂神仙家，就都生出不可分離的關係來了。此等雜多的迷信，旁薄鬱積，畢竟要匯合爲一的。享其成的，則爲北魏時的寇謙之。謙之學張魯之術，因得崔浩的尊信，言於魏明元帝而迎之，尊之爲天師，道教乃成爲國家所承認的宗教，儼然與儒釋並列了。此事在民國紀元前一千四百八十九年，西曆四百二十三年。劉宋少帝景平元年，魏明元帝泰常八年。後世談起道教來，均奉張陵爲始祖，陵乃魯之祖父。據《後漢書》說：陵客蜀，學道於鵠鳴山中。受其道者，輒出米五斗，故謂之米賊。陵傳子衡，衡傳於魯。然其事並無證據。據《三國志》《注》引《典略》，則爲五斗米道的，實係張脩。脩乃與魯並受命於劉焉，侵據漢中，後來魯又襲殺脩而并其衆。魯行五斗米道於漢中，一時頗收小效。疑其本出於脩，魯因其有治效而沿襲之，卻又諱其所自出，而自託之於父祖。歷史，照例所傳的，是成功一方面的人的話，張陵，就此成爲道教的始祖了。

　　從外國輸入的宗教，最有權威的，自然是佛教。佛教的輸入，舊說都以爲在後漢明帝之世。說明帝夢見金人，以問羣臣，傅毅對以西方有聖人，乃遣郎中蔡愔、博士弟子秦景等使於天竺，得佛經四十二章，及釋迦立像，與沙門攝摩騰、竺法蘭，以白馬負經而至，因立白馬寺於洛城西。此乃因其說見於《魏書·釋老志》,以爲出於正史之故。梁啓超作《佛教之初輸入》,考此説出於西晉道士王浮的《老子化胡經》,其意乃欲援釋入道,殊爲妖妄,然《魏書》實未以金人入夢,爲佛教入中國之始。據《魏書》之意,佛教輸入,當分三期:(一)匈奴渾邪王降,中國得其金人,爲佛教流通之漸。(二)張騫至大夏,知有身毒,行浮屠之教。哀帝元壽元年,博士弟子秦景憲,受大月氏使伊存口授浮屠經。(三)乃及明帝金人之夢。金人實與佛教無涉。大月氏使口授浮屠經,事若確實,當可稱爲佛教輸入之始。元壽元年,爲民國紀元前一千九百十三年,即西曆紀元前二年。然則佛教輸入中國,實在基督誕生後兩年了。基督降生,在紀元前四年。西人因紀年行用已久,遂未改正。據《後漢書》所載,光武帝子楚王英,業已信佛,可見其輸入必不在明帝之世。秦景憲與秦景,當即一人。此等傳説中的人物,有無尚不可知,何況確定其名姓年代? 但大月氏爲佛教盛行之地;漢與西域,交通亦極頻繁;佛教自此輸入,理有可能。梁啓超以南方佛像塗金;《後漢書·陶謙傳》説謙使笮融督廣陵、下邳、彭城運糧,融遂斷三郡委輸,大起浮屠寺,作黃金塗像;疑佛教本自南方輸入。然此説太近臆測。即謂其係事實,亦不能斷定其輸入在北方之先。梁氏此文,破斥舊説之功甚大,其所建立之説,則尚待研究。柳詒徵《梁氏佛教史評》,可以參看。佛教的特色在於(一)其説輪迴,把人的生命延長了,足以救濟中國舊説(甲)限善報於今世及其子孫,及(乙)神仙家飛昇尸解等説的太無徵驗,而滿足人的欲望。(二)又其宗旨偏於出世,只想以個人的修養,解脱苦痛,全不參加政治鬥爭。在此點,佛教與張角、張魯等,大不相同。所以不爲政治勢力所摧殘,而反爲其所扶植。(三)中國是時,尚缺乏統一全國的大宗教。一地方一部族之神,既因其性質偏狹而不適於用。天子所祭的天地等,亦因其和人民相去遠了,而在若無若有之間。張角、張魯等的宗教運動,又因其帶有政治鬥爭性質;且其教義怕太淺,而不足以饜上中流社會之望;並只適於祕密的結合,而不宜於平和的傳布;不能通行。只有佛教,既有哲理,又説福報,是對於上中下流社會都適宜的。物我無間,冤親平等,國界種界,尚且不分。何況一國之中,各地方各民族等小小界限? 其能風行全國,自然無待於言了。至佛教的哲理方面,及其重要宗派,上章已略言之,今不贅述。

一個空虛的瓶,把他拋在水中,水即滔滔注入,使其中本有水,外面的水,就不容易進去了。這是先入爲主之理,一人如是,一國亦然。佛教輸入時,中國的宗教界,尚覺貧乏,所以佛教能彀盛行。佛教輸入後,就不然了。所以其他外教,輸入中國的雖多,都不能如佛教的風行無阻,其和中國文化的關係亦較淺。

佛教以外，外國輸入的宗教，自以回教爲最大。此教緣起，人人知之，無待贅述。其教本名伊思蘭，在中國則名清真，其寺稱清真寺。其經典名《可蘭》。原本爲阿剌伯文，非其教中有學問的人不能讀；而其譯本及教中著述，流布於社會上的很少；所以在中國，除教徒外，罕有瞭解回教教義的。又回教教規，極爲嚴肅，教徒生活，與普通人不甚相合，所以自元代盛行輸入以來，已歷七百年，仍不能與中國社會相融化。現在中國，信奉回教的人，約有五千萬。其中所包含的民族實甚多，然人皆稱爲回族，儼然因宗教而結合成一個民族了。因宗教而結合成一個民族，在中國，除回教之外，是没有的。

中國人稱伊思蘭教爲回教，乃因其爲回紇人所信奉而然。然回紇在漠北，實本信摩尼教。其信伊思蘭教，乃走入天山南路後事。摩尼教原出火教。火教爲波斯國教，中國稱爲胡天。又造祆字，稱爲祆教。其字從示從天，讀他煙切。或誤爲從夭，讀作於兆切，就錯了。火教當南北朝時，傳至葱嶺以東，因而流入中國，然信奉他的，只有北朝的君主。唐朝時，波斯爲大食所滅，中亞細亞亦爲所據，火教徒頗有東行入中國的，亦未和中國社會，發生甚麼影響。摩尼教則不然。唐朝安史亂後，回紇人多入中國，其教亦隨之而入，自長安流行及於江淮。武宗時，回紇敗亡，會昌五年，西曆八四五年，民國紀元前一○六七年。中國乃加以禁斷。然其教流行至南宋時仍不絶。其人自稱爲明教，教外人則謂之喫菜事魔，以其教徒均不肉食之故。案宗教雖似專給人以精神上的慰安，實則仍和現實生活有關係。現實生活，經濟問題爲大。流行於貧苦社會中的宗教，有教人團結以和現社會相鬥爭的，如太平天國所創的上帝教，實行均田和共同生活之法是，有教教徒自相救恤，對於現社會的組織，則取放任態度的，如張魯在漢中，教人作義舍，置米肉其中，以便行人，令有小過者修路，禁酒，春夏禁殺，明教徒戒肉食，崇節儉，互相救恤是。入其教的，生活上既有實益，所以宋時屢加禁斷，不能盡絶。然社會秩序未能轉變時，與之鬥爭的，固然不免滅亡；即欲自成一團體，獨立於現社會組織之外的，亦必因其和廣大的社會秩序，不能相容，而終遭覆滅。所以到元朝以後，明教也就默默無聞了。張魯之治漢中，所以能經歷數十年，乃因其政治尚有規模，人民能與之相安，並非由其教義，則明教的流行較久，亦未必和其教義有甚關係了。火教及摩尼教流行中國的歷史，詳見近人陳垣所撰《火祆教入中國考》。

基督教入中國，事在民國紀元前一千二百七十四年。西曆六三八，唐太宗貞觀十二年。波斯人阿羅本（Olopen），始賫其經典來長安。太宗許其建寺，稱爲波斯，玄宗因其教本出大秦，改寺名爲大秦寺。其教在當時，稱爲景教。德宗時，寺僧景淨，立《景教流行中國碑》，明末出土，可以考見其事的始末。蒙古時，基督教又行輸入。其徒謂之也里可温。陳垣亦有考。元時，信奉基督教的，多是蒙古人。所以元亡而復絶。直到明中葉後，才從海路復行輸入。近代基督教的輸入，和中國衝突頗多。推其原，實出於政治上的誤解。基督教的教義，如禁拜天，拜祖宗，拜孔子等，固然和中國的風俗，是衝突的，然前代的外教，教規亦何嘗不和中國風俗有異同？况近代基督教初輸入時，是並不禁拜天，拜祖宗，拜孔子的。明末相信基督教的，如徐光啓、李之藻輩，並非不瞭解中國文化的人。假使基督教義和中國傳統的風俗習慣，實不相容，他們豈肯因崇信科學之故，把民族國家，一齊犧牲了。當時反對西教的，莫如楊光先。試看他所著的《不得已書》。他説：他們“不婚不宦，則志不在小”。又説：“其製器精者，其兵械亦精。”又説：他們著書立説，謂中國人都是異教的子孫。萬一他們蠢動起來，中國人和他相敵，豈非以子弟敵父兄？又説：“以數萬里不朝不貢之人，來不稽其所從來，去不究其所從去；行不監押，止不關防。十三省山川形勢，兵馬錢糧，靡不收歸圖籍。百餘年後，將有知余言之不得已者。”因而斷言：“寧可使中國無好曆法，不可使中國有西洋人。”原來中國歷代，軍政或者廢弛，至於軍械，則總是在外國之上的。到近代，西人的船堅砲利，中國才自愧弗如。而中國人迷信宗教，是不甚深的，西洋教士堅苦卓絶的精神，又非其所瞭解，自然要生出疑忌來了。這也是在當日情勢之下，所不能免的，原不足以爲怪，然攻擊西教士的雖有，而主張優容的，亦不在少數。所以清聖祖初年，雖因光先的攻擊，湯若望等一度獲罪，然教禁旋復解除。康熙一朝，教士被任用者不少，於中國文化，裨益實非淺鮮。此亦可見基督教和中國文化，無甚衝突了。教禁之起，實由一七〇四年，康熙四十三年。教皇聽別派教士的話，以不禁中國教徒拜天，拜祖宗，拜孔子爲不然，派多羅（Tourmon）到中國來禁止。此非但教義與中國相隔閡，亦且以在中國傳教的教士，而受命於外國的教皇，亦非當時中國的見解，所能容許，於是有康熙五十六年重申教禁之事。世宗即位後，遂將教徒一律安置澳門；各省的天主堂，盡行改爲公廨了。自此以後，至五口通商後教禁解除之前，基督教在中國，遂變爲祕密傳播的宗教。中國人既不知道他的真相，就把向來祕密教中的事情，附會到基督教身上。什麼挖取死人的眼睛咧，聚集教堂中的婦女，本師投以藥餌，使之雌鳴求牡咧。種種離奇怪誕之説，不一而足，都釀成於此時。五口通商以後，（一）中國人既懷戰敗之忿，視外國的傳教，爲藉兵力脅迫而成。（二）教民又恃教士的干涉詞訟爲護符，魚肉鄉里。（三）就外國教士，也有倚勢妄爲，在中國實施其敲詐行爲的。見嚴復譯英人宓克所著《中國教案論》。於是教案迭起，成爲交涉上的大難題了。然自庚子事變以後，中國人悟盲目排外之無益，風氣翻然一變，各省遂無其教案。此亦可見中國人對於異教的寬容了。

基督教原出猶大。猶大教亦曾輸入中國。謂之一賜樂業教。實即以色列的異譯，中國謂之挑筋教，今存於河南的開封。據其教中典籍所記，其教當五代漢時，民國紀元前九六五至九六二，西曆九四七至九五〇年。始離本土，至宋孝宗隆興元年，民國紀元前七四九，西曆一一六三年。始在中國建寺。清聖祖康熙四十一年，有教徒二三千人。宣宗道光末，存者止三百餘。宣統元年二百餘。民國八年，止有一百二十餘人。初來時凡十七姓，清初，存者止有七姓了。詳見陳垣《一賜樂業教考》。

社會變亂之際，豪傑之士，想結合徒黨，有所作爲的，亦往往藉宗教爲工具。如前代的張角、孫恩，近代的太平天國等都是。此特其犖犖大者，其較小的，則不勝枚舉。此等宗教，大率即係其人所創造，多藉當時流行之説爲資料。如張角讕言"蒼天已死，黃天當立"，蒼，疑當作赤，爲漢人所諱改。係利用當時五行生勝之説；白蓮教依託佛教；上帝教依託基督教是。然此實不過借爲資料，利用其業已流行於社會。其教理，實與其所依附之説，大不相同，其支離滅裂，往往使稍有智識之人，聞之失笑。上帝教和義和團之説，因時代近，傳者較多，稍一披覽，便可見得。然非此不足以扇動下流社會中人。我們現在的社會，實截然分爲兩橛。一爲上中流知識階級，一爲下流無知識階級。我們所見、所聞、所想，實全與廣大的爲社會基礎的下層階級相隔絶。我們的工作，所以全是浮面的，沒有真正的功效，不能改良社會，即由於此，不可不猛省。

中國社會，迷信宗教，是不甚深的。此由孔教盛行，我人之所祈求，都在人間而不在別一世界之故。因此，教會之在中國，不能有很大的威權。因此，我們不以宗教問題，和異族異國，起無謂的爭執。此實中國文化的一個優點。現今世界，文化進步，一日千里。宗教，因其性質固定之故，往往成爲進化的障礙。若與之爭鬥，則又招致無謂的犧牲，歐洲的已事，即其殷鑒。這似乎是文化前途一個很大的難題。然實際生活，總是頑強的觀念論的强敵。世界上任何宗教，其教義，總有幾分禁慾性的，事實上，卻從沒看見多數的教徒，真能脱離俗生活。文化愈進步，人的生活情形，變更得愈快。宗教阻礙進步之處，怕更不待以干戈口舌爭之了。這也是史事無複演，不容以舊眼光推測新變局的一端。

第十九章　中國民族的由來

　　在上册中，我曾按文化的項目，把歷代文化的變遷，敍述了一個大略，現在卻要依據時代，略敍我們這一個民族國家幾千年來盛衰的大略了。社會是整個的，作起文化史來，分門別類，不過是我們分從各方面觀察，講到最後的目的，原是要集合各方面，以説明一個社會的盛衰，即其循著曲綫進化的狀況的。但是這件事很不容易。史事亡失的多了，我們現在，對於各方面，所知道的多很模糊，不但古代史籍缺乏之時，即至後世，史籍號稱完備，然我們所要知道的事，仍很缺乏而多譌誤。把現代新史學的眼光看起來，現在人類對於過去的知識，實在是很貧乏的。貿貿然據不完不備的材料，來説明一時代的盛衰，往往易流於武斷。而且從中學到大學，永遠是以時爲經，以事爲緯的，將各時代的事情，複述一遍，雖然詳略不同，而看法失之單純，亦難於引起興趣。所以我這部書，變換一個方法，上册先依文化的項目，把歷代的情形，加以敍述，然後這一册依據時代，略述歷代的盛衰。讀者在讀這一册時，對於歷代的社會狀況，先已略有所知，則涉及時措辭可以從略，不至有頭緒紛繁之苦；而於歷代盛衰的原因，亦更易於明瞭了。

　　敍述歷代的盛衰，此即向來所謂政治史。中國從前的歷史，所以被人譏誚爲帝王的家譜，爲相斫書，都由其偏重這一方面之故。然而矯枉過正，以爲這一方面，可以視爲無足重輕，也是不對的。現在的人民，正和生物在進化的中途需要外骨保護一樣。這話怎樣説呢？世界尚未臻於大同之境，人類的利害，不能免於彼此對立，就不免要靠著武力或者別種力量互相剝削，在一個團體之内，雖然有更高的權力，以平判其是非曲直，而制止其不正當的競爭，在各個團體之間，卻至今還没有，到被外力侵犯之時，即不得不以强力自衞，此團體即所謂國家。一個國家之中，總包含著許多目的簡單、有意用人力組成的團體，如實業團體、文化團體等都是。此等團體，和別一個國家内性質相同的團體，是用不著分界限的，能合作固好，能合并更好。無如世界上現在還有用强力壓迫人家，掠奪人家的事情，我們没有組織，就要受到人家的壓迫、掠奪，而浸至無以自存了。這是現今時代國家所以重要。世界上的人多著呢？為什麼有些人能合組一個國家，有些人卻要分做兩國呢？這個原因，最重要的，就是民族的異同，而民族的根柢，則為文化。世界文化的發達，其無形的目的，總是向著大同之路走的，但非一蹴可幾。未能至於大同之時，則文化相同的人民可以結為一體，通力合作，以共禦外侮；文化不相同的則不能然，此即民族國家形成的原理。在現今世界上，非民族的國家固多，然總不甚穩固。其內部能平和相處，強大民族承認弱小民族自決權利的還好，其不然的，往往演成極激烈的爭鬥；而一民族強被分割的，亦必出死力以求其合；這是世界史上數見不鮮的事。所以民族國家，在現今，實在是一個最重要的組織，若干人民，其文化能互相融和而成為一個民族，一個民族而能建立一個強固的國家，都是很不容易的事。苟其能之，則這一個國家，就是這一個民族在今日世界上所以自衛，而對世界的進化盡更大的責任的良好工具了。

中國是世界上最大的一個民族國家，這是無待於言的。一個大民族，固然總是融合許多小民族而成，然其中亦必有一主體。為中國民族的主體的，無疑的是漢族了。漢族的由來，在從前是很少有人提及的。這是因為從前人地理知識的淺薄，不知道中國以外還有許多地方之故。至於紀載，邃古的時代，自然是沒有的。後來雖然有了，然距邃古的時代業已很遠；又為神話的外衣所蒙蔽。一個民族不能自知其最古的歷史，正和一個人不能自知其極小時候的情形一樣。如其開化較晚，而其鄰近有先進的民族，這一個民族的古史，原可藉那一個民族而流傳，中國卻又無有。那麼，中國民族最古的情形，自然無從知道了。直至最近，中國民族的由來，才有人加以考究，而其初還是西人，到後來，中國人才漸加注意。從前最占勢力的是"西來說"，即說中國民族，自西方高地而來。其中尤被人相信的，為中國民族來自黃河上源昆侖山之說。此所謂黃河上源，乃指今新疆省的于闐河；所謂昆侖山，即指于闐河上源之山。這是因為：（一）中國的開化，起於黃河流域。（二）漢武帝時，漢使窮河源，說河源出於于闐。《史記・大宛列傳》說：天子案古圖書，河源出於昆侖。後人因漢代去古未遠，相信武帝所案，必非無據之故。其實黃河上源，明明不出于闐，若說于闐河伏流地下，南出而為黃河上源，則為地勢所不容，明明是個曲說。而昆侖的地名，在古書裏也是很神祕的，並不能實指其處，這只要看《楚辭》的《招魂》、《淮南子》的《地形訓》和《山海經》便知。所以以漢族開化起於黃河流域，而疑其來自黃河上源，因此而信今新疆西南部的山為漢族發祥之地，根據實在很薄弱。這一說，在舊時諸說中，是最有故書雅記做根據的,而猶如此,其他更不必論了。

茫昧的古史,雖然可以追溯至數千年以上,然較諸民族的緣起,則是遠後的。所以追求民族的起原,實當求之於考古學,而不當求之於歷史。考古學在中國,是到最近才略見曙光的。其所發見的人類,最古的是一九○三年河北房山縣周口店所發見的北京人。Peking Man。案此名爲安特生所命,協和醫學院解剖學教授步達生(Davidson Black)名之爲 Sinanthropus Pekinensis,葉爲耽名之曰震旦人,見所著《震旦人與周口店文化》,商務印書館本。據考古學家的研究,其時約距今四十萬年。其和中國人有無關係,殊不可知,不過因此而知東方亦是很古的人類起原之地罷了。其和歷史時代可以連接的,則爲民國十年遼寧錦西沙鍋屯、河南澠池仰韶村,及十二、三年甘肅臨夏、寧定、民勤、青海貴德及青海沿岸所發見的采色陶器,和俄屬土耳其斯單所發見的酷相似。考古家安特生,J. G. Andersson。因謂中國民族,實自中亞經新疆、甘肅而來。但采陶起自巴比侖,事在西元前三千五百年,傳至小亞細亞,約在西元前二千五百年至二千年,傳至希臘,則在二千年至一千年,俄屬土耳其斯單早有銅器,河南、甘肅、青海之初期則無之,其時必在西元二千五百年之前,何以傳播能如是之速? 製銅之術,又何以不與製陶並傳? 斯坦因 Sir Aurel Stein。在新疆考古,所得漢、唐遺物極多,而先秦之物,則絶無所得,可見中國文化在先秦世實尚未行於西北,安特生之説,似不足信了。此説略據金兆梓《中國人種及文化由來》,見《東方雜誌》第二十六卷第二期。民國十九年以後,山東歷城的城子崖、滕縣的安上村,都發見黑色陶器。江蘇武進的奄城,金山的戚家墩、吳縣的磨盤山、黃壁山,浙江杭縣的古蕩、良渚,吳興的錢山漾,嘉興的雙棲,平湖的乍浦,海鹽的澉浦,亦得有新石器時代的石器、陶器,其中杭縣的黑陶,頗與山東相類。又河域所得陶器,皆爲條文及席文,南京、江、浙和山東鄒縣、福建武平、遼寧金縣貔子窩及香港的陶器,則其文理爲幾何形。又山東、遼寧有有孔石斧,朝鮮、日本有有孔石廚刀,福建廈門、武平有有溝石鏃,南洋羣島有有溝石斧,大洋洲木器所刻動物形,有的和中國銅器相像,北美阿拉斯加的土器,也有和中國相像的。然則中國沿海一帶,實自有其文化。據民國十七年以後中央研究院在河南所發掘,安陽的侯家莊、濬縣的大賚店,兼有采色黑色兩種陶器,而安陽縣北的小屯村,即一八九八、九九年發見甲骨文字之處,世人稱爲殷墟的,亦有幾何文的陶器。又江、浙石器中,有戈、矛及鉞,河域惟殷墟有之。鬲爲中國所獨有,爲鼎之前身,遼東最多,仰韶亦有之,甘肅、青海,則至後期才有。然則中國文化,在有史以前,似分東、西兩系。東系以黑陶爲代表,西系以采陶爲代表,而河南爲其交會之地。采陶爲西方文化東漸的，代表中國固有的文化的，實爲黑陶。試以古代文化現象證之：（一）"國君無故不殺牛，大夫無故不殺羊，士無故不殺犬豕"，而魚鼈則爲常食。（二）衣服材料，以麻、絲爲主，裁製極其寬博。（三）古代的人民，是巢居或湖居的。（四）其貨幣多用貝。（五）在宗教上又頗敬畏龍蛇。皆足證其文化起於東南沿海之處；采陶文化之爲外鑠，似無疑義了。在古代，亞洲東方的民族，似可分爲三系，而其處置頭髮的方法，恰可爲其代表，這是一件極有趣味的事。即北族辮髮，南族斷髮，中原冠帶。《爾雅·釋言》説："齊，中也。"《釋地》説："自齊州以南戴日爲丹穴，北戴斗極爲空同，東至日所出爲大平，西至日所入爲大蒙。"齊即今之臍字，本有中央之義。古代的民族，總是以自己所居之地爲中心的，齊州爲漢族發祥之地，可無疑義了。然則齊州究在何處呢？我們固不敢斷言其即後來的齊國，然亦必與之相近。又《爾雅·釋地》説"中有岱嶽"，而泰山爲古代祭天之處，亦必和我民族起原之地有關。文化的發展，總是起於大河下流的，埃及和小亞細亞即其明證。與其説中國文化起於黃河上流，不如説其起於黃河下流的切於事情了。近來有些人，窺見此中消息，卻又不知中國和南族之別，甚有以爲中國人即是南族的，這個也不對。南族的特徵是斷髮文身，斷髮即我國古代的髡刑，文身則是古代的黥刑，以南族的裝飾爲刑，可見其曾與南族相爭鬥，而以其俘虜爲奴隸。近代的考古學，證明長城以北的古物，可分爲三類：（一）打製石器，其遺迹西起新疆，東至東三省，而限於西遼河、松花江以北，環繞著沙漠。（二）細石器，限於興安嶺以西。與之相伴的遺物，有類似北歐及西伯利亞的，亦有類似中歐及西南亞的，二者均係狩獵或畜牧民族所爲。（三）磨製石器，北至黑龍江昂昂溪，東至朝鮮北境，則係黃河流域的農耕民族所爲，其遺物多與有孔石斧及類鬲的土器並存，與山東龍口所得的土器極相似。可見我國民族，自古即介居南北兩民族之間，而爲東方文化的主幹了。步達生言仰韶村、沙鍋屯的遺骸，與今華北人同，日本清野謙次亦謂貔子窩遺骸與仰韶村遺骸極相似。

第二十章　中國史的年代

　　講歷史要知道年代，正和講地理要知道經緯綫一般。有了經緯綫，才知道某一地方在地球面上的某一點，和其餘的地方距離如何，關係如何。有了年代，才知道某一件事發生在悠遠年代中的某一時，當時各方面的情形如何？和其前後諸事件的關係如何？不然，就豪無意義了。

　　正確的年代，原於(一)正確(二)不斷的記載，中國正確不斷的記載，起於什麼時候呢？那就是周朝厲、宣二王間的共和元年。下距民國紀元二千七百五十二年，西曆紀元八百四十一年，在世界各國中，要算是很早的了。但是比之於人類的歷史，還如小巫之見大巫。世界之有人類，其正確的年代雖不可知，總得在四五十萬年左右。歷史確實的紀年，只有二千餘年，正像人活了一百歲，只記得一年不到的事情，要做正確的年譜，就很難了。雖然歷史無完整的記載，歷史學家仍有推求之法。那便是據斷片的記載，涉及天地現象的，用曆法推算。中國用這方法的也很多。其中較爲通行的，一爲《漢書・律曆志》所載劉歆之所推算，一爲宋朝邵雍之所推算。劉歆所推算：周朝八百六十七年，殷朝六百二十九年，夏朝四百三十二年，虞舜在位五十年，唐堯在位七十年。周朝的滅亡，在民國紀元前二千一百六十七年，西曆紀元前二百五十六年，則唐堯的元年，在民國紀元前四千二百十五年，西曆紀元前二千三百零五年。據邵雍所推算，則唐堯元年，在民國紀元前四千二百六十八年，西曆紀元前二千三百五十七年。據曆法推算，本是極可信據的，但前人的記載，未必盡確，後人的推算，也不能無誤，所以也不可盡信。不過這所謂不可信，僅係不密合，論其大概，還是不誤的。《孟子・公孫丑下篇》説："由周而來，七百有餘歲矣。"《盡心下篇》説："由堯、舜至於湯，五百有餘歲；由湯至於文王，五百有餘歲；由文王至於孔子，五百有餘歲。"樂毅報燕惠王書，稱頌昭王破齊之功，説他"收八百歲之蓄積"。《韓非子・顯學篇》説"殷、周七百餘歲，虞、夏二千餘歲"，此七百餘歲但指周言。都和劉歆，邵雍所推算，相去不遠。古人大略的記憶,十口相傳,是不會大錯的。然則我國歷史上可知而不甚確實的年代,大約在四千年以上了。

自此以上,連斷片的記録,也都没有,則只能據發掘所得,推測其大略,是爲先史時期。人類學家把人類所用的工具,分别他進化的階段,最早的爲舊石器時期,次之爲新石器時期,都在有史以前,更次之爲青銅器時期,更次之爲鐵器時期,就在有史以後了。我國近代發掘所得,據考古學家的推測:周口店的遺迹,約在舊石器前期之末,距今二萬五千年至七萬年。甘、青、河南遺迹,早的在新石器時期,在西曆紀元前二千六百至三千五百年之間;晚的在青銅器時期,在西曆紀元前一千七百至二千六百年之間。案古代南方銅器的發明,似較北方爲早,則實際上,我國開化的年代,或許還在此以前。

中國古書上,有的把古史的年代,説得極遠而且極確實的,雖然不足爲憑,然因其由來甚遠,亦不可不一發其覆。案《續漢書·律曆志》載蔡邕議曆法的話,説《元命苞》、《乾鑿度》,都以爲自開闢至獲麟,獲麟是《春秋》的末一年,在西元前四八一年。二百七十六萬歲。司馬貞《補三皇本紀》,則説《春秋緯》稱自開闢至獲麟,凡三百二十七萬六千歲,分爲十紀。據《漢書·律曆志》,劉歆的三統曆法,以十九年爲一章,四章爲一蔀,二十蔀爲一紀,三紀爲一元。二百七十五萬九千二百八十年,乃是六百十三元之數。《漢書·王莽傳》説:莽下三萬六千歲曆,三萬六千被乘於九十一,就是三百二十七萬六千年了。這都是鄉壁虚造之談,可謂豪無歷史上的根據。

第二十一章　古代的開化

　　中國俗説，最早的帝王是盤古氏。古書有的説他和天地開闢並生，有的説他死後身體變化而成日月、山河、草木等，徐整《三五曆記》説："天地混沌如雞子，盤古生其中。萬八千歲，天地開闢，陽清爲天，陰濁爲地，盤古在其中。……天日高一丈，地日厚一丈，盤古日長一丈。如此萬八千歲，天數極高，地數極深，盤古極長。"《五運歷年記》説："首生盤古，垂死化身：氣成風雲，聲爲雷霆，左眼爲日，右眼爲月，四肢、五體爲四極、五嶽，血液爲江河，筋脈爲地里，肌肉爲田土，髮髭爲星辰，皮毛爲草木，齒骨爲金石，精髓爲珠玉，汗流爲雨，身之諸蟲，因風所感，化爲黎甿。"這自然是附會之辭，不足爲據。《後漢書・南蠻傳》説：漢時長沙、武陵蠻_{長沙、武陵，皆後漢郡名。長沙，治今湖南長沙縣。武陵，治今湖南常德縣。}的祖宗，喚做盤瓠，乃是帝嚳高辛氏的畜狗。當時有個犬戎國，爲中國之患。高辛氏乃下令，説有能得犬戎吳將軍的頭的，賞他黃金萬鎰，還把自己的女兒嫁給他。令下之後，盤瓠銜了吳將軍的頭來，遂背了高辛氏的公主，走入南山，生了五男五女，自相夫妻，成爲長沙、武陵蠻的祖宗。現在廣西一帶，還有祭祀盤古的。閩浙的畬民，則奉盤瓠爲始祖，其畫像仍作狗形。有人説盤古就是盤瓠，這話似乎很確。但是《後漢書》所記，只是長沙、武陵一支，而據古書所載，則盤古傳説，分布之地極廣，而且絕無爲帝嚳畜狗之説，據《路史》：會昌有盤古山，湘鄉有盤古堡，雩都有盤古祠，成都、淮安、京兆，亦皆有盤古廟。會昌，今江西會昌縣。湘鄉，今湖南湘鄉縣。雩都，今江西雩都縣。成都，今四川成都縣。淮安，今江蘇淮安縣。京兆，今西京。則盤古、盤瓠，究竟是一是二，還是一個疑問。如其是一，則盤古本非中國民族的始祖；如其是二，除荒渺的傳説外，亦無事迹可考；只好置諸不論不議之列了。

　　在盤古之後，而習慣上認爲很早的帝王的，就是三皇、五帝。三皇、五帝之名，見於《周官・外史氏》，並沒説他是誰。後來異説甚多，三皇異説：《白虎通》或説，無燧人而有祝融。《禮記・曲禮正義》説，鄭玄注《中候敕省圖》引《運斗樞》，無燧人而有女媧。案《淮南子・天文訓》、《覽冥訓》、《論衡》《談天》、《順鼓》兩篇，都説共工氏觸不周之山，天柱折，地維缺，女媧煉五色石以補天，斷鼇足以立四極，而司馬貞《補三皇本紀》説係共工氏與祝融戰，則女媧、祝融一人。祝融爲火神，燧人是發明鑽木取火的，可見其仍係一個部族。五帝異説：則漢代的古學家，於黃帝、顓頊之間，增加了一個少昊，於是五帝變成六人。鄭玄注《中候勑省圖》，乃謂德合五帝坐星，即可稱帝，故"實六人而爲五"。然總未免牽强。東晉晚出的《僞古文尚書》的《僞孔安國傳序》，乃將三皇中的燧人除去，而將黃帝上升爲三皇，於是六人爲五的不通，給他彌縫過去了。《僞古文尚書》，今已判明其爲僞，人皆不之信，東漢古學家之説，則尚未顯被推翻。但古學家此説，不過欲改五德終始説之相勝爲相生，而又顧全漢朝之爲火德，其作僞實無以異，而手段且更拙。案五德終始之説，創自鄒衍，本依五行相勝的次序。依他的説法，是虞土、夏木、殷金、周火，所以秦始皇自以爲水德，而漢初自以爲土德。到劉向父子出，改五德的次序爲五行相生，又以漢爲堯後。而黃帝的稱號爲黃，黃爲土色，其爲土德，無可移易。如此，依五帝的舊次，顓頊金德、帝嚳水德，堯是木德，與漢不同德了。於其間增一少昊爲金德，則顓頊水德，帝嚳木德，堯爲火德，與漢相同；堯以後則虞土、夏金、殷水、周木，而漢以火德承之，秦人則被視爲閏位，不算入五德相承次序。這是從前漢末年發生，至後漢而完成的一套五德終始的新説，其説明見於《後漢書·賈逵傳》，其不能據以言古代帝王的統系，是豪無疑義的了。其較古的，還是《風俗通》引《含文嘉》，以燧人、伏羲、神農爲三皇，《史記·五帝本紀》以黃帝、顓頊、帝嚳、堯、舜爲五帝之説。燧人、伏羲、神農，不是"身相接"的，五帝則有世系可考。據《史記·五帝本紀》及《大戴禮記·帝繫篇》，其統系如下：

黃帝 $\begin{cases} 玄囂——蟜極——帝嚳——堯 \\ 昌意——帝顓頊 \begin{cases} 窮蟬——敬康——句望——蟜牛——瞽叟——舜 \\ 鯀——禹 \end{cases} \end{cases}$

案五帝之説，原於五德終始，五德終始之説，創自鄒衍，鄒衍是齊人，《周官》所述的制度，多和《管子》相合，疑亦是齊學。古代本没有一個天子世代相承，即一國的世系較爲連貫的，亦必自夏以後。夏、殷兩代，後世的史家，都認爲當時的共主，亦是陷於時代錯誤的。據《史記·夏》、《殷本紀》所載，明明還是盛則諸侯來朝，衰則諸侯不至，何況唐、虞以上？所以三皇、五帝，只是後人造成的一個古史系統，實際上怕全不是這麼一回事。但自夏以後，一國的世系，既略有可考；而自黃帝以後，諸帝王之間，亦略有不很正確的世系；總可藉以推測古史的大略了。

古代帝王的稱號，有所謂德號及地號，服虔説，見《禮記·月令》《疏》。德號是以其所做的事業爲根據的，地號則以其所居之地爲根據。案古代國名、地名，往往和部族之名相混，還可以隨著部族而遷移，所以雖有地號，其部族究在何處，仍難斷言。至於德號，更不過代表社會開化的某階段；或者某一個部族，特長於某種事業；并其所在之地而不可知，其可考見的真相，就更少了。然既有這些傳説，究可略據之以爲推測之資。傳説中的帝王，較早而可考見社會進化的迹象的，是有巢氏和燧人氏。有巢氏教民構木爲巢，燧人氏教民鑽木取火，見於《韓非子》的《五蠹篇》。稍後則爲伏羲、神農。伏羲氏始畫八卦，作結繩而爲網罟，以佃以漁；神農氏斲木爲耜，揉木爲耒，日中爲市；見於《易經》的《繫辭傳》。有巢、燧人、神農，都是德號，顯而易見。伏羲氏，《易傳》作包犧氏,包伏一聲之轉。據《風俗通》引《含文嘉》,是"下伏而化之"之意,義化亦是一聲。他是始畫八卦的,大約在宗教上很有權威,其爲德號,亦無疑義。這些都不過代表社會進化的一個階段,究有其人與否,殊不可知。但各部族的進化,不會同時,某一個部族,對於某一種文化,特別進步得早,是可以有的。如此,我們雖不能說在古代確有發明巢居、取火、佃漁、耕稼的帝王,卻不能否認對於這些事業,有一個先進的部族。既然有這部族,其時地就該設法推考了。伏羲古稱爲大昊氏,風姓,據《左氏》僖公二十一年所載,任、宿、須句、顓臾四國,是其後裔。任在今山東的濟寧縣,宿和須句,都在東平縣,顓臾在費縣。神農,《禮記·月令》《疏》引《春秋說》,稱爲大庭氏。《左氏》昭公十八年,魯有大庭氏之庫。魯國的都城,即今山東曲阜縣。《帝王世紀》說伏羲都陳,乃因《左氏》有"陳大昊之墟"之語而附會,不足信,見下。又說神農氏都陳徙魯,則因其承伏羲之後而附會的。然則伏羲、神農,都在今山東東南部,和第十九章所推測的漢族古代的根據地,是頗爲相合的了。

　　神農亦稱炎帝,炎帝之後爲黃帝,炎、黃之際,是有一次戰事可以考見的,古史的情形,就更較明白了。《史記·五帝本紀》說:神農氏世衰,諸侯相侵伐,弗能征,而蚩尤氏最爲暴,"黃帝乃徵師諸侯,與蚩尤戰於涿鹿之野,遂禽殺蚩尤"。又說:"炎帝欲侵陵諸侯,諸侯咸歸軒轅",《史記·五帝本紀》說黃帝名軒轅,他書亦有稱爲軒轅氏的,案古書所謂名,兼包一切稱謂,不限於名字之名。軒轅"與炎帝戰於阪泉之野,三戰然後得其志"。其說有些矛盾。《史記》的《五帝本紀》,和《大戴禮記》的《五帝德》,是大同小異的,《大戴禮記》此處,卻只有和炎帝戰於阪泉,而並沒有和蚩尤戰於涿鹿之事。神農、蚩尤,都是姜姓。《周書·史記篇》說"阪泉氏徙居獨鹿",獨鹿之即涿鹿,亦顯而易見。然則蚩尤、炎帝,即是一人,涿鹿、阪泉,亦係一地。《太平御覽·州郡部》引《帝王世紀》轉引《世本》,說涿鹿在彭城南,彭城是今江蘇的銅山縣,服虔謂涿鹿爲漢之涿郡,即今河北涿縣。皇甫謐,張晏謂在上谷,則因漢上谷郡有涿鹿縣而云然,皆據後世地名附會,不足信。漢涿鹿縣,即今察哈爾涿鹿縣。《世本》是古書,是較可信據的,然則漢族是時的發展,仍和魯東南不遠了。黃帝之後是顓頊,顓頊之後是帝嚳,這是五帝說的舊次序。後人於其間增一少昊,這是要改五德終始之說相勝的次序爲相生,又要顧全漢朝是火德而云然,無足深論。說見注四。① 但是有傳於後,而被後人認爲共主的部族,在古代總是較強大的,其事迹仍舊值得考據,則無疑義。《史記·周本紀》《正

___

① 即第二四九至二五〇頁的注文。

義》引《帝王世紀》說：炎帝、黄帝、少昊，都是都於曲阜的，而黄帝自窮桑登帝位，少昊氏邑於窮桑，顓頊則始都窮桑，後徙帝丘。他説"窮桑在魯北，或云窮桑即曲阜也"。《帝王世紀》，向來認爲不足信之書，但只是病其牽合附會，其中的材料，還是出於古書的，只要不輕信其結論，其材料仍可采用。《左氏》定公四年説伯禽封於少昊之墟，昭公二十年説："少昊氏有四叔，世不失職，遂濟窮桑。"則窮桑近魯，少昊氏都於魯之説，都非無據。帝丘地在今河北濮陽縣，爲後來衛國的都城。顓頊徙帝丘之説，乃因《左氏》昭公十七年"衛顓頊之虚"而附會，然《左氏》此説，與"陳大昊之墟"，"宋大辰之虚"，"鄭祝融之虚"並舉，大辰，無論如何，不能説爲人名或國名，近人或謂即《後漢書》朝鮮半島的辰國，證據未免太乏。則大昊、祝融、顓頊，亦係天神，顓頊徙都帝丘之説，根本不足信了。《史記·五帝本紀》説"黄帝正妃嫘祖生二子，其後皆有天下。其一曰玄囂，是爲青陽，青陽降居江水"，此即後人指爲少昊的；"其二曰昌意，降居若水，生高陽"，高陽即帝顓頊。後人以今之金沙江釋此文的江水，鴉龍江釋此文的若水，此乃大誤。古代南方之水皆稱江。《史記·殷本紀》引《湯誥》，説"東爲江，北爲濟，西爲河，南爲淮，四瀆既修，萬民乃有居"，其所説的江，即明明不是長江。淮、泗、汝皆不入江，而《孟子·滕文公上篇》説禹"決汝、漢，排淮、泗而注之江"，亦由於此。《吕覽·古樂篇》説"帝顓頊生自若水，實處空桑，乃登爲帝"，可見若水實與空桑相近。《山海經·海内經》説："南海之内，黑水、青水之間，有木焉，名曰若木，若水出焉。"《説文》桑字作𣟍，若水之若，實當作𣕏，仍係桑字，特加𠙴以象根形，後人認爲若字，實誤。《楚辭》的若木，亦當作桑木，即神話中的扶桑，在日出之地。此據王筠説，見《説文釋例》。然則顓頊、帝嚳，蹤迹仍在東方了。

繼顓頊之後的是堯，繼堯之後的是舜，繼舜之後的是禹。堯、舜、禹的相繼，據儒家的傳説，是純出於公心的，即所謂"禪讓"，亦謂之"官天下"。但《莊子·盗跖篇》有堯殺長子之説，《吕覽·去私》、《求人》兩篇，都説堯有十子，而《孟子·萬章上篇》和《淮南子·泰族訓》，都説堯只有九子，很像堯的大子是被殺的。俞正燮即因此疑之，見所著《癸巳類稿·累證》。後來《竹書紀年》又有舜囚堯，並偃塞丹朱，使不與堯相見之説。劉知幾因之作《疑古篇》，把堯、舜、禹的相繼，看作和後世的篡奪一樣。其實都不是真相。古代君位與王位不同，在第三章中，業經説過。堯、舜、禹的相繼，乃王位而非君位，這正和蒙古自成吉思汗以後的汗位一樣。成吉思汗以後的大汗，也還是出於公舉的。詳見第四十五章。前一個王老了，要指定一人替代，正可見得此時各部族之間，已有較密切的關係，所以共主之位，不容空闕。自夏以後，變爲父子相傳，古人謂之"家天下”，又可見得被舉爲王的一個部族，漸次强盛，可以久居王位了。

　　堯、舜、禹之間，似乎還有一件大事，那便是漢族的開始西遷。古書中屢次說顓頊、帝嚳、堯、舜、禹和共工、三苗的爭鬥，《淮南子·天文訓》、《兵略訓》，都說共工與顓頊爭，《原道訓》說共工與帝嚳爭。《周書·史記篇》說共工亡於唐氏。《書經·堯典》說舜流共工於幽州。《荀子·議兵篇》說禹伐共工。《書經·堯典》又說舜遷三苗於三危。《甫刑》說：“皇帝遏絕苗民，無世在下。”皇帝，《疏》引鄭《注》以爲顓頊，與《國語·楚語》相合。而《戰國·魏策》、《墨子·兼愛》、《非攻》、《韓非子·五蠹篇》，亦均載禹征三苗之事。共工、三苗，都是姜姓之國，似乎姬、姜之爭，歷世不絕，而結果是姬姓勝利的。我的看法，卻不是如此。《國語·周語》說“共工欲壅防百川，墮高堙卑，鯀稱遂共工之過，禹乃高高下下，疏川導滯”，似乎共工和鯀，治水都是失敗的，至禹乃一變其法。然《禮記·祭法篇》說“共工氏之霸九州也，其子曰后土，能平九州”，則共工氏治水之功，實與禹不相上下。後人說禹治水的功績，和唐、虞、夏間的疆域，大抵根據《書經》中的《禹貢》，其實此篇所載，必非禹時實事。《書經》的《皋陶謨》載禹自述治水之功道：“予決九川，距四海，濬畎澮距川。”九川特極言其多。四海的海字，乃晦暗之義。古代交通不便，又各部族之間，多互相敵視，本部族以外的情形，就茫昧不明，所以夷、蠻、戎、狄，謂之四海。見《爾雅·釋地》。中國西北兩面並無海，而古稱四海者以此。州、洲本係一字，亦即今之島字，說已見第十四章。《說文》川部：“州，水中可居者。昔堯遭洪水，民居水中高土，故曰九州。”此係唐、虞、夏間九州的真相，決非如《禹貢》所述，跨今黃河、長江兩流域。同一時代的人，知識大抵相類，禹的治水，能否一變共工及鯀之法，實在是一個疑問。堙塞和疏導之法，在一個小區域之內，大約共工、鯀、禹，都不免要並用的。但區域既小，無論堙塞，即疏導，亦決不能挽回水災的大勢，所以我疑心共工、鯀、禹，雖然相繼施功，實未能把水患解決，到禹的時代，漢族的一支，便開始西遷了。堯的都城，《漢書·地理志》說在晉陽，即今山西的太原縣。鄭玄《詩譜》說他後遷平陽，在今山西的臨汾縣。《帝王世紀》說舜都蒲阪，在今山西的永濟縣。又說禹都平陽，或於安邑，或於晉陽，安邑是今山西的夏縣。這都是因後來的都邑而附會。《太平御覽·州郡部》引《世本》說堯之都後遷涿鹿，《孟子·離婁下篇》說：“舜生於諸馮，遷於負夏，卒於鳴條。”這都是較古之說。涿鹿在彭城說已見前。諸馮、負夏、鳴條，皆難確考。然鳴條爲後來湯放桀之處，桀當時是自西向東走的，則鳴條亦必在東方。而《周書·度邑解》說“自洛汭延於伊汭，居易無固，其有夏之居”，這雖不就是禹的都城，然自禹的兒子啓以後，就不聞有和共工、三苗爭鬥之事，則夏朝自禹以後，逐漸西遷，似無可疑。然則自黄帝至禹，對姜姓部族爭鬥的勝利，怕也只是姬姓部族自己誇張之辭，不過只有姬姓部族的傳說，留遺下來，後人就認爲事實罷了。爲什麼只有姬姓部族的傳說留遺於後呢？其中仍有個關鍵。大約當時東方的水患，是很烈的，而水利亦頗饒。因其水利頗饒，所以成爲漢族發祥之地。因其水患很烈，所以共工、鯀、禹，相繼施功而無可如何。禹的西遷，大約是爲避水患的。當時西邊的地方，必較東邊爲瘠，所以非到水久治無功時，不肯遷徙。然既遷徙之後，因地瘠不能不多用人力，文明程度轉因此進步，而留居故土的部族，轉落其後了。這就是自夏以後，西方的歷史傳者較詳，而東方較爲茫昧之故。然則夏代的西遷，確是古史上的一個轉捩，而夏朝亦確是古史上的一個界畫了。

第二十二章　夏殷西周的事迹

　　夏代事迹，有傳於後的，莫如大康失國少康中興一事。這件事，據《左氏》、《周書》、《墨子》、《楚辭》所載，《左氏》襄公四年、哀公元年，《周書·嘗麥解》，《墨子·非樂》，《楚辭·離騷》。大略是如此的。禹的兒子啓，荒於音樂和飲食，死後，他的兒子大康，兄弟五人，起而作亂，是爲五觀。大康因此失國，人民和政權，都入於有窮后羿之手。大康傳弟仲康，仲康傳子相。夏朝此時，失掉的是王位，並非君位，所以仍舊相傳。羿因荒於遊畋，又爲其臣寒浞所殺。寒浞占據了羿的妻妾，生了兩個兒子，一個喚做澆，一個喚做豷。夏朝這時候，依靠他同姓之國斟灌和斟尋。寒浞使澆把他們都滅掉，又滅掉夏后相。使澆住在喚做過，豷住在喚做戈的地方。夏后相的皇后，是仍國的女兒，相被滅時，正有身孕，逃歸母家，生了一個兒子，是爲少康，做了仍國的牧正。寒浞聽得他有才幹，使澆去尋找他。少康逃到虞國。虞國的國君，把兩個女兒嫁給他，又把喚做綸的地方封他。有一個喚做靡的，當羿死時，逃到有鬲氏，就從有鬲氏收合斟灌、斟尋的餘衆，把寒浞滅掉。少康滅掉了澆，少康的兒子杼又滅掉了豷。窮國就此滅亡。這件事，雖然帶些神話和傳說的性質，然其匡廓尚算明白，頗可據以推求夏代的情形。舊說的釋地，是全不足據的。《左氏》說“后羿自鉏遷於窮石”，又說羿“因夏民以代夏政”，則窮石即非夏朝的都城，亦必和夏朝的都城相近。《路史》說安豐有窮谷、窮水，就是窮國所在，其地在今安徽霍邱縣。《漢書·地理志》《注》引應劭說，有窮是偃姓之國，皋陶之後。據《史記·五帝本紀》，皋陶之後，都是封在安徽六安一帶的。過不可考。戈，據《左氏》，地在宋、鄭之間。見《左氏》哀公十二年。《春秋》桓公五年，天王使仍叔之子來聘，仍，《穀梁》作任，地在今山東的濟寧縣。虞國當係虞舜之後，舊說在今河南的虞城縣。《周書》稱大康兄弟五人爲“殷之五子”，又說：“皇天哀禹，賜以彭壽，思正夏略。”殷似即後來的亳殷，在今河南的偃師縣。即下文引《春秋繁露》說湯作宮邑於下洛之陽的。宮宮二字古通用，作宮邑就是造房屋和城郭。商朝的都城所在，都稱爲亳，此地大約本名殷，商朝因此所以又稱殷朝。彭壽該是立國於彭城的。案《世本》説禹都陽城,地在今河南的登封縣,西遷未必能如此之速。綜觀自大康至少康之事,似乎夏朝的根據地,本在安徽西部,而逐漸遷徙到河南去,入於上章所引《周書》所説的"自洛汭延於伊汭"這一個區域的。都陽城該是夏朝後代的事,而不是禹時的事。從六安到霍邱,地勢比較高一些,從蘇北魯南避水患而遷於此,又因戰爭的激盪而西北走向河南,似乎於情事還合。

　　但在這時候,東方的勢力,亦還不弱,所以後來夏朝卒亡於商。商朝的始祖名契,封於商。鄭玄説地在大華之陽,即今陝西的商縣,未免太遠。《史記·殷本紀》説:"自契至於成湯八遷。"《世本》説契居蕃,契的兒子昭明居砥石,昭明的兒子相土居商丘,揚雄《兗州牧箴》説"成湯五徙,卒歸於亳",合之恰得八數。蕃當即漢朝的蕃縣,爲今山東的滕縣。商丘,當即後來宋國的都城,爲今河南的商邱縣。五遷地難悉考。據《吕覽·慎大》、《具備》兩篇,則湯嘗居郼,郼即韋,爲今河南的滑縣。《春秋繁露·三代改制質文篇》説"湯受命而王,作官邑於下洛之陽",此當即亳殷之地。《詩·商頌》説:"韋、顧既伐,昆吾、夏桀。"顧在今山東的范縣。昆吾,據《左氏》昭公十二年《傳》楚靈王説"昔我皇祖伯父昆吾,舊許是宅",該在今河南的許昌縣,而哀公十七年,又説衛國有昆吾之觀,衛國這時候,在今河北的濮陽縣,則昆吾似自河北遷於河南。《史記·殷本紀》説:"湯自把鉞以伐昆吾,遂伐桀。""桀敗於有娀之虚,桀奔於鳴條。"《左氏》昭公四年,"夏桀爲仍之會,有緡叛之",《韓非子·十過篇》亦有這話,仍作娀,則有娀即有仍。鳴條爲舜卒處,已見上章。合觀諸説,商朝似乎興於今魯、豫之間,湯先平定了河南的北境,然後向南攻桀,桀敗後是反向東南逃走的。觀桀之不向西走而向東逃,可見此時伊、洛以西之地,還未開闢。

　　據《史記·夏本紀》、《殷本紀》,夏朝傳國共十七代,商朝則三十代。商朝的世數所以多於夏,大約是因其兼行兄終弟及之制而然。後來的魯國,自莊公以前,都是一生一及,吳國亦有兄終弟及之法,已見第二章,這亦足以證明商朝的起於東方。商朝的事迹,較夏朝傳者略多。據《史記》:成湯以後,第四代大甲,第九代大戊,第十三代祖乙,第十九代盤庚,第二十二代武丁,都是賢君,而武丁之時,尤其强盛。商朝的都城,是屢次遷徙的。第十代仲丁遷於隞,地在今河南滎澤縣。隞,《書序》作囂,《書序》不一定可信,所以今從《史記》。隞的所在,亦有異説。但古書皆東周至漢的人所述,尤其大多數是漢朝人寫下來的,所用的大抵多是當時的地名,所以古書的釋地,和東周、秦、漢時地名相近的,必較可信。如隞即敖,今之滎澤縣,爲秦、漢間敖倉所在,以此釋仲丁所遷之隞,確實性就較大些。這是治古史的通例,不能一一具説,特於此發其凡。第十二代河亶甲居相，在今河南内黄縣。第十三代祖乙遷於邢，在今河北邢臺縣。到盤庚才遷回成湯的舊居亳殷。第二十七代武乙，復去亳居河北。今河南安陽縣北的小屯村，即發見龜甲獸骨之處，據史學家所考證，其地即《史記・項羽本紀》所謂殷墟，不知是否武乙時所都。至其第三十代即最後一個君主紂，則居於朝歌，在今河南淇縣。綜觀商朝歷代的都邑，都在今河南省裏的黄河兩岸，還是湯居郼，營下洛之陽的舊觀。周朝的勢力，卻更深入西北部了。

　　周朝的始祖名棄，是舜之時居稷官的，封於邰。歷若干代，至不窋，失官，奔於戎狄之間。再傳至公劉，居邠，仍從事於農業。又十傳至古公亶父，復爲狄所逼，徙岐山下。邰，舊説是今陝西的武功縣。邠是今陝西的邠縣，岐是今陝西的岐山縣。近人錢穆説：《左氏》昭公元年説金天氏之裔子臺駘封於汾川，《周書・度邑篇》説武王升汾之阜以望商邑，汾即邠，邠則因臺駘之封而得名，都在今山西境内。亶父踰梁山而至岐，梁山在今陝西韓城縣，岐山亦當距梁山不遠。見所著《周初地理考》。據他這説法，則後來文王居豐，武王居鎬，在今陝西鄠縣界内的，不是東下，乃是西上了。河、汾下流和渭水流域，地味最爲肥沃，周朝是農業部族，自此向西拓展，和事勢是很合的。古公亶父亦稱大王，周至其時始强盛。傳幼子季歷以及文王，《論語》説他"三分天下有其二"。《泰伯下篇》。文王之子武王，遂滅紂。文王時曾打破耆國，而殷人振恐，武王則渡孟津而與紂戰，耆國，在今山西的黎城縣，自此向朝歌，乃今出天井關南下的隧道，孟津在今河南孟縣南，武王大約是出今潼關到此的，這又可以看出周初自西向東發展的方向。然武王雖勝紂，並未能把商朝滅掉，仍以紂地封其子武庚，而使其弟管叔、蔡叔監之。武王崩，子成王幼，武王弟周公攝政，管、蔡和武庚都叛。據《周書・作雒解》，是時叛者，又有徐、奄及熊、盈。徐即後來的徐國，地在泗水流域，奄即後來的魯國，熊爲楚國的氏族，盈即嬴，乃秦國的姓。可見東方諸侯，此時皆服商而不服周。然周朝此時，頗有新興之氣。周公自己東征，平定了武庚和管叔、蔡叔，滅掉奄國。又使其子伯禽平定了淮夷、徐戎。於是封周公於魯，使伯禽就國，又封大公望於齊，又經營今洛陽之地爲東都，東方的舊勢力，就給西方的新勢力壓服了。周公平定東方之後，據説就制禮作樂，攝政共七年，而歸政於成王。周公死後，據説又有所謂"雷風之變"。這件事情，見於《書經》的《金縢篇》。據舊説：武王病時，周公曾請以身代，把祝策藏在金縢之匱中。周公死，成王葬以人臣之禮。天大雷雨，又刮起大風，田禾都倒了，大木也拔了出來。成王大懼，開金縢之匱，才知道周公請代武王之事，乃改用王禮葬周公，這一場災異，才告平息。據鄭玄的説法，則武王死後三年，成王服滿了，才稱自己年紀小，求周公攝政。攝政之後，管叔、蔡叔散布謠言，説周公要不利於成王，周公乃避居東都。成王盡執周公的屬黨。遇見了雷風之變，才把周公請回來。周公乃重行攝政。此説頗不合情理，然亦不會全屬子虛。《左氏》昭公七年，昭公要到楚國去，夢見襄公和他送行。子服惠伯説："先君未嘗適楚，故周公祖以道之，襄公適楚矣，而祖以道君。"據此，周公曾到過楚國，而《史記·蒙恬列傳》，亦有周公奔楚之説，我頗疑心周公奔楚及其屬黨被執，乃是歸政後之事。後來不知如何，又回到周朝。周公是否是善終，亦頗有可疑，殺害了一個人，因迷信的關係，又去求媚於他，這是野蠻時代常有的事，不足爲怪。如此，則兩説可通爲一。楚國封於丹陽，其地實在丹、淅二水的會口，宋翔鳳説，見《過庭録·楚鬻熊居丹陽武王徙郢考》。正當自武關東南出之路，據周公奔楚一事，我們又可見得周初發展的一條路綫了。

　　成王和他的兒子康王之時，稱爲西周的盛世。康王的兒子昭王，"南巡守不返，卒於江上"，《史記·周本紀》文。這一個江字，也是南方之水的通稱。其實昭王是伐楚而敗，淹死在漢水裏的，所以後來齊桓公伐楚，還把這件事情去詰問楚國。見《左氏》僖公四年。周朝對外的威力，開始受挫了。昭王子穆王，西征犬戎。其時徐偃王强，《後漢書·東夷傳》謂其"率九夷以伐宗周，西至河上"。《後書》此語，未知何據。《博物志》亦載徐偃王之事，但《後漢書》所據，並不就是《博物志》，該是同據某一種古説的。《禮記·檀弓下篇》載徐國容居的話，説"昔我先君駒王，西討濟於河"，駒王疑即偃王，則《後書》之説亦非全屬子虛，被壓服的東方，又想恢復其舊勢。然穆王使楚伐徐，偃王走死，則仍爲西方所壓服。穆王是周朝的雄主，在位頗久，當其時，周朝的聲勢，是頗振起的，穆王死後，就無此盛況了。穆王五傳至厲王，因暴虐，爲國人所逐，居外十四年。周朝的卿士周公、召公當國行政，謂之共和。厲王死於外，才立其子宣王。宣王號稱中興，然其在位之三十九年，與姜氏之戎戰於千畝，爲其所敗。千畝在今山西的介休縣，則周朝對於隔河的地方，業經控制不住，西方戎狄的勢力，也漸次擡頭了。至子幽王，遂爲犬戎和南陽地方的申國所滅。幽王滅亡的事情，《史記》所載的，恢詭有類平話，決不是真相。《左氏》昭公二十六年，載周朝的王子朝告諸侯的話，説這時候"攜王干命，諸侯替之，而建王嗣，用遷郟鄏"。即東都之地，見《左氏》宣公三年。則幽王死後，西畿之地，還有一個攜王。周朝當時，似乎是有内憂兼有外患的。攜王爲諸侯所廢，周朝對於西畿之地，就不能控制了。而且介休敗了，出武關向丹、淅的路，又已不通，只有對於東畿，還保存著相當的勢力。平王於是遷居洛陽，號稱東周，其事在西元前七七〇年。

第二十三章　春秋戰國的競爭和秦國的統一

　　文化是從一個中心點，逐漸向各方面發展的。西周以前所傳的，只有後世認爲共主之國一個國家的歷史，其餘各方面的情形，都很茫昧。固然，書闕有間，不能因我們之無所見而斷言其無有，然果有文化十分發達的地方，其事實也決不會全然失傳的，於此，就可見得當時的文明，還是限於一個小區域之內了。東周以後則不然，斯時所傳者，以各強國和文化較發達的地方的事迹爲多，所謂天子之國，轉若在無足輕重之列。原來古代所謂中原之地，不過自泰岱以西，華嶽以東，大行以南，淮、漢以北，爲今河南、山東的大部分，河北、山西的小部分。渭水流域的開發，怕還是西周興起以來數百年間之事。到春秋時代，情形就大不然了。當時號稱大國的，有晉、楚、齊、秦，其興起較晚的，則有吳、越，乃在今山西的西南境，山東的東北境，陝西的中部，甘肅的東部，及江蘇、浙江、安徽之境。在向來所稱爲中原之地的魯、衛、宋、鄭、陳、蔡、曹、許等，反夷爲二三等國了。這實在是一個驚人的文化擴張。其原因何在呢？居於邊地之國，因爲和異族接近，以競爭磨礪而强，而其疆域亦易於拓展，該是其中最主要的。

　　"周之東遷，晉、鄭焉依"，見《左氏》隱公六年。即此便可見得當時王室的衰弱。古代大國的疆域，大約方百里，至春秋時則夷爲三等國，其次等國大約方五百里，一等國則必方千里以上，已見第三章。當西周之世，合東西兩畿之地，優足當春秋時的一個大國而有餘，東遷以後，西畿既不能恢復，東畿地方，又頗受列國的剝削，周朝自然要夷於魯、衛了。古語説"天無二日，民無二王"，這只是當時的一個希望。事實上，所謂王者，亦不過限於一區域之內，並不是普天之下，都服從他的。當春秋時，大約吳、楚等國稱雄的區域，原不在周朝所管轄的範圍內，所以各自稱王。周天子所管轄的區域，因强國不止一個，沒有一國能盡數攝服各國，所以不敢稱王，只得以諸侯之長，即所謂霸主自居，這話在第三章中,亦已説過。所以春秋時代,大局的變遷,繫於幾個霸國手裏。春秋之世,首起而稱霸的是齊桓公。當時異民族雜居内地的頗多,也有相當强盛的,同族中的小國,頗受其壓迫。(一)本來古代列國之間,多有同姓或婚姻的關係。(二)其不然的,則大國受了小國的朝貢,亦有加以保護的義務。(三)到這時候,文化相同之國,被文化不同之國所壓迫,而互相救援,那更有些甫在萌芽的微茫的民族主義在内了。所以攘夷狄一舉,頗爲當時之人所稱道。在這一點上,齊桓公的功績是頗大的。他曾卻狄以存邢、衞,又嘗伐山戎以救燕。這個燕該是南燕,在今河南的封邱縣。《史記》説他就是戰國時的北燕,在今河北薊縣,怕是弄錯了的,因爲春秋時單稱爲燕的,都是南燕。即北燕的初封,我疑其亦距封邱不遠,後來才遷徙到今薊縣,但其事無可考。而他對於列國,征伐所至亦頗廣。曾南伐楚,西向干涉晉國内亂,晚年又曾經略東夷。古人説"五霸桓公爲盛",信非虛語了。齊桓公的在位,係自前六八五至六四三年。桓公死後,齊國内亂,霸業遂衰。宋襄公欲繼之稱霸。然宋國較小,實力不足,前六三八年,爲楚人所敗,襄公受傷而死,北方遂無霸主。前六三二年,晉文公敗楚於城濮,今山東濮縣。楚國的聲勢才一挫。此時的秦國,亦已盡取西周舊地,東境至河,爲西方一强國,然尚未能干涉中原之事。秦穆公初和晉國競爭不勝,前六二四年,打敗了晉國的兵,亦僅稱霸於西戎。中原之地,遂成爲晉、楚爭霸之局。前五九七年,楚莊王敗晉於邲,今河南鄭縣。稱霸,前五九一年卒。此時齊頃公亦圖與晉爭霸,前五八九年,爲晉所敗。前五七五年,晉厲公又敗楚於鄢陵。今河南鄢陵縣。然楚仍與晉兵爭不息。至前五六一年,楚國放棄爭鄭,晉悼公才稱爲復霸。前五四六年,宋大夫向戌,善於晉、楚的執政,出而合二國之成,爲弭兵之會,晉、楚的兵爭,至此才告休息。自城濮之戰至此,凡八十七年。弭兵盟後,楚靈王强盛,北方諸侯多奔走往與其朝會。然靈王奢侈而好兵爭,不顧民力,旋因内亂被弒。此時吳國日漸强盛,而楚國政治腐敗,前五〇六年,楚國的都城,爲吳闔閭所破,楚昭王藉秦援,僅得復國,楚國一時陷於不振,然越國亦漸强,起而乘吳之後。前四九六年,闔閭伐越,受傷而死。前四九四年,闔閭子夫差破越。夫差自此驕侈,北伐齊、魯,與晉爭長於黄池。今河南封邱縣。前四七三年,越句踐滅吳,越遂徙都琅邪,與齊、晉會於徐州,今山東諸城縣。稱爲霸王。然根基因此不固,至前三三三年,而爲楚所滅。

　　此時已入於戰國之世了。春秋時代,始於周平王四十九年,即魯隱公元年,爲西元前七二二年,終於前四八一年,共二百四十二年。其明年爲戰國之始,算至前二二二年秦滅六國的前一年爲止,共二百五十九年。春秋之世,諸侯只想爭霸,即爭得二三等國的服從,一等國之間,直接的兵爭較少,有之亦不過疆場細故,不甚劇烈。至戰國時:則(一)北方諸侯,亦不復將周天子放在眼裏,而先後稱王。(二)二三等國,已全然無足重輕,日益削弱,而終至於夷滅,諸一等國間,遂無復緩衝之國。(三)而其土地又日廣,人民又日多,兵甲亦益盛,戰爭遂更烈。始而要陵駕於諸王之上而稱帝,再進一步,就要徑圖并吞,實現統一的欲望了。春秋時的一等國,有發展過速,而其内部的組織,還不甚完密的,至戰國時,則臣强於君的,如齊國的田氏,竟廢其君而代之;勢成分裂的,如晉之趙、韓、魏三家,則索性分晉而獨立,看似力分而弱,實則其力量反更充實了。邊方諸國,發展的趨勢,依舊進行不已,其成功較晚的爲北燕。天下遂分爲燕、齊、趙、韓、魏、秦、楚七國。六國都爲秦所并,讀史的人,往往以爲一入戰國,而秦即最强,這是錯誤了的。秦國之强,起於獻公而成於孝公,獻公之立,在西元前三八五年,是入戰國後的九十六年,孝公之立,在西元前三六一年,是入戰國後的一百二十年了。先是魏文侯任用吳起等賢臣,侵奪秦國河西之地。後來楚悼王用吳起,南平百越,北并陳、蔡,卻三晉,西伐秦,亦稱雄於一時。楚悼王死於西元前三八一年,恰是入戰國後的一百年,於是楚衰而魏惠王起,曾攻拔趙國的邯鄲。今河北邯鄲縣。後又伐趙,爲齊救兵所敗,秦人乘機恢復河西,魏遂棄安邑,徙都大梁。今河南開封縣。秦人渡蒲津東出的路,就開通了。然前三四二年,魏爲逢澤之會,在開封。《戰國·秦策》稱其"乘夏車,稱夏王,此夏字該是大字的意思。朝天子,天下皆從",則仍處於霸主的地位,其明年,又爲齊所敗。於是魏衰而齊代起,宣王、湣王兩代,儼然稱霸東方,而湣王之時爲尤盛。相傳蘇秦約六國,合從以擯秦,即在湣王之時。戰國七雄,韓、魏地都較小,又逼近秦,故其勢遂緊急,燕、趙則較偏僻,國勢最盛的,自然是齊、秦、楚三國。楚襲春秋以來的聲勢,其地位又處於中部,似乎聲光更在齊、秦之上,所以此時,齊、秦二國,似乎是合力以謀楚的。《戰國策》説張儀替秦國去騙楚懷王:肯絶齊,則送他商於的地方六百里。即今商縣之地。楚懷王聽了他,張儀卻悔約,説所送的地方,只有六里。懷王大怒,興兵伐秦。兩次大敗,失去漢中。後來秦國又去誘他講和,前二九九年,懷王去和秦昭王相會,遂爲秦人所誘執。這種類乎平話的傳説,是全不足信的,事實上,該是齊、秦合力以謀楚。然而楚懷王入秦的明年,齊人即合韓、魏以伐秦,敗其兵於函谷;在今河南靈寶縣西南,此爲自河南入陝西的隘道的東口,今之潼關爲其西口。前二九六年,懷王死於秦,齊又合諸侯以攻秦;則齊湣王似是合秦以謀楚,又以此爲秦國之罪而伐之的,其手段亦可謂狡黠了。先是前三一四年,齊乘燕内亂攻破燕。宋王偃稱强東方,前二八六年,又爲齊、楚、魏所滅。此舉名爲三國瓜分，實亦是以齊爲主的，地亦多入於齊。齊湣王至此時，可謂臻於極盛。然過剛者必折。前二八四年，燕昭王遂合諸侯，用樂毅爲將，攻破齊國，湣王走死，齊僅存聊、莒、即墨三城，聊，今山東聊城縣。莒，今山東莒縣。即墨，今山東平度縣。後來雖藉田單之力，得以復國，然已失其稱霸東方的資格了。東方諸國中，趙武靈王頗有才略，他不與中原諸國爭衡，而專心向邊地開拓。先滅中山，今河北定縣。又向今大同一帶發展，意欲自此經河套之地去襲秦，前二九五年，又因内亂而死。七國遂惟秦獨强。秦人遂對諸侯施其猛烈的攻擊。前二七九年，秦白起伐楚，取鄢、鄧、西陵。明年，遂破楚都郢，楚東北徙都陳，後又遷居壽春。鄢，即鄢陵。鄧，今河南鄧縣。西陵，今湖北宜昌縣。郢，今湖北江陵縣。吳闔廬所入之郢，尚不在江陵，但其地不可考，至此時之郢，則必在江陵，今人錢穆、童書業説皆如此。直逃到今安徽境内了。對於韓、魏，亦時加攻擊。前二六〇年，秦兵伐韓，取野王，上黨路絶，降趙，秦大敗趙兵於長平，坑降卒四十萬，野王，今河南沁陽縣。上黨，今山西晉城縣。長平，今山西長平縣。遂取上黨，北定大原。進圍邯鄲，爲魏公子無忌合諸國之兵所敗。前二五六年，周朝的末主赧王爲秦所滅。前二四九年，又滅其所分封的東周君。前二四六年，秦始皇立。《史記·秦本紀》説：這時候，呂不韋爲相國，招致賓客游士，欲以并天下。大概并吞之計，和呂不韋是很有關係的。後來呂不韋雖廢死於蜀，然秦人仍守其政策不變。前二三〇年，滅韓。前二二八年，滅趙。燕大子丹使荆軻刺秦王，不中，秦大發兵以攻燕。前二二六年，燕王喜奔遼東。前二二五年，秦人滅魏。前二二三年，滅楚。前二二二年，發兵攻遼東，滅燕。前二二一年，即以滅燕之兵南滅齊，而天下遂統一。

秦朝的統一，決不全是兵力的關係。我們須注意：此時交通的便利，列國内部的發達，小國的被夷滅，郡縣的漸次設立，在政治上、經濟上、文化上，本有趨於統一之勢，而秦人特收其成功。秦人所以能收成功之利：則（一）他地處西垂，開化較晚，風氣較爲誠樸。（二）三晉地狹人稠，秦地廣人稀，秦人因招致三晉之民，使之任耕，而使自己之民任戰。（三）又能奉行法家的政策，裁抑貴族的勢力，使能盡力於農戰的人民，有一個邀賞的機會，該是其最重要的原因。

第二十四章　古代對於異族的同化

中國民族,以同化力的偉大聞於天下,究竟我們對於異族的同化,是怎樣一回事呢? 説到這一點,就不能不著眼於中國的地理。亞洲的東部,在世界上,是自成其爲一個文化區域的。這一個區域,以黃河、長江兩流域爲其文化的中心。其北爲蒙古高原,便於游牧民族的住居。其南的粤江、閩江兩流域,則地勢崎嶇,氣候炎熱,開化雖甚早,進步卻較遲。黃河、長江兩流域,也不是沒有山地的,但其下流,則包括淮水流域,以古地理言之,則江、河之間,包括淮、濟二水。今黃河下流,爲古濟水入海之道,黃河則在今天津入海。擴展爲一大平原,地味腴沃,氣候適宜,這便是中國民族的文化最初函毓之處。漢族,很早的就是個農耕民族,居於平地的。他所遇見的民族,就其所居之地言之,可以分爲兩種:一種是住在山地的,古代稱爲山戎,多數似亦以農爲業,但其農業不及中國的進步。一種是住在平地,大約是廣大的草原上,而以畜牧爲業的,古人稱爲騎寇。春秋以前,我族所遇的,以山戎爲多,戰國以後,才開始和騎寇接觸。

夷、蠻、戎、狄,是按著方位分別之辭,並不能代表民族,但亦可見得一個大概。在古代,和中國民族爭鬥較烈的,似乎是戎狄。據《史記·五帝本紀》,黃帝就北逐獯粥,未知確否。如《史記》此説是正確的,則當時的獯粥,決不在後來獯粥所在之地。到周朝初年,則和所謂獯粥或稱爲獫狁,犬戎或稱爲昆夷、串夷的,爭鬥甚烈,獫狁亦作玁狁,犬戎亦作畎戎,戎又作夷。此犬或畎字,乃譯音,非賤視詆毁之辭,昆夷亦作混夷、緄夷,夷亦可作戎,和串夷亦都是犬字的異譯,説見《詩經·皇矣正義》。而後來周朝卒亡於犬戎。犬戎在今陝西的中部,甘肅的東部,涇、渭二水流域的,東周以後,大約逐漸爲秦人所征服。在其東方的,《春秋》所載,初但稱狄,後分爲赤狄、白狄。白狄在今陝西境内,向東蔓延到中山。赤狄在今山西、河北境内,大部爲晉所并。據《左氏》和杜預《注》,赤狄種類凡六:曰東山皋落氏,在今山西昔陽縣。曰廧咎如,在今山西樂平縣。曰潞氏,在今山西潞城縣。曰甲氏,在今河北雞澤縣。曰留吁,在今山西屯留縣。曰鐸辰,在今山西長治縣。白狄種類凡三:曰鮮虞,即戰國時的中山。曰肥,在今河北藁城縣。曰鼓,在今河北晉縣。又晉國呂相絕秦，説"白狄及君同州"，則白狄亦有在陝西的。在周朝的西面的，主要的是後世的氐、羌。氐人在今嘉陵江流域，即古所謂巴。羌人，漢時在今黄河、大通河流域。大通河，古湟水。據《後漢書》所載，其初本在黄河之東，後來爲秦人所攘斥，才逃到黄河以西去的。據《書經·牧誓》，羌人曾從武王伐紂。又《尚書大傳》説：武王伐紂的兵，前歌後舞，《後漢書》説這就是漢時所謂巴氐的兵。這話大約是對的，因爲漢世還有一種出於巴氐的巴渝舞，有事實爲證。然則這二族，其初必不在今四川、甘肅境内，大約因漢族的開拓，而向西南方走去的。和巴連稱的蜀，則和後世的竇字是一音之轉，亦即近世之所謂暹。據《牧誓》，亦曾從武王伐紂。戰國時，還在今漢中之境，南跨成都，後因和巴人相攻，爲秦國所并。

在東北方的民族，古稱爲貉。此族在後世，蔓衍於今朝鮮半島之地，其文明程度是很高的，但《詩經》已説"王錫韓侯，其追其貉"。《韓奕》。追不可考。《周官》亦有貉隸，可見此族本在内地，箕子所封的朝鮮，決不在今朝鮮半島境内，怕還在山海關以内呢！在後世，東北之族，還有肅慎，即今滿洲人的祖宗。《左氏》昭公九年，周朝人對晉國人説："自武王克商以來，肅慎、燕、亳，吾北土也。"此燕當即南燕，亳疑即湯所居之郡，則肅慎亦在内地，後乃隨中國的拓展而東北徙。《國語·晉語》説：成王會諸侯於岐陽，楚與鮮卑守燎，則鮮卑本是南族，後來不知如何，也遷向東北了。據《後漢書》説：鮮卑和烏丸，都是東胡之後。此二族風俗極相像，其本係一個部落，豪無可疑。東胡的風俗，雖少可考，然漢代歷史，傳者已較詳，漢人説他是烏丸、鮮卑所自出，其説該不至誤。南族斷髮，鮮卑婚姻時尚先髡頭，即其源出南族之證。然則東胡也是從内地遷徙出去的了。

在南方的有黎族，此即後世所謂俚。古稱三苗爲九黎之君，三苗係姜姓之國，九黎則係黎民。見《禮記·緇衣》《疏》引《書經·吕刑》鄭《注》。此即漢時之長沙、武陵蠻，爲南蠻的正宗。近世所云苗族，乃蠻字的轉音，和古代的三苗之國無涉，有人將二者牽合爲一，就錯了。《史記》説三苗在江、淮、荆州，《史記·五帝本紀》。《戰國·魏策》：吳起説三苗之國，在洞庭、彭蠡之間，《史記·吳起列傳》同，又見《韓詩外傳》。則古代長江流域之地，主要的是爲黎族所占據，楚國達到長江流域後，所開闢的，大約是這一族的居地。在沿海一帶的，古稱爲越，亦作粵。此即現在的馬來人，分布在亞洲大陸的沿岸和南洋羣島，地理學上稱爲亞洲大陸的真沿邊的。此族有斷髮文身和食人兩種風俗，在後世猶然，古代沿海一帶，亦到處有這風俗，可知其爲同族。吳、越的初期，都是和此族雜居的。即淮水流域的淮夷、徐戎，山東半島的萊夷，亦必和此族相雜。《禮記·王制》說"東方曰夷，被髮文身"，此被字爲髮字之假借字，即斷髮，可見夷蠻之俗相同。《左氏》僖公十九年，"宋公使邾文公用鄫子於次睢之社，欲以屬東夷"，可見東夷亦有食人之俗。《續漢書·郡國志》："臨沂有叢亭。"《注》引《博物志》曰："縣東界次睢，有大叢社，民謂之食人社，即次睢之社。"臨沂今山東臨沂縣。隨著吳、越等國的進步，此族亦漸進於文明了。西南的大族爲濮，此即現在的保儸，其居地，本在今河南、湖北兩省間。《國語·鄭語》韋《注》云：濮爲南陽之國。楚國從河南的西南部，發展向今湖北省的西部，所開闢的，大約是此族的居地。此族又從今湖北的西南境，分布向貴州、雲南。戰國時，楚國的莊蹻，循牂牁江而上，直達滇國，今雲南昆明縣。所經的，也是這一族之地。莊蹻到滇國之後，楚國的巴、黔中郡，巴郡，今四川江北縣。黔中郡，今湖南沅陵縣。爲秦國所奪，莊蹻不能來，就在滇國做了一個王。其地雖未正式收入中國的版圖，亦已戴漢人爲君，和現在西南土司，以漢人爲酋長的一樣了。

《禮記·王制》說：古代的疆域，"北不盡恆山"，此所謂恆山，當在今河北正定縣附近，即漢朝恆山郡之地。後避文帝諱改常山。自此以南的平地，爲漢族所居，這一帶山地，則山戎所處，必得把他開拓了，才會和北方騎寇相接，所以漢族和騎寇的接觸，必在太原、中山和戰國時北燕之地開闢以後。做這件事業的，就是燕、趙二國。趙武靈王開闢雲中、雁門、代郡，燕國則開闢上谷、漁陽、右北平、遼西、遼東五郡，雲中，今山西大同縣。雁門，今山西右玉縣。代郡，今山西代縣。上谷，今察哈爾懷來縣。漁陽，今河北密雲縣。右北平，今河北盧龍縣。遼西，今河北撫寧縣。遼東，今遼寧遼陽縣。把現在熱、察、綏、遼寧四省，一舉而收入版圖。

綜觀以上所述，漢族恃其文化之高，把附近的民族，逐漸同化，而漢族的疆域，亦即隨之拓展。和漢族接近的民族，當漢族開拓時，自然也有散向四方，即漢族的版圖以外去的，然亦多少帶了些中原的文化以俱去，這又是中國的文化擴展的路逕。這便是在古代中國同化異民族的真相。

第二十五章　古代社會的綜述

　　周和秦，是從前讀史的人把他看作古今的界綫的。我們任意翻閱舊書，總可見到"三代以上"，"秦、漢以下"等辭句。從前人的見解，固然不甚確實，也不會全屬虛誣；而且既有這個見解，也總有一個來歷。然則所謂三代以上，到底是怎樣一個世界呢？

　　人，總是要維持其生命的；不但要維持生命，還要追求幸福，以擴大其生命的意義；這是人類的本性如此，無可懷疑。人類在生物史上，其互相團結，以謀生存，已不知其若干年了。所以其相親相愛，看得他人的苦樂，和自己的苦樂一般；喜歡受到同類的嘉獎，而不願意受到其批評；到人己利害不相容時，寧可犧牲自己，以保全他人；即古人之所謂仁心者，和其愛自己的心，一樣的深刻。專指七尺之軀爲我，或者專指一個極小的團體爲我，實在是没有這回事。人類爲要維持生命，追求幸福，必得和自然鬥爭。和自然鬥爭，一個人的力量，自然是不穀的，於是乎要合力；合力之道，必須分工；這都是自然的趨勢。分工合力，自然是範圍愈大，利益愈多，所以團體的範圍，總是在日擴而大。但是人類的能力是有限的，在進行中，卻不能不形成敵對的狀態，這是爲什麼呢？皇古之世，因環境的限制，把人類分做許多小團體。在一個團體之中，個個人的利害，都是相同的，在團體以外卻不然；又因物質的欲求，不能穀都給足；團體和團體間就開始有爭鬥，有爭鬥就有勝敗，有勝敗就有征服者和被征服者之分。"人不可以害人的，害人的必自害。"這句話，看似迂腐，其實卻是真理。你把迷信者流因果報應之説去解釋這句話，自然是誣罔的，若肯博觀事實，而平心推求其因果，那正見得其絲毫不爽。對内競爭和對外競爭，雖競爭的對象不同，其爲競爭則一。既然把對物的爭鬥，移而用之於對人，自可將對外的爭鬥，移而用之於對内。一個團體之中，有征服者和被征服者之分，不必説了。即使無之，而當其爭鬥之時，基於分工的關係，自然有一部分人，專以戰爭爲事，這一部分人，自將處於特殊的地位。前此團體之中，個個人利害相同的，至此則形成對立。前此公衆的事情，是由公衆決定的，至此，則當權的一個人或少數人，漸漸不容公衆過問，漸漸要做違背公衆利益的措置，公衆自然不服，乃不得不用强力鎭壓，或者用手段對付。於是團體之中，有了階級，而形成現代的所謂國家。以上所述，是從政治上立論的。其變遷的根原，實由於團體和團體的互相爭鬥，而團體和團體的互相爭鬥，則由於有些團體，迫於環境，以掠奪爲生産的手段。所以其真正的根原，還是在於經濟上。經濟的根柢是生産方法。在古代，主要的生業是農業，農業的生産方法，是由粗而趨於精，亦即由合而趨於分的，於是形成了井田制度，因而固定了五口八口的小家族，使一個團體之中，再分爲無數利害對立的小團體。從前在一個團體之内利害即不再對立的氏族制度，因此而趨於崩潰了。氏族既已崩潰，則專門從事於製造，而以服務性質，無條件供給大衆使用的工業制度，亦隨之而崩潰。人，本來是非分工合力不能生存的，至此時，因生活程度的增高，其不能不互相倚賴愈甚，分配之法既廢，交易之法，乃起而代之，本行於團體與團體之間的商業，乃一變而行於團體之内人與人之間，使人人的利害，都處於對立的地位。於是乎人心大變。在從前，團體與團體之間，是互相嫉視的，在一個團體之内，是互視爲一體的。至此時，團體之内，其互相嫉視日深。在團體與團體之間，卻因生活的互相倚賴而往來日密，其互相瞭解的程度，即隨之而日深，同情心亦即隨之而擴大。又因其彼此互相仿傚，以及受了外部的影響，而内部的組織，不得不隨之而起變化，各地方的風俗，亦日趨於統一。民族的同化作用，即緣此而進行。政治上的統一，不過是順著這種趨勢推進。再徹底些説，政治上的統一，只是在當時情況之下，完成統一的一個方法，並不是政治的本身，真有多大的力量。隨著世運的進展，井田制度破壞了。連公用的山澤，亦爲私人所占。工商業愈活躍，其剝削消費者愈深。在上的君主和貴族，亦因其日趨於腐敗、奢侈，而其剝削人民愈甚。戰爭習慣了，就養成一種特別階級，視戰鬥爲壯快、征服爲榮譽的心理，與其出汗，毋寧出血了。此即孔子和其餘的先秦諸子所身逢的亂世。追想前一個時期，列國之間，戰爭還不十分劇烈。一國之内，雖然已有階級的對立，然前此利害共同時的舊組織，還有存留，而未至於破壞淨盡。秩序還不算十分惡劣，人生其間的，也還不至於十分痛苦，好像帶病延年的人，雖不能算健康，還可算一個準健康體，此即孔子所謂小康。再前一個時期，内部豪無矛盾，對外豪無競爭，則即所謂大同了。在大同之世，物質上的享受，或者遠不如後來，然而人類最親切的苦樂，其實不在於物質，而在於人與人間的關係，所以大同時代的境界，永存於人類記憶之中。不但孔子，即先秦諸子，亦無不如此。道家無論已，即最切實際的法家亦然。如《管子》亦將皇、帝、王、霸分別治法的高下；《史記·商君列傳》亦載商君初說秦孝公以帝王之道，秦孝公不能用，乃說之以富國強兵之術都是。這不是少數人的理想高尚，乃是受了大多數人的暗示而然的。人類生當此際，實應把其所以致此之由，徹底的加以檢討，明白其所以然之故，然後將現社會的組織，摧毀之而加以改造。這亦非古人所沒有想到，先秦諸子，如儒、墨、道、法諸家，就同抱著這個志願的，但其所主張的改革的方法，都不甚適合。道家空存想望，並沒有具體實行的方案的，不必說了。墨家不講平均分配，而專講節制消費，也是不能行的。儒家希望恢復井田，法家希望制止大工商業的跋扈，把大事業收歸官營；救濟事業亦由國家辦理，以制止富豪的重利盤剝；進步些了。然單講平均地權，本不能解決社會的經濟問題，兼講節制資本，又苦於沒有推行的機關。在政治上，因爲民主政治，廢墜的久了，諸家雖都以民爲重，卻想不出一個使人民參與政治的辦法，而只希望在上者用溫情主義來撫恤人民，尊重輿論，用督責手段，以制止臣下的虐民。在國與國之間，儒家則希望有一個明王出來，能縠處理列國間的紛爭，而監督其內政；法家因爲興起較後，漸抱統一的思想，然秦朝的統一，和貴族的被裁抑，都只是事勢的遷流，並不能實行法家的理想，所以要自此再進一步，就沒有辦法了。在倫理上，諸家所希望的，同是使下級服從上級。臣民該服從君主，兒子要服從父親，婦女要服從男子，少年該服從老人。他們以爲上級和下級的人，各安其分，各盡其職，則天下自然大平，而不知道上級的人受不到制裁，決不會安其分而盡其職。總而言之：小康之世，所以發展向亂世，是有其深刻的原因的。世運只能向前進，要想改革，只能順其前進的趨勢而加以指導。先秦諸子中，只有法家最看得出社會前進的趨勢，然其指導亦未能全然合法。他家則都是想把世運逆挽之，使其回到小康以前的時代的，所以都不能行。

　　雖然如此，人類生來是避苦求樂的，身受的苦痛，是不能使人不感覺的，既然感覺了，自然要求擺脫。求擺脫，總得有個辦法，而人類憑空是想不出辦法來的。世運只有日新，今天之後，只會有明天，而人所知道的，最新亦只是今日以前之事，於是乎想出來的辦法，總不免失之於舊，這個在今日尚然，何況古代？最好的時代是過去了，但永存於人類想望記憶之中。雖回憶之，而並不知其真相如何，乃各以其所謂最好者當之。合衆人的所謂最好者，而調和折衷，造成一個大略爲衆所共認的偶象，此即昔人所謂三代以前的世界。

這個三代以前的世界，其不合實際，自然是無待於言的。這似乎只是一個歷史上的誤解，無甚關係，然奉此開倒車的辦法爲偶象而思實踐之，就不徒不能達到希望，而且還要引起糾紛。

第二十六章　秦朝治天下的政策

秦始皇盡滅六國，事在西元前二二一年，自此至西元一八九年，董卓行廢立，東方州郡，起兵討卓，海內擾亂分裂，共四百十年，稱爲中國的盛世。在這一時期之中，中國的歷史，情形是怎樣呢？"英雄造時勢"，只是一句誇大的話。事實上，英雄之所以成爲英雄，正因其能順著時勢進行之故。"時勢造英雄"這句話倒是真的，因爲他能決定英雄的趨向。然則在這一個時期之內，時勢的要求，是怎樣呢？依我們所見到的，可以分爲對內對外兩方面：對內方面，在列國競爭之時，不能注全力於內治；即使注意到，亦只是局部的問題，而不能該括全體，只是一時的應付，而不能策畫永久。統一之後，就不然了。阻礙之力既去，有志於治平的，就可以行其理想。對外方面，當時的人看了中國，已經是天下的一大部分了。未入版圖的地方，較强悍的部落，慮其爲中國之患，該有一個對策；較弱小的，雖然不足爲患，然亦是平天下的一個遺憾，先知先覺的中國人，在力所能及的範圍內，亦有其應盡的責任。所以在當日，我們所需要的是：(一)對內建立一個久安長治的規模。(二)對外把力所能及的地方，都收入中國版圖之內，其未能的，則確立起一條防綫來。

秦始皇所行的，正順著這種趨勢。

在古代，阻礙平天下最大的力量，自然是列國的紛爭。所以他并吞六國之後，決計不再行封建，"父兄有天下，而子弟爲匹夫"。郡的設立，本來是軍事上控扼之點，第三章中業經説過。六國新滅，遺民未曾心服，自然有在各地方設立據點的必要。所以秦滅六國，多以其地設郡。至六國盡滅之後，則更合全國的情形，加以調整，分天下爲三十六郡。當時的郡守，就是一個不世襲的大國之君，自亦有防其專擅的必要，所以又每郡都派一個御史去監察他。當時還每郡都設立一個尉，但其權遠在大守之下，倒是不足重視的。

要人民不能反抗，第一步辦法，自然是解除其武裝。好在當時，金屬鑄成的兵器，爲數有限，正和今日的槍械一般，大略可以收盡的。於是收天下之

兵，聚之咸陽，鑄以爲金人和鍾、鐻。<small>秦都咸陽，今陝西咸陽縣。</small>

最根本的，莫過於統一人民的心思了。原來古代社會，内部没有矛盾，在下者的意見，總和在上者一致，此即所謂"天下有道，則庶人不議"。<small>《論語·季氏》。</small>後世階級分化，内部的矛盾多了，有利於這方面的，就不利於那方面。自然人民的意見，不能統一。處置之法，最好的，是使其利害相一致；次之則當求各方面的調和，使其都有發表意見的機會；此即今日社會主義和民主政治的原理。但當時的人，不知此理。他們不知道各方面的利害衝突了，所以有不同的見解，誤以爲許多方面，各有其不同的主張，以致人各有心，代表全國公益的在上者的政策，不能順利進行。如此，自有統一全國人的心思的必要。所以在《管子·法禁》、《韓非子·問辨》兩篇中，早有焚書的主張。秦始皇及李斯，就把他實行了。把關涉到社會政治問題的"詩、書、百家語"都燒掉，只留下關係技術作用的醫藥、卜筮、種樹之書。涉及社會政治問題的，所許學的，只有當代的法令；有權教授的人，即是當時的官吏。始皇、李斯此舉，認爲不合時代潮流，他是百口無以自解的，認爲有背於古，則實在冤枉。他們所想回復的，正是古代"政教合一，官師不分"之舊。古代的情形是如此，清朝的章學誠是發揮得十分透徹的。<small>阬儒一舉，乃因有人誹謗始皇而起，意非欲盡滅儒生，並不能與焚書之事並論。</small>

以上是秦始皇對内的政策。至於對外，則北自陰山以南，南自五嶺以南至海，秦始皇都認爲應當收入版圖。於是使蒙恬北逐匈奴，取河南之地。<small>今之河套。</small>把戰國時秦、趙、燕三國北邊的長城連接起來，東起現在朝鮮境内，<small>秦長城起樂浪郡遂城縣，見《晉書·地理志》。</small>西至現在甘肅的岷縣，成立了一道新防綫。南則略取現在廣東、廣西和越南之地，設立了桂林、南海、象三郡。<small>大略桂林是今廣西之地，南海是今廣東之地，象郡是今越南之地。</small>取今福建之地，設立了閩中郡。楚國莊蹻所開闢的地方，雖未曾正式收入版圖，亦有一部分曾和秦朝交通，秦於其地置吏。

秦始皇，向來都説他是暴君，把他的好處一筆抹殺了，其實這是冤枉的。看以上所述，他的政治實在是抱有一種偉大的理想的。這亦非他一人所能爲，大約是法家所定的政策，而他據以實行的。這只要看他用李斯爲宰相，言聽計從，焚詩書、廢封建之議，都出於李斯可知。政治是不能專憑理想，而要顧及實際的情形的，即不論實際的情形能行與否，亦還要顧到行之之手腕。秦始皇的政策雖好，行之卻似過於急進。北築長城，南收兩越，除當時的征戰外，還要發兵戍守；既然有兵戍守，就得運糧餉去供給他；這樣，人民業已不堪賦役的負擔。他還沿著戰國以前的舊習慣，虐民以自奉。造阿房宮，在驪山起墳塋，驪山，在今陝西臨潼縣。都窮極奢侈，還要到處去巡遊。統一雖然是勢所必至，然而人的見解，總是落後的，在當時的人，怕並不認爲合理之舉，甚而至於認爲反常之態。況且不必論理，六國夷滅，總有一班失其地位的人，心上是不服的，滿懷著報讎的憤恨，和復舊的希望。加以大多數人民的困於無告而易於煽動，一有機會，就要乘機而起了。

第二十七章　秦漢間封建
政體的反動

　　秦始皇帝以前二一〇年，東巡死於沙丘。_{今河北邢臺縣。}他大的兒子，名喚扶蘇，先已謫罰到上郡去，_{今陝西綏德縣。}做蒙恬軍隊中的監軍了。從前政治上的慣例，大子是不出京城，不做軍隊中的事務的，苟其如此，就是表示要不立他的意思。所以秦始皇的不立扶蘇，是豫定了的。《史記》說秦始皇的少子胡亥，寵幸宦者趙高，始皇死後，趙高替胡亥運動李斯，假造詔書，殺掉扶蘇、蒙恬而立胡亥，這話是不足信的。《史記·李斯列傳》所載的全是當時的傳說，並非事實。秦、漢間史實，如此者甚多。胡亥既立，是爲二世皇帝，誅戮羣公子，又殺掉蒙恬的兄弟蒙毅。最後，連勞苦功高，資格很老的李斯都殺掉。於是秦朝的政府，失其重心，再不能箝制天下了。皇帝的家庭之中，明爭暗鬥，向來是很多的，而於繼承之際爲尤甚。這個並不起於秦朝，但在天下統一之後，皇室所管轄的地方大了，因其內部有問題而牽動大局，使人民皆受其禍，其所牽涉的範圍，也就更廣大了。秦始皇之死，距其盡滅六國，不過十二年，而此禍遂作。

　　秦始皇死的明年，戍卒陳勝、吳廣起兵於蘄，_{今安徽宿縣。}北取陳，勝自立爲王，號張楚，分兵四出徇地，郡縣多殺其守令以應。六國之後，遂乘機並起。秦朝政治雖亂，兵力尚強；諸侯之兵，多是烏合之衆；加以心力不齊，不肯互相救援；所以秦將章邯，倒也所向無敵。先打破了陳勝、吳廣，又打死了新立的魏王。戰國時楚國的名將，即最後支持楚國而戰死的項燕的兒子項梁，和其兄子項籍，起兵於吳，引兵渡江而西。_{今江蘇之江南，古稱江東。古所謂江南，指今湖南。}以居巢人范增的遊說，立楚懷王的後裔於盱眙，_{居巢，今安徽巢縣。盱眙，今安徽盱眙縣。}仍稱爲楚懷王。以祖諡爲生號。項梁引兵而北，兵鋒頗銳，連戰皆勝，後亦爲章邯所襲殺。章邯以爲楚地兵不足憂，乃北圍趙王於鉅鹿。_{今河北平鄉縣。}北強南弱，乃是東晉以後逐漸轉變成功的形勢。自此以前，都是北方的軍隊，以節制勝；南方的軍隊，以剽悍勝的。尤其是吳、越之士，《漢書·地理志》上還稱其"輕死好用劍"。項梁既死,楚懷王分遣項籍北救趙,起兵於沛的劉邦即漢高祖西入關。沛,今江蘇沛縣。項籍大破秦兵於鉅鹿。漢高祖亦自武關而入。此時二世和趙高,不知如何,又翻了臉,趙高弒二世,立其兄子嬰,嬰又刺殺高,正當紛亂之際,漢高祖的兵已到霸上,在今陝西長安縣東。子嬰只得投降,秦朝就此滅亡。此事在前二〇六年。

既稱秦之滅六國爲無道,斥爲強虎狼,滅秦之後,自無一人專據稱尊之理,自然要分封。但是分封之權,出於何人呢? 讀史的人,都以爲是項籍,這是錯了的。項籍縱使在實際上有支配之權,形式上決不能專斷,況且實際上也未必能全由項籍一個人支配? 項籍既破章邯之後,亦引兵西入關。漢高祖先已入關了,即遣將守關。項羽怒,把他攻破。進兵至鴻門,在今陝西臨潼縣。和高祖幾乎開戰。幸而有人居間調解,漢高祖自己去見項籍,解釋了一番,戰事得以未成。此時即議定了分封之事。這一件事,《史記》的《自序》稱爲"諸侯之相王",可見形式上是取決於公議的。其所封的:爲(一)六國之後,(二)亡秦有功之人,(三)而楚懷王則以空名尊爲義帝,(四)實權則在稱爲西楚霸王的項籍。都彭城,當時稱其地爲西楚。江陵爲南楚,吳爲東楚。這是摹仿東周以後,天子僅擁虛名,而實權在於霸主的。分封的辦法,我們看《史記》所載,並不能說他不公平。漢朝人説,楚懷王遣諸將入關時,與之約:先入關者王之,所以漢高祖當王關中,項籍把他改封在巴、蜀、漢中爲背約。姑無論這話的真假,即使是真的,楚懷王的命令,安能約束楚國以外的人呢? 這且不必論他。前文業經説過:人的思想,總是落後的,觀於秦、漢之間而益信。封建政體,既已不能維持,於是分封甫定,而叛亂即起於東方。項籍因爲是霸王,有征討的責任,用兵於齊。漢高祖乘機北定關中,又出關,合諸侯之兵,攻破彭城。項籍雖然還兵把他打敗,然漢高祖堅守滎陽、成皋,滎陽,今河南滎澤縣。成皋,今河南汜水縣。得蕭何鎮守關中,繼續供給兵員和糧餉,遣韓信渡河,北定趙、代,東破齊。彭越又直接擾亂項籍的後方。至前二〇二年,項籍遂因兵少食盡,爲漢所滅。從秦亡至此,不過五年。

事實上,天下又已趨於統一了。然而當時的人,怕不是這樣看法。當楚、漢相持之時,有一策士,名喚蒯徹,曾勸韓信以三分天下之計。漢高祖最後攻擊項籍時,和韓信、彭越相約合力,而信、越的兵都不會,到後來,約定把齊地盡給韓信,梁地盡給彭越,二人才都引兵而來,這不是以君的資格分封其臣,乃是以對等的資格立分地之約。所以漢高祖的滅楚,以實在情形論,與其説是漢滅楚,無寧説是許多諸侯,亦即許多支新崛起的軍隊,聯合以滅楚,漢高祖不過是聯軍中的首領罷了。楚既滅，這聯軍中的首領，自然有享受一個較衆爲尊的名號的資格，於是共尊漢高祖爲皇帝。然雖有此稱號，在實際上，未必含有沿襲秦朝皇帝職權的意義。做了皇帝之後，就可以任意誅滅廢置諸王侯，怕是當時的人所不能想像的，這是韓信等在當時所以肯尊漢高祖爲皇帝之故。不然，怕就沒有這麼容易了。漢初異姓之王，有楚王韓信、梁王彭越、趙王張敖、韓王信、淮南王英布、燕王臧荼、長沙王吳芮，這都是事實上先已存在，不得不封的，並非是皇帝的意思所設置。漢高祖滅楚之後，即從婁敬、張良之説，西都關中，當時的理由，是關中地勢險固，且面積較大，資源豐富，易於據守及用以臨制諸侯，可見他原只想做列國中最強的一國。但是事勢所趨，人自然會做出不被思想所拘束的事情來。不數年間，而韓信、彭越，都以漢朝的詭謀被滅；張敖以罪見廢；韓王信、英布、臧荼，都以反而敗；臧荼之後，立了一個盧綰，是漢高祖生平第一個親信人，亦因被讒而亡入匈奴；到前一九五年漢高祖死時，只賸得一個地小而且偏僻的長沙國了。天下至此，才真正可以算是姓劉的天下。其成功之速，可以説和漢高祖的滅楚，同是一個奇迹。這亦並不是漢高祖所能爲，不過封建政體，到這時候業已自趨於沒落罷了。

　　以一個政府之力統治全國，秦始皇是有此魄力的，或亦可以説是有此公心，替天下廢除封建，漢高祖卻無有了。既猜忌異姓，就要大封同姓以自輔，於是隨著異姓諸侯的滅亡，而同姓諸國次第建立。其中尤以高祖的長子齊王肥，封地既大，人民又多，且居東方形勝之地，爲當時所重視。又有淮南王長、燕王建、趙王如意、梁王恢、代王恆、淮陽王友，皆高帝子；楚王交，高帝弟；吳王濞，高帝兄子。宗法社會中，所信任的，不是同姓，便是外戚。漢初功臣韓信、彭越等，不過因其封地大，所以特別被猜忌，其餘無封地，或者僅有小封土的，亦安能“與官同心”？漢高祖東征西討，頻年在外，中央政府所委任的，卻是何人呢？幸而他的皇后呂氏是很有能力的。他的母家，大約亦是當時所謂豪傑之流；他的哥哥呂澤和呂釋之，都跟隨高祖帶兵；妹夫樊噲，尤其是功臣中的佼佼者；所以在當時，亦自成爲一種勢力。高祖頻年在外，京城裏的事情，把持著的便是他，這只要看韓信、彭越，都死在他手裏，便可知道。所以高祖死後，嗣子惠帝，雖然懦弱，倒也安安穩穩的做了七年皇帝。惠帝死後，嗣子少帝，又做了四年。不知何故，呂后女魯元公主，下嫁張敖，敖女爲惠帝后。《史記》説他無子，佯爲有身，取美人子，殺其母，名爲己子，惠帝崩立，既長，聞其事，口出怨言，爲呂后所廢，此非事實。張皇后之立，據《漢書》本紀，事在惠帝四年十月，至少帝四年僅七年，少帝至多不過七歲，安有知怨呂后之理。爲呂后所廢而立其弟,吕后臨朝稱制,又四年而死。吕后活著的時候,雖然封了幾個母家的人爲王,卻都没有到國。吕后其實並無推翻劉氏,重用吕氏的意思,所任用的,還是漢初的幾個功臣,這班人究竟未免有些可怕,所以臨死的時候,吩咐帶北軍的吕禄,南軍的吕産,禄,釋之子;産,澤子。"據兵衛宫",不要出去送喪,以防有人在京城裏乘虚作亂。此時齊王肥已經死了,子襄繼爲齊王,其弟朱虚侯章在京城裏,暗中派人去叫他起兵。漢朝派功臣灌嬰去打他。灌嬰到滎陽,和齊王連和,於是前敵形成了僵局。丞相陳平、太尉周勃等,乃派人運動吕禄,交出兵權。吕禄猶豫未決,周勃用詐術突入北軍,運動軍人,反對吕氏,把吕禄、吕産和其餘吕氏的人都殺掉。於是陰謀説惠帝的兒子都不是惠帝所生的,就高帝現存的兒子中,擇其最長的,迎立了代王恆,是爲文帝。齊王一支人,自然是不服的。文帝乃運用手腕,即分齊地,封朱虚侯爲城陽王,朱虚侯之弟東牟侯興居爲濟北王。城陽治莒,今山東莒縣。濟北治盧,今山東長清縣。城陽王不久就死了。濟北王以反被誅。漢初宗室、外戚、功臣的三角鬥爭,至此才告結束。

當時的功臣,所以不敢推翻劉氏,和漢朝同姓分封之多,確實是有關係的,所以封建不能説没有一時之用。然而異姓功臣都滅亡後,所患的,卻又在於同姓了。要劃除同姓諸侯尾大不掉之患,自不外乎賈誼"衆建諸侯而少其力"一語。這話,當文帝時,其實是已經實行了的,齊王襄傳子則,則死後没有兒子,文帝就把他的地方,分爲齊、濟北、濟南、菑川、膠西、膠東六國,濟南治東平陵,今山東歷城縣。菑川治劇,今山東壽光縣。膠西治高苑,今山東桓臺縣。膠東治即墨,今山東即墨縣。立了齊王肥的庶子六人。又把淮南之地,分成三國。但吴、楚仍是大國,吴王濞尤積有反心。鼂錯力勸文帝以法繩諸侯,文帝是個因循的人,没有能徹底實行。前一五七年,文帝死,子景帝立。鼂錯做了御史大夫,即實行其所主張。前一五四年,吴王聯合楚、趙、膠西、膠東、菑川、濟南造反,聲勢很盛。幸而吴王不懂得兵謀,"屯聚而西,無他奇道",爲周亞夫所敗。於是景帝改定制度,諸侯王不得治民,令相代治其國。到武帝,又用主父偃之計,令諸侯得以其地,分封自己的子弟,在平和的手腕中,把"衆建諸侯而少其力"一語,徹底實行了。封建政體反動的餘波,至此才算解決。從秦二世元年六國復立起,到吴、楚之亂平定,共五十六年。

第二十八章　漢武帝的内政外交

　　在第二十六章裏所提出的對内對外兩個問題，乃是統一以後自然存在著的問題，前文業經説明了。這些問題，自前二〇六年秦滅漢興，至前一四一年景帝之死，共六十六年，久被擱置著不提了。這是因爲高帝、吕后時，忙於應付異姓功臣，文帝、景帝時，又存在著一個同姓諸王的問題；高帝本是無賴子，文、景二帝，亦只是個尋常人，凡事都只會蹈常習故之故。當這時候，天下新離兵革之患，再没有像戰國以前年年打仗的事情了。郡縣長官，比起世襲的諸侯來，自然權力要小了許多，不敢虐民。諸侯王雖有荒淫昏暴的，比之戰國以前，自然也差得遠了。這時候的中央政府，又一事不辦，和秦始皇的多所作爲，要加重人民負擔的，大不相同。在私有財産制度之下，人人都急於自謀，你只要不去擾累他，他自然會休養生息，日臻富厚。所以據《史記・平準書》説：在武帝的初年，海内是很爲富庶的，但是如此就算了麼？須知社會並不是有了錢就没有問題的，況且當時所謂有錢，只是總算起來，富力有所增加，並不是人人都有飯喫，富的人富了，窮的人還是一樣的窮，而且因貧富相形，使人心更感覺不平，感覺不足，而對外的問題，時勢亦逼著我們不能閉關自守。漢武帝並不是真有什麼本領的人，但是他的志願，卻較文、景二帝爲大，不肯蹈常習故，一事不辦，於是久經擱置的問題，又要重被提起了。

　　當時對内的問題，因海内已無反側，用不到像秦始皇一般，注意於鎮壓，而可以謀一個長治久安之策。這個問題，在當時的人看起來，重要的有兩方面：一個是生計，一個是教化，這是理論上當然的結果。衣食足而知榮辱，生計問題，自然在教化之先；而要解決生計問題，又不過平均地權，節制資本二者；這亦是理論上當然的結果。最能解決這兩個問題的，是那一家的學術呢？那麼，言平均地權和教化者，莫如儒家；言節制資本者，莫如法家。漢武帝，大家稱他是崇儒的人，其實他並不是真懂得儒家之道的。他所以崇儒，大約因爲他的性質，是誇大的，要做些表面上的事情，如改正朔，易服色等，而此等事情，只有儒家最爲擅長之故。所以當時一個真正的儒家董仲舒，提出了限民名田的主張，他並不能行。他的功績，最大的，只是替《五經》博士置弟子，設科射策，勸以官祿，使儒家之學，得國家的提倡而地位提高。但是照儒家之學，生計問題，本在教化問題之先；即以教化問題而論，地方上的庠序，亦重於京城裏的大學，這只要看《漢書·禮志》上的議論，便可以知道。武帝當日，對於庠序，亦未能注意，即因其專做表面上的事情之故。至於法家，他用到了一個桑弘羊，行了些榷鹽鐵、酒酤、均輸等政策。據《鹽鐵論》看來，桑弘羊是確有節制資本之意，並非專爲籌款的。但是節制資本而藉官僚以行之，很難望其有利無弊，所以其結果，只達到了籌款的目的，節制資本，則徒成虛語；且因行政的腐敗，轉不免有使人民受累的地方。其餘急不暇擇的籌款方法，如算緡錢、舟車，令民生子三歲即出口錢，及令民入羊爲郎，入穀補官等，更不必説了。因所行不順民心，不得不用嚴切的手段，乃招致張湯、趙禹等，立了許多嚴切的法令，以壓迫人民。秦以來的獄吏，本來是偏於殘酷的，加以此等法律，其詒害自然更深了。他用此等方法，搜括了許多錢來，做些什麼事呢？除對外的武功，有一部分，可以算是替國家開拓疆土，防禦外患外，其餘如封禪、巡幸、信用方士，大營宮室等，可以説全部是浪費。山東是當時誅求剝削的中心，以致末年民愁盜起，幾至釀成大亂。

　　武帝對外的武功，卻是怎樣呢？當時還威脅著中國邊境的，自然還是匈奴。此外秦朝所開闢的桂林、南海、象三郡和閩中郡，秦末漢初，又已分離爲南越、閩越、東甌三國了。現在的西康、雲、貴和四川、甘肅的邊境，即漢人所謂西南夷，則秦時尚未正式開闢。東北境，雖然自戰國以來，燕國人業已開闢了遼東，當時的遼東，且到現在朝鮮境內，漢初守燕國的舊疆，以浿水爲界，則秦界尚在浿水以西。浿水，今大同江。然漢族的移殖，還不以此爲限，自可更向外開拓。而從甘肅向西北入新疆，向西南到青海，也正隨著國力的擴張，而可有互相交通之勢。在這種情勢之下，推動雄才大略之主，向外開拓的，有兩種動機：其一，可説是代表國家和民族向外拓展的趨勢，又其一則爲君主個人的野心。匈奴，自秦末乘中國內亂，戍邊者皆去，復入居河南。漢初，其雄主冒頓，把今蒙古東部的東胡，甘肅西北境的月氏，都征服了，到漢文帝時，他又征服了西域。西域，即今新疆省之地，西域二字，義有廣狹。《漢書·西域傳》説西域之地，“南北有大山，中央有河，東則接漢，阨以玉門、陽關，西則限以葱嶺。”北方的大山，即今天山，南方的大山，即沙漠以南的山脈，略爲新疆與西藏之界。河係今塔里木河。玉門、陽關，都在今甘肅敦煌縣西。此乃今天山南路之地。其後自此西出，凡交通所及之地，亦概稱爲西域，則其界限並無一定，就連歐洲也都包括在內。

漢時分爲三十六國。後分至五十餘。其種有塞，有氐、羌。塞人屬於高加索種，都是居國，其文明程度，遠在匈奴、氐、羌等遊牧民族之上。匈奴設官以收其賦稅。漢高祖曾出兵征伐匈奴，被圍於平城，今山西大同縣。七日乃解。此時中國初定，對內的問題還多，不能對外用兵，乃用婁敬之策，名家人子爲長公主，嫁給冒頓，同他講和，是爲中國以公主下嫁外國君主結和親之始。文、景兩代，匈奴時有叛服，文、景不過發兵防之而已，並沒建立一定的對策。到武帝，才大出兵以征匈奴，前一二七年，恢復河南之地，匈奴自此移於漠北。前一一九年，又派衛青、霍去病絶漠攻擊，匈奴損折頗多。此外較小的戰鬥，還有多次，兵事連互，前後共二十餘年，匈奴因此又漸移向西北。漢武帝的用兵，是很不得法的，他不用功臣宿將，而專用衛青、霍去病等椒房之親。紀律既不嚴明，對於軍需，又不愛惜，以致士卒死傷很多，物質亦極浪費。如霍去病，《史記》稱其少而侍中，貴不省士。其用兵，"既還，重車餘棄粱肉，而士有飢者。在塞外，卒乏糧，或不能自振，而去病尚穿域蹋鞠，事多類此"。衛青、霍去病大出塞的一役，漢馬死者至十餘萬匹，從此以馬少，就不能大舉。李廣利再征大宛時，兵出敦煌的六萬人，私人自願從軍的，還不在其內，馬三萬匹，回來時，進玉門關的只有一萬多人，馬一千多匹。史家説這一次並不乏食，戰死的亦不多，所以死亡如此之多，全由將吏不愛士卒之故。可見用人不守成法之害。只因中國和匈奴，國力相去縣絶，所以終能得到勝利。然此乃國力的勝利，並非戰略的勝利。至於其通西域，則更是動於侈心。他的初意，是聽説月氏爲匈奴所破，逃到今阿母河濱，要想報匈奴的讎，苦於無人和他合力，乃派張騫出使。張騫回來後，知道月氏已得沃土，無報讎之心，其目的已不能達到了。但武帝因此而知西域的廣大，以爲招致了他們來朝貢，實爲自古所未有，於是動於侈心，要想招致西域各國。張騫在大夏時，看見邛竹杖、蜀布，問他從那裏來的？他們説從身毒買來，今印度。於是億想，從四川、雲南，可通西域。派人前去尋求道路，都不能通。當時蜀物入印度，所走的，當係今自四川經西康、雲南入緬甸的路。自西南夷求通西域的使者，"傳聞其西可千餘里，有乘象國，名曰滇越，而蜀賈姦出物者或至焉"，當即今緬甸之地。後來匈奴的渾邪王降漢，今甘肅西北部之地，收入中國版圖，通西域的路，才正式開通。前一〇四年，李廣利伐大宛，大宛都貴山城，乃今之霍罕。不克。武帝又續發大兵，前一〇一年，到底把他打下。大宛是離中國很遠的國，西域諸國，因此懾於中國兵威，相率來朝。還有一個烏孫，也是遊牧民族，當月氏在甘肅西北境時，烏孫爲其所破，依匈奴以居。月氏爲匈奴所破，是先逃到伊犁河流域的。烏孫借匈奴的助力，把他打敗，月氏才逃到阿母河流域，烏孫即占據伊犁之地。渾邪王降漢時，漢朝尚無意開其地爲郡縣，張騫建議，招烏孫來居之，烏孫不肯來，而匈奴因其和中國交通，頗責怪他。烏孫恐懼，願"壻漢氏以自親"，於是漢朝把一個宗室女兒嫁給他。從此以後,烏孫和匈奴之間有問題,漢朝就不能置之不問,《漢書·西域傳》説“漢用憂勞無寧歲”,很有怨懟的意思。案:西域都是些小國,漢攻匈奴,並不能得他的助力,而因此勞費殊甚,所以當時人的議論,大都是反對的。但是史事複雜,利害很難就一時一地之事論斷。(一)西域是西洋文明傳布之地。西洋文明的中心希臘、羅馬等,距離中國很遠,在古代只有海道的交通,不甚密切,西域則與中國陸地相接,自近代西力東漸以前,中西的文明,實在是恃此而交流的。(二)而且西域之地,設或爲遊牧民族所據,亦將成爲中國之患,漢通西域之後,對於天山南北路,就有相當的防備,後來匈奴敗亡後,未能侵入,這也未始非中國之福。所以漢通西域,不是没有益處的。但這只是史事自然的推遷,並非當時所能豫燭。朝鮮:漢初燕人衛滿走出塞,把箕子之後襲滅了,自王朝鮮。傳子至孫,於前一〇八年,爲漢武帝所滅。將其地設置樂浪、臨屯、真番、玄菟四郡。樂浪,今朝鮮平安南道及黄海、京畿二道之地。臨屯爲江原道地。玄菟爲咸鏡南道。真番跨鴨渌江上流。至前八二年,罷真番、臨屯,以并樂浪、玄菟。朝鮮半島的主要民族是貊族,自古即漸染漢族的文化,經此長時期的保育,其漢化的程度愈深,且因此而輸入半島南部的三韓,馬韓,今忠清、全羅兩道。弁韓、辰韓,今慶尚道。和海東的日本,實爲中國文化在亞洲東北部最大的根據地。南方的東甌,因爲閩越所攻擊,前一三八年,徙居江、淮間。南越和閩越,均於前一一一年,爲中國所滅。當時的西南夷:在今金沙江和黔江流域的,是夜郎、滇、邛都;在岷江和嘉陵江上源的,是徙、筰都、冉駹、白馬;在今橫斷山脈和瀾滄、金沙兩江間的,是嶲昆明。夜郎,今桂州桐梓縣。滇,今雲南昆明縣。邛都,今西康西昌縣。徙,今四川天全縣。筰都,今西康漢源縣。冉駹,今四川茂縣。白馬,今甘肅成縣。嶲昆明,在今昆明、大理之間,乃行國。兩越既平,亦即開闢爲郡縣,確立了中國西南部的疆域。今青海首府附近,即漢人稱爲河湟之地的,爲羌人所據。這一支羌人,係屬遊牧民族,頗爲中國之患。前一一二年,漢武帝把他打破,設護羌校尉管理他,開闢了今青海的東境。

第二十九章　前漢的衰亡

漢武帝死後，漢朝是經過一次政變的，這件事情的真相，未曾有傳於後。武帝因迷信之故，方士神巫，多聚集京師，至其末年，遂有巫蠱之禍，皇后自殺。大子據發兵，把誣陷他和皇后的江充殺掉。武帝認爲造反，亦發兵勦辦。大子兵敗出亡，後被發覺，自經而死。當大子死時，武帝兒子存在的，還有燕王旦、廣陵王胥、昌邑王髆，武帝迄未再立大子。前八七年，武帝死，立趙婕妤所生幼子弗陵，是爲昭帝。霍光、上官桀、桑弘羊、金日磾同受遺詔輔政。趙婕妤先以譴死。褚先生《補外戚世家》說是武帝怕身死之後，嗣君年少，母后專權，先行把他除去的。《漢書・霍光傳》又說：武帝看中了霍光，使畫工畫了一幅周公負成王朝諸侯的圖賞給他。武帝臨死時，霍光問當立誰？武帝說：“立少子，君行周公之事。”這話全出捏造。武帝生平，溺於女色；他大約是個多血質的人，一生行事，全憑一時感情衝動；安能有深謀遠慮，預割嬖愛？霍光乃左右近習之流，僅可以供驅使。上官桀是養馬的。金日磾係匈奴休屠王之子，休屠王與渾邪王同守西邊，因不肯降漢，爲渾邪王所殺，乃係一個外國人，與中國又有殺父之讎。朝臣中即使無人，安得託孤於這幾個人？當他們三個人以武帝遺詔封侯時，有一個侍衛，名喚王莽，他的兒子，喚做王忽，揚言道：皇帝病時，我常在左右，那裏有這道詔書？霍光聞之，切責王莽，王莽只得把王忽殺掉。然則昭帝之立，究竟是怎樣一回事，就可想而知了。昭帝既立，燕王謀反，不成而死。桑弘羊、上官桀都以同謀被殺。霍光的女兒，是上官桀的兒媳婦，其女即昭帝的皇后。上官桀，大約因是霍光的親戚而被引用，又因爭權而翻臉的，殊不足論，桑弘羊卻可惜了。金日磾昭帝元年即死，故不與於此次政變。前七四年，昭帝死，無子。霍光迎立昌邑王的兒子賀，旋又爲光所廢，而迎大子據之孫病已於民間，是爲宣帝。昌邑王之廢，表面上是無道，然當昌邑羣臣二百餘人被殺時，在市中號呼道：“當斷不斷，反受其亂。”則昌邑王因何被廢，又可想而知了。大子據敗時，妻妾子女悉被害，只有一個宣帝繫獄，此事在前九一年。到前八七年，即武帝死的一年，據說：有望氣者説："長安獄中有天子氣。"武帝就派使者，"分條中都官獄繫者，輕重皆殺之"。幸而有個丙吉，"拒閉使者"，宣帝才得保全，因而遇赦。案大子死後，武帝不久即自悔。凡和殺大子有關的人，都遭誅戮。大子係閉門自縊，腳踢開門，和解去他自縊的繩索的人都封侯。上書訟大子冤的田千秋，無德無能，竟用爲丞相。武帝的舉動如此，宣帝安得繫獄五年不釋？把各監獄中的罪人，不問罪名輕重，盡行殺掉，在中國歷史上，是從來没有這回事的，這是和中國，至少是有史以來的中國的文化不相容的，武帝再老病昏亂些，也發不出這道命令。如其發出了，拒絕不肯執行的，又豈止一個丙吉？然則宣帝是否武帝的曾孫，又很有可疑了。今即舍此勿論，而昌邑王以有在國時的羣臣，爲其謀主，當斷不斷而敗，宣帝起自民間，這一層自然無足爲慮，這怕總是霍光所以迎立他的真原因了罷？宣帝即立，自然委政於光，立六年而光死，事權仍在霍氏手裏。宣帝不動聲色地，逐漸把他們的權柄奪去，任用自己的親信。至前六六年，而霍氏被誅滅。

　　霍光的事情，真相如此。因爲漢時史料缺乏，後人遂認爲他的廢立是出於公心的，把他和向來崇拜的偶像伊尹連繫在一起，稱爲伊、霍，史家的易欺，真堪驚歎了。當時朝廷之上，雖有這種爭鬥，影響卻未及於民間。武帝在時，内行奢侈，外事四夷，實已民不堪命。霍光秉政，頗能輕徭薄賦，與民休息。宣帝起自民間，又能留意於吏治和刑獄。所以昭、宣二帝之世，即自前八六至前四九年凡三十八年之間，政治反較武帝時爲清明，其時漢朝對於西域的聲威，益形振起。前六〇年，設立西域都護，兼管南北兩道。匈奴内亂，五單于並立，後并於呼韓邪。又有一個郅支單于，把呼韓邪打敗。前五一年，呼韓邪入朝於漢。郅支因漢擁護呼韓邪，遁走西域。前四九年，宣帝崩，子元帝立。前三六年，西域副都護陳湯矯詔發諸國兵襲殺郅支。漢朝國威之盛，至此亦達於極點。然有一事，係漢朝政治敗壞的根原，其端實開自霍光秉政之時的，那便是宰相之權，移於尚書。漢朝的宰相，是頗有實權的。全國的政治，都以相府爲總匯，皇帝的祕書御史，不過是他的助手，尚書乃皇帝手下的管卷，更其說不著了。自霍光秉政，自領尚書，宰相都用年老無氣和自己的私人，政事悉由宫中而出，遂不能有正色立朝之臣。宣帝雖誅滅霍氏，於此卻未能矯正。宦者弘恭、石顯，當宣、元之世，相繼在内用事。元帝時，士大夫如蕭望之、劉向等，竭力和他們爭鬥，終不能勝。朝無重臣，遂至嬖倖得干相位，外戚得移朝祚，西漢的滅亡，相權的喪失，實在是一個重要的原因。而且其事不但關涉漢朝，歷代的政治，實都受其影響，參看第六章自明。

　　元帝以前三三年死，子成帝立。成帝是個荒淫無度的人，喜歡了一個歌者趙飛燕，立爲皇后，又立其女弟合德爲倢伃。性又優柔寡斷，事權遂入於外家王氏之手。前七年，成帝崩，哀帝立，頗想效法武、宣，振起威權。然寵愛嬖人董賢，用爲宰相，朝政愈亂。此時王氏雖一時退避，然其勢力仍在。哀帝任用其外家丁氏，祖母族傅氏，其中卻並無人才，實力遠非王氏之敵。前一年，哀帝崩，無子，王莽乘機復出，迎立平帝。誅滅丁、傅、董賢，旋弒平帝而立孺子嬰。哀、平二帝皆元帝孫，孺子爲宣帝曾孫。王莽從居攝改稱假皇帝，又從假皇帝變做真皇帝，改國號爲新，而前漢遂亡。此事在西元九年。

第三十章　新室的興亡

前後漢之間,是中國歷史的一個轉變。在前漢之世,政治家的眼光,看了天下,還是不該就這麼苟安下去的。後世的政治家,奉爲金科玉律的思想,所謂"治天下不如安天下,安天下不如與天下安",是這時候的人所没有的。他們看了社會,還是可用人力控制的。一切不合理的事,都該用人力去改變,此即所謂"撥亂世,反之正"。出來負這個責任的,當然是賢明的君主和一班賢明的政治家。當漢昭帝時,有一個儒者,唤做眭弘,因災異,使其朋友上書,勸漢帝"求索賢人,禪以帝位,而退自封百里"。宣帝時,有個蓋寬饒,上封事亦說:"五帝官天下,三王家天下,家以傳子,官以傳賢,四序之運,成功者退,不得其人,則不居其位。"這兩個人,雖然都得罪而死,但眭弘大約是因霍光專政,怕人疑心他要篡位,所以犧牲了他,以資辨白的。況且霍光是個不學無術的人,根本不懂得什麼改革大計。蓋寬饒則因其剛直之性,既觸犯君主,又爲有權勢的人所忌,以致遭禍,都不是反對這種理論,視爲大逆不道。至於不關涉政體,而要在政務上舉行較根本的改革的,則在宣帝時有王吉,因爲宣帝是個實際的政治家,不能聽他的話。元帝即位,卻徵用了王吉,及和他志同道合的朋友貢禹。王吉年老,在路上死了。貢禹徵至,官至御史大夫,聽了他的話,改正了許多奢侈的制度,又行了許多寬恤民力的政事。其時又有個翼奉,勸元帝徙都成周。他說:長安的制度,已經壞了,因襲了這種制度,政治必不能改良,所以要遷都正本,與天下更始。則其規模更爲闊大了。哀帝多病,而且無子,又有個李尋,保薦了一個賀良,陳說"漢曆中衰,當更受命",勸他改號爲陳聖劉皇帝。陳字和田字同音,田地二字,古人通用,地就是土,陳聖劉皇帝,大約是說皇帝雖然姓劉,所行的卻是土德。西漢人五德終始之說,還不是像後世專講一些無關實際、有類迷信的空話的,既然要改變"行序",就同時有一大套實際的政務,要跟著改變。這只要看賈誼說漢朝應當改革,雖然要"改正朔,易服色",也要"法制度,定官名",而他所草擬的具體方案,"爲官名,悉更秦之故”，便可知道。五德終始，本來不是什麼迷信，而是一套有系統的政治方案，這在第十七章中，業經說過了。這種根本的大改革，要遭到不瞭解的人無意識的反對，和實際於他權利有損的人出死力的抵抗，自是當然之事。所以賀良再進一步，要想改革實際的政務，就遭遇反對而失敗了。但改革的氣勢，既然如此其旁薄鬱積，自然終必有起而行之之人，而這個人就是王莽。所以王莽是根本無所謂篡竊的。他只是代表時代潮流，出來實行改革的人。要實行改革，自然要取得政權；要取得政權，自然要推翻前朝的皇帝；而因實行改革而推翻前朝的皇帝，在當時的人看起來，毋寧是天理人情上當然的事。所以應天順人，《易·鼎卦彖辭》：“湯、武革命，順乎天而應乎人。”在當時也並不是一句門面話。

　　要大改革，第一步自然還是生計問題，王莽所實行的是：（一）改名天下的田爲王田，這即是現在的宣布土地國有，和附著於土地的奴隸，都不准賣買，而舉當時所有的土田，按照新章，舉行公平的分配。（二）立六筦之法，將大事業收歸官營。（三）立司市、泉府，以平衡物價，使消費者、生產者、交換者，都不喫虧。收有職業的人的稅，以供（甲）要生利而無資本的人，及（乙）有正當消費而一時周轉不靈的人的借貸。其詳已見第五章。他的辦法，頗能綜合儒法二家，兼顧到平均地權和節制資本兩方面，其規模可稱闊大，思慮亦可謂周詳。但是徒法不能自行，要舉行這種大改革，必須民衆有相當的覺悟，且能爲相當的行動，專靠在上者的操刀代斲，是不行的。因爲真正爲國爲民的人，總只有少數，官僚階級中的大多數人，其利害總是和人民相反的，非靠督責不行。以中國之大，古代交通的不便，一個中央政府，督責之力本來有所不及；而況當大改革之際，普通官吏，對於法令，也未必能瞭解，而作弊的機會卻特多；所以推行不易，而監督更難。王莽當日，所定的法令，有關實際的，怕沒有一件能彀真正推行，達到目的，而因此而生的流弊，則無一事不有，且無一事不利害。其餘無關實際，徒資紛擾的，更不必說了。王莽是個偏重立法的人，他又“銳思於制作”，而把眼前的政務擱起。尤其無謂的，是他的改革貨幣，麻煩而屢次改變，勢不可行，把商業先破壞了。新分配之法，未曾成立，舊交易之法，先已破壞，遂使生計界的秩序大亂，全國的人，無一個不受到影響。王莽是個拘泥理論，好求形式上的整齊的人。他要把全國的政治區畫，依據地理，重行釐定，以制定封建和郡縣制度。這固然是一種根本之圖，然豈旦夕可致？遂至改革紛紜，名稱屢變，吏弗能紀。他又要大改官制，一時亦不能成功，而官吏因制度未定，皆不得祿，自然貪求更甚了。對於外國，也是這麼一套。如更改封號及印章等，無關實際，徒失交涉的圓滑，加以措置失宜，匈奴、西域、西南夷，遂至背叛。王莽對於西域，未曾用兵。西南夷則連年征討，騷擾殊甚。對於匈奴，他更有一個分立許多小單于，而發大兵深入窮追，把其不服的趕到丁令地方去的一個大計畫。此乃欲將匈奴驅入今西伯利亞之地，而將漠北空出。這個計畫，倒也是值得稱贊的，然亦談何容易？當時調兵運餉，牽動尤廣，屯守連年，兵始終沒有能縠出，而内亂卻已蔓延了。

　　莽末的内亂，是起於西元一七年的。今山東地方，先行喫緊。湖北地方，亦有饑民屯聚。勦辦連年弗能定。西元二二年，藏匿在今當陽縣綠林山中的兵，分出南陽和南郡。漢南陽郡，治宛，今河南南陽縣。南郡，治江陵，今湖北江陵縣。入南陽的謂之新市兵，入南郡的謂之下江兵。又有起於今隨縣的平林鄉的，謂之平林兵。漢朝的宗室劉玄，在平林兵中。劉縯、劉秀，則起兵舂陵，今湖北棗陽縣。和新市、平林兵合。劉玄初稱更始將軍，後遂被立爲帝，入據宛。明年，王莽派大兵四十萬去勦辦，多而不整，大敗於昆陽。今河南葉縣。莽遂失其控制之力，各地方叛者並起。更始分兵兩支：一攻洛陽，一入武關。長安中叛者亦起。莽遂被殺。更始移居長安，然爲新市、平林諸將所制，不能有爲。此時海内大亂，而今河南、河北、山東一帶更甚。劉縯爲新市、平林諸將所殺。劉秀別爲一軍，出定河北。即帝位於鄗，改名高邑，今河北高邑縣。是爲後漢光武皇帝。先打平了許多小股的流寇。其大股赤眉，因食盡西上，另立了一個漢朝的宗室劉盆子，攻入長安。更始兵敗出降，旋被殺。光武初以河内爲根據地，漢河内郡，治懷，在今河南武陟縣。派兵留守，和服從更始的洛陽對峙。至此遂取得了洛陽，定都其地。派兵去攻關中，未能遽定，而赤眉又因食盡東走，光武自勒大兵，降之宜陽。今河南宜陽縣。此時東方還有漢朝的宗室劉永，割據睢陽，今河南商丘縣。東方諸將，多與之合。又有秦豐、田戎等，割據今湖北沿江一帶，亦被他次第打平。只有隴西的隗囂、四川的公孫述，較有規模，到最後才平定。保據河西的竇融，則不煩兵力而自下。到西元三六年，天下又算平定了。從西元一七年東方及荆州兵起，算到這一年，其時間實四倍於秦末之亂；其破壞的程度，怕還不止這一個比例。光武平定天下之後，自然只好暫顧目前，說不上什麼遠大的計畫了。而自王莽舉行這樣的大改革而失敗後，政治家的眼光，亦爲之一變。根本之計，再也沒有人敢提及。社會漸被視爲不可以人力控制之物，只能聽其遷流所至。"治天下不如安天下，安天下不如與天下安"，遂被視爲政治上的金科玉律了。所以說這是中國歷史上的一個大轉變。

第三十一章　後漢的盛衰

　　後漢自西元二五年光武帝即位起，至二二〇年爲魏所篡止，共計一百九十二年；若算到西元一八九年董卓行廢立，東方起兵討卓，實際分裂之時爲止，則共得一百七十五年；其運祚略與前漢相等，然其國力的充實，則遠不如前漢了。這是因爲後漢移都洛陽，對於西北兩面的控制，不如前漢之便；又承大亂之後，海內凋敝已極，休養未幾，而羌亂即起，其富力亦不如前漢之盛之故。兩漢四百年，同稱中國的盛世，實際上，後漢已漸露中衰之機了。光武帝是一個實際的政治家，他知道大亂之後，急於要休養生息，所以一味的減官省事，退功臣，進文吏，位高望重的三公，亦只崇其禮貌，而自己以嚴切之法，行督責之術，雖然有時不免失之過嚴，然頗得專制政治，"嚴以察吏，寬以馭民"的祕訣，所以其時的政治，頗爲清明。西元五七年，光武帝崩，子明帝立，亦能守其遺法。七五年，明帝崩，子章帝立，政治雖漸見寬弛，然尚能蒙業而安。章帝以西元八八年崩。自西元三六年公孫述平定至此，共計五十二年，爲東漢治平之世。匈奴呼韓邪單于約諸子以次繼立，六傳至呼都而尸單于，背約而殺其弟。前單于之子比，時領南邊，不服，西元四八年，自立爲呼韓邪單于，來降。中國人處之於今綏遠境內。匈奴自此分爲南北。北匈奴日益衰亂。西元八九年，南單于上書求并北庭。時和帝新立，年幼，大后竇氏臨朝，后兄竇憲犯法，欲令其立功自贖，乃以憲爲大將軍，出兵擊破匈奴。後年，又大破之於金微山。大約係今蒙古西北的阿爾泰山。北匈奴自此遠遁，不能爲中國之患了。西域的東北部，是易受匈奴控制的，其西南部，則自脫離漢朝都護的管轄後，強國如莎車、于闐等，出而攻擊諸國，意圖并吞。後漢初興，諸國多願遣子入侍，請派都護，光武不許。明帝時，才遣班超出使。班超智勇足備，帶了少數的人，留居西域，調發諸國的兵，征討不服，至西元九一年而西域平定。漢朝復設都護，以超爲之。後漢之於外國，並沒有出力經營，其成功，倒亦和前漢相仿佛，只可謂之適值天幸而已。

後漢的亂源，共有好幾個，其中最重要的，就是外戚和宦官。從前的皇室，其前身，本來是一個强大的氏族。氏族自有氏族的繼承法。當族長逝世，合法繼承人年幼時，從族中推出一個人來，暫操治理之權，謂之攝政。如由前族長之妻，現族長之母代理，則即所謂母后臨朝。宗室分封於外，而中朝以外戚輔政，本來是前漢的一個政治習慣。雖然前漢係爲外戚所篡，然當一種制度未至崩潰時，即有弊竇，人總認爲是人的不好，而不會歸咎於制度的。如此，後漢屢有沖幼之君，自然產生不出皇族攝政的制度來，而只會由母后臨朝；母后臨朝，自然要任用外戚。君主之始，本來是和一個鄉長或縣長差不多的，他和人民是很爲接近的。到後來，國家愈擴愈大，和原始的國家不知相差若干倍了，而君主的制度依然如故。他和人民，和比較低級的官吏，遂至因層次之多，而自然隔絕。又因其地位之高，而自成養尊處優之勢，關係之重，而不得不深居簡出，遂至和當朝的大臣，都不接近，而只是和些宦官宮妾習狎。這是歷代的嬖倖近習，易於得志的原因，而也是政治敗壞的一個原因。後漢外戚之禍，起於章帝時。章帝的皇后竇氏是没有兒子的。宋貴人生子慶，立爲大子。梁貴人生子肇，竇后養爲己子。后誣殺宋貴人，廢慶爲清河王，而立肇爲大子。章帝崩，肇立，是爲和帝。后兄竇憲專權。和帝既長，與宦者鄭衆謀誅之，是爲後漢皇帝和宦官合謀以誅外戚之始。一〇五年，和帝崩。據説和帝的皇子，屢次夭殤，所以生才百餘日的殤帝，是寄養於民間的，皇后鄧氏迎而立之，明年，復死。乃迎立清河王的兒子，是爲安帝。鄧大后臨朝，凡十五年。大后崩後，安帝親政，任用皇后的哥哥閻顯，又寵信宦官和乳母王聖，政治甚爲紊亂。閻皇后無子，後宮李氏生子保，立爲大子。后譖殺李氏而廢保。一二五年，安帝如宛，道崩。皇后祕喪馳歸，迎立章帝之孫北鄉侯懿，當年即死。宦者孫程等迎立廢大子保，是爲順帝。程等十九人皆封列侯，然未久即多遭譴斥。順帝任用皇后的父親梁商，爲人還算謹慎。商死後，子冀繼之，則其驕淫縱恣，爲前此所未有。一四四年，順帝崩，子沖帝立，明年崩。梁冀迎立章帝的玄孫質帝，因年小聰明，爲冀所弑。又迎立章帝的曾孫桓帝。桓帝立十三年後，才和宦者單超等五人合謀把梁冀誅戮，自此宦官又得勢了。

因宦官的得勢，遂激成所謂黨錮之禍。宦官和閹人，本來是兩件事。宦字的初義，是在機關中學習，後來則變爲在貴人家中服事他，第十五章中，業經説過了。皇室的規模，自然較卿大夫更大，自亦有在宮中服事他的人，此即所謂宦官。據《漢書·本紀》：惠帝即位後，曾施恩於宦皇帝的人，謂惠帝爲大子時，在"大子家"中服事者也。本不專用閹人，而且其初，宦官的等級，遠較閹人爲高，怕是絕對不能用閹人的。但到後來，刑罰濫了，士大夫亦有受到宮刑的；如司馬遷受宮刑後爲中書謁者令，即其好例。又有生來天閹的人；又有貪慕權勢，自宮以進的，不都是俘虜或罪人；於是其人的能力和品格，都漸漸提高，而可以用爲宦官了。後漢鄧大后臨朝後，宮中有好幾種官，如中常侍等，都改用閹人，宦官遂成爲閹人所做的官的代名詞。雖然閹人的地位實已提高，然其初既是俘虜和罪人，社會上自然總還將他當作另一種人看待，士大夫更瞧他不起。此時的士大夫和貴族，都是好名的，都是好交結的。這一者出於戰國之世，貴族好養士，士人好奔走的習慣。一則出於此時選舉上的需要，在第七章中，業經説過了。當時的宦官，多有子弟親戚，或在外面做官暴虐，或則居鄉恃勢驕橫，用法律裁制，或者激動輿論反對他，正是立名的好機會。士大夫和宦官，遂勢成水火。這一班好名譽好交結的士大夫，自然也不免互相標榜，互相結託的。京城裏的大學，游學者衆多，而且和政治接近，便自然成爲他們聚集的中心。結黨以營謀進身，牽引同類，淆亂是非，那是政治上的一個大忌。當時的士大夫，自不免有此嫌疑，而且用了這一個罪名，則一網可以打盡，這是多麼便利，多麼痛快的事！宦官遂指當時反對他們的名士爲黨人，勸桓帝加以禁錮，後因后父竇武進言，方纔把他們赦免。一六七年，桓帝崩，無子，竇后和武定策禁中，迎立了章帝的玄孫靈帝，大后臨朝。竇武是和名士接近的，有恩於竇氏的陳蕃，做了大傅，則其本身就是名士中人，謀誅弄權的宦官，反爲所害，大后亦被遷抑鬱而死。靈帝年長，不徒不知整頓，反更崇信宦官，聽其把持朝政，濁亂四海，而又一味聚斂奢侈。此時亂源本已潛伏；再天天替他製造爆發的機會，遂成爲不可收拾之局了。

　　大傷後漢的元氣的是羌亂。中國和外夷，其間本來總有邊塞隔絶著的。論民族主義的真諦，先進民族本來有誘掖後進民族的責任，不該以隔絶爲事，但是同化須行之以漸。在同化的進行未達相當程度時，彼此的界限是不能遽行撤廢的。因爲文化的不同就是生活的相異，不能使其生活從同，顧欲强使生活不同的人共同生活，自不免引起糾紛。這是五胡亂華的一個重要原因，而後漢時的羌亂，業已導其先路了。今青海省的東北境，在漢時本是羌人之地。王莽攝政時，諷羌人獻地，設立了一個西海郡。既無實力開拓，邊塞反因之撤廢，羌人就侵入内地。後漢初年，屢有反叛，給中國征服了，又都把他遷徙到内地來。於是降羌散居今甘肅之地者日多。安帝時，遂釀成大規模的叛亂。這時候，政治腐敗，地方官無心守土，都把郡縣遷徙到内地。人民不樂遷徙，則加以强迫驅遣，流離死亡，不可勝數。派兵勦辦，將帥又腐敗，歷時十餘年,用費達二百四十億,才算勉強結束。順帝時又叛,兵費又至八十餘億,桓帝任用段熲,大加誅戮,才算鎮定下來。然而西北一方,彫敝已甚,將帥又漸形驕橫,隱伏著一個很大的亂源了。

遇事都訴之理性,這只是受過優良教育的人,在一定的範圍中能毃。其餘大多數人,和這一部分人出於一定範圍以外的行爲,還是受習慣和傳統思想的支配的。此種習慣和傳統的思想,是沒有理由可以解說的,若要仔細追究起來,往往和我們別一方面的知識衝突,人們卻都置諸不問,而無條件加以承認,此即所謂迷信。給迷信以一種力量的則爲宗教。宗教鼓動人的力量是頗大的。當部族林立之世,宗教的教義,亦只限於一部族,而不足以吸引別部族人。到統一之後就不然了。這種小宗教,漸漸混合而產生大宗教的運動,在第十八章中業經説過。在漢時,上下流社會,是各別進行的。在上流社會中,孔子漸被視爲一個神人,看當時內學家_{東漢時稱緯爲內學。}尊崇孔子的話,便可見得。但在上流社會中,到底是受過良好教育,理性較爲發達的,不容此等迷信之論控制,所以不久就被反對迷信的玄學打倒。在下流社會,則各種迷信,逐漸結合,而形成後世的道教。在漢時是其初步。其中最主要的是張角的大平道,和張脩的五斗米道。道教到北魏時的寇謙之,才全然和政府妥協,前此,則是很激烈的反對政府的,他們以符咒治病等,爲扇動和結合的工具。張脩造反,旋即平定。張魯後來雖割據漢中,只是設立鬼卒等,閉關自守,實行其神權政治而已,於大局亦無甚關係。張角卻聲勢浩大,以西元一八四年起事,他的徒黨,遍於青、徐、幽、冀、荊、揚、兗、豫八州,即今江蘇、安徽、浙江、江西、湖北、湖南、山東、河南、河北各省之地。但張角似是一個只會扇惑而並沒有什麼政治能力的人,所以不久即敗。然此時的小亂事,則已到處蔓延,不易遏止了,而黄巾的餘黨,亦難於肅清。於是改刺史爲州牧,將兩級制變成了三級制,便宜了一部分的野心家,即仍稱刺史的人以及郡守手中亦多有兵權。分裂之勢漸次形成,靜待著一個機會爆發。

第三十二章　後漢的分裂和三國

西元一八九年，靈帝崩。靈帝皇后何氏，生子辯；美人王氏，生子協。靈帝屬意於協，未及定而崩，屬協於宦者蹇碩。這蹇碩，大約是有些武略的。當黃巾賊起時，漢朝在京城裏練兵，共設立八個校尉，蹇碩便是上軍校尉，所以靈帝把廢嫡立庶的事情付託他。然而這本是不合法的事，皇帝自己辦起來，還不免遭人反對，何況在其死後？這自然不能用法律手段解決。蹇碩乃想伏兵把何皇后的哥哥大將軍何進殺掉，然後舉事。事機不密，被何進知道了，就擁兵不朝。蹇碩無可如何，而辯乃得即位，是爲廢帝。何進把蹇碩殺掉，因想盡誅宦官，而何氏家本寒微，向來是尊敬宦官的，何大后的母親，和何進的兄弟，又受了宦官的賄賂，替他在大后面前說好話，大后因此堅持不肯。何進無奈，乃召外兵進京，欲以脅迫大后。宦官見事急，誘進入宮，把他殺掉。何進的官屬，舉兵盡誅宦官。京城大亂，而涼州將董卓適至，擁兵入京，大權遂盡入其手。董卓只是個強盜的材料，他把廢帝廢掉，而立協爲皇帝，是爲獻帝。山東州郡起兵反對他，他乃移獻帝於長安，接近自己的老家，以便負嵎抵抗。東方州郡實在是人各有心的，都各占地盤，無意於進兵追討。後來司徒王允，和董卓親信的將官呂布相結，把董卓殺掉。董卓的將校李傕、郭汜，又回兵替董卓報讎。呂布出奔，王允被殺。李傕、郭汜又互相攻擊，漢朝的中央政府就從此解紐，不再能號令全國了。

各地方割據的：幽州有公孫瓚。冀州有袁紹。兗州有曹操。徐州始而是陶謙，後來成爲劉備和呂布爭奪之場。揚州，今壽縣一帶，爲袁術所據，江東則入於孫策。荊州有劉表。益州有劉焉。這是較大而在中原之地的，其較小較偏僻的，則漢中有張魯，涼州有馬騰、韓遂，遼東有公孫度。當時政治的重心，是在山東的。古書所謂山東，係指華山以東，今之河南、山東，都包括在內。袁紹擊滅了公孫瓚，又占據了并州，地盤最大，而曹操最有雄才大略。獻帝因不堪李傕、郭汜的壓迫，逃歸洛陽，貧弱不能自立，召曹操入衞，操移獻帝於許昌，遂成挾天子以令諸侯之勢。劉備爲呂布所破，逃歸曹操，曹操和他合力，擊殺了呂布。袁術因荒淫無度，不能自立，想走歸袁紹，曹操又使劉備邀擊，術退走，旋死。劉備叛操，操又擊破之。河南略定。二○○年，袁紹舉大兵南下，與操相持於官渡，城名，在今河南中牟縣北。爲操所敗。紹氣憤死。二○五年，二子並爲操所滅。於是北方無與操抗者。二○八年，操南征荊州。劉表適死，其幼子琮，以襄陽降。今湖北襄陽縣，當時荊州治此。劉備時在荊州，走江陵，操追敗之。備奔劉表的長子琦於江夏，漢郡，後漢時，郡治在今湖北黃岡縣境。和孫權合力，敗操於赤壁。山名，在今湖北嘉魚縣。於是劉備屯兵荊州，而孫權亦覬覦其地。後備乘劉焉的兒子劉璋闇弱，奪取益州。孫權想攻荊州，劉備同他講和，把荊州之地平分了。時馬騰的兒子馬超和韓遂反叛，曹操擊破之，又降伏了張魯。劉備北取漢中，曹操自爭之，不能克，只得退回。天下漸成三分之勢。劉備初見諸葛亮時，諸葛亮替他計畫，就是據有荊、益兩州，天下有變，命將將荊州之兵以向宛、洛，而自率益州之衆以出秦川的。這時的形勢，頗合乎這個條件。乃命關羽自荊州北伐，取襄陽，北方頗爲震動，而孫權遣兵襲取江陵，羽還救，爲權所殺。劉備忿怒，自將大兵攻權，又大敗於猇亭。在今湖北宜都縣西。於是荊州全入於吳。備旋以慙憤而死，此事在西元二二三年。先是二二○年，曹操死，子丕篡漢自立，是爲魏文帝。其明年，劉備稱帝於蜀，是爲蜀漢昭烈帝。孫權是到二二九年才稱帝的，是爲吳大帝。天下正式成爲三分之局。蜀的地方最小，只有今四川一省，其雲南、貴州，全是未開發之地。吳雖自江陵而下，全據長江以南，然其時江南的開化，亦遠在北方之後。所以三國以魏爲最強，吳、蜀二國，常合力以與之抗。

　　三國的分裂，可以説是兩種心理造成的。其一是封建的餘習。人心是不能驟變的。在封建時代，本有各忠其君的心理，秦、漢以後，雖然統一了，然此等見解，還未能全行破除。試看漢代的士大夫，仕於州郡的，都奉其長官爲君，稱其機關爲本朝，有事爲之盡忠，死則爲之持服，便可知道。又其一則爲南方風氣的强悍。赤壁戰時，孫權實在没有聯合劉備抵抗曹操的必要。所以當時文人持重而顧大局的，如張昭等，都主張迎降。只有周瑜和魯肅，主張抵抗，和孫權的意見相合。《三國志》載周瑜的話，説曹操名爲漢相，實係漢賊，這是劫持衆人的門面話，甚或竟是事後附會之談。東吳的君臣，自始至終，所作所爲，何曾有一件事有漢朝在心目之中？説這話要想欺誰？在當時東吳朝廷的空氣中，這話何能發生效力？孫權一生，最賞識的是周瑜，次之則是魯肅。孫權當稱帝時，説魯子敬早有此議，魯肅如此，周瑜可知。爲什麼要擁戴孫權做皇帝？這個絕無理由，不過是一種崛強之氣，不甘爲人下，孫權的自始便要想做皇帝，則更不過是一種不知分量的野心而已。赤壁之戰，是天下三分的關鍵，其事在西元二〇八年，至二八〇年晉滅吳，天下纔見統一，因這一種蠻悍的心理，使戰禍延長了七十二年。

　　劉備的嗣子愚弱，所以託孤於諸葛亮。諸葛亮是有志於恢復中原的；而且蜀之國勢，非以攻爲守，亦無以自立；所以自先主死後，諸葛亮即與吳棄釁言和，連年出兵伐魏。吳則除諸葛恪輔政之時外，多係彊場小戰。曹操自赤壁敗後，即改從今安徽方面，經略東南。三國時，吳、魏用兵，亦都在這一帶，彼此均無大成功。魏文帝本來無甚才略。死後，兒子明帝繼立，荒淫奢侈，朝政更壞。其時司馬懿屢次帶兵在關中和諸葛亮相持，又平定了遼東。明帝死後，子齊王芳年幼，司馬懿和曹爽同受遺詔輔政。其初大權爲曹爽所專。司馬懿託病不出，而暗中運用詭謀，到底把曹爽推翻，大權遂盡入其手。司馬懿死後，他的兒子司馬師、司馬昭，相繼把持朝局。揚州方面，三次起兵反對司馬氏，都無成。蜀自諸葛亮死後，蔣琬、費禕繼之，不復能出兵北伐。費禕死後，姜維繼之，頻年出兵北伐而無功，民力頗爲疲敝。後主又信任宦官，政局漸壞。司馬昭乘此機會，於二六三年發兵滅蜀。司馬昭死後，他的兒子司馬炎繼之，於二六五年篡魏，是爲晉武帝，至二八〇年而滅吳統一中國。

第三十三章　晉初的形勢

吳、蜀滅亡，天下復歸於統一了，然而亂源正潛伏著。這亂源是什麼呢？

自後漢以來，政治的綱紀久經廢弛，試看第三十一章所述可知。政治上的綱紀要挽回他，最緊要的是以嚴明之法行督責之術。魏武帝和諸葛亮都是以此而收暫時的效果的。然而一兩個嚴明的政治家，挽不回社會上江河日下的風氣，到魏、晉之世，綱紀又復頹敗了。試看清談之風，起於正始，_{魏齊王芳年}號，自二四〇至二四八。至晉初而更甚，直縣延至南朝之末可知。所謂清談，所談的就是玄學。玄學的內容，已見第十七章。談玄本不是壞事，以思想論，玄學要比漢代的儒學高明得多。不過學問是學問，事實是事實。因學問而忽視現實問題，在常人尚且不可，何況當時因談玄而蔑視現實的，有許多是國家的官吏，所拋棄的是政治上的職務？

漢朝人講道家之學的所崇奉的是黃、老，所講的是清靜不擾，使人民得以各安其生的法術。魏、晉以後的人所崇奉的是老、莊，其宗旨為委心任運。狡黠的講求趨避之術，養成不負責任之風。懦弱的則逃避現實，以求解除痛苦。頹廢的則索性蔑視精神，專求物質上的快樂。到底人是現實主義的多，物質容易使人沈溺，於是奢侈之風大盛。當曹爽執政時，曾引用一班名士。雖因政爭失敗，未能有所作為，然從零碎的材料看來，他們是有一種改革的計畫，而其計畫且頗為遠大的。_{如夏侯玄有廢郡之議，他指出郡已經是供鎮壓之用，而不是治民事的，從來講官制的人，沒有這麼徹底注重民治的。}曹爽等的失敗，我們固然很難知其原因所在，然而奢侈無疑的總是其原因之一。代曹爽而起的是司馬氏，司馬氏是武人，武人是不知義理，亦不知有法度的，一奢侈就可以豪無軌範。何曾、石崇等人正是這一個時代的代表。

封建時代用人本來是看重等級的。東周以後，世變日亟，游士漸起而奪貴族之席。秦國在七國中是最能任用游士的，讀李斯《諫逐客書》可見。秦始皇滅六國後，仍保持這個政治習慣，所以李斯能做到宰相，得始皇的信任。漢高起自徒步，一時將相大臣，亦多刀筆吏或家貧無行者流，就更不必説了。漢武帝聽了董仲舒的話，改革選法，博士，博士弟子，郡國上計之吏，和州郡所察舉的秀才、孝廉，都從廣大的地方和各種不同的階層中來。其他擢用上書言事的人，以及朝廷和各機關的徵辟，亦都是以人才爲主的。雖或不免采取虛譽，及引用善於奔走運動的人，究與一階級中人世據高位者不同。魏、晉以降，門閥制度，漸次形成，影響及於選舉，高位多爲貴族所蟠據，起自中下階層中較有活氣的人，參與政治的機會較少，政治自然不免腐敗。如上章所述：三國時代，南方士大夫的風氣，還是頗爲剽悍的。自東晉之初，追溯後漢之末，不過百餘年，周瑜、魯肅、呂蒙、陸遜等人物，未必無有。晉初的周處，即係南人，還很有武烈之風。儻使元帝東渡以後，晉朝能多引用這一班人，則除爲國家戡亂以外，更加以民族的敵愾心，必有功效可見。然而大權始終爲自北南遷的貴族所把持，使宋武帝一類的人物，直到晉末，纔得出現於政治舞臺之上，這也是一筆很大的損失。

　　兩漢時儒學盛行。儒學是封建時代的產物，頗篤於君臣之義的。兩漢時，此項運動，亦頗收到相當的效果。漢末政治腐敗，有兵權的將帥，始終不敢背叛朝廷，説本《後漢書·儒林傳論》。以魏武帝的功蓋天下，亦始終只敢做周文王，參看《三國志·魏武帝紀》建安十五年《注》引是年十二月己亥令，這句句都是真話。就是爲此。司馬氏的成功是狡黠而不知義理的軍閥得勢。《晉書·宣帝紀》説："明帝時，王導侍坐，帝問前世所以得天下。導乃陳帝創業之始及文帝末高貴鄉公事。明帝以面覆牀曰'若如公言，晉祚復安得長遠？'"司馬氏之所爲可見。自此風氣急變。宋、齊、梁、陳之君亦多是如此。加以運祚短促，自不足以致人忠誠之心。門閥用人之習既成，貴遊子弟，出身便做好官，富貴吾所自有，朝代變換，這班人卻並不更動，遂至"忠君之念已亡，保家之念彌切"。説本《南史·褚淵傳論》。中國人自視其國爲天下，國家觀念，本不發達；五胡亂華，雖然稍稍激起民族主義，尚未能發揚光大；政治上的綱紀，還要靠忠君之義維持，而其頹敗又如此，政治自更奄奄無生氣了。

　　秦、漢時雖有所謂都尉，調兵和統率之權，是屬於大守的。其時所行的是民兵之制，平時並無軍隊屯聚；一郡的地方太小，亦不足以背叛中央；所以柳宗元説"有叛國而無叛郡"。見其所著《封建論》。自刺史變爲州牧，而地盤始大；即仍稱刺史的，其實權亦與州牧無異；郡守亦有執掌兵權的；遂成尾大不掉之勢。晉武帝深知其弊，平吳之後，就下令去刺史的兵權，回復其監察之職。然沿習既久，人心一時難於驟變。平吳之後，不久內亂即起，中央政府，顧不到各地方，仍藉各州郡自行鎮壓，外重之勢遂成，迄南朝不能盡革。

　　自秦、漢統一之後，國內的兵爭既息，用不到人人當兵。若説外征，則因路途窵遠，費時失業，人民在經濟上的損失太大，於是多用謫發及謫戍。至後漢光武時，省郡國都尉，而民兵之制遂廢。第九章中，業經説過了。國家的强弱，固不盡係乎兵，然若多數人民，都受過相當的軍事訓練，到緩急之際，所表見出來的抵抗力，是不可輕侮的。後漢以來，此條件業經喪失，反因貪一時便利之故，多用降伏的異族爲兵，兵權倒持在異族手裏，遂成爲五胡擾亂的直接原因。

　　晉初五胡的形勢，是如此的：（一）匈奴。散布在并州即今山西省境内。（二）羯。史籍上説是匈奴的別種，以居於上黨武鄉的羯室而得名的。在今山西遼縣。案古書上的種字，不是現在所謂種族之義。古書所謂種或種姓，其意義，與姓氏或氏族相當。羯人有火葬之俗，與氐、羌同，疑係氐、羌與匈奴的混種，其成分且以氐、羌爲多。羯室正以羯人居此得名，並非匈奴的一支，因居羯室之地而稱羯。（三）鮮卑。《後漢書》説：東胡爲匈奴所破，餘衆分保烏丸、鮮卑二山，因以爲名。事實上，怕亦是山以部族名的。此二山，當在今蒙古東部蘇克蘇魯、索岳爾濟一帶。烏桓在南，鮮卑在北。漢朝招致烏桓，居於上谷、漁陽、右北平、遼西、遼東塞上，以扞禦匈奴。後漢時，北匈奴敗亡，鮮卑徙居其地。其酋長檀石槐，曾一時控制今蒙古之地，東接夫餘，與高句麗同屬貉族。其都城，即今吉林的長春縣。西至西域。所以烏丸和中國，較爲接近，而鮮卑則據地較廣。曹操和袁紹相爭時，烏丸多附袁紹。袁氏既滅，曹操襲破之於柳城。漢縣，今熱河淩源縣。烏桓自此式微，而鮮卑則東起遼東，西至今甘肅境内，部族歷歷散布，成爲五胡中人數最多、分布最廣的一族。（四）氐。氐人本來是居於武都的，即白馬氐之地，今甘肅成縣。魏武帝怕被蜀人所利用，把他遷徙到關中。（五）羌。即後漢時叛亂之餘。氐、羌都在涇、渭二水流域。當時的五胡大部分是居於塞内的，間或有在塞外的，亦和邊塞很爲接近。其人亦多散處民間，從事耕織，然獷悍之氣未消，而其部族首領，又有野心勃勃，想乘時恢復故業的。一旦嘯聚起來，"掩不備之人，收散野之積"，江統《徙戎論》語。其情勢，自又非從塞外侵入之比。所以郭欽、江統等，要想乘天下初定，用兵力將他們遷回故地。這雖不是民族問題根本解決之方，亦不失爲政治上一時措置之策，而晉武帝因循不能用。

第三十四章　五胡之亂上

　　五胡之亂，已經蓄勢等待著了，而又有一個八王之亂，八王，謂汝南王亮、楚王瑋、趙王倫、齊王冏、長沙王乂、成都王穎、河間王顒、東海王越。做他的導火綫。封建親戚以爲屏藩之夢，此時尚未能破。我們試看：魏武帝於建安十五年十二月己亥下令，説從前朝廷恩封我的幾個兒子，我辭而不受，現在想起來，卻又要受了，因爲執掌政權年久，怕要謀害我的人多，想借此自全之故，就可見得這時候人的思想。魏雖亦有分封之制，但文帝當未做魏世子時，曾和他的兄弟爭立，所以猜忌宗室諸王特甚，名爲分藩，實同囚禁，絶不能牽掣晉朝的篡弑。晉人有鑒於此，所以得國之後，就大封同姓，體制頗爲崇隆，而且各國都有衛兵。晉武帝是文帝的兒子，景帝之後，自然不甘退讓，在武帝時，齊王攸頗有覬覦儲位之意，似乎也有黨附於他的人，然未能有成，惠帝卒立。惠帝是很昏愚的。其初大后父楊駿執政。皇后賈氏，和楚王瑋合謀，把他殺掉，而用汝南王亮，又把他殺掉，后又殺楚王，旋弑楊大后。大子遹，非后所生，后亦把他廢殺。趙王倫時總宿衛，因人心不服，弑后，遂廢惠帝而自立。時齊王冏鎮許昌，成都王穎鎮鄴，今河南臨漳縣。河間王顒鎮關中，連兵攻殺倫。惠帝復位，齊王入洛專政，河間王和長沙王乂合謀攻殺之，又和成都王穎合謀，攻殺乂。東海王越，合幽、并二州的兵，把河間、成都兩王打敗，遂弑惠帝而立懷帝。此等擾亂之事，在西元二九一至三〇六的十六年間。

匈奴單于，自後漢之末失位，入居中國。單于死後，中國分其部衆爲五，各立酋帥，其中左部最強，中國把其酋帥羈留在鄴，以資駕馭，至晉初仍未釋放。東海王之兵既起，劉淵説成都王回去合五部之衆，來幫他的忙，成都王才釋放了他。劉淵至并州，遂自立，是爲十六國中的前趙。此時中原之地，盜賊蠭起，劉淵如能力征經營，很可以有所成就。然劉淵是個無甚才略的人，自立之後，遂安居不出。羯人石勒，才略卻比較優長，東方羣盜，盡爲所并，名雖服從前趙，實則形同獨立。東海王既定京師，出兵征討，死於軍中，其兵爲石勒所追敗。晉朝遂成坐困之勢。三一〇年，劉淵的族子劉曜攻破洛陽，懷帝被虜，明年，被弑。愍帝立於長安，三一六年，又被虜，明年，被弑。元帝時督揚州，從下邳遷徙到建業，下邳，今江蘇邳縣。建業，今南京，東晉後避愍帝諱，改曰建康。自立，是爲東晉元帝。此時，在北方，只有幽州刺史王浚、并州刺史劉琨，崎嶇和戎狄相持；南方則豫州刺史祖逖，從淮北經略今之豫東，頗有成績。然王浚本是個狂妄的人，劉琨則窘困太甚，終於不能支持，爲石勒所破滅。祖逖因中央和荆州互相猜忌，知道功不能成，憤慨而死。就無能抗拒石勒的人。三二八年，勒滅前趙，除割據涼州的前涼，遼東、西的前燕外，北方幾盡入其手。

南方的情勢，荆州強於揚州。元帝即位之後，要想統一上流的事權，乃派王敦去都督荆州。王敦頗有才能，能把荆州的實權，收歸掌握，卻又和中央互相猜忌，三二二年，終於決裂。王敦的兵，入據京城。元帝憂憤而死，子明帝立，頗有才略，乘王敦病死，把其餘黨討平。然明帝在位僅三年。明帝崩，子成帝立，年幼，大后庾氏臨朝，后兄庾亮執政，和歷陽内史蘇峻不協。今安徽和縣。蘇峻舉兵造反。亮奔溫嶠於尋陽。今江西九江縣。溫嶠是很公忠體國的，邀約荆州刺史陶侃，把蘇峻打平。陶侃時已年老，故無跋扈之心。侃死後，庾亮出鎮荆州。庾亮死後，其弟庾翼、庾冰繼之。此時内外的大權，都在庾氏手裏，所以成帝、康帝之世，相安無事。三四四年，康帝崩，子穆帝立。明年，庾翼死，表請以其子繼任，宰相何充不聽，而用了桓溫。於是上下流之間，又成對立之勢了。

石勒死於三三三年。明年，勒從子虎殺勒子而自立。石虎是個淫暴無人理的，然兵力尚強。庾翼於三四三年出兵北伐，未能有功。三四九年，石虎死，諸子爭立。漢人冉閔，爲虎養子，性頗勇悍，把石虎諸子盡行誅滅。閔下令道："與官同心者住，不同心者各任所之。"於是"趙人百里内悉入城"，而"胡、羯去者填門"。閔知胡之不爲己用，遂下令大誅胡、羯。單是一個鄴中，死者就有二十多萬，四方亦都承令執行。胡、羯經此打擊，就不能再振了。先是鮮卑慕容廆，興於遼西，兼并遼東，至其子皝，遷都龍城。今熱河朝陽縣。慕容氏是遠較前後趙爲文明的，地盤既廣，兵力亦强。石虎死的前一年，慕容皝死，子儁立，乘北方喪亂，侵入中原，冉閔與戰，爲其所殺，於是河北之地，盡入於慕容氏。羌酋姚弋仲、氐酋苻洪，其初爲後趙所壓服的，至此亦乘機自立。苻洪死，子苻健入關。姚弋仲死，其子姚襄降晉，想借晉力以自圖發展。晉朝因和桓溫互相猜忌，引用了名士殷浩做宰相，想從下流去經略中原。殷浩亦不是沒有才能的人，但揚州勢成積弱，殷浩出而任事，又沒有一個相當的時間以資準備，自然只得就固有的力量加以利用，於是即用姚襄爲前鋒，反爲其所邀擊，大敗，軍資喪失甚衆。此事在三五四年。先是桓溫已滅前蜀，至此，遂迫脅朝廷，廢掉殷浩。他卻出兵北伐，擊破了姚襄，恢復洛陽，然亦未能再進。慕容儁死後，子慕容暐繼之，雖年幼無知，然有慕容恪輔政，慕容垂帶兵，仍有相當的力量。姚襄敗後入關，爲秦人所殺，弟萇以衆降秦。秦苻健死後，子生無道，爲苻堅所弑，自立，能任用王猛以修國政，其勢尤張。此時的北方，已較難圖，所以當後趙、冉閔紛紜爭奪之時，晉朝實在坐失了一個恢復中原的機會。此時燕人頻年出兵，以經略河南，洛陽又爲所陷。三六九年，桓溫出兵伐燕，大敗於枋頭。城名，今河南濬縣。桓溫之意，本來要立些功業，再圖篡奪的。至此，自顧北伐已無成功之望，乃於三七一年入朝，行廢立之事。康帝崩，子穆帝立。崩，成帝子哀帝立。崩，弟海西公立。至是爲桓溫所廢，而立元帝子簡文帝。溫以禪讓之意，諷示朝臣。謝安、王坦之當國，持之以靜。三七三年，桓溫死，他的兄弟桓沖，是個沒有野心的人，把荆州讓出，政局乃獲暫安。

第三十五章　五胡之亂下

東晉時的五胡十六國，實在並不成其爲一個國家，所以其根基並不穩固。看似聲勢雄張，只是沒有遇見强敵，一戰而敗，遂可以至於覆亡。枋頭戰後，慕容垂因被猜忌出奔。前秦乘機舉兵，其明年，前燕竟爲所滅。前秦又滅掉前涼，又有統一北方之勢。然其根基亦並不是穩固的。此時北方的漢族，因爲没有政府的領導，雖有强宗巨室和較有才力的人，能保據一隅，或者潛伏山澤，終産生不出一個强大的政權來，少數的五胡，遂得橫行無忌。然他們亦是人各有心，而且野蠻成習，頗難於統馭的。五胡中苟有英明的酋長出來，亦只得希望漢族擁戴他，和他一心，要聯合許多異族以制漢族，根本上是沒有這回事的，若要專恃本族，而把漢族以外的異族剗除，則（一）因限於實力；（二）則漢族此時，並不肯替此等異族出死力，而此等異族，性本蠻悍，加以志在掠奪，用之爲兵，似乎頗爲適宜，所以習慣上都是靠他們做主力的軍隊，盡數剪除，未免削弱兵力；所以其勢又辦不到。符堅的政策，是把氐人散布四方，行駐防政策，而將其餘被征服的異族，置之肘腋之下，以便監制。儻使他的威力，能毅始終維持，原亦未爲非計。然若一朝失足，則氐人散處四方，不能聚集，無復基本隊伍，就糟了。所以當時，符堅要想伐晉以圖混一，他手下的穩健派，如王猛，如其兄弟符融等，都是反對的。而符堅志得意滿，違衆舉兵，遂以三八三年大敗於淝水。北方異族，乘機紛紛而起。而慕容垂據河北爲後燕，姚萇據關中爲後秦，最大。符堅於三八五年，爲姚萇所殺。子丕、族子登，相繼自立，至三九四年，卒爲姚萇之子姚興所滅。此時侵入中原的五胡，已成强弩之末。因爲頻年攻戰，死亡甚多，人口減少，而漢族的同化作用，仍在逐漸進行，戰鬥力也日益衰弱之故。其仍居塞外的，卻比較氣完力厚。此等情勢，自西元四世紀末，夏及拓跋魏之興，至六世紀前半爾朱氏、宇文氏等侵入中原，迄未曾變。自遭冉閔的大屠戮後，胡、羯之勢，業已不能復振。只有匈奴鐵弗氏，根據地在新興，_{今山西忻縣。}還是一個比較完整的部落。拓跋氏自託於黄帝之後，説其初建國北荒，後來南遷大澤，因其地"昏冥沮洳"，乃再南遷至匈奴故地。自托於黃帝之後，自不足信，其起源發迹之地，該不是騙人的。他大約自西伯利亞遷徙到外蒙古，又逐漸遷徙到内蒙古的。晉初，其根據地在上谷之北，今灤河上源之西。劉琨藉其兵力以禦匈奴，畀以雁門關以北之地。拓跋氏就據有平城，東至今察哈爾的西部。這時候，自遼東至今熱河東部，都是慕容氏的勢力範圍，其西爲宇文氏，再西就是拓跋氏。慕容氏盛時，宇文氏受其壓迫，未能自强，拓跋氏卻不然。拓跋氏和匈奴鐵弗氏是世讎。苻堅時，拓跋氏内亂，鐵弗的酋長劉衛辰引秦兵把他打破。苻堅即使劉衛辰和其族人劉庫仁分管其部落。劉庫仁是拓跋氏的女壻，反保護其遺裔拓跋珪。其時塞外，從陰山至賀蘭山，零星部落極多，拓跋珪年長後，逐漸加以征服，勢力復張，劉衛辰爲其所滅，其子勃勃奔後秦。姚興使其守禦北邊，勃勃遂叛後秦自立。後秦屢爲所敗，國勢益衰。三九五年，慕容垂之子寶伐後魏，大敗於參合陂。_{今山西陽高縣。}明年，慕容垂自將伐魏。魏人退出平城，以避其鋒。慕容垂入平城，而實無所得，還至參合陂，見前此戰敗時的尸骸，堆積如山，軍中哭聲振天，慙憤而死。慕容寶繼立。拓跋珪大舉來攻，勢如排山倒海。慕容寶棄其都城中山，逃到龍城，被弑。少子盛定亂自立，旋亦被弑。弟熙立，因淫虐，爲其將馮跋所篡，是爲北燕。其宗族慕容德，南走廣固_{今山東益都縣西。}自立，是爲南燕。拓跋珪服寒食散，散發不能治事，不復出兵。北方形勢，又暫告安靜。

南方當這時候，卻産生出一種新勢力來。晉朝從東渡以後，長江上流的形勢，迄較下流爲强，以致内外相持，坐視北方的喪亂而不能乘。當淝水戰前六年，謝玄鎮廣陵，_{今江蘇江都縣。}才創立一枝北府兵，精銳無匹，而劉牢之爲這一枝軍隊的領袖。淝水之戰，就是倚以制勝的。下流的形勢，至此實已較上流爲强。東晉孝武帝，是一個昏憒胡塗的人，始而信任琅邪王道子，後來又猜忌他，使王恭鎮京口，_{今江蘇鎮江縣。}殷仲堪鎮江陵以防之。慕容垂死的一年，孝武帝也死了，子安帝立。三九八年，王恭、殷仲堪同時舉兵。道子嗜酒昏愚，而其世子元顯，年少有些才氣，使人句結劉牢之倒戈，王恭被殺，而上流之兵已逼，牢之不肯再戰。殷仲堪並不會用兵，軍事都是委任南郡相楊佺期的，_{南郡，治江陵。}而桓温的小兒子桓玄在荆州，仍有勢力，此時亦在軍中。晉朝乃以楊佺期刺雍州，桓玄刺江州，各給了一個地盤，上流之兵才退。後來殷仲堪和楊佺期，都爲桓玄所并。四〇二年，元顯乘荆州饑饉，舉兵伐玄，劉牢之又倒戈，桓玄入京城，元顯和道子都被殺。桓玄是個狂妄的人，得志之後，奪掉了劉牢之的兵權，牢之謀反抗，而手下的人，不滿他的屢次倒戈，不肯服從，牢之自縊而死。桓玄以爲天下無事了，就廢安帝自立。然劉牢之雖死，北府兵中人物尚多。四〇四年，劉裕等起兵討玄，玄遂敗死。安帝復位。劉裕入居中央，掌握政權，一時的功臣，都分布州郡，南方的形勢一變。

四〇九年，劉裕出兵滅南燕，想要停鎮下邳，經營河、洛，而後方又有變故。先是三九九年，妖人孫恩起兵會稽，今浙江紹興縣。剽掠沿海，後爲劉牢之及劉裕所破，入海島而死，其黨盧循襲據廣州，桓玄不能討，用爲刺史。盧循又以其妹夫徐道覆爲始興相。今廣東曲江縣。劉裕北伐時，盧循、徐道覆乘機北出，沿江而下，直逼京城。此時情勢確甚危急。幸得劉裕趕速回兵，以疲敝之衆，守住京城。盧循、徐道覆不能克，退回上流，爲裕所襲敗。裕又遣兵從海道襲據廣州，到底把他們打平。劉裕於是翦除異己，至四一七年，復大舉以滅後秦。此時後魏正值中衰；涼州一隅，自前秦亡後，復四分五裂，然其中並無強大之國；氐酋呂光，爲苻堅將，定西域。苻堅敗後，據姑臧自立，是爲後涼。後匈奴酋沮渠蒙遜據張掖叛之，爲北涼。漢族李暠據敦煌，爲西涼。鮮卑禿髮烏孤據樂都，爲南涼。後涼之地遂分裂。又有鮮卑乞伏國仁，據隴右，爲西秦。後涼爲後秦所滅。西涼爲北涼所滅。南涼爲西秦所滅。西秦爲夏所滅。北涼爲後魏所滅。姑臧，今甘肅武威縣。張掖、敦煌，今縣皆同名。樂都，今碾伯縣。西秦初居勇士川，在今甘肅金縣後徙苑川，在今甘肅靖遠縣。夏雖有剽悍之氣，究係偏隅小國；儻使劉裕能在關中駐紮幾年，擴清掃蕩之效，是可以預期的，則當南北朝分立之初，海内即可有統一之望，以後一百七十年的分裂之禍，可以免除了。然舊時的英雄，大抵未嘗學問，個人權勢意氣之爭，重於爲國爲民之念，以致同時並起，資望相等的人物，往往不能相容，而要互相翦滅，這個實在使人才受到一個很大的損失。劉裕亦是如此，到滅秦時，同起義兵諸人，都已被翦除盡了。手下雖有幾個勇將，資格都是相等的，誰亦不能統率誰。而劉裕後方的機要事務，全是交給一個心腹劉穆之的，這時候，劉穆之忽然死了，劉裕放心不下，只得棄關中而歸，留一個小兒子義真，以鎮守長安。諸將心力不齊，長安遂爲夏所陷。劉裕登城北望，流涕而已。内部的矛盾，影響到對外，真可謂深刻極了。四二〇年，劉裕篡晉，是爲宋武帝。三年而崩。子少帝立，爲宰相徐羨之等所廢，迎立其弟文帝。文帝亦是個中主，然無武略，而功臣宿將，亦垂垂向盡。自北府兵創立至此，不足五十年，南方新興的一種中心勢力，復見衰頹。北魏拓跋珪自立，是爲道武帝。道武帝末年，勢頗不振。子明元帝，亦僅謹守河北。明元帝死，子大武帝立，復強。四三一年滅夏，四三六年滅燕，涼州之地，亦皆爲其所吞并。天下遂分爲南北朝。

第三十六章　南北朝的始末

　　南北朝的對立，起於四二〇年宋之代晉，終於五八九年隋之滅陳，共一百七十年。其間南北的強弱，以宋文帝的北伐失敗及侯景的亂梁爲兩個重要關鍵。南朝的治世，只有宋文帝和梁武帝在位時，歷時較久。北方的文野，以孝文的南遷爲界限，其治亂則以爾朱氏的侵入爲關鍵。自爾朱氏、宇文氏等相繼失敗後，五胡之族，都力盡而斃，中國就復見盛運了。

　　宋文帝即位後，把參與廢立之謀的徐羨之、傅亮、謝晦等都誅滅。初與其謀而後來反正的檀道濟，後亦被殺。於是武帝手裏的謀臣勇將，幾於靡有孑遺了。歷代開國之主，能勘戡定大亂、抵禦外患的，大抵在政治上、軍事上，都有卓絶的天才，此即所謂文武兼資。而其所值的時局，難易各有不同。儻使大難能勘及身戡定，則繼世者但得守文之主，即可以蒙業而安。如其不然，則非更有文武兼資的人物不可。此等人固不易多得，然人之才力，相去不遠，亦不能謂並時必無其人；尤其做一番大事業的人，必有與之相輔之士。儻使政治上無家天下的習慣，開國之主，正可就其中擇賢而授，此即儒家禪讓的理想，國事實受其益了。無如在政治上，爲國爲民之義，未能徹底明了，而自封建時代相沿下來的自私其子孫，以及徒效忠於豢養自己的主人的觀念，未能打破，而君主時代所謂繼承之法，遂因之而立。而權利和意氣，都是人所不能不爭的，尤其是英雄爲甚。同幹一番事業的人，遂至不能互相輔助，反要互相殘殺，其成功的一個人，傳之於其子孫，則都是生長於富貴之中的，好者僅得中主，壞的并不免荒淫昏暴，或者懦弱無用。前人的功業，遂至付諸流水，而國與民亦受其弊。這亦不能不説是文化上的一個病態了。宋初雖失關中，然現在的河南、山東，還是中國之地。宋武帝死後，魏人乘喪南伐，取青、兗、司、豫四州。時青州治廣固，兗州治滑臺，司州治虎牢，豫州治睢陽。滑臺，今河南滑縣。虎牢，今河南汜水縣。睢陽，今河南商丘縣。此時的魏人，還是游牧民族性質，其文化殊不足觀，然其新興的剽悍之氣，卻亦未可輕視，而文帝失之於輕敵。四三〇年，遣將北伐,魏人斂兵河北以避之,宋朝得了虎牢、滑臺,而不能繼續進取,兵力并不足堅守。至冬,魏人大舉南下,所得之地復失。文帝經營累年,至四五〇年,又大舉北伐。然兵皆白丁,將非材勇,甫進即退。魏大武帝反乘機南伐,至於瓜步。鎮名,今江蘇六合縣。所過之處,赤地無餘,至於燕歸巢於林木,元嘉之世,本來稱爲南朝富庶的時代的,經此一役,就元氣大傷了,而北強南弱之勢,亦於是乎形成。

四五三年,宋文帝爲其子劭所弑。劭弟孝武帝,定亂自立,死後,子前廢帝無道,爲孝武弟明帝所廢。孝武帝和明帝,都很猜忌,專以屠戮宗室爲務。明帝死後,大權遂爲蕭道成所竊。荆州的沈攸之,和宰相袁粲,先後謀誅之,都不克。明帝子後廢帝及順帝,都爲其所廢。四七九年,道成遂篡宋自立,是爲齊高帝,在位四年,子武帝,在位十一年。高、武二帝,都很節儉,政治較稱清明。武帝大子早卒,立大孫鬱林王,爲武帝兄子明帝所廢。明帝大殺高、武二帝子孫。明帝死後,子東昏侯立。時梁武帝蕭衍刺雍州,其兄蕭懿刺豫州。梁武帝兄弟,本與齊明帝同黨。其時江州刺史陳顯達造反,東昏侯使宿將崔慧景討平之。慧景還兵攻帝,勢甚危急,蕭懿發兵入援,把他打平。東昏侯反把蕭懿殺掉,又想削掉蕭衍。東昏侯之弟寶融,時鎮荆州,東昏侯使就其長史蕭穎胄圖之。穎胄奉寶融舉兵,以梁武帝爲前鋒。兵至京城,東昏侯爲其下所弑。寶融立,是爲和帝,旋傳位於梁,此事在五〇二年。

梁武帝在位四十八年,其早年政治頗清明。自宋明帝時,和北魏交兵,盡失淮北之地。明帝時又失汴北。東昏侯時,因豫州刺史裴叔業降魏,并失淮南。時豫州治壽陽,今安徽壽縣。梁武帝時,大破魏兵於鍾離,在今安徽鳳陽縣。恢復了豫州之地。對外的形勢,也總算穩定。然梁武性好佛法,晚年刑政殊廢弛。又因大子統早卒,不立嫡孫而立次子簡文帝爲大子,心不自安,使統諸子出刺大郡,又使自己的兒子出刺諸郡,以與之相參。彼此乖離,已經醞釀著一個不安的形勢。而北方侯景之亂,又適於此時發作。

北魏大武帝,雖因割據諸國的不振,南朝的無力恢復,徼幸占據了北方,然其根本之地,實在平城,其視中國,不過一片可以榨取利益之地而已。他還不能自視爲和中國一體,所以也不再圖南侵。因爲其所有的,業已不易消化了。反之,平城附近,爲其立國根本之地,卻不可不嚴加維護。所以魏大武帝要出兵征伐柔然、高車,且於北邊設立六鎮,武川,今綏遠武川縣。撫冥,在武川東。懷朔,在今綏遠五原縣。懷荒,在今大同東北察哈爾境內。柔玄,在今察哈爾興和縣。禦夷,在今察哈爾沽源縣。盛簡親賢,配以高門子弟,以厚其兵力。孝文帝是後魏一個傑出人物。

他仰慕中國的文化，一意要改革舊俗。但在平城，終覺得環境不甚適宜。乃於四九三年，遷都洛陽，斷北語，改姓氏，禁胡服，獎屬鮮卑人和漢人通婚，自此以後，鮮卑人就漸和漢人同化了。然其根本上的毛病，即"以征服民族自居，視榨取被征服民族以供享用爲當然之事，因而日入於驕奢淫佚"，是不能因文明程度的增進而改變的，而且因爲環境的不同，其流於驕奢淫佚更易。論者因見歷來的遊牧民族，同化於漢族之後，即要流於驕奢淫佚，以至失其戰鬥之力，以爲這是中國的文明害了他，摹仿了中國的文明，同時亦傳染了中國的文明病。其實他們驕奢淫佚的物質條件，是中國人供給他的，驕奢淫佚的意志，卻是他們所自有；而這種意志，又是與其侵略事業，同時並存的，因爲他們的侵略，就是他們的生產事業。如此，所以像金世宗等，要禁止他的本族人華化，根本是不可能的。因爲不華化，就是要一切生活都照舊，那等於只生產而不消費，經濟學上最後的目的安在呢？所以以驕奢淫佚而滅亡，殆爲野蠻的侵略民族必然的命運。後魏當日，便是如此。孝文帝傳子宣武帝，至孝明帝，年幼，大后胡氏臨朝，荒淫縱恣，把野蠻民族的病態，悉數現出。中原之民，苦於橫征暴斂，羣起叛亂。而六鎮將士，因南遷以後，待遇不如舊時，魏朝又怕兵力衰頹，禁其浮游在外，亦激而生變。有一個部落酋長，喚做爾朱榮，起而加以鎮定。爾朱氏是不曾侵入中原的部族，還保持着獷悍之風。胡大后初爲其親信元又等所囚，後和明帝合謀，把他們誅滅，又和明帝不協。明帝召爾朱榮入清君側，已而又止之。胡大后懼，弑明帝。爾朱榮舉兵入洛，殺胡大后而立孝莊帝，其部衆既勁健，而其用兵亦頗有天才，中原的叛亂，都給他鎮定了。然其人起於塞外，缺乏政治手腕，以爲只要靠兵力屠殺，就可以把人壓服。當其入洛之日，就想做皇帝，乃縱兵士圍殺朝士二千餘人。居民驚懼，逃入山中，洛陽只賸得一座空城。爾朱榮無可如何，只得退居晉陽，遙執朝權，然其篡謀仍不息。孝莊帝無拳無勇，乃利用宣傳爲防禦的工具。當他篡謀急時，就散布他要進京的消息，百姓就逃走一空，爾朱榮只得自止。到後來，看看終非此等手段所能有濟了。五三〇年，乃索性召他入朝。孝莊帝自藏兵器於衣內，把他刺死。其姪兒爾朱兆，舉兵弑帝，別立一君。此時爾朱氏的宗族，分居重鎮，其勢力如日中天。然爾朱兆是個鹵莽之夫，其宗族中人，亦與之不協。五三二年，其將高歡起兵和爾朱氏相抗。兩軍相遇於韓陵。_{山名，在今河南安陽縣。}論兵力，爾朱氏是遠過於高歡，然因其暴虐過甚，高歡手下的人都齊心死戰，而爾朱氏卻心力不齊，遂至大敗。晉陽失陷，爾朱兆逃至秀容川，_{在今山西朔縣。}爲高歡所掩殺。其餘爾朱氏諸人亦都被撲滅。高歡入洛，廢爾朱氏所立，而別立孝武帝。高歡身居晉陽，繼承了爾朱榮的地位。孝武帝用賀拔岳爲關中大行臺，圖與高歡相抗。高歡使其黨秦州刺史侯莫陳悦殺岳。秦州，今甘肅天水縣。夏州刺史宇文泰攻殺悦。夏州，今陝西横山縣。孝武帝即以泰繼岳之任。五三四年，孝武帝舉兵討歡，高歡亦自晉陽南下，夾河而軍，孝武帝不敢戰，奔關中，爲宇文泰所弑。於是高歡、宇文泰，各立一君，魏遂分爲東西。至五五〇年，而東魏爲高歡子洋所篡，是爲北齊文宣帝。五五七年，西魏爲宇文泰之子覺所篡，是爲北周孝閔帝。

　　當東、西魏分裂後，高歡、宇文泰，曾劇戰十餘年，彼此都不能逞志，而其患顧中於梁。這時候，北方承劇戰之後，兵力頗强，而南方武備久廢弛，欲謀恢復，實非其時，而梁武帝年老昏耄，卻想乘機徼幸，其禍就不可免了。高歡以五四七年死，其將侯景，是專管河南的，雖然野蠻粗鹵，在是時北方諸將中，已經算是狡黠的了。高歡死後，其子高澄，嗣爲魏相。侯景不服，遂舉其所管之地來降。梁武帝使子淵明往援，爲魏所敗，淵明被擒。侯景逃入梁境，襲據壽陽。梁朝不能制，旋又中魏人反間之計，想犧牲侯景，與魏言和。侯景遂反，進陷臺城。南朝之宫城。梁武帝憂憤而崩，時爲五四九年，子簡文帝立，五五一年，爲侯景所弑。武帝子湘東王繹即位於江陵，是爲元帝。時陳武帝陳霸先，自嶺南起兵勤王，元帝使其與王僧辯分道東下，把侯景誅滅。先是元帝與諸王，互相攻擊。郢州的邵陵王綸，郢州，今湖北武昌縣。綸，武帝子。湘州的河東王譽，譽、詧皆昭明大子統之子。皆爲所并。襄陽的岳陽王詧，則因求救於西魏而得免。至元帝即位後，武陵王紀亦稱帝於成都，紀，武帝子。舉兵東下。元帝亦求救於西魏，西魏襲陷成都。武陵王前後受敵，遂敗死。而元帝又與西魏失和。五五四年，西魏陷江陵，元帝被害。魏人徙岳陽王詧於江陵，使之稱帝，而對魏則稱臣，是爲西梁。王僧辯、陳霸先立元帝之子方智於建康，是爲敬帝。而北齊又送淵明回國，王僧辯戰敗，遂迎立之。陳霸先討殺僧辯，奉敬帝復位，五五七年，遂禪位於陳。這時候，梁朝骨肉相殘，各引異族爲助，南朝幾至不國。幸得陳武帝智勇足備，卓然不屈，才得替漢族保存了江南之地。

　　陳武帝即位後，三年而崩，無子，傳兄子文帝。文帝死後，弟宣帝，廢其子廢帝而代之。文、宣二帝，亦可稱中主，但南方當喪亂之餘，内部又多反側，所以不能自振。北方則北齊文宣、武成二帝，均極荒淫。武成帝之子緯，尤爲奢縱。而北周武帝，頗能勵精圖治。至五七七年，齊遂爲周所滅。明年，武帝死，子宣帝立，又荒淫，傳位於子靜帝，大權遂入后父楊堅之手。五八一年，堅廢靜帝自立，是爲隋文帝。高齊雖自稱是漢族，然其性質實在是胡化了的。

隋文帝則勤政恤民，儉於自奉，的確是代表了漢族的文化。自西晉覆亡以來，北方至此才復建立漢人統一的政權。此時南方的陳後主，亦極荒淫，五八九年，爲隋所滅。西梁則前兩年已被滅。天下復見統一。

　　兩晉、南北朝之世，是向來被看作黑暗時代的，其實亦不盡然。這時代，只政治上稍形黑暗，社會的文化，還是依然如故。而且正因時局的動盪，而文化乃得爲更大的發展。其中關係最大的，便是黃河流域文明程度最高的地方的民族，分向各方面遷移。《漢書·地理志》敘述楚地的生活情形，還說江南之俗，火耕水耨，果蓏蠃蛤，飲食還足，是故呰窳媮生而無積聚，而《宋書·孔季恭傳》敘述荊、揚二州的富力，卻是"膏腴上地，畝直一金，鄠、杜之間不能比"；鄠，今陝西鄠縣，杜，在今陝西長安縣南，漢時農業盛地價高之處。又說："魚、鹽、杞、梓之利，充仞八方，絲棉、布帛之饒，覆衣天下。"成爲全國富力的中心了。三國之世，南方的風氣，還是很剽悍的，讀第三十二章所述可見。而自東晉以來，此種風氣，亦潛移默化。談玄學佛，成爲全國文化的重心。這是最彰明較著的。其他東北至遼東，西南至交阯，莫不有中原民族的足迹，其有裨於增進當地的文化，亦決非淺鮮，不過不如長江流域的顯著罷了。還有一層：陶潛的《桃花源詩》，大家當他是預言，其實這怕是實事。自東漢之末，至於南北朝之世，北方有所謂山胡，南方有所謂山越。聽了胡、越之名，似乎是異族蟄居山地的，其實不然。試看他們一旦出山，便可和齊民雜居，服兵役，輸賦稅，絕無隔閡，便可知其實非異族，而係漢族避亂入山的。此等避亂入山的異族，爲數既衆，歷時又久，山地的爲所開闢，異族的爲所同化的，不知凡幾，真是拓殖史上的無名英雄了。以五胡論：固然有荒淫暴虐，如石虎、齊文宣、武成之流的，實亦以能服從漢族的文化的居其多數。石勒在兵戈之際，已頗能引用士人，改良政治。苻堅更不必説。慕容氏興於邊徼，亦是能慕效中國的文明的。至北魏孝文帝，則已舉其族而自化於漢族。北周用盧辯、蘇綽，創立法制，且有爲隋、唐所沿襲的。這時候的異族，除血統之外，幾乎已經説不出其和漢族的異點了。一到隋、唐時代，而所謂五胡，便已泯然無迹，良非偶然。

第三十七章　南北朝隋唐間塞外的形勢

葱嶺以東，西伯利亞以南，後印度半島以東北，在歷史上實自成其爲一個區域。這一個區域中，以中國的產業和文化最爲發達，自然成爲史事的重心。自秦、漢至南北朝，我們可以把他看做一個段落，隋、唐以後，卻又是一個新段落了。這一個新段落中，初期的形勢，乃是從五胡侵入中原以後逐漸醞釀而成的，在隋、唐興起以前，實有加以一番檢討的必要。

漠南北之地，對於中國是一個最大的威脅。繼匈奴而居其地的爲鮮卑。自五胡亂華以來，鮮卑紛紛侵入中國。依舊保持完整的只有一個拓跋氏，然亦不過在平城附近。自此以東，則有宇文氏的遺落奚、契丹，此時部落尚小。其餘的地方都空虛了，鐵勒乃乘機入據。鐵勒，異譯亦作敕勒，即漢時的丁令，其根據地，東起貝加爾湖，西沿西域之北，直抵裏海。鮮卑侵入中原後，鐵勒踵之而入漠北。後魏道武帝之興，自陰山以西，漠南零星的部落，幾於盡被吞并。只有一個柔然不服，爲魏大武帝所破，逃至漠北，臣服鐵勒，藉其衆以抗魏。魏大武帝又出兵把他打破，將降伏的鐵勒遷徙到漠南，這一支，歷史上特稱爲高車，其餘則仍稱鐵勒。南北朝末年，柔然又強了，東、西魏和周、齊都竭力敷衍他。後來阿爾泰山附近的突厥強盛，五五二年，柔然爲其所破。突厥遂征服漠南北，繼承了柔然的地位，依舊受著周、齊的敷衍。

西域對中國，是無甚政治關係的，因爲他不能侵略中國，而中國當喪亂之時，亦無暇經營域外之故。兩晉、南北朝之世，只有苻堅，曾遣呂光去征伐過一次西域，其餘都在平和的狀態中。但彼此交通仍不絕。河西一帶，商業亦盛，這只要看這一帶兼用西域的金銀錢可知。西域在這時期，脫離了中國和匈奴的干涉，所以所謂三十六國者，得以互相吞并。到隋、唐時，只剩得高昌、焉耆、龜茲、于闐等幾個大國。

東北的文明，大略以遼東、西和漢平朝鮮後所設立的四郡爲界綫。自此以南，爲飽受中國文明的貉族。自此以北，則爲未開化的滿族，漢時稱爲挹婁，南北朝、隋、唐時稱爲勿吉，亦作靺鞨。貉族的勢力，在前漢時，曾發展到今吉林省的長春附近，建立一個夫餘國，後漢時，屢通朝貢，晉初，爲鮮卑慕容氏所破，自此漸歸漸滅，而遼東、西以北，乃全入鮮卑和靺鞨之手。貉族則專向朝鮮半島發展。其中一個部落，喚做高句麗的，自中國對東北實力漸衰，遂形成一個獨立國。慕容氏侵入中原後，高句麗盡并遼東之地，侵略且及於遼西。其支族又於其南建立一個百濟國。半島南部的三韓，自秦時即有漢人雜居，謂之秦韓，後亦自立爲國，謂之新羅。高句麗最強大。其初新羅、百濟，嘗聯合以禦之。後百濟轉附高句麗，新羅勢孤，乃不得不乞援於中國，爲隋、唐時中國和高句麗、百濟搆釁的一個原因。

南方海路的交通，益形發達。前、後印度及南洋羣島，入貢於中國的很多。中國是時，方熱心於佛學，高僧往印度求法，和彼土高僧來中國的亦不少。高句麗、百濟，亦自海道通南朝。日本當後漢時，其大酋始自通於中國，至東晉以後，亦時向南朝通貢，傳受了許多文明。侯景亂後，百濟貢使到建康來，見城闕荒毁，至於號慟涕泣，可見東北諸國，對我感情的深厚了。據阿剌伯人所著的古旅行記，説西元一世紀後半，西亞的海船，才達到交阯。西元一世紀後半，爲後漢光武帝至和帝之時。其後桓帝延熹九年，當西元一六六年，而大秦王安敦，Marcus Aurelius Antoninus 生於西元一二一，即後漢安帝建光元年，没於一八〇，即後漢靈帝光和三年。遣使自日南徼外通中國，可見這記載的不誣。他又説：西元三世紀中葉，中國商船開始西向，從廣州到檳榔嶼，四世紀至錫蘭，五世紀至亞丁，終至在波斯及美索不達米亞獨占商權。到七世紀之末，阿剌伯人才與之代興。三世紀中葉，當三國之末；七世紀之末，則當唐武后時。這四百五十年之中，可以説是中國人握有東西洋航權的時代了。至於偶爾的交通所及，則還不止此。據《梁書・諸夷傳》：倭東北七千餘里有文身國，文身國東五千餘里有大漢國，大漢國東二萬餘里有扶桑國。這扶桑國或説他是現在的庫頁島，或説他是美洲的墨西哥，以道里方向核之，似乎後説爲近。據《梁書》所載：西元四九九年，其國有沙門慧深來至荆州。又晉時法顯著《佛國記》，載其到印度求法之後，自錫蘭東歸，行三日而遇大風，十三日到一島，又九十餘日而到耶婆提，自耶婆提東北行，一月餘，遇黑風暴雨，凡七十餘日，折西北行，十二日而抵長廣郡。今山東即墨縣。章炳麟作《法顯發見西半球説》，説他九十餘日的東行，實陷入大平洋中。耶婆提當在南美。自此向東，又被黑風吹入大西洋中，超過了中國海岸，折向西北，纔得歸來。衡以里程及時日，説亦可信。

法顯的東歸，在西元四一六年，比哥倫布的發見美洲要早一千〇七十七年了。此等偶然的飄播，和史事是沒有多大關係的，除非將來再有發現，知道美洲的開化，中國文化確占其中重要的成分。此時代的關係，在精神方面，自以印度的佛教爲最大。在物質方面，則西南洋一帶，香藥、寶貨和棉布等，輸入中國的亦頗多。

第三十八章　隋朝和唐朝的盛世

　　北朝的君主，有荒淫暴虐的，也有能勵精圖治的，前一種代表了胡風，後一種代表了漢化。隋文帝是十足的後一種的典型。他勤於政事，又能躬行節儉，在位時，把北朝的苛捐雜稅都除掉，而府庫充實，倉儲到處豐盈，國計的寬餘，實爲歷代所未有。突厥狃於南北朝末年的積習，求索無厭。中國不能滿其欲，則擁護高齊的遺族，和中國爲難。文帝決然定計征伐，大破其兵。又離間其西方的達頭可汗和其大可汗沙鉢略攝罿，突厥由是分爲東西。文帝又以宗女妻其東方的突利可汗。其大可汗都藍怒，攻突利。突利逃奔中國，中國處之夏、勝二州之間，夏州，在今陝西橫山縣北。勝州，在今綏遠鄂爾多斯左翼後旗黃河西岸。賜號爲啓民可汗。都藍死，啓民因隋援，盡有其衆，臣服於隋。從南北朝末期以來畏服北狄的心理，至此一變。

　　隋文帝時代，中國政局，確是好轉了的。但是文化不能一時急轉，所以還不能沒有一些屈折。隋文帝的大子勇，是具有胡化的性質的；其次子煬帝，卻又具有南朝君主荒淫猜忌的性質。大子因失歡於文帝后獨孤氏被廢。煬帝立，以洛陽爲東都。開通濟渠，使其連接邗溝及江南河。帝乘龍舟，往來於洛陽、江都之間，又使裴矩招致西域諸胡，所過之地，都要大營供帳；又誘西突厥獻地，設立西海、河源、鄯善、且末四郡，西海郡，當係青海附近之地。河源郡該在其西南。鄯善、且末，皆漢時西域國名，郡當設於其故地。鄯善國在今羅布泊南。且末國在車爾成河上。謫罪人以實之；又於六一一、六一三、六一四三年，三次發兵伐高句麗，天下騷動，亂者四起。煬帝見中原已亂，無心北歸，滯留江都，六一八年，爲其下所弒。其時北方的羣雄，以河北的竇建德，河南的李密爲最大，而唐高祖李淵，以太原留守，於六一七年起兵，西據關中，又平定河西、隴右，形勢最爲完固。煬帝死後，其將王世充，擁衆北歸，據洛陽，李密爲其所敗，降唐，又出關謀叛，爲唐將所擊斬。唐兵圍洛陽，竇建德來救，唐兵大敗禽之，世充亦降。南方割據的，以江陵的蕭銑爲最大，亦爲唐所滅。江、淮之間，有陳稜、李子通、沈法興、杜伏威等，紛紛而起，後皆并於杜伏威，伏威降唐。北邊羣雄，依附突厥的，亦次第破滅。隋亡後約十年，而天下復定。

　　唐朝自稱爲西涼李暠之後，近人亦有疑其爲胡族的，信否可不必論，民族的特徵，乃文化而非血統。唐朝除太宗大子承乾具有胡化的性質，因和此時的文化不相容而被廢外，其餘指不出一些胡化的性質來，其當認爲漢民族無疑了。唐朝開國之君，雖爲高祖，然其事業，實在大部分是太宗做的。天下既定之後，其哥哥大子建成，和兄弟齊王元吉，要想謀害他，爲太宗所殺。高祖傳位於太宗，遂開出西元六二七至六四九二十三年間的"貞觀之治"。歷史上記載他的治績，至於行千里者不齎糧，斷死刑歲僅三十九人，這固然是粉飾之談，然其時天下有豐樂之實，則必不誣的了。隋、唐時的制度，如官制、選舉、賦稅、兵、刑等，亦都能將前代的制度加以整理，參看第六至第十章可明。

　　對外的情勢，此時亦開一新紀元。突厥因隋末之亂，復強盛，控弦之士至百萬。北邊崛起的羣雄，都尊奉他，唐高祖初起時亦然，突厥益驕。天下既定，贈遺不能滿其欲，就連年入寇，甚至一年三四入，北邊幾千里，無處不被其患。太宗因其饑饉和屬部的離叛，於六三〇年，發兵襲擊，擒其頡利可汗。突厥的強盛，本來是靠鐵勒歸附的。此時鐵勒諸部，以薛延陀、回紇爲最強。突厥既亡，薛延陀繼居其地。六四四年，太宗又乘其內亂加以翦滅。回紇徙居其地，事中國頗謹。在西域，則太宗曾用兵於高昌及焉耆、龜茲，以龜茲、于闐、焉耆、疏勒之地爲四鎮。在西南，則綏服了今青海地方的吐谷渾。西藏之地，隋時始有女國和中國往來。唐時，有一個部落，其先該是從印度遷徙到雅魯藏布江流域的，是爲吐蕃。其英主棄宗弄贊，太宗時始和中國交通，尚宗女文成公主，開西藏佛化的先聲。太宗又通使於印度。適直其內亂，使者王玄策調吐蕃和泥婆羅的兵，把他打敗。而南方海路交通，所至亦甚廣。只有高句麗，太宗自將大兵去伐他，仍未能有功。此乃因自晉以來，東北過於空虛，勞師遠攻不易之故。直至六六三、六六八兩年，高宗才乘其內亂，把百濟和高句麗先後滅掉。突厥西方的疆域，本來是很廣的。其最西的可薩部，已和東羅馬相接了。高宗亦因其內亂，把它戡定，分置兩個都督府，其所轄的羈縻府、州，西至波斯。唐朝對外的聲威，至此可謂達於最高峯了。因國威之遐暢，而我國的文化，和別國的文化，就起了交流互織的作用。東北一隅，自句麗、百濟平後，新羅即大注意於增進文化。日本亦屢遣通唐使，帶了許多僧侶和留學生來。朝鮮半島南部和日本的舉國華化，實在此時。其餘波且及於滿族，西元七世紀末年，遂有渤海國的建立，一切制度，都以中國爲模範。南方雖是佛化盛行之地，然安南在此時，仍爲中國的郡縣，替中國在南方留了一個文化的據點。西方則大食帝國勃興於此時，其疆域東至葱嶺。大食在文化上實在是繼承希臘，而爲歐洲近世的再興導其先路的。中國和大食，政治上無甚接觸，而在文化上則彼此頗有關係。回教的經典和曆數等知識，都早經輸入中國。就是末尼教和基督教，也是受了回教的壓迫，才傳播到東方來的。而稱爲歐洲近世文明之源的印刷術、羅盤針、火藥，亦都經中國人直接傳入回教國，再經回教國人之手，傳入歐洲。

第三十九章　唐朝的中衰

　　唐朝對外的威力，以高宗時爲極盛，然其衰機亦肇於是時。高宗的性質，是失之於柔懦的。他即位之初，還能遵守太宗的成規，所以永徽之政，史稱其比美貞觀。六五五年，高宗惑於才人武氏，廢皇后王氏而立之。武后本有政治上的才能，高宗又因風眩之故，委任於他，政權遂漸入其手。句麗、百濟及西突厥，雖於此時平定，而吐蕃漸强，吐谷渾爲其所破，西域四鎮，亦被其攻陷，唐朝的外患，於是開始。六八三年，高宗崩，子中宗立，明年，即爲武后所廢，徙之房州，<small>今湖北竹山縣。</small>立其弟豫王旦，<small>即後來的睿宗。</small>六九〇年，又廢之，改國號爲周，自稱則天皇帝。後以宰相狄仁傑之言，召回中宗，立爲太子。七〇五年，宰相張柬之等乘武后臥病，結宿衞將，奉中宗復位。自武后廢中宗執掌政權至此，凡二十二年，若并其爲皇后時計之，則達五十五年之久。武后雖有才能，可是宅心不正。他是一種只計維持自己的權勢地位，而不顧大局的政治家。當其握有政權之時，濫用祿位，以收買人心；又任用酷吏，嚴刑峻法，以威嚇異己的人，而防其反動；驕奢淫佚的事情，更不知凡幾；以致政治大亂。突厥餘衆復强，其默啜可汗公然雄據漠南北，和中國對抗，甚至大舉入河北，殘數十州縣。契丹酋長李盡忠，亦一度入犯河北，中國不能討，幸其爲默啜所襲殺，亂乃定。因契丹的反叛，居於營州的靺鞨，<small>營州，今熱河朝陽縣，爲唐時管理東北異族的機關。</small>就逃到東北，建立了一個渤海國，此爲滿族開化之始，中國對東北的聲威，卻因此失墜了。設在今朝鮮平壤地方的安東都護府，後亦因此不能維持，而移於遼東。高句麗、百濟舊地，遂全入新羅之手。西南方面，西域四鎮，雖經恢復，青海方面對吐蕃的戰事，卻屢次失利。中宗是個昏庸之主。他在房州，雖備嘗艱苦，復位之後，卻豪無覺悟，並不能剗除武后時的惡勢力。皇后韋氏專權，和武后的姪子武三思私通，武氏因此復盛。張柬之等反遭貶謫而死。韋后的女兒安樂公主，中宗的婕妤上官婉兒，亦都干亂政治。政界情形的混濁，更甚於武后之時。七一〇年，中宗爲韋后所弒。相王旦之子臨

淄王隆基定亂而立相王，是爲睿宗，立隆基爲大子。武后的女兒大平公主仍
干政，憚大子英明，要想搖動他。幸而未能有成，大平公主被謫，睿宗亦傳位
於大子，是爲玄宗。玄宗用姚崇爲相，廓清從武后以來的積弊，又用宋璟及張
九齡，亦都稱爲能持正。自七一三至七四一年，史家稱爲開元之治。末年，突
厥復衰亂，七四四年，乘機滅之；連年和吐蕃苦戰，把中宗時所失的河西九曲
之地亦收復；國威似乎復振，然自武后已來，荒淫奢侈之習，漸染已深。玄宗
初年，雖能在政治上略加整頓，實亦墮入其中而不能自拔，中歲以後，遂漸即
怠荒，寵愛楊貴妃，把政事都交給一個奸佞的李林甫。李林甫死後，又用一個
善於貪緣的楊國忠。天寶之亂，就無可遏止了。一個團體，積弊深的，往往無
可挽回，這大約是歷時已久的皇室必要被推翻的一個原因罷！

　　唐朝的盛衰，以安、史之亂爲關鍵。安、史之亂，皇室的腐敗只是一個誘
因，其根原是別有所在的：（一）唐朝的武功從表面看，雖和漢朝相等，其聲威
所至，或且超過漢朝，但此乃世運進步使然，以經營域外的實力論，唐朝實非
漢朝之比。漢武帝時，攻擊匈奴，前後凡數十次；以至征伐大宛，救護烏孫，都
是仗自己的實力去摧破强敵。唐朝的征服突厥、薛延陀等則多因利乘便，且
對外多用蕃兵。玄宗時，府兵制度業已廢壞，而吐蕃、突厥都强，契丹勢亦漸
盛。欲圖控制、守禦，都不得不加重邊兵，所謂藩鎮，遂興起於此時，天下勢成
偏重。（二）胡字本是匈奴的專稱，後漸移於一切北族。再後，又因文化的異
同易泯，種族的外觀難改，遂移爲西域白種人的專稱。詳見拙撰《胡考》，在《燕石札
記》中，商務印書館本。西域人的文明程度，遠較北族爲高。他們和中國，沒有直接
的政治關係，所以不受注意。然雖無直接的政治關係，間接的政治關係卻是
有的，而且其作用頗大。從來北族的盛衰，往往和西胡有關涉。冉閔大誅胡、
羯時，史稱高鼻多鬚，頗有濫死，可見此時之胡，已非盡匈奴人。拓跋魏占據
北方後，有一個蓋吳，起而與之相抗，一時聲勢很盛，蓋吳實在是個胡人。事在
西元四四六，即宋文帝元嘉二十三，魏大武帝太平真君七年。見《魏書·本紀》和《宋書·索虜傳》。
唐玄宗時，北邊有康待賓、康願子相繼造反，牽動頗廣，事在七二一、七二二，即玄宗開
元九年、十年。康亦是西域姓。突厥頡利的衰亡，史稱其信任諸胡，疏遠宗族，後
來回紇的滅亡亦然，可見他們的沈溺於物質的享受，以致漸失其武健之風，還
不盡由於中國的漸染。從反面看，就知道他們的進於盛强，如物質文明的進
步，政治、軍事組織的改良等，亦必有受教於西胡的了。唐朝對待被征服的異
族，亦和漢朝不同。漢朝多使之入居塞內，唐朝則仍留之於塞外，而設立都護
府或都督府去管理他。所以唐朝所征服的異族雖多，未曾引起像五胡亂華一

般的雜居內地的異族之患。然環伺塞外的異族既多，當其種類昌熾，而中國政治力量減退時，就不免有被其侵入的危險了。唐末的沙陀，五代時的契丹，其侵入中國，實在都是這一種性質，而安、史之亂，就是一個先期的警告。安禄山，《唐書》說他是營州柳城胡。他本姓康，隨母嫁虜將安延偃，因冒姓安，安、康都是西域姓。史思明，《唐書》雖說他是突厥種，然其狀貌，"鳶肩傴背，廒目側鼻"，怕亦是一個混血兒。安禄山和史思明，都能通六蕃譯，爲互市郎，可見其兼具西胡和北族兩種性質。任用蕃將，本是唐朝的習慣，安禄山遂以一身而兼做了范陽、平盧兩鎮的節度使。<small>平盧軍，治營州。范陽軍，治幽州，今北平。</small>此時安禄山的主要任務，爲鎮壓奚、契丹。他就收用其壯士，名之曰曳落河。其軍隊在當時藩鎮之中，大約最爲剽悍。目覩玄宗晚年政治腐敗，內地守備空虛，遂起覦覬之念。七五五年，自范陽舉兵反。不一月而河北失陷，河南繼之，潼關亦不守，玄宗逃向成都，於路留大子討賊，大子西北走向靈武，<small>靈州治，今寧夏靈武縣。</small>即位，是爲肅宗。安禄山雖有強兵，卻無政治方略，諸將亦都有勇無謀，既得長安之後，不能再行進取。朔方節度使郭子儀，<small>朔方軍，治靈州。</small>乃得先平河東，就借回紇的兵力，收復兩京。<small>長安、洛陽。</small>安禄山爲其子慶緒所殺。九節度之師圍慶緒於鄴，因號令不一，久而無功，史思明既降復叛，自范陽來救，九節度之師大潰。思明殺慶緒，復陷東京。李光弼與之相持。思明又爲其子朝義所殺。唐朝乃得再借回紇之力，將其打平。此事在七六二年。其時肅宗已死，是代宗的元年了。安史之亂首尾不過八年，然對外的威力自此大衰，內治亦陷於紊亂，唐朝就日入於衰運了。

第四十章　唐朝的衰亡和沙陀的侵入

自從七五五年安史之亂起，直到九〇七年朱全忠篡位爲止，唐朝一共還有一百五十二年的天下。在這一個時期中，表面上還維持著統一，對外的威風亦未至於全然失墜，然而自大體言之，則終於日入於衰亂而不能够復振了。

因安史之亂而直接引起的，是藩鎮的跋扈。唐朝此時，兵力不足，平定安、史，頗藉回紇的助力。鐵勒僕骨部人僕固懷恩，於引用回紇頗有功勞，亦有相當的戰功。軍事是要威克厥愛的，一個戰將，沒有人能够使之畏服，便不免要流於驕橫，何況他還是一個蕃將呢？他要養寇自重，於是昭義、成德、天雄、盧龍諸鎮，昭義軍，治相州，今河南安陽縣。成德軍，治恆州，今河北正定縣。天雄軍，治魏州，今河北大名縣。盧龍軍，即范陽軍。均爲安、史遺孽所據，名義上雖投降朝廷，實則不奉朝廷的命令。唐朝自己所設的節度使，也有想學他們的樣子，而且有和他們互相結託的。次之則爲外患的復興。自玄宗再滅突厥後，回紇占據其地。因有助平安、史之功，驕橫不堪。而吐蕃亦乘中國守備空虛，盡陷河西、隴右，患遂中於京畿。又雲南的南詔，詔爲蠻語王之稱，當時，今雲南、西康境有六詔：曰蒙嶲詔，在今西康西昌縣。曰越析詔，亦稱磨些詔，在今雲南麗江縣。曰浪穹詔，在今雲南洱源縣。曰邆睒詔，在今雲南鄧川縣。曰施浪詔，在洱源縣之東。曰蒙舍詔，在今雲南蒙化縣，地居最南，亦稱南詔。餘五詔皆爲所并。天寶時，楊國忠與之搆兵，南詔遂投降吐蕃，共爲邊患，患又中於西川。

七七九年，代宗崩，子德宗立，頗思振作。此時昭義已爲天雄所并，盧龍亦因易帥恭順朝廷，德宗遂因成德的不肯受代，發兵攻討。成德和天雄、平盧連兵拒命。山南東道治襄州，今湖北襄陽縣。亦叛與相應，德宗命淮西軍討平之。淮西軍，治蔡州，今河南汝南縣。攻三鎮未克，而淮西、盧龍復叛，再發涇原兵東討，涇原軍，治涇州，今甘肅涇川縣。過京師，因賞賜菲薄作亂。德宗出奔奉天。唐縣，今陝西武功縣。亂軍奉朱泚爲主，大舉進攻。幸得渾瑊力戰，河中李懷光入援，河中軍，治蒲州，今山西永濟縣。奉天才未被攻破。而李懷光因和宰相盧杞不合，又反。德宗再逃到梁州，今陝西南鄭縣。聽了陸贄的話，赦諸鎮的罪，專討朱泚，纔得將京城收復，旋又打平了河中。然其餘的事，就只好置諸不問了。德宗因屢遭叛變，不敢相信臣下，回京之後，使宦官帶領神策軍。這時候，神策軍餉糈優厚，諸將多自願隸屬，兵數驟增至十五萬，宦官就從此握權。八〇五年，德宗崩，子順宗立。順宗在東宮時，即深知宦官之弊，即位後，用東宮舊臣王叔文等，想要除去宦官。然順宗在位僅八個月，即傳位於子憲宗，王叔文等都遭斥逐，其係爲宦官所逼，不言而喻了。憲宗任用裴度，削平了淮西，河北三鎮亦懼而聽命，實爲中央挽回威信的一個良機。然憲宗死後，穆宗即位，宰相以爲河北已無問題，對善後事宜，失於措置，河北三鎮，遂至復叛，終唐之世，不能削平了。穆宗崩，敬宗立，爲宦官劉克明所弑。宦官王守澄討賊而立文宗。文宗初用宋申錫爲宰相，與之謀誅宦官，不克，後又不次擢用李訓、鄭注，把王守澄毒死。鄭注出鎮鳳翔，鳳翔軍，治鳳翔府，今陝西鳳翔縣。想選精兵進京送王守澄葬，因此把宦官盡數殺掉。不知何故，李訓在京城裏，又詐稱某處有甘露降，想派宦官往看，因而殺掉他們，事機不密，反爲宦官所殺。鄭注在鳳翔，亦被監軍殺掉。文宗自此受制於宦官，幾同傀儡。相傳這時候，有一個翰林學士，喚做崔慎由，曾緣夜被召入宮，有一班宦官，以仇士良爲首，詐傳皇太后的意旨，要他擬廢掉文宗的詔書，崔慎由誓死不肯。宦官默然良久，乃開了後門，把崔慎由引到一個小殿裏。文宗正在殿上，宦官就當面數説他，文宗低頭不敢開口。宦官道：不是爲了學士，你就不能再坐這寶位了，於是放崔慎由出宮，叮囑他不許洩漏，洩漏了是要禍及宗族的。崔慎由雖然不敢洩漏，卻把這件事情密記下來，臨死時交給他的兒子，他的兒子，便是唐末的宰相崔胤。文宗死後，弟武宗，靠著仇士良之力，殺太子而自立。武宗能任用李德裕，政治尚稱清明。宣宗立，尤能勤於政事，人稱之爲小太宗。然於宦官，亦都無可如何。宣宗死後，子懿宗立。八六八年，徐、泗卒戍桂州者作亂，徐州，今江蘇銅山縣。泗州，今安徽泗縣。桂州，今廣西桂林縣。用沙陀兵討平之，沙陀入據中原之禍，遂於是乎開始。

　　唐朝中葉後的外患，最嚴重的是回紇、吐蕃，次之則南詔。南詔的歸服吐蕃，本出於不得已，吐蕃待之亦甚酷。九世紀初，韋皋爲西川節度使，乃與之言和，共擊吐蕃，西南的邊患，才算解除。西川軍，治成都，今四川成都縣。後來南詔仍有犯西川之事，并曾侵犯安南，但其性質，不如和吐蕃結合時之嚴重。八四〇年，回紇爲黠戛斯所破，遽爾崩潰。吐蕃旋亦內亂。八四九年，中國遂克復河、湟。河西之地亦來歸。三垂的外患，都算靠天幸解除了。然自身的綱紀不振，沙陀突厥遂至能以一個殘破的部落而橫行中國。

沙陀是西突厥的別部，名爲處月。朱邪即處月之異譯。西突厥亡後，依北庭都護府以居。今新疆迪化縣。其地有大磧名沙陀，故稱爲沙陀突厥。河西、隴右既陷，安西、北庭安西都護府，治龜茲。朝貢路絕，假道回紇，才得通到長安。回紇因此需索無厭。沙陀苦之，密引吐蕃陷北庭。久之，吐蕃又疑其暗通回紇，想把他遷到河外。沙陀乃又投奔中國。吐蕃追之，且戰且走。三萬部落之衆，只賸得兩千到靈州。節度使范希朝以聞，詔處其衆於鹽州。今寧夏鹽池縣北。後來范希朝移鎮河東，治太原府，今山西太原縣。沙陀又隨往，居於現在山陰縣北的黃瓜堆，希朝簡其精銳的爲沙陀軍。沙陀雖號稱突厥，其形狀，據史籍所載，亦是屬於白種人的。既定徐、泗之亂，其酋長朱邪赤心，賜姓名爲李國昌，鎮守大同，治雲州，今山西大同縣。就有了一個地盤了。八七三年，懿宗崩，子僖宗立，年幼，信任宦官田令孜。時山東連年荒歉。八七五年，王仙芝起兵作亂，黃巢聚衆應之。後來仙芝被殺，而黃巢到處流竄，從現在的河南打到湖北，沿江東下，經浙東入福建，到廣東，再從湖南、江西、安徽打回河南，攻破潼關。田令孜挾僖宗走西川。黃巢遂入長安，時爲八八○年。當黃巢橫行時，藩鎮都坐視不肯出兵勤討。京城失陷之後，各路的援兵又不肯進攻，不得已，就只好再借重沙陀。先是李國昌移鎮振武，治單于都護府，今綏遠和林格爾縣。其子李克用叛據大同，爲幽州兵所敗，父子都逃入韃靼。居陰山。這時候，國昌已死，朝廷乃赦李克用的罪，召他回來，打敗黃巢，收復長安，李克用鎮守河東，沙陀的根據地更深入腹地了。

黃巢既敗，東走攻蔡州。蔡州節度使秦宗權降之。後來黃巢被李克用追擊，爲其下所殺，而宗權轉橫，其殘虐較黃巢爲更甚。河南、山東被其剽掠之處，幾於無復人煙。朝廷之上，宦官依然專橫。關內一道，亦均爲軍人所蟠據，其中華州的韓建，邠州的王行瑜，鎮國軍，治華州，今陝西華縣。邠寧軍，治邠州，今陝西邠縣。鳳翔的李茂貞，尤爲跋扈，動輒違抗命令，脅迫朝廷，遂更授沙陀以干涉的機會。

在此情勢之下，漢民族有一個英雄，能毅和沙陀抵抗的，那便是朱全忠。全忠，本名溫，是黃巢的將，巢敗後降唐，爲宣武節度使。治汴州，今河南開封縣。初年兵力甚弱，而全忠智勇足備，先撲滅了秦宗權，漸并今河南、山東之地，又南取徐州，北服河北三鎮，西并河中，取義武，義武軍，治定州，今河北定縣。又取澤、潞，澤州，今山西晉城縣。潞州，今山西長子縣。及邢、洺、磁諸州。邢州，今河北邢臺縣。洺州，今河北永年縣。磁州，今河北磁縣。河東的形勢，就處於其包圍之中了。僖宗死於八八八年，弟昭宗立，頗爲英武。然其時的事勢，業已不能有爲。此時朝廷爲關內諸鎮所逼，大都靠河東解圍。然李克用是個無謀略的人，想不到挾天子以令諸侯。雖然擊殺了一個王行瑜，關內的問題，還是不能解決。朱全忠，其初是不問中央的事務，一味擴充自己的實力的。到十世紀初年，全忠的勢力已經遠超出乎李克用之上了。唐朝的宰相崔胤，乃結合了他，以謀宦官。宦官見事急，挾昭宗走鳳翔。全忠圍鳳翔經年，李茂貞不能抗，只得把皇帝送出，同朱全忠講和。昭宗回到京城，就把宦官悉行誅滅。唐朝中葉後的痼疾，不是藩鎮，實在是宦官。因爲唐朝的藩鎮，並沒有敢公然背叛，或者互相攻擊，不過據土自專，更代之際，不聽命令而已，而且始終如此的，還不過河北三鎮。儻使朝廷能亟振作，實在未嘗不可削平。而唐朝中葉後的君主，如順宗、文宗、武宗、宣宗、昭宗等，又都未嘗不可與有爲。其始終不能有爲，則全是因被宦官把持之故。事勢至此，已非用兵力剗除，不能有別的路走了。一個階級，當其惡貫滿盈，走向滅亡之路時，在他自己，亦是無法拔出泥淖的。

宦官既亡，唐朝亦與之同盡。九〇三年，朱全忠遷帝於洛陽，弒之而立其子昭宣帝，至九〇七年，遂廢之而自立，是爲梁太祖。此時海內割據的：淮南有楊行密，是爲吳。兩浙有錢鏐，是爲吳越。湖南有馬殷，是爲楚。福建有王審知，是爲閩。嶺南有劉巖，是爲南漢。劍南有王建，是爲前蜀。遂入於五代十國之世。

第四十一章　五代十國的興亡和契丹的侵入

凡内爭，是無有不引起外患的，沙陀的侵入，就是一個例。但沙陀是整個部族，侵入中國的，正和五胡一樣。過了幾代之後，和我們同化了，他的命運，也就完了。若在中國境外，立有一國，以國家的資格侵入，侵入之後，其本國依然存在的，則其情形自又不同。自八四○年頃回紇崩潰後，漠南北遂無強部，約歷七十年而契丹興。契丹，大約是宇文氏的遺落，其居中國塞外，實已甚久，但當六世紀初，曾遭到北齊的一次襲擊，休養生息，到隋時元氣才漸復。七世紀末，又因李盡忠的反叛而大遭破壞，其後又和安禄山相鬥爭，雖然契丹也曾打過一兩次勝仗，然其不得安息，總是實在的。唐朝管理東北方最重要的機關，是營州都督府，中葉後業已不能維持其威力，但契丹仍時時受到幽州的干涉，所以他要到唐末才能彀興起。契丹之眾，是分為八部的，每部有一個大人，八個大人之中，公推一人司旗鼓，到年久了，或者國有疾疫而畜牧衰，則另推一個大人替代。他亦有一個共主，始而是大賀氏，後來是遙輦氏，似乎僅有一個虛名。他各部落間的連結，大概是很薄弱的，要遇到戰鬥的事情，才能互相結合，這或者也是他興起較晚的一個原因。内亂是招引外族侵入中國的，又是驅逐本國人流移到外國去的。這種事情，在歷史上已經不知有過若干次。大抵（一）外國的文明程度低而人數少，而我們移殖的人數相當多時，可以把他們完全同化。（二）在人數上我們比較很少，而文明程度相去懸絶時，移殖的人民，就可在他們的部落中做蠻夷大長。（三）若他們亦有相當的程度，智識技術上，雖然要請教於我，政治和社會的組織，卻決不容以客族侵入而握有權柄的，則我們移殖的人民，只能供他們之用，甚至造成了他們的強盛，而我們傳授給他的智識技術，適成爲其反噬之用。時間是進步的良友。一樣的正史四裔傳中的部族，名稱未變，或者名稱雖異而統系可尋，在後一代，總要比前一代進步些。所以在前代，中國人的移殖屬於前兩型的居多，到近世,就多屬於後一種了,這是不可以不憮然的,而契丹就是一個適例。契丹太祖耶律阿保機,據《五代史》説,亦是八部大人之一。當西元十世紀之初,幽州劉守光暴虐,中國人逃出塞的很多。契丹太祖都把他招致了去,好好的撫慰他們,因而跟他們學得了許多知識,經濟上和政治組織上,都有進步了,就以計誘殺八部大人,不再受代,九一六年,并廢遥輦氏而自立。這時候,漠南北絶無强部,他遂得縱横如意。東北滅渤海,服室韋,西南服党項、吐谷渾,直至河西回鶻。《遼史》中所列,他的屬國,有四五十部之多。

　梁太祖的私德,是有些缺點的,所以從前的史家,對他的批評,多不大好。然而私德只是私德,社會的情形複雜了,論人的標準,自亦隨之而複雜,政治和道德、倫理,豈能并爲一談? 就篡弑,也是歷代英雄的公罪,豈能偏責一人? 老實説:當大局阽危之際,只要能保護國家、抗禦外族、拯救人民的,就是有功的政治家。當一個政治家要盡他爲國爲民的責任,而前代的皇室成爲其障礙物時,豈能守小信而忘大義? 在唐、五代之際,梁太祖確是能定亂和恤民的,而歷來論者,多視爲罪大惡極,甚有反偏袒後唐的,那就未免不知民族的大義了。惜乎天不假年,梁太祖篡位後僅六年而遇弑。末帝定亂自立,柔懦無能,而李克用死後,其子存勗襲位,頗有英鋭之氣。梁、晉戰爭,梁多不利,河北三鎮及義武,復入於晉。九二三年,兩軍相持於鄆州,今山東東平縣。晉人乘梁重兵都在河外,以奇兵逕襲大梁,末帝自殺,梁亡。存勗是時已改國號爲唐,於是定都洛陽,是爲後唐莊宗。中原之地,遂爲沙陀所占據。後唐莊宗,本來是個野蠻人,滅梁之後,自然志得意滿,於是縱情聲色,寵愛伶人,聽信宦官,政治大亂。九二五年,使宰相郭崇韜傅其子魏王繼岌伐前蜀,把前蜀滅掉。而劉皇后聽了宦官的話,疑心郭崇韜要不利於魏王,自己下命令給魏王,叫他把郭崇韜殺掉。於是人心惶駭,謡言四起。天雄軍據鄴都作亂。莊宗派李克用的養子李嗣源去征伐。李嗣源的軍隊也反了,脅迫李嗣源,進了鄴城。嗣源用計,得以脱身而出,旋又聽了女壻石敬瑭的話,舉兵造反。莊宗爲伶人所弑。嗣源立,是爲明宗。明宗年事較長,經驗亦較多,所以較爲安靜。九三三年,明宗死,養子從厚立,是爲閔帝。時石敬瑭鎮河東,明宗養子從珂鎮鳳翔,閔帝要把他們調動,從珂舉兵反。閔帝派出去的兵,都倒戈投降。閔帝出奔被殺。從珂立,是爲廢帝。又要調動石敬瑭,敬瑭又反。廢帝鑒於閔帝的失敗,是豫備了一個不倒戈的張敬達,然後發動的,就把石敬瑭圍困起來。敬瑭乃派人到契丹去求救,許割燕、雲十六州之地。幽州、雲州已見前。薊州,今河北薊縣。瀛州,今河北河間縣。莫州,今河北肅寧縣。涿州,今河北涿縣。檀州,今河北密雲縣。順州,今河北順義縣。新州，今察哈爾涿鹿縣。媯州，今察哈爾懷來縣。儒州，今察哈爾延慶縣。武州，今察哈爾宣化縣。應州，今山西應縣。寰州，今山西馬邑縣。朔州，今山西朔縣。蔚州，今察哈爾蔚縣。他手下的劉知遠勸他：只要略以金帛，就可如願，不可許割土地，以遺後患。敬瑭不聽。此時契丹太祖已死，次子太宗在位，舉兵南下，反把張敬達圍困起來，廢帝不能救。契丹太宗和石敬瑭南下，廢帝自焚死。敬瑭定都於大梁，是爲晉高祖，稱臣割地於契丹。九四二年，晉高祖死，兄子重貴立，是爲出帝。聽了侍衛景延廣的話，對契丹不復稱臣，交涉亦改強硬態度。此時契丹已改國號爲遼。遼兵南下，戰事亦互有勝負。但石晉國力疲敝，而勾通外敵，覬覦大位之例已開，即不能禁人的不效尤，於是晉將杜重威降遼，遼人入大梁，執出帝而去。時在九四六年。遼太宗是個粗人，不懂得政治的，既入大梁，便派人到各地方搜括財帛，又多派他的親信到各地方去做刺史，漢奸附之以虐民。遼人的行軍，本來是不帶糧餉的，大軍中另有一枝軍隊，隨處剽掠以自給，謂之打草穀軍，入中國後還是如此，於是反抗者四起。遼太宗無如之何，只得棄汴梁而去，未出中國境而死。太宗本太祖次子，因皇后述律氏的偏愛而立。其兄突欲，漢名倍。定渤海後封於其地，謂之東丹王。東丹王奔後唐，遼太宗入中國時，爲晉人所殺。述律后第三子李胡，較太宗更爲粗暴，遼人怕述律后要立他，就軍中擁戴了東丹王的兒子，是爲世宗。李胡興兵拒戰，敗績。世宗在位僅四年，太宗之子穆宗繼立，沈緬於酒，政治大亂，北邊的風雲，遂暫告寧靜。此時侵入中國的，幸而是遼太宗，倘使是遼太祖，怕就沒有這麼容易退出去了。

　　契丹雖然退出，中原的政權，卻仍落沙陀人之手。劉知遠入大梁稱帝，是爲後漢高祖，未幾而死，子隱帝立。九五〇年，爲郭威所篡，是爲後周太祖。中原的政權，始復歸於漢人。後漢高祖之弟旻，自立於太原，稱姪於遼，是爲北漢，亦稱東漢。後周太祖立四年而死，養子世宗立。北漢乘喪來伐，世宗大敗之於高平。今山西高平縣。先是吳楊行密之後，爲其臣李昇所篡，改國號爲唐，是爲南唐，并有江西之地，疆域頗廣。而後唐莊宗死後，西川節度使孟知祥攻并東川而自立，是爲後蜀。李昇之子璟，乘閩、楚之衰，將其吞并，意頗自負；孟知祥之子昶，則是一個昏愚狂妄之人；都想交結契丹，以圖中原，世宗要想恢復燕、雲，就不得不先膺懲這兩國。唐代藩鎮之弊，總括起來，是"地擅於將，將擅於兵"八個字。一地方的兵甲、財賦，固爲節度使所專，中央不能過問。節度使更代之際，也至少無全權過問，或竟全不能過問。然節度使對於其境內之事，亦未必能全權措置，至少是要顧到其將校的意見，或遵循其軍中的習慣的。尤其當更代之際，無論是親子弟，或是資格相當的人，也必須要得到軍中的擁戴,否則就有被殺或被逐的危險。節度使如失衆心,亦會爲其下所殺。又有野心的人,扇動軍隊,餌以重賞,推翻節度使而代之的。此等軍隊,真乃所謂驕兵。凡兵驕,則對外必不能作戰,而内部則被其把持,一事不可爲,甚且綱紀全無,變亂時作。唐中葉以後的藩鎮,所以坐視寇盜的縱横而不能出擊;明知强鄰的見逼,也只得束手坐待其吞并;一遇强敵,其軍隊即土崩瓦解;其最大的原因,實在於此。這是非加以徹底的整頓,不足以有爲的。周世宗本就深知其弊,到高平之戰,軍隊又有兵刃未接,而望風解甲的,乃益知其情勢的危險。於是將禁軍大加裁汰,又令諸州募兵,將精强的送至京師,其軍隊乃焕然改觀,而其政治的清明,亦足以與之相配合,於是國勢驟張。先伐敗後蜀,又伐南唐,盡取江北之地。九五九年,遂舉兵伐遼。恢復了瀛、莫、易三州,直逼幽州。此時正直契丹中衰之際,儻使周世宗不死,燕、雲十六州,是很有恢復的希望的,以後的歷史,就全然改觀了。惜乎世宗在途中遇疾,只得還軍,未幾就死了。嗣子幼弱,明年,遂爲宋太祖所篡。

宋太祖的才略,亦和周世宗不相上下,或者還要穩健些。他大約知道契丹是大敵,燕、雲一時不易取,即使取到了,也非有很重的兵力不能守的,而這時候割據諸國,非弱即亂,取之頗易,所以要先平定了國内,然後厚集其力以對外。從梁亡後,其將高季興據荆、歸、峽三州自立,荆州,今湖北江陵縣。歸州,今湖北秭歸縣。峽州,今湖北西陵縣。是爲南平。而楚雖爲唐所滅,朗州亦旋即獨立。朗州,今湖南常德縣。九六二年,宋太祖因朗州和衡州相攻擊,衡州,今湖南衡山縣。遣人來求救,遣兵假道南平前往,把南平和朗州都滅掉。衡州先已爲朗州所破。九六五年,遣兵滅後蜀。九七一年,遣兵滅南漢。九七五年,遣兵滅南唐。是年,太祖崩,弟太宗立。九七八年,吴越納土歸降。明年,太宗遂大舉滅北漢。於是中國復見統一。自九〇七年朱梁篡唐至此,共計七十二年。若從八八〇年僖宗奔蜀,唐朝的中央政權實際崩潰算起,則適得一百年。

第四十二章　唐宋時代中國文化的轉變

　　兩個民族的競爭,不單是政治上的事。雖然前代的競爭,不像現代要動員全國的人力和物力,然一國政治上的趨向,無形中總是受整個社會文化的指導的。所以某一民族,在某一時代中,適宜於競爭與否,就要看這一個民族,在這一個時代中文化的趨向。

　　在歷史上,最威脅中國的是北族。他們和中國人的接觸,始於西元前四世紀秦、趙、燕諸國與北方的騎寇相遇,至六世紀之末五胡全被中國同化而告終結,歷時約一千年。其第二批和中國的交涉,起於四世紀後半鐵勒侵入漠南北,至十世紀前半沙陀失卻在中國的政權爲止,歷時約六百年。從此以後,塞外開發的氣運,暫向東北,遼、金、元、清相繼而興。其事起於十世紀初契丹的盛強,終於一九一一年中國的革命。將來的史家,亦許要把他算到現在的東北問題實際解決時爲止,然爲期亦必不遠了。這一期總算起來,爲時亦歷千餘年。這三大批北族,其逐漸移入中國,而爲中國人所同化,前後相同。惟第一二期,是以被征服的形式移入的,至第三期,則係以征服的形式侵入。

　　經過五胡和沙陀之亂,中國也可謂受到相當的創痛了。但是以中國之大,安能就把這個看做很大的問題。在當時中國人的眼光裏,北族的侵入,還只是治化的缺陷,只要從根本上把中國整頓好了,所謂夷狄,自然不成問題。這時代先知先覺者的眼光,還是全副注重於內部,民族的利害衝突,雖不能説沒有感覺,民族主義,卻未能因此而發皇。

　　雖然如此,在唐、宋之間,中國的文化,也確是有一個轉變的。這個轉變是怎樣呢?

　　中國的文化,截至近世受西洋文化的影響以前,可以分做三個時期:第一期爲先秦、兩漢時代的諸子之學。第二期爲魏、晉、南北朝、隋、唐時代的玄學和佛學。第三期爲宋、元、明時代的理學。這三期,恰是一個正、反、合。

　　怎樣說這三期的文化，是一個辯證法的進化呢？原來先秦時代的學術，是注重於矯正社會的病態的，所謂“撥亂世，反之正”，實不僅儒家，而爲各家通有的思想，參看第五、第十七兩章自明。王莽變法失敗以後，大家認爲此路不通，而此等議論，漸趨消沈。魏、晉以後，文化乃漸轉向，不向整體而向分子方面求解決。他們所討論的，不是社會的組織如何，使人生於其間，能殼獲得樂利，可以做個好人，而是人性究竟如何？是好的？是壞的？用何法，把壞人改做好人，使許多好人聚集，而好的社會得以實現？這種動機，確和佛教相契。在這一千年中，傳統的儒家，僅僅從事於箋疏，較有思想的人，都走入玄學和佛學一路，就是其明證。但其結果卻是怎樣呢？顯然的，從個人方面著想，所能改良的，只有極小一部分，合全體而觀之，依然無濟於事。而其改善個人之法，推求到深刻之處，就不能不偏重於内心。工夫用在内心上的多，用在外務上的，自然少了。他們既把社會看做各個分子所構成；社會的好壞，原因在於個人的好壞，而個人的好壞，則原於其内心的好壞；如此，社會上一切問題，自然都不是根本。而他們的所謂好，則實和此世界上的生活不相容，所以他們最徹底的思想，是要消滅這一個世界。明知此路不通，則又一轉變而爲現在的世界就是佛國；只要心上覺悟，一切行爲和俗人一樣，也就是聖人。這麼一來，社會已經是好的了，根本用不著改良。這兩種見解，都是和常識不相容的，都是和生活不相合的。凡是和生活不相合的，憑你說得如何天花亂墜，總只是他們所謂“戲論”，總要給大多數在常識中生活的人所反對的，而事情一到和大多數人的生活相矛盾，就是他的致命傷。物極必反，到唐朝佛學極盛時，此項矛盾，業經開始發展了，於是有韓愈的闢佛。他的議論很粗淺，不過在常識範圍中批評佛説而已，到宋儒，纔在哲學上取得一個立足點。這話在第十七章中，亦經説過。宋學從第十一世紀的中葉起，到第十七世紀的中葉止，支配中國的思想界，約六百年。他們仍把社會看做是各分子所構成的；仍以改良個人爲改良社會之本；要改良個人，還是注重在内心上；這些和佛學並無以異。所不同的，則佛家認世界的現狀，根本是壞的，若其所謂好的世界而獲實現，則現社會的組織，必徹底被破壞，宋學則認現社會的組織，根本是合理的，只因爲人不能在此組織中，各處於其所當處的地位，各盡其所應盡的責任，以致不好。而其所認爲合理的組織，則是一套封建社會和農業社會中的道德、倫理和政治制度。在商業興起，廣大的分工合作，日日在擴充，每一個地方自給自足的規模，業已破壞淨盡，含有自給自足的性質的大家族，亦不復存在之時，早已不復適宜了。宋儒還要根據這一個時代的道德、倫理和政治制度,略加修改,制成一種方案,而强人以實行,豈非削足適屨？豈非等人性於杞柳,而欲以爲杯棬？所以宋儒治心的方法,是有很大的價值的,而其治世的方法,則根本不可用。不過在當時,中國的思想界,只能在先秦諸子和玄學、佛學兩種思想中抉擇去取,融化改造,是只能有這個結果的,而文化進化的趨向,亦就不得不受其指導。在君主專制政體下,政治上的綱紀,所恃以維持的,就是所謂君臣之義。這種綱紀,是要秩序安定,人心也隨著安定,才能毅維持的。到兵荒馬亂,人人習慣於裂冠毀裳之日,就不免要動搖了。南北朝之世,因其君不足以爲君,而有"殉國之感無因,保家之念宜切"的貴族,第三十三章中,業經説過。到晚唐、五代之世,此種風氣,又盛行了。於是有歷事五朝,而自稱長樂老以鳴其得意的馮道,有許多想借重異族,以自便私圖的杜重威。由今之道,無變今之俗,如何可以一朝居？所以宋儒要竭力提唱氣節。經宋儒提唱之後,士大夫的氣節,確實是遠勝於前代。但宋儒(一)因其修養的工夫,偏於内心,而處事多疏。(二)則其持躬過於嚴整,而即欲以是律人,因此,其取人過於嚴格,而有才能之士,皆爲其所排斥。(三)又其持論過高,往往不切於實際。(四)意氣過甚,則易陷於黨爭。黨爭最易使人動於感情,失卻理性,就使宅心公正,也不免有流弊,何況黨爭既啓,那有個個人都宅心公正之理？自然有一班好名好利,多方掩飾的偽君子,不恤決裂的真小人混進去。到爭端擴大而無可收拾,是非淆亂而無從辨別時,就真有宅心公正,顧全大局的人,也苦於無從措手了。所以宋儒根本是不適宜於做政治事業的。若説在社會上做些自治事業,宋儒似乎很爲相宜。宋儒有一個優點,他們是知道社會上要百廢俱舉,盡其相生相養之道,才能毅養生送死無憾,使人人各得其所的。他們否認後世政治家"治天下不如安天下,安天下不如與天下安"的苟簡心理,這一點,的確是他們的長處。但他們所以能如此,乃是讀了經書而然。而經書所述的,乃是古代自給自足,有互助而無矛盾的社會所留詒,到封建勢力逐漸發展時,此等組織,就逐漸破壞了。宋儒不知所主張的道德、倫理、政治制度,正和這一種規制相反,卻要藉其所主張的道德、倫理和政治制度之力,以達到這一個目的。其極端的,遂至要恢復井田封建。平易一些的,亦視智愚賢不肖爲自然不可泯的階級,一切繁密的社會制度,還是要以士大夫去指導著實行,而其所謂組織,亦仍脱不了階級的對立。所以其結果,還是打不倒土豪劣紳,而宋學家特如其中的關學一派,所草擬的極詳密的計畫,以極大的熱心去推行,終於實現的寥若晨星,而且還是曇花一現。這時候,外有強敵的壓迫,最主要的事務,就是富國強兵,而宋儒卻不能以全力貫注於此。最需要的，是嚴肅的官僚政治，而宋學家好作誅心之論，而忽略形迹；又因黨爭而淆亂是非；則適與之相反。宋學是不適宜於競爭的，而從第十一世紀以來，中國的文化，卻受其指導，那無怪其要迭招外侮了。

第四十三章　北宋的積弱

　　五代末年，偏方割據諸國，多微弱不振。契丹則是新興之國，氣完力厚的，頗不容易對付，所以宋太祖要厚集其力，以對付他。契丹的立國，是合部族、州縣、屬國三部分而成的。屬國僅有事時量借兵糧，州縣亦僅有益於財賦，遼朝的漢兵，名爲五京鄉丁，只守衛地方，不出戍。只有部族，是契丹立國的根本，這纔可以真正算是契丹的國民。他們都在指定的地方，從事於畜牧。舉族皆兵，一聞令下，立刻聚集，而且一切戰具，都係自備。馬既多，而其行軍又不帶糧餉，到處剽掠自資，此即所謂"打草穀"。所以其兵多而行動極速。周世宗時，正是契丹中衰之會，此時卻又興盛了。遼惟穆宗最昏亂，九六九年，被弒，景宗立，即復安。九八三年，景宗死，聖宗立，年幼，大后蕭氏同聽政。聖宗至一〇三〇年乃死，子興宗立，一〇五四年死。聖宗時爲遼全盛之世。興宗時尚可蒙業而安，興宗死，子道宗立，乃衰。宋朝若要以力服契丹，非有幾十萬大兵，能彀連年出征，攻下了城能彀守，對於契丹地方，還要能加以破壞擾亂不可。這不是容易的事，所以宋太祖不肯輕舉。而太宗失之輕敵，滅北漢後，不顧兵力的疲敝，立刻進攻。於是有高梁河之敗。在北平西。至九八五年，太宗又命將分道北伐，亦不利。而契丹反頻歲南侵。自燕、雲割棄後，山西方面，還有雁門關可守，河北方面，徒恃塘濼以限戎馬，是可以禦小敵，而不足以禦大軍的。契丹大舉深入，便可直達汴梁對岸的大名，宋朝受威脅殊甚。一〇〇四年，遼聖宗奉其母入寇，至澶州。今河北濮陽縣。真宗聽了宰相寇準的話，御駕親征，才算把契丹嚇退。然畢竟以歲幣成和。銀十萬兩，絹二十萬匹。宋朝開國未幾，國勢業已陷於不振了。

　　假使言和之後，宋朝能彀秣馬厲兵，以伺其際，契丹是個淺演之國，他的強盛，必不能持久的，未必無隙可乘。宋朝卻怕契丹啓釁，僞造天書，要想愚弄敵人。宋朝僞造天書之真意在此，見《宋史·真宗本紀論》。敵人未必被愚弄，工於獻媚和趁風打劫、經手侵漁的官僚，卻因此活躍了。齋醮、宮觀，因此大興，財政反陷於竭蹶。而西夏之亂又起。唐朝的政策，雖和漢朝不同，不肯招致異族，入居塞内，然被征服的民族多了，乘機侵入，總是不免的。尤其西北一帶，自一度淪陷後，尤爲控制之力所不及。党項酋長拓跋氏，拓跋是鮮卑的民族，党項卻係羌族，大約是鮮卑人入於羌部族而爲其酋長的。於唐太宗時歸化。其後裔拓跋思敬，以平黃巢有功，賜姓李氏，做了定難節度使，據有夏、銀、綏、宥、靜五州。夏州，今陝西懷遠縣。銀州，今陝西米脂縣。綏州，今陝西綏德縣。宥州，今鄂爾多斯右翼後旗。靜州，在米脂縣西。傳八世至繼捧，於宋太宗的時候來降，而其弟繼遷叛去，襲據銀州和靈州，降於遼，宋朝未能平定。繼遷傳子德明，三十年未曾窺邊，卻征服了河西，拓地愈廣。一〇二二年，真宗崩，仁宗立。一〇三四年，德明之子元昊反，兵鋒頗銳。宋朝屯大兵數十萬於陝西，還不能戢其侵寇。到一〇四四年，才以歲賜成和。銀、絹、茶、綵，共二十五萬五千。此時遼聖宗已死，興宗在位，年少氣盛，先兩年，遣使來求關南之地，瓦橋關，在雄縣。周世宗復瀛、莫後，與遼以此爲界。宋朝亦增加了歲幣，增銀十萬兩，絹十萬匹。然後和議得以維持。給付歲幣的名義，《宋史》説是納字，《遼史》卻説是貢字，未知誰真誰假。然即使用納字，亦已經不甚光榮了。仁宗在位歲久，政頗寬仁，然亦極因循腐敗。兵多而不能戰，財用竭蹶而不易支持，已成不能振作之勢。一〇六三年，仁宗崩，英宗立，在位僅四年。神宗繼之，乃有用王安石變法之事。

　王安石的變法，舊史痛加詆毀，近來的史家，又有曲爲辨護的，其實都未免有偏。王安石所行的政事，都是不錯的。但行政有一要義，即所行之事，必須要達到目的，因此所引起的弊竇，必須減至極少。若弊竇在所不免，而目的仍不能達，就不免徒滋紛擾了。安石所行的政事，不能説他全無功效，然因此而引起的弊端極大，則亦不容爲諱。他所行的政事，免役最是利餘於弊的，青苗就未必能然。方田均税，在他手裏推行得有限，後人踵而行之，則全是徒有其名。學校、貢舉，則並未能收作育人才之效。參看第五、第七、第八三章自明。宋朝當日，相須最急的，是富國强兵。王安石改革的規模頗大，舊日史家的議論，則説他是專注意於富强的。尤其説王安石偏於理財。此因關於改革社會的行政，不甚爲從前的政治家所瞭解之故。他改革的規模，固不止此，於此確亦有相當的注意。其結果：裁汰冗兵，確是收到很大的效果的，所置的將兵，則未必精强，保甲尤有名無實，而且所引起的騷擾極大，參看第九章自明。安石爲相僅七年，然終神宗之世，守其法未變。一〇八五年，神宗崩，子哲宗立。神宗之母高氏臨朝，起用舊臣，盡廢新法。其死後，哲宗親政，復行新法，謂之"紹述"。一一〇〇年，哲宗崩，徽宗立，太后向氏權同聽政，想調和新舊之見，特改元爲建中靖國。徽宗親政後，仍傾向於新法，而其所用的蔡京，則是反覆於新舊兩黨間的巧宦。徽宗性極奢侈，蔡京則搜括了各方面的錢，去供給他浪用。政治情形，一落千丈。恢復燕、雲和西北，可說是神宗和王安石一個很大的抱負，但因事勢的不容許，只得先從事於其易。王安石爲相時，曾用王韶征服自唐中葉以後雜居於今甘、青境內的蕃族，開其地爲熙河路。這可說是進取西夏的一個預備。然神宗用兵於西夏卻不利。哲宗時，繼續築寨，進占其地。夏人力不能支，請遼人居間講和。宋因對遼有所顧忌，只得許之。徽宗時，宦者童貫，繼續用兵西北，則徒招勞費而已。總之，宋朝此時的情勢，業已岌岌難支，幸遼、夏亦已就衰，暫得無事，而塞外有一個新興民族崛起，就要大禍臨頭了。

　　金朝的先世，便是古代的所謂肅慎，南北朝、隋、唐時的靺鞨。宋以後則稱爲女真。女真二字，似即肅慎的異譯。清人自稱爲滿洲，據明人的書，實作滿住，乃大酋之稱，非部族之名。愚案靺鞨酋長之稱爲大莫弗瞞咄，瞞咄似即滿住，而靺鞨二字，似亦係瞞咄的異譯。至漢時又稱爲挹婁，據舊說：係今葉魯二字的轉音。而現在的索倫二字，又係女真的異譯，此推測而確，則女真民族之名，自古迄今，實未曾變。其主要的部落，在今松花江流域，在江南的繫遼籍，稱爲熟女真，江北的不繫籍，謂之生女真。女真的文明程度，是很低的，到渤海時代，才一度開化。金朝的始祖，名喚函普，是從高句麗舊地，入居生女真的完顏部，而爲其酋長的。部衆受其教導，漸次開化。其子孫又以漸征服諸部族，勢力漸強。而遼自興宗後，子道宗立，政治漸亂。道宗死，子天祚帝立，荒於游畋，竟把國事全然置諸不顧。女真本厭遼人的羈軛，天祚帝遣使到女真部族中去求名鷹，騷擾尤甚，遂致激起女真的叛變。金太祖完顏阿骨打，於一一一四年，起兵與遼相抗。契丹控制女真的要地黃龍府、咸州、寧江州，黃龍府，今吉林農安縣。咸州，今遼寧鐵嶺縣。寧江州，在吉林省城北。次第失陷。天祚帝自將大兵東征，因有內亂西歸，旋和金人講和，又遷延不定。東京先陷，上京及中、西兩京繼之。上京臨潢府，在今熱河開魯縣南。中京大定府，在今熱河建昌縣。東京遼陽府，今遼寧遼陽縣。南京析津府，即幽州。西京大同府，即雲州。南京別立一君，意圖自保，而宋人約金攻遼之事又起。先是童貫當權，聞金人攻遼屢勝，意圖徼幸，遣使於金，求其破遼之後，將石晉所割之地，還給中國。金人約以彼此夾攻，得即有之。而童貫進兵屢敗，乃又求助於金。金太祖自居庸關入，把南京攻下。太祖旋死，弟太宗立。天祚帝展轉漠南，至一一二五年，爲金人所獲，遼亡。

　　宋朝本約金夾攻的，此時南京之下，仍藉金人之力，自無坐享其成之理，乃輸燕京代稅錢一百萬緡，并許給歲幣。金人遂以石晉所割之地來歸。女真本係小部族，此時吞并全遼，已覺消化不下，爲有餘力，經營中國的土地？這是其肯將石晉所割之地還給中國的理由。但女真此時，雖不以地狹爲憂，卻不免以土滿爲患。文明國民，生產能力高强的，自然尤爲其所歡迎。於是軍行所至，頗以擄掠人口爲務。而漢奸亦已有獻媚異族，進不可割地之議的。於是燕京的歸還，僅係一個空城，盡擄其人民以去。而營、平、灤三州，<small>平州，今河北盧龍縣。灤州，今河北灤縣。</small>本非石晉所割讓，宋朝向金要求時，又漏未提及，則不肯歸還，且將平州建爲南京，命遼降將張覺守之。燕京被擄的人民，流離道路，不勝其苦，過平州時，求張覺做主。張覺就據地來降。這是一件很重大的交涉。宋朝當時，應該撫恤其人民，而對於金朝，另提出某種條件，以足其欲而平其憤。金朝此時，雖已有漢奸相輔，究未脫野蠻之習，且值草創之際，其交涉是並不十分難辦的。如其處置得宜，不但無啓釁之憂，營、平、灤三州，也未嘗不可乘機收復。而宋朝貿然受之，一無措置。到金人來詰責，則又手忙脚亂，把張覺殺掉，函首以畀之。無益於金朝的責言，而反使降將解體，其手段真可謂拙劣極了。

遼朝滅亡之年，金朝便舉兵南下。宗翰自雲州至太原，爲張孝純所阻，而宗望自平州直抵汴京。時徽宗已傳位於欽宗。初任李綱守禦，然救兵來的，都不能解圍，不得已，許割太原、中山、河間三鎮；<small>中山，今河北定縣。河間，今河北河間縣。</small>宋主稱金主爲伯父；並輸金五百萬兩，銀五千萬兩，牛、馬萬頭，表緞百萬匹講和。宗望的兵才退去。金朝此時，是不知什麼國際的禮法的，宗翰聽聞宗望得了賂，也使人來求賂。宋人不許。宗翰怒，攻破威勝軍和隆德府。<small>威勝軍，今山西沁縣。隆德府，今山西長治縣。</small>宋人認爲背盟，下詔三鎮堅守。契丹遺臣蕭仲恭來使，又給以蠟書，使招降契丹降將耶律余睹。於是宗翰、宗望再分道南下，兩路都抵汴京。徽、欽二宗，遂於一一二七年北狩。金朝這時候，是斷没有力量，再占據中國的土地的，所希望的，只是有一個傀儡，供其驅使而已。乃立宋臣張邦昌爲楚帝，退兵而去。張邦昌，自然是要靠金朝的兵力保護，然後能安其位的，金兵既去，只得自行退位。而宋朝是時，大子、后妃、宗室，多已被擄，只得請哲宗的廢后孟氏出來垂簾。"雖舉族有北轅之釁，而敷天同左袒之心"，<small>孟后立高宗詔語。</small>這時候的民族主義，自然還要聯繫在忠君主義上面的，於是孟后下詔，命高宗在歸德正位。<small>今河南商邱縣。</small>

第四十四章　南宋恢復的無成

語云："敗軍之氣，累世而不復"，這話亦不盡然。"困獸猶鬥"，反敗爲勝的事情，決不是没有的，只看奮鬥的精神如何罷了。宋朝當南渡時，並没有什麼完整的軍隊，而且羣盜如毛，境内的治安，且岌岌不可保，似乎一時間決談不到恢復之計。然以中國的廣大，金朝人能有多大的兵力去占據？爲宋朝計：是時理宜退守一個可守的據點，練兵籌餉，撫恤人民。被敵兵蹂躪之區，則獎厲、指導其人民，使之團結自守，而用相當的正式軍隊，爲之聲援。如此相持，歷時稍久，金人的氣燄必漸折，恢復之謀，就可從此開展了。苦於當時並没有這種眼光遠大的戰略家。而且當此情勢，做首領的，必須是一個文武兼資之才，既有作戰的策略，又能統馭諸將，使其不敢驕橫，遇敵不敢退縮，對内不敢干政，才能夠悉力對外。而這時候，又没有這樣一個長於統率的人物。金兵既退，宗澤招降羣盜，以守汴京。高宗既不能聽他的話還蹕，又不能駐守關中或南陽，而南走揚州。一一二九年，金宗翰、宗望會師濮州，<small>今山東濮縣。</small>分遣婁室入陝西，其正兵南下，前鋒直打到揚州。高宗奔杭州。<small>今浙江杭縣。</small>明年，金宗弼渡江，自獨松關入。<small>在今安徽廣德縣東。</small>高宗奔明州。<small>今浙江鄞縣。</small>金兵再進迫，高宗逃入海。金兵亦入海追之，不及乃還。自此以後，金人亦以"士馬疲敝，糧儲未豐"，<small>宗弼語。</small>不能再行進取了。其西北一路，則宋朝任張浚爲宣撫使，以拒婁室，而宗弼自江南還，亦往助婁室。浚戰敗於富平，<small>今陝西興平縣。</small>陝西遂陷。但浚能任趙開以理財，用劉子羽、吳玠、吳璘等爲將，卒能保守全蜀。

利用傀儡，以圖緩衝，使自己得少休息，這種希冀，金人在此時，還没有變。其時宗澤已死，汴京失陷，金人乃立宋降臣劉豫於汴，畀以河南、陝西之地。劉豫卻想靠著異族的力量反噬，幾次發兵入寇，卻又都敗北。在金人中，宗弼是公忠體國的，撻懶卻驕恣腐敗。<small>金朝並無一定之繼承法，故宗室中多有覬覦之心。其時握兵權者，宗望、宗弼皆太祖子，宗翰爲太祖從子，撻懶則太祖從弟。宗翰即有不臣之心。撻懶最</small>

老壽，在熙宗時爲尊屬，故其覬覦尤甚。熙宗、海陵庶人、世宗，皆太祖孫。秦檜是當金人立張邦昌時，率領朝官，力爭立趙氏之後，被金人捉去的，後來以賜撻懶。秦檜從海路逃歸。秦檜的意思，是偏重於對內的。因爲當時，宋朝的將帥，頗爲驕橫。"廩稍惟其所賦，功勳惟其所奏。""朝廷以轉運使主饋餉，隨意誅求，無復顧惜。""使其浸成疽贅，則非特北方未易取，而南方亦未易定。"葉適《論四大屯兵》語，詳見《文獻通考・兵考》。所以要對外言和，得一個整理內部的機會。當其南還之時，就說要"南人歸南，北人歸北"。高宗既無進取的雄才，自然意見與之相合，於是用爲宰相。一一三七年，劉豫爲宗弼所廢。秦檜乘機，使人向撻懶要求，把河南、陝西之地，還給宋朝。撻懶允許了。明年，遂以其地來歸。而金朝突起政變。一一三九年，宗弼回上京。今吉林阿城縣。撻懶南走，至燕京，爲金人所追及，被殺。和議遂廢。宗弼再向河南，婁室再向陝西。宋朝此時，兵力已較南渡之初稍強。宗弼前鋒至順昌，今安徽阜陽縣。爲劉錡所敗。岳飛從湖北進兵，亦有郾城之捷。今河南郾城縣。吳璘亦出兵收復了陝西若干州郡。儻使內部沒有矛盾，自可和金兵相持。而高宗、秦檜，執意言和，把諸將召還，和金人成立和約：東以淮水，西以大散關爲界。在陝西寶雞縣南。歲奉銀、絹各二十五萬兩、匹。宋高宗稱臣於金。可謂屈辱極了。於是罷三宣撫司，改其兵爲某州駐紮御前諸軍，而設總領以司其財賦，已見第九章。

　　金太宗死後，太祖之孫熙宗立，以嗜酒昏亂，爲其從弟海陵庶人所弒。此事在一一四九年。海陵更爲狂妄，遷都於燕，後又遷都於汴。一一六〇年，遂大舉南侵。以其暴虐過甚，兵甫動，就有人到遼陽去擁立世宗。海陵聞之，欲盡驅其衆渡江，然後北還，至采石磯，爲宋虞允文所敗，改趨揚州，爲其下所弒。金兵遂北還。一一六二年，高宗傳位於孝宗。孝宗頗有志於恢復，任張浚以圖進取。浚使李顯忠進兵，至符離，集名，在今安徽宿縣。大敗。進取遂成畫餅。一一六五年，以歲幣各減五萬，宋主稱金主爲伯父的條件成和。金世宗算是金朝的令主。他的民族成見，是最深的。他曾對其種人，屢稱上京風俗之美，教他們保存舊風，不要漢化。臣下有說女真、漢人，已爲一家的，他就板起臉說："女真、漢人，其實是二。"這種尖銳的語調，決非前此的北族，所肯出之於口的，其存之於心的，自亦不至於如此之甚了。然他的見解雖如此，而既不能放棄中國之地，就只得定都燕京。並因是時叛者蜂起，不得不將猛安謀克戶，移入中原，以資鎮壓，奪民地以給之，替漢人和女真之間，留下一個深刻的釁恨。而諸猛安謀克人，則惟酒是務，竟有一家百口，壠無一苗的，征服者的氣質，喪失淨盡了。自太祖崛起至此，不過六十年。

一一九四年，孝宗傳位於光宗。此時金世宗亦死，子章宗立，北邊頗有叛亂，河南、山東，亦有荒歉之處，金朝的國勢漸衰。宋光宗多病，皇后李氏，又和太上皇不睦。一一九四年，孝宗崩，光宗不能出而持喪，人心頗爲疑惑。宰相趙汝愚，因閤門使韓侂冑，請於高宗后吳氏，扶嘉王擴內禪，是爲寧宗。韓侂冑排去趙汝愚，代爲宰相，頗爲士流所攻擊，想立恢復之功，以間執衆口。一二○六年，遂貿然北伐。誰想金兵雖弱，宋兵亦不強。兵交之後，襄陽和淮東西州郡，次第失陷。韓侂冑又想謀和，而金人復書，要斬侂冑之首，和議復絕。皇后楊氏，本和韓侂冑有隙，使其兄次山，勾結侍郎史彌遠，把韓侂冑殺掉，函首以畀金。一二○八年，以增加歲幣爲三十萬兩、匹的條件成和。韓侂冑固然是妄人，宋朝此舉，也太不成話了。和議成後兩年，金章宗死，世宗子衞紹王立。其明年，蒙古侵金，金人就一敗塗地。可見金朝是時，業已勢成弩末，宋朝並沒有急於講和的必要了。

蒙古本室韋部落，但其後來和韃靼混合，所以蒙人亦自稱爲韃靼。其居地初在望建河，即今黑龍江上游之南，而後徙於不而罕山，即今外蒙古車臣、土謝圖兩部界上的布爾罕哈勒那都嶺。自回紇滅亡以後，漠北久無強部，算到一一六七年成吉思汗做蒙古的酋長的時候，已經三百六十多年了，淘汰、醞釀，自然該有一個強部出來。成吉思汗少時，漠南北諸部錯列，蒙古並不見得怎樣強大。且其內部分裂，成吉思汗備受同族的齮齕。但汗有雄才大略，收合部衆，又與諸部落合縱連橫，至一二○六年，而漠南北諸部，悉爲所征服。這一年，諸部大會於斡難河源，<small>今譯作鄂諸，又作敖嫩。</small>上他以成吉思汗的尊號。成吉思汗在此時，已非蒙古的汗，而爲許多部族的大汗了。一二一○年，成吉思汗伐夏，夏人降。其明年，遂伐金。金人對於北方，所採取的，是一種防守政策。從河套斜向東北，直達女真舊地，築有一道長城。汪古部居今歸綏縣之北，守其衝要之點。此時汪古通於蒙古，故蒙古得以安行而入長城。會河堡一戰，<small>會河堡，在今察哈爾萬全縣西。</small>金兵大敗，蒙古遂入居庸關。留兵圍燕京，分兵蹂躪山東、山西，東至遼西。金人弒衞紹王，立宣宗，與蒙古言和，而遷都於汴。蒙古又以爲口實，發兵攻陷燕京。金人此時，盡遷河北的猛安謀克戶於河南，又奪漢人之地以給之。其民既不能耕，又不能戰，勢已旦夕待亡。幸一二一八年，成吉思汗用兵於西域，金人乃得少寬。這時候，宋朝亦罷金歲幣。避強陵弱，國際上總是在所不免的；而且此時金人，財政困難，對於歲幣，亦不肯放棄，或者還希冀戰勝了可以向宋人多脅取些；於是兩國開了兵釁，又因疆場細故，與夏人失和。兵力益分而弱。一二二四年，宣宗死，哀宗立，才和夏人以兄弟之國成和，_{前此夏人稱臣。}而宋朝卒不許。其時成吉思汗亦已東歸，蒙古人的兵鋒，又轉向中原了。一二二七年，成吉思汗圍夏，未克而死，遺命祕不發喪，把夏人滅掉。一二二九年，太宗立。明年，復伐金。時金人已放棄河北，以精兵三十萬，守邠縣到潼關的一線。太宗使其弟拖雷假道於宋。宋人不許。拖雷就強行通過，自漢中、襄、鄖而北，大敗金人於三峯山。_{在河南禹縣。}太宗亦自白坡渡河，_{在河南孟津縣。}使速不台圍汴，十六晝夜不能克，乃退兵議和。旋金兵殺蒙古使者，和議復絕。金哀宗逃到蔡州。宋、元復聯合以攻金。宋使孟珙、江海帥師會蒙古兵圍蔡。一二三四年，金亡。

約金攻遼，還爲金滅，這是北宋的覆轍，宋人此時，似乎又不知鑒而蹈之了。所以讀史的人，多以宋約元攻金爲失策。這亦未必盡然。宋朝和金朝，是不共戴天之讎，不能不報的。若說保存金朝以爲障蔽，則金人此時，豈能終禦蒙古？不急進而與蒙古聯合，恢復一些失地，坐視金人爲蒙古所滅，豈不更糟？要知約金攻遼，亦並不算失策，其失策乃在滅遼之後，不能發憤自強，而又輕率啓釁。約元滅金之後，弊亦仍在於此。金亡之前十年，宋寧宗崩，無子。史彌遠援立理宗，仍專政。金亡前一年，史彌遠死，賈似道繼之。賈似道是表面上似有才氣，而不能切實辦事的人，如何當得這艱難的局面？金亡之後，宋朝人倡議收復三京，_{宋東京即大梁，南京即宋州，西京爲洛陽，北京爲大名。}入汴、洛而不能守。蒙古反因此南侵，江、淮之地多陷。一二四一年，蒙古太宗死。一二四六年，定宗立，三年而死。一二五一年，憲宗方立。蒙古當此時，所致力的還是西域，而國內又有汗位繼承之爭，所以未能專力中國。至一二五八年，各方粗定，憲宗乃大舉入蜀。忽必烈已平吐蕃、大理，亦東北上至鄂州。_{今湖北武昌縣。}宋將王堅守合州，_{今四川合川縣。}憲宗受傷，死於城下。賈似道督大軍援鄂，不敢戰，使人求和，許稱臣，畫江爲界。忽必烈亦急圖自立，乃許之而北歸。賈似道掩其事，以大捷聞於朝。自此蒙古使者來皆拘之，而借和議以圖自強而待敵人之弊的機會遂絕。忽必烈北還後，自立，是爲元世祖。世祖在憲宗時，本來是分治漠南的，他手下又多西域人和中國人，於是以一二六四年定都燕京。蒙古的根據地，就移到中國來了。明年，理宗崩，子度宗立。宋將劉整叛降元，勸元人攻襄陽。自一二六八至一二七三，被圍凡五年，宋人不能救，襄陽遂陷。明年，度宗崩，子恭帝立。伯顏自兩湖長驅南下。一二七六年，臨安不守，謝大后和恭帝都北狩。故相陳宜中立其弟益王於福州，_{今福建閩侯縣。}後來轉徙，崩於碙州。_{在今廣東吳川縣海中。}其弟衛王昺立，遷於崖山。_{在今廣東新會縣海中。}一二七九年，漢奸張弘範來攻，宰相陸秀夫負帝赴海殉國。張

世傑收兵圖再舉，到海陵山，在今廣東海陽縣海中。舟覆而死。宋亡。中國遂整個
爲北族所征伏。

　　宋朝的滅亡，可以說是我國民族的文化，一時未能急劇轉變，以適應於競
爭之故。原來游牧民族，以掠奪爲生產，而其生活又極適宜於戰鬥，所以其勢
甚強，文明民族，往往爲其所乘，羅馬的見軼於蠻族，和中國的見軼於五胡和
遼、金、元、清，正是一個道理。兩國國力的強弱，不是以其所有的人力物力的
多少而定，而是看其能利用於競爭的共有多少而定。舊時的政治組織，是不
適宜於動員全民衆的。其所恃以和異族抵抗的一部分，或者正是腐化分子的
一個集團。試看宋朝南渡以後，軍政的腐敗，人民的困苦，而一部分士大夫反
溺於晏安酖毒、歌舞湖山可知。雖其一部分分子的腐化，招致了異族的壓迫，
卻又因異族的壓迫，而引起了全民族的覺醒，替民族主義，建立了一個深厚的
根源，這也是禍福倚伏的道理。北宋時代，可以說是中國民族主義的萌蘖時
期；南宋一代，則是其逐漸成長的時期。試讀當時的主戰派，如胡銓等一輩人
的議論，至今猶覺其凜凜有生氣可知。見《宋史》卷三七四。固然，只論是非，不論
利害，是無濟於事的。然而事有一時的成功，有將來的成功。主張正義的議
論，一時雖看似迂闊，隔若干年代後，往往收到很大的效果。民族主義的形
成，即其一例。論是非是宗旨，論利害是手段。手段固不能不擇，卻不該因此
犧牲了宗旨。歷來外敵壓迫時，總有一班唱高調的人，議論似屬正大，居心實
不可問，然不能因此而並沒其真。所以自宋至明，一班好發議論的士大夫，也
是要分別觀之的。固不該盲從附和，也不該一筆抹殺。其要，在能分別真偽，
看誰是有誠意的，誰是唱高調的，這就是大多數國民，在危急存亡之時，所當
拭目辨別清楚的了。民族主義，不但在上流社會中，植下了根基，在下流社會
中，亦立下了一個組織，看後文所述便知。

第四十五章　蒙古大帝國的盛衰

蒙古，是野蠻的侵略民族所建立的最大的帝國，他是適直幸運而成功的。

蒙古所征服之地，幾於包括整個亞洲，而且還跨有歐洲的一部分。其中最重要的，自然還是西域。葱嶺以西，亞歷山大東征後，安息、大夏，對立爲兩個大國。其後則變爲波斯和月氏的對立。南北朝時，嚈噠興，月氏爲其所破，分爲許多小國，波斯亦被其攝服。突厥興，嚈噠又爲所破。月氏舊地，大抵服屬於西突厥。時大食亦已勃興，西元六四一年，破波斯，葱嶺以西之地，次第爲其所吞并。是時中國亦滅西突厥，波斯以東之地，盡置羈縻府、州，兩國的政治勢力，遂相接觸。然葱嶺以西之地，中國本視屬羈縻，故未至引起實際的衝突。西元七五〇年，即唐玄宗天寶九年，唐將高仙芝，伐今塔什干的石國，石國求救於大食。明年，大食來援，唐兵敗於怛邏斯。未久安史之亂起，唐朝就不再經營西域了。安史亂後，中國對於西域，就不再過問了。遼朝滅亡後，其宗室耶律大石，會十八部王衆於西州，唐西州，今新疆吐魯番縣。簡其精銳西行。此時大食的紀綱，久已頹廢，東方諸酋，據土自專，形同獨立。大石兵至，滅掉雄據呼羅珊的塞而柱克，Seljuks。並壓服了花剌子模，Khorazme，《唐書》作貨利習彌。使之納貢，而立國於吹河之濱，是爲西遼。成吉思汗平漠南北時，今蒙古西部乃蠻部的酋長古出魯克奔西遼，運用陰謀，和花剌子模裏應外合而取其國。又有在鄂爾坤、色楞格兩河間的蔑兒乞，其酋長忽禿亦西奔，和古出魯克，都有捲土重來之意。成吉思汗怕根本之地動搖，乃於一二一三年北歸，遣哲別、速不台把這二人擊滅。先是天山南路的畏吾兒，即回紇異譯。及其西之哈剌魯，唐時西突厥屬部葛邏禄。歸順蒙古，蒙古入西域之路已開，既滅古出魯克，蒙古的疆域，就和花剌子模相接。興於蒙古高原的北族，照例總是先向中國地方侵掠的；況且是時，蒙古與金，業已兵連禍結；所以蒙古對於西域，本來是無意於用兵的。但野蠻人所好的是奢侈享受，西域是文明發達之地，通商往來，自爲其所歡迎；而商人好利，自亦無孔不入。成吉思汗乃因商人以修好於花剌子模。花剌子模王亦已允許。然花剌子模的軍隊，多數係康里人，王母亦康里人，因之作威作福，花剌子模王不能制。錫爾河濱的訛打剌城，爲東西交通孔道，城主爲王母之弟，蒙古人隨商人西行的，一行共有四百多人，都被他認爲奸細，捉起來殺掉，只有一個人脫逃歸報。成吉思汗大怒，遂以一二一九年西征，破花剌子模，其王輾轉入裏海小島而死。王子奔哥疾寧，成吉思汗追破之，略印度北境而還。哲別、速不台別將繞裏海，越高加索山，破西北諸部。欽察酋長奔阿羅思，Kiptchac，亦譯奇卜察克。阿羅思，即俄羅斯。又追敗之，平康里而還。成吉思汗的攻西域，本來是復讎之師，但因西域高度的物質文明，及其抵抗力的薄弱，遂引起蒙古人繼續侵掠的慾望。太宗立，命諸王西征，再破欽察，入阿羅思，進規孛烈兒即波蘭。及馬札剌，匈牙利。西抵威尼斯，是爲蒙古西征最深入的一次，因太宗凶問至，乃班師。憲宗立，復遣弟旭烈兀西征，破木剌夷及報達，木剌夷（Mulahids），爲天方教中之一派，在裏海南岸。西域至此略定。東北一帶，自高句麗、百濟滅亡後，新羅亦漸衰。唐末，復分爲高麗、後百濟及新羅三國，石晉初，盡并於高麗王氏。北宋之世，高麗曾和契丹搆兵，頗受其侵略，然尚無大關係。自高句麗滅亡後，朝鮮半島的北部，新羅控制之力，不甚完全；高麗亦未能盡力經營；女真逐漸侵入其地，是爲近世滿族發達的一個原因，金朝即以此興起。完顏部本曾朝貢於高麗，至後來，則高麗反爲所脅服，稱臣奉貢。金末，契丹遺族和女真人，在今遼、吉境內擾亂，蒙古兵追擊，始和高麗相遇，因此引起衝突，至太宗時乃成和。此後高麗內政，遂時受蒙古人的干涉。有時甚至廢其國號，而於其地立征東行省。元世祖時，中國既定，又要介高麗以招致日本。日本不聽。世祖遂於一二七四、一二八一兩年遣兵渡海東征。前一次損失還小。後一次因颶風將作，其將擇堅艦先走，餘衆二十餘萬，盡爲日本所虜，殺蒙古人、高麗人、漢人，而以南人爲奴隸，其敗績可謂慘酷了。世祖欲圖再舉，因有事於安南，遂不果。蒙古西南的侵略，是開始於憲宗時的。世祖自今青海之地入西藏，遂入雲南，滅大理，即南詔。自將北還，而留兵續向南方侵略。此時後印度半島之地，安南已獨立爲國，其南，今柬埔寨之地爲占城，蒲甘河附近則有緬國。元兵侵入安南和占城，其人都不服。一二八四、八五、八七三年，三次發兵南征，因天時地利的不宜，始終不甚得利。其在南洋，則曾一度用兵於爪哇。此外被招致來朝的，共有十國，都是今南洋羣島和印度沿岸之地。《元史》云當時海外諸國，以俱藍、馬八兒爲綱維，這兩國，該是諸國中最大的。馬八兒，即今印度的馬拉巴爾。俱藍爲其後障，當在馬拉巴爾附近。自成吉思汗崛起，至世祖滅宋，共歷一百十二年，而蒙古的武功，臻於極盛。其人的勇於戰鬥；征服各地方後，亦頗長於統治；如不干涉各國的信教自由，即其一端。自有足稱。但其大部分成功的原因，則仍在此時別些個大國，都適值衰頹，而乏抵抗的能力，其中尤其主要的，就是中國和大食帝國；又有一部分人，反爲其所用，如蒙古西征時附從的諸部族便是；所以我說他是適直天幸。

中國和亞、歐、非三洲之交的地中海沿岸，是世界上兩個重要的文明起原之地。這兩個區域的文明，被亞洲中部和南部的山嶺，和北方的荒涼阻隔住了。歐洲文明的東漸，大約以希臘人的東遷爲最早。漢通西域時所接觸的西方文化，就都是希臘人所傳播、所留遺。其後羅馬興，東邊的境界，仍爲東西文化接觸之地。至羅馬之北境爲蠻族所據而中衰。大食興，在地理上，擁有超過羅馬的大版圖，在文化上，亦能繼承希臘的遺緒。西方的文化，因此而東漸，東方的文化，因此而西行者不少。但主要的是由於海路，至蒙古興，而歐西和東方的陸路才開通。其時西方的商人，有經中央亞細亞、天山南路到蒙古來的，亦有從西伯利亞南部經天山北路而來的。基督教國，亦派有使節東來。而意大利人馬哥博羅，Marco Polo。居中國凡三十年，歸而以其所見，著成游記，給與西方人以東方地理上較確實的知識，且引起其好奇心，亦爲近世西力東侵的一個張本。

如此廣大的疆域，自非一個大汗所能直接統治；況且野蠻人的征伏，其意義原是掠奪；封建制度，自然要隨之而興。蒙古的制度，宗室、外戚、功臣，是各有分地的，而以成吉思汗的四個兒子爲最大。當時的分封，大約他的長子尤赤，所得的是花剌子模和康里、欽察之地；次子太宗，所得的是乃蠻之地；三子察合台，所得的是西遼之地；而和林舊業，則依蒙古人幼子守竈之習，歸於其季子拖雷。此據日本那珂通世說，見其所注《成吉思汗實錄》，此書即《元祕史》的日譯本。其後西北一帶，尤赤之子拔都，爲其共主，而西南的平定，則功出於拖雷之子旭烈兀，其後裔世君其地。此即所謂阿闊台、察合台、欽察、伊兒四個汗國。阿闊台之後稱 Km. of Ogotai，亦稱 Naiman（乃蠻）。察合台之後稱 Km. of Tchagatai。拔都之後稱 Km. of Kiptchac，亦稱 Golden Horde。旭烈兀之後稱 Km. of Iran。而分裂即起於其間。蒙古的汗，本來是由諸部族公推的，到後來還是如此。每當大汗逝世之後，即由宗王、駙馬和管兵的官，開一個大會，蒙古語爲"忽力而台"。議定應繼承汗位的人。太祖之妻孛兒帖，曾給蔑兒乞人擄去，後太祖聯合與部，把他搶回，就生了尤赤。他的兄弟，心疑他是蔑兒乞種，有些歧視他，所以他西征之後，一去不歸，實可稱爲蒙古的泰伯。太祖死時，曾有命太宗承繼之說，所以大會未有異議。太宗死後，其後人和拖雷的後人，就有爭奪之意。定宗幸獲繼立，而身弱多病，未久即死。拖雷之子憲宗被推戴。太宗後人，另謀擁戴失烈門，爲憲宗所

殺，並奪去太宗後王的兵柄。蒙古的内爭，於是開始。憲宗死後，爭奪復起於
拖雷後人之間。憲宗時，曾命阿里不哥統治漠北，世祖統治漠南。憲宗死後，
世祖不待大會的推戴而自立，阿里不哥亦自立於漠北，爲世祖所敗，而太宗之
子海都自立於西北，察合台、欽察兩汗國都附和他。伊兒汗國雖附世祖，卻在
地勢上被隔絕了。終世祖之世不能定。直到一三一〇年，海都之子纔來歸
降。然自海都之叛，蒙古大汗的號令，就不能行於全帝國，此時亦不能恢復
了。所以蒙古可說是至世祖時而臻於極盛，亦可說自世祖時而開始衰頹。

太祖帖木真即成吉思汗
- 尤赤
- 太宗阿闊台
  - 定宗貴由
  - 失烈門
  - 海都
- 察合台
- 拖雷
  - 憲宗蒙哥
  - 世祖忽必烈
  - 阿里不哥

第四十六章　漢族的光復事業

　　遼、金、元三朝，立國的情形，各有不同。契丹雖然占據了中國的一部分，然其立國之本，始終寄於部族，和漢人並未發生深切的關係。金朝所侵占的，重要之地，惟有中國。他的故土和他固有的部族、文化尚未發展，雖可藉其貧瘠而好掠奪的慾望，及因其進化之淺，社會組織簡單，內部矛盾較少，因而有誠樸之氣、勇敢之風，能夠崛起於一時，然究不能據女真之地，用女真之人，以建立一個大國。所以從海陵遷都以後，他國家的生命，已經寄託在他所侵占的中國的土地上了。所以他壓迫漢人較甚，而其瞭解漢人，卻亦較深。至蒙古，則所征服之地極廣，中國不過是其一部分。雖然從元世祖以後，大帝國業已瓦解，所謂元朝者，其生命亦已寄託於中國，然自以爲是一個極大的帝國，看了中國，不過是其所占據的地方的一部分的觀念，始終未能改變。所以對於中國，並不能十分瞭解，試看元朝諸帝，多不通漢文及漢語可知。元朝諸帝，惟世祖較爲聰明，所用的漢人和西域人較多，亦頗能釐定治法。此後則惟仁宗在位較久，政治亦較清明。其餘諸帝，大抵荒淫愚昧。這個，和其繼嗣之爭，亦頗有關係。因爲元朝在世祖之時，北邊尚頗緊急。成宗和武宗，都是統兵在北邊防禦，因而得立的。武宗即位之前，曾由仁宗攝位，所以即位之後，不得不立仁宗爲大子。因此引起英宗之後泰定、天順兩帝間的爭亂。文宗死後，又引起燕帖木兒的專權。時海都之亂未定，成宗和武宗，都是統兵以防北邊的。世祖之死，伯顏以宿將重臣，歸附成宗，所以未有爭議。成宗之死，皇后伯岳吾氏想立安西王。右丞相哈剌哈孫使迎仁宗監國，以待武宗之至。武宗至，弑伯岳吾后，殺安西王而自立，以仁宗爲大子。仁宗既立，立英宗爲大子，而出明宗於雲南，其臣奉之奔阿爾泰山。英宗傳子泰定帝，死於上都。子天順帝，即在上都即位。簽書樞密院事燕帖木兒，爲武宗舊臣，脅大都百官，迎立武宗之子，因明宗在遠，先迎文宗監國，發兵陷上都，天順帝不知所終。明宗至漠南，即位。文宗入見，明宗暴死。文宗後來心上覺得不安，遺令必立明宗之子，而燕帖木兒不肯。文宗皇后翁吉剌氏，堅持文宗的遺命，於是迎立寧宗，數月而死，再迎順帝。順帝的年紀，卻比寧宗大些了，燕帖木兒又堅持，順帝雖至，不得即位。會燕帖木兒死，問題乃得解決。順帝既立，追治明宗死事，翁吉剌后和其子燕帖古思，都被流放到高麗，死在路上。

元入中國後的繼嗣之爭，大略如此。中央的變亂頻仍，自然說不到求治，而最後又得一個荒淫的順帝，胡無百年之運，客星據坐，自然不能持久了。元世祖所創立的治法，是專以防制漢人爲務的。試看其設立行省及行御史臺；將邊徼襟喉之地，分封諸王；遣蒙古軍及探馬赤軍分守河、洛、山東；分派世襲的萬戶府，屯駐各處；及因重用蒙古、色目人而輕視漢人可知。這是從立法方面說。從行政方面說：則厚斂人民，以奉宗王、妃、主；縱容諸將，使其掠人爲奴婢；選法混亂，貪黷公行；而且迷信喇嘛教，佛事所費，既已不貲，還要聽其在民間騷擾。可謂無一善政。參看第三、第四、第六、第七、第九各章。所以仍能占據中國數十年，則因中國社會，自有其深根寧極之理，並非政治現象，所能徹底擾亂，所以他以異族入據中原，雖爲人心所不服，亦不得不隱忍以待時。到順帝時，政治既亂，而又時有水旱偏災，草澤的英雄，就要乘機而起了。

“舉世無人識，終年獨自行。海中擎日出，天外喚風生。”鄭所南先生詩語。所南先生名思肖，工畫蘭，宋亡後，畫蘭皆不畫土，人或問之，則曰：“土爲番人奪去，汝不知耶？”著有《心史》，藏之鐵函，明季乃於吳中承天寺井中得之。其書語語沈痛，爲民族主義放出萬丈的光燄。清朝的士大夫讀之，不知自愧，反誣爲僞造，真可謂全無心肝了。表面上的平靜，是靠不住的，爆發的種子，正潛伏在不見不聞之處。這不見不聞之處是那裏呢？這便在各人的心上。昔人說：“雪大恥，復大仇，皆以心之力。”龔自珍文中語。文官投降了，武官解甲了，大多數的人民，雖然不服，苦於不問政治久了，一時團結不起來。時乎時乎？七年之病，求三年之艾，乃將一顆革命的種子，廣播潛藏於人民惟一的組織，即所謂江湖豪俠的社會之中，這是近世史上的一件大事。明亡以後之事，爲衆所周知，然其事實不始於明亡以後，不過年深月久，事迹已陳，這種社會中，又沒有紀載，其事遂在若存若亡之間罷了。元朝到順帝之世，反抗政府的，就紛紛而起。其中較大的是：台州的方國珍，今浙江臨海縣。徐州的李二，湖北的徐壽輝，濠州的郭子興，今安徽鳳陽縣。高郵的張士誠。後還平江，今江蘇吳縣。而劉福通以白蓮教徒，起於安豐，今安徽壽縣。奉其教主之子韓林兒爲主。白蓮教是近代的人看作邪教的，然其起始決非邪教，試看其在當時，首舉北伐的義旗可知。元朝當日，政治紊亂。宰相脫脫之弟也先帖木兒，當征討之任，連年無功，後來反大潰於沙河，今河南遂平、確山、泌陽境上的沙河店。軍資喪失殆盡。脫脫覺得不好，自將大軍出征。打破了李二，圍張士誠，未克，而爲異黨排擠以去。南方羣雄爭持，元朝就不能過問。一三五八年，劉福通分兵三道：一軍入山、陝，一軍入山東，自奉韓林兒復開封。此時元朝方面，亦有兩個人出來，替他掙扎。那便是察罕帖木兒和李思齊。他們是在河南起兵，幫助元朝的，此時因陝西行省的求援，先入陝解圍，又移兵山東，把劉福通所派的兵，圍困起來。劉福通的將遣人把察罕刺死，其子庫庫帖木兒代總其兵，到底把敵兵打敗，劉福通和韓林兒，走回安豐，後爲張士誠所滅。然其打山西的一支兵，還從上都直打到遼東，今多倫縣，元世祖自立於此，建爲上都，而稱今北平爲大都。然後被消滅。軍行數千里，如入無人之境，亦可謂雖敗猶榮了。

　　首事的雖終於無成，然繼起的則業已養成氣力。明太祖初起時，本來是附隨郭子興的，後來別爲一軍，渡江取集慶。今南京，元集慶路。時徐壽輝爲其將陳友諒所殺，陳據江西、湖北，勢頗強盛，壽輝將明玉珍據四川自立，傳子昇，爲明太祖所滅。後爲太祖所滅。太祖又降方國珍，破張士誠，幾乎全據了長江流域。而元朝是時，復起內亂。其時庫庫帖木兒據冀寧，元冀寧路，治今山西陽曲縣。孛羅帖木兒據大同，孛羅想兼據晉冀，以裕軍食，二人因此相爭。順帝次后奇氏，高麗人，生子愛猷識理達臘，立爲大子。大子和奇后，陰謀內禪。是時高麗人自宮到元朝來充當內監的很多，奇后宮中，自更不乏，而朴不花最得信任，宰相搠思監，就是走朴不花的門路得位的，他和御史大夫老的沙不協，因大子言於順帝，免其職。老的沙逃奔大同，托庇於孛羅。搠思監誣孛羅謀反。孛羅就真個反叛，舉兵犯闕，把搠思監和朴不花都殺掉。大子投奔庫庫。庫庫興兵送大子還京，孛羅已被順帝遣人刺死。大子欲使庫庫以兵力脅迫順帝內禪，庫庫不肯。時順帝封庫庫爲河南王，使其總統諸軍，平定南方。李思齊因與察罕同起兵，不願受庫庫節制，陝西參政張良弼，亦和庫庫不協，二人連兵攻庫庫。大子乘機，叫順帝下詔，削掉庫庫的官爵，使大子統兵討之，北方大亂。"天道好還，中國有必伸之理，人心效順，匹夫無不報之仇。"太祖討胡橄中語。一三六八年，明太祖命徐達、常遇春兩道北伐。徐達平河南，常遇春下山東，會師德州，今山東德縣。北扼直沽。順帝走上都。太祖使徐達下太原，乘勝定秦、隴，庫庫帖木兒奔和林。和林城，太宗所建，今之額爾德尼招，是其遺址。常遇春攻上都，順帝再奔應昌。城名，在達里泊旁，爲元外戚翁吉剌氏之地。一三七○年，順帝死，明兵再出，愛猷識理達臘亦奔和林，不久便死，子脫古思帖木兒嗣。一三八七年，太祖使藍玉平遼東，乘勝襲破脫古思帖木兒於捕魚海，今達里泊。脫古思帖木兒北走，爲其下所殺。其後五傳皆被弑，蒙古大汗的統系遂絕。元宗室分封在內地的亦多降，惟梁王把匝剌瓦爾密據雲南不服，一三八一年，亦爲太祖所滅。中原之地，就無元人的遺孽了。自一二七九年元朝滅宋，至一三六八年順帝北走，凡八十九年。

第四十七章　明朝的盛衰

　　明太祖起於草澤，而能剗除胡寇，戡定羣雄，其才不可謂不雄。他雖然起於草澤，亦頗能瞭解政治，所定的學校、科舉、賦役之法，皆爲清代所沿襲，行之凡六百年。衛所之制，後來雖不能無弊，然推原其立法之始，亦確是一種很完整的制度，能不煩民力，而造成多而且強的軍隊。所以明朝開國的規模，並不能算不弘遠。只可惜他私心太重：廢宰相，使朝無重臣，至後世，權遂入於奄宦之手；重任公侯伯的子孫，開軍政腐敗之端；他用刑本來嚴酷，又立錦衣衛，使司偵緝事務，至後世，東廠、西廠、內廠，遂紛紛而起。東廠成祖所設，西廠設於憲宗時，內廠設於武宗時，皆以內監領其事。這都不能不歸咎於詒謀之不臧。其封建諸子於各地，則直接引起了靖難之變。

　　明初的邊防，規模亦是頗爲弘遠的。俯瞰蒙古的開平衛，即設於元之上都。其後大寧路來降，又就其地設泰寧、朵顏、福餘三衛。泰寧在今熱河東部，朵顏在吉林之北，福餘則在農安附近。所以明初對東北，威稜遠憺。其極盛時的奴兒干都司，設於黑龍江口，現在的庫頁島，亦受管轄。《明會典》卷一〇九：永樂七年，設奴兒干都司於黑龍江口。清曹廷杰《西伯利亞東偏紀要》說：廟爾以上二百五十餘里，混同江東岸特林地方，有兩座碑：一刻《敕建永寧寺記》，一刻《宣德六年重建永寧寺記》，均係太監亦失哈述征服奴兒干和海中苦夷之事。苦夷即庫頁。宣德爲宣宗年號，宣德六年，爲西元一四三一年。但太祖建都南京，對於北邊的控制，是不甚便利的。成祖既簒建文帝，即移都北京。對於北方的控制，本可更形便利。確實，他亦曾屢次出征，打破韃靼和瓦剌。但當他初起兵時，怕節制三衛的寧王權要襲其後，把他誘執，而把大寧都司自今平泉縣境遷徙到保定。於是三衛之地，入於兀良哈，開平衛勢孤。成祖死後，子仁宗立，僅一年而死。子宣宗繼之。遂徙開平衛於獨石口。從此以後，宣大就成爲極邊了。距離明初的攻克開平，逐去元順帝，不過六十年。明初的經略，還不僅對於北方。安南從五代時離中國獨立，成祖於一四〇六年，因其內亂，將其征服，於其地設立交趾布政使司，同於內地。他又遣中官鄭和下南洋,前後凡七次。其事在一四〇五至一四三三年之間,早於歐人的東航,有好幾十年。據近人的考究:鄭和當日的航路,實自南海入印度洋,達波斯灣及紅海,且拂非洲的東北岸,其所至亦可謂遠了。史家或說:成祖此舉,是疑心建文帝亡匿海外,所以派人去尋求的。這話億度而不中情實。建文帝即使亡匿海外,在當日的情勢下,又何能爲?試讀《明史》的外國傳,則見當太祖時,對於西域,使節所至即頗遠。可見明初的外交,是有意沿襲元代的規模的。但是明朝立國的規模,和元朝不同。所以元亡明興,西域人來者即漸少。又好勤遠略,是和從前政治上的情勢不相容的,所以雖有好大喜功之主,其事亦不能持久。從仁宗以後,就沒有這種舉動了。南方距中國遠,該地方的貨物,到中原即成爲異物,價直很貴;又距離既遠,爲政府管束所不及,所以宦其地者率多貪污,這是歷代如此的。明朝取安南後,還是如此。其時中官奉使的多,橫暴太甚,安南屢次背叛。宣宗立,即棄之。此事在一四二七年,安南重隸中國的版圖,不過二十二年而已。自鄭和下南洋之後,中國對於南方的航行,更爲熟悉,華人移殖海外的漸多。近代的南洋,華人實成爲其地的主要民族,其發端實在此時。然此亦是社會自然的發展,得政治的助力很小。

明代政治的敗壞,實始於成祖時。其(一)爲用刑的殘酷,其(二)爲宦官的專權,而二事亦互相依倚。太祖定制,內侍本不許讀書。成祖反叛時,得內監爲內應,始選官入內教習;又使在京營爲監軍,隨諸將出鎮;又設立東廠,使司偵緝之事。宦官之勢驟盛。宣宗崩,英宗立,年幼,寵太監王振。其時瓦剌強,殺韃靼酋長,又脅服兀良哈。一四四九年,其酋長也先入寇。王振貿然慫恿英宗親征,至大同,知兵勢不敵,還師。爲敵軍追及於土木堡,英宗北狩。朝臣徐有貞等主張遷都,于謙力主守禦,奉英宗之弟景帝監國,旋即位。也先入寇,謙任總兵石亨等力戰禦之。也先攻京城,不能克,後屢寇邊,又不得利,乃奉英宗歸。大凡敵兵入寇,京城危急之時,遷都與否,要看情勢而定。敵兵強,非堅守所能捍禦,而中央政府,爲一國政治的中心,失陷了,則全國的政治,一時要陷於混亂,則宜退守一可據的據點,徐圖整頓。在這情勢之下,誤執古代國君死社稷之義,不肯遷都,是要誤事的,崇禎的已事,是其殷鑒。若敵兵實不甚強,則堅守京城,可以振人心而作士氣,一移動,一部分的國土,就要受敵兵蹂躪,損失多而事勢亦擴大了。瓦剌在當日,形勢實不甚強,所以于謙的主守,不能不謂之得計。然徐有貞因此內慚,石亨又以賞薄怨望,遂結內監曹吉祥等,乘景帝臥病,闖入宮中,迎英宗復辟,是爲"奪門"之變。于謙被殺。英宗復辟後，亦無善政，傳子憲宗，寵太監汪直。憲宗傳孝宗，政治較稱清明。孝宗傳武宗，又寵太監劉瑾，這不能不說是成祖惡政的流毒了。明自中葉以後，又出了三個昏君。其（一）是武宗的荒淫。其（二）是世宗的昏憒。其（三）是神宗的怠荒。明事遂陷於不可收拾之局。武宗初寵劉瑾，後瑾伏誅，又寵大同游擊江彬，導之出遊北邊。封於南昌的寧王宸濠，乘機作亂，爲南贛巡撫王守仁所討平，武宗又借以爲名，出遊江南而還。其時山東、畿南，羣盜大起，後來幸獲敉平，只可算得徼幸。武宗無子，世宗以外藩入繼，馭宦官頗嚴，內監的不敢恣肆，是無過於世宗時的，但其性質嚴而不明，中年又好神仙，日事齋醮，不問政事。嚴嵩因之，故激其怒，以入人罪，而竊握大權，政事遂至大壞。其時倭寇大起，沿海七省，無一不被其患，甚至沿江深入，直抵南京。北邊自也先死後，瓦剌復衰，韃靼部落，入據河套，謂之“套寇”。明朝迄無善策。至世宗時，成吉思汗後裔達延汗復興，擊敗套寇，統一蒙古。達延汗四子，長子早死。達延汗自與其嫡孫卜赤徙牧近長城，稱爲插漢兒部，就是現在的察哈爾部。次子爲套寇所殺。三子係征服套寇的。有二子：一爲今鄂爾多斯部之祖，亦早死。一爲阿勒坦汗，《明史》稱爲俺荅，爲土默特部之祖。第四子留居漠北，則爲喀爾喀三部之祖。車臣、土謝圖、札薩克圖。其三音諸顏係清時增設。自達延汗以後，蒙古遂成今日的形勢了，所以達延汗亦可稱爲中興蒙古的偉人。俺荅爲邊患，是最深的，世宗時，曾三次入犯京畿。有一次，京城外火光燭天，嚴嵩竟騙世宗是民家失火，其蒙蔽，亦可謂駭人聽聞了。世宗崩，穆宗立，未久而死。神宗立，年幼，張居正爲相。此爲明朝中興的一個好機會。當穆宗時，俺荅因其孫爲中國所得，來降，受封爲順義王，不復爲邊患。插漢兒部強盛，高拱爲相，任李成梁守遼東，戚繼光守薊鎮以敵之。成梁善戰，繼光善守，張居正相神宗，益推心任用此二人，東北邊亦獲安靜。明朝政治，久苦因循。張居正則能行嚴肅的官僚政治，下一紙書，萬里之外，無敢不奉行惟謹者，所以吏治大有起色。百孔千瘡的財政，整理後亦見充實。惜乎居正爲相，不過十年，死後神宗親政，又復昏亂。他不視朝至於二十餘年。羣臣都結黨相攻。其時無錫顧憲成，居東林書院講學，喜歡議論時政，於是朝廷上的私黨，和民間的清議，漸至糾結而不可分。神宗信任中官，使其到各省去開礦，名爲開礦，實則藉此索詐，又在窮鄉僻壤，設立稅使，騷擾無所不至。日本豐臣秀吉犯朝鮮，明朝發大兵數十萬以援之，相持凡七年，並不能卻敵，到秀吉死，日本兵纔自退。神宗死後，熹宗繼之，信任宦官魏忠賢，其專橫又爲前此所未有。統計明朝之事，自武宗以後，即已大壞，而其中世宗、神宗，均在位甚久。武宗即位，在一五〇六年，熹宗之死，在一六二七年，此一百二十二年之中，内憂外患，迭起交乘，明事已成不可收拾之局。思宗立，雖有志於振作，而已無能爲力了。

第四十八章　明　清　的　興　亡

　　文化是有傳播的性質的，而其傳播的路線，往往甚爲紆曲。遼東、西自西元前四世紀，即成爲中國的郡縣，因其距中原較遠，長駕遠馭之力，有所不及，所以中國的政治勢力，未能充分向北展拓，自吉林以東北，歷代皆僅等諸羈縻。其地地質雖極肥沃，而稍苦寒；又北方擾攘時多，自河北經熱河東北出之道，又往往爲游牧民族所阻隔；所以中國民族，亦未能盛向東北拓殖。在這一個區域中，以松花江流域爲最肥沃，其地距朝鮮甚近，中國的文化，乃從朝鮮繞了一個圈兒，以間接開化其地的女真民族。渤海、金、清的勃興，都是如此。

　　清朝的祖先，據他們自己說，是什麼天女所生的，這一望而知其爲有意造作的神話。據近人所考究：明時女真之地，凡分三衞：曰海西衞，自今遼寧的西北境，延及吉林的西部；曰野人衞，地在吉、黑的東偏；曰建州衞，則在長白山附近。海西衞爲清人所謂扈倫部，野人衞清人謂之東海部，建州衞則包括滿洲長白山西部。清朝真正的祖先，所謂肇祖都督孟特穆，就是一四一二年受職爲建州衞指揮使的猛哥帖木兒；明人所授指揮使，清人則稱爲都督。孟特穆爲孟哥帖木兒異譯。其初曾入貢受職於朝鮮的李朝的；後爲七姓野人所殺。其時的建州衞，還在朝鮮會寧府河谷。弟凡察立，遷居佟家江。後猛哥帖木兒之子董山，出而與凡察爭襲。明朝乃分建州爲左右二衞，以董山爲左衞指揮使，凡察爲右衞指揮使。董山漸跋扈，明朝檄致廣寧誅之。部下擁其子脫羅擾邊，《清實錄》作妥羅，爲肇祖之孫。其弟曰錫寶齋篇古。錫寶齋篇古之子曰興祖都督福滿，即景祖之父。聲稱報讐，但未久即寂然。自此左衞衰而右衞盛。右衞酋長王杲，居寬甸附近，爲李成梁所破，奔扈倫部的哈達。葉赫在吉林西南，明人稱爲北關。哈達在開原北，明人稱爲南關。哈達執送成梁，成梁殺之。其子阿台，助葉赫攻哈達。滿洲蘇克蘇滸部長尼堪外蘭，爲李成梁做鄉導，攻殺阿台。滿洲酋長叫場，即清朝所謂景祖覺昌安，其子他失，則清朝所謂顯祖塔克世，塔克世的兒子弩爾哈赤，就是清朝的太祖了。阿台係景祖孫壻，阿台敗時，清景、顯二祖亦死。清太祖仍受封於明，後來起兵攻破尼堪外蘭。尼堪外蘭逃奔明邊。明朝非但不能保護，反把他執付清太祖。且開撫順、清河、寬甸、靉陽四關，和他互市。自此滿洲人得以沐浴中國的文化，且藉互市以潤澤其經濟，其勢漸強。先服滿洲諸部。扈倫、長白山諸部聯合蒙古的科爾沁部來攻，清太祖敗之，威聲且達蒙古東部。又合葉赫滅哈達。至一六一六年，遂叛明。

時值明神宗之世。以楊鎬爲經略，發大兵二十萬，分四路東征，三路皆敗。滿洲遂陷鐵嶺，滅葉赫。明以熊廷弼爲經略。廷弼頗有才能，明顧旋罷之，代以袁應泰。應泰有吏才，無將略，遼、瀋遂陷。清太祖初自今之長白縣<small>清之興京，其地本名赫圖阿拉</small>。遷居遼陽，後又遷居瀋陽。明朝再起熊廷弼，又爲廣寧巡撫王化貞所掣肘。化貞兵敗，遼西地多陷。明朝逮二人俱論死。旋得袁崇煥力守寧遠。一六二六年，清太祖攻之，受傷而死。子太宗立，因朝鮮歸心於明，屢犄滿洲之後，太宗乃先把朝鮮征服了，還兵攻寧遠、錦州，又大敗。清人是時，正直方興之勢，自非一日可以削平，然其力亦並不能進取遼西。儻使明朝能任用如袁崇煥等人物，與之持久，遼東必可徐圖恢復的，遼西更不必説了，若説要打進山海關，那簡直是夢想。

所謂流寇，是無一定的根據地，竄擾到那裏，裹脅到那裏的。中國疆域廣大，一部分的天災人禍，影響不到全國，局部的動亂，勢亦不能牽動全國，只有當社會極度不安時，纔會釀成如火燎原之勢，而明季便是其時了。明末的流寇，是以一六二八年起於陝西的，正直思宗的元年。旋流入山西，又流入河北，蔓衍於四川、湖廣之境。以李自成和張獻忠爲兩個最大的首領。獻忠係粗才，一味好殺，自成則頗有大略。清太宗既不得志於遼西，乃自喜峯口入長城，犯畿甸。袁崇煥聞之，亦兼程入援。兩軍相持，未分勝負。明思宗之爲人，嚴而不明，果於誅殺。先是袁崇煥因皮島守將毛文龍跋扈，將其誅戮，<small>皮島，今圖作海洋島。</small>思宗疑之而未發。及是，遂信清人反間之計，把崇煥下獄殺掉，於是長城自壞。此事在一六二九年。至一六四○年，清人大舉攻錦州。薊遼總督洪承疇往援，戰敗，入松山固守。明年，松山陷，承疇降清。先是毛文龍死後，其將孔有德、耿仲明降清，引清兵攻陷廣鹿島，<small>今圖或作光祿島。</small>守將尚可喜亦降。清當太祖時，尚無意於入據中原，專發揮其仇視漢人的觀念，得儒士輒殺，得平民則給滿洲人爲奴。太宗始變計撫用漢人，尤其優待一班降將。洪承疇等遂不恤背棄祖國，爲之效力。於是政治軍事的形勢，又漸變了。但明兵堅守了山海關，清兵還無力攻陷。雖然屢次繞道長城各口，蹂躪畿甸，南及山東，畢竟不敢久留，不過明朝勦流寇的兵，時被其牽掣而已。一六四三年，李自成陷西安。明年，在其地稱帝。東陷太原，分兵出真定，_{今河北正定縣。}自陷大同、宣府，入居庸關。北京不守，思宗殉國於煤山。山海關守將吳三桂入援，至豐潤，京城已陷。自成招三桂降，三桂業經允許了。旋聞愛妾陳沅被掠，大怒，遂走關外降清。"痛哭六軍皆縞素，衝冠一怒爲紅顔"，民族戰爭時惟一重要的據點，竟因此兵不血刃而失陷，武人不知禮義的危險，真令人言之而色變了。

時清太宗已死，子世祖繼立，年幼，叔父睿親王多爾袞攝政，正在關外略地，聞三桂來降，大喜，疾趨受之。李自成戰敗，奔回陝西，清人遂移都北京。明人立神宗之孫福王由崧於南京，是爲弘光帝。清人這時候，原只望占據北京，並不敢想全吞中國，所以五月三日入京，四日下令強迫人民薙髮，到二十四日，即又將此令取消。而其傳檄南方，亦説："明朝嫡胤無遺，用移大清，宅此北土，其不忘明室，輔立賢藩，戮力同心，共保江左，理亦宜然，予所不禁。"但弘光帝之立，是靠着鳳陽總督馬士英的兵力做背景的。士英遂引閹黨阮大鋮入閣，排去史可法。弘光帝又荒淫無度。清朝乃先定河南、山東，又分兵兩道入關，李自成走死湖北。清人即移兵以攻江南。明朝諸將，心力不齊，史可法殉國於揚州，南京不守，弘光帝遂北狩，時在一六四五年。清朝既定江南，乃下令強迫人民薙髮。當時有"留頭不留髮，留髮不留頭"之諺，其執行的嚴厲可想。此舉是所以摧挫中國的民氣的，其用意極爲深刻酷毒。緣中國地大而人衆，政治向主放任，人民和當地的政府，關係已淺，和中央政府，則幾於毫無直接關係，所以朝代的移易，往往刺激不動人民的感情。至於衣服裝飾，雖然看似無關緊要，然而習俗相沿，就是一種文化的表徵，用兵力侵略的異族，強使故有的民族，棄其舊有的服飾而仿效自己，就不啻摧毀其文化，而且強替他加上一種屈服的標識。這無怪當日的人民，要奮起而反抗了。但是人民無組織的久了，臨時的集合，如何能敵得飽經侵略的軍隊？所以當日的江南民兵，大都不久即敗。南都亡後，明之遺臣，或奉魯王以海監國紹興，或奉唐王聿鍵正位福州，是爲隆武帝。清人遣吳三桂陷四川，張獻忠敗死。別一軍下江南，魯王敗走舟山。清兵遂入福建，隆武帝亦殉國。時爲一六四七年。

西南之地，向來和大局是無甚關係的，龍拏虎攫，總在黃河、長江兩流域，到明季情形卻又不同了。長江以南，以湘江流域開闢爲最早。漢時，雜居諸異族，即已大略同化。其資、沅、澧三水流域，則是隋、唐、北宋之世，逐漸開闢的。一四一三年，當明成祖之世，貴州之地，始列爲布政司。其後水西的安氏，水東的宋氏，播州的楊氏，_{水西、水東，係分轄貴陽附近新土司的。播州，今遵義縣。}亦屢煩兵力,然後戡定。而廣西桂林的古田,平樂的府江,潯州的大籐峽,梧州的岑溪,明朝亦費掉很大的兵力。雲南地方,自唐時,大理獨立爲國,到元朝才把他滅掉。其時雲南的學校,還不知崇祀孔子,而崇祀晉朝的王羲之,貨幣則所用的是海肥。全省大都用土官,就正印是流官的,亦必以土官爲之副。但自元朝創立土司制度以來,而我族所以管理西南諸族的,又進一步。其制:異族酋長歸順的,我都授以某某司的名目,如宣慰司、招討司之類,此之謂土司。有反叛、虐民,或自相攻擊的,則用政治手腕或兵力戡定,改派中國人治理其地,此之謂改土歸流。明朝一朝,西南諸省,逐漸改流的不少,政治勢力和人民的拓殖,都大有進步。所以到明末,已可用爲抗敵的根據地。隆武帝亡後,明人立其弟聿鐭於廣州,旋爲叛將李成棟所破。神宗之孫桂王由榔即位肇慶,是爲永曆帝,亦爲成棟所迫,退至桂林。清又使降將孔有德、尚可喜、耿仲明下湖南,金聲桓下江西。聲桓、成棟旋反正。明兵乘機復湖南,川南、川東,亦來歸附。桂王一時曾有兩廣、雲、貴、江西、湖南、四川七省之地,然聲桓、成棟,都係反覆之徒,並無能力,不久即敗。湖南亦復失。清兵且進陷桂林。永曆帝逃到南寧,遣使封張獻忠的餘黨孫可望爲秦王。可望雖不過流寇,然其軍隊久經戰陣,戰鬥力畢竟要強些。可望乃使其黨劉文秀攻四川,吳三桂敗走漢中。李定國攻桂林,孔有德伏誅。清朝乃派洪承疇守長沙,尚可喜守廣東,又派兵駐紮保寧,以守川北,無意於進取了。而永曆帝因可望跋扈,密召李定國,可望攻定國,大敗,復降清。洪承疇因之請大舉。一六五八年,清兵分三道入滇。定國扼北盤江力戰,不能敵,乃奉永曆帝走騰越,而伏精兵,大敗清之追兵於高黎貢山。清兵乃還。定國旋奉永曆帝入緬甸。一六六一年,吳三桂發大兵十萬出邊。緬甸人乃奉永曆帝入三桂軍,明年,被弑。明亡。當永曆帝入緬時,劉文秀已前卒。定國和其黨白文選崎嶇緬甸,欲圖恢復,卒皆齎志以終。定國等雖初爲寇盜,而其晚節,能效忠於國家、民族如此,真可使洪承疇、吳三桂等一班人媿死了。

漢族在大陸上雖已無根據地,然天南片土,還有保存著上國的衣冠的,是爲鄭成功。鄭成功爲鄭芝龍的兒子。芝龍本係海盜,受明招安的。清兵入閩時,芝龍陰行通款,以致隆武帝敗亡。成功卻不肯叛國,退據廈門,練兵造船,爲興復之計。魯王被清兵所襲,失去舟山,也是到廈門去依靠他的。清兵入滇時,成功曾大舉入江,直迫江寧。後從荷蘭人之手,奪取臺灣,務農、訓兵,定法律,設學校,儼然獨立國的規模。清朝的平定西南,所得的,本來全是降將之力,所以事定之後,清朝並不能直接統治。乃封尚可喜於廣東,耿仲明之子繼茂於福建，吳三桂於雲南，是爲三藩。三藩中，吳三桂功最高，兵亦最强。一六七三年，尚可喜因年老，將兵事交給其兒子之信，反爲所制，請求撤藩，清人許之。三桂和耿繼茂的兒子耿精忠不自安，亦請撤藩，以覘朝意。時清世祖已死，子聖祖在位，年少氣盛，獨斷許之，三桂遂叛清。耿、尚二藩亦相繼舉兵。清朝在西南，本無實力，三桂一舉兵，而貴州、湖南、四川、廣西俱下。但三桂暮氣不振，既不能棄滇北上；想自出應援陝西響應的兵，又不及；徒據湖南，和清兵相持；耿、尚二藩，本來是反覆無常的，此時苦三桂徵餉，又叛降清；三桂兵勢遂日蹙。一六七八年，三桂稱帝於衡州。旋死，諸將乖離，其孫世璠，遂於一六八一年爲清人所滅。平定西南，已經出於意外了，如何再有餘力，覬覦東南海外之地？所以清朝是時，已有和鄭氏言和，聽其不薙髮，不易衣冠之意。但又是降將作祟。先是鄭成功以一六六二年卒，子經襲，初和耿氏相攻，曾略得漳、泉之地。後并失廈門，退歸臺灣。其將施琅降清，清人用爲提督。一六八一年，鄭經卒，內部乖離。一六八三年，施琅渡海入臺灣，鄭氏亡。

第四十九章　清代的盛衰

　　清朝的猾夏，是遠較遼、金、元爲甚的。這是因爲女真民族，在渤海和金朝時，業已經過兩度的開化，所以清朝初興時，較諸遼、金、元，其程度已覺稍高了。當太宗時，已能任用漢人，且能譯讀《金世宗本紀》，戒諭臣下，勿得沾染華風。入關之後，圈占民地，給旗人住居，這也和金朝將猛安謀克户遷入中原，是一樣的政策。他又命旗兵駐防各省，但多和漢人分城而居，一以免其倚勢欺陵，挑起漢人的惡感，一亦防其與漢人同化。其尤較金人爲刻毒的，則爲把關東三省都封鎖起來，禁止漢人移殖。他又和蒙古人結婚姻，而且表面上裝作信奉喇嘛教，以聯絡蒙古的感情，而把蒙古，也封鎖起來，不許漢人移殖，這可稱之爲"聯蒙制漢"政策。他的對待漢人，爲前代異族所不敢行的，則爲明目張膽，摧折漢人的民族性。從來開國的君主，對於前代的叛臣，投降自己的，雖明知其爲不忠不義之徒，然大抵把這一層抹殺不提，甚且還用些能知天命，志在救民等好看的話頭，替他掩飾，這個，可説是替降順自己的人，留些面子。清朝則不然。對於投順他的人，特立貳臣的名目，把他的假面具，都剥光了。康、雍、乾三朝，大興文字之獄，以摧挫士氣。乾隆時開四庫館，編輯四庫全書，卻借此大燒其書。從一七六三到一七八二二十年之中，共燒書二十四次，被燒掉的，有五百三十八種，一萬三千八百六十二部之多。不但關涉清朝的，即和遼、金、元等有關涉的，亦莫不加以毀滅。其不能毀滅的，則加以改竄。他豈不知一手不能掩盡天下目？他所造作的東西，並不能使人相信？此等行爲，更不能使人心服？不過肆其狠毒之氣，一意孤行罷了。他又開博學鴻詞科，設明史館，以冀網羅明季的遺民。然被其招致的，全是二等以下的人物，真正有志節的，並没有入他彀中的啊！

　　從前的人民，對於政權，實在疏隔得太利害了。所以當異族侵入的時候，民心雖然不服，也只得隱忍以待時，清初又是這時候了。從一六八三年臺灣鄭氏滅亡起，到一七九三年白蓮教徒起兵和清朝反抗爲止，凡一百十年，海内可說無大兵革。清聖祖的爲人，頗爲聰明，也頗能勤於政治，就世宗也還精明。他們是一個新興的野蠻民族，其驕奢淫佚，比之歷年已久的皇室，自然要好些。一切弊政，以明末爲鑒，自然也有相當的改良。所以康、雍之世，政治還算清明，財政亦頗有餘蓄。到乾隆時，雖然政治業已腐敗，社會的元氣，亦已暗中凋耗了，然表面上卻還維持着一個盛況。

　　武功是時會之適然。中國的國情，是不適宜於向外侵略的。所以自統一以後，除秦、漢兩朝，襲戰國之餘風，君主有好大喜功的性質，社會上亦有一部分人，喜歡立功絕域外，其餘都是守禦之師。不過因了國力的充裕，所以只要（一）在我的政治相當清明，（二）在外又無方張的强敵，即足以因利乘便，威行萬里。歷代的武功，多是此種性質，而清朝，亦又逢着這種幸運了。蒙古和西藏的民族，其先都是喜歡侵略的。自唐中葉後，喇嘛教輸入吐蕃，而西藏人的性質遂漸變。明末，俺荅的兩個兒子侵入青海。其結果，轉爲青海地方的喇嘛教所征服，喇嘛教因此推行於蒙古，連蒙古人的性質，也漸趨向平和，這可說是近數百年來塞外情形的一個大轉變。在清代，塞外的侵略民族，只賸得一個衛拉特了。而其部落較小，侵略的力量不足，卒爲清人所摧破。這是清朝人的武功，所以能轂煊赫一時的大原因。衛拉特即明代的瓦剌。當土木之變時，他的根據地，本在東方。自蒙古復强，他即漸徙而西北。到清時，共分爲四部：曰和碩特，居烏魯木齊。曰準噶爾，居伊犂。曰杜爾伯特，居額爾齊斯河。曰土爾扈特，居塔爾巴哈台。西藏黃教的僧侶，是不許娶妻的。所以其高僧，世世以“呼畢勒罕”主持教務。因西藏人迷信之甚，教權在名義上，遂出於政權之上。然所謂迷信，其實不過是這麼一句話。從古以來，所謂神權政府，都是建立在大多數被麻醉的人信仰之上的，然教中的首領，其實並不迷信，試看其爭權奪利，一切都和非神權的政府無異可知。達賴喇嘛，是黃教之主宗喀巴的第一個大弟子，他在喇嘛教裏，位置算是最高，然並不能親理政務，政務都在一個稱爲“第巴”的官的手裏。清聖祖時，第巴桑結，招和碩特的固始汗入藏，擊殺了紅教的護法藏巴汗，而奉宗喀巴的第二大弟子班禪入居札什倫布，是爲達賴、班禪分主前後藏之始。和碩特自此徙牧青海，干涉西藏政權，桑結又惡之，招致準噶爾噶爾丹入藏，擊殺了固始汗的兒子達顏汗。準噶爾先已攝服杜爾伯特，逐去土爾扈特，至此其勢大張。一六八八年，越阿爾泰山攻擊喀爾喀，三汗部衆數十萬，同時潰走漠南。清聖祖爲之出兵擊破噶爾丹。噶爾丹因伊犂舊地，爲其兄子策妄阿布坦所據，無所歸，自殺。阿爾泰山以東平。固始汗的曾孫拉藏汗殺掉桑結。策妄阿布坦派兵入藏，襲殺拉藏汗。聖祖又派兵將其擊破。一七二二年，聖祖死，世宗立。固始汗之孫羅卜藏丹津煽動青海的喇嘛反叛，亦爲清兵所破。此時衛拉特的亂勢，可謂蔓延甚廣，幸皆未獲逞志，然清朝亦未能犁庭掃穴。直至一七五四年，策妄阿布坦之子噶爾丹策凌死，其部落內亂，清高宗才於一七五七年將其蕩平。至於天山南路，則本係元朝察哈爾後王之地。爲回教區域。元衰後，回教教主的後裔，有人居喀什噶爾的，後遂握有南路政教之權。準部既平，教主的後裔大小和卓木大和卓木名布羅尼特，小和卓木名霍集占。和清朝反抗，亦於一七五九年爲清所破滅。清朝的武功，以此時爲極盛。天山南北路既定，葱嶺以西之國，敖罕、哈薩克、布魯特、乾竺特、博羅爾、巴達克山、布哈爾、阿富汗等，都朝貢於清，彷彿唐朝盛時的規模。一七九二年，清朝又用兵於廓爾喀，將其征服，則其兵力又爲唐時所未至。對於西南一隅，則清朝的武功，是掩耳盜鈴的。當明初，中國西南的疆域，實還包括今伊洛瓦底江流域和薩爾溫、眉公兩江上游。看《明史·西南土司傳》可知。但中國對於西南，實力並不充足，所以安南暫合而復離，而緬甸亦卒獨立爲國。中國實力所及，西不過騰衝，南不越普洱，遂成爲今日的境界了。一七六七年，清高宗因緬甸犯邊，發兵征之敗没。一七六九年，又派大兵再舉，亦僅因其請和，許之而還。這時候，暹羅爲緬甸所滅。後其遺臣中國人鄭昭，起兵復國，傳其養子鄭華，以一七八六年受封於中國，緬甸怕中國和暹羅夾攻他，對中國纔漸恭順。安南之王黎氏，明中葉後爲其臣莫氏所篡，清初復國，頗得其臣阮氏之力，而其臣鄭氏，以國戚執政，阮氏與之不協，乃南據順化，形同獨立，後爲西貢豪族阮氏所滅。是爲新阮，而順化之阮氏，則稱舊阮。新阮既滅舊阮，又入東京，滅鄭氏，並廢黎氏。黎氏遺臣告難中國。高宗於一七八八年，爲之出兵，擊破新阮，復立黎氏。然旋爲新阮所襲敗，亦因新阮的請降，封之爲王。總而言之，中國用兵於後印度，天時地利，是不甚相宜的，所以歷代都無大功，到清朝還是如此。清朝用兵域外，雖不得利，然其在湘西、雲、貴、四川各省，則頗能竟前代所未竟之功。在今湖南、貴州間，則開闢永順、乾州、鳳皇、永綏、松桃各府、廳，在雲南，則將烏蒙、烏撒、東川、鎮雄各土官改流。烏蒙，今雲南昭通縣。烏撒，今貴州威寧縣。在貴州，則平定以古州爲中心的大苗疆。古州，今榕江縣。這都是明朝未竟的餘緒。四川西北的大小金川，大金川，今理番縣的綏靖屯。小金川，今懋功縣。用兵凡五年，糜餉至七千萬，可謂勞費已甚，然綜合全局看起來，則於西南的開拓，仍有裨益。

　　清朝的衰機，可説是起於乾隆之世的。高宗性本奢侈，在位時六次南巡，耗費無藝。中歲後又任用和珅，貪瀆爲古今所無。官吏都不得不剝民以奉之,上司誅求於下屬,下屬虐取於人民,於是官方大壞。清朝歷代的皇帝,都是頗能自握魁柄,不肯授權於臣下的。他以異族入主中原,漢族真有大志的人,本來未必幫他的忙。加以他們予智自雄,折辱大臣,摧挫言路,抑壓士氣,自然愈形孤立了。所以到乾、嘉之間,而局面遂一變。

第五十章 中西初期的交涉

“世界是無一息不變的，人，因其感覺遲鈍，或雖有感覺而行爲濡滯之故，非到外界變動，積微成著，使其感覺困難時，不肯加以理會，設法應付，正和我們住的屋子，非到除夕不肯加以掃除，以致塵埃堆積，掃除時不得不大費其力一樣。”這話，在第一章中，業已說過了。中國自有信史以來，環境可說未曾大變。北方的遊牧民族，憑恃武力，侵入我國的疆域之內是有的，但因其文化落後，並不能改變我們的生活方式，而且他還不得不棄其生活方式而從我，所以經過若干年之後，即爲我們所同化。當其未被同化之時，因其人數甚少，其暴橫和掠奪，也是有一個限度的，而且爲時不能甚久。所以我們未曾認爲極大的問題，而根本改變我們的生活方式以應之。至於外國的文明，輸入中國的，亦非無有。其中最親切的，自然是印度的宗教。次之則希臘文明，播布於東方的，從中國陸路和西域交通，海路和西南洋交通以後，即有輸入。其後大食的文明，輸入中國的亦不少。但宗教究竟是上層建築，生活的基礎不變，說一種宗教，對於全社會真會有什麼大影響，是不確的。所以佛教輸入中國之後，並未能使中國人的生活印度化，反而佛教的本身，倒起了變化，以適應我們的生活了。讀第十八章所述可見。其餘的文明，無論其爲物質的、精神的，對社會上所生的影響，更其“其細已甚”。所以中國雖然不斷和外界接觸，而其所受的外來的影響甚微。至近代歐西的文明，乃能改變生活的基礎，而使我們的生活方式，不得不徹底起一個變化，我們應付的困難，就從此開始了。但前途放大光明、得大幸福的希望，亦即寄託在這個大變化上。

西人的東來，有海陸兩路，而海路又分兩路：（一）自大西洋向東行，於一五一六年遶過好望角，自此而至南洋、印度及中國。（二）自大西洋向西行，於一四九二年發見美洲，一五一九年環繞地球，其事都在明武宗之世。初期在海上占勢力的是西、葡。後來英、荷繼起，勢力反駕乎其上，但其在中國，因葡萄牙人獨占了澳門之故，勢力仍能陵駕各國，這是明末的情形。清初，因與荷蘭人有夾攻臺灣鄭氏之約，許其商船八年一到廣東，然其勢力，亦遠非葡萄牙之敵。我們試將較舊的書翻閱，説及當時所謂洋務時，總是把"通商傳教"四字並舉的。的確，我們初期和西洋人的接觸，不外乎這兩件事。通商本兩利之道，但這時候的輸出入品，還帶有奢侈性質，並非全國人所必需，而近代西人的東來，我們卻自始對他存著畏忌的心理。這是爲什麽呢？其（一）中國在軍事上，是畏惡海盜的。因爲從前的航海之術不精，對海盜不易傾覆其根據地，甚而至於不能發見其根據地。（二）中國雖發明火藥，卻未能製成近世的槍礮。近世的槍礮，實在是西人製成的，而其船舶亦較我們的船舶爲高大，軍事上有不敵之勢。（三）西人東來的，自然都是些冒險家，不免有暴橫的行爲，而因傳教，更增加了中國畏忌的心理。近代基督教的傳布於東方，是由耶穌會開始的。Jesuit。其教徒利瑪竇，Matteo Ricci。以一五八一年始至澳門，時爲明神宗萬曆五年。後入北京朝獻，神宗許其建立天主堂。當時基督教士的傳教，是以科學爲先驅；而且順從中國的風俗，不禁華人祭天、祭祖、崇拜孔子的。於是在中國的反應，發生兩派：其（一）如徐光啓、李之藻等，服膺其科學，因而亦信仰其宗教。其（二）則如清初的楊光先等，正因其人學藝之精，傳教的熱烈，而格外引起其猜忌之心。在當時，科學的價值，不易爲一般人所認識，後一派的見解，自然容易得勢。但是輸入外國的文明，在中國亦由來已久了。在當時，即以曆法疏舛，舊有的回回曆法，不如西洋曆法之精，已足使中國人引用教士，何況和滿洲人戰爭甚烈，需要教士製造槍礮呢？所以一六一六年，基督教一度被禁止傳播後，到一六二一年，即因命教士製造槍礮而復解，後更引用其人於曆局。清初，湯若望亦因曆法而被任用。Johann Adam Schall von Bell。聖祖初年，爲楊光先所攻擊，一時失勢。其後卒因舊法的疏舛，而南懷仁復見任用。Ferdinand Verbiest。聖祖是頗有科學上的興趣的。在位時引用教士頗多。然他對於西洋人，根本上仍存著一種畏惡的心理。所以在他御製的文集裏，曾説："西洋各國，千百年後，中國必受其累。"這在當時的情勢下，亦是無怪其然的。在中國一地方，本有這種心理潛伏着，而在西方，適又有別一派教士，攻擊利瑪竇一派於教皇，説他們賣教求榮，容許中國的教徒，崇拜偶像。於是教皇派多羅到中國來禁止。Tourmon。這在當時的中國，如何能説得明白？於是聖祖大怒，將多羅押還澳門，令葡萄牙人看管，而令教士不守利瑪竇遺法的都退出。教皇仍不變其主張，且處不從令的教士以破門之罰。教士傳教中國者，遂不復能順從中國人的習慣，此亦爲中西隔閡之一因。至一七一七年，碣石鎮總兵陳昂説："天主教在各省開堂聚衆，廣州城內外尤多，恐滋事端，請嚴舊例嚴禁。"許之。一七二三年，閩浙總督滿保請除送京效力人員外，概行安置澳門；各省天主堂，一律改爲公廨；亦許之。基督教自此遂被禁止傳布。然其徒之祕密傳布如故。中國社會上，本有一種所謂邪教，其内容僅得之於傳說，是十分離奇的，以此觀之，知歷來對所謂邪教者的傳說，亦必多誣蔑之辭。至此，遂將其都附會到基督教身上去；再加以後來戰敗的恥辱，因戰敗而准許傳教，有以兵力強迫傳布的嫌疑；遂伏下了幾十年教案之根。至於通商，在當時從政治上看起來，並沒有維持的必要。既有畏惡外人的心理，就禁絕了，也未爲不可的。但這是從理想上立說，事實上，一件事情的措置，總是受有實力的人的意見支配的。當時的通商，雖於國計民生無大關係，而在官和商，則都是大利之所在，如何肯禁止？既以其爲私利所在而保存之，自然對於外人，不肯不剝削，就伏下了後來五口通商的禍根。海路的交通，在初期，不過是通商傳教的關係，至陸路則自始即有政治關係。北方的侵略者，乃蒙古高原的民族，而非西伯利亞的民族，這是幾千年以來，歷史上持續不變的形勢。但到近代歐洲的勢力向外發展時，其情形也就變了。十五世紀末葉，俄人脱離蒙古的羈絆而自立。其時可薩克族又附俄，Kazak，即哈薩克。爲之東略。於是西伯利亞的廣土，次第被占。至明末，遂達鄂霍次克海。騷擾且及於黑龍江。清初因國内未平，無暇顧及外攘。至三藩既平，聖祖乃對外用兵。其結果，乃有一六八八年的《尼布楚條約》。訂定西以額爾古訥河，東自格爾必齊河以東，以外興安嶺爲界。俄商得三年一至京師。此約中國得地極廣，然俄人認爲係用兵力迫脅而成，心懷不服，而中國對邊陲，又不能實力經營，遂伏下咸豐時戊午、庚申兩約的禍根。當《尼布楚條約》定時，中、俄的邊界問題，還只限於東北方面。其後外蒙古歸降中國，前此外蒙古對清，雖曾通商，實僅羈縻而已。於是俄、蒙的界務，亦成爲中、俄的界務。乃有一七二七年的《恰克圖條約》。規定額爾古訥河以西的邊界，至沙賓達巴哈爲止。自此以西，仍屬未定之界。至一七五五、五九兩年，中國次第蕩平準部、回部，西北和俄國接界處尤多，其界線問題，亦延至咸豐時方纔解決。

近代歐人的到廣東來求通商，事在一五一六年，下距五口通商時，業經三百餘年了。但在五口通商以前，中國迄未覺得其處於另一個不同的世界中，還是一守其閉關獨立之舊。清開海禁，事在一六八五年。於澳門、漳州、寧波、雲臺山設關四處。其後寧波的通商，移於定海，而貿易最盛於廣東。當時在中國方面，貿易之權，操於公行之手，剝削外人頗深。外人心抱不平，乃舍粤而趨浙。一七五八年，清高宗又命把浙海關封閉，驅歸廣東。於是外人之不平更甚。英國曾於一七九二、一八一〇年兩次派遣使臣到中國，要求改良通商辦法,均未獲結果。其時中國官吏並不能管理外人,把其事都交給公行。官吏和外人的交涉,一切都係間接。自一七八一年以後,英國在中國的貿易,爲東印度公司所專。其代理人,中國謂之大班,一切交涉,都是和他辦的。一八三四年,公司的專利權被廢止。中國説散商不便制馭,傳令其再派大班。英人先後派商務監督和領事前來,中國都仍認爲大班,官廳不肯和他平等交涉。適會鴉片輸入太甚,因輸出入不相抵,銀之輸出甚多。銀在清朝是用爲貨幣的,銀荒既甚,財政首受其影響。遂有一八三九年林則徐的燒煙。中、英因此釀成戰釁。其結果,於一八四三年在南京訂立條約。中國割香港,開廣州、廈門、福州、寧波、上海五口通商。廢除行商。中、英兩國官員,規定了交際禮節。於是前此以天朝自居,英國人在陸上無根據地及貿易上的制限都除去了。英約定後,法、美、瑞典,遂亦相繼和中國立約。惟俄人仍不許在海口通商。中西積久的隔閡,自非用兵力迫脅,可以解除於一時。於是又有一八五七年的衝突。廣州失陷,延及京、津。清文宗爲之出奔熱河。其結果,乃有一八五八年和一八六〇年《天津》、《北京》兩條約。此即所謂咸豐戊午、庚申之役。此兩次的英、法條約,係將五口通商以後外人所得的權利,作一個總結束的。領事裁判,關稅協定,内地通商及遊歷、傳教,外國派遣使臣,都在此兩約中規定。美國的《天津條約》,雖在平和中交換,然因各約都有最惠國條款,所以英、法所享的權利,美國亦不煩一兵而得享之。至於俄國,則自十九世紀以還,漸以實力經營東方。至一八五〇年頃,黑龍江北之地,實際殆已盡爲所據。至一八五八年,遂迫脅黑龍江將軍奕山,訂立《璦琿條約》,盡割黑龍江以北,而將烏蘇里江以東之地,作爲兩國共管。一八六〇年,又藉口調停英、法戰事,再立《北京條約》,並割烏蘇里江以東。而西北邊界,應當如何分割,亦在此約中規定了一個大概。先是伊犂和塔爾巴哈台方面,已許俄國通商,至是再開喀什噶爾,而海口通商及傳教之權,亦與各國一律。而且規定俄人得由恰克圖經庫倫、張家口進京。京城和恰克圖間的公文,得由臺站行走。於是蒙古、新疆的門户,亦洞開了。總而言之:自一八三八年林則徐被派到廣東查辦海口事件起,至一八六〇年各國《北京條約》訂立爲止,而中國初期與外國交涉的問題,告一結束。其所解決的,爲(一)西人得在海口通商,(二)赴内地通商、游歷、傳教,(三)稅則,(四)審判,(五)沿海航行,及(六)中、俄陸路通商,及(七)邊界問題。

第五十一章　漢族的光復運動

　　一個民族，進步到達於某一程度之後，就決不會自忘其爲一個獨立的民族了。雖然進化的路逕，是曲線的，有時不免暫爲他族所壓服。一七二九，即清世宗的雍正七年，他曾有過這樣一道上諭。他說："從前康熙年間，各處奸徒竊發，輒以朱三大子爲名，如一念和尚、朱一貴者，指不勝屈。近日尚有山東人張玉，假稱朱姓，託於明之後裔，遇星士推算有帝王之命，以此希冀蠱惑愚民，現被步軍統領拏獲究問。從來異姓先後繼統，前朝之宗姓，臣服於後代者甚多，否則隱匿姓名，伏處草野，從未有如本朝奸民，假稱朱姓，搖惑人心，若此之衆者。似此蔓延不息，則中國人君之子孫，遇繼統之君，必至於無噍類而後已，豈非奸民迫之使然乎？"這一道上諭，是因曾靜之事而發的。曾靜是湖南人，讀浙江呂留良之書，受着感動，使其徒張熙往說岳鍾琪叛清，鍾琪將其事舉發。呂留良其時已死，因此遭到了剖棺戮尸之禍。曾靜、張熙，暫時免死拘禁，後亦被殺。這件事，向來被列爲清朝的文字獄之一，其實乃是漢族圖謀光復的實際行動，非徒文字獄而已。一七二九，爲亡清入關後之八十六年，表面上業已太平，而據清世宗上諭所說，則革命行動的連續不絕如此，可見一部分懷抱民族主義的人，始終未曾屈服了。懷抱民族主義的人，是中下流社會中都有的。中流社會中人的長處，在其知識較高，行動較有方策，且能把正確的歷史智識，留傳到後代，但直接行動的力量較弱。下流社會中人，直接行動的力量較強，但其人智識缺乏，行動起來，往往沒有適當的方策，所以有時易陷於失敗，甚至連正確的歷史，都弄得繆悠了。清朝最大的會黨，在北爲哥老會，在南爲天地會，其傳說大致相同。天地會亦稱三合會，有人說就是三點會，南方的清水、匕首、雙刀等會，皆其支派。據他們的傳說：福建莆田縣九連山中，有一個少林寺。僧徒都有武藝。曾爲清征服西魯國。後爲奸臣所讒，清主派兵去把他們勦滅。四面密佈火種，緣夜舉火，想把他們盡行燒死。有一位神道，喚做達尊，使其使者朱開、朱光，把十八個和尚引導出來。這十八個和尚,且戰且走,十三個戰死了。賸下來的五個,就是所謂前五祖。又得五勇士和後五祖爲輔,矢志反汨復汨。汨就是清字,汨就是明字,乃會中所用的祕密符號。他們自稱爲洪家。把洪字拆開來則是三八二十一,他們亦即用爲符號。洪字大約是用的明太祖開國的年號洪武;或者洪與紅同音,紅與朱同色,寓的明朝國姓的意思,亦未可知。據他們的傳說,他們會的成立,在一六七四年。曾奉明思宗之裔舉兵而無成,乃散而廣結徒黨,以圖後舉。此事見於日本平山周所著的《中國祕密社會史》。平山周爲中山先生的革命同志,曾身入祕密社會,加以調查。據他說:"後來三合會黨的舉事,連續不絕。其最著者,如一七八七,即清高宗乾隆五十二年臺灣林爽文之變便是。一八三二,即宣宗道光十二年,兩廣、湖南的猺亂,亦有三合會黨在內。鴉片戰爭既起,三合會黨,尚有和海峽殖民地的政府接洽,圖謀顛覆清朝的。"其反清復明之志,可謂終始不渝了。而北方的白蓮教徒的反清,起於一七九三,即乾隆五十八年,蔓延四川、湖北、河南、陝西四省,至一八〇四,即仁宗嘉慶九年而後平定,此即向來的史家稱爲川、楚教匪,爲清朝最大的內亂之始的,其所奉的王發生,亦詐稱明朝後裔,可見北方的會黨,反清復明之志,亦未嘗變。後來到一八一三,即嘉慶十八年,又有天理教首林清,圖謀在京城中舉事,至於內監亦爲其內應,可見其勢力之大。天理教亦白蓮教的支派餘裔,又可見反清復明之志,各黨各派,殊途同歸了。而其明目張膽,首傳討胡之檄的,則爲太平天國。

太平天國天王洪秀全,係廣東花縣人,生於一八一二,恰在民國紀元之前百年。結合下流社會,有時是不能不利用宗教做工具的。廣東和外人交通早,所以天王所創的宗教,亦含有西教的意味。他稱耶和華爲天父,基督爲天兄,而己爲其弟。乘廣西年饑盜起,地方上有身家的人所辦的團練,和貧苦的客民衝突,以一八五〇年,起事於桂平的金田村。明年,下永安,始建國號。又明年,自湖南出湖北,沿江東下。一八五三年,遂破江寧,建都其地,稱爲天京。當天國在永安時,有人勸其北出漢中,以圖關中;及抵武漢時,又有人勸其全軍北上;天王都未能用。既據江寧,耽於聲色貨利,不免漸流於腐敗。天王之爲人,似只長於布教,而短於政治和軍事。委政於東王楊秀清,尤驕恣非大器。始起諸王,遂至互相殘殺。其北上之軍,既因孤行無援,而爲清人所消滅。溯江西上之兵,雖再據武漢,然較有才能的石達開,亦因天京的政治混亂,而和中央脫離了關係。清朝卻得曾國藩,訓練湘軍,以爲新興武力的中堅。後又得李鴻章,招募淮軍,以爲之輔。天國徒恃一後起之秀的李秀成,隻身支柱其間,而其餘的政治軍事,一切都不能和他配合。雖然兵鋒所至達十七省，内地十八省中，惟甘肅未到。前後共歷十五年，也不得不陷於滅亡的悲運了。太平天國的失敗，其責實不在於軍事而在於政治。他的兵力，是毅剽悍的。其縶實壘、打死仗的精神，似較之湘、淮軍少遜，此乃政治不能與之配合之故，而不能悉歸咎於軍事。若再推究得深些，則其失敗，亦可以説是在文化上。（一）社會革命和政治革命，很不容易同時並行，而社會革命，尤其對社會組織，前因後果，要有深切的認識，斷非頭腦簡單，手段滅裂的均貧富主義，所能有濟。中國的下流社會中人，是向來有均貧富的思想的，其宗旨雖然不錯，其方策則決不能行。今觀太平天國所定的，把天下田畝，按口均分；二十五家立一國庫，婚喪等費用，都取給國庫，私用有餘，亦須繳入國庫等；全是極簡單的思想，極滅裂的手段。知識淺陋如此，安能應付一切複雜的問題？其政治的不免於紊亂，自是勢所必然了。（二）滿洲人入據中原，固然是中國人所反對，而是時西人對中國，開始用兵力壓迫，亦爲中國人所深惡的，尤其是傳教一端，太平天國初起時，即發布討胡之檄。“忍令上國衣冠，淪於夷狄？相率中原豪傑，還我河山”，讀之亦使人氣足神王。儻使他們有知識，知道外力的壓迫，由於滿清的失政，鄭重提出這一點，固能得大多數人的贊成；即使專提討胡，亦必能得一部分人的擁護。而他們後來，對此也模胡了，反而到處傳播其不中不西的上帝教，使反對西教的士大夫，認他爲文化上的大敵，而走集於清朝的旗幟之下。這是太平天國替清朝做了掩蔽，而反以革命的對象自居，其不能成事，實無怪其然了。湘、淮軍諸將，亦是一時人傑。並無定效忠於滿清的理由，他們的甘爲異族作倀，實在是太平天國的舉動，不能招致豪傑，而反爲淵毆魚。所以我説他政治上的失敗，還是文化上的落伍。

和太平天國同時的，北方又有捻黨，本蔓延於蘇、皖、魯、豫四省之間。一八六四年，天國亡，餘衆多合於捻，而其聲勢乃大盛。分爲東西兩股。清朝任左宗棠、李鴻章以攻之。至一八六七、六八兩年，然後先後平定。天國兵鋒，側重南方，到捻黨起，則黃河流域各省，亦無不大被兵災了，而回亂又起於西南，而延及西北。雲南的回亂，起於一八五五年，至一八七二年而始平，前後共歷十八年。西北回亂，則起於一八六二年，自陝西延及甘肅，並延及新疆。浩罕人借兵給和卓木的後裔，入據喀什喀爾。後浩罕之將阿古柏帕夏殺和卓木後裔而自立，意圖在英、俄之間，建立一個獨立國。英、俄都和他訂結通商條約，又曾通使土耳其。英使且力爲之請，欲清人以天山南北路之地封之。清人亦有以用兵勞費，持是議者。幸左宗棠力持不可。西捻既平之後，即出兵以勦叛回。自一八七五至一八七八，前後共歷四年，而南北兩路都平定。

阿古柏帕夏自殺。當回亂時，俄人雖乘機占據伊犂，然事定之後，亦獲返還。雖然畫界時受損不少，西北疆域，大體總算得以保全。

　　清朝的衰機，是潛伏於高宗，暴露於仁宗，而大潰於宣宗、文宗之世的。當是時，外有五口通商和咸豐戊午、庚申之役，內則有太平天國和捻、回的反抗，幾於不可收拾了。其所以能奠定海宇，號稱中興，全是一班漢人，即所謂中興諸將，替他效力的。清朝從道光以前，總督用漢人的很少，兵權全在滿族手裏。至太平天國兵起，則當重任的全是漢人。文宗避英、法聯軍，逃奔熱河，一八六一年，遂死於其地。其時清宗室中，載垣、端華、肅順三人握權。載垣、端華，亦是妄庸之徒，肅順則頗有才具，力贊文宗任用漢人，當時內亂的得以削平，其根基實定於此。文宗死，子穆宗立。載垣、端華、肅順等均受遺詔，爲贊襄政務大臣。文宗之弟恭親王奕訢，時留守京師，至熱河，肅順等隔絕之，不許其和文宗的皇后鈕鈷祿氏和穆宗的生母葉赫那拉氏相見。後來不知如何，奕訢終得和他們相見了，密定回鑾之計。到京，就把載垣、端華、肅順都殺掉。於是鈕鈷祿氏和葉赫那拉氏同時垂簾聽政。鈕鈷祿氏稱母后皇太后，死諡孝貞。葉赫那拉氏稱聖母皇太后，死諡孝欽。世稱孝貞爲東宮太后，孝欽爲西宮太后。鈕鈷祿氏是不懂得什麼的，大權都在葉赫那拉氏手裏。葉赫那拉氏和肅順雖係政敵，對於任用漢人一點，卻亦守其政策不變，所以終能把大難削平。然自此以後，清朝的中央政府即無能爲，一切內政、外交的大任，多是湘、淮軍中人物，以疆臣的資格決策或身當其衝。軍機及內閣中，漢人的勢力亦漸擴張。所以在這個時候，滿洲的政權，在實際上已經覆亡了，只因漢人一方面，一時未有便利把他推倒，所以又維持了名義好幾十年。

第五十二章　清朝的衰亂

　　太平天國既亡，捻、回之亂復定，清朝一時號稱中興。的確，遭遇如此大難，而一個皇室，還能維持其政權於不敝的，在歷史上亦很少見。然清室的氣運，並不能自此好轉，仍陵夷衰微以至於覆亡，這又是何故呢？這是世變爲之。從西力東侵以後，中國人所遭遇到的，是一個曠古未有的局面，決非任何舊方法所能對付。孝欽皇后，自亦有其相當的才具，然他的思想，是很陳舊的。試看他晚年的言論，還時時流露出道、咸時代人的思想來可知。大約他自入宮以後，就和外邊隔絕了，時局的真相如何，他是不得而知的。他的思想，比較所謂中興名臣，還要落後許多。當時應付太平天國，應付捻、回，所用的，都是舊手段，他是足以應付的。内亂既定之後，要進而發憤自强，以禦外患，就非他所能及了。不但如此，即當時所謂中興名臣，要應付這時候的時局，也遠覺不殼。他們不過任事久了，經驗豐富些，知道當時的一種迂闊之論不足用，他們亦覺得中國所遭遇的，非復歷史上所有的舊局面，但他們所感覺得的，只是軍事。因軍事而牽及於製造，因製造而牽及於學術，如此而已。後來的人所說的：“西人自有其立國之本，非僅在械器之末。”斷非這時候的人所能見得到的，這亦無怪其然。不但如此，在當時中興諸將中，如其有一個首領，像晉末的宋武帝一般，入據中央，大權在握，而清朝的皇帝，僅保存一個名義，這一個中央政府，又要有生氣些。而無如中興諸將，地醜德齊，沒有這樣的一個人物。而且他們多數是讀書人，既有些顧慮君臣的名義，又有些顧慮到身家、名譽，不敢不急流勇退。清朝對於漢人，自然也不敢任之過重。所以當時主持中樞的，都是些智識不足、頓弱無力，甚至毫無所知之人。士大夫的風氣，在清時本是近於闒茸而好利的。湘軍的中堅人物，一時曾以堅貞任事的精神爲倡。然少數人的提唱，挽回不過積重的風氣來，所以大亂平定未久，而此種精神，即已迅速墮落。官方士習，敗壞如故。在同、光之世，曾產生一批所謂清流。喜唱高調，而於事實茫無所知，幾於又蹈宋、明人的覆轍。幸而當時的情勢,不容這一種人物發榮滋長,法、越之役,其人有身當其衝而失敗的,遂亦銷聲匿迹了。而士大夫仍成爲一奄奄無氣的社會。政府和士大夫階級,其不振既如此,而宮廷之間,又發生了變故。清穆宗雖係孝欽后所生,顧與孝欽不協。立后之時,孝貞、孝欽,各有所主。穆宗順從了孝貞的意思。孝欽大怒,禁其與后同居。穆宗鬱鬱,遂爲微行,致疾而死。醇親王奕譞之妻,爲孝欽后之妹,孝欽因違衆議立其子載湉,是爲德宗。年方四歲,兩宮再臨朝。後孝貞后忽無故而死,孝欽后益無忌憚,寵任宦官,驕淫奢侈,賣官鬻爵,無所不爲。德宗親政之後,頗有意於振作,而爲孝欽所扼,母子之間,嫌隙日深,就伏下戊戌政變的根原了。

內政的陵夷如此,外交的情勢顧日急。中國歷代,所謂藩屬,本來不過是一個空名,實際上得不到什麼利益的。所以論政之家,多以疲民力、勤遠略爲戒。但到西力東侵以來,情形卻不同了。所謂藩屬,都是屏蔽於國境之外的,儻使能殼保存,敵國的疆域,即不和我國直接,自然無所肆其侵略。所以歷來僅有空名的藩屬,到這時候,倒確有藩衛的作用了。但以中國外交上的習慣和國家的實力,這時候,如何說得到保存藩屬? 於是到十九世紀,而朝貢於中國之國,遂悉爲列強所吞噬。我們現在先從西面説起:則哈薩克和布魯特,都於一八四〇年頃,降伏於俄。布哈爾、基華,以一八七三年,淪爲俄國的保護國。浩罕以一八七六年爲俄所滅。巴達克山以一八七七年受英保護。乾竺特名爲兩屬,實際上我亦無權過問。於是自葱嶺以西朝貢之國盡了。其西南:則哲孟雄,當英、法聯軍入北京之年,英人即在其境内獲得鐵路敷設權。緬甸更早在一八二六和一八五一年,和英人啓釁戰敗,先後割讓阿薩密、阿剌干、地那悉林及白古,沿海菁華之地都盡。安南舊阮失國後,曾介教士乞援於法。後來乘新阮之衰,借暹羅之助復國,仍受封於中國,改號爲越南。當越南復國時,法國其實並没給與多大的助力。然法人的勢力,卻自此而侵入,交涉屢有葛藤。至一八七四年,法人遂和越南立約,認爲自主之國。我國雖不承認,法國亦置諸不理。甚至新興的日本,亦於一八七九年將自明、清以來受册封於中國的琉球滅掉。重大的交涉,在西北,則有一八八一年的《伊犂條約》。當回亂時,伊犂爲俄國所據,中國向其交涉,俄人説:不過代中國保守,事定即行交還的。及是,中國派了一個昏憒胡塗的崇厚去,只收回了一個伊犂城,土地割棄既多,別種權利,喪失尤巨。中國將崇厚治罪,改派了曾紀澤,才算把地界多收回了些,別種條件,亦略有改正。然新疆全境,都准無税通商;肅州、吐魯番,亦准設立領事;西北的門户,自此洞開了。在西南,則英國屢求派員自印度經雲南入西藏探測，中國不能拒，許之。一八七五年，英人自印度實行派員入滇，其公使又遣其參贊，自上海至雲南迎接。至騰越，爲野人所殺。其從印度來的人員，亦被人持械擊阻。這件事，雲貴總督岑毓英，實有指使的嫌疑，幾至釀成重大的交涉。次年，乃在芝罘訂立條約：允許滇、緬通商，並開宜昌、蕪湖、温州、北海爲商埠。許英國派員駐紮重慶，察看商務情形，俟輪船能開抵時，再議開埠事宜。此爲西人勢力侵入西南之始。至一八八二年，而法、越的戰事起。我兵初自雲南、廣西入越的都不利，海軍亦敗於福州。然後來馮子材有鎮南關之捷，乘勢恢復諒山。法人是時的情形，亦未能以全力作戰，實爲我國在外交上可以堅持的一個機會。但亦未能充分利用。其結果，於一八八五年，訂立條約，承認法國并越，並許在邊界上開放兩處通商。後訂開龍州、蒙自、蠻耗。一八八五年之約，又訂以河口代蠻耗，增開思茅。英人乘機，於一八八五年滅緬甸。中國亦只得於其明年立約承認。先是《芝罘條約》中，仍有許英人派員入藏的條款，至是，中國乘機於《緬約》中將此款取消。然及一八八八年，英、藏又在哲孟雄境内衝突，至一八九○年，中國和英人訂立《藏印條約》，遂承認哲孟雄歸英保護。一八九三年，續議條約，復訂開亞東關爲商埠，而藏人不肯履行，又伏下將來的禍根。

　　對外交涉的歷次失敗，至一八九四年中、日之戰而達於極點。中、日兩國，同立國於東方，在歷史上的關係，極爲深切，當西力東侵之際，本有合作禦侮的可能。但這時候，中國人對外情太覺隔閡，一切都不免以猜疑的態度出之，而日人則褊狹性成，專務侵略，自始即不希望和中國合作。中、日的訂立條約，事在一八七一年。領判權彼此皆有。進口貨物，按照海關稅則完納，稅則未定的，則直百抽五，亦彼此所同。内地通商，則明定禁止。在中國當日，未始不想借此爲基本，樹立一改良條約之基，然未能將此意開誠布公，和日本説明。日本則本不想和中國合作，而自始即打侵略的主意，於是心懷不忿。至一八七四年，因臺灣生番殺害日本漂流的人民，逐自派兵前往攻擊。一八七九年，又滅琉球。交涉屢有葛藤，而衰微不振的朝鮮，適爲日本踏上大陸的第一步，遂成爲中、日兩國權利衝突的焦點。一八九四年，日人預備充足，蓄意挑釁，卒至以兵戎相見。我國戰敗之後，於其明年，訂立《馬關條約》。除承認朝鮮自主外，又割臺灣和遼東半島。賠款至二萬萬兩。改訂通商條約，悉以中國和泰西各國所定的約章爲準，而開關沙市、重慶、蘇州、杭州爲商埠，日人得在通商口岸從事於製造，則又是泰西各國所求之歷年，而中國不肯允許的。此約既定之後，俄國連合德、法，加以干涉，日人乃加索賠款三千萬兩，而將遼東還我。因此而引起一八九六年的《中俄密約》，中國許俄國將西伯利亞鐵路經過黑、吉兩省而達到海參崴。當時傳聞，說俄國還有租借膠州灣的密約，於是引起德國的强占膠州灣，而迫我立九十九年租借之約，並獲得建造膠濟鐵路之權。俄人因此而租借旅、大，并許其將東省鐵路，展築一支線。英人則租借威海衛，法人又租借廣州灣。我國沿海業經經營的軍港，就都被占據了。其在西南，則法國因干涉還遼之事，向我要索報酬，於一八九五年，訂立《續議界務商務專條》，雲南、兩廣開礦時，許先和法人商辦。越南已成或擬設的鐵路，得接至中國境內。並將前此允許英國不割讓他國的孟連、江洪的土地，割去一部分。於是英國再向我國要求。於一八九七年，訂立《中緬條約附款》。雲南鐵路，允與緬甸連接，而開放三水、梧州和江根墟。外人的勢力，侵入西南益深了。又自俄、德兩國，在我國獲得鐵路敷設權以來，各國亦遂互相爭奪。俄人初借比國人出面，獲得蘆漢鐵路的敷設權。英人因此要求津鎮、河南到山東、九廣、浦信、蘇杭甬諸路。俄國則要求山海關以北鐵路，由其承造。英國又捷足先得，和中國訂定了承造牛莊至北京鐵路的合同。英、俄旋自相協議，英認長城以北的鐵路，歸俄承造，俄人則承認長江流域的鐵路，歸英承造。英、德又自行商議，英認山西及自山西展築一路至江域外，黃河流域的鐵路歸德，德認長江流域的鐵路歸英。凡鐵路所至之處，開礦之權利亦隨之。各國遂沿用分割非洲時的手段，指我國之某處，爲屬於某國的勢力範圍，而要求我以條約或宣言，承認其地不得割讓給別國。於是瓜分之論，盛極一時。而我國人亦於其時警醒了。

第五十三章　清朝的覆亡

　　自西力東侵，而中國人遭遇到曠古未有的變局，值曠古未有的變局，自必有非常的手段，然後足以應付之，此等手段，自非本來執掌政權的階級所有，然則新機從何處發生呢？其（一）起自中等階級，以舊有的文化爲根柢的，是爲戊戌維新。其（二）以流傳於下級社會中固有的革命思想爲淵源，采取西洋文化，而建立成一種方案的，則爲辛亥革命。戊戌變法，康有爲是其原動力。康有爲的學問，是承襲清代經學家今文之學的餘緒，而又融合佛學及宋、明理學而成的。（一）因爲他能承受今文之學的“非常異義”，所以能和西洋的民主主義接近。（二）因爲他能承受宋學家徹底改革的精神，所以他的論治，主於徹底改革，主張設治詳密，反對向來“治天下不如安天下，安天下不如與天下安”的苟簡放任政策。（三）主張以中堅階級爲政治的重心，則士大夫本該有以天下爲己任的大志，有互相團結的精神。宋、明人的講學，頗有此種風概。入清以來，內鑒於講學的流弊，外懾於異族的淫威，此等風氣，久成過去了。康有爲生當清代威力已衰，政令不復有力之時，到處都以講學爲事。他的門下，亦確有一班英多磊落之才。所以康有爲的學問及行爲，可以說是中國舊文化的復活。他當甲午戰前，即已上書言事。到乙未之歲，中、日議和的時候，他又聯合入京會試的舉人，上書主張遷都續戰，因陳變法自強之計。書未得達。和議成後，他立強學會於北京，想聯合士大夫，共謀救國。會被封禁。其弟子梁啓超走上海，主持《時務報》旬刊，暢論變法自強之義。此報一出，風行海內，而變法維新，遂成爲一時的輿論。康有爲又上書兩次。德占膠州灣時，又入京陳救急之計。於是康有爲共上書五次，只一次得達。德宗閱之，頗以爲然。歲戊戌，即一八九八年，遂擢用有爲等以謀變法。康有爲的宗旨，在於大變和速變。大變所以謀全盤的改革，速變則所以應事機而振精神。他以爲變法的阻力，都是由於有權力的大臣，欲固其祿位之私，於是勸德宗勿去舊衙門，但設新差使。他以爲如此即可減少阻力。但阻礙變法的，固非盡出於保存禄位之私；即以保存禄位論，權已去，利亦終不可保，此固不足以安其心。何況德宗和孝欽后素有嫌隙，德宗又向來無權？於是有戊戌的政變。政變以後，德宗被幽，有爲走海外，立保皇黨，以推翻孝欽后，扶德宗親政相號召。然無拳無勇，復何能爲？而孝欽后以欲捕康、梁不得；欲廢德宗，又爲公使所反對；遷怒及於外人。其時孝欽后立端郡王載漪之子溥儁爲大阿哥，載漪因急欲其子正位。宗戚中亦有附和其事，冀立擁戴之功的。而極陳舊的，"只要中國人齊心，即可將外國人盡行逐去，回復到閉關時代之舊"的思想，尚未盡去。加以下等社會中人，身受教案切膚之痛，益以洋人之强惟在槍礮，而神力可以禦槍礮之説，遂至釀成一九〇〇間義和團之亂。親貴及頑固大臣，因欲加以利用，乃有縱容其在京、津間殺教士，焚教堂，拆鐵路，倒電桿，見新物則毀，見用洋貨的人則殺的怪劇。並僞造外人的要求條件，以恐嚇孝欽后，而迫其與各國同時宣戰。意欲於亂中取利，廢德宗而立溥儁。其結果，八國聯軍入京城，德宗及孝欽后走西安。一九〇一年的和約，賠款至四百五十兆。京城通至海口路上的礮臺，盡行拆去。且許各國於其通路上駐兵。又畫定使館區域，許其自行治理、防守。權利之喪失既多，體面亦可謂喪失淨盡了。是時東南諸督撫，和上海各領事訂立互保之約，不奉北京的僞令。雖得將戰禍範圍縮小，然中央的命令，自此更不行於地方了。而黑龍江將軍，又貿然向俄人啓釁，致東三省盡爲俄人所占。各國與中國議和時，俄人説東三省係特別事件，不肯并入和約之中討論，幸保完整的土地，仍有不免於破碎之勢。庚子一役闖出的大禍如此。而孝欽后自回鑾以後，排外變而爲媚外；前此之力阻變革者，至此則變爲貌行新政，以敷衍國民。宮廷之中，驕奢淫佚，朝廷之上，昏庸泄沓如故。滿清政府至此，遂無可維持，而中國國民，乃不得不自起而謀政治的解決。

　　十九世紀之末，瓜分之論，盛極一時，已見上章。一八九九年，美國國務卿海約翰氏，John Hay。乃通牒英、俄、法、德、意、日六國，提出門户開放主義。其内容爲：(一)各國對於中國所獲得的利益範圍或租借地域，或他項既得權利，彼此不相干涉。(二)各國範圍内各港，對他國入港商品，都遵守中國現行海關税率，課税由中國徵收。(三)各國範圍内各港，對他國船舶所課入口税，不得較其本國船舶爲高。鐵路運費亦然。這無非要保全其在條約上既得的權利。既要保存條約上的權利，自然要聯帶而及於領土保全，因爲領土設或變更，既成的條約，在該被變更的領土上，自然無效了。六國都覆牒承認。然在此時，俄國實爲侵略者，逮東三省被占而均勢之局寖破。此時英國方有事於南非，無暇顧及東方，乃和德國訂約，申明門户開放、領土保全之旨。各國都無異議。惟俄人主張其適用限於英、德的勢力範圍。英國力持反對。德國和東方，關係究竟較淺，就承認俄國人的主張了。於是英國覺得在東方，要和俄國相抗，非有更強力的外援不可，乃有一九〇二年的英、日同盟。俄國亦聯合法國，發表宣言説如因第三國的侵略或中國的擾亂，兩國利益受到侵害時，應當協力防衛。這時候，日本對於我國東北的利害，自然最爲關切，然尚未敢貿然與俄國開戰，乃有滿、韓交換之論。大體上，日本承認俄國在東三省的權利，而俄人承認日本在韓國的權利。而俄人此時甚驕，并此尚不肯承認，其結果，乃有一九〇四年的日、俄戰爭。俄國戰敗，在美國的朴資茅斯，訂立和約。俄人放棄在韓國的權利，割庫頁島北緯五十度以南之地與日。除租借地外，兩國在東三省的軍隊都撤退，將其地交還中國。在中國承認的條件之下，將旅順、大連灣轉租與日，並將東省鐵路支線，自長春以下，讓給日本。中國如何能不承認？乃和日本訂立《會議東三省事宜協約》，除承認《朴資茅斯條約》中有關中國的款項外，並在三省開放商埠多處。軍用的安奉鐵路，許日人改爲商用鐵路。且許合資開採鴨淥江左岸材木。於是東北交涉的葛藤，紛紛繼起，侵略者的資格，在此而不在彼了。當日、俄戰爭時，英國乘機派兵入藏，達賴出奔。英人和班禪立約：開江孜、噶大克爲商埠。非經英國許可，西藏的土地，不得租、賣給外國人。鐵路、道路、電線、礦產，不得許給外國或外國人。一切入款、銀錢、貨物，不得抵押給外國或外國人。一切事情，都不受外國干涉。亦不許外國派官駐紮和駐兵。中國得報大驚，然與英人交涉無效，不得已，乃於一九〇六年，訂立《英藏續約》，承認《英藏條約》爲附約，但聲明所謂外國或外國人者，不包括中國或中國人在內而止。在東北方面，中國擬借英款敷設新法鐵路，日人指爲南滿鐵路的平行線。東省鐵路支綫，俄人讓給日本的，日人改其名爲南滿路。中國不得已，作罷，但要求建造錦齊鐵路時，日不反對。中國因欲借英、美的款項，將錦齊鐵路延長至璦琿。日人又嗾俄人出而反抗。於是美國人有滿洲鐵路中立的提議。其辦法：係由各國共同借款給中國，由中國將東三省鐵路贖回。在借款未還清前，由各國共同管理，禁止政治上、軍事上的使用。議既出，日、俄二國均提出抗議。這時候，因英、美二國欲伸張勢力於東北而無所成，其結果反促成日、俄的聯合。兩國因此訂立協約：聲明維持滿洲現狀，現狀被迫時，彼此互相商議。據説此約別有密約，俄國承認日本并韓，而日本承認俄國在蒙、新方面的行動。此約立於一九一〇年。果然，日本於其年即并韓，而俄人對蒙、新方面，亦於其明年提出強硬的要求，且用哀的美敦書迫脅中國承認了。

外力的馮陵,實爲清季國民最關心的事項。清朝對於疆土的侵削,權利的喪失,既皆熟視而無可如何,且有許多自作孽的事情,以引進外力的深入。國民對於清政府,遂更無希望,且覺難於容忍。在庚子以前,還希冀清朝變法圖强的,至庚子以後,則更無此念,激烈的主張革命,平和的也主張立憲,所要改革的,不是政務而是政體了。革命的領導者孫中山先生,是生於中國的南部,能承襲明季以來的民族革命思想,且能接受西方的民治主義的。他當一八八五年,即已決定顛覆清朝,創建民國之志。一八九二年,在澳門立興中會。其後漫遊歐、美,復決定兼採民生主義,而三民主義,於是完成。自一八九二年以來,孫中山屢舉革命之幟。其時所利用的武力,主要的爲會黨,次之則想運動防軍。然防軍思想多腐敗,會黨的思想和組織力,亦嫌其不足用,是以屢舉而無成。自戊戌政變以後,新機大啓,中國人士赴外國留學者漸多,以地近費省之故,到日本去的尤盛。以對朝政的失望,革命、立憲之論,盛極一時。一九〇五年,中山先生乃赴日本,將興中會改組爲同盟會。革命團體至此,始有中流以上的人士參加。中山先生説:“我至此,才希望革命之事,可以及身見其有成。”中流以上的人士,直接行動的力量,雖似不如下流社會,然因其素居領導的地位,在宣傳方面的力量,卻和下流社會中人,相去不可以道里計,革命的思潮,不久就瀰漫全國了。素主保皇的康有爲,在此時,則仍主張君主立憲。其弟子梁啓超,是歷年辦報,在言論界最有權威的。初主革命,後亦改從其師的主張,在所辦的《新民叢報》內,發揮其意見,和同盟會所出的《民報》,互相辯論,於是立憲、革命,成爲政治上的兩大潮流。因對於清朝的失望,即內外臣工中,亦有主張立憲的。日、俄戰爭而後,利用日以立憲而勝,俄以專制而敗爲口實,其議論一時尤盛。清朝這時候,自己是並無主張的。於是於一九〇六年,下詔預備立憲。俟數年後,察看情形,以定實行的期限。人民仍不滿足。一九〇八年,下詔定實行立憲之期爲九年。這一年冬天,德宗和孝欽后相繼而死。德宗弟醇親王載灃之子溥儀立。年幼,載灃攝政,性甚昏庸。其弟載洵、載濤,則恣意妄爲。居政府首席的慶親王奕劻,則老耄而好賄,政局更形黑暗。人民屢請即行立憲,不許。一九一〇年,號稱爲國會預備的資政院,亦以爲請,乃勉許縮短期限,於三年後設立國會。然以當時的政局,眼見得即使召集國會,亦無改善的希望,人民仍覺得灰心短氣。而又因鐵路國有問題,和人民大起衝突。此時的新軍,其知識,已非舊時軍隊之比;其紀律和戰鬥力,自亦遠較會黨爲强。因革命黨人的熱心運動,多有贊成革命的。一九一一年十月十日，即舊曆辛亥八月十九日，革命軍起事於武昌。清朝本無與立，在無事時，親貴雖欲專權，至危急時，仍不得不起用袁世凱。袁世凱亦非有誠意扶持清朝的，清人力盡勢窮，遂不得不於其明年即中華民國元年二月十二日退位。淪陷了二百六十八年的中華，至此光復；且將數千年來的君主專制政體，一舉而加以顛覆。自五口通商，我國民感覺時局的嚴重，奮起而圖改革，至此不過七十年，而有如此的大成就，其成功，亦不可謂之不速了。

第五十四章　革命途中的中國

　　語云"大器晚成"，一人尚然，而況一國？中華民國的建立，雖已三十年，然至今仍在革命的途中，亦無怪其然了。策勵將來，端在檢討已往，我現在，且把這三十年來的經過，述其大略如下：

　　民國的成立，雖說是由於人心的效順，然以數千年來專制的積重，說真能一朝滌除淨盡，自然是無此理的。大約當時最易爲大衆所瞭解的，是民族革命，所以清朝立見顛覆。而袁世凱則仍有運用陰謀，圖遂其個人野心的餘地。民黨當日，亦知道袁世凱之不足信，但爲避免戰禍，且急圖推翻清朝起見，遂亦暫時加以利用。孫中山先生辭臨時大總統之職，推薦袁世凱於參議院。於是袁世凱被舉爲臨時大總統。民黨因南方的空氣，較爲清新，要其到南京來就職。袁世凱自然不肯來，乃嗾使京、津、保定的兵譁變。民黨乃只得聽其在北京就職。此時同盟會已改組爲國民黨，自祕密的革命團體變成公開的政黨。孫中山先生知道政局暫難措手，主張國民黨退居在野的地位，而自己則專辦實業。然是時的國民黨員，不能服從黨紀，不聽。二年四月八日，國會既開，國民黨議員，乃欲藉國會和內閣的權力，從法律上來限制袁氏。這如何會有效？醞釀復醞釀，到底有二年七月間的二次革命。二次革命失敗後，孫中山先生在海外組織中華革命黨。鑒於前此以紀律不嚴而敗，所以此次以服從黨魁爲重要的條件。然一時亦未能爲有效的活動。而袁氏在國內，則從解散國民黨，進而停止國會議員的職務，又解散省議會，停辦地方自治，召開約法會議，擅將憲法未成以前的根本大法《臨時約法》修改爲《中華民國約法》，世稱爲《新約法》，而稱《臨時約法》爲《舊約法》。又立參議院，令其代行立法權。共和政體，不絕如縷。至四年底，卒有僞造民意帝制自爲之舉。於是護國軍起於雲南。貴州、兩廣、浙江、四川、湖南，先後響應。山東、陝西境內，亦有反對帝制的軍隊。袁氏派兵攻擊，因人心不順，無效，而外交方面，又不順利，乃於五年三月間，下令將帝制取消，商請南方停戰。南方要求袁氏退位，奉副總統黎元洪爲大總統。事勢陷於僵持。未久，袁氏逝世，黎氏代行職權，恢復《臨時約法》和國會，問題乃得自然解決。然爲大局之梗者，實並非袁氏一人。袁氏雖非忠貞，然當其未至潰敗決裂時，北洋系軍人，究尚有一個首領。到袁氏身敗名裂之後，野心軍人，就更想乘機弄權。當南方要求袁氏退位而袁氏不肯時，江蘇將軍，就主張聯合未獨立各省，公議辦法。通電説：“四省若違衆論，固當視同公敵；政府若有異議，亦當一致爭持。”這已經不成話了。後來他們又組織了一個各省區聯合會，更形成了一種非法的勢力。六年二月，因德國宣布無限制潛艇戰争，我國與德絶交。國務總理段祺瑞進而謀對德參戰。議案被國會閣置。各省、區督軍、都統，遂分呈總統和國務總理，藉口反對憲法草案，要求解散國會。黎總統旋免段祺瑞之職。安徽遂首先宣告和中央脱離關係。直隸、山東、山西、河南、陝西、奉天、黑龍江、浙江、福建等省繼之。在天津設立軍務總參謀處。通電説：“出兵各省，意在另訂根本大法，設立臨時政府和臨時議會。”這更顯然是謀叛了。黎總統無可如何，召安徽督軍張勳進京共商國是。張勳至天津，迫脅黎總統解散國會而後入，七月一日，竟挾廢帝溥儀在京復辟。黎總統走使館，令副總統馮國璋代行職權，以段祺瑞爲國務總理。祺瑞誓師馬廠，十二日，克復京城。張勳所扶翼的清朝亡。流了無量數有名無名的先烈的血，然後造成的中華民國，因軍人、政客私意的交争，而幾至於傾覆，論理，同爲中華民國的人民，應該可以悔禍了。然而社會現象，那有如此簡單？北方的軍人、政客，仍不能和南方合作。乃藉口於復辟之時，中華民國業經中斷，可放民國元年之例，重行召集參議院，不知當復辟的十一天中，所謂溥儀者，號令只行於一城；我們即使退一百步，承認當時督軍團中的督軍，可以受令於溥儀，而西南諸省固自在，中華民國，何嘗一日中斷來？然而這句話何從向當時的政客説起？於是雲南、兩廣，當國會解散時，宣布逕行稟承元首，不受非法內閣干涉的，仍不能和北方合作。國會開非常會議於廣州，議決《軍政府組織大綱》，在《臨時約法》未恢復前，以大元帥任行政權，對外代表中華民國，舉孫中山爲大元帥。後又改爲總裁制，以政務總裁七人，組織政務會議，由各部長所組織之政務院贊襄之，以行使軍政府之行政權。北方則召集參政院，修改選舉法，另行召集新國會，舉徐世昌爲總統，於七年十月十日就職。中華民國遂成南北分裂之局。而南北的內部，尚不免於戰争。九年七月，北方的吳佩孚，自衡陽撤防回直隸，和段祺瑞所統率的定國軍作戰。定國軍敗，段氏退職，是爲皖、直之戰。南方亦因心力不齊，總裁中如孫中山等均離粵。是年十月，以粵軍而駐紮於福建漳州的陳炯明回粵，政務總裁岑春煊等宣布取消自主。徐世昌據之，下令接收，孫中山等通電否認，回粵再開政務會議。十年四月，國會再開非常會議，選舉孫中山爲大總統，於五月五日就職。陳炯明遂進兵平定廣西。是時北方：曹錕爲直、魯、豫巡閱使，吳佩孚爲副。王占元爲兩湖巡閱使，張作霖爲東三省巡閱使，兼蒙疆經略使。湖南軍隊進攻湖北，王占元敗走，旋爲吳佩孚所敗，進陷岳州，川軍東下，亦爲佩孚所敗。十一年四五月間，奉軍在近畿和直軍衝突，奉軍敗退出關。孫中山本在廣西籌備北伐。是年四月間，將大本營移至韶關。陳炯明走惠州。五月，北伐軍入江西。六月，徐世昌辭職。曹錕等電黎元洪請復位。元洪復電，要求各巡閱使、督軍先釋兵柄，旋復許先行入都。撤消六年六月解散國會之令，國會再開。孫中山宣言：直系諸將，應將所部半數，先行改爲工兵，餘則留待與全國軍隊同時以次改編，方能餉所部罷兵。未幾，廣西粵軍回粵，圍攻總統府。孫中山走上海。歲杪，滇、桂軍在粵的及粵軍的一部分討陳。陳炯明再走惠州。十二年二月，孫中山乃再回廣州，以大元帥的名義主持政務。然滇、桂軍並不肯進取東江，在廣東方面的軍事，遂成相持之局。此時北方各督軍中，惟浙江盧永祥通電説馮國璋代理的期限既滿，就是黎元洪法定的任期告終，不肯承認黎元洪之復職爲合法。東三省則自奉、直戰後，即由三省省議會公舉張作霖爲聯省自治保安總司令，而以吉、黑二省督軍爲之副，不奉北京的命令。則悉集於直系旗幟之下。南方如陳炯明及四川省内的軍人，亦多與之相結的。直系的勢力，可謂如日中天。而禍患即起於其本身。十二年，六月間，北京軍、警圍總統府索餉，黎元洪走天津，旋走南方。至十月，曹錕遂以賄選爲大總統，於十月就職。同時公布憲法。浙江宣布與北京斷絕關係。雲南及東三省皆通電討曹，然亦未能出兵。十三年九月，江、浙戰起，奉、直之戰繼之，直系孫傳芳自福建入浙，盧永祥敗走。北方則馮玉祥自古北口回軍，自稱國民第一軍。胡景翼、孫岳應之，稱國民第二、第三軍。吳佩孚方與張作霖相持於山海關，因後路被截，浮海溯江，南走湖北。奉軍入關，張作霖與馮玉祥相會，共推段祺瑞爲臨時執政，段祺瑞邀孫中山入京，共商國是。孫中山主開國民會議，解決國是。段祺瑞不能用。段祺瑞亦主開善後會議，先解決時局糾紛，再開國民代表會議，解決根本問題。孫中山以其所謂會議者，人民團體，無一得與，誠國民黨員勿得加入。於是會商仍無結果。是年三月十二日，孫中山先生卒於北京。是時北方：張作霖爲東北邊防督辦，馮玉祥爲西北邊防督辦。胡景翼督辦河南軍務善後事宜，孫岳爲省長。後胡景翼卒，孫岳改爲督辦陝西軍務事宜。盧永祥爲蘇、皖、贛宣撫使，以奉軍南下，齊燮元走海外。直隸李景林、山東張宗昌、江蘇楊宇霆、安徽姜登選，均屬奉系人物。直系殘餘勢力，惟蕭耀南仍踞湖北，孫傳芳仍據浙江，吳佩孚亦仍居雞公山。十四年十月，孫傳芳入江蘇。楊宇霆、姜登選皆退走。孫軍北上至徐州。十一月，吳佩孚亦起於漢口。奉軍駐紮關內的郭松齡出關攻張作霖，以爲日本人所阻，敗死。馮玉祥攻李景林，李景林走濟南，與張宗昌合。吳佩孚初稱討奉，後又與張作霖合攻馮玉祥，馮軍撤退西北。段祺瑞出走。北方遂無復首領。大局的奠定，不得不有望於南方的北伐。

先是孫中山以八年十月，改中華革命黨爲中國國民黨。十二年十一月，又加改組。十三年一月十二日，始開全國代表大會於廣州，將大元帥府改組爲國民政府。十四年四月，國民政府平東江，還軍平定滇、桂軍之叛。廣西亦來附。改組政府爲委員制。十五年一月，開全國代表第二次大會。六月，中央執行委員會召集臨時會，通過迅速北伐案。七月，克長沙。九月，下漢陽、漢口，圍武昌，至十月而下。十一月，平江西。馮玉祥之國民軍，亦以是月入陝，十二月，達潼關。東江之國民軍，先以十月入福建。明年，國民軍之在湖南者北入河南，與馮玉祥之軍合。在福建者入浙江。在江西者分江左江右兩軍，沿江而下，合浙江之兵克南京。旋因清黨事起，寧、漢分裂，至七月間乃復合作。明年，一月，再北伐。至五月入濟南，而五三慘案作。國民軍繞道德州北伐。張作霖於六月三日出關，四日，至皇姑屯，遇炸死。其子張學良繼任。至十二月九日，通電服從國民政府，而統一之業告成。

中國革命前途重要的問題，畢竟不在對內而在對外。軍人的跋扈，看似擾亂了中國好幾十年，然這一班並無大略，至少是思想落伍，不識現代潮流的人，在今日的情勢之下，復何能爲？他們的難於措置，至少是有些外交上的因素牽涉在內的。而在今日，國內既無問題之後，對外的難關，仍成爲我們生死存亡的大問題。所以中國既處於今日之世界，非努力打退侵略的惡勢力，決無可以自存之理。外交上最大的壓力，來自東北方。當前清末年，曾向英、美、德、法四國借款，以改革幣制及振興東三省的實業，以新課鹽稅和東三省的菸酒、生產、消費稅爲抵。因革命軍起，事未有成。至民國時代，而四國銀行團加入日、俄，變爲六國，旋美國又退出，變爲五國，所借的款項，則變爲善後大借款，這是最可痛心的事。至歐戰起，乃有日本和英國合兵攻下膠州灣之舉。日本因此而提出五號二十一條的要求。其後復因膠濟沿路的撤兵，和青島及濰縣、濟南日人所施民政的撤廢，而有《濟順高徐借款預備契約》，及膠濟鐵路日方歸中、日合辦的照會，附以欣然同意字樣，致伏巴黎和會失敗之根。其後雖有華盛頓會議的《九國公約》，列舉四原則，其第一條，即爲尊重中國的主權獨立和領土及行政的完全，然迄今未獲實現。自歐戰以後，與德、奧、俄所訂的條約，均爲平等。國民政府成立以來，努力於外交的改進。廢除不平等條約，已定有辦法。關稅業已自主。取消領事裁判權，亦已有實行之期，租借地威海衞已交還。租界亦有交還的。然在今日情勢之下，此等又都成爲微末的問題。我們當前的大問題，若能得有解決，則這些都不成問題；在大問題還沒解決之前，這些又都無從説起了。在經濟上，我們非解除外力的壓迫，更無生息的餘地，資源雖富，怕我們更無餘瀝可沾。在文化上，我們非解除外力的壓迫，亦斷無自由發展的餘地，甚致當前的意見，亦非此無以調和。總之：我們今日一切問題，都在於對外而不在於對內。

我們現在，所處的境界，誠極沈悶，卻不可無一百二十分的自信心。豈有數萬萬的大族，數千年的大國、古國，而沒有前途之理？悲觀主義者流："君歌且休聽我歌，我歌今與君殊科。"我請誦近代大史學家梁任公先生所譯英國大文豪拜倫的詩，以結吾書：

希臘啊！你本是平和時代的愛嬌，你本是戰爭時代的天驕。撒芷波，歌聲高，女詩人，熱情好。更有那德羅士、菲波士榮光常照。此地是藝文舊壘，技術中潮。祇今在否？算除卻太陽光綫，萬般没了。

馬拉頓前啊！山容縹渺。馬拉頓後啊！海門環繞。如此好河山，也應有自由回照。我向那波斯軍墓門憑眺。難道我爲奴爲隸，今生便了？不信我爲奴爲隸，今生便了。

卅，九，一八於孤島

中國通史提綱五種

前　言

　　《中國通史提綱五種》包括：《擬編中國通史説略》、《擬中國通史教學大綱》、《中國通史的分期》、《魏晉南北朝史綱要》和《中國通史晉朝部分綱要》五種，都寫於二十世紀五十年代先生任教華東師範大學時。五十年代初，先生曾想再撰寫一部中國通史；時華東教育部高等教育處也組織中國通史教學小組，召開會議商議擬寫教學大綱；上海史學會也召開會議，討論并支持吕思勉編寫中國通。① 於是，先生擬寫了《擬編中國通史説略》、《中國通史的分期》和《擬中國通史教學大綱》等，以供學界同人進一步研討的材料。《魏晉南北朝史綱要》和《中國通史晉朝部分綱要》，都是爲華東師範大學歷史系講授中國通史課而編寫的教學提綱。這五種中國通史提綱，不僅是我們學習中國史的參考資料，也是我們研究探討吕先生通史研究及其演變的絶好史料。

　　《中國通史提綱五種》曾收入華東師範大學出版社《吕思勉遺文集》（一九九七年九月出版，有删節）和上海古籍出版社“吕思勉文集”《吕著中小學教科書五種》②（二〇一一年六月出版，稍有改動）。上述五種中國通史提綱，都存有吕先生的手稿。此次將其收入《吕思勉全集》，我們都按先生手稿重新做了整理校訂，改動和删節處全部恢復補全。《中國通史提綱五種》的手稿，有些是用章節注，有些則用文中注，現一律改爲文中注；編者按語均作頁下注。

李永圻、張耕華

二〇一四年七月

---

　　① 姜義華主編：《史魂・上海市歷史學會大事記》，上海辭書出版社二〇〇二年版，第三九六頁。
　　② 收入吕先生的《新式高等小學 國文教科書》、《新學制高級中學教科書 本國史》、《復興高級中學教科書 本國史》、《高中複習叢書 本國史》、《初中標準教本 本國史》及附録中國通史教學提綱六種。

目　　録

一　中國通史的分期

"史事前後相因，强欲斷之，如抽刀斷流，不可得而斷。"這誠然。然人類社會的變遷，往往積量變而至於質變，經過一次大變動，社會的情勢，就煥然改觀，而人類的蘄向，亦和從前大異了。這是我們就身所經歷，而可以知其不可誣的。讀史，就在從這種地方，認識其變遷，因以推知社會發展的公例。所以分劃時代，仍爲讀史所必須。

依我的愚見，中國歷史，可劃爲三大時期。即：

（一）自上古至新室之末。

（二）自後漢至近代西力東侵以前。其中又分爲（甲）自後漢至唐天寶之亂。（乙）自唐中葉以後至清室盛時。

（三）鴉片戰爭以後。

此中之（一），包括元始公社時代、奴隸時代及列國競立的封建時代。（二）則爲統一以後，表面上的封建制度業已廢除，而實際的封建勢力，仍極跋扈的時代。（三）則我國的資本主義，未能形成，而外國的資本勢力，遽爾侵入，遂至成爲近代半封建半殖民地的社會了。請略加以說明。

中國的奴隸社會，究在何時，這是近三十年來講中國社會史的人最費辯論的問題，至今尚未有一致公認之說。然奴隸時代，爲社會發展史上一個重要的階段，這個階段而一模糊，則元始公社如何沒落，封建制度如何進展，都將無從說起，全部歷史，都將陷入模糊不明的境界了。對於這一個問題，我的意見是如此的：（一）舊時講古史的人，對於社會進化的觀念，不甚清晰，因之對於最古的史料，率視爲荒渺而不能利用。不但舊式的史家如此，即初期的新式史家亦然。其有性近於好奇的，則又將一切異說，悉行網羅，而不能加以解釋辯白，遂使史事更墮入荒渺之域了。古代荒渺的史料，有出自無意傳僞的，有有意僞造的。無意傳僞的，果能細心推考，自可見其背後都有真實的史料，極爲可貴，有意僞造的則反是。有意僞造的，漢人所造的讖緯，爲其大宗。初期的新式史家，有一部分喜歡引用讖緯的，其流弊甚大。（二）近三十年來，疑古之風頗盛，疑古本來是良好的方法，足以去僞存真，然這一派人，在破壞方面雖有功勞，在建設方面却嫌不足。有些史家講古史，只敢從殷代起，以爲有殷墟遺跡可憑，而自夏以前，則都視爲不可信，以此自詡其矜慎翔實，其偏蔽實甚大。（三）至於鋤頭考古之學，雖有發見，究亦所得尚少。積此三因，遂至歷史上最古的一段，模糊不明，而史事前後相因，前一階段模糊不明，後一段亦就無從説起了。此中關係最大的，尤莫如開化地域的誤認。我國較翔實的史材，始於周代。周代的根據地，是在黄河中游的，在中國本部上的位置，偏於西北。因最古的史材未能利用，加以受西洋史學家的影響。可參看蔣觀雲《中國人種考》，及金兆梓《中國人種及文化由來》。蔣氏文載《新民叢報》中，後來上海有單行本，爲專憑書本時之舊説。金氏文見《東方雜志》第二十六卷第二期，則仰韶村、沙鍋屯等遺跡既發見後之説也。五十年前的史學家，遂認爲我族的開化，是自西而東，甚至有民族西來之説。三十年來，此等偏見，雖逐漸破除，然前一時期的誤解，終未能摧陷廓清。其實部族興替等特殊事實，勢不能無遺佚，而民族之一般風尚，則不會驟行變更。我國古代（一）肉食以魚鱉爲主；中國古代，必有一捕魚民族，爲畜牧民族所征服之事。其事蹟已無可考見，而遺跡則歷久未泯。故貴族之食品，以家畜爲主，如《禮記·曲禮》所載：“國君無故不殺牛，大夫無故不殺羊，士無故不殺犬豕”是也。平民則必老人乃得食家畜，《孟子·梁惠王篇》説：“雞、豚、狗、彘之畜，無失其時，七十者可以食肉”是也，“數罟不入污池，魚鱉不可勝食”，則係爲少壯之人言。欲知其詳，可看《詩經·無羊篇》之《傳》、《箋》及《疏》。（二）衣服的材料，主於麻絲，而其裁製的式樣，亦極寬博；（三）居處雖有巢居、穴居兩種，究以巢居爲要，所以後來能發達而成上棟下宇之制；以至（四）貨幣之主於用貝；（五）宗教上之敬畏龍蛇。均可見其開化係在江海之交，濕熱之地，正和埃及的文化，起於尼羅河畔，印度的文化，起於五河地帶相符。本此以觀中國歷史，其最古的材料，就可得而利用了。

　　疑古之家，多把古代傳説中的帝王，看作神話中人物，這亦是一個偏蔽。古代諸帝王，被加上神話色采的，固屬不少，然其與純粹神話中的人物，究屬殊科。章太炎力辟康長素託古改制及近人視古史爲神話之説，所爭即在此點。但康氏託古之説，意與近人所謂神話，又自殊科，章氏於此，辨別頗欠明白。又古史所傳諸帝王，雖非神話中人物，而被加上神話色彩處亦甚多，章氏於此，未能注意，亦有偏蔽。分析古代傳説中諸帝王所被加上的神話色彩，近人中以楊君寬正爲最優長。其眼光之鋭敏，殊不易及。傳説中的古帝王，稱爲某某氏的，所指的本係一個氏族而不是一個人。後人誤解爲一個人，附會的曲説，就自此而生了。如神農氏，認爲係一個農業部落，則其發明藥性，並無足異，認爲係一個人，則有一日遇七十毒等怪説了。這是時代較早的。其較晚的，則確係一個人物。中國歷史上此等人物，蓋自黄帝始。《大戴禮記》的《帝系篇》，即託始於此，《史記》的《五帝本紀》亦同。這是儒家之説。其《孟荀列傳》述鄒衍之説，借鑒前代，亦始自黄帝。這必有一客觀的根據,故爲儒與陰陽兩家所同采。祖宗,在門閥制度盛行的時代,做帝王的也要冒認,因之其世系亦須僞造,古代是無此事實的。或謂漢人自稱堯後,即係冒認祖宗,但此係因五德終始之說而起,與晉、南北朝時庶族及異族之冒認祖宗者不同。所以古史所傳諸帝王,確可考見古代强盛的部族,及此諸氏族中有功業的人物。本此以觀古史,其有推考的價值的,自莫如巢、燧、羲、農。有巢氏無地望可徵,《太平御覽·皇王部》引《遁甲開山圖》云:石樓山,在琅邪,昔有巢氏治此山南。琅邪,漢郡,治東武,今山東諸城縣。後漢爲國,徙治開陽,在今山東臨沂縣。《遁甲開山圖》之說,多不足信,以不取爲較矜慎。然觀其以巢居見稱,即可知其在江海之交,濕熱之地。燧人蓋即《史記·楚世家》的祝融,爲古代擅長用火的氏族。伏羲即太皞,古無異說。據《楚世家》及《大戴禮記·帝系》:昆吾、參胡、彭祖、會人、曹姓、芊姓爲祝融之後;據《左氏》:任、宿、須句、顓臾爲太皞之後。其地皆在東方。"會人"依《史記》,《大戴禮記》作"雲郟"人。《索隱》引《世本》無"雲"字。《大戴禮記》云:昆吾者,衛氏也,參胡者,韓氏也,彭祖者,彭氏也,雲郟人者,鄭氏也,曹姓者,邾氏也,季連者,楚氏也。季連芊姓,楚之祖也。《左氏》哀公十七年,衛侯夢於北宮,見人登昆吾之觀。杜《注》云:衛有觀,在古昆吾之墟,今濮陽城中。晉時之濮陽,即今平原省①之濮陽縣也。《詩·韓奕》云:"溥彼韓城,燕師所完。"此燕爲南燕,在今平原省汲縣,韓地當與相近。彭氏當即在彭城。郟在今河南密縣,見《左氏》僖公三十三年杜《注》。邾,在今山東鄒縣。惟楚,後來建都江陵,其初受封丹陽,宋翔鳳《過庭録·楚鬻熊居丹陽武王徙郢考》謂在丹、淅兩水會口,均嫌其遠。然就大體言之,固可見燧人氏之後,皆在東方。任、宿、須句、顓臾,見《左氏》僖公二十一年。任,今山東濟寧縣。宿,在今山東東平縣東。須句,在今東平縣東南。顓臾,在今山東費縣。炎、黃之際,阪泉、涿鹿之戰,尤爲古史上一大事件。古人釋涿鹿的,或以爲在今河北的涿縣,或以爲在今察哈爾②的涿鹿縣,皆不過因漢世郡縣名附會,並無確據。漢涿郡,今河北涿縣。涿鹿縣,今察哈爾涿鹿縣。《史記集解》引服虔云:阪泉在涿郡。又引皇甫謐云:阪泉在上谷。張晏云:涿鹿在上谷。蓋據漢世郡縣名以釋涿鹿,因謂阪泉亦在其地。考證當重古據。《太平御覽·州郡部》引《帝王世紀》說:"《世本》云:涿鹿在彭城南。"又說堯亦都此。可見自黃帝至堯,都邑實在今彭城附近。觀於古代帝王封禪多在泰山,即知此說之可信。炎、黃之際,《史記·五帝本紀》說:"神農氏世衰,諸侯相侵伐,暴虐百姓。……弗能征。軒轅乃習用干戈,以征不享。諸侯咸來賓從。而蚩尤最爲暴,莫能伐。炎帝欲侵陵諸侯,諸侯咸歸軒轅。軒轅乃修德振兵。……以與炎帝戰於阪泉之野,三戰然後得其志。蚩尤作亂,不用帝命。……黃帝乃征師諸侯,與蚩尤戰於涿鹿之野,遂禽殺蚩

①　平原省爲舊省名,一九四九年設,包括魯西南、豫北、冀南,一九五二年十一月撤銷,劃歸山東、河南。
②　察哈爾爲舊省名,一九一四年設,一九五二年十一月撤銷,併入河北、山西兩省。

尤。而諸侯咸尊軒轅爲天子，代神農氏。"既說神農氏世衰，諸侯相侵伐，暴虐百姓弗能征，又說炎帝欲侵陵諸侯，未免自相矛盾。《史記》此篇，略同《大戴禮記》的《五帝德》，《五帝德》却只有與炎帝戰於阪泉之文，更無與蚩尤戰於涿鹿之事。而《賈子》的《益壤》、《制不定》兩篇，又說黄帝與炎帝戰於涿鹿。然則蚩尤、炎帝，殆即一人？涿鹿、阪泉，亦即一役？《史記》此文，乃兼采諸書，未加別白，致滋疑誤者耳。此乃古書奪"一曰"二字之例。然兼采異說，爲古書極普徧之例，並不必元文皆有"一曰"字。此例且相沿甚久。如《舊唐書·高宗王皇后傳》述后與蕭淑妃之死，即顯有兩說不同，並不加以別白，即因其例極通行，爲人人所知，無待於言也。自黄帝以後，經顓頊、帝嚳、堯、舜至禹，史皆傳其與共工、三苗鬥争。共工姜姓，三苗亦姜姓。《山海經·海内經》云：炎帝之妻赤水之子聽訞生炎居，炎居生節並，節並生戲器，戲器生祝融，祝融降處於江水，生共工。《山海經》雖荒怪，然世系爲古人所重，雖與神話相雜，不得全虛。三苗爲九黎之後，九黎上效蚩尤重刑，見《禮記·緇衣疏》引《甫刑》鄭《注》，三者必即一族。然則古史上掀天動地的戰役，殆係姬、姜兩姓之争？神農氏爲農業部族，事無可疑。蚩尤，史皆言其始作兵。《吕氏春秋·蕩兵篇》云：人曰蚩尤作兵，蚩尤非始作兵也，利其械矣。未有蚩尤之時，民固剥林木以戰矣。《管子·地數篇》言：葛盧之山發而出水，金從之，蚩尤受而製之，以爲劍、鎧、矛、戟。雍狐之山發而出水，金從之，蚩尤受而製之，以爲雍狐之戟、芮戈。蓋古謂蚩尤始以金屬爲兵。三苗則始作五刑。見《書經·吕刑》。依社會學家之說，人類進至農牧時代，纔知道勞力之可貴，得俘虜皆不殺，而用作奴隸，且不恤戰争以求之。又古代之所謂刑，與後世異。後世凡拘禁、罰作等不傷身體者，亦謂之刑，在古代，則必用兵器傷及人之身體，使其受而不能恢復的傷害者，乃謂之刑。其兼傷及生命者，謂之大刑，亦謂之死。死與刑亦爲對舉之辭，如言死者不可復生，刑者不可復屬是也。刑之義爲斷，故亦云斷者不可復屬。現代的馬來人，古代在大陸緣邊，分布甚廣。此族古稱揚越，亦作粤。分布於現在的亞洲緣岸，及地理上亞洲大陸的真緣邊，即屬於亞洲大陸的南洋羣島。其在江、浙地方者，古人謂之揚越，因其地屬九州中之揚州分也。此族人有文身之習。我族處河、淮下流，蓋與之爲鄰，彼此戰争甚劇，得其人則以爲奴隸。其後本族之有罪者，貶入奴隸之羣，即視之與異族無異。其初蓋施之内奸？其人本以異族自居，故亦視之如異族。其後施諸犯他罪者，則爲暴虐不道矣。故兵與刑爲一事。施諸本族，傷及身體者爲鞭笞，然非不可恢復也。因亦施以異族所特有之標識。故雕題在彼族爲文飾者，在我族則成爲刑罰。五刑中之墨。凡此，皆可見古代的姜姓部族，實爲一奴隸社會。姜姓蓋古代經濟發達，武力强盛的部族，因其如此，所以其部族中握有政權之人，遂日流於奢侈、暴虐，因内部矛盾的深刻，而被姬姓部族打敗了。姬姓，在與姜姓戰争之時，部族内部的情狀，未知若何，然戰勝不久，似即踏上了遠征之途。而我國社會，奴隸與封建兩時代，遂於兹遞嬗。這話又怎樣説呢？

古人輕事重言。説見《史通・疑古篇》。案説古史所以不確實的，仍以此説爲最妥帖。託古改制之説，有爲言之，固亦含有一面的真理，然實非其重要部分；且改制者所以可託古，正以古人有輕事重言之習故，否則話未出口，已將爲人所笑了。至於動輒疑心古人作僞，更爲無稽之談。作僞乃特殊之事，非有特殊之原因莫肯爲，豈有看作著述界經常現象之理。**對於已往事實，隨意演説，往往附會增益，使其於無意之中，擴大了若干倍。此近人所以説：古史乃由層累地造成，**此言固有甚多之真理，然同時，正確的事實，亦逐漸被遺忘，愈後則所知愈少，故層累造成，必兼逐漸剝落言之而義始備。**此例甚多，不遑枚舉，而在今日，亦爲人之所共信，無待列舉了。**今姑更舉一事。如古人説天子巡守，二月到泰山，五月到衡山，八月到華山，十一月到恒山，這無論其從東徑到南，從南徑到西，從西徑到北，或到了一方以後，回到中央，再從中央出發，在古代交通的狀況下，都沒有可能。假使有意作僞，必求其説爲人所可信；若係草擬辦法，亦必度其説之可行，安得作此不入情理之談？然而古有此説者，《孟子・梁惠王下》引晏子説古代的巡守云："春省耕而補不足，秋省斂而助不給。"則巡守的初制，僅行諸邦域之內，其事略如後世地方官之勸農，此其事固非不可行，而後來草擬制度的人，不計其時的封域已數十百倍於古，而仍欲行一年之內巡守四方之制，其説遂至首尾衡決了。此即因附會增益而使事實於無形中擴大的適例。然謂爲有意僞造，固不可也。**禹的治水，亦爲此種擴大事蹟之一。**只在《書經》的《皋陶謨》中，今本分爲《益稷》。尚留有較古的材料。此即禹對皋陶説："予決九川，距四海，浚畎澮距川。"川爲天然的水道，畎澮則人力所成。海非今日洋海之海，而爲晦暗之義。凡相距較遠之處，其情狀暗昧不明者，則謂之爲海。所以夷、蠻、戎、狄，謂之四海。洋海之海，正因其地廣大，古代航行事業未發達，莫能知其情狀，所以得名，倒是後起之義也。**九者多數，四者四面。把自己境內人工所開的小水道，疏導之使通天然的大川，再把他疏導到境外去，禹之治水，不過如此。**《孟子・告子下篇》説白圭，禹之治水，以四海爲壑，今吾子以鄰國爲壑。其實禹之治水，怕正是以鄰國爲壑。**此等小規模的治水，必不能恃之久安。然自禹之後，吾族確未聞遭過很大的水患，而使後人有微禹其魚之嘆者，則吾以爲其原因，實不在於治水而在於遷移。所以堯尚建都彭城。舜，**孟子亦以爲東夷之人。見《離婁下篇》。**夏朝的都邑，却在今河南境內，商代都邑屢遷，亦均在今河南北、平原境，周更發展到陝西的渭水流域了。**《漢書・地理志》《注》引臣瓚説："《世本》云：禹都陽城。"地爲今河南登封縣。吳起對魏武侯云：桀之居，左河、濟，右太華，伊闕在其南，羊腸在其北，見《戰國・魏策》、《史記・吳起列傳》，亦在河、洛流域。《春秋繁露・三代制質文篇》云：湯受命而王，作都邑於下洛之陽，此蓋出偃師縣之湯亭，爲湯滅桀後所居。《史記・殷本紀》：中丁遷於隞，河亶甲居相，祖乙遷於邢。盤庚之時，殷已都河北，盤庚渡河南，復居成湯之故居。帝武乙復去亳，徙河北。隞，《書序》作嚻。《疏》引李顒曰：嚻在陳留浚儀縣，地在今開封縣北。又引皇甫謐云：嚻在河北；或曰今河南敖倉。案敖倉，在今滎陽縣北。《太平御覽・州郡部》引《帝王世紀》轉引《世本》曰：太甲遷上司馬，在鄴之南，太甲蓋河亶甲之誤。鄴，今平原鄴縣。《韓詩外傳》云：武王伐紂，到邢丘，更名邢丘曰懷，此即春秋時之邢國，今河北邢臺縣。遷於邢，《書序》作圮於耿。

《疏》引鄭玄云：國爲水所毀，修德禦之，不復徙。又引皇甫謐謂耿爲河東皮氏縣之耿鄉，地在今山西河津縣，恐不足信。盤庚之初殷所居之河北，難鑿言爲何地，武乙所徙河北，當即紂所都之朝歌，爲今平原淇縣。蓋吾族舊居，實在今泰山以南至彭城附近。其地古多沮洳沼澤，故在五帝之時，深以水潦爲苦。共工、鯀、禹，相繼施治，終無大效。自禹以後，遂逐漸西遷以避之。西遷之後，地勢較高，水災遂澹，水利却亦不如故土之饒。非勤施人力，無以爲生，而苟能勤勞，亦不慮其不獲報。這新遷的一支，經濟及文明，遂日益進步，而留居故土的一支，遂漸落其後了。此留居故土之一支，疑即漸雜東夷之俗。此非其自即於夷，特西遷者進步較速，漸次脱離舊俗，而東遷者則尚仍其舊耳。然以其究係文明民族，故其程度，仍較蠻與戎狄爲高。西征之時，實爲我族從奴隷社會轉入封建社會的關鍵。何以見得呢？案孟子説：“夏后氏五十而貢。”又引龍子的話，説“貢者，較數歲之中以爲常”，樂歲可以多取而不加多，凶年不能足額而不肯減，以致人民“終歲勤動，不得以養其父母，又稱貸而益之，使老稚轉乎溝壑”。案人君的多取，意皆在於自利，並非有意與人民爲難。凶年不肯減税，理極易解，樂歲不肯多取，則未之前聞，觀貢字之名，與後來大國取諸小國者相同，則知貢法之初，並非直接取諸人民，乃係取諸整個的被征服部族。這原無所謂暴虐，但到後來，征服者和被征服者，合併成一個社會，征服者的收入，直接取諸人民，而仍行此法不變，則遂變爲虐政了。然即此，亦可見夏后氏之初年，所仰給者，乃被征服部族的貢獻，而非虜其人民爲奴隷，蓋由征途遼遠，急於前進，未暇留居一地，從事農耕之故。凡一民族，當其舉部遠征時，往往能極其鋒鋭之所至，至於倦而後已，如西遷即係如此。到後來，西征之願既遂，漸次擇地定居，即漸次和被征服的部族，合併爲一，此時的規制，則又有可得而言者。孟子説滕文公：“請野九一而助，國中什一使自賦。”此蓋自古相傳的制度，並非孟子所臆造。蓋我族古代的建國，征服者擇中央山險之地，築城而居，謂之國。古書所謂國，乃指都城言之，兼苞郭在內。城爲人力所築，郭即因山川自然之勢，以人力築墻，彌補其中斷之處。若所防止在一面，那就是所謂長城了。古代之國，恒在山險之地，其證據甚多。如《易經・坎卦爻辭》説：“王公設險以守國。”便是。《孟子・公孫丑下篇》説：“域民不以封疆之界，固國不以山溪之險。”就可見得當時的域民，普通都是恃封疆之界，固國都是恃山溪之險的。其四面平夷之地，則稱之爲野。國中的地勢，高低不平，其田不能方正畫分，則授田之時，但計算其面積，使之大小相等，而其地形不必整齊，是爲畦田。古代算法中，計算不方正的面積之法，謂之畦田法。其税法則按其收入，十分取一，此即所謂徹法。野之地形平坦，則取古代一方里之地，畫爲九區，區各百畝，中央的一區爲公田，環繞其外的，均爲私田。一方里之地，八家居之，各受私田百畝，公田則由其代耕。私田不收税，用於公田的勞力，亦無報酬，是爲助法。居於國中，耕種畦田的，謂之國人；居於野外，耕種井田的，謂之野人。國人有參政的權利，當兵的義務，野人則皆無之。古代人民參政的權利，表見得最明切的，莫如《周官‧小司寇》之詢國危、詢國遷、詢立君。《左氏》定公八年，衛侯要叛晉；哀公元年，吳召陳懷公，懷公要決定去不去；都召國人而問焉。這都是所謂詢國危。盤庚要渡河回復成湯的舊居，據《書經‧盤庚篇》說：命眾悉造於庭；周大王將遷岐，《孟子‧梁惠王下篇》說他屬其耆老而告之。這都是所謂詢國遷。《左氏》僖公十五年，晉惠公爲秦所俘，他的臣子子金，教他聚集國人而立自己的兒子懷公爲君；哀公二十六年，越人要以兵力送出亡的衛侯返國，衛人亦致眾而問焉，眾意不同，衛侯遂不敢入。這都是所謂詢立君。這些事實，決不能都是偽造。可見《周官》之說，不是著書者的理想，而是古代的事實。不但如此，周屬王監謗，起而逐之的，亦是國人；春秋、戰國時，君臣爭鬥，或者諸臣互鬥，往往得國人之助者勝。可見起而參與革命事業者，亦係國人。若野人，則有行仁政者，即相率歸之，遇行暴政者，則盡無可能設法逃亡而已，絕無掀起政變之想。其法律上的權利和習慣的不同，皎然可見。至於兵制，則《周禮》說軍隊的編制，以五人爲伍，五伍爲兩，四兩爲卒，五卒爲旅，五旅爲師，五師爲軍，而其六鄉以五家爲比，五比爲閭，四閭爲族，五族爲黨，五黨爲州，五州爲鄉，六遂以五家爲鄰，五鄰爲里，四里爲酇，五酇爲鄙，五鄙爲縣，五縣爲遂，適家出一人，這都是征服之族服兵役者的編制。《尚書大傳》說：古八家而爲鄰，三鄰而爲朋，三朋而爲里，五里而爲邑，十邑而爲都，十都而爲師，州十有二師焉。則和井田之制相應，而和軍隊編制，全不相干了。可見種井田的人，初期係被征服之族，不服兵役。**其一爲征服部族，一爲被征服部族，顯而易見。如此，國人和野人，應有甚大的矛盾，甚深的仇恨，然考諸書傳，除前文所述法律上之遺跡，已同僵石外，別無他種跡象，可以考見，這固由年代久遠，以致湮沒無傳，然亦可見國人和野人，在經濟上實無甚大不平等，所以歷時稍久，征服部族中執掌政權者與不執政權者，地位日見懸殊，而不執政權者和被征服者，地位轉日形接近，久之竟合成一個階級了。**征服之族中，執政權者蛻化而爲貴族，不執政權者和野人合併而成爲平民。後世授田之制，奴婢多依良人，此實執掌政權者之“多自與”。在古代，却絕無國人授田多於野人之事，可見當時征服之族，並不抑被征服之族爲奴隸。孟子又說：“卿以下必有圭田，圭田五十畝。”卿以下未必自耕，然其田不過五十畝，安用奴隸？這更是征服之族，未曾使用被征服之族爲奴隸的明徵了。以上所引《孟子》均見《滕文公上篇》。然則古代的封君，何以致富？曰：此由既受封，封地之政權屬之，租稅歸其支配，彼可以挪作私用；專制之國，國家經費和皇室經費不分。又山澤之地，本屬公有，彼亦可濫用政權，加以封禁之故。古分地爲三種：平者爲田，高者爲山，下者爲澤，所謂地有三形高不平也。除田可收稅外，山、澤之地，均係公有，但遵守一定之規則，則人人可以利用，不得向其征收費用，此即《禮記‧王制》所說的：“名山大澤不以封”，鄭《注》所謂“與民同財，不得障管”也。《管子》要收鹽鐵爲國有，借其收益，以減輕人民的賦稅，已是加以障管，但其收益還是以充國用耳。事實上，當時人君加以障管的必很多，都是以充私費。《漢書‧食貨志》說：山川、園池、市肆租稅之入，自天子以至封君湯沐邑，皆各爲私奉養，此法必不起於漢世，必是從春秋、戰國之世，逐漸造成，相沿下來的。**然所取者既屬賦稅，則**

耕作於其土地之上者,其爲農奴而非奴隸,皎然甚明。然則古代的地權,又何以不均?曰:此由授田之制既壞,包括田畝不足及成法廢墜兩原因。人民必有無田者,或不免私出代價,以分取於有田之家。又古代田間的空地,用作道路,亦即用爲疆界的,謂之阡陌,其水道用以供蓄泄的,則謂之溝洫,其占地頗廣。田畝不足之時,必有將阡陌開墾,溝洫填没的。此即所謂開阡陌。可參看朱子的《開阡陌辯》。填没溝洫亦包括於開阡陌中。此事本屬犯法,然執掌政權者,或視人民之無田而不能禁,又或利其可以增收賦税而不肯禁。如此,整齊劃一的井田制度就爲所破壞了。此等非法占據之事,自然出於豪强有力之家。豪强的占田,本不以力耕所及爲限,甚或本來不爲耕種。無拳無勇的小民,却只得出地租而向其乞假。如此,私租就漸漸發生,寖至於可以賣買了。所以我説:私租、官税之分,必由來甚久,斷不待至公家公開承認土地可以租賃賣買之日。《禮記·檀弓篇》:季子皋葬其妻,犯人之禾。申祥以告,曰:請庚之。子皋曰:孟氏不以是罪予,朋友不以是棄予。以吾爲邑長於斯也,買道而葬,後難繼也。此即民間承認土地可以賣買,公家仍不承認之證。然孟子説齊、梁、滕之君,斤斤以制民之産爲言,一若在上者一加整頓,地權可以立即平均,因使人疑當時地權之不均,全由於在上之人之侵奪者,特緣其事本非公開,孟子亦如後世主張改革之家,過信在上者的權力,以爲在上者一加整頓,則一切問題,都可解決,實際怕並不是這回事。假使當日齊、梁、滕之君,果用孟子以行井田,其無以善其事,恐亦與後來之人無異也。然則當時的榨取,其性質已全與後世相同,在公家是靠着賦税的形式,在私家則利用收租的形式。至於利用奴隸,從事經營,在全國中雖非絶無,却決不占主要的成分。古代貴族使用奴婢之法,見於《周官》之《天官》,大體以供使令。參與生產的,至多是家庭工業,絶無令其耕種之事。這而且不待春秋、戰國之世,即在西周以前,我們今日所能考見的,亦都是封建時代的制度,至於奴隸時代的情況,今日所能考見的,怕真是鳳毛麟角了。《公羊》宣公十五年,何《注》述古代農村的情形時説,當耕作之時,天亮透了,父老和里正,一個坐在左邊街口的左塾裏,一個坐在右邊街口的右塾裏,監督着種田的人,不得晚出去。回來之時,又是如此,監督着他們要帶些柴薪回來。《漢書·食貨志》略同。這或者是奴隸時代遺留下來的規則?又古代農家有八蜡之祭,每年十二月裏,合有功於農田之神而祭享之。其中有一種,稱爲郵表畷。據鄭康成説,是田畯之官督率百姓之處,見《禮記·郊特性篇》。一個督耕之官,而其所居之處,尊嚴至於如此,或亦是奴隸時代相沿下來的?但此等極難斷定,强欲搜羅,往往陷於附會,還是闕疑的好。所以我説:中國的進入封建社會,還在夏后氏之世。《尚書》虞夏同科,實際上古制之有傳於後者,不過自夏爲始。

國家的興起,實爲人類社會之一大變。國家以前爲氏族時代,其範圍較小,而且大家都是自己人。氏族並非真講血統,事實上亦未必不收容血統以外的人,但當内部矛盾未起之時，氏族以外之人，苟被收容，即亦當作氏族以內的人看待，並不歧視。**所以其創制立法，一以公益爲依據，而每一個人，亦都能得到社會的保障。到國家興起以後，就不然了。孔子所追想的大同，就是氏族時代的情景。氏族時代的制度，不是一朝破壞的，乃是逐漸剝蝕掉的，在封建時代的初期，大體尚稱完整，此即孔子所謂小康。再後來，社會的變遷愈劇，舊制的剝蝕愈深，人生其間的，全不能得到社會的保障，而日受惡勢力的剝削，那就入於亂世了。**大同、小康之說，見於《禮記・禮運篇》，並無亂世之名，然繼小康之後者當爲亂世，於理甚明，不過未舉其名罷了。大同、小康之說，係孔子觀於歷史，以最古的時代爲最好，而其後漸次墜落，其義爲遞降。《春秋》三世之義，始於亂世，進於升平，再進於太平，則欲將亂世逆挽之至於小康，再挽之至於大同，其義爲遞進。兩者互相表裏，毫無可疑。**先秦諸子，大多數都是有移易天下之志的。其所由然，都是由於氏族時代的一個追憶，覺得人生在世，總不該受着這樣一個待遇，而社會的立法創制，亦決不應該如此。其中最有辦法者兩家：一爲儒，一爲法。**講古代學術流別的，當以《漢書・藝文志》爲據。因爲這是漢朝王室的書目，合多人之力而成，最爲完全。諸家中關涉到社會政治問題的，當推諸子十家。十家中的小說家，《漢志》謂其出於街談巷議，蓋係民間有思想之人談說的結集，無甚政治上的主張。此外九家，稱爲九流。九流之中：縱橫家只講外交之術，亦無政治上的主張。名家專講原理，其關涉實際之處，則都藉法家表見。雜家則但綜合諸家，而自己並無所有。所以有具體的主張的，當推農、道、墨、儒、陰陽、法六家。農家以最簡陋的社會爲法，要併耕而食，饔飧而治，勢不可行。道家只貶斥後世的社會而主張無爲，亦等於無辦法。墨家背周道而用夏政，回到一個較早的時代。不能改變社會的組織，而從觀念論上強調兼愛，欲藉天志、明鬼等迷信的說法，以鼓勵人之實行，其勢亦不能行。只有儒與陰陽兩家，見多識廣。儒家張三世，通三統。所謂張三世者：謂治道當自亂世進於升平，再進於太平，明改革之當以漸進。所謂通三統者：謂夏、殷、周三代的治法，當更迭行用，行夏之政而敝，則改行殷政，又敝，則改行周政，又敝，則又改行夏政，明治法之不可執一，其思想的體系，可謂很完整。陰陽家之說，業已無傳，然《漢書・嚴安傳》載安上書引鄒子之言曰："政教文質者，所以云救也，當時則用，過則舍之，有易則易之。"則其五德終始之說，必係謂五種治法，應當更迭行用，和儒家通三統之說相同。陰陽家大師，鄒衍而外，又有鄒奭。《史記・孟荀列傳》說："奭也文具難施"，則必已擬有實行之法。其精密完整，亦必不讓儒家，可惜其說無傳。現在推排先秦諸子中，在政治主張上有具體辦法的，就只得數到儒、法兩家了。**儒家興起於魯，爲經濟較落後的區域，所以主張平均地權。其說具於孟子，而漢代的董仲舒、師丹、何武等宗之。法家起原於齊，爲經濟最前進的區域，所以主張節制資本。其說具於《管子》，而漢代的桑弘羊宗之。漢昭帝時，治儒家之學的賢良、文學，和治法家之學的桑弘羊，互相辯難，其說具見於《鹽鐵論》，兩家的分野，尚極分明，到王莽，乃將兩說合而爲一。**漢世的經學，有今古文之別，看似一個學術上的問題，實則其中還含有一重社會問題的背景。因爲純粹儒家之說，只主張平均地權，而不及於節制資本。王莽時，儒家之學，業已盛行，當時崇古之風甚盛，欲圖改革，謂儒家本有此說，自易推行。《周官》一書，係屬齊學，其所草擬，皆治大國及經濟較進步的區域之法，頗有可用以節制資本的，然今文先師，皆不傳此義，所以不得不將儒學擴大範圍，把一批今文先師所不傳的書，悉行拉入也。託古改制，用來説明先秦諸子的學術，還不如用來説明漢代古學的背景，更爲適切。王莽的改革，實非一人或一小部分人之所爲，而係先秦以來言改革者之集大成。王莽等能將諸家成説，悉集合之而製成一具體的方案，實可謂體大思精。而其決心加以貫徹，魄力亦可謂極大。惜乎革命非可操刀代斲之事，不知領導被壓迫的階級以從事鬥爭，而徒欲爲之代辦，終必至於敗績失據而後已。這一場改革，不但沒有得到預期的結果，反而遭到意外的失敗，闖下了滔天大禍。從此以後，大家就承認社會的畸形，爲天然的缺陷，人力所無可如何，再不敢作根本之圖了，而我所分畫的中國歷史的第一期，亦於此告終。

　　第二期以後的歷史，又是如何呢？被壓迫者要脱離其被壓迫的境遇，必須改造政權，此理甚明，人所易曉。所以在馬克思氏發明以前，言改革者雖不知道階級和階級鬥爭的理論，不知道鼓動被壓迫者奪取政權，然而談到改革，總還是要在改造政權上想法子。其不問政權，只圖隨事補救的，昔人亦視爲萬不得已之下策。若以此爲主張，而排斥改造政權，則嚴格論之，亦屬邪説，至少是鄉願之論。古代的政治形勢，徹頭徹尾，是一個封建勢力作祟。論到具體辦法，則當分爲國内的和國際的兩問題。在國内，古人之所希望，是有一個英明的君主出來，能駕馭一切較小的封建勢力，此其義爲尊君。在國際之間，則希望有一個强大之國的英明君主，出而干涉列國國内的惡政，及其相互間的爭執，略如後世中央政府的對於土司。此即國際的共主，古人稱之爲王。握一國之主權者稱君，國際間之共主稱王。王國而衰弱，諸侯不復來宗事，即失其爲王的資格，然在其國内，爲君的資格仍在。故羿代夏政時，仍不失其爲一國之君。古語説：“天無二日，民無二王。”《禮記·曾子問》。這只是希望如此，並非事實。事實上，當時中國之地，係分成若干區域，各自有王。春秋時吳、越的稱王，即其明證。倒是這時代，山東之地，謂華山以東。經濟和文化，都發達了，二等之國增多，一等國雖然强大，欲使其承認自己爲王，勢亦不易辦到。此等大國之君，遂不敢稱王，而只求作諸侯之長，此即所謂霸。説古封國之大小者：今文家言公侯皆方百里，伯七十里，子男五十里，見於《孟子·萬章下篇》及《禮記》的《王制》。古文家言，則公方五百里，侯、伯、子、男，遞減百里，見於《周官》的《大司徒》。兩者皆有事實爲背景。今文家説，蓋周初之情形，古文家説，則春秋時之情形。其時之魯、衛、宋、鄭等，蓋皆方五百里之國，在其時可稱爲二等國。前一時期之大國，至此則夷爲三等國。齊、晉、秦、楚等，皆地方千里，即言封建制度者所云天子之國矣。人之思想，每較事實爲落後。前一時期的制度，每被認爲合理，而當時的制度，則羣起反對。今文家言，説春秋時之學説，故只承認周初之制度爲合理，古文家言，則戰國學説，春秋時的制度，又被認爲合理了。吳、楚等國，在其本區域中，已各自稱王，然仍欲爭爲此區域中之霸主者，實因此區域爲當時聲明文物之邦所在，在此區域中稱霸，實較在僻陋之區稱王，更有榮譽也。這是春秋時代的情形。到戰國時，一等國更強大了，二等國或更削弱，或竟滅亡，即使故我依然，在比重上亦愈失其重要性，七國乃各自稱王。此時的二、三等國，業已不成問題，因一等國之實力，優足制之。問題只在於一等國之任意橫行，莫能制馭。時人所希望者，乃在諸王之上，再有一個共主。這樣的一個共主，當時稱之爲帝。蓋諸王在人間已爲極貴，臨制其上的，惟有天神，且無論一國之君或共主，皆當本天意以爲治，故借天神之名爲其稱號。齊湣王與秦昭王嘗併稱東、西帝，後來秦圍趙之都城邯鄲，魏國力不能救，又令客將辛垣衍間入邯鄲，欲令趙尊秦爲帝即此。此種運動，當時竟未能成功，卒之六國皆爲秦所滅。秦始皇盡併六國，則其地位，又與戰國時之所謂帝者不同。戰國時之所謂帝，乃諸王之上的一個共主，此時則舉天下惟有一君。無怪其不以稱帝爲已足，而要創造一個皇帝的新名號了。始皇命博士議改稱號之詔，意即如此。對於改造當時的政權，亦以儒、法兩家爲最有具體的辦法，而儒家的辦法較舊，法家的辦法較新，所以其說卒行。儒家之意，只希望大夫尊重諸侯，諸侯尊重天子，所想維持的，還是封建時代的秩序，法家則希望人君用法術之士，而鏟除貴族，專務富國強兵，而竟事併兼，意欲摧毀封建制度了。所以法家的主張，是有進步性的。秦始皇吞併六國之後，既不再樹國，而用人亦不拘階級，前人所要打倒的國內、國外的封建勢力，可謂都得到解決了，然而新問題又產生出來。

真能摧毀封建勢力的，並非諸封建勢力中一個賢明的政權，而係資本的勢力。我國的工商業，從古書上看起來，其發達亦很早。但就全局衡之，則因疆域廣大，交通艱阻之故，其發展只限於幾條交通大路的緣綫，在此等通路的緣綫，則造成若干大都會。而其餘窵遠之地，險阻之區，則各自成爲一個自給自足的區域。此等情形，實至近代而尚未全變。此等自給自足的區域，彼此間並非全無交通，然所互相輸入的，都非生活必須之品。如將其交通遮斷，只能減低其生活程度，而不能危害其生存，我國所以不怕封鎖者此。這些區域之中，各自有其惡劣的封建勢力，事實上即等於古代的一個小國。封國的大小，不是可隨心所欲的。《穀梁》襄公二十九年云：“古者天子封諸侯，其地足以容其民，其民足以滿城而自守也。”有多大的部落，纔能受多大的封土。所以時代愈早，地方愈僻陋，則其封域愈小。《呂氏春秋·慎勢篇》說：“海上有十里之諸侯。”海者，夷、蠻、戎、狄，謂之四海，近乎夷蠻戎狄之地，必甚僻陋，所以其國土很小了。此等小國之君，其勢力，並不會強於後世地方上的一個惡霸。所以自秦以來，封建制度，表面上雖已廢除，而實際之封建勢力，則到處存在。此等小國，自春秋以來，即已無足重輕，所以秦併天下以後，不再加以注意，而只注意於防制一二等國之復活。其防制之法，則爲設立郡治。郡本設於邊境，藉兵力以資控扼。如戰國時楚有巫、黔中，趙有雁門、代郡，燕有上谷、漁陽、右北平、遼西、遼東，魏有河西、上郡是也。內地初不設郡。秦滅國，皆於其地設郡，蓋實因其地初服，慮其反側之故。秦地獨不設郡，屬於內史，即其明證。秦及漢初，對於郡守，尚存有猜忌之心。秦所以設監者以此。《漢書·嚴安傳》載安上書，言："今外郡之地,或幾千里,列城數十,形束壤制,帶脅諸侯,非宗室之利也。"又云："今郡守之權,非特六卿之重也;地幾千里,非特閭巷之資也;甲兵器械,非特棘矜之用也;以逢萬世之變,則不可勝諱也。"然事實上,此時的郡,勢已不足以背叛了,柳子厚《封建論》所謂有叛國而無叛郡也。郡之疆域等於春秋時之二等國。惟漢初所封同、異姓諸王,地兼數郡者,實等於古代的一等國,其勢甚爲可畏,所以漢高祖既滅項羽,又盡力於剿除異姓諸王。而同姓諸王,經過吳楚七國之亂,也都削小或消滅了。郡既不足以叛,超乎郡者又都消滅了,所以當時內權甚重,雖經莽末之亂,亦未至造成分裂。然偌大一個國家,中央政府,總有把握不住之時,而分裂終於形成。此即後漢末之州郡割據。實即古代一、二等國之復活,直至南北朝末,未能好好收拾。當此海宇紛爭之時,各地方之豪族,以及堡塢之主,流移之長,莫不乘機自擅。中央政府,非但不能懲治,而且意存利用,或授之以官爵,或竟用爲守令,甚至許其世襲;平時已僅等羈縻,亂時更公然抗命。兩國相爭,或一國之中有內戰,則反覆叛服於其間,以圖私利。其肆意虐民,自更無從禁止。此則因大國之復活,而小國亦更活躍了。州郡的割據,自秦漢統一以後,惟中央失馭時爲然,此等較小的封建勢力,則因中國疆域廣大之故,山陬海澨之地,實非中央之力所能及;地方官長任免之權,雖云出自中央,然用客籍則形同孤寄,用土著又更助長當地的封建勢力;即在中央權力完整之時,守令皆得賢明之吏,亦不過去泰去甚,能夠補偏救敝而已,於其勢力之根柢,固莫能動搖。所以自秦併六國以後,封建制度的形式,雖已廢除,名義上的封爵,實際倒沒有關係。而實際的封建勢力,則未曾一日消滅。小的封建勢力,都在國內,必有賢明之君,乃能鏟除之,王和帝都管不到。後世之縣,即古代之國,令、長即古代之國君,令、長無權,所以各地方的封建勢力,能長久存在。

這時候的人民,又是如何呢？從來被壓迫階級,看似無能爲役,實則其被壓迫超過一定限度之時,亦終必起而反抗。所爭者,只是反抗的是何階級,及其反抗的策略爲何而已。中國舊説,分人爲士、農、工、商,雖然不够詳盡,大體亦尚足用。四民之中,士是不能直接行動的,工、商雖較能直接行動,實亦相去無幾,且三者均屬少數,又非榨取的最後對象,總還有躲閃的餘地,所以從不聞其起而反抗。其居全國之最大多數,又爲榨取之最後歸宿者,實惟農民。故中國之革命,非至農民羣起,必不能成爲大規模,而如其農民羣起,則終必至於釀成大亂而後已。故在近代新式的工業興起,工人足當革命的領導階級以前,農民實爲革命的主要力量。但農民有一弱點,即其眼光僅限於一小圈子以內,雖能實行反抗,總只會推翻直接加害於己者而止,如本地方的貪官、污吏、土豪、劣紳。而必不能注意到其背後更有支持他的較大的政權,而各地方的農民,亦不易互相匯合,所以雖爲革命軍的主力,而至於大亂之成,則必仍有待於別一階級的加入。這別一階級,又是何等階級呢？在私有財産制度之下,人們的能夠生存,都是靠着相互交易。獨有一種人,其獲得生活物資,不是由於交易,而是由於掠奪的。此等人即古代所謂游俠,現代所謂江湖上的好漢,亦即上海所謂白相人。固然,凡憑藉封建勢力或資本主義的勢力,以剥削他人的,以道義衡之,都不可謂非掠奪。然此種掠奪,在當時政治上,是被認爲合法的,而游俠的所爲,則被認爲不合法。所以他們不能得到法律的保障,而只能互相結合,藉武力以自衛,且必有逃避藏匿之處。所以此等人較不土著,而其蹤迹之所至,聲氣之所通却頗廣。所以稱之爲游。此等人,是和政治所維持的秩序,立於反對地位的,每遇機會,即乘機而起,所以農民革命之時,他們極易於加入。而農民老實,他們掉皮,一經加入之後,革命軍的主力,雖然是農民,他們倒處於指揮領導的地位了。此等人,因其常和政治反抗之故,頗知道奪取政權。以軍事論,他們亦易於出境,能將各地方的革命部隊匯合爲一,這是他們的優點。但(一)他們不學無術,其中最有公心,最有大志的,不過懷抱着些空想的社會主義,勢不能行。(二)其一般的,則不過是"大碗吃酒,大塊吃肉,論秤分金銀,換套穿衣服"的思想。貪於享受,而怠於作事。(三)他們固亦有他們的紀律,然不過爲互相結合以事掠奪而設,超過了這個範圍,他們就不能建立秩序了。所以總不能成事。到擾亂既久之後,諸革命首領中,必有眼光較遠,而亦較爲現實的,知道秩序之必不可無,而建立秩序,又不能但憑主觀,乃漸漸走回舊路。此時之被任用者,士爲其中最重要的分子,士是讀舊書的,一切都以舊爲標準的,於是新朝的法律、政治,一切因襲舊朝,而一場革命,等於徒勞了。前漢末的赤眉,後漢末的黃巾,唐末的黃巢,明末的闖、獻,都可作如是觀。

還有一種因素,足以加厚封建勢力的,是爲野蠻民族的侵入。中國之地,東、南兩面界海,西南隅則山嶺崎嶇,在前代,都不能有強大的民族侵入,而自西北至東北,則地勢較爲坦平,地味較爲瘠薄,自然成爲東洋史上的侵略地帶。兩民族之相爭,文明程度低者,本非文明程度高者之敵。但人類社會,自脫離元始共產制度後,有一奇異的現象：即其文明程度愈高者,其内部之矛盾亦愈深。以物質條件論,文明程度低者,固非文明程度高者之敵,以社會組織論,内部矛盾深者,亦必爲内部矛盾淺者而敗。所以野蠻民族,進化到其文明程度勉强足和文明民族相敵時,文明民族,即反爲所苦。此等現象,並不自晚近始,實隆古時代即然。所以埃及的文明,論者即謂其得到地形的保障,中國亦然。中國古代文明的得以長成，蓋由太行山脉爲之屏蔽，使其與北方的侵略地帶隔絶。《史記·匈奴列傳》將古代北狄事蹟，悉行叙入，後人遂誤會古代的北狄，即後世匈奴之倫，此實大誤。後世之匈奴乃驍寇，古代之北狄則山戎，觀交戰時恒"彼徒我車"可見。所以古代的黄河流域，其情形，實類似後世的西南。山戎不能合大羣，地居山間，經濟、文化，亦不易進步，是不能爲大患的。到戰國時代，秦、趙、燕諸國將今陝北及河北、山西、遼、熱之地，盡行開闢，形勢就一變了。趙有雁門、代郡，燕有上谷、漁陽、右北平、遼西、遼東。魏有河西、上郡，其地，後入於秦。秦漢之世，爲中國之患者，首爲今蒙古地方的匈奴，次則匈奴東邊的鮮卑，及今青海地方的羌。一時間，被中國王朝的優勢兵力征服了，然其遺族遷居塞内及居於附塞之地的，却乘我内部紊亂之時，起而爲患。天山南北路之地，因其距中國較遠，立國其間的，又不過是些沙漠中的泉地及天山之麓的小國，所以不能爲患。然其地介東西兩洋之間，自古爲西方民族所播布，其文明程度較高，所以其移居中國者，雖然人數不多，而在擾亂之中，亦能嶄然見頭角，是爲羯。西南方的民族，崎嶇山谷之中，本亦不能爲大患，然一經遷入中國的西北境，其形勢亦就大異了，是爲氐。匈奴、鮮卑、羯、氐、羌，是爲五胡，爲第二期中的前期中國史上擾亂的一大因素。

這時候，中國的統治階級，又是何情狀呢？這可説是自古以來封建社會的一個總崩潰。封建制度，其原爲"以力相君"，質而言之，就是靠武力掠奪。一部分人，何以能憑恃武力，掠奪他人呢？其根源，是由於環境育成，使其特別好戰，因而成爲征服者。有時是全部族迫於環境，向外掠奪，亦有時只是其部族中之一部分人。適於戰鬥的性質，"不愛錢，不惜死"兩語，足以盡之。漢朝人的議論，如董生所説的士大夫不當求財利，賈生所説的聖人有金城之義，最可見之。然人總是要適應環境的，隨着封建時代的没落，資本主義的伸張，而此等風氣，亦漸成爲過去了。資本主義時代的學説，總把中流社會，看作國家的楨榦，這其實還是從封建時代相沿下來的。封建時代的人，總把治人者和治於人者，分作兩個階級，以爲人生而有智愚、賢不肖的不齊，賢智者當治人，愚不肖者當治於人，此其爲階級偏見之論，顯而易見。然在封建時代，嚴上之心較深，不甚敢誹議上流社會。到資本主義時代，乃再將上、中流社會分析，貶斥上流，推挹中流。這對歷史上某一個階段，亦確是有其意義的。此近世西洋立憲政治之所由成。中國資本主義不發達，所以憲政亦無根基，效靈終於失敗。中國在統一以後，所謂士大夫階級，却是何情狀呢？先漢時代的儒家，好講通經致用，其實不但儒家，即他家亦係如此，桑弘羊治法家之學，而亦能見諸實用，即其明證。這其操術雖誤，尚不失爲有自信之心。到王莽變法失敗之後，舉前此主張改革之家，所言者悉歸破産，遂至並此等信心亦都失去了。於是所謂儒者，專務碎義逃難，書本脫離了現實，和社會全失聯繫，遂育成自魏晉至唐的所謂義疏之家。其較有思想的，則激於當時泥古者的愚笨，而專務推求原理。然不知社會變遷之理，則讀古書不能眞瞭解，而所主張者，亦或不能行，或者本無實行的方法。如《抱朴子·詰鮑篇》載有鮑敬言無君之論，其説君主政體種種弊害，是矣。然君主制度，何由産生？不能言也。既不能言其所自來，自更無對治之策矣。又因改革失敗之故，不敢再言改革制度，而改想從個人的身心方面求解決。才性問題，乃大爲論壇所注重。提出此等問題者，尚係心目中有一社會問題的人，其只圖自了者，乃專從身心方面講求逃避痛苦之策，多貪欲者，則又進而貪求福報。玄學、佛學之盛行，其根源實在於此。此從思想方面説，從實際生活説，則其人大都耽於逸樂而不肯作事，此即清談之所以誤國。中流階級如此，上流階級，則更愚蠢、荒淫，不可究詰。而與家天下之制相因的弊竇，如宗室的覬覦，外戚的專擅，近習的用事等等，亦無不牽連而至。遂至莓莓大亂，毒痛四海。亂象既成，則更明目張膽，爭奪相殺，毫無忌憚了。其結果，則殘忍狡詐的軍人，終獲勝利，而中樞之地，遂更不可問。此即從後漢過渡到魏晉南北朝時代的情勢。一個自古相傳的統治階級，而其内部的情勢如此，夫安得而不崩潰？

　　建築在沙基之上的政府崩潰了，大的封建勢力，乘機復活，小的封建勢力，亦是處處橫行；農民困於賦役，又遭兵亂，流離轉徙，幾至無以自存；商業亦幾於停頓，至使貨幣制度中斷了一個時期；謂魏文帝廢五銖錢。雖不久旋復，然晉南北朝時，不用貨幣而用實物交易之時期及地方仍不乏，皆見《隋書·食貨志》。再加以蠻族的叛亂，儼然是羅馬帝國崩潰後的情勢了。所幸者：我國人口和蠻族的比例，遠較羅馬人比諸蠻族爲多，而其文化的根柢，亦較深厚。政治上雖然分張角立，民族還是統一的。商業雖云停頓，究未全絶。每一自給自足之區，其範圍亦遠較古代的一個中小國爲大。所以寸寸割據之局，終未能造成，而經過一個時期，舉國即復歸於統一了。此統一之政府，雖亦出自朔方，隋、唐先世，皆出自武川，見《廿二史劄記》。然大體可稱漢化。所以經過五胡之亂，中國仍爲中國人之中國，和羅馬帝國，一經崩潰，歐洲遂非羅馬人之歐洲者，大不相同。此即從魏、晉、南北朝過渡到隋、唐時代的形勢。中西歷史，從此就走上不同的途徑了。

　　雖然如此，隋唐政府，終未能全脫離胡化的影響。此觀於其奢侈及好侵略，即可知之。隋煬帝的淫侈，可謂曠古無倫。論史者或以爲由於其個人氣質的特異，然唐高祖，開國之君也，而受禪未幾，即使太常向民間借裙襦，欲於玄武門作戲。《唐書·孫伏伽傳》。太宗晚年詔太子，亦令其勿學自己的奢侈。太宗最好虛名，苟非事不可掩，豈肯自言？然則自高宗至玄宗宮廷的一貫奢侈，都非其個人的佚德，而係這一個階級的習慣相沿。如隋文帝的恭儉，乃轉係其個人氣質之特異耳。符堅區區，而江左未平，先事西域。北魏太武帝亦屢遣使通西域，又屢出兵以征柔然、高車，意果何爲？不過利其貢獻與牲畜耳。隋、唐兩代之事四夷，其攻突厥，自可謂出於自衛。伐高句麗，亦可云意在恢復舊疆。自唐高宗至玄宗初年之用兵吐蕃，更可謂勢不得已。然太宗之大宴回紇，闕參天至尊道，高宗之必滅高句麗，及玄宗天寶年間之攻吐蕃，實已超過了必要的限度。而兩代之事西域，則都可云毫無理由。隋煬帝不足論。唐太宗之滅高昌，意果何在，恐太宗亦不能自言。可看《舊唐書·褚遂良傳》諫辭。玄宗時之兵力，雖似耗於吐蕃，實以耗於西域者爲甚，而此時的西域，對於中國，實在是無足輕重的。玄宗時的征勃律，亦藉口於保護四鎮，以禦吐蕃。其實吐蕃之患，全在河、湟之間，斷不能從西域入犯。高仙芝等之事西域，全是貪功之念而已。不特此也，高宗、中宗、睿宗，皆庸懦之主也；武后雖有才能，亦不過個人貪戀權勢，並無遠猷，且其精力盡於對內。然此諸君在位之時，對外政策，亦無絲毫改變。此何哉？其對外並無政策，不過習慣相沿，以爲當然耳。此非沿自北朝政府，更自何來？所以我說：唐代自天寶以前，實未脫離胡化的性質，而中國歷史第二期中的前期，必須截至天寶之亂爲止。

　　因隋、唐兩代的政府未能脫離胡化，以致民困誅求，且多用蕃兵、蕃將，使全國的武力，偏重一隅，且多落入異族之手，遂至造成安史之亂。安史亂後，藩鎮割據，沙陀等族又乘之橫行，唐末擾亂者，吐谷渾及吐蕃遺族，頗似晉世的氐、羌，沙陀則似胡、羯，契丹則似鮮卑。一切幾與五胡亂華時無異了。然物極必反，而中國之治化，於此反有轉機。此觀於唐代安史亂後，其政府反形漢化可知。唐中葉後，實多賢君，如德宗、順宗、文宗、昭宗都是。只肅、代兩朝，仍略有玄宗以前奢侈之習，此乃因相沿已久，一時難於革除净盡之故。如敬宗等，則係其個性的昏愚，和宮廷風習無關了。不特此也，前世的病源，在於封建勢力橫行，而外族乘機侵入，所以宋學興起，要講尊王攘夷。又欲圖振作，必先鼓舞人心。前世的病源，在於士大夫惟便私圖，不能自拔。所以宋學興起，要厲修爲，講氣節，而其根本則在於哲學上的反釋老。這都可謂之對症發藥。宋學雖大成於慶曆之世，實則導源於隋、唐之間，繼盛於元和之世，可以王通、韓愈爲代表。到慶曆間，已是其成熟之時了。所以我說唐朝自肅、代以後，當另列爲一個時期。然這一時期，治化雖有轉變，仍未能排除封建勢力，這又是什麼理由呢？那須知消除封建勢力，不是靠着士大夫的空想，而是要靠資本主義的發展的。中國地大、物博而民庶，資本主義本饒有發展的餘地。所苦者,乃爲封建勢力的阻礙。自隋平陳至唐安、史之亂,自宋平定海內至靖康之世,約各得百五十年。其間雖有喪亂,究以承平時爲多,工商業得此時機,又有很大的進展。然其長成尚未充足,却又遭到繼起的摧殘。所謂繼起的摧殘者,在前一時期,即爲唐中葉後藩鎮的割據。在後一時期,則如遼、金、元、清之相繼侵入。須知一個社會的發展,固有其內在的因素,然和其所遭直的外緣,亦是很有關係的。秦漢之世,侵入中國的異族,爲匈奴,爲鮮卑,爲羌,其根據地距中國皆近,及其跋扈之時,已大部在中國的內地或其附塞之地,未曾擾亂之時,先已同化了一半;及其起而擾亂,至於力盡而斃,則塞外更無後繼。所以一到隋唐之世,中國的太空,就如煙消雲散,再沒有蠻族的氣氛了。當匈奴、鮮卑移入中國之後,塞北之地,幾成真空。西方的鐵勒、突厥,乃乘機移居其地。此等本皆西方部落,當其强盛之時,其和西方的關係,並不較其和中國的關係爲薄,而一旦敗亡,則又仍向西方返回。所以其爲中國之患,仍不甚深。遼、金、元、清就不同了。其根據地本在東方,既非如鐵勒、突厥之以西爲主。又其距離中國較遠,又非如匈奴之在正北方者,遁至漠北之後,征討雖有絕漠之艱,而交通究循直綫,易於犁庭掃穴,所以其爲患較久。且係以另一國家的形勢侵入,非復一個浮浪的部族,而其民族性亦不易消失了。封建勢力的根源,實在於土地上的剝削。如前所述,中國疆域廣大,交通艱阻,資本勢力的發展,僅在交通大道的緣綫,而其餘窵遠之地、險阻之區,各自有其封建勢力。因其頑强不易打破之故,經營工商業及從事於高利貸者,乃轉而依附之,或竟爲其所兼營。既經營此等事業而獲利,則又轉向土地投資,視爲深根固柢之道,做官或帶兵的人,剝削到了錢,本不會經營他種事業的,就更不必説了。如此,各種剝削一齊集中到農民,視爲最後的歸宿,資本主義更安有發展的餘地呢? 此種情勢,苟能留心觀察,自亦極易見得。所以不言改革則已,一言改革,自亦易集中到農民問題。宋代爲治化轉變之時。荊公得政,即推行方田均稅、青苗、免役諸法,欲以拯救農民。張橫渠常説:不行井田,終不足以致太平,要買田一方,與學者共試之。朱子亦極意講求經界,提倡社倉。這只是其較著名的,此外宋學家醉心井田的,尚不勝枚舉,甚至不恤因此而主張恢復封建。論者雖譏其迂闊,然其居心實極可原諒。倘使諸賢能够一心一意,仔細講求,逐漸改革,雖不足以語於社會主義,然必能使社會秩序安定,農民生活,亦比較寬裕,倒可替資本主義開闢一條道路。無如此際,來自塞北之壓力又極深重,經國者之精力,分向對外。兵爭之際,地方權力加大,武人更乘機跋扈,封建勢力,更其加重。因內部矛盾深刻之故,畢竟不能抵抗異族的侵略。異族侵入之後，初則視中國之土地、人民，皆爲其戰利品，憑恃武力，恣意掠奪，及秩序稍定，則又與舊勢力合流。如此，資本主義更安有發達的餘地呢？中國的情形，與歐洲不同。歐洲的商業重在海，大陸雖然紊亂，在海路上，資本主義尚有發展之徑路。中國的商業，則以大陸上本國之地爲主，國内情勢如此，無怪其發生雖早，而終難達於成熟的境地了。所以論到第二期中後期的情勢，和北族的侵略，實在是很有關係的。

第三期的情形，因爲衆所熟知，且無甚異議，今姑略而不論。

寫於一九五二年

二　擬編中國通史説略

本編依社會發展之情勢，分爲三期：第一期，自上古至新莽。第二期，自後漢至唐安史之亂。第三期，自唐中葉至鴉片戰爭前。今將各期中之要點，略行提挈如下。

第　一　期

（一）此期中，首置中國史籍説略及其研究方法一章，以爲讀全書之預備。蓋（甲）舊時四部之分，專以紀事者爲史，然學者之史觀，及其對史事之評論及説明，<small>此等意見，又影響於史事。</small>則皆在經子集三部中。故治史而不兼通此三部中與史有關之部分，其著述必無意義。（乙）未有正式史籍之時代，史材即在經子之中。（丙）既有正式史籍，又藉集部之書補正。（丁）史部之書，僅據作者所得材料編輯，即作者亦不以爲可信。故讀何種史籍，本須用何種眼光，但此義昔人多未加説明，因此引起許多錯誤的觀念，及無謂之爭辯。故今先於此加以説明，俾知讀史及本書取材之法。

（二）本期中所提出之問題，首爲民族問題，包括漢族及其他民族，略述其分布之地域及其進化之程度。

（三）次爲國史之年代問題，兼論古史紀年之方法。

（四）開化的跡象，綜合現在考古學所得及古籍爲説。

（五）社會之發展。我以爲中國開化，始於東南，其地與斷發文身之越族爲鄰，戰争頗劇。得俘虜則以爲奴隸。故黥面在彼族爲文飾者，在我族則以爲刑罰。蓋犯罪者視如異族，故加以異族之標識也。黥爲五刑之一，相傳始於蚩尤。傳説又稱蚩尤始作兵。此亦其時之漢族好戰争之證。犯罪者後世多相沿以爲奴隸，可見此時之受黥刑者及文身之俘虜，亦必用爲奴隸。此等好戰之族，或用奴隸爲生産之主力。中國之奴隸社會，史失其紀，可憑以推測者,惟此而已。近人所言中國奴隸社會之説,證據多不確實,當略加辯正。漢族古代曾遭洪水之災,其事當在炎、黄之際。相傳至禹而治好,依我的考據,則并不其然。禹之治水,亦僅在一小區域中。一小區域中,收效多久,亦復難言。然自禹以後,古書遂不言水災,而使後世之人,稱頌禹之明德者,實以自禹之後,吾族開始西遷,西方地高無水患,而故居有水患之區域,則因文化落後,事蹟無傳於後也。黄帝所居,亦即其與神農戰争之涿鹿,依古據《世本》,地實在今銅山。且云:自堯以前,皆都於此。而夏代都邑,皆在今河南境,即其鐵證。吾族之西遷,開始走上遠征之路。蓋不暇久居一地,盡力經營,而惟責被征服之族以貢獻,久之則變爲租税。然非攘其地爲己有,以其人爲奴隸而從事於耕作。故古書中之奴隸,皆不事耕作也。至此則入封建時代,此條爲鄙見與時賢相歧最甚之處。然自信證據頗堅,欲知其詳,拙撰開明版之《先秦史》,可以參考,鄙人自信至少可備一説也。

（六）古代之政治制度。舊時所用"封建"兩字,意義本甚混淆,至近今則其混淆更甚。其實古代各國本來分立,此不出於彼所封者,本不可稱爲封建,即後來漸有分封,然既封之後,不久即勢成獨立者,亦只可稱爲分立,亦不可稱割據,以割據乃既統一之後,又割一塊地而據之也。不可稱爲嚴格之封建也。大抵古代稱姓者,近於據血緣而行屬人主義。稱氏者,近於據地緣而行屬地主義。前者可稱爲氏族,後者可稱爲部落,至部落則漸進於國家。各國分立,國中有最高之主權者,皆稱君。一獨强之國,爲列國之君所聽命者,則稱王。故王爲共主之稱。王在其本國中仍稱君,其國衰弱,不爲諸國所聽命者,即失其爲王之資格,然其爲一國之君無損也。堯、舜、禹、湯、文、武皆王也。天無二日,民無二王,此乃古人所想望,而非事實。事實上,各區域中,各自有王,故春秋時吴、楚皆稱王。然此在所統治之區域中皆弱小之國,肯加以承認則然。中原之地,二等國皆有相當之實力,一等國欲稱王,未必肯承認。故齊、晉雖强,寧以王之名奉周君,而己則争爲霸。霸者,諸侯之長。此時王無實權,霸者顧有之,其名則在王之下。然吴、楚各在南方稱王,而仍欲争爲北方之霸者,文明區域之霸,其榮譽尚勝於落後區域之王也。戰國時,大國皆稱王,諸王之上之共主,乃取天神之名而名之曰帝。齊湣王、秦昭王併稱東、西帝。秦圍趙之邯鄲,辛垣衍欲使趙尊秦爲帝,即此物,然其事皆未能成。直至嬴政,乃有皇帝之稱。然皇帝與戰國時之所謂帝者亦異。戰國時之帝,僅諸王之共主,秦時之皇帝,則其下無復有國家矣。嬴政欲易王之名,而又不欲僅稱帝,其以此歟? 秦亡後,項羽稱西楚霸王,而尊楚懷王爲義帝,即承襲春秋時齊晉爲霸主有實權,而周王但有空名之局,特其名則用戰國時之王與帝耳。

此爲列國間關係之變遷。考證某時代國數共有若干者，爲無意義之事，理由太繁，現難詳述。考究各國之實力，則我以爲經今文家言，大國百里，次國七十里，小國五十里者，乃反映周初之局勢。古文家言，公五百里，侯四百里，伯三百里，子二百里，男百里者，乃反映春秋時之局勢。此時之滕、薛等，蓋皆古所謂百里之國，魯、衛等則五百里之國，晉、楚、齊、秦等則邦畿千里之王國也。今古文說，皆時人所欲建立之制度，非事實。然草擬制度者，必按切事勢以立言，故能反映當時之事實。晉、楚、齊、秦等大國，從無受命於人者，封國亦無能如此其大者，故草擬封建之制者，皆不之及。百里之國，在春秋時已無足重輕，五百里之國，尚有相當比重。至戰國則亦不足道，惟是七個千里之王，互爭雄長。其時有人欲用舊辦法，在諸王之上，立一共主，事未能成，最後乃有兼併統一之論出，而秦卒成其事。此時百里之國成爲縣。前此在諸大國中久然。秦所建之郡，其區域略與五百里之國相當，千里之國，則爲所撲滅之目的，行政上不再建立此等區域，而後漢末之州郡，唐之藩鎮，實即此區域之復活者也。千里之國被撲滅，百里、五百里之國，仍保存其區域爲一行政區域，但其首長變世襲而行任命，此爲舊日所云廢封建而行郡縣。在此制度下，對人民未必遂無剝削，但其剝削之形式有異，即前者之剝削，其形式爲賦稅，而後者之剝削，其形式爲私租。私租之剝削，未必不用超經濟之勢力，其殘酷之程度，亦未必皆遜於賦稅。然在法理上，對人固無治理之權，若并此權而與之，則其情勢可以更惡，而事實上亦多更惡。故中國人民所力爭者，即在打倒割據，保持統一。割據者，政治上之封建制度，地主則經濟上之封建勢力也，兩者須分別言之。政治上之封建制度，經數次之大反動，而卒歸於消滅。(一) 秦漢之際，(二) 漢初，(三) 後漢末至南北朝之州郡，(四) 唐五代之藩鎮。其有名無實之封建制度，亦經過(一) 去其治理之權而仍許食賦稅，(二) 許其直接收租，(三) 不許直接收租，而猶指定封地，(四) 但由國家與以實物或貨幣，等於俸祿之四階段。官吏之祿田，亦與此項制度在經濟上相類，至明代乃消滅。經濟上之封建勢力，則直至最近之土地改革，乃被消滅。

（七）政治上之地位，由世襲變爲任命。所任命之人，亦逐漸由家世之資格，而變爲論其德行、才能、學識之資格，是爲選舉制度之興起，世襲與選舉之變遷，亦爲封建制度廢除之一重要部分。

（八）人民在政治上之地位。古有征服者、被征服者之區別，前者稱國人，有參政權，充正式之軍隊；後者稱野人，反之。此項區別，逐漸消滅。經濟上之變遷起，其重要者爲公社制度之日漸崩潰，隨之而發生經濟上之階級。

（九）古代之政治機關。官制。列國內之官，秦以後變爲地方自治機關，受壓迫而日以墮落廢滅,故各地方之民政,皆廢而不舉。宋儒至發憤而欲行封建,其主要之理由在此。令長等於古列國之君,其掾屬等於古列國之君朝廷上之官,仍由令長任用。至隋以後,乃改由中央任用。此亦鏟除封建制度中重要之一事。

(十)古代之賦稅,偏重於農民,其後隨經濟之變化,工商稅逐漸興起,然不占重要之位置。對於農民之剝削,最惡者,為無定物,無定額,無定期之賦,次則力役。漢世之寬政,為減輕田租,惡稅為口賦之重。

(十一)兵制的變遷,從征服之族充正式之軍隊,變為全國人民皆充正式之軍隊,再變為秦漢以後使用罪人,進而使用異族,而普通人民漸憚當兵,甚至法律上亦不服兵役,此事與五胡之亂,大有關係。

(十二)古代部族之內,確有無肉刑之時代,有舉族共遵之習慣,而無憑統治階級之意思所制定之法令。以兵器傷害人之肉體,只戰時施諸異族,後漸施諸本族之內奸,次及其餘之罪人。而隨統治者之意所製定之成文法亦日繁。

(十三)古代之學術,有兩種來源:(一)為宗教之府之大學,明堂、辟雍。為宗教哲學之來源。(二)出於官守,為社會科學之來源。後者較前者更重要。九流中欲改造社會者,農家、墨家、法家,商鞅、韓非。僅收政治上之功效,其涉及社會經濟者,只儒家之主平均地權,法家《管子》中《輕重》一部分。之主節制資本。而儒家之主教化,得柔民之術,為統治者所利,又其言製禮作樂,赫然侈耳目之觀,合於統治者夸侈之性質,故武帝時偏見提倡。

(十四)漢代取於人民者甚輕,此為人民長時期間鬥爭所得之結果。凡人民之鬥爭,其途甚多,除積極的叛變外,消極的逃亡、不出租稅、逃避兵役,或戰爭服役不盡力,皆是也。羣雄相爭,人民恒以此等方法,打倒較反動者,扶助較前進者,積多數之經驗,使統治者(一)不敢不行寬政,(二)不敢不依當時知識階級之指導而改良制度,此即人民鬥爭所得的結果。至於君主專制之陳陳相因,則社會發展未至其時,人民不能想出別種政治之形式,不能以此而指為被賣也。漢代國家取民之輕,及其除秦實則秦以前列國之舊。暴政,多行有利於經濟發展之事,如通關梁,一符傳。即人民鬥爭所得之結果。但於經濟制度未及改正,其尤甚者,則為(一)地主之剝削,(二)商業資本之跋扈。對治之者,適為儒家平均地權、法家節制資本之主張,兩者皆未及行。桑弘羊雖見用於武帝,然其效實只在籌款。至新莽乃綜合兩家,製成方案而實行之,其魄力可謂極大,然犯操刀代斲之弊,卒至大敗,此後遂無敢言根本改革者,而第一期告終。

第　二　期

（一）此期中重要之現象，爲異族之侵入。與中國較易發生影響之民族，自地理上言之，可分爲數區域。兩漢時代最密切者爲（甲）正北之匈奴，戰爭之結果，一部分入中國，次之者爲（乙）西北之羌，亦一部分入中國，而（丙）西方山地之氐，亦因與羌鬥爭，漸爲中國人所使用，釋山居而入平地。（丁）東北之鮮卑，占居匈奴故地，一部分入中國塞内，以今遼東西熱河之地爲最盛。（戊）自新疆以西之西域，本白種人所居。此種人與北族早有關係，一支隨匈奴入中國，是爲羯。以上爲所謂五胡。五胡曾在一時期中，篡奪中國北部之政權，是爲五胡之亂。

（二）五胡之亂之原因，最大者，爲中國中央政府之腐敗。（甲）古代好任用同族，漢初封建同姓，卒召七國之亂，自此不敢任用同姓，而外戚代之。（乙）君主之威權日增，易任用其親昵，而宦官與君主最切近，外戚、宦官兩者，爲後漢政治敗壞之根源。中國自秦以後，疆域甚大，政治上不甚集權中央，政治之影響，實不易徧及全國，但腐敗甚而時間長者則不然，後漢爲其適例。

（三）因政治腐敗，引起人民之反抗，欲圖鎮壓，乃使州郡握兵，是爲割據，亦即封建之復活，說已見前。

（四）兩漢時代，使用異族人爲兵，逐漸加甚，故異族酋長，多爲軍事首領，而以少數民族居於漢地，其團結及鬥爭之力，較漢族之軍事首領稍强，故在割據中成爲重要之角色。

（五）但五胡之亂，實非正式之民族鬥爭。試觀當時入居中國之五胡甚多，而其參與鬥爭者，人數甚少，其大多數實與漢人同事平和生活可知。此考證現難列舉。然則從事政爭者，諸族中之一鬥爭集團而已。此由漢族之經濟，較他族爲進步，故他族之入居中國者，皆依照漢人之生產方式，從事生產，亦即加入其生產關係中，如匈奴人多爲漢人佃客即是。此實爲漢族能同化異族之根原，與蠻族侵入羅馬，變其奴隸社會爲封建社會者大異。又基督教不能統一歐洲，而儒教則兩漢時代，久已統一中國，人民之生活軌範，皆依照之。佛教輸入，除教徒外，實不干涉普通人民之生活方式。因之儒教亦不干涉其信仰。模仿佛教而起之道教亦然，以此中國無教爭。儒教之興起，本由君主之提倡，故政教不相對立。因此君主對宗教之威權亦大，偶欲特崇佛、道，或摧殘佛、道，佛、道教徒亦無從抗拒。五胡皆久居塞内或附塞之地，早經接受漢族之文化,故其割據而得有政權後,施政皆照中國的老樣子。而漢族有廣大之長江流域,以資退守,亦爲羅馬人所無。史事愈古愈相類,愈後歧異愈甚。中西歷史,古頗相類,羅馬、兩漢亡後之況則大異矣,此須善爲比較。

(六)漢族在此時代之成就,爲長江流域之開闢。戰國以前之黃河流域,三國南北朝時之長江流域,皆頗似後世之西南。漢族居平地,山居之異民族甚多。後漢末至南北朝漢人紛紛入山,同化異族,久之,則山地開闢,承平後棄山地而偕出至平地,所謂山胡、山越皆如是也。

(七)此時期,爲自古相沿之門閥,看似極盛,而實入於滅亡之時期。所謂門閥,皆自列國併立之世,相沿而來,新興者實居少數。在其地皆有深厚之封建勢力,經漢末至西晉時之大亂而流移,離開其本據,則其封建之勢力亡失,乃藉把持政權以自存,即選舉上之特權是也。然能得之者,究屬少數,且亦終必失之,不得之及失之者,則夷爲平民矣。此合長時間而看係如此,須善爲説明其關鍵。

(八)東晉以後,南方之政權,始終積弱者,乃由其爲北來之世族所把持之故。此輩本來腐敗,故其政治迄不能振作。此輩始終猜忌南方人,故不肯用強悍之南方人爲兵,三國以前,江域之人,訓練節制不如北方,而其輕悍過之。而寧用北來之傖楚。其結果,則南方之風氣,漸變爲柔弱,平民缺乏訓練,地位較高之人,沾染北來大族腐化氣習。而傖楚軍隊集團中人,亦多驕暴淫縱,而持兵力握有政權,又爲政治腐敗之因。

(九)但南方經濟,在此時期,獲有甚大之進步。尤其是太湖流域及兩湖間湖沼地帶之農業,至隋唐時,江淮遂成全國富力重心。

(十)隋唐之事業,實爲南北朝之繼續,隋文帝、唐太宗不過成功之苻堅、宇文泰也。唐自玄宗以前,宮廷極其奢侈,且皆好用兵,並説不出其所以然,皆胡化也。至德宗以後諸君,乃改而漢化,此點在文化上甚有關係。奢侈及好用兵,爲造成安史之亂之深遠原因。

(十一)此時期之異族,事已立而跡不見之西胡,實有重要之關係。蓋西胡之文明程度高,而距中國遠,故其對北狄,實居於領導之地位,而其擾亂中國,乃借北狄之手以行之。自鮮卑侵入中國後,北方之地空,而鐵勒據之。鐵勒者,西來之族,柔然雖鮮卑分部,其後來所用,則皆鐵勒之衆也。突厥亦西來族類,安、史之亂,以奚、契丹之衆爲主力,奚、契丹東方族類,而安、史則皆西胡也。西方爲中國患最甚者爲吐蕃,其所用之衆爲羌、渾、党項,而吐蕃之開化,實受印度之影響,印度亦西胡類也。此點在世界史、民族史上甚有關係。

（十二）唐代之藩鎮，即魏晉以降州郡握兵之復活，此點須從政治制度上加以説明。

（十三）此時期之政治制度，相權日削，選舉之權，益集於中央，皆中央集權及君權進化之結果。中央集權及君權進化，爲中國政制演進之一般趨勢，須加以説明。

（十四）科舉制度之漸興，與打破門閥用人之局，有重要之關係，亦爲鏟除封建勢力之一端。

（十五）自晉户調式至唐租庸調法，爲時恰歷五百年，皆冀以平和手段平均地權，此亦一派學者之主張，但行之無效。在税法上，則口賦變爲户賦，取錢變爲取織物，是比較合理的。凡新制度皆針對舊弊而起，新弊又生，則又有更新之制度以繼之，固終不能無弊。然除大革命外，逐漸進化之道，總只得如此，必須切實加以説明，不得一筆抹殺。

（十六）此時學術之發達，偏重在宗教哲學方面，玄學、佛學是也。中國固有的限於各氏族、各地方的雜多的宗教，合併而成道教，亦爲極有關係之事。又此等乃政府承認之宗教，秘密流行於民間而爲革命之原動力者，亦有若干派。此等皆須分別加以説明。

（十七）所謂農民起義者，其内部情形，亦極複雜，須各加分析批判。又與政府反抗者非盡農民，亦須各求其真相。此等處皆不應如時下議論之籠統，現在無暇細説。大抵（甲）純粹之農民起義，只能在本地方反抗暴政。（乙）有時或流亡出境，亦僅爲免死之計，不知爭奪中央政權。（丙）而豪傑即今所謂江湖上人。則異是，故革命運動，至有豪傑加入而規模始大。（丁）然至此，則領導權爲豪傑所篡取，而農民退處於無權。（戊）革命軍往往懷抱空想之社會主義，此亦江湖上人之本色，農民爲小有産者，不能有此思想也。（己）此思想本不能行，江湖上人，又多貪享樂，而不能建立革命的紀律，故必成九州豺虎之局。（庚）羣雄中必有較現實者，較現實者必思建立秩序。新秩序既係空想而不能建立，則必回復舊秩序。此時助之者必係知識階級，知識階級本係保守的，此歷代治法之所以陳陳相因。然新朝必行寬政，對於舊制度，必依知識階級之指導而加以改良，此即爲人民革命所得之效果。理論之概略，大抵如此。詳細須隨事説明。

第　三　期

（一）此期中重要之現象，爲擺脱前此外來之影響，而回復漢化，政治上學術思想上皆然。

（二）民族鬥爭，亦爲此時期中重要之現象。蓋前此北方大族，鐵勒、突厥皆自西來，回紇爲鐵勒分部。故其敗遁仍引而西。而遼、金、元則皆東方部族，其本據在東。而其本據地東北。離中國較遠，非如正北之匈奴，故中國較近，當其衰弱時，中國可以犁庭掃穴，或設官管理。故此時期中國受外禍最深，中國人之民族主義，萌芽於五胡亂華時，至此時期而發達。

（三）此時期中，特可注意之事，爲資本主義之初步發達。今談中國社會變遷者，所言似多未得要領，此事須從大處着眼。試舉數端：如（甲）唐時，財政全恃漕運，開元天寶時諸臣即以此獻媚。中葉後，劉晏等亦以此得名。至宋時之入中、入邊，則運輸實恃商人辦理矣。元時，海運由政府自行辦理，清中葉欲行海運，海商代其設計甚詳善，且肯挺身自任，使無汽船出而其事卒行，則必委諸商人矣。而明時中鹽之商人，入糧於邊者，且能出其資本，於邊塞招人屯墾矣。（乙）唐時飛錢，尚倚賴政府及諸軍使，宋初則富人能自發交子，後其發行權爲政府所攘，卒至大弊。紙幣由此廢，而銅錢又爲所逐，銀乃代之而興。至清世，官吏之解款者，率向商人兌取銀兩，票號起，官款亦多托其匯兌，而金融之權，漸轉移於商人矣。賣鹽之法，前代多端，終至官僅出售特權，發賣全恃商人，商人且因此爲計臣所借重。此等皆資本逐漸發達，組織逐漸精嚴之證。政府不能辦事，勉強辦之，必弊竇多而所得少，隨着資本之逐漸進步，政府委托商人之事必多，商人必漸可參與政治，了解政治。君主專制，本係壞事，但較之列國分立則尚好。故中國人民，恒暗助一個君主，以打倒割據者。趙宋以後，封建制度已無再起之望，政治上之障礙物，乃顯見其爲君主之一身，因暴政之亟行，外族之憑陵，使知識階級於推論之餘，對此制益深其憎恨，讀顧亭林之《郡縣論》、黃梨洲之《學校篇》，在《明夷待訪録》中。皆欲使學校獨立於政治系統之外，爲興論之代表，而君主聽從之，儼然有君主立憲之意，則可見矣。知識階級不能實行革命，而實爲革命方向之指導者，使明室不爲清所亡，後此亦更無異族侵入，而由中國人民自起而革命，以掃除政治上之障礙，則爾後革命軍中，必有以選君代世襲爲標幟者，而資產階級必爲之助，中國遂走上資產階級革命之路矣。此雖事未實現，而理可懸決。然滿洲侵入，繼以西力之東侵，此路綫遂爲所攪亂矣。然就其事詳加分析批判，固可備社會發展之一説也。

（四）統一和平，最爲資本發達之助，然在此情勢之下，剝削亦與之駢進。故總富增加，而貧富之相去更遠。漢文景、唐開元，最其適例。自新室敗亡後,無敢言徹底改革者,改良主義則歷代有之,仍重平均地權,救濟農民,如宋之方田、經界、青苗、社倉是也。節制資本之議,持之者甚少,如唐之劉秩、趙贊等是也,亦多徒託空言。賦税之法,則仍有改善。(一)唐中葉後,農田以外之雜税繁興,且漸成重要收入。(二)户調變成兩税,差役變爲雇役。明中葉後,又漸行丁隨糧行之法,前者乃使農業以外之人民分擔賦税,後者則在農業之中,使有田者、多田者加重負擔,而減輕或竟豁免無田者、少田者之負擔也。農民之困苦,(一)由法令不干涉私租,即或干涉,亦成具文。(二)賦役之法,不能如所言實行,而實行時多剥削。(三)國家且舍賦税而自同於地主,以收私租,如禄田、公廨田、官田、公田、皇莊等皆是。至就賦役之立法論,則並不酷,且皆逐漸改良,此須詳加説明,乃能知農困症結所在,欲解除之,所以關鍵不在改訂賦役法,而在土改也。

(五)此時期之政治制度,須注重中央集權一點,如官制等皆然。

(六)學術思想,宋學興起,爲此時期中一大事。説明須分(甲)哲學、(乙)政治、(丙)學術方面。(乙)孕育後來之經世派。(丙)則衍爲清代之考證學。而(甲)破除宗教上之迷信及徼福思想,而仍得慰安之益,及保持嚴肅之態度,亦爲極高尚可稱揚之點。宋學之弊,則在不知社會組織今古不同,而欲以古書所述封建時代之法,强行之於後世也。

寫於一九五二年

三　擬中國通史教學大綱

中國通史，是一個極重要而亦極難講授的科目。因爲一切事物，無不從發展而來，不知道過去，就不能知道現在。而一部十七史，從何説起。我們要知道的材料，未必都有，用不着的材料，卻又汗牛充棟，弄得人頭昏腦脹。如此，要提要鈎玄，從往史之中，刺取材料，以説明現狀之由來，自然覺得不容易了。華東教育部高等教育處爲謀文法學院基本課程的改革，特組織中國通史教學小組，進行集體研討。一九五二年一月十二日，召開第一次會議，到會諸君，都主張先試擬幾個教學大綱，以作討論的根據。不佞在解放以後，是未曾講授過中國通史的，但對於這一科的教學，卻有一些意見，謹陳其説，以求同組諸君及海内賢達之賜教。

要擬訂中國通史的教學大綱，是離不開分期的問題的。誠然，史事前後相因，如抽刀斷流，不可得斷。然一切事物，往往積量變而至於質變。社會的情勢，經過一個時期，就煥然改觀，而人類的蘄向，亦即隨之而大異了。中國通史依鄙意當分爲三期，即：

（一）自上古至新室之末

（二）自後漢至唐天寶

（三）自唐中葉以後至清室盛時

謹陳其説如下：

要講歷史的分期，自然離不開社會發展的階段。現在講社會學的人，都知道社會的發展，有五個階段，即：（一）元始公社時代、（二）奴隸時代、（三）封建時代、（四）資本主義時代、（五）社會主義時代。中國曾經過元始公社時代，是無疑義的。孔子所謂大同，老子所謂郅治，以及諸子百家所述皇古治化之美，都是對於這一個時代的回憶。至於奴隸社會究在何時？那就大成問題了。因此，也自然牽涉到封建社會始於何時的問題，甚至有説中國没有奴隸社會的。鄙意：社會發展一定的途轍，中國自不能獨外。但古代史籍闕略，其中失枝脱節之處，自然在所不免。所以中國的奴隸社會，不是有無的問題，仍只是在於何時的問題。究竟在於何時呢？我以爲最遲應在堯、舜以前，自禹以後，就進入封建社會了。這話怎樣説呢？

　　談中國古史的，多以爲中國的開化，始於黃河流域，且多以爲起於黃河中游，甚至有主張中國民族西來的，這都是對於最古的材料，未能利用，且爲西人成説所眩惑之故。其實史事之記載，或有脱落，民族之風尚，不能驟更。我國古代，食物以魚鼈爲主；衣服之材料，雖兼用羽皮，而實以麻絲爲主，其裁製的式樣，亦極寬博；居處雖有巢居、穴居兩種，亦以巢居爲要，後來乃發展而成爲上棟下宇之制；以及貨幣之主於用貝，宗教之敬畏龍蛇，都可證其起原係在江海之交，濕熱之地。古史上掀天動地的大戰役，莫如阪泉、涿鹿之戰，兩者其實即係一役；蚩尤、炎帝，亦即一人。此等煩碎的考證，現在不必細講。後人説涿鹿者，或以爲今河北的涿縣，或以爲今察哈爾的涿鹿縣，而阪泉亦即隨之。此特因漢世郡縣名而附會，並無確據，考證當崇古據，《太平御覽‧州郡部》引《帝王世紀》，説《世本》云：“涿鹿在彭城南。”又説堯亦都此。然則自黃帝至堯，都邑皆在今銅山附近，其地實南接江淮，東近海。自黃帝以後，仍世與共工、三苗鬥爭。神農、共工、三苗皆姜姓，自顓頊至周，則據《大戴記‧帝系》，皆爲黃帝的子孫，而黃帝姬姓，然則在古代，漢族内部的戰伐，殆爲姬、姜兩姓之爭，而後來姬姓勝利了，三苗始製五刑，而古稱其“上效蚩尤”，蚩尤則史言其始作兵。案古代之所謂刑，與後世異，後世凡鞭笞、拘禁、罰作等，都謂之刑。古代則必以戰陳所用之兵器，傷害人之身體，使其蒙不可恢復之創傷者，乃謂之刑。五刑之最輕者爲墨，即後世之刺字。古代所謂越族亦作粵者，即現代之馬來人。此族分布於今亞洲緣海及地理學上所謂亞洲大陸的真緣邊。自中西歷史觀之，通有文身之習，至今未絶。文身者亦文其面，此即所謂雕題。《史記‧五帝本紀》言，三苗在江淮、荆州。在江淮者，正在彭城之南，而與越族爲鄰，然則推想五刑之起原，殆因三苗初與越族戰爭，得其人以爲奴隸，其後本族之犯罪者，亦貶入奴隸之羣，視同異族，因亦施以異族之飾，用爲識別。於是雕題在彼族爲文飾者，在我族遂成爲刑罰了。神農與三苗，同爲姜姓，神農之爲農業部族，事無可疑。然則謂三苗初用異族爲奴隸，後因馳及本族者，正與今社會學家言，謂奴隸之制，始於農牧時代，而農業時代視之尤重者相合，所以我説三苗是中國的奴隸時代。

　　何以又説自禹以後，就進入封建社會呢？案禹之治水，若如《書經‧禹貢》所述，在當時必勢不可能，此在今日，已無足疑，無待解釋。然自禹以後，吾族確未聞大遭水患，而使後人有微禹其魚之嘆者？則吾以爲其原因實不在治水而在西遷。禹之治水，在《書經·皋陶謨》今本《益稷篇》。中，尚留有較元始之材料，那即是禹自述云："予決九川，距四海，浚畎澮距川。"川者自然之河流，畎澮則人力所成之水道；海者，晦昧之義，相距遙遠之處，其情狀晦昧難知，則謂之海。是故夷蠻戎狄，謂之四海，洋海之海，正因其爲物巨大，杳冥不可知而得名，轉爲後起之義。九者多數，四者四面，把自己境内人力所成的水道，疏通到天然的河流裹，再把天然的河流，決出境外，禹之治水，不過如此。然則禹之治水，並非治全中國的水，實係治其部族境内之水，治而無效，境外可遷之地正多。此時漢族所遭之水患，實非始於禹，自共工及鯀以來，久已視治水爲一大事，至於禹而仍無效，則歷時已久，自不得不改弦易轍，舍堤防疏導而謀逃避之方。堯尚建都彭城，舜，孟子亦以爲東夷之人；而夏代都邑，遂在河洛流域；商代都邑屢遷，亦皆在今河南、河北、平原三省黄河兩岸；周代則更西入陝西之渭水流域，皆漢族日漸西遷之證。西方地勢較高，遷移之後，無復舊時的水患，水利却亦不如故土之饒，非力作無以爲生，而苟能勤劬，却亦不慮其無報，此西遷之一支，經濟文化，遂日益進步，而留居故土者，轉落其後了。凡一民族，當其住居在一定的地方，自行從事耕作時，往往得異族即用爲奴隸，使代耕作之勞，遂成爲奴隸社會。若其踏上遠征之途，而欲極其兵鋒之所至，則必日以戰斗爲事，征服異部族，不過使其輸糧以助饋餉，輸財以供軍實，出人力以爲厮養而已，必無暇定居一地，從來於營田殖産，又何暇使用奴隸？孟子述三代稅法，謂："夏后氏五十而貢。"又引龍子的話説："治地莫不善於貢，貢者，校數歲之中以爲常，樂歲粒米狼戾，多取之而不爲虐，則寡取之，凶年糞其田而不足，則必取盈焉。"自來暴君的多取，意皆在於自奉，而非有意與人民爲難，凶年不肯減少，自易理解；樂歲不肯多取，於意何居？觀貢字之名，與後來大國取諸小國者相同，則知貢法之初，並非取諸納稅的人人，而係取諸整個被征服的部族，此原無所謂暴虐。到後來，征服部族和被征服部族，合併成一個國家，一切行政之權，逐漸移入征服者之手，被征服部族的首長，變成征服部族的官吏，而奉行其命令，至此則國家之租稅，業已取諸納稅之人，而仍沿其舊額不變，遂如龍子之言，成爲弊政了。然即此，亦可見其榨取農民，皆取賦稅之形式，而並非盡其所有，則其被榨取者，不能稱爲奴隸可知。自此以降，凡有封地者，莫不如此，奴婢固非無有，然皆以供使令，至多如《周官·天官》所述，令其從事於家内工業而已，絶未聞恃奴婢爲耕織的主力。所以我説，從夏朝以來，中國就進入封建社會了。

中國封建勢力對農民的榨取,有兩種形式:(一)爲古代的封君,政權在手,其對農民的榨取,取賦稅的形式。(二)又一種則取私租的形式,此係隨土地之私有而發生。土地之初期,乃爲氏族所有,其後因耕作方法之改變,乃由氏族分配於各家族。此時之土地,並非各家所私有,氏族仍保有再分配的權利,且必時時加以再分配,然歷時既久,氏族之成法,或至廢墜,其機構亦有變遷,則分配之事,可以久不舉行,或且永不舉行。如此,家族受諸氏族的土地,名義上雖非私有,實際遂同私有了。又古代田間的陸地,謂之阡陌,水道則謂之溝洫,其占地頗廣,土田漸感不足,而其管理的制度又趨於廢墜時,必有開墾之或填没之以爲田者,此即所謂開阡陌。此本非法之事,然墾闢廣則賦稅必增,封君或利其然而不加阻止;或亦實因人民之無田可耕而予以默許。如此,則又有新開闢之土地,本非受自分配,而遂由開闢之人占有者。土地分配之事,既久不舉行,欲耕者多無田可得,只得乞假於有田之家。有田之家,或因耕作之方法加精,而可以分出餘田,或因兼事他業,或竟改事他業,亦可分出餘田,或竟將其田全部放棄。又開墾之家,本有並不爲自己耕種,特因他人無力開闢,出資從事於此,既闢之後,即行轉借於人以圖利者。從前東北初開闢時,即有此現象。凡此種種,均可使土地實際爲私人所占有,而藉之以圖利,私租遂由此發生。《禮記·檀弓篇》說:"季子皋葬其妻,犯人之禾,申祥以告,曰:請庚之。子皋曰:孟氏不以是罪予,朋友不以是棄予,以吾爲邑長於斯也,買道而葬,後難繼也。"這是說,我若在此地做個平民百姓,是無妨隨順習慣,承認土地的私有,犯人之禾,予以補償的。現在做了邑長,則站在公家的立場,若亦予以補償,則將來之人,將援案說,前任某邑長,業已承認土地的私有,後任的人,就不好辦事了。此爲民間土地,久經私有,而公家尚不予以承認之證。所以所謂商鞅開阡陌,決非商鞅發出命令,准許將阡陌開墾爲田,只是久經開墾成田的阡陌,到商君纔予以承認,許其占有罷了。這種公開發令,或隨順習慣的默許占有,是到處皆然的,不過不都見於記載而已。經過這種承認,土地的出租或賣買,就都成爲合法之事了。

當封君握有政權,而藉租稅的形式,以榨取人民時,人民的鬥爭,分爲兩方面:(一)其在國內,則希望有一個英明的君主,出而制止諸小封君之暴虐,此其義爲尊君。(二)在國際之間,則希望有一個英明而又强大的國君,能干涉列國的内政,禁止其暴虐,且制裁其相互間的戰爭,此即所謂王。古語說:天無二日,民無二王。這只是古人的希望如此,並非事實。事實上,古代的許多區域,是各自有王的,春秋時吳楚的稱王,即其明證。倒是這時代,山東之地,經濟文化都逐漸發達,二等之國加多,其力雖不足與一等之國相敵,然一等之國而欲稱王,却亦不易得其承認。所以齊、晉等國,反不敢稱王,而只求作諸侯之長,此即所謂霸。到戰國時,一等之國更强大了,二等之國,或竟滅亡,或更削弱,在比例上益無足輕重,七國乃各自稱王。此時的問題,已不在一等國能否制裁二三等國,因爲這是其力綽有餘裕的。而在七國之王,對內暴虐,對外稱兵,孰能加以制裁? 此時之所希望,乃在諸王之上,再有一個國君,能臨制諸王,亦如昔日之王或霸對於列國者然。這樣的一個人,當時稱之爲帝,齊湣王和秦昭王嘗併稱東、西帝;後來秦圍趙之邯鄲,魏國力不能救,又使客將辛垣衍勸趙尊秦爲帝即此。這個制度,始終未能建立,卒至秦併六國,而後積古相沿的問題,得到一個解決。人民的力量,看似微弱,其實是强大的。一時或無能爲,積久必然勝利。因爲人民對於其所爲起前進的作用者,可以歸之或效死弗去爲之助;對於其所爲起倒退的作用者,可以消極的不合作,或積極的倒戈傾覆之。積之久而其效自著。到秦滅六國,又不再行封建,則昔時國內、國外兩個問題,都一齊解決了。此即人民在長時期間鬥爭的功效。然封建的形式,雖云廢除,實質仍未消滅,乃借土地私有藉私租以榨取的形式而出現。原來東周時代的三等國,等於秦漢時的一縣,其二等國則等於秦漢時的一郡,一等國則略等於現在的一省,三等國在春秋時代,業已無足輕重,二等國至戰國之世,亦無能爲。然秦人吞滅六國,仍分其地設郡以資鎮壓。其對於郡,仍有戒忌之心,故又分遣御史作監,漢又由丞相遣史出刺,以資監察。郡既不足以叛,大於郡之區域,則有監察官而無行政官,所以終秦及兩漢四百年,有叛國而無叛郡。前此諸侯擁兵相爭,及其對於天子梗命不臣之局,竟暫時被消滅了。然這只解決了前此國際間的問題,至於新興的藉私租以行剝削的問題,則爲前此各國的内政,只能由各國之君來解決,而不能由列國的共主、王或霸來解決。古代的國君,即是秦漢時的縣令,然古代的國君,是生長於其地,對於國內的情形,是熟悉的,而且是世襲的,即不但久任,而且是終身職,不但是終身職,子孫苟賢,還可以繼志述事。所以苟遇賢明之君,確可以有所作爲。若後世之令長,即爲本地人,熟悉情形,其任期亦必較短;若爲客籍人,則一切情形,無不隔膜;雖有賢者,亦難有所作爲。況且從前的革命,當其未成功時,革命的階級恒與人民爲伍,及其既經成功,則自己即代居剝削的地位,而成爲革命的對象了。當封建政體破壞之時,官僚和世族的嬗代,即係如此。封建時代的官僚階級,即法家所稱法術之士,恒與開明專制的君王一心,以撲滅國內的世族,到世族既已滅亡之後,官僚階級代居於治者的地位,即不翅代居於剝削者之地位了，自然要因襲其所爲。所以秦漢以後的令長，其地位等於古代的國君者，固然雖賢亦不易有爲，而在原則上，賢者亦並不易得。如此，人民又非再用自力，奮起革命，以圖推翻此新興之封建勢力不可了。

這一個新興的革命運動，又將如何進行呢？首起而盡指導的責任的，自然是知識分子。這時候的知識分子，又將採取如何的途徑呢？大家知道：從氏族轉變到國家，乃是社會組織的一個大變。氏族的初期，是沒有階級的。一個氏族之内，個個都是自己人，人人受着平等的待遇。到階級逐漸萌芽而至於形成，國家亦即隨之而發生成立了。國家時代的初期，人人還都記憶着氏族時代的情景。那時候的人，還都以爲階級時代，人與人間利害的對立，是個反常的現象，人人思挽回之以復於正常。而其挽回的方法，則彼此一致，都以爲當改變社會的組織，其中最有具體辦法者兩家：一爲儒，偏重平均地權，其說具見於《孟子》。一爲法，偏重節制資本，其說具見於《管子》。秦併六國，只注意於防止前此一二等國的復活，對於此新興的封建勢力，即藉私租以行剝削者，根本未及注意。漢初則迄採姑息的政策，所以到吳楚七國叛變敗亡之後，藉政權以虐民，且與中央反抗者，業已根本鏟除，而此新興之封建勢力，反乘機而益甚。《史記·平準書》述文景時代，社會財富總量的增加，可謂如火如荼，而滯財役貧，武斷鄉曲的現象，亦於斯爲盛，即由於此。武帝以後，談經世者，乃漸漸集中到這一點。其時儒法仍自分途，董仲舒及師丹、何武的"限民名田"，即孟子井田政策的緩和，桑弘羊的鹽鐵、均輸，亦即《管子》輕重斂散之遺意。至王莽乃又合二家爲一。其田爲王田，不得賣買，即均田政策之復趨激烈，而五均、六筦，亦即輕重斂散政策的更大規模。其方案可謂體大思精，而莽之行之，亦可謂心精力果。然知識分子，有一個極大的偏蔽，即不知其自己的階級，亦屬剝削階級，與大多數被剝削的人民，處於對立的地位，而自以爲代表全民；且以爲被剝削的階級，愚不肖而不能自謀，而必藉自居賢知而實係剝削之階級，爲之代謀。於是其革命事業，不但與虎謀皮，而且使狼牧羊，終至於敗壞決裂，不可收拾了。王莽這一個失敗，並非王莽一個人及其徒黨少數人的失敗，而實爲自先秦以來言社會改革者之總破產。經過這一次失敗，知識分子就承認社會的缺陷爲無可如何之事，至多只能補偏救弊，去泰去甚，再不能謀徹底改革了，希望達於大同郅治之境了。我所劃分的中國通史的第一期，即於此告終。

知識分子的領導，既告失敗，被壓迫階級就只得起而自救了。那就是歷代的農民革命。爲什麼起而革命者，必是農民階級呢？那是容易理解的。中國舊説，分人爲士、農、工、商，雖然不够詳盡，然以大體言之，固亦不過如此。四民之中，士是不會直接行動的，工商較能直接行動，然亦相去有限；且三者均係少數，又非剥削的最後對象，總還有個逃避躲閃之處，所以都不聞其起而革命。只有農民，爲剥削的最後歸宿，迫於無可如何，自只得起而反抗了。但農民有個弱點，即其生活局限於一個極小圈子之內，所以被迫反抗，只知道推翻直接加害於己者，如本地方之官吏豪强而止，而不能注意到其背後更有支持之的較大的政權；而各地方的農民，亦不能互相聯合，所以農民革命，只能此仆彼起，而不能合流，成一枝强大的兵力，大亂之成，必更有待於別一階級的加入。這別一階級又是何階級呢？那就是前代所謂遊俠，現代所謂江湖上的好漢。此種人，因其生活資料的來源，不恃交換而恃劫奪，既爲統治者所不容，亦爲社會所疾視，不得不藉團結以自衛；且必有逃避藏匿之處。所以較不土著，而聲氣之所通頗廣。此等人的生活，本是與平時的所謂社會秩序，立於反對的地位的，所以社會一有變動，彼等即易加入。而農民誠樸，他們掉皮，一經與農民革命軍合流，他們就竊取着革命的領導權了。革命軍隊至此始能出境，各地方互相匯合，而其聲勢始行浩大。此等人常與政府立於反對的地位，故頗知道奪取政權。因其生活和常人不同，故其高者多懷抱着空想的社會主義，此本無實現的可能；而此輩又多耽於享樂，而憚於力作；其所謂紀律，不過同黨互相約束，以劫奪異黨，至於劫奪的對象無存，他們的紀律，亦就蕩然無存了；所以終不能建立新秩序，然社會是不能長此無秩序的，不能建立新秩序，則必回到舊秩序。此等人中之較現實者，乃利用士人及舊朝的官吏，而把舊秩序回復過來，此即羣雄中的太祖、高皇帝，而一場革命，遂等於徒勞。

凡事不惟其名惟其實，古代的封建，到漢朝奪王侯之權而歸之於相，國相與郡守，異名同實，業已蕩然無存了。此時的王公，雖有封地，僅有收取租稅之權，等於官吏之食禄。進一步，遂可不必有封地，而僅指定若干户之租稅，爲其收入。始猶許其直接收租；更進一步，則由政府代收而給之；更進一步，遂可不指定人户，但以户租爲一計算之單位，食若干户，即由國家給以若干單位而已。公家對於人民，欲加重其剥削者，反須變官税爲私租，如宋之官田、明之皇莊是也。至此，則有王公等爵名者，全無封建之實力，而有封建之實力者，乃轉爲別一種人。如漢末至南北朝之州郡、唐五代之藩鎮，即古時大、次國之復活；地方豪右，以及堡寨之長、流人之主，割據一方，政府亦不得不授之以職，甚或聽其世襲者，即古時小國之復活也。此等現象，歷代亂時有之，平時無有，然復入於亂，則此現象復起。此由中國疆土太大，交通不便，一個强大的政府，雖能實現政權之統一於一時，終不能長久把握故也。然此等亂象，歷一時期，終必復趨平定。惟不藉政權而但恃實際之封建勢力，藉私租之形式以剝削農民者，則自土地私有之制成立後，至今日土地改革以前，不但未能消滅，並且未曾中斷，不過其勢力亦時有贏縮而已。

要打倒封建主義，必恃資本勢力之發展，而資本勢力之發展，必恃工商業的發達。中國的工商業，興起亦甚早，但爲地勢所限，其發達只限於交通大道之緣綫。在此緣綫，雖造成若干大都會，其餘之地，則因交通之不便，分成若干自給自足之小區域。此諸區域之間，雖非不相往來，然生活必須之品，則各區域中，皆能自給自足，截斷其交通，只能降低其生活程度，而不能危及其生存。此等情況，實迄今未變。抗戰之時，所以能以內地爲根據，而與日寇相持者以此。此等微弱的資本勢力，不能與封建勢力相抗，故多折而依附之。如商賈與官吏貴族勾結分肥，官吏貴族，或且依恃勢力經營商業是也。逮封建勢力橫行，造成大亂，則工商業益受摧殘，如魏文帝時竟至廢去五銖錢，後雖旋復，然晉南北朝時，仍多以實物交易之處，即其一證。此等大亂，雖旋獲平定，然平定未幾，亂即復作，中國的資本主義，就不易發揚暢遂了。度量衡及貨幣之不能劃一，即資本主義不能打破封鎖，而反折而從之之證。

還有一種因素，足以助長中國的封建勢力的，那即是蠻族的侵入。中國之地，東南面海，西南及正西，則山嶺重叠，均不易有強大的外敵侵入。而自西北至東北，即青海、蒙古及關東之地，則地較貧瘠，而交通無大阻礙，自成爲東洋史上的侵略地帶，而中國實首當其衝，此等地方蠻族之侵掠，可分爲三期：第一期爲五胡，第二期爲突厥、鐵勒，第三期爲遼、金、元、清。第一期之爲患者，多居塞內或附塞之地，至其力盡而弊，即旋與漢族同化，僅唐中葉前之政府，尚沿襲胡化之餘習而已。突厥、鐵勒均西方民族，因鮮卑南侵而移居其地，其和西域的關係，並不較其和中國的關係爲薄，所以敗亡之後，仍向西方退却，其爲中國之患亦不深。至遼、金、元、清，則本爲東方民族，其根據地又較正北之匈奴、西北之羌人爲遠，所以其爲患較深了。我嘗說：唐中葉後，實爲中國文化轉變之機，至北宋而成熟。因爲中國的積弊，以封建勢力爲最大最後的堡壘，所以有志於更化者，如執政權之王荆公，如手無斧柯之張橫渠等，一齊以此爲進攻之目標，宋儒多主張井田，不恤主張恢復封建，其欲平均地權之心，可謂極切。假使如其志而行之，雖不足語於社會主義，然必能爲資本主義開闢道路，事固有所求在此，而其效在彼者，不足異也。然當此之時，遼、金相繼跋扈，言治國者，精力分於禦侮，就無暇更及社會問題了。當外敵侵入之時，武人及疆吏之權力必重，更足以招致封建勢力之橫行，因此內部之矛盾，更形深刻，終不能抵禦外侮，致中國或半個或整個爲其所吞併。當其被吞併之時，蠻族視中國爲其戰利品，肆行殺掠奴役；逮其秩序稍定，則又與中國的惡勢力合流，沿襲中國剝削者的方法以事剝削。中國的封建勢力，就更不易推翻了。蠻族的內侵，實與中國封建勢力的消長，大有關係。所以二、三兩期，依此分割。

以上將中國歷史上的大勢，很粗略的述了一個輪廓。以下請根據此說，略擬一中國通史教學上的要目。亦極粗略，不過作一初步的參考而已。

一

新史學之大概及中國史籍之性質。此不能有何高論，但在開始教學以前，須使學生有一雖極粗略而頗明確的概念，教學方便進行。如向來所謂正史，本以官書爲主，原只能取用其材料，即編纂者亦不自以其材料爲確，又如經、子，其本身本非史籍等等。

古史的年代。合考古學及古書中所能考見者言之。

民族的分布。各族併叙，但特提出爲建國主力的漢族。

元始公社時代。奴隸時代。生產方法的變遷。從採集漁獵到農牧。生活狀況的進步。衣食住行等。從氏族到家族及國家之發生。古代的族制及宗法，於此說明。

封建時代。夏殷及西周，從奴隸到農奴。主要民族，從東向西，向黃河中游發展。

從封建到統一。國家的漸次擴大。大致今文經說反映西周時代情形，古文經說反映春秋時代情形。列國間的關係。從王到霸，從霸到想建立帝而未成。古代疆域的大概。根據服制計算其大致的面積，州制表見其大致的區劃。與統一同時併進的民族同化。

土地私有制度之發生。阡陌溝洫的破壞。工商業的興起。古代的賦稅制度。錢幣。

政治制度之變遷。官制及選舉，貴族階級之沒落及遊士之興起，即官僚階級之成立，於此述之。兵制。刑法。

宦學制度。文字。宗教與科學、哲學。古代三者混合不分。九流之社會科學。

秦在統一後之新措施。郡縣制度之確立，封建之盡廢。銷兵。對外疆域之確立，北築長城，南開南越、閩越。統一後之新制度，如同軌、同文等，此只是制度，實際未必皆有效。焚書。秦之淫暴。

封建政體的反動。豪傑之起，及六國之後復立。戲下諸侯之相王，劉項之爭，漢之異姓王國及其滅亡，漢初宗室外戚功臣三角式之鬥爭、吳楚七國。

漢代的向外拓展。正北匈奴，東北鮮卑及朝鮮，西北（一）西域、（二）羌，正南南越，東南閩越，西南西南夷。此中當注意之點，爲（一）中國與北方遊牧民族之大規模接觸。開始於此時。（二）中西文化的交流及民族的小量混合。

自先秦時代相沿而來的社會問題。漢初之休養生息，同時爲對豪富之姑息。儒家提出"限民名田"，法家實行"筭、榷均輸"。漢武帝崇儒術，立五經博士，始離先富後教之説而空言教化。元帝後要求改革之熱烈。新莽之大改革及其失敗。

<h1 style="text-align:center">二</h1>

後漢之初期。光武、明、章三代，此中所應注意者，爲光武之減政及督責政策、閉關政策。因匈奴之敗亡而北方平定。征服西域，此爲適值天幸非關人力。

後漢之衰亂。此中當注意者，外戚宦官長期握權，交爭互奪，致使中央政治大壞，乃家天下之制自然之結果。中國政主放任，中央政府不易爲善，亦不易爲惡。但如長期腐敗，且專權者偏布其徒黨於四方，即不僅中央直接爲惡。則必至釀成大亂而後已，後漢是其適例。黨錮之獄，爲號稱清流者與政府鬥爭之開始。黨人之背景，須合社會階級與選舉制度觀之，方能明瞭。實並不足取，但其與宦官鬥爭，則是符合人民公意的。歷代清流與政府之鬥爭，皆應以此眼光觀之。羌亂使經濟大破壞，涼州形同化外，爲後漢亂亡之重要因素；且使西北自此荒廢，除河西一隅，因與西域往來外，經濟文化，皆形退步，關係極大。羌係入塞內而後爲亂，與五胡之亂，性質相同，故後漢與魏晉，歷史上當劃爲一期。

人民之大起義及其失敗。從零碎的事件至黃巾，重要當注意之點，說已見前。州郡握兵之制，自此而起。須講明秦、漢州郡制度之變遷。外戚宦官之爭，引邊將入中央，董卓。引起東方州郡之兵。

曹操平定北方。赤壁之戰及三國分立。三國始末。此中當注意者，孫權之決意抗拒曹操，含有南北未盡融洽之因素。故晉朝統一後，南方屢起反抗。曹操、諸葛亮、正始諸賢，代表封建社會之光明面；司馬氏則代表其黑暗面，然此一派驕奢暴虐，但圖私利之軍人及其徒黨，卒得最後之勝利，以爲政局之一大變。

晉初的情勢。（一）上流階級之淫暴昏愚。（二）中流階級，即士大夫自王莽改革失敗後，久失自信之心，因此流爲煩瑣之考證。更因此而激起專講原理、脱離實際的玄學，再因此而轉入佛學，此其思想上之情形。在行爲上，則形成懶惰而貪享樂、盤踞高位而不事事之清談派。（三）社會經濟的凋敝，分（甲）農民的流離移徙，土田之荒廢。於官田之加多見之。（乙）豪强剝削之加重。於小户均由大户蔭蔽見之，小户由大户蔭蔽，於户口數字激減，及後來蔭客，此時部曲之制見之。工商業之衰頹。於貨幣制度之廢壞見之。（四）五胡起原及其分布。

晉與十六國。分爲四時期：（一）前後趙之興與西晉之滅亡。前涼前蜀亦於此述之。（二）晉室東渡至淝水戰前。此時期在北方爲後趙滅亡，後燕、後秦興起。（三）淝水戰後。此時期在北方爲後燕、後秦對立，涼州分裂。（四）拓跋魏吞併北方。此時期爲拓跋魏興起，後燕分裂爲南北，後秦爲夏所困。南方之北府兵，暫時崛起，滅後燕及後秦，然後秦之地，旋入於夏，卒之北方皆併於魏。此章中所當注意者，西晉時統治階級之崩潰，已如前述。東渡後北方大族，把持政權，至與南方豪族，大有矛盾；而北來大族之間，亦仍有矛盾。因北來大族把持政權之故，不敢訓練南人爲兵，而專用北來之荒傖。此輩素質不良，以致其兵並不可用。北府兵之速衰以此。而江東之人，自三國已前，迄以輕剽著名者，至此則成爲無訓練之白丁，須多兵時乃用之，每致敗績。元嘉北伐之敗以此。此皆畏懼人民，不敢與人民合作之故。北來大族間之矛盾，則最著明者爲荆、揚之相猜。五胡中鮮卑人數最多，最能接受漢族之文化，故氣運最久，此由匈奴積爲中原人所畏，頗驕，羌人又最受漢人之壓迫，而氐次之，鮮卑與漢人之關係，較爲正常之故。此可爲言民族政策者之殷鑒。

南北朝之興亡，可分爲前後期。前期自宋至梁初，其中重要之戰役，爲魏太武之南侵，及梁初鍾離之戰。前者意不在得地，並虜掠亦爲其副目的，而意專主於破壞，爲中國人前此未遇之新戰略，故大吃其虧。後來則魏人意圖奪地，形勢已變，中國人此時之弱點，爲只長於水戰，故至多能防禦而不足進取。鍾離一役爲其典型。後來專思築堰以敝魏軍，亦由於此。孝文南遷，爲北方之一大變，其重要之點：（一）爲南遷鮮卑之腐化。（二）爲南遷者與留北者之間，發生矛盾，因此而引起内亂。後期爲魏之分裂，侯景亂梁，陳武崛起，周齊興亡，及隋之統一。此中所當注意者：（一）梁末政治之腐敗，乃清談之習之後果。（二）諸王之專横，則内外相猜之結果。（三）兵力之腐敗，則凡軍閥擁兵者，其結果無不如此，對外全然無用，而又不易裁撤，致成國内之梗。故擁有强大之常備兵者，必非國之福，此等皆典型之例。宇文周之政治，爲五胡漢化之徵。

民族之大遷移。（一）漢族所至甚廣，江域之經濟文化，皆因此而急進，遼東、交、廣，亦受其影響。（二）漢族入山，與胡越雜居，山胡山越，因此出居平地。（三）山中諸小民族，乘郡縣之空虛而出居平地。

人民之起義。在南方爲反抗政府之虐政，如孫恩。北方則抗魏之義民甚多。又崔浩、寇謙之等，亦有意抗魏而未成，説見拙撰《兩晉南北朝史》。

晉南北朝時，中國與域外之關係：（一）鮮卑南遷後，北方空虛，鐵勒東遷。柔然所用者亦鐵勒之衆。突厥繼鐵勒東遷。高句麗崛起，侵占遼東。越南方面情形。林邑之興起。雲貴方面情形。南詔建國之本。

隋代事蹟。文帝之勤儉及其嚴酷。煬帝之荒淫。隋與高句麗、突厥及西域之關係。隋末之亂。

唐前半期之事蹟。注意兩點：（一）唐自高祖至玄宗，一貫奢侈，此乃北朝胡化政府之餘習，與個人性格關係實淺。（二）隋唐之事四夷，除對突厥、延陀可稱有自衛性質，對吐蕃，在青海方面，更純出自衛外，餘皆並無理由。對高句麗，取遼東可云恢復舊疆，過此即自陷於侵略。對西域更毫無理由，而疲民實以此爲最甚。然無論力盡於對內如武后，庸主如中宗、睿宗，其對外之政策皆不變，此亦沿襲北朝政府胡化之一端。故第二期之劃分，應至天寶爲止。歷代之對南方，均處平和狀態中。且印度及西方之文化，自此輸入。對東方，則中國文化自此輸入朝鮮、日本，可於此總述之。西南對緬甸一路之交通，可於叙雲南情形時自哀牢至南詔。述之。

唐代之用蕃兵蕃將。此亦胡化之一端。唐初之邊防制度至節度使。安史之亂。

門閥制度。其他社會階級。奴、客、門生、部曲。

此期之官制。重要者爲相職及州郡制度之變遷。州郡之制，前此必已述及，此處可加以連貫補充。

選舉制度。自州郡察舉至九品中正，前文亦必已述及，此處可加連貫補充，並説明其與門閥制度之關係。州郡察舉之又一變遷，爲隋唐後之科舉制。須與學術文學連結，説明進士、明經兩科所以常行，進士所以獨重之理由。隋廢鄉官，爲選舉制度之一大變，且大影響於中央地方勢力之消長，須詳細説明。

兵制。從民兵到謫發，用異族當兵，到府兵，到邊兵，到徧布内地的節度團練之兵。

刑法。從簡單陳舊的秦漢律到晉律，此後相沿至唐。但羼入鮮卑法。以笞杖徒流代肉刑。審級加增，審判之官錯雜。

賦稅制度。由田租口賦到户稅，與前所講經濟情形相結合。到唐德宗時再變爲兩稅。賦稅之厲民，不在定制而在超出定制外之力役及賦取，此點須詳細説明。

文字之變遷。篆至隷，隷至章程書。草書變爲美術品，而行書興。文具之變遷，最要者爲紙之發明。印刷術之萌芽。

經學、義疏之學。玄學、佛學、大小乘之别，後來禪、净二宗獨盛。科學。天文、算法、醫學、地理。

文學，從散至駢，文、筆分途，文、言漸分，説話之外别有誦讀之調，四聲因此興起，詩文皆有律體。

宗教。佛教、道教，講玄學、佛學時已及，此再加以補充。

三

唐中葉後情形。（一）藩鎮之患，主要者爲肅、代二宗時所遺留之安史餘孽，經德宗朝之大亂，憲宗時表面平定，穆宗時隨即復叛。其餘諸藩鎮，亦多擴張其權力，中央政府之權，大爲削减。此時之外患，最烈爲吐蕃，次則回紇。（二）宦官專横，始自德宗，述至文宗。（三）武、宣勉强維持，至懿宗時，外有南詔之患，内有仇甫士豪。及桂州戍卒之變，至僖宗時黃巢起而唐室遂解紐。黃巢雖失敗，然唐政府自此解紐；又五代十國，如朱梁、閩、楚，皆巢餘黨，其影響實極大。（四）昭宗時宦官繼續跋扈，且關内諸節鎮皆其黨，又因打黃巢故而引進沙陀，關以外本已非唐室所能命令，而唐遂以亡。

北方情勢之轉變。（一）回紇敗亡而黠戛斯未能據其地，漠北遂成真空。此後遊牧强族，興於東北。（二）東北民族可分三系：（甲）契丹。因處塞内而進步。（乙）靺鞨。因接受句麗之文化而進步，建渤海國。（丙）室韋。中國文化自契丹北行，室韋亦漸次進化。比較《隋書》、《唐書》與《五代史》所述室韋法俗可見。唐五代間，渤海已衰，室韋未盛，故契丹獨强。

五代事蹟。（一）梁、唐興亡。梁亡之速，與劉宋之衰同例，均可見軍閥武力之不能持久。（二）唐、晉興亡。（三）晉之亡，契丹侵入中原，旋復退出，後漢收拾殘局自立。（四）周代漢及世宗之武功。（五）宋太祖繼周世宗，統一中國。五代中，後唐莊宗，胡化最甚，明宗及石敬瑭、劉知遠，則皆已漢化，故北漢抵抗之力亦頗强。

宋初國外形勢：（一）高麗、越南獨立。小民族初屬中國而後分離獨立者，當承認其自決之權利，及前此壓迫之失，彼在文化經濟上，固曾受我之膈啓，然扶掖弱小民族者，本應希望其程度日高，而能至於自立也。（二）契丹之強大。略述契丹之部族、屬國、經濟情況、官制、兵制。（三）西夏之崛起，此唐中葉後河西、隴右淪陷之結果。唐末之情勢實甚似晉初，沙陀似胡羯，蕃渾似氐羌，契丹似鮮卑，所異者，契丹在塞外，有一強固之根據地，與晉時之鮮卑，形勢不同耳，兩者須作深切之比較。（四）宋初對外之政策。太宗高梁河之敗，真宗澶淵之役。（五）仁宗與西夏之兵事。

唐中葉後文化之轉變。（一）唐政府之脫離胡化。（二）工商業之興盛，於作場之增，市區之擴充，商人能自造飛錢及交子，及宋時入邊、入中、三說、四說之法見之。蓋自隋統一至天寶，自宋統一至靖康，約各得百五十年，故資本主義有此發展。（三）學術思想之轉變，起於南北朝末之王通等，承以唐中葉之韓愈等，至北宋而大成。宋學要義，重尊王，反對軍閥割據也；重攘夷，自五胡亂華以來，久受北族之侵略而激起之民族主義也；重修爲，重氣節，所以救清談不事事，及視國家之興亡若無與焉之失也；而其總提挈，則爲哲學上之反釋老。此確中魏晉後之病痛，惜乎中國資本勢力不發達，故其尊君及壓制婦女等，仍墮入封建領域，然其欲平均地權等，使能試行之，必可爲資本主義鋪平道路，惜爲外族壓力所迫，不克向此路發展，說已見前。

王安石之改革。當說明宋代社會經濟情形，及其時賦役之法，及宋朝之兵制，自唐以來之學校科舉制度，然後叙述荊公所行新法。新舊黨争。徽宗奢侈。

女真興起及契丹崩潰。宋金夾攻遼及啓釁。北狩及南渡。

兩宋間人民起義。有反抗政府者，有反抗異族者，除一宗澤外，均不能與人民合作，以致抗拒異族者，以無援而敗，而政府之兵力，反分於對內。宋金和戰：（一）金人初欲取三鎮，（二）既欲取兩河，（三）後攻陷山東、河南，（四）又以畀劉豫，（五）秦檜求之撻懶，撻懶許之，（六）宗弼反對，進兵奪取，秦檜承認割棄，爲第一期。金亮南侵，於是有采石之戰，張浚進兵失敗，和議復成，爲第二期。

金國勢之轉變。世宗南遷，移猛安謀克戶入中原，至此則金已遷入中國，失其老家。世宗欲保存女真之民族性，此爲東北民族大異於五胡之一點，蓋以五胡久居塞內，或附塞之地，而東北民族則自有其較遠於中國之根據地之故。遷居燕京後，對於北方民族之控制，未能承襲遼之遺烈，故蒙古以興。

金源北邊之患，起於章宗時，韓侂胄乘之北伐，爲宋、金和戰之第三期。侂胄雖敗，蒙古旋起，金室遂遷河南。蒙古以其時西征，金源仍未獲喘息，而與宋、夏皆起兵釁，此爲宋、金和戰之第四期。至西域定後，蒙古復從事於東方，而金遂以亡。

南宋的情形。臨安政治集團之腐敗，對人民剝削之加深，可於宋官田租額本於私租見之。又賦稅之加重，交、會之屢變而跌價，募兵不得，則用誑騙強迫等手段見之。秦檜屈節言和後，兵權、財權雖收歸中央，遂忘進取之計，主恢復論者，雖合義理，而或昧於事勢，反因此釀成黨爭。史彌遠、賈似道之專權，宋室之亡。

蒙古西征，可只叙大略。北族侵略，本有向中國、向西域兩路，蒙古西征，乃因花剌子模事件引起，後因回族爲之助，故成功獨大，實亦無足可奇。世祖遷燕。自此蒙古遂入中國，惟漠北舊地未失，故與金不同。諸汗國於此時分裂，故世祖已失其大可汗之地位矣。蒙古對中國人之壓制。世祖之對外用兵。蒙古政府對中國情形之隔膜。西域文化之輸入。回族之移居中國，此時爲盛。汗位之爭奪。漢族之起義。其中最須注意者爲劉福通一軍。北伐成功而終敗者，黃巢也。努力北伐而未成者，劉福通也。不努力於北伐者，太平天國也，三者可資比較。

明太祖建國之規模。官制、選舉、兵制、刑法、賦役，多爲清代所本，大部分行至清末，故極重要。太祖、成祖兩代的對外。韃靼、瓦剌之盛衰。征服安南，旋復喪失。元代蹂躪高麗，明初李氏朝鮮興，自此偏向中國，中朝兩民族，結下深厚之感情。英宗之北狩。明嚴刑峻法，尤其重任偵緝機關之失。

中葉後宦官之跋扈。武宗荒淫，世宗、神宗荒怠，韃靼之再盛及邊患。達延汗之再興。倭寇、援朝之役。

元明時之社會經濟。主要者：入奴籍者之加多；紳權之加重，即剝削之加甚；丈量之不徹底，賦役之苛重；一條鞭法。

滿洲部族之興。李自成、張獻忠等起兵。清兵入關。南明之相抗。三藩之反正。臺灣之抗清。人民之不斷舉義。

清代之政治規模。對人民之壓制。

宋後文化發達。印刷術盛行。漢、宋學轉變。士大夫風氣由好名叫囂變爲嗜利沉默。

清代之盛衰。康、雍、乾、嘉。川、楚、天理等教之起義。

近代與歐洲之交涉。可留至近世史中回溯。

中國通史之末，當作一總結，叙述中國進入近世史時之情狀，而追求其原因於歷史上以說明之。此中國通史之總結，亦即學近世史之預備也。

寫於一九五二年

四　魏晉南北朝史綱要

魏晉南北朝時主要內容及章節

一、魏晉南北朝史之特質及教學上重點（參看講授提綱）

二、魏晉南北朝史之前驅（後漢時代）

三、三國始末

四、晉初異族形勢

五、西晉之亡

六、東晉（一）

七、東晉（二）

八、東晉（三）

九、南北朝（一）

十、南北朝（二）

十一、魏晉南北朝人民對政府的反抗

十二、漢族之遷移及山間異族之同化

十三、政治制度（官制、選舉、賦稅、兵制、刑法）

十四、社會經濟（門閥、豪強、遊俠、部曲奴婢、清談、君臣之義之變遷、物價、工資、資產之計算方法、農工商業、人民生活狀況、地權不均情形、高利貸之剝削、南北經濟狀況之轉變）

十五、學術宗教風俗（玄學、佛學、文字、文學、史學、經籍、佛教、道教、南北風氣轉變）

一、第一單元講授提綱

中國歷史大致可分四期：（一）自上古至新莽滅亡，此期自元始公社時代經過奴隸時代至封建時代。秦始皇雖廢分封之制，然於封建勢力實未能根本鏟除，故至後來以（1）州郡，或藩鎮。（2）地方豪強或較小之官吏軍人或遊俠魁首。之形式復活。社會經濟在氏族時代本有規律，大體係公有，入封建時代漸次破壞。然初期尚可，工商業興，破壞乃日甚，此時人心皆思恢復前一時期有規律之公有，有具體實行之方案者兩家：（1）儒家重平均地權；（2）法家主節制資本。其初各自分張，至新莽乃合為一，行之而大失敗，人心乃一變，不敢復為根本之圖，而承認遷流所屆之社會為合理，至少亦認為無可如何之事，此為言中國社會史者之一大變。（二）自後漢至唐天寶，後漢社會本甚困窮，加以中央政治黑暗，各地方封建勢力倍覺鴟張，民窮無告，乃起而反抗。太平道等。此等民眾懷抱空想社會主義，本不可行，加以其本身為無紀律而好享受之遊俠所污染，遂至轉以召亂，而州郡及較小之封建勢力，遂乘之而立，卒分裂為三國。晉初雖暫統一，然其政府仍為軍閥餘孽，腐敗淫縱，而兩漢時入居塞內及附塞之異族，遂乘之而起，卒成南北分裂之局。此時工商業大衰，貨幣制度大壞，若干地方在一定時期內，貨幣竟至不用，各地方皆有自給自足之觀，頗與歐洲蠻族侵入時期相似。然中國人數與五胡比較，遠較羅馬人與蠻族之比數為大。長江流域大致風同道一，亦非拜占庭帝國所及。商工雖云衰頹，一相當面積之區域中，仍有通工易事，究非歐洲莊園經濟之比，南北兩政府力量皆比較強大，各地方封建勢力，如北方之世襲守令，南方梁陳間之割據者，以及入山之人，山胡、山越及堡塢等。不能持久自立，故完整之封建制度，卒不能成。經過隋唐之統一及其衰敗，封建勢力卒仍以藩鎮之形式出現，與漢末州郡異名同實。唐室之衰敗，實為胡化之結果，以隋唐兩代宮廷之奢靡，對外之好大喜功，皆與拓跋魏相似故也。南方之經濟文化逐漸高出北方之上，為此期歷史之特色。思想上絕無意於改造社會，專從身心方面去求解決之方，亦為此期之特色。（三）自唐安史亂後至清鴉片戰爭以前。晉南北朝之胡化，至唐安史之亂而極，此觀唐中葉以後政府漸趨漢化可知，然分裂之勢，遂不可免。晉南北朝之世，北方異族跳梁者鐵勒，柔然所用，亦鐵勒之眾。突厥、回紇等，其本據地多在西方，其文化程度實較匈奴、鮮卑等為優。然其本據地，距中國大遠，敗亡後亦逋逃向西，故不能深入為患。唐末東北民族漸次興起，其根據地較匈奴、鮮卑為大，而此時之中國又較秦漢為弱，遂至迭次被其侵入。遼、金、元、清。自隋至唐開元，略經百五十年之統一，工商業復盛，資本勢力本可漸次抬頭，然為藩鎮割據，異族侵略所沮閼，生長不能暢遂，而封建勢力之剝削且因此兩者而加甚，此為中國長期滯留於封建時代之近因。民間之起義者懷抱空想社會主義，對異族統治更加以民族主義,而借宗教之力以行之,爲遊俠階級篡取其領導權,以致失敗,亦與前期同。思想上,宋學之尊王所以反封建,攘夷所以樹立民族主義。但(1)誤認經書中所述之社會組織爲天經地義,(2)修養方法偏於治心,仍蹈道佛覆轍。(四)鴉片戰爭後入於另一世界,當別論。

二、魏晉南北朝史之前驅

魏晉南北朝史起西元二二〇年魏文帝代漢,至五八九年隋滅陳,共二七〇年。其先自一八九年何進死,董卓廢立,以後爲東漢分裂,三國形成的時期。而此亂源又起自後漢,漢光武皇帝以二十五年即位,然宇内略定,實在三十六年滅蜀之後,自此至八八年章帝崩,凡五十年,爲後漢之治世,其明年至一八九年,適百年,皆爲後漢分裂之醞釀時期。其中亂源有三:

(一)外戚宦官之禍。見拙著《秦漢史》第十章第一、第二節。此由宗法社會,以任宗室外戚爲當然之事,而東漢多幼主,母后臨朝,易於任用外戚,亦易任用宦官,而君主與外廷隔絶,外戚專權,亦惟有與近習謀之,近習則惟有宦寺,故此爲家天下之制自然之結果。中國政取放任,中央政府不易爲善,亦不易爲惡。但如後漢專權之外戚宦官,皆徧布其黨羽於四方,而又經歷長時期,則終必造成大亂。外戚宦官之易於徧布其黨羽,由於此時選舉之法不密,其主要者:一,進人無客觀標準,二,長官皆得自用僚屬,此須以南北朝以前之選舉與隋唐以後之選舉比較方知。因外戚宦官黨羽之徧布,政事大壞,激起人民之反抗,致成黨錮之禍。見《秦漢史》第十章第四節。黨人之背景,實爲要時譽,以競進取,並不足尚。見《秦漢史》第十八章第四節。但其反對宦官,則與廣大人民之要求相合。歷代與政府鬥爭之士大夫,爲民心所歸向,被目爲正義派者,皆當以此眼光觀之。黨人之鬥爭所以偏於宦官者,一爲社會階級關係,二則後漢末期爲惡者,乃宦官而非外戚,至陳蕃、竇武同時被殺,遂成非武力不能解決之局,直接導入分裂。宦官中非無有才德之人,至於多數惡劣,則在政治上握有實權之集團類然,並不能偏責宦官。向來史家議論一筆抹殺,實爲士大夫之階級偏見,但向來在政治上能有所建樹者,亦必有少數有才能學問之人通力合作,宦官則不能形成這樣的一個集團,故其人卒不足用。南北朝之佞倖,所以不可大任者,亦以其中乏有學識遠見之人,又士大夫不與合作也。

(二)羌亂。羌之爲中國患者,在今青海地方,即河湟、今大通河。青海兩區域之一部分,前漢開拓只及河湟,見《秦漢史》第五章第五節。莽時始拓及西海,見《秦漢史》第二二一頁。[1] 故其牽動愈大。後漢時破之,多遷之塞内,今陝甘境。邊塞之防

---

[1] 見《秦漢史》,第一五二頁。

禦又不能建立,遂致内外聯成一片,其患愈深,見《秦漢史》第十章第三節。然其直接爲害者,尤在其遷居塞内之部分,故羌亂與晉時五胡之亂,性質全然相同。羌亂使人民流離,經濟破壞,財政耗竭,涼州遂同化外,其影響極巨。

(三)人民之反抗。可考者起自安帝初元,即西元一〇七頃見《秦漢史》第十章第七節。至一八四年黃巾起,已近八十年。至黃巾起而漢遂解紐,亦如黃巢起而唐遂崩潰者然。張角雖敗亡,然黃巾之蔓衍尚甚廣,而歷時頗久。羣雄軍隊中,亦頗有黃巾之衆。如曹操之青州兵即然,此與五代十國或用黃巢之衆同。故其影響實甚巨。張角之衆爲流亡之農民,見《秦漢史》第三三九頁。[1] 張角本身則爲流氓首領。見《抱朴子·道意篇》。其結合藉宗教之力,且懷挾空想社會主義,張魯之術與角相類,而在漢中頗有社會主義之建設,看《秦漢史》第八三一頁。[2] 皆與後世草澤之雄同。因此引起州郡之割據,爲封建時代大國之復活,前已言之。

三、三　國　始　末

自後漢分裂至三國成立,其中的經過,最舉關鍵如下:

宦官殺何進,董卓入洛陽行廢立,東方州郡起兵討卓;卓遷獻帝於長安,東諸侯不能進兵;董卓爲王允、呂布所殺,李傕、郭汜攻破長安,王允見殺,呂布東奔,傕、汜又相攻,獻帝東歸。

海内分裂情形:(一)曹操承劉岱據兗州。(二)袁紹奪冀州於韓馥,又公孫瓚殺劉虞,後亦爲紹所併,紹有幽、并、青、冀四州。(三)袁術初據南陽,後走壽春,孫堅死後,其軍歸術,堅子策以之南定江東。(四)劉備繼陶謙據徐州,後爲呂布所奪。(五)劉表據荆州。(六)劉焉據益州。(七)涼州爲馬騰、韓遂所據。(八)公孫度據遼東。

曹操戡定始末:(一)入中央遷獻帝於許,戡定董卓餘孽,使鍾繇守關中。(二)合劉備滅呂布。(三)使備擊滅袁術。(四)自以全力攻破袁紹,至此當時中原之地略定,未定者爲荆州、揚州、袁術雖平江東,爲孫氏所據。益州、涼州、遼東,荆州最近,故先伐荆,劉表之子雖降,而遇越境之江東兵及自北南走之劉備之抵抗,敗於赤壁。曹操自此未向荆州進取,而自今安徽方面逕向揚州進攻,又向涼州進展,前者未成,後者大略平定,因此更向漢中進攻。而劉備以

―――――――――

[1] 　見《秦漢史》,第二三七頁。

[2] 　《秦漢史》,第五八五至五八六頁。

此時取益州,亦向漢中進展,結果操爲備所敗,漢中入備。而荆州之江陵入吳,襄陽入魏,三國疆域略定。以上見拙撰《秦漢史》第十一章。

其三國始末,見拙撰《秦漢史》第十二章。此中要點:(一)當時承綱紀廢弛之後,最要者爲行法家督責之術。魏武帝、諸葛武侯皆深知此意。看《秦漢史》第七六九頁。[①] 魏武帝蓋以此建業。諸葛武侯亦以此,故能以一州之地,頻歲北伐,惟行督責之術者,不徒約束其下,亦必自行約束,如其不然,則墮入有天下而不恣睢命之,日以天下爲桎梏之邪説,爲法家之流失。可參考《史記·李斯列傳》,斯論督責書,但此書非李斯之言,見拙撰《秦漢史》第36頁。[②] 魏文、明兩代均坐此弊,故雖襲中原之優勢而不能進攻吳、蜀,反爲吳、蜀所攻。督責之不可廢,最爲政治上之要義。拙撰《秦漢史》第七六八至七七〇頁。須細看,所指出之以前各章節亦須翻閲。[③] 又督責之術與近世法西斯有别,一任法,一任人也。參見拙撰《秦漢史》第七〇四頁。[④] 今日之整風批評、現金管理、三反等亦皆督責之術,此等乃讀史與時事深切之聯繫也。(二)三國之國勢,魏遠優於吳、蜀,看諸葛恪所著論可知。拙著《秦漢史》第四五六頁。[⑤] 職是故,吳、蜀兩國必相聯合,必須進攻,以攻爲守,諸葛亮能行之。但其機會,只有第一次北伐,魏出不意,關中無備之時,而爲馬謖所誤,故不能有成。吳則自立後,大帝之氣已衰,陷於殷札所云:輕舉易退,民疲威消之説。拙撰《秦漢史》第四五五頁。[⑥] 其後諸葛恪一出,損失太大,此後内亂烈,不暇事外,故吳、蜀皆不能進取,卒爲北方所併。(三)三國政局,蜀壞於劉禪昏庸,蔣琬、費褘死後,中樞更無能主持之人。吳則大帝以能任人興,末年乃任戚屬,適與其早年所爲相反,以致紛紜纍世。然此兩國之政治,皆隨其國之滅亡,而成過去,關係不大。而魏朝政局之變,則其關係重大異常。社會非真正無治之世。此必舉世皆行共産主義,且經歷相當時間,然後能之。則必有其綱紀,綱紀隨時代而不同,在漢魏之際,則君臣之義,關係頗巨。拙撰《秦漢史》第七三一至七三二頁。[⑦] 有功德者宜爲天下之主義本易知,有經歷者亦自能知之。如夏侯惇之言即是。《秦漢史》第四一二頁。[⑧] 此言出於惇即不實,要爲時人之言也。史載蜀漢先主臨命時,詔諸葛亮,嗣子可

---

① 《秦漢史》,第五四三頁。

② 《秦漢史》,第二四至二五頁。

③ 《秦漢史》,第五四一至五四三頁。

④ 《秦漢史》,第四九五至四九六頁。

⑤ 《秦漢史》,第三一八頁。

⑥ 《秦漢史》,第三一七頁。

⑦ 《秦漢史》,第五一五至五一六頁。

⑧ 《秦漢史》,第二八七頁。

輔輔之，如其不材，君可自爲成都之主仿此。然魏武帝、諸葛武侯皆終執臣節者，知衆不可以理喻，一有踰越，變故乘之，大局必因之決裂也。此種顧全大局之心與不顧大局，專圖私利之心適相反，可謂一爲社會性，一爲反社會性。然阻兵爭奪之既久，則有反社會性者，終必得最後之勝利，此兵之所以爲不祥。諸葛武侯人人知其爲忠臣，魏武帝則自趙宋以來，蒙惡名者已久，唐以前無此議論。觀拙撰《秦漢史》第十二章第一節所剖白，應可無疑。而司馬氏三世之所爲，則適與相反，至曹爽敗而名士盡，魏之執政權者，無復絲毫濟世安民之心，而惟私利之圖矣。此一得志之政治集團，其特色爲怠惰，爲奢侈，爲殘忍，稍有公心之士大夫，皆怵於禍而務自韜晦，以上見《兩晉南北朝史》第十四、十六、十二至十三頁。[1] 而承後漢三國大難後之政府，成爲惡德最多、效力最低之政府矣。與司馬氏鬥爭者，曹爽敗後，起於揚州方面者有三次：（一）王凌；（二）毌丘儉、文欽，（三）諸葛誕也。揚州，魏對吳之兵力所在也。其對蜀之兵力在關中，司馬懿迄當其任，故無鬥爭。起於中央者二次：（一）李豐；（二）高貴鄉公也。而鍾會又爲最後之搏鬥，故兩種勢力爭持頗久。中國自漢以後，儒家之學盛行，儒家重君臣之義，魏武帝、諸葛武侯之硜硜臣節，漢代儒學之效也。清末之湘淮軍將，即不稱兵，亦足以據地自擅，而曾國藩等顧多畏遠權勢，早以裁兵爲言者，宋代儒學之效也。事之是非，效之良楛，人之善惡，別是一義；此等處要足見學術思想對於風俗，風俗對於政治之影響也。漢末北方兵權遞衍而歸司馬氏，清末之湘淮軍遞演而成北洋軍閥，而其權入袁世凱，亦足資比較。漢、宋爲儒學盛行之兩時期，中間之魏晉南北朝，則玄學、佛學盛行，遺棄世事，故於政治影響較微。

　　尚有一義，爲讀史所宜知者。作史必有所據，所據者或爲記錄，或出傳聞，皆僅事之外形，其內容本不可知。且外形亦不能具，向來作史者只是據其所得之資料編纂以傳諸後而已。原不以其所作者爲必可信，據其所傳推測其事之內容如何？或以意訂其誤而補其闕，此原讀史者之事。以錯誤闕略罪作史者，則誤矣。此義讀全部史籍，皆宜知之。而三國史事爲衆所習知，試以拙撰《秦漢史》所推論，與史所傳及流俗之說相勘，更易悟入也。語曰：英雄造時勢，時勢造英雄。前者人知其誤，然及其論事，又多持此等見解。論美國之侵略而惜羅斯福之死即此。此由對於事物觀察不深細，而僅見其外形故然，若細心觀察，自見人在環境中所能自爲之成分極微也。事物之原因極複雜，人怠於觀察推

---

　　① 《兩晉南北朝史》，第十、十二、十八至十九頁。

考,則思歸諸一簡單之原因,雖不實,亦非所恤。此爲迷信之原因,自然科學、社會科學無二致也。

四、晉初異族形勢(略)
五、西晉之亡(略)
六、東晉(一)(略)
七、東晉(二)(略)
八、東晉(三)(略)
九、南北朝(一)

南北朝之事,簡單一些可以分作兩期:自四二〇年宋代晉至五一五年爲第一期,凡九十五年。五一六年北魏胡靈后臨朝,北方自此大亂,延及南方,至五八九年隋滅陳,南北朝告終爲第二期,凡七十四年。

第一期中重要之事蹟如下:

(一)景平之變,徐羨之等廢少帝,文帝又誅羨之等,此爲自晉末以來,靠着北府兵力建立的政治集團的迅速腐敗。因爲這一個集團內部的互相猜忌,所以文帝不得不任用義康,伏下宋朝骨肉相屠的禍根。

(二)這一集團的武力亦迅速腐敗,關中喪失時情形業已如此,宋武帝死後自更甚。所以宋文帝不敢再圖河北,只想恢復河南。然此時的兵力並河南亦不能守,遂至有四五〇年之大敗。

(三)文帝爲元凶所弒,第三子孝武帝誅元凶自立。傳子前廢帝,爲文帝第十一子明帝所篡,孝武第三子子勛,其僚屬奉以起事,垂成而敗,明帝盡殺孝武諸子,文帝之子存者亦惟一休範。明帝傳子後廢帝,卒因休範之叛,而事權落入蕭道成之手,而宋遂亡於齊。此中須注意:(甲)宗室、大臣、武人、嬖幸形形色色的鬥爭,知嚴君臣之分,不敢妄生覬覦,使朝局獲得相當的安定,亦非唾手可得。(乙)宋、齊兩朝被廢之主,皆見誣以惡德,拙撰《兩晉南北朝史》中所剖析者,宜一披覽,此爲撥除史文障翳,推考事實真相之法。

(四)齊代的爭奪略與宋同,齊高傳武帝,幸而獲濟。武帝太子早死,立太孫鬱林王,武帝次子竟陵王子良欲與之爭,而爲高帝兄子西昌侯鸞所敗,鸞廢鬱林,又廢其弟海陵自立,是爲明帝,盡殺高帝武帝子孫。當武帝時,其第四子魚復侯子響狂悖,武帝之太子_{鬱林王之父}授意蕭順之殺之,順之因此不得其死,順之之子衍,因此懷復仇之志。明帝死後,子東昏侯立,誅懷異志者殆盡。然蕭穎胄奉其弟和帝起於江陵,與在雍州之蕭衍聯合,東昏侯遂卒滅亡。齊朝內爭事態,殆爲宋朝之繼續,至梁初乃暫獲安定。

（五）南北爭端。宋文帝與魏太武帝相值,太武帝時,魏立國之本,尚在平城,不重視河南土地。皆委降人經營,但與以應援。四五〇年之南下,專爲破壞而已。然此在中國,却面對着一新局勢,因大規模之破壞戰略,前此只能在邊塞上遇之,不能深入內地也。此後魏爲文成、獻文兩朝,亦無意進取,然宋因內亂故,失去青、東陽,今益都。冀、歷城。徐、彭城。豫淮西。之地。

（六）北朝至孝文帝時國情一變。太武帝之性質,純爲一鮮卑人,《兩晉南北朝史》第三五六頁。[1] 孝文帝則同漢人,此與文明馮后,蓋大有關。《兩晉南北朝史》第五〇八至五一〇頁。[2] 四九三年孝文假名南伐,遷都洛陽,自此魏立國之本,遂在內地,因此連年南伐,然無大功。至四九九年裴叔業乃以壽陽降,然孝文亦於是年死矣。

（七）梁武帝與魏宣武帝相值。此時魏已始衰而梁方初盛,梁武帝亦非能進取之人。其時戰事,梁雖西失梁州,東失三關,然兵力未曾大損,而五〇七年鍾離之役,今鳳陽。五一一年朐山之役,今東海。魏均損失甚重,故在戰事上梁略占優勢,然梁亦未能整頓兵力爲進取之備。欲恢復中原,必須整頓陸軍,以爲進取之備。此與招撫遺黎,實爲不可缺一之舉,而梁始終只以水軍爲主力,此爲其一大失着,如此至多能守禦而已。堰淮以攻壽春,尤爲失策。北衰而南亦不能進取,遂相持以待北方之亂發。

十、南 北 朝（二）

南北朝第二期重要之點如下:

（一）南遷後政府的腐敗,及武力重心仍在北方,既失撫綏,又不能駕馭,其亂爆發於胡靈后時,而其中乘機崛起者爲爾朱氏。

（二）爾朱氏不了解中國之情形,以爲恃武力即可占據,於是始有河陰之變,繼則宗族分據各地,致激起人民,甚至軍事集團中人之反抗。

（三）繼爾朱氏而起者高氏、賀拔氏、宇文氏等,其智略均較爾朱氏爲優,

---

[1] 《兩晉南北朝史》,第二四四頁。
[2] 《兩晉南北朝史》,第三四九至三五二頁。

但北方武力集團侵入中原者，其勢力自難於短時期間統一，地丑德齊，莫能相尚，魏遂分裂而爲東西。

（四）以上爲北方之局勢，至於南方，則梁武帝可稱古今帝王中第一有學問之人，其道德，平心而論，亦不算壞。然（甲）政事之廢弛，（乙）對於時局認識之不清，亦殆古今無匹。此蓋南朝文化自然之結果，非可爲一人咎。蓋南朝文化之特色爲清談，清談即不事事之謂，不事事對於事勢自然認識不清，而政務亦不得不廢弛矣。

（五）南朝對於時局認識之不清，首先表見於對北之專思僥幸，（甲）以爲北來降人遂可定北；（乙）及輕遣陳慶之數千人北行等均其事。躊躇久之而終受侯景之降亦以此。

（六）侯景以數千人而橫行江東西，臺城之圍，援兵雲集，而不能一戰，此爲綱紀廢弛之極端表現。平侯景後，王師之殘虐亦然。見《兩晉南北朝史》第六五一頁。[1]

（七）荆、梁元帝。湘、河東王譽。雍、岳陽王詧，即西梁。益武陵王紀。之内争，多思援用外力，元帝亦以得外力之助而勝。然其依附西魏，不可能如西梁之徹底，故卒爲西魏所棄，而元帝信任西魏，使王僧辯、陳霸先均東下，並一王琳亦出之廣州，以致身死國滅，此又可爲依附異族者之殷鑒。

（八）梁元帝之滅亡，爲漢族政權存亡絕續之際，絕世英雄陳武帝於此乃發揮天錫之智勇，須注意研究其每一行爲，尤須注意其度量之寬宏，故能感動並時多數人物，而得其歸向，在此點歷代之開國君主，無一人能與陳武帝相比。魏武帝亦未戮一功臣，故其度量亦次之。此中最反動之軍閥爲王僧辯，只顧個人地位，不恤投降異族。次之者爲王琳，觀王琳，即知豪俠之流，外托正義，臨利害，則無所不至，又知以裙帶關係用人者之危險，因自此而來者，多係小人，小人恒不顧名義也。

（九）各地方豪族之割據，占地廣而歷時甚久，爲加重南朝困難之一因素。

（十）北方之情勢，東富庶而西較貧瘠，故初年西魏之國勢，絕非東魏之敵。但東魏在軍事上，亦未能大舉，以獲得決定性之勝利東魏之力偏在於河北，故始終思向蒲津一路進取，而潼關方面不能與之配合。尤要者，西魏較能接受漢族之文化。范文瀾謂高氏爲鮮卑化之漢族，宇文氏爲漢化之鮮卑族，語頗扼要。故後來强弱殊科。至末年北齊已一無自立之道，惟其兵力尚强，故周武帝用誘殲其主力之法，一舉而擊滅之，此可見周武帝在軍事上頗有天才。亦可見決定性之勝利，必須擊滅敵人

---

[1]　《兩晉南北朝史》，第四四八至四四九頁。

之主力。

（十一）齊人情勢之危險，齊人亦非不自知。故陳宣帝之北伐，齊人殆未事抗禦。宣帝不自知其僥幸，妄思再進，致一遇周人，即遭敗北，可見南朝此時，仍甚暗於事勢，加以陳叔寶之荒淫，遂致滅亡。

十一、魏晉南北朝時代人民對政府的反抗

（1）太平道及五斗米道。參考《秦漢史》第三三七至三四〇頁、三九一頁、八二七至八三二頁。①

（2）天師道及孫恩、盧循。參考《兩晉南北朝史》第二八六至二八八頁、三〇三至三〇六頁、一五一八頁。②

（3）利用佛教者。參考《兩晉南北朝史》第一五一四至一五一七頁。③

（4）義民抗魏者，包含漢族外他種民族。參考《兩晉南北朝史》第三六九至三七六頁、五二四頁。④

（5）漢族士大夫謀覆魏。道教首領與謀。參考《兩晉南北朝史》第三七六至三八三頁、一五二六至一五二九頁。⑤

此中要義如下：（甲）人民之起義者，必以農民爲主力，其首領則多爲豪傑而懷抱空想社會主義，又必藉一種宗教爲結合之本。（乙）張魯爲行空想社會主義最有成效且歷時最久者。（丙）此教尚有一派專行於士大夫之間，可考者始於于吉。見《秦漢史》第八二九頁。⑥其後蓋爲天師道。（丁）古代無通行全國之大宗教，道佛則否，太平道等皆道教之原。故其推行之力極大，此亦如希臘、羅馬只有氏族部落邦國之神，基督教則泯國族之界也。故佛教亦可用爲起義之資。此無教不可，故太平天國，乃借資於基督教。（戊）宗教在人民之手，皆富於鬥爭之精神，入士大夫之手即變質。最好一讀《兩晉南北朝史》第廿四章第三節，第一五一八至一五二三頁。⑦

---

① 《秦漢史》，第二三五至二三七、二七三至二七四、五八三至五八六頁。
② 《兩晉南北朝史》，第一九七至一九九、二〇九至二一一、一〇六三至一〇六四頁。
③ 《兩晉南北朝史》，第一〇六三至一〇六六頁。
④ 《兩晉南北朝史》，第二五四至二五八、三六〇至三六七頁。
⑤ 《兩晉南北朝史》，第二五八至二六三、一〇六八至一〇七一頁。
⑥ 《秦漢史》，第五八四至五八五頁。
⑦ 《秦漢史》，第一〇六六至一〇七三頁。

十二、漢族之遷移及山間異族之同化

關係之重大見《兩晉南北朝史》第六頁。[①]　其事始於漢末，見《秦漢史》第四九七、四九八頁。[②]　晉世漢族移徙，可看《兩晉南北朝史》第九五三、九五四、一○八○、一二一六頁。[③]　南方異族之同化見第八○三至八二一頁。[④]　北方異族之同化，見第八四七至八五四頁。[⑤]　此兩節可只注意其同化過程，餘緩考。此中要義：（甲）南方異族同化，多由漢族遭亂入山，與之雜居，後乃相隨而出，此可見同化皆社會所自爲，非恃兵力征伐。以兵力强行開拓者，多不久而地復廢棄。（乙）北方匈奴、氐、羌多入山，可見五胡擾亂者，只係少數。（丙）此等山居之族，其社會組織多極良好。清人有《招墾里記》一篇，在《經世文編》二十餘卷中，可一翻閱，讀此知陶潛《桃花源詩序》，俗稱《桃花源記》。所云必實事而非寓言也。

十三、政治制度（略）
十四、社會經濟（略）
十五、學術宗教風俗（略）

寫於一九五二至一九五三年

---

① 《兩晉南北朝史》，第四至五頁。
② 《秦漢史》，第三四六、三四七頁。
③ 《秦漢史》，第六五八、六五九、七五○、八四八頁。
④ 《秦漢史》，第五五四至五六六頁。
⑤ 《秦漢史》，第五八四至五八九頁。

五　中國通史晉朝部分綱要

因講授時間太少，初擬將事實綱要，寫得略爲完全些，但後來時間實來不及，故第五以前，寫得較詳，第六以後，就簡略了。

其中仍有一部分，有人或將以爲太繁，如第五述當時大族之矛盾即是。但此等，我以爲是頗可寶貴的材料。有此等材料，於史事才能看出真相。看出真相，纔有意義。不求强記其事實，只仔細看一徧，以明史事之真相，似乎不至過勞，且或有趣味也。

通論歷代之處，業已竭力減少。但有等史實，須窮源竟委，或互相比較，方有意義，亦不得不一及之。知有此說，讀及異代時，再行溫習可也。

參考書因顧同學精力，並未舉出什麼。間舉拙撰《秦漢史》及《兩晉南北朝史》，非欲毛遂自薦，因參考書有時勢不能無。此兩書，近人多病其卷帙之繁，然較之徑讀原書，已爲甚簡矣。且總計所舉，亦不過數十頁也。

一、緒　論

在研究晉朝的歷史之前，我們先須有幾個準備的觀念。

（一）從秦朝統一以後，像後世一府這麼大的地方，其勢已不足以背叛了。要和中央反抗，必須有和後世一省差不多大的地方。前者即漢世之郡，後者即漢世之州。漢初的王國，是大於郡的，所以有吳楚七國之亂。亂後大國不過等於郡，州刺史則是監察官而非行政官，更無論掌握兵權，所以地方不能與中央相抗，王莽就可以坐移漢祚了。後漢末年，刺史改爲州牧，變成了行政官，而且掌握兵權，即稱爲刺史的，亦係如此，遂成分裂之局。三國之世，則又有都督諸軍之名，以一人而控制很大的區域，很多的軍隊。這種局面，其爲亂源，在當時，是人人知道的。所以晉武帝一平吳，即下令去州郡兵備，命刺史仍回復到監察之職。但"雖有其言，不卒其事"，而晉初又任諸王以都督之職，遂致釀成亂源。

（二）兩漢時代的人，是饒有封建時代武士的性質的。此觀其將帥如李廣、李陵、班超，以出使而立功的人如蘇武、常惠等，便可知道。倘使更加獎勵，任其握有政權，很可發達成一個黷武的政府。幸而在中國，文治派之力亦強，政權終未爲軍人所握有。但這是在安靜之世，到擾攘之世，便不然了。此時所藉以範圍握有兵權、政權之人之心，使其不敢干犯名義，破壞綱紀的，就是靠當時所謂君臣之義。這一點，漢代的獎勵儒學，確是收到了很大的效果的。魏武帝的不肯篡漢，諸葛亮之鞠躬盡瘁，即其明效大驗。但名義的空文，到底敵不過實際的利害。軍人擁兵相爭，到底是狡詐刻薄者勝，而大業遂集於司馬氏。司馬氏是殘暴的、奢侈的，其後嗣而且是愚蠢的。但這並非是司馬氏一家如此，當時以司馬氏爲中心，執掌軍政權的人，實自成爲一集團。此一集團中人，又實無不如此。以此輩而當艱難之局，自然要載胥及溺了。漢代社會的封建性質，還是從古代留遺下來的。這實在是其一個總崩潰。

（三）兩漢時代的異族，被漢族征服，入居於塞內或近塞之地的，當此時代，自然要受到政局波蕩、社會困窮的影響。其中自然有一部分人，要憑恃武力，以謀自立，這便是所謂五胡之亂。

（四）在古代，國和家本是差不多的東西，都不過是一個氏族，憑藉武力，腌民以自奉而已。人類的智識和情感，都還只發達到自謀其氏族的利益。個人顧念君臣之義，不肯背叛其君的，固然有之，然此只是個人之事，亦即是家主對於國君之事。至於整個的家，對於整個的國，則本來是一樣的氏族，各有保持其生存，更進而謀其發展的權利。家的氏族成員，亦即有謀保其家之生存及發展的義務。自毀其家，以效忠於國，本來是無此情理的。此等觀念，統一愈久則愈淡，然亦是逐漸淡薄的。在晉世，世家大族，尚未肯甚犧牲其氏族的權利。所以因保持其權利而對中央跋扈背叛等事，都視爲固然。北方爲異族占據之後，漢族政府退居南方，有南北大族間之鬥爭，而南遷之北方大族，及南方固有之大族，相互間亦有鬥爭。政局之所以始終擾攘不寧者以此，其所以不能恢復北方者亦以此。

以上四點，是造成兩晉政治局勢的真原因。我們先有了這個準備觀念，然後可進述兩晉政治轉變的始末。

二、司馬氏篡魏及三國統一

司馬懿之得魏政，事在明帝死後。魏文帝代漢後，以二二六年死，子明帝立。明帝奢侈。其時吳並不能進取，而蜀諸葛亮以攻爲守，頻年北伐。二二八年至二三四年。故魏對東、西兩方，以西方之情勢爲急。督軍以禦諸葛亮者，初爲魏同姓曹眞。二三一年，眞死，懿繼之。二三四年，諸葛亮病卒，西方情勢，乃稍爲寬弛。二三八年，懿率師平遼東。明年，師還。明帝適死，子齊王芳立，年方八歲。曹眞子爽，與懿同受遺詔輔政。爽爲大將軍，懿爲太尉。已而轉懿爲太傅。懿遂稱疾不朝。二四九年，爽從齊王出謁明帝陵。懿突從中起，勒兵閉城門，奏免爽官。旋殺之。大權遂入於懿。此事之真相，實已不傳。史所傳者，皆傳聞揣測之辭而已。司馬懿一方面所說爽之罪惡，最大者爲奢侈，此誠未必能免。然爽之黨多名士，欲有所作爲。《三國志・蔣濟傳》，謂丁謐、何晏，輕改法度；又《王凌傳》注引《漢晉春秋》，載凌子廣之言，謂丁謐、畢軌、桓範、鄧颺，變易朝典；此諸人皆爽之黨，則並曾有所作爲。至司馬氏起，則除保持其地位權勢，並進而謀篡外，絶無斯世斯民之念矣。而自晉武帝以來，一龐大之軍事集團亦正走入下坡路，日益怠惰、奢侈，互相猜忌，終至用殘酷之手段，互相屠戮、鎮壓，而晉初之政局遂大壞。

　　反對司馬氏者，自不能無，然必有兵力。魏之兵力，分在關中、揚州兩方。荊州方面，吳魏無甚戰争。關中方面，已屬司馬氏，故反對之者，皆起自揚州。二五一年，督揚州諸軍事王凌謀立武帝子楚王彪，爲司馬懿所敗。是年，懿死，後追謚爲宣皇帝。子師繼其任。二五四年，中書令李豐與齊王后父張緝，謀廢師而代以曹爽之姑子夏侯玄。事發，皆夷三族。師廢齊王，立文帝孫高貴鄉公髦。二五五年，鎮東將軍毌丘儉、揚州刺史文欽討師，爲師所敗，儉走死，欽奔吳。時師已病，力疾從軍，亦死。追謚景皇帝。弟昭繼其任。二五七年，揚州都督諸葛誕又起兵抗昭，與吳相聯，亦爲昭所敗。文欽隨吳兵來，與誕相疑，爲誕所殺。

　　二六〇年，高貴鄉公自率衛士討昭，爲昭所殺。昭迎立武帝孫常道鄉公奐。至此，魏已無力與司馬氏相抗，昭圖篡，乃謀伐蜀。

　　蜀自諸葛亮死後，蔣琬、費禕相繼執政，頗謹自守。二五三年，禕爲魏降人所殺，姜維繼之。屢出兵伐魏，無功，而蜀頗疲敝。維又不能把持朝局，後主信任宦者黄皓，政事日紊。二六三年，魏使鍾會督關中諸軍伐蜀。維守劍閣。川北今縣。會不能克，而鄧艾本督隴右。自陰平甘肅成縣。徑向成都。後主出降。維亦受敕降，蜀遂亡。鍾會者，繇之子，繇則久爲曹操守關中者也，故會實爲魏世臣。蜀既平，魏明帝后郭氏適死，會乃矯其遺詔討昭。姜維助之。據云：維實欲乘機殺會，興復漢室。維忠於漢，其說當亦可信。而會將士不欲，殺會及維。至此，則魏之忠臣義士皆盡。僅存者皆自韜晦，不復能有所作爲。請參看拙撰《兩晉南北朝史》第一一八七至一一八八頁。[①] 蜀亡之明年，司馬昭亦死。追謚文皇帝。子炎嗣。明年，篡魏，是爲晉武帝。晉之獲成帝業，實自魏武帝以來一龐大之軍事集團，内部自相鬥爭，而狡詐殘忍之司馬氏，終獲勝利也。以此狡詐殘忍之小集團執政，政局自無清明之望矣。晉初政局之壞，請參看拙撰《兩晉南北朝史》第十三至十六頁。[②]

吳之情勢與蜀異。蜀國小，知難於自守，故常以攻爲守。吳則疆域大，而當時北方之兵，不習水戰，其勢甚難進取，故頗可以自寬；而孫權自得荆州後，銳氣亦稍衰，兵力又有限；故不能大舉進攻。又權以能用人興，而至其晚年，則權戚紛爭，國事遂壞。權以二五二年死。太子登，前卒，立其弟和。魯王霸欲傾之。和廢，霸賜死，立少子亮爲太子。至是立。諸葛恪輔政，伐魏，不克，士卒遇疾，死喪甚多，爲孫峻所殺。峻死，從弟綝代之執政。亮爲所廢，立其兄休。休使其將張布誅綝。布又專權。休死，布立和子皓。皓誅布，而淫虐，二八〇年，爲晉所滅。中國復統一。然下距三〇四年匈奴之起，不過二十四年而已。

三、晉初五胡分布形勢

（一）西元四八年，匈奴分爲南北。匈奴有南北之稱始此。范文瀾《中國通史簡編》於前漢時即稱南北匈奴，誤。南匈奴降，始入處塞内。在八九、九〇、九一三年間，中國連破北匈奴。北匈奴遠走，自此入於西域。南匈奴至漢末，又入居并州。魏武帝留其單于於鄴，臨漳，分其衆爲五部，以其人爲帥，而以漢人爲司馬監之。晉初，匈奴歸化者，武帝亦皆使入居并州。

（二）烏丸、鮮卑，爲漢初東胡之後。東胡爲匈奴所破，餘類分保此二山，因名焉。舊説如此。究山以部族名？抑部族以山名？不可知。山在今蒙古東境。烏丸在南，鮮卑在北。漢武帝招烏桓居上谷、漁陽、右北平、遼西、遼東五郡塞外，助漢扞禦匈奴，今河北、熱河、遼西東北境。故烏丸與漢較爲接近。後漢南匈奴降，烏桓鮮卑隨服。後鮮卑徙北匈奴故地，而臣其遺落，故地廣人衆而勢强。漢末其著名之酋長爲檀石槐。光和中，一七八年至一八三年。檀石槐死，鮮卑復解紐。但其種落分布甚廣，自遼東至河西，處處有之。故在五胡中，爲最大之民族。烏桓，後漢末五郡皆有酋豪稱王。其最强者爲遼西一支。爲曹操所破，徙諸中國，晉世所謂烏

① 《兩晉南北朝史》，第八二七至八二八頁。
② 《兩晉南北朝史》，第十至十二頁。

丸,蓋多出於此。其在他郡者,蓋多併入鮮卑中,故名不甚見。

（三）西域兩字,義有廣狹。狹義專指天山南路,廣義則隨所至而稱之。見拙撰《秦漢史》第一○四頁。[①] 分布於西域之人種頗雜,而以西方種族爲主。多係居國,而距中國寫遠,故來者較少。然其文明程度較高,故其來者,亦能嶄然見頭角。胡本北族之稱,魏晉以後,漸移於西方民族。漢世多稱西胡,或西域胡。魏、晉後則單稱胡,而北族則改稱虜。五胡中之羯,狀貌亦西方民族。説詳拙撰《胡考》。《燕石劄記》商務印書館本。《兩晉南北朝史》六十二頁,則證明羯與羌有關。案西域亦有氏、羌族。《秦漢史》第一一六頁。[②] 陳寅恪《唐代政治史述論稿》二十一頁,證明羯之稱出於西域;則羯殆西方民族,與羌雜居,後屬匈奴,隨入中國者,故史稱爲匈奴別種也。羯居上黨、武鄉,地亦在今山西。武鄉,今榆社。

（四）氏即古之巴,在今川東。晉初在今關中。可考者:（1）其衆出從張魯,魏武帝徙之而北。（2）本居武都,成縣。爲張既所徙。（3）楊阜所徙。（4）郭淮所拔徙。《兩晉南北朝史》第二六、七六、七七頁。[③] 然特可考者如此,不必其遂盡於此也。

（五）羌爲後漢時之遺,亦在關中隴右。

以上所謂五胡,其入居中國之原因,實以亂後郡縣空虛之故。政府之所以徙之,原因亦在此。觀石勒父、祖,仍爲部落小帥,《兩晉南北朝史》第六二頁。[④] 則其部族之統率關係仍在,未盡散爲編户。外夷隸屬中國,有數種形式:散爲編户,一也。漢之屬國,二也。無屬國之名,而彼部族統率之關係仍在,如《三國志·四裔傳》注引《魏略》,謂氏人自有王侯,在其墟落間,三也。其人或頗遭虐待。然亦爲中國被壓迫階級之所同,非特有種族上之壓迫也。如石勒被縛賣,即所謂掠賣,漢人之遭此者亦甚多。惟既未盡同化,則政治上設有變動,自可成爲擾亂之一因素。而"居封域之内,無障塞之隔",其勢尤危,故論者多欲徙出之也。

四、西 晉 始 末

晉武帝以二六五年纂魏,二八○年滅吴,二九○年崩,子惠帝立,明年,八王之亂始作,至三一七年愍帝被弑,而西晉亡,元帝東渡,宇内復分裂,統一不及三十年。

---

① 《秦漢史》,第七四頁。
② 《秦漢史》,第七九頁。
③ 《兩晉南北朝史》,第十九、五三、五四頁。
④ 《兩晉南北朝史》,第四三、四四頁。

西晉始末，大要如下：

（一）齊王攸爭立而敗。此時賈充蓋最有勢力，故齊王、惠帝皆其婿。齊王之敗，賈氏勢力未動搖，而武帝后家楊氏與之爭權，故敗。賈后使楚王瑋殺楊駿，而用汝南王亮，又使瑋殺亮，自又殺瑋。此事在二九一年。后用其從母子裴頠與張華輔政。至二九九年，朝局安定。此時期乃外戚功臣合一之賈氏，把持朝局也。

（二）至三〇〇年趙王倫弒后而此局破。三〇一年，倫篡位。時齊王冏鎮許昌，成都王穎鎮鄴，起兵討倫。河間王顒鎮關中，初附倫，後亦折而從之。倫爲右衛將軍王輿所殺。冏入洛專政。顒使長沙王乂攻冏，意欲冏殺乂，以此爲冏罪而攻之，而冏竟爲乂所殺，乃又與穎合攻殺乂。於是顒表穎爲太弟，而歸關中。穎亦還鄴。蓋不欲居中央，受人攻擊也。然因此，京師衛兵與長沙故將，乃起而討之。於是有蕩陰蕩陰。之敗。而顒將張方，亦乘機入洛。

（三）此時顒、穎之勢頗盛。然王浚起於幽州，東嬴公騰高密王泰子。起於并州，穎遂非其敵。張方奉惠帝如長安。顒勢尚足負固，而顒又殺方，越遂迎帝歸洛，爲八王中之最後勝利者。

（四）然五胡已起。匈奴劉氏自立於平陽，臨汾。其勢尚無能爲。而東方羣盜王彌、石勒歸之，石勒雖羯酋，然此時實以中國羣盜之資格活動。到處流竄，東方無不糜爛，洛陽遂無以自立。越顧弒惠帝而立懷帝，懷帝又爲所制，內外乖迕，越不得已，自出師以冀一逞，身死師破，洛陽更無以自立，懷帝遂終被虜。

（五）此時北方之地，今河南北、山東皆殘破，山西惟河東一隅較完富，而爲匈奴所居。其北方則遭大饑饉，東嬴公棄之而去，更不能用爲據點。惟關中，匈奴雖一度侵入，因實力不足，旋復退出。故西方豪族，奉愍帝據之。西方豪族之所以奉愍帝，蓋實以對匈奴有敵愾之心也。輔佐愍帝之麴允、索綝，均極忠勇。但關中亦破壞已甚，故長安卒不能守。

西晉史事之要義如下：（一）楊賈之爭，八王之亂，皆統治集團內部之爭吵。其爭吵之人物，幾無不昏愚。凡一政治集團之初起，其首領必有才智，一再傳後，其子弟必入於昏愚，始終維持其軍事集團之特色，而未轉入右文者尤甚，以其所受之教育更惡劣也。（二）此等惡劣之政治集團握權之時，較賢明之士大夫依附之者，必不能行其志。裴頠、張華之見殺，是其一例。（三）八王之中，東海王越爲最後之勝利者，以其所用者爲鮮卑之衆也。故此勝利實爲異族之勝利。內亂甚時，往往如此。（四）洛陽之亡，非亡於攻圍之猛烈，而亡於四圍之破敗。當時東方之破敗，實緣王彌、石勒等到處竄擾之故。故運動戰爲顛覆舊政府一良好之戰略。石勒在定居襄國前，所打者全係運動戰。

八王系圖：(加□者爲八王)

五、東　晉（一）

五胡十六國，事蹟複雜，必須理出一個頭緒。理出頭緒，即亦非難。於十六國，當以前後趙、前後燕、前後秦爲綱領。因後燕自然要涉及南北燕，因後秦自然要涉及夏。此九國皆與中原大局有關，合爲一組。蜀及涼州，則各自爲一組。在論及南北大局時，又可分爲三時期。第一時期：在北方：初爲前後趙對立，後併於後趙。最後，後趙亦滅亡。在南方：則爲王敦、蘇峻相繼叛亂。亂後，政權入於庾氏。後上流之權，又歸桓溫。此一期之年代，自東晉建國之三一八年起，至三五一年止，凡三十四年。第二期：北方：始則前燕、前秦對立，後并於前秦。前秦在形式上暫時統一北方，至淝水之戰大敗而再分裂。在南方：則殷浩與桓溫相持，浩敗，溫亦旋死，政權歸於謝氏。其年代，自三五二至三八三，凡三十二年。第三期：在北方：初則後燕、後秦對立，後燕敗於魏，分爲南北。南燕滅於晉。後秦爲夏所敝，亦滅於晉。南方：初期會稽王道子代謝安執政，因此引起王恭、殷仲堪之亂，桓氏再起。桓玄篡位。北府兵之勢力，藉劉裕等而再起。上下流對立之局，至此暫告終止。其年代，自三八四至四一八，凡三十五年。

今先略述第一期之形勢如下：

此期：在北方，第一步爲前後趙之形成對立。前趙爲匈奴之裔，冒姓劉，國號漢，本是想借此引誘漢族的。這自然是幼稚拙劣之策。石勒則在名義上本只是漢之將領。但漢自自立後，除劉淵之族子曜，曾向關中發展外，其勢力根本未越河東一步。東方的戰鬥，主要的是靠王彌、石勒兩人。石勒於洛陽陷後，誘斬王彌，在東方，自然成爲惟一之勢力了。然此時的石勒，仍是流寇行徑。至三一二年定居襄國，邢臺。乃有建國之規模。此時之晉朝，無暇過問北方之事。殘餘之州鎮，及人民自行團結之堡塢，次第爲勒所併，見下。勒之勢遂益強。漢主劉淵以三一〇年死，子和立，爲弟聰所篡。聰荒淫，三一八年，即東晉元帝建國之年死，子粲立，爲其臣靳準所弒。劉曜、石勒，同時討之。準死後，曜自立，徙居長安。蓋就其素所經營之地也。然又改國號曰趙，蓋示不放棄東方。明年，石勒亦自稱趙王，則示不承認曜之意也。兩國至此，始正式對立。劉曜雖能繼續吞併關隴之地，然其兵力，自非後趙纍經大敵者之比。故三二八年洛西一戰，曜遂爲勒所擒，二子奔上邽，天水。明年，亦被擒，而前趙遂亡。

　　劉、石起後，晉北方的州鎮三一一年青州苟晞、三一三年三臺劉演、三一四年幽州王浚、三一八年并州劉琨、許昌苟組。及堡塢，次第爲勒所併。除幽州尚爲鮮卑段氏所據，後乃入於慕容氏外，勒遂併今河南北、山東西之大部，至今蘇北境。此由諸征鎮中，惟劉琨爲公忠，而據大饑荒後極惡劣之地，苟晞、王浚等則皆驕奢淫佚，故皆不能自立。堡塢爲人民自動抗敵，其力似乎可恃。當勒軍專事剽掠之際，更可以鄉村包圍城市。但欲如此，必須能打遊擊戰。敵大軍來時，必有險固之地，可以退守。而當時堡塢，皆有一定據點，志多在於自全，抗敵之意，隨時日而漸荒，則遇強敵不得不屈伏，表示歸附。歸附之後，敵即責其供糧，甚或調用其人，而堡塢垮臺矣。諸首領雖多南走，從之人，必不能多。山胡抗戰最久者，由其所守之地險固故也。此等堡塢，必有大軍爲之援，乃能收其用。當時能向北進兵者，惟一祖逖，而又早逝，逖以三一三年進兵，三二一年病卒。此堡塢之所以不能立也。

　　西胡之程度，似較北狄爲高，故石勒能力征經營，與劉淵之坐守河東者大異。然其野蠻之性質仍在。故石虎之淫暴，在五胡諸主中居第一等，而其諸子之相屠亦最甚。

　　因此引起冉閔之大誅胡羯。乍觀此事，似漢族與五胡民族之相仇極深，然觀他處，又不見此等痕跡。蓋五胡亦有其侵掠集團，當亂華之時，其侵掠集團中人，皆恃侵掠剝削爲生，其大多數人實並不然也。當時匈奴胡人爲漢人田客者甚多，見《兩晉南北朝史》第二八頁。[①] 此等如皆加入鬥爭，五胡之軍隊，何止此數？觀此，可知階級之矛盾，深於民族之矛盾。

---

　　① 《兩晉南北朝史》，第二〇頁。

南方何以迄不能北顧？此亦由其内部矛盾之深。此中有南、北方大族間之矛盾，又有南方與南方、北方與北方大族間之矛盾。今略提挈其綱領，東晉及宋、齊、梁、陳之歷史，皆當以此眼光觀之。吳蜀平定之後，蜀人對魏，曾無反抗之心。見《兩晉南北朝史》第九七頁。[①] 而吳則大異。此由吳、蜀風氣不同，蜀習於文弱，吳則甚爲強悍也。見《秦漢史》第五〇五頁及第十一章第八節。[②] 此爲南、北間之矛盾。三〇三年，因北方之喪亂，此矛盾首次爆發。是歲，張昌叛於江夏。安陸。使其黨石冰東略江揚。晉以劉弘督荆州，治襄陽。使陶侃討平之。周處者，吳人，爲晉所用而受晉人排擠以死。見《兩晉南北朝史》第二三頁。[③] 周氏爲義興今宜興。大族。其子玘，起兵討石冰。晉都督周準，乃乘機使廣陵江都。內史陳敏平之。敏亦南人，廬江人。有割據江東之志。東海王越起兵，用爲前鋒都督。敏遂東歸，收兵據歷陽。和縣。敏雖拉攏南方大族，然實重任子弟，以此南方大族不附，周玘等又起兵討平之，此又爲南方大族間之矛盾。然周玘等實非附晉，故起兵討敏之吳興人錢璯，又於三一〇年起兵，擁立孫皓族人，亦爲周玘所平。玘蓋度其無成故也。然此事似種下吳興人與周氏相仇之禍根。當時晉即以玘爲吳興太守，似係利用南方大族間之矛盾，使自相殘。此時人民之多流亡，亦爲秩序破壞之一原因。成漢即全以此起。三一〇年，流人王如起於宛。今之南陽也。後降王敦，爲敦所殺。明年，蜀人流入荆湘者，爲土著所欺，又推杜弢爲首而起。而曾爲新野王歆鎮南參軍之杜曾，亦起於竟陵。劉弘在荆州，頗有威望，然已前卒。繼任的人都很糟。至此，乃給下流向上流推廣勢力之一機會。是時，形式上握下流之政權者，爲琅邪王睿，即東晉元帝也。宣帝曾孫。元帝爲東海王越之黨。越起兵時，使收兵下邳，邳縣。監徐州諸軍事。後又使督揚州。元帝遂渡江南居建業。今南京。孫吳之都。後避愍帝諱，改稱建康。蓋取其地較安穩，易於立足也。此時元帝不過諸地方政權中之一。爲之輔佐者，爲北方大族琅邪臨沂。王氏。王導爲元帝腹心，主謀畫。其從兄敦，晉武帝婿。外總征伐。王導採取與南方大族拉攏政策，爲元帝拉攏吳大族顧榮等。南方大族，始起分化。此政策對於晉之能立國江東，蓋有相當作用。此時晉朝之揚州都督周馥，居於壽春，表請懷帝遷都其地。此實爲當時之至計，緣晉政府必得較完整之地，以爲根據，乃可徐圖展布也。然爲元帝所攻破。江州或治南昌或治九江。刺史華軼不順元帝，元帝又使王敦攻破之。此爲黨於東海之元帝自擴地盤，與中央相抗，亦北方

---

① 《兩晉南北朝史》，第六七至六八頁。

② 《秦漢史》，第三五二頁及第十一章第八節。

③ 《兩晉南北朝史》，第十六頁。

統治集團中之矛盾也。杜弢既起，元帝使王敦督陶侃及豫章南昌。太守周訪往討。三一五年，平之。以敦爲江州刺史，並督江、揚、荆、湘、交、廣六州。此時南方全部之兵權，幾於皆歸於敦。敦之與元帝，本無君臣之分。以貴戚之地位論，亦一藩王，一主婿耳；敦性又桀驁；元帝對之，自不能無猜忌。於是此一矛盾，又暗中日趨深刻。王導雖敷衍南方大族，然南方大族，並非一致，即北來之人，亦不一致。遂有元帝鎮東祭酒東萊掖縣。王恢，與周玘相結，謀推翻元帝所信任之人，而代以南士。事泄，玘憂憤而死。臨死，囑其子勰以復仇。此事在三一三年。越二歲，爲平杜弢之歲，勰黨吳興功曹徐馥，殺太守起兵。擬擁戴周玘之弟札。札知事不能成，討誅之。玘族子續，起兵奉孫皓族人，亦潰死。然元帝並不能誅周勰，且於其事更不窮治。可見南方大族，自有相當勢力矣。三一八年，愍帝崩問至，元帝即帝位，名義上始有君臣之分。然亦名義而已。明年，周訪討平杜曾。元帝先用陶侃爲荆州刺史，欲以掣王敦之肘。敦徙之廣州，代以自己的從弟廙。及是，元帝又征廙而代以訪。敦又遷以梁州，而自兼荆州。此時梁州治襄陽，荆州治武昌。又明年，爲三二〇年，訪卒。元帝代以甘卓。又以譙王承。宣帝弟進之孫。爲湘州長沙。刺史。卓本依附陳敏，而後又反之之人，其非純臣不待言。承雖盡忠於元帝，而湘州甚單弱，均非敦所忌。又明年，爲三二一年，元帝又以戴淵爲司州刺史，治合肥；劉隗爲青州刺史，治淮陰；欲藉下流之力，與敦相抗。敦遂不能忍。三二二年，舉兵，以討劉隗爲名。吳興人沈充初爲敦參軍，起兵應之。元帝使周玘兄子筵討充，周札守石頭。札與元帝矛盾仍在，敦兵至，開門應之。劉隗、戴淵入援，出戰，大敗。敦遂入建業。甘卓出兵躡敦後，又回襄陽，與譙王並爲敦遣兵攻殺。元帝以憂憤崩。沈充與同郡人錢鳳，俱爲敦謀主，説敦大殺周氏。此時實南北大族之一場大混戰也。經此混戰之後，晉朝固危如累卵，然王敦亦無取而代之之資格。元帝死後，子明帝立。王敦乃諷朝廷徵己，下居姑孰，城名，在今當涂。以觀動靜。然亦已抱病，死期將至矣。明帝頗有勇略，又得公忠之溫嶠爲丹陽尹，與之合謀，乃乘敦之死討平之。北方大族之火併，至此暫作一結束。然傖荒之變復起。漢丹陽郡，治今宣城，孫吳移之建業。

　　東晉既不能用南人，少數僅有之兵力，又忙於向上流發展，自江北至淮域，乃全藉北來之衆以守之，《兩晉南北朝史》第一六一、一六二頁。[1] 然此輩皆暴桀不

---

① 《兩晉南北朝史》，第一一一至一一二頁。

易用。《兩晉南北朝史》第一二三頁。[①] 而蘇峻尤爲狂悖。三二五年，明帝崩，子成帝立，年方六歲，太后臨朝，后兄庾亮秉政。此時陶侃已督荆州。侃亦非純臣，但本無大志，亦且年老氣衰，尚可利用。庾亮乃出温嶠爲江州，藉爲外援，且以監視侃。三二七年，征峻。峻反。亮戰敗，奔嶠，藉嶠之力，拉侃同下平峻，然僅解肘腋之憂而已。江北之兵力，郗鑒、劉遐、郭默三人較强。三二六年，遐死。默統其衆。其衆叛潰而去。蘇峻亂作，默征爲屯騎校尉。郗鑒守京口鎮江。皆頗有戡定之功。三二九年，温嶠卒，豫章太守劉胤代之，驕悖。郭默不樂内任，遽襲殺之。陶侃又襲殺默。此時上流大勢，歸於陶侃。三三二年，侃卒。庾亮自領江、荆、豫三州。時郗鑒鎮廣陵，爲下流之重。亮英鋭，鑒老成，而皆公忠。晉朝事勢，至此得一轉機。然中樞尚握於王導，甚驕傲而腐敗。亮欲起兵廢之，以郗鑒不同而止。此亦不失爲持重之見。以導已老，可待其殂謝，不必更起糾紛也。三三九年，導死。朝廷征庾亮入執政。亮志在恢復，辭不受命。乃以亮弟冰爲揚州刺史，與何充俱録尚書事。充爲王導妻之姊子，此時除王氏之黨不盡，遂伏他日政局變動之根。三四〇年，庾亮卒。冰弟翼爲荆州，鎮江陵。三四二年，成帝崩，子丕、奕皆幼。庾冰立其母弟琅邪王岳，是爲康帝。何充出刺徐州。庾翼謀北伐，冰出刺江州，治武昌。充復入爲揚州。三四三年，翼徙治襄陽。使桓宣北伐，敗績。案此時郗鑒已卒，蔡謨代之，下流幾成畫江而守之局。郗鑒本不主進取，蔡謨退嬰尤甚，不能與上流相配合。此時敵雖亂，我亦不强。上下齊力，猶恐不克，況孤軍獨進乎？加以桓宣衰老，能治戎撫民，而不長於戰陳。此庾氏所以敗也。

三四四年，康帝崩，冰、翼欲立簡文帝，元帝子。何充違之而立穆帝。使簡文輔政。是年，庾冰卒。翼留子方之鎮襄陽，而還夏口。三四五年，翼又卒，表子爰之繼任，何充違之而用桓温，並遣人代方之。上流之權，遂入桓温之手。此時庾氏離開中央，故爲何充所敗。然庾亮治荆州極好。荆州富强之基，實立於庾氏，而桓温乃從而利用之。然温亦桀驁，遂啓上下流再相疾視之局矣。此又北方大族之矛盾，繼續發展，致纍恢復之計者也。

以民族英雄論，劉琨實爲一極忠勇之人，值得表彰。温嶠亦可附帶及之。讀史不宜視人物過重，然果有英傑，足爲模範而激發志氣者，自亦在應表彰之列。惟須詳考事實，表彰確有價值之人。古來失敗之人，盡多極有價值者。成功或碰運氣，素有名譽之人，未必皆克副其實也。於劉琨可見其例。

---

① 《兩晉南北朝史》，第八五至八六頁。

六、東 晉（二）

東晉之第二期，北方形勢，大要如下：（一）冉閔不能自立。（二）苻洪、姚弋仲，本關右氐羌，而後趙徙之東方，此時各覓地盤。（三）慕容氏起於東北，實力最厚，遂入塞滅冉閔。（四）此時關中，爲較安靜之地，苻氏得之，故能自立。姚氏無穩固之地盤，故暫時滅亡。

桓溫以三四五年得荊州時，異族之自立者，胡蜀而已。前涼以民族論則漢族，以政治論，始終未背晉獨立。後趙政治雖亂，兵力尚強。荊州兵力有限。桓氏鑒庾氏北伐之失敗，故先滅蜀。三四七年。及石虎死，冉閔亡，苻氏初入關中，未甚安定，慕容氏侵入，勢力亦僅及河北，此時北方抵抗之力大減，實爲南方進取之好機會。但南方兵力有限，即使上下流合力，亦未易一舉肅清，而中央與溫，此時又生猜忌，乃欲任殷浩從下流北伐。浩無兵力，只得借重姚襄。及爲所邀，遂有三五三年之敗。其明年，溫即脅晉朝廢浩，而自行北伐。但兵力究亦不足。故雖獲勝利，卒爲苻健堅壁清野之策所敗。而此時溫亦忙於對內，不能盡心經營北方，故雖一定洛陽，三五六年。後仍爲燕所取，三六五年。溫北伐大敗，北方遂成燕、秦對立之局。洛陽未入燕時，河南幾同真空。

然此乃溫之自敗，此時之燕，實並無實力。故敗溫之明年，即爲秦所滅。

秦用王猛，一時政治較爲整飭。此時北方並無強國，故前涼、鐵弗氏、拓跋氏皆爲所併。北方在形式上暫告統一。

晉究爲秦之大敵，故秦必欲吞併南方。乃東西併進。西取襄陽，陷梁，漢中。益。成都。而東方，晉之抵抗力較強，乃以大兵壓之。

此時晉桓溫死後，其弟桓冲，以揚州讓謝安，上下流得一調和。又北府兵新成立，下流之兵力，至此始有可恃。而秦徒恃兵多。遂有三八三年淝水之敗。淝水戰後，北方形式上之統一破裂，局勢又變。

此時期之歷史，當注意下數點：（一）此時期，五胡有一部分人，專以組織軍事集團，爭奪政權爲事。此與用異族充兵之制度，有些關係。漢人則並不參加此等鬥爭，至多團結堡塢，圖自保而已。即漢人之欲爭奪政權者，所用亦多異族。此冉閔之所以卒敗。（二）然五胡之從事於此者，亦不過其一小部分而已。故其立國之根基，皆極脆薄。燕之易亡，即其一證。秦一敗即瓦解，亦由於此。（三）因此，當時欲立一穩固之政府，即在能對付此等好鬥之集團。秦之分布氐人於四方，蓋欲使其勢力徧及各處，不致聚殲，且可互相救援。即古封建及後世駐防之意。聚鮮卑、羌、羯於畿甸者,便於監制,且可率以征伐,以消耗之也。漢人並不參加此等鬥爭,故非所忌。此等異族酋長,本非欲保存其民族,不與漢族同化,只欲保存其王位而已。(四)戰爭非徒恃兵力,亦恃物力。前燕興於遼東西,局勢較安定,物力亦較豐厚,故後趙亡後,能侵入中原,打倒冉閔,氐、羌皆不能與爭。拓跋氏之獨强亦以此。慕容氏侵入燕、趙後,遼東、西舊地,幾於放棄,而拓跋氏仍久據平城,此又其運祚長短之所由異也。(五)用兵徒恃衆多者多敗,淝水之戰,是其一例。

七、東　晉(三)

第三期:淝水戰後,北方諸民族叛秦自立。秦剩長安、鄴兩據點。此時起兵者,鮮卑慕容氏勢力爲大。慕容泓、冲、永起於關中。冲攻克長安,苻堅奔五將山。岐山縣東北。慕容垂起於東方,合入居中國之丁零攻鄴,堅子丕亦不能自立,逃入山西,亦未能立足。羌姚萇起於陝甘北部,與堅相攻,堅爲所殺。族子登自立,與萇相拒,爲萇子興所滅。秦遂亡。

攻克長安之鮮卑,史家稱爲西燕,不在十六國之列。未能立足,爲慕容垂所併,而長安入於姚萇。於是北方之地,後燕、後秦東西對立,恰似前燕、前秦對立時。

然兩國命運皆不久。後秦至三九四年始滅前秦,後燕亦至是年始滅西燕。然其明年,慕容垂之子寶伐魏,即大敗。又明年,垂自將伐魏,雖入平城,而魏人斂兵避之,未有甚大損失。而垂旋軍卒於途,魏又乘機南伐,後燕竟一敗塗地,卒至分爲南北。南燕局促山東東部,北燕局促河北東北部,遼東西之地,名義上尚爲所控制,然實際不能得其用。今河北山西之地,大部入魏。後秦較安穩。然四〇二年與魏戰,亦大敗於乾壁。城名,在平陽境。四〇七年以後,夏又起剽其北境,困弊殊甚。

魏爲五胡諸國中最後優勝者,與中國南北對立甚久。其歷史,略見拙撰《兩晉南北朝史》九〇至九三頁。又一一三、一一四頁。又二一七至二二四頁。又二五四至二五九頁。[1] 其中要義,爲有一塞外較安静之地爲據點。又拓跋氏世與鐵弗氏鬥爭,鐵弗氏看一一四頁。[2] 其初,實力相去,並不甚遠,而再興後,前秦亡後。拓跋氏先向北方發展,鐵弗氏則專向內地剽掠,故其後拓跋氏力

---

① 《兩晉南北朝史》,第六二至六五、七八至八〇、一五〇至一五五、一七五至一七八頁。

② 《兩晉南北朝史》,第八〇頁。

愈完厚，而鐵弗氏疲敝矣。《兩晉南北朝史》第二七四頁。[1] 魏之歷史，多出僞造，看之亦頗有趣味。後文此類尚不乏。此等中學教師亦宜知，但煩碎之考證，不可以教中等學生耳。

拓跋魏雖勝利，然特乘後燕、後秦之衰，其本身實力，實尚有限。且道武拓跋珪。旋死，四〇九年。故自得河北後，其勢力復停頓。此時東晉乃得一進取的機會。

淝水戰後，東晉之情形如下：孝武帝任用會稽王道子，謝安避之。己又與道子相猜忌，乃任用鎮京口之王恭，荊州之殷仲堪。此時荊州的兵力，已漸趨沒落。北府兵之力較强，而握於劉牢之之手。牢之非正人，徒能在內爭中縱橫捭闔，而無意於禦侮立功，故不能向北進取。王恭、殷仲堪人格尚好，而皆無才。王恭只倚杖劉牢之。仲堪於軍事則倚重南郡江陵。相楊佺期，且爲擴張勢力故，使桓氏之勢力復活。而桓玄又係一輕躁狂妄之紈袴。於是因劉牢之之倒戈而王恭先亡。而上流亦入於桓玄之手，復成荊、揚相持之局。劉牢之復倒戈，而道子之子元顯又亡。荊州在此鬥爭中，遂獲勝利，然非以實力。而桓玄在得勢後，遽思鏟除北府兵，遂引起劉裕等反抗。桓玄敗亡，上流遂入北府系之手。

此後之問題，則爲北府系人物之互相火併。要在本系中取得唯我獨尊之地位，必能立功於外，此劉裕之所以先滅南燕，又滅後秦。中經盧循之掣肘，裕亦獨力討平之。此問題至後詳論。裕戰功所以獨多者，乃以其據中央，地位較同系諸人獨優也。《兩晉南北朝史》第三〇六頁。[2] 同系人物即盡，裕篡奪之業遂成。

此時期之歷史，應注意之要點如下：（一）北方喪亂久，疲敝已甚，南方不能北伐，恢復舊疆，勢必爲起於邊境較完富之部落所併。（二）南方內部之矛盾，發展爲荊、揚相持，至劉裕滅桓玄，鏟除同系之人物，始暫告統一。（三）南方至此，始有進取之資，然力尚不足，而北方異族的勢力，亦相當雄厚，故統一之業，卒不克成。（四）自淝水之戰至劉裕成功，可謂爲北府兵之發展史。然此軍隊之素質實不良，《兩晉南北朝史》第三二一、三二二頁。[3] 蓋由其皆用傖楚編成。《兩晉南北朝史》第一二三、一八一、一二九頁。[4] 關中之所以不守，及一入宋朝，軍隊腐敗之速，皆由於此。此由南北有矛盾，北方大族，不願南方農人爲兵。然此實

---

① 《兩晉南北朝史》，第一八七至一八九頁。

② 《兩晉南北朝史》，第二一一頁。

③ 《兩晉南北朝史》，第二二〇、二二一頁。

④ 《兩晉南北朝史》，第八五至八六、一二五、九〇七頁。

南方兵力之所由不振也。《兩晉南北朝史》第九六二頁。[1]

八、東晉時人民對政府之反抗

東晉時，人民有一次對於政府的大反抗，其事仍遠承漢末之變動而來。漢末，藉宗教之力以反抗政府者，似可分爲三派：（一）張角，志在取中央政權而代之，其所領導者，主要爲流亡之農民。（二）張魯，則割據一地方，領導平民，實行其所謂社會主義。《三國志·魯傳》注引《典略》，謂魯所行之法，"流移在其地者，不敢不奉"。《典略》所云流移者，當係士大夫之流，則魯所領導者，似以土著之平民爲主，士大夫特被迫遵行者耳。（三）于吉，爲孫策手下的文武臣僚所信奉，則似流行於士大夫之間。晉世，有所謂天師道者，士大夫信者頗多。《兩晉南北朝史》第一五一八、一五一九頁。[2]此等人自無復鬥爭之精神，然其首領却不然。東晉時，此派宗教之首領爲錢塘杜子恭，而琅邪孫泰，及其兄子恩傳之。孫泰嘗被會稽王道子流諸廣州，而廣州刺史王懷之使行鬱林廣西貴縣。太守事，太子太傅王雅，言於孝武帝，召之還，會稽世子元顯亦信之，可見其在士大夫間之勢力。然觀兵起後附從者之衆，則信者正不獨士大夫也。孫泰卒爲會稽王道子所殺，恩逃入海。三九九年，晉發奴之免爲客者充軍，恩乘機起事。浙東西之地，響應者甚多。爲劉牢之所敗，恩逃入海。四〇〇及四〇一年，又再次登陸。四〇一年，兵鋒嘗至今鎮江。亦爲牢之及牢之將劉裕所敗。四〇二年，恩自殺。餘衆推其妹夫盧循爲主。襲據廣州。時正桓玄、劉裕相爭之時，朝廷不暇問嶺外之事。四〇五年，安帝復位後，即以廣州刺史假之。循又以其姊夫徐道覆爲始興曲江。相。劉裕之平南燕，盧循、徐道覆乘機北伐。道覆西出長江。江州刺史何無忌、豫州時治姑熟。刺史劉毅，皆爲所敗。循西攻江陵。聞劉裕還，與道覆併力東下。裕固守石頭城。循未之攻。道覆攻江陵，又不克。退還江州。裕大治水軍攻破之。循南還。裕已別遣兵自海道取廣州矣。循走死交州。道覆則死於始興。綜觀此次戰事：（一）孫恩、盧循一方面，附從者甚多，信仰者頗篤，實爲其特色。（二）專與精練之北府兵作正規戰，似爲其失敗之主因。（三）其衆殘殺頗甚。蓋階級仇恨使然？此點，不知其首領之宗旨本如是，抑附從之者多係被壓迫階級致然，其首領亦不能禁止也。要之，此次可視爲太平道、

---

① 《兩晉南北朝史》，第六六五頁。

② 《兩晉南北朝史》，第一〇六三至一〇六四頁。

五斗米道之勢力，潛伏而復發者也。

九、晉代經濟情形

魏晉間對人民剝削之深重，首見之於其租額。《晉書・傅玄傳》。玄於晉武帝時上便宜云："舊兵持官牛者，官得六分，士得四分，自持私牛者，與官中分。今持官牛者，官得八分，士得二分，持私牛及無牛者，官得七分，士得三分，人失其所，必不歡樂。"又《慕容皝載記》："皝以牧牛給貧家田於苑中，公收其八，二分入私，有牛而無地者，公收其七，三分入私。"案王莽行王田之詔，謂當時"豪強侵陵，分田劫假，厥名三十，實十稅五"，則漢世租額，係地主佃戶各半。後漢末喪亂，貧民既無田，亂時爲豪強所霸占。又無資本，田主乃更加酷其條件，至於四六、三七、二八，而官又從而效之也。

漢世田租取粟，口稅取錢。魏武帝定河北，下令田畝稅一升，戶出絹二匹，綿二斤，而口稅始變爲戶調。蓋因其時幣制大壞，錢不易得之故。然戶調、田稅，乃係兩種賦稅。晉武帝平吳，定戶調之式："丁男之戶，歲輸絹三匹，綿三斤，女及次丁男爲戶者半輸"，此爲戶調。"男子一人占田七十畝，女子三十畝"，合百畝。"丁男課田五十畝，丁女二十畝，次丁男半之，女則不課"，此爲田稅。因時有授田之法，故與戶調合而爲一，然仍係官取其七也。

晉之戶調式，與北魏孝文帝之均田令，立法之意，實相一貫。從前論者，皆以爲大亂之後，土田無主，在官者多，故可計口給授，依近來之研究，則知其誤。北魏均田令，與三長之制並行。三長者，五家立鄰長，五鄰立里長，五里立黨長。未行三長及均田令之時，民多"蔭附"，"三五十家，方爲一戶"。至此則令三長核實戶口，及其所耕之田，不許大戶蔭蔽，小戶附託，而官可多收稅。小戶所出官稅，亦較納於大戶者爲輕。此亦官助佃農與地主鬥爭，但不如今世土改政策之徹底耳。自來對農民之剝削，有兩種形式：一爲賦稅，一爲私租。政治黑暗，賦稅加重，人民則重出私租，託庇於豪強以抵抗之；政治清明，則政府又助平民，減輕豪強對私租之剝削，兩者迭爲消長。但政府亦有時以地主自居，而用收私租之方法剝削平民，則其事更惡。如隋唐之職田、廨田，宋代之官田、公田，明代之皇莊、官莊是也。又有以私租之額爲官稅之額者，明代對江、浙之重稅即是。如前所述，晉之戶調式，亦此類也。但不如明代之能實行且持久耳。其授田之制，則因種田者初脫離其所附託之家，而爲之定一劃一之制度耳。不足者依法自可補授，過多者或須退出，然真自耕者，恐不易超過法定應得之數。然基本之數，必即其所自耕，非前此兩手空空，而至此官乃給與之也。晉之戶調，亦當如此。然魏世奴婢及牛，亦可受田，牛以四頭爲限，而奴婢之數無限，則富家受田仍多，特不能蔭蔽獨立之貧佃農耳。晉世亦係如此。（一）依官品許占田，一品五十頃，頃百畝，凡五千畝。二品已下，遞減五頃，至九品而爲十頃。（二）又許蔭人爲衣食客及佃客。一二品無過四十户，以下亦遞減五户，至九品而爲五户。無課役，佃穀與其主量分，則並蔭蔽之人而不能盡出之矣。

職是故，當時有田多者，其奴婢亦多。如謝混，一門兩封，田業十餘處，僮僕千人；刁逵，協之孫。兄弟子侄，並以貨殖爲務，有田萬頃，奴婢數千人是也。但此等人並不善經營。《顏氏家訓·涉務篇》言："江南朝士，因晉中興南渡江。至今八九世，未有力田。悉資奉禄而食耳。假令有者，皆信僮僕爲之。"其效力必不能强也。此所謂信僮僕爲之者，謂但交僮僕管理，非謂由僮僕耕作。有田之利，則在官所收税甚輕，而私家所收之租較重。《晉書·食貨志》言：成帝始度百姓田，取十分之一，畝税米三升，則一畝之産額爲三斗。晉世度量衡，與古相去無幾，僅當今五之一，産量決無如此之少之理，蓋輕取之？孝武除度田收租之制，王公已下，口税三斛，後增爲五石。石爲衡法，斛爲量法，其多少同。蓋假定其有田百畝。然王公有田，必不止此數，其取諸佃客者，亦必依實際産量而定量分之額，必不以畝産三斗計也。此中之贏利，爲不少矣。故雖不能自行經營，仍有廣占公荒而僦賣與人者。《兩晉南北朝史》第一〇五四至一〇六〇頁。①

依附大都會而營利之業，尚有水碓。水力不能處處皆有，中等以下之都市，蓋亦皆手舂，故除大都會外，此業無所見。然《晉書·惠帝紀》言：張方決千金碣，水碓皆涸，乃發王公奴婢手舂以給兵廩。可見洛陽倚賴水碓之深。擅其業者，自大可發財矣。石崇之敗，簿閲其財産，水碓至三十餘區，其巨擘也。水碓歷南北朝至唐世皆有之。唐宦官高力士，於渭水上列五碓，日可舂穀三百斛。郭子儀家亦多有水碓。水碓有妨農田灌溉，故漸遭禁止。

此外封建勢力之剥削，爲霸占山澤之地。於人民之樵採漁捕者，勒令出費。守宰亦有擅其利者。義熙八、九年四一二年、四一三年。嘗遭禁止。

又競逐於經商。此事貴人未必能自爲，然依附之之親友奴婢等，多能爲之，貴人亦可使其爲之。其不肯爲而禁阻之者，乃鳳毛麟角。此等人所以能經商，以其憑恃勢力，在販運上大有便利也。晉孝武帝嘗欲禁貴戚競利，而謝莊慮其勢不能行，可見事此者之多。此事使正當商業之發展，殊受其阻害。

高利貸爲剥削之一種。通觀歷代，大抵農村借貸，自春徂秋，以一本一利

---

① 《兩晉南北朝史》，第七三〇至七三四頁。

爲原則。如《魏書》言張駿十六國前涼君主。以穀帛付民，歲收倍利，此爲平時利率。《晉書》言駿境內大饑，市長譚祥，請出倉穀與百姓，秋收三倍徵之，則凶荒時特殊情形也。富人亦有以放債爲事者。如宋武帝負刁逵社錢三萬，爲逵所執，王謐代償乃得釋，即其一事。

十、民族之遷移及同化

自後漢之末，至兩晉之間，爲中國人民之大遷移時代。

其利益：（一）使未開發之地開發。首先是長江流域。在漢代，經濟文化，均尚較河域爲落後，歷晉、南北朝之世，則逐漸與之抗衡，至隋、唐之世，而顯然駕乎其上矣。《宋書·孔靖傳》論荊、揚兩州農業之發達，其事皆漢末以後所馴致也。《兩晉南北朝史》第一〇七八頁。[1] 次則浮海至遼東、交趾今越南。者亦多。（二）使山谷之地開闢。古代落後之異族居山，漢族居平地，全國皆然。春秋戰國之世，河域山地，大致開闢，然尚未盡，江域開闢之程度較淺，南部更無論矣。至此時期，漢族因避亂入山，與異族雜居，而山地乃悉行開闢，異族亦悉行同化。此中所應注意者，爲自後漢末至南北朝所謂山胡、山越。此等人，當時政府，務欲迫之出山，而其人一出山，亦即能納稅、充兵、應役，絕無與漢族不同之處，可見其多數爲漢人，特因其與異族雜居，所居者爲異族之地，故稱之曰山胡、山越耳。亦或稱山民。此實勞動人民開拓之大功也。此等人入山之後，有能建設一極良好之社會者。試檢閱《經世文編》卷二十三喬光烈之《招墾里記》，便知膾炙人口之陶潛《桃花源詩序》，俗稱《桃花源記》。並非虛言。此問題如有暇，請參看拙撰《秦漢史》四九七、四九八頁，[2]《兩晉南北朝史》八〇三至八〇八頁。[3]

其時政府亦有從事移民者，非能調劑土滿與人滿，特兵爭之際，利其賦役，又不欲以之資敵耳。《秦漢史》第四九七、四九八頁。[4] 此等比之人民之自動移徙者，爲量甚微。且或局勢一變，管制之力一衰，人民仍自動回其舊居也。

五胡經晉、南北朝之世而同化，人皆知之。此中須注意者：（一）此時之五胡，只有一部分人，出而擾亂，並非全體皆執干戈，與漢人對敵。而此一部分人，恒圍繞於其部落酋長之周圍，如前趙之主，本匈奴單于後裔，後趙之主，亦

---

[1]　《兩晉南北朝史》，第七四八頁。
[2]　《秦漢史》，第三四六至三四七頁。
[3]　《兩晉南北朝史》，第五五四至五五七頁。
[4]　《秦漢史》，第三四六至三四八頁。

羯之部落小帥是也。異族入居塞内者，勢不能人人皆得職業，有一部分，值局勢混亂時，出而爲亂，何足爲怪？若謂五胡之主，何以不用漢人？則彼輩本非不用漢人，特其軍隊之主力，多爲漢族以外之民族耳。此則因（甲）入居他族之地之少數民族，團結之力恒較强；（乙）又其在經濟上較爲落後，則戰鬥較爲勇悍耳。當時漢族用兵，亦未嘗不喜用此等人。此正如近代北洋軍閥之喜用白俄耳。且恐當時五胡酋長喜用漢族以外之人爲兵，正沿漢族喜用異族爲兵之習慣而來也。《三國志·陳羣傳》：羣子泰，爲護匈奴中郎將，京邑貴人，多寄寶貨，因泰市匈奴婢。《晉書·外戚傳》言：太原諸郡，以匈奴、胡人爲田客，多者數千。可見五胡多數皆從事於和平事業。不然，當時五胡酋長之兵數，何止如此乎？（二）若謂以匈奴、胡人爲田客，市匈奴婢爲虐待異族，則又不然，當時漢人未嘗無爲田客及奴婢者也。偏考史籍，異族貧賤之民，與漢族貧賤之民同受虐待者，則有之矣，專待異族之酷法，未之前聞。此則階級之矛盾，深於民族之矛盾。彼輩階級之間，亦自有矛盾。如吐谷渾，在唐高宗時，即七世紀後半，爲吐蕃所破。自青海輾轉播遷，經寧夏、綏遠至河北、山西，其人民困苦已甚，而其酋長白氏却甚富，白承福至以此爲劉知遠所殺。時已十世紀中葉矣。愛國主義，所以當與國際主義結合也。兩種民族未盡融合，彼此間之界限，原不能絶無。但在五胡亂華時，實並不深刻。冉閔之誅石氏也，下令内外六夷，敢稱兵杖者斬之。胡人或斬關或踰城而出者，不可勝數。閔乃令城内曰：“與官同心者住，不同者各任所之。”勒城門不復相禁。於是趙人百里内悉入城，胡、羯去者填門。閔乃大誅胡羯。此六夷胡、羯，乃爲石氏所用者，非爲漢人田客之胡，如石勒然，初力耕於野之羯也。此等異族，不爲我用者誅之，爲我用者，當時之軍事首領，未嘗不欲招徠之，故閔旋以其子爲大單于，以降胡一千隸其麾下。大單于之號，固當時所以統異族者也。趙人悉入城者，遇亂而保城，較野處者究可少受侵略也。高歡之見推爲主，以反爾朱氏也，與其下約曰：勿欺漢兒。其語鮮卑曰：“漢民是汝奴，夫爲汝耕，婦爲汝織，輸汝粟帛，令汝温飽，汝何爲疾之？”語華人則曰：“鮮卑是汝作客，得汝一斛粟，一匹絹，爲汝擊賊，令汝安寧，汝何爲疾之？”《通鑒》梁武帝大同三年。亦指當兵之鮮卑言，非凡鮮卑也。（三）當時五胡，（甲）皆以漢族爲高貴之種族而思依附之，觀其在血統上恒冒稱漢族之冑裔可知。（乙）其稱雄竊據，亦思在漢地，以個人之資格稱帝稱王，而非欲以其民族壓伏漢族而臣之。惟拓跋氏稍異。後世則沙陀突厥，仍是晉世五胡之性質，契丹亦帶此性質，女真、蒙古，則大異矣。此爲（1）入居塞内及附塞與（2）遠塞民族大異之點。可見民族之融合，非一朝一夕之故也。

十一、社 會 階 級

　　門閥之制，起於魏晉之世，至隋唐始衰，然唐世餘波仍在，經過五代及趙宋乃絕。

　　此事的起源，爲古封建時代所謂士庶之別。封建時代，原有此大別。秦漢時代，封建之制既絕，漢人之封建，乃自封其宗室、外戚、功臣，非封古之士族。用人又不分士庶，所以在政治上無人提及此事。但積古相傳的世族，在社會上勢力仍在。此中應注意的，乃並非士庶兩族，分疆畫界，絕無混淆，而是士族雖有降爲庶族，庶族雖有升爲士族的，而社會上士庶之別，依然存在。此點最爲緊要。惟其如此，所以所謂士庶，時時賴人力爲之區別維持，不然就用不着了。後漢之末，人民開始遷移。在舊居之地，世家大族，人人知其爲世家大族的，易一地焉，即與平民無異，故必須標明郡望。如琅邪王氏、博陵崔氏等。因爲他處之王氏、崔氏，不都是世族。此時世家率爲大族，又往往中表牽連，多至百口或數百口。遷移後仍同居，至少亦互相救恤。所以雖然流移，仍成爲一種勢力。《兩晉南北朝史》第九二一、九二二頁。[1]　其留居本地的，更不必論。適會此時，選舉上有九品中正之制，爲之維持。九品中正之制，州設大中正，郡設中正，品評該州郡之人物，分爲九品。此本云分別其才德，但大中正、中正，與州司用人之主簿，郡司用人之功曹，都以士族爲之，其結果，品評才德，成爲空話，而區別門第，是其實務，不但州郡如此，中央尚書選部。用人，亦必參考中正所品評。於是士、庶兩族，入仕之途，顯分優劣，非以政治之力摧毁社會之階級，而反以政治之力助長之、維持之了。虛名與實利相合，遂至士、庶兩族在社會上之地位，亦顯分高低。婚姻不相通，起居動作，亦不相儕偶。但是在古代，士庶之別，是靠封建制度維持的，注意，非封建勢力。士族皆有封土，故能養活其合族之人。高居民上封建之制既廢，士族之所恃者，爲官禄及封建勢力。官禄不能常保，因非世襲。而封建勢力並非合法的，不如封建制度之有保障。所以當時世族，在社會上地位雖高，實多貧窮，家人亦不過以鹽菜爲常食，且或不能具，見拙撰《兩晉南北朝史》一一二頁。[2]　貪庶族之富而與之通譜、通婚者甚多，《兩晉南北朝史》第九〇六、九三一頁。[3]　遂至自壞其藩籬。而此時之政治制度，表現整個統治階級之願望者，則時時制裁之，以維護此藩籬。然終覺其甚爲竭蹶。因其係

---

①　《兩晉南北朝史》，第六三六至六三七頁。

②　《兩晉南北朝史》，第七八五頁。

③　《兩晉南北朝史》，第六二五至六二六、六四三頁。

以垂死的力量與新興前進之力量相抗也。

當時之士族，實爲垂死之階級，故其惡德甚多。居官者則不事事，此即向來所謂清談。但清談者不皆不事事，不事事者亦不必皆清談，故兩者實須加分別。忌克、粗暴、遊蕩、柔弱、不學，其大者也。且皆視富貴爲當然，朝市改易，門第如故，投降異族，亦此心理爲之。其意存反抗或實行反抗者，乃其個人特有志節，非此階級之心理也。故一時立功者皆出庶族，而時君辦理政事，亦不得不用佞幸。如此，此階級乃益成其爲腐朽之階級，如枯木然，待風吹即倒而已。此事須通觀前後，乃能明之。如有暇，請將拙撰《兩晉南北朝史》九六七至一〇〇二頁，①略讀一過。

此外社會的等級：（一）奴婢，又分官私。（甲）官奴婢爲（1）以罪没入者；（2）俘虜；（3）將帥私掠。（乙）私奴婢爲（1）賣，亦可自賣；（2）掠；謂以武力迫脅。（3）掠賣；（4）又有抵押者，當時謂之帖，亦可自帖。賣買奴婢，法本有禁，於掠賣尤嚴。《兩晉南北朝史》第一〇一一、一〇一三頁。②又除以罪没入者，法令有一定放免之規定。如年至六十而免。此外又可特詔放免。又主人或自行放免。又通例可以財贖，奴婢亦可積財自贖。此例併通行於兩國間。其時奴婢有多至千萬者。然係極少數，中人以上之家，大致有一二十人，以下者則無之。《兩晉南北朝史》第一〇一四頁。③又使事生業者實少。名爲奴隸，實際的待遇，未必較傭工、佃户爲壞。故奴婢歷代皆有，實際問題，還不算嚴重。（二）部曲，此本軍隊中編制之稱。軍隊解散後，仍隨將帥生活，仍以舊名名之。其婦女謂之客女，實亦奴婢之類，但在法律上的地位，較奴婢稍高。（三）門生，此古舍人之類。即宦於私家者。其法律地位，本係平民，故亦可以入仕。當時富家有出財而求爲之者。（四）客，漢時較多，魏、晉後較少。其地位，在法律上、社交上，仍與主人平等。但事實上、經濟上則爲之隸屬。主人亦可使事生業。除食客純係依賴主人外，餘則其勞力轉爲主人所剝削矣。部曲、門生、客，見拙撰《兩晉南北朝史》一〇二一至一〇二三頁。④其起原，並請參看《秦漢史》五一五頁。⑤斯時隸屬之關係最大者，爲前所謂蔭蔽，給客則合法之蔭蔽也。户籍之少，此爲其一大原因。此固使人與人間造成不平，然被蔭蔽者亦藉此避免官家之誅求。此政治之爲淵驅魚，助成兼併者也。漏籍與蔭蔽，殆不可分。因無權無力之平民，甚難既不隸官，又

---

① 《兩晉南北朝史》，第六六九至六九三頁。

② 《兩晉南北朝史》，第六九九、七〇〇頁。

③ 《兩晉南北朝史》，第七〇〇至七〇一一頁。

④ 《兩晉南北朝史》，第七〇六至七〇八頁。

⑤ 《秦漢史》，第三六〇頁。

不隸屬豪強也。

十二、晉世政治制度

晉世政治制度有宜注意者數事：

（一）官制　（甲）東漢宰相三公。之權，移於尚書。曹操爲魏王時，置秘書令、丞，以典尚書奏事。文帝丕。篡漢，改爲中書，置監、令。晉因之。自此尚書又不敵中書之親。後來劉宋文帝，委任侍中，而門下省亦參機務。至唐代，遂以中書、門下、尚書三省長官爲宰相。要之，自東漢至唐初，相職自成一個段落，而魏晉爲其中之一環節。唐初定制後，事實上又起變遷。（乙）州郡之制。東漢、曹魏之世，有所謂督諸軍者。與州牧、刺史，本係兩職。督諸軍亦非常設。但後來漸成常設，且多爲刺史所兼。晉世，以都督諸軍爲上，監諸軍次之，督諸軍爲下。使持節爲上，持節次之，假節爲下。雖間有不兼刺史，或所督之境與州境不合者，如於某州但督其一郡或數郡。要以相合及兼刺史者爲多。故刺史亦稱州將。秦、漢而後，一郡之地，勢已不足背叛，而必如漢世之一州，前已言之。東晉後僑置州、郡多，州之境域漸縮小，然一人兼督若干州，則仍與前世之州無異。此在實際上，即爲封建制度之復活，但異名耳。論者多謂晉以封建召亂，此乃不察事實之談。晉議行封建凡三次，第一次尚在文王執魏政時，又兩次則在武帝時，皆未行。當時諸王之封，皆係空名，並無實力。即如所議之制實行，大國亦等於一郡耳，勢不能起而擾亂也。參看拙撰《兩晉南北朝史》二九至三一頁。① 後來八王之亂，乃以都督刺史之資格叛，非以王之資格叛也，此點爲論中國政治制度極重要之一點，必不可不知。《兩晉南北朝史》第一二三五、一二三六頁。② （丙）僑置州、郡、縣，亦爲東晉至南北朝恒有之事。論者多以爲由於政府之夸大，已失其地，仍欲存其名，此特其中一小原因。實際上，乃因其時屬人主義，尚未全消，置此以招徠流移之民耳。既係屬人主義，故其所招徠之人，有散居各處，無從召喚及編制者。而僑置之州郡縣，亦或並無實土。在人民則利用之以避賦役。亦有爲豪強所占役者。政府失去賦役之收入，極反對，故欲厲行土斷也。土斷者，隨所居之地，勒令入籍之謂也。既入籍，則地方官得治理之，且得收其賦役矣。《兩晉南北朝史》第九四一、九四二頁。③

---

① 《兩晉南北朝史》，第二一至二二頁。
② 《兩晉南北朝史》，第八六二至八六三頁。
③ 《兩晉南北朝史》，第六五〇至六五一頁。

　　（二）選舉　選舉制度，自曹魏至南北朝，亦自成一段落，而溯其源須至兩漢，窮其變則須至隋、唐。然與政局及社會階級、教育、文化，均有關係，亦不可不知也。簡言之，則用人不外德、才、學三條件。漢世丞相取士，分爲四科：一曰德行高妙，志節清白，德也。二曰經中博士，儒學。三曰文中御史，法學。皆學也。四曰才任三輔令，京師之地，秦不設郡，由內史治理，漢分設京兆尹、左馮翊、右扶風，各有屬縣。才也。學可考試，才、德則無從。故左雄首創考試之法，諸生試家法，漢時治經，各有師承，爲人師者，皆自成爲一家之學。文吏試箋奏，此爲法學，猶今試擬公文。但試其所學。然其後黃瓊補出孝弟、德。能從政才。兩科，即又兼核其德與才矣。德須觀其作事，才亦然，二者皆必於其住處求之，故漢世視鄉評極重。其流弊亦極大。請參看拙撰《秦漢史》六六〇、六六一頁。[1]　漢末人士流移，無從向其鄉里核其品行，魏世陳羣作尚書，乃立中正，使事考查。後遂於州立大中正，郡立中正，使以九品上中下中，再分上中下。升降其地之人物。至晉初，其弊即已大著。其最甚者，則劉毅所謂“上品無寒門，下品無世族”。蓋人之面情及恩怨，皆同階級中最切，故恒不肯開罪於同階級中人也。此制至隋乃廢。漢世州舉秀才，郡舉孝廉，初皆不試，後因來者多冒濫，乃漸次加以考試。考試之法，秀才對策，孝廉試經義。對策者，本以其人爲有學問而咨詢之，與考試之射策不同。《秦漢史》第六五〇、六五三頁。[2]　然後亦寖變爲考試矣。晉以後，又漸輕對策而重文辭。遂爲隋、唐時進士科之根源。孝廉試經義，則其明經科之根源。此即左雄之諸生試家法。唐時又有明法科，則其文吏試箋奏之意也。設科本意，實未大變。所異者，前世由州、郡察舉，至唐則由士子“投牒自列”耳。才德皆任事後始見。學問雖可考試，而其能運用與否亦然。用之之先，總不過估計而已。估計不足恃，故用人之後考課，實較選舉爲尤要。漢世，京房嘗欲立此法，而遭賊害，魏世劉劭爲之而未行。晉初杜預受詔爲之而未成。此事關係極巨。如有餘暇，請一看拙撰《秦漢史》一七八、一七九、六五九頁，[3]《兩晉南北朝史》一二七〇頁。[4]

　　（三）賦稅　戶調之制，略見前。此法實行至如何程度，殊難質言。成帝嘗度田稅米，至孝武復除之。則大體仍當按戶取之，但其額未知如何耳。戶調以穀物及絲綿織品爲主。但《隋書·食貨志》言晉時：“列州郡縣，制其任土所出，以爲徵賦。”則亦有稅他物者。又云：“軍國所須雜物，隨土所出，臨時折

---

①　《秦漢史》，第四六四、四六六頁。
②　參見《秦漢史》，第四五七至四五八、四六〇頁。
③　《秦漢史》，第一二二至一二三、一二四至一二五、四六四頁。
④　《兩晉南北朝史》，第八八六至八八七頁。

課市取。”折課，謂改課他物，而折價以定其取之之額。此皆徵諸農民者也。又貨買奴婢、馬牛，“有文券率錢一萬輸四百入官，賣者三百，買者一百。無文券者，隨物所堪，估價。亦百分收四。名爲散估”。此契稅也。都西有石頭津，東有方山津。……荻、炭、魚、薪之類過津者，並十分稅一。……此通過稅也。“淮水北有大市百餘，小市十餘所，大市備置官司，稅斂既重，時甚苦之”，此市稅也。要之，自隋以前，間接稅極不發達，故農民之負擔甚重。

十三、晉世學術思想

晉代爲玄學時代，其風起於正始時。正始，魏齊王芳年號，自二四〇年至二四八年。玄學之興起，實爲漢世儒家泥古之反動。故其重要之觀念，爲重“道”而遺“跡”。道者今所謂原理，跡則事實也。其所根據之書爲《易》、《老》，故玄學實兼宗儒道。但《易》學有言數、言理兩派，當時經生之治《易》者，言數而不言理，而言數者或涉於迷信，遂與言玄學者不相容，人亦遂視玄學爲道家之學耳。談玄者謂之清談，世皆訾其誤國。然清談者未必不事事，不事事者亦不必皆能清談。謂不事事誤國可，謂因清談而不事事者誤國可，清談而勤於事，固不能謂其誤國也。正始諸賢，皆有志當世之士。《兩晉南北朝史》第一三八七頁。[1]則其明證。其後或爲司馬氏所戕賊，或則隱晦以求自全，此乃軍閥之罪惡，豈可釋之而罪學者邪？玄學之蔽，乃在承新莽改革失敗之後，不復敢言社會革命，而徒欲移易人心，遂至陷入唯心論。《兩晉南北朝史》第一三八六頁。[2]觀鮑敬言之無君論，徒能斥現行政治之惡，而絕無辦法可知。《兩晉南北朝史》第一二二二頁。[3]次則其人雖有學問，而不勝其物質之欲，不能自振，且冒於財利。《兩晉南北朝史》第一三九〇、一三九一頁。[4]此已爲學者之失，而非其學之咎矣。

寫於一九五二至一九五三年

---

[1]　《兩晉南北朝史》，第九七〇至九七一頁。

[2]　《兩晉南北朝史》，第九六九頁。

[3]　《兩晉南北朝史》，第八五三頁。

[4]　《兩晉南北朝史》，第九七一至九七二頁。